KB145606

나는
불안과 함께
살아간다

MY AGE OF ANXIETY:
Fear, Hope, Dread, and the Search for Peace of Mind
by Scott Stossel

Copyright © 2014, Scott Stossel
All rights reserved.

Korean Translation Copyright © ScienceBooks 2015

Korean translation edition is published by arrangement with
Scott Stossel c/o The Wylie Agency (UK) LTD through Milkwood Agency.

이 책의 한국어 판 저작권은 밀크우드 에이전시를 통해
The Wylie Agency (UK) LTD와 독점 계약한 ㈜사이언스북스에 있습니다.

저작권법에 의해 한국 내에서 보호를 받는 저작물이므로
무단 전재와 무단 복제를 금합니다.

나는
불안과 함께
살아간다

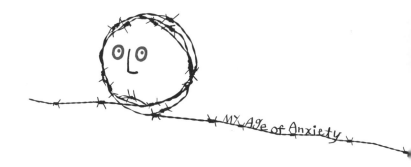

My Age of Anxiety

희망과 회복력을 되찾기 위한
어느 불안증 환자의 지적 여정

스콧 스토셀 지음

홍한별 옮김

반비

마렌과 너새니얼에게

너희들은 무사하길

이 책에 대한 찬사

이 매혹적이고도 내밀한 책에서 《애틀랜틱》의 에디터 스콧 스토셀은 평생 계속된 불안과의 싸움을 세세하게 들려주며 자신의 개인적 경험을 불안장애의 이해와 치료의 역사 안에 위치시킨다. 스토셀은 다양한 치료 방법의 위험과 강점을 능란하게 파헤치며 (공정한 조사를 우선시하는) 언론인이자 (낫는 것이 지상목표인) 환자로서 독특한 식견을 보여준다. 아름다운 글맛과 꼼꼼한 자료 조사가 만나 유익하고 사색적이면서도 재미있는 책이 되었다. 이야기를 풀어나가는 솜씨는 완벽하고, 스토셀은 여러 중요한 면에서 불안이 인간적이라는 사실을 우리에게 일깨워준다. —《커커스》

『나는 불안과 함께 살아간다』는 역사, 철학, 종교, 스포츠, 문학에서의 불안을 현대 신경정신의학 연구와 자신의 폭넓은 경험과 함께 엮었다. 이 책은 놀라운 자서전 그 이상, 불안의 지도 그 이상이다. 예민한 주제를 솜씨 좋게 다루어 불안과 관련된 존재론적 두려움, 당혹감, 절망감을 강조하는 한편 회복, 희망, 초월의 여지 또한 보여준다. 두려움을 모르는 글쓰기. —《북리스트》

과도한 불안은 사람을 끝없이 괴롭힌다. 그러나 장점이 되기도 한다. 불안한 사람, 매사 걱정하는 사람은 성실하고 타인에게 민감하며 세부적인 데에 관심을 기울인다.

이런 성격은 결혼생활이나 직장생활 등에 도움이 될 수 있다. 작가에게도 마찬가지다. 저자가 이 책을 쓰면서 무엇을 이루어냈는지 보면 말이다. 스토셀은 자기를 괴롭히는 병을 분석하면서 인간에 대한 이해의 실마리를 제공한다. 뿐만 아니라 만성 불안에 시달리며 삶을 힘겹게 살아가는 모든 사람에게 조금이나마 위안과 희망까지도 준다. ―대니얼 액스트, 《월스트리트 저널》

야심만만하다. 대범할 정도로 내밀하다. 흥미진진한 지적 모험. ―《뉴욕 타임스》

거침없는 솔직함과 철저한 조사를 결합해 스토셀은 힘과 지식을 안겨주는 책을 썼다. 그는 자신의 불안감에 대한, 그리고 불안을 인정하는 것에 대한 괴로움과 갈등을 솔직히 이야기하고 그걸 토대로 수백만의 사람들을 괴롭히는 공황과 불안을 탐구한다. 요즘에는 '용감하다'는 말을 아무 데에나 갖다 붙이곤 하지만, 이 책의 진솔함에는 그보다 더 적당한 표현이 없을 듯하다. 용감할 뿐더러 W 박사가 말하듯 저자뿐 아니라 많은 이들에게 치료 효과가 있을 책이다. 나에게도 그랬다.
―젠 채니, 《워싱턴 포스트》

불안에 시달리는 사람의 정신 상태를 이만큼 정확하게 재현한 책은 본 적이 없다. 스토셀의 용감함을 높이들 사겠지만 나는 이 책의 문학적 성취와 치료약의 130년 역사를 밝히는 묵직하고 도발적인 목소리를 칭찬해야 한다고 생각한다. 이 책은 놀라운 성취다. ―스티브 댄지거, 《오픈 레터스 먼슬리》

평생 동안 심한 불안과 싸워온 이야기를 담은 스토셀의 책은 진정한 의미에서 탁월하다. 이 분야의 많은 책 중 괄목할 만큼 월등하다. 스토셀은 끈질기게 사실을 파헤치는 한편 유머와 겸허함을 곁들여 균형 있는 책을 썼다. 또 지극히 개인적인 경험을 통해 힘겹게 얻은 지식 덕에 박애적이라고 할 정도로 폭이 넓을 뿐 아니라 대단히 사랑스러운 작가이기도 하다. ―킴벌리 말로 하트넷, 《시애틀 타임스》

정신병에 대한 개인적 경험을 다루는 글은 개인의 상처에 지나치게 몰입해 바깥세상이나 과학계·의학계의 좀 더 거리를 둔 관찰에는 시선이 미치지 못하는 경우가 많다. 두 가지를 연결하는 책은 좀처럼 찾아보기 힘들다. 앤드루 솔로몬의 『한낮의 우울』이 대단하다고 하는 까닭이기도 하다. 『나는 불안과 함께 살아간다』 역시 이 위치를 차지할 만하다. —데이비드 애덤,《네이처》

용감한 책, 어떻게 보면 변태적인 책이다. 한편으로는 움찔하게 하면서 한편으로는 매혹하는 책. 엄청난 고통을 담고 있지만 유머를 잃지 않는다. 그럴 의도는 아니었겠지만 스토셀은 결국 자가치유 매뉴얼을 쓴 셈이다. 불안을 낫게 하는 기적의 치료법은 없다고 스토셀은 말한다. 불안을 완전히 길들일 수는 없지만, 그래도 우리는 두려움과 걱정을 다루는 법을 배울 수는 있다. —맷 프라이스,《뉴스데이》

경이로울 정도로 철저하고 명쾌한 책이다. 인간 조건의 핵심인 싸움 또는 도주 반응, 그리고 그것이 고도의 전자 장치와 선택적 세로토닌 재흡수 차단제의 시대에도 우리 정신에 어떻게 깃들어 있는지를 매혹적으로 탐구한다. 양육 방식, 수행 스트레스, 대화 치료, 약물, 우울, 비행 공포, 얼굴 붉힘 등을 톺는 스토셀의 포괄적 분석 가운데에서 자기 자신의 모습을 발견하지 못할 독자는 없을 것이다. 한편으로 『나는 불안과 함께 살아간다』가 이렇게 출중하고 방대하고 철저한 것은 스토셀이 스스로에게 가차 없는 잣대를 들이대기 때문이기도 하다. 스토셀의 끝없는 고통이 독자들에게는 독서의 기쁨이 되었다. —매슈 길버트,《보스턴 글로브》

스토셀이 숨김없이 드러내는 삶은 암울하면서도 우스꽝스럽지만(과민성 대장은 최악의 순간에, 이를테면 케네디 2세 앞에서 폭발하곤 한다.) 무엇보다도 희망적이다. 불안에 시달리는 다른 사람들과 마찬가지로 평안을 찾기 위한 스토셀의 추구는 끝나지 않는다. 그렇지만 이 책은 그와 수백만의 사람들이 겪는 병에 관한 탁월한 이해를 전해준다. —《퍼블리셔스 위클리》

놀라울 정도로 솔직하고, 깊이 공감할 수 있는 책이다. 과거에는 불안을 어떻게 바라보았는지, 오늘날 과학자와 심리학자 들은 불안을 어떻게 이해하는지, 나으려면 무

엇을 할 수 있는지 등을 담은, 불안에 관한 포괄적인 연구다. —《태블릿》

마음을 사로잡는 책이다. 특별한 문학적 성취를 해낸 동시에 (홍보 담당자처럼 들릴까 걱정되지만) 매우 유용하기도 하다. 수기와 자가치유서가 넘쳐나는 이 시대에, 『나는 불안과 함께 살아간다』는 정신없이 빠져들 만한 이야기를 들려주는 보기 드문 수기이자 진정으로 도움이 되는 드문 자가치유서다. 당신은 수천 독자들과 함께 울고 웃게 될 것이다. —《북포럼》

어릴 때부터 극심한 불안과 공포증에 시달려온 저자는 유머와 통찰, 철저한 자료 조사를 통해 미국인 일곱 명 가운데 한 명이 시달린다는 병을 살핀다. 스토셀은 흥미진진한 개인적 일화를 곁들여 역사적 개괄에서 최신 치료법까지 훑으며 이 병에 대한 진짜배기 식견을 보여준다. —셰릴 코널리, 《뉴욕 데일리 뉴스》

나는 사람들에게 어떤 책을 읽어야 한다고 말하기를 좋아하지 않는다. 내가 뭐라고 이래라저래라 하겠는가? 그렇지만 오늘 나는 그 원칙을 깨뜨린다. 『나는 불안과 함께 살아간다』는 불안에 시달리는 모든 사람이 꼭 읽어야 할 책이기 때문이다.
—《캐나디안 리빙》

철저한 취재와 뒤틀린 유머로 무장한, 존경스러울 정도로 솔직한 역사적·개인적 조사. —《엘르》

스토셀은 에세이, 문화사, 과학을 종합해 학구적이고 진솔하며 쓸쓸한 웃음을 안겨주는 책을 썼다. 그는 자기 자신의 삶과 정신약리학의 역사를 힘겨워하면서도 재치 있게 기록한다. 길고도 두려운 여정이었을 것이다. 그렇지만 마지막에 다다라 「구원」이라는 장에 이르면 그는 불안의 이면을 보려고 애쓴다. 불안과 창의성, 생산성, 도덕성의 연결고리를. 치료사는 그에게 회복탄력성이 있음을 높이 사야 한다고 설득하고 스토셀 역시 그러려고 노력한다. 스토셀은 희망을 품으며 "내 수치와 공포를 세상에 인정하는 것이" "힘을 주고 불안을 덜어줄지도 모르겠다."고 결론 내린다. 우리도

그러길 빈다. —에이미 블룸,《오 매거진》

과학, 역사, 자서전을 엮어 써낸 불안에 관한 종합판. 영감이 넘치고 웃기고 친근하며 엄청나게 공감이 가는 책이다. 반드시 해야 할 이야기를, 스토셀은 날카롭고 솔직하게 들려준다. —앤드루 솔로몬(『한낮의 우울』 저자)

스토셀은 엉망이지만, 아주 매력적으로 엉망이다. 솔직하고 호기심 많고 공감력 높으며 강박적이고 신경증적일 정도로 많은 것을 안다. 그는 불안의 역사와 과학 깊이 들어가 구체적 정보와 귀한 지혜가 가득한 책을 만들어냈다. 이 놀라운 책에서 많은 것을 배웠다. —대니얼 스미스(『원숭이 마음: 불안의 수기』 저자)

우리 중 대부분은 살면서 한 번쯤 불안에 시달린다. 어떤 사람은 심하게 앓고, 어떤 사람은 자주 느낀다. 소수의 불운한 사람, 스콧 스토셀 같은 사람은 두려움과 수치의 바다에서 끝없이 풍랑에 시달리며 산다. 자기 자신의 불안을 이렇게 솔직하게 해부하기는 쉽지 않았을 것이다. 이런 책을 쓰다니 정말 용감한 일이다. 다행이라고 생각한다. 덕분에 앞으로도 많은 사람들에게 빛을 줄 깊이와 지성, 식견을 이 책에 담을 수 있었기 때문이다. —엘리자베스 길버트(『먹고 기도하고 사랑하라』 저자)

매혹적이다. 우리 시대 가장 흔한 병을 탁월하게 조명했다. 순간순간 웃음이 터져 나오는, 밀도 짙고 믿을 수 없을 정도로 용감한 이야기다. 손에서 놓을 수가 없었다. 경미한 정도라도 불안을 경험해본 사람은 자신의 뒤틀린 정신 작용을 이해하려는 저자의 여정에 사로잡히게 될 것이다. 스토셀이 내가 만나본 사람 가운데 특히 엉망진창인 사람이라는 것, 그리고 이 책이 내가 몇 년 사이 읽은 책 가운데 최고라는 것은 의심할 여지가 없다.
—벤 메즈리치(『소셜 네트워크』, 『MIT 수학천재들의 카지노 무너뜨리기』 저자)

이 책에 어떤 형용사가 어울릴까? 물론 '용감하다', '박식하다'와 '통렬하다'도 떠오른다. 그렇지만 불안에 시달리는 사람이나 불안으로 고통받는 가족, 친구, 동료를 둔 사람은 무엇보다 '유용하다'는 말을 떠올릴 것이다. 이 책은 놀라울 정도로, 탁월하게, 절대적으로 유용하다. —조슈아 울프 솅크(『링컨의 우울증』 저자)

풍부한 지성사와 감정을 날것 그대로 드러낸 수기의 만남. 지적이고 예리하고 깊이 있다. 아름다운 문장, 전문적인 연구와 취재, 타협 없는 솔직함으로 저자 자신의 전투와 수많은 사람들의 전쟁을 생생하게 보도한다. 강력 추천.
—대니얼 길버트(『행복에 걸려 비틀거리다』 저자)

일러두기

1. 내용과 관련 있는 주석은 ◆로 표시해 각주로,
   문헌 관련 주석은 번호로 표시해 미주로 달았다.

2. 인용자가 추가한 내용과 이해를 돕기 위해
   옮긴이가 덧붙인 내용에는 모두 대괄호([ ])를 사용했다.
   옮긴이 주는 '―옮긴이'로 표시했다.

1부

불안의
수수께끼

1

불안의 본질

종교재판관을 마주한다 하더라도 불안이 다가올 때만큼 끔찍한 고초가 닥친 기분은 아닐 것이다. 아무리 최고의 첩자라도 불안보다 더 뛰어난 솜씨로 적에게서 순간적으로 가장 약한 구석을 찾아 솜씨 좋게 공격하거나 반드시 걸릴 덫을 놓아 적을 붙잡을 수는 없다. 아무리 날카로운 판관이라도 불안을 능가하는 솜씨로 피고를 취조하고 심문하여 꼼짝 못하게 만들수는 없다. 생각을 바꿔봐도, 소란을 피워봐도, 일을 해도, 놀아도, 낮이 되어도, 밤이 되어도 여기에서 벗어날 수는 없다.

—쇠렌 키르케고르, 『불안의 개념』(1844)

불안 문제는 가장 다양하고도 중요한 문제들이 하나로 모이는 교점임이 분명하다. 이 수수께끼를 풀면 우리의 정신적 실존 전체에 빛을 밝힐 수 있을 것이다.

—지그문트 프로이트, 『정신분석 강의』(1933)

불행하게도 나는 중요한 순간에 무너져 내리는 경향이 있다.

예를 들어 버몬트 주에 있는 교회 제단 앞에 서서 내 신부가 통로를 따라 걸어나오기를 기다릴 때, 갑자기 죽을 것 같이 몸이 아프다. 그냥 속이 울렁거리는 정도가 아니라 욕지기가 치솟고 몸이 떨린다. 또 무엇보다도 땀이 줄줄 흐른다. 교회 안이 덥기는 하다. 7월 초니까. 나 말고도 여름 양복, 여름 원피스 차림을 하고도 땀을 흘리는 사람들이 있긴 하다. 그래도 나 정도는 아니다. 결혼 행진곡이 흘러나올 때 이마와 윗입술에 땀방울이 맺히기 시작한다. 결혼사진에는 내가 제단 앞에 뻣뻣하게 서서 험악한 얼굴에 억지 미소를 지으면서 신부가 아버지 팔을 잡고 복도를 걸어 내려오는 모습을 바라보는 장면이 찍혔다. 결혼사진에서 수재녀는 반짝반짝 눈이 부시다. 나는 번들번들하고. 수재녀가 내 옆에 왔을 즈음에는 땀이 줄줄 나서 눈 안으로 흘러 들어가고 셔츠 칼라에 뚝뚝 떨어진다. 우리는 목사님 쪽으로 몸을 돌린다. 목사님 옆에는 축사를 해줄 친구들이 서 있는데 걱정 가득한 얼굴로 나를 보고 있다. '쟤가 왜 저러지?' 이런 생각을 할 것이다. '기절하는 거 아냐?' 친구들의 머릿속을 상상하자 땀이 더 난다. 내 뒤쪽에 서 있는 신랑 들러리가 어깨를 건드리더니 이마를 닦으라고 화장지를 한 장 건넨다. 친구 캐시는 교회 뒤쪽에 앉아 있었는데 그때 나한테 물 한 잔 꼭 갖다 줘야만 할 것 같았단다. 내가 마치 마라톤 경주를 막 마친 사람처럼 보였다고.

축사를 맡은 친구들 표정이 처음에는 걱정스러운 정도였다가 이제는 공포에 질린 얼굴로 바뀐다. '쟤 저러다 죽을 것 같아.' 나도 같은 걱정이 들기 시작한다. 이제 몸이 떨리기 시작했기 때문이다. 그냥 살짝 떠는 정도가 아니고 종이를 들고 있으면 파르르 떨리는 게 보일 정도로 몸이 진동한다. 당장 경련을 일으킬 것 같은 기분이다. 나는 다리가 간질 환자처럼 푹 꺾이지 않도록 하는 데 온 정신을 집중한다. 바지통이 좁은 편이라 다리 떠는 게 눈에 뜨이는 게 아닌가 걱정이다. 나는 아예 신부에게 기대고 있다. 떨리는 걸 신부한테 감출 도리는 없으니까. 신부는 최선을 다해 나를 떠받친다.

목사는 계속 웅얼거린다. 뭐라고 하는지 전혀 알 수 없다.(나는 거기 있지만 정신은 거기 없다.) 제발 빨리 끝내고 이 고통에서 벗어날 수 있게 해 줬으면 좋겠다. 목사는 말을 멈추고 우리를 내려다본다. 번들거리며 땀을 뚝뚝 흘리고 공포에 찬 눈빛을 하고 있는 나를 보고 놀란다. "괜찮나?" 소리를 내지 않고 입모양으로 묻는다. 나는 어쩔 수 없이 그렇다고 고개를 끄덕인다.(내가 괜찮지 않다고 해봐야 어떻게 하겠나? 결혼식을 중단하고 하객들을 내보내나? 그건 견딜 수 없는 굴욕일 것이다.)

목사는 설교를 계속하고 나는 세 가지 적과 싸운다. 떨리는 팔다리. 토하고 싶은 충동. 무의식. 머릿속에는 이 생각뿐이다. '여기에서 벗어나고 싶어.' 왜냐고? 여기 300명은 되는 사람들이(친구, 친척, 직장 동료) 우리 결혼식을 지켜보고 있는데 나는 무너지기 일보 직전이기 때문이다. 나는 내 몸에 대한 통제를 잃었다. 내 삶에서 가장 중요하고 가장 행복한 순간이어야 할 이때 나는 최악으로 비참하다. 죽을 것만 같다.

땀이 나고 어지럽고 몸이 떨리는 가운데 결혼 의식을 가까스로 수행해 나가면서("네."라고 대답하고 반지를 끼워주고 입을 맞추고) 나는 사람들(장인과 장모, 아내 친구들, 내 동료들)이 나를 보고 이런 생각을 할까 두렵고 괴롭다. '혹시 결혼하기가 싫어진 건가? 성격적 결함이 있는 거 아냐? 겁쟁이인가? 남편 노릇이나 제대로 할 수 있을까?' 신부 친구들이 결혼 전에 뭔가 미심쩍다고 생각했다면 이 순간에 확신하게 되었으리라. '어쩐지 좀 아닌 거 같더라니.' 신부 친구들이 이렇게 생각할 것 같다. '신부가 너무

아까워.' 나는 옷을 입은 채로 샤워를 한 것 같은 몰골이다. 내 땀샘, 나의 육체적 연약함, 정신적 유약함이 만천하에 드러난다. 나란 존재의 무가치함이 밝혀진다.

다행히도 예식이 끝난다. 땀에 흠뻑 젖은 채로 나는 신부한테 매달려 통로를 따라 나온다. 교회 밖으로 나오자 끔찍했던 신체 증상이 가라앉는다. 이제 경련을 일으키지는 않을 것이다. 기절하지도 않을 것이다. 그러나 손님들에게 인사를 하고 피로연에서 술을 마시고 춤을 추고는 있지만 나는 행복한 척 연기를 하는 것이다. 카메라를 보고 웃음을 지으며 악수를 하지만, 죽고 싶다. 안 될 건 뭔가? 나는 남자로서 해야 할 가장 기본적인 일에 실패했다. 결혼하는 일. 어떻게 이것마저 망쳐버린 걸까? 그 뒤로 72시간 동안 나는 혹독하고 무참한 절망감에 시달린다.

* * *

> 불안으로 인해 죽는 사람은 많지 않지만, 심한 불안 때문에
> 겪는 마비와 고통보다는 차라리 죽음을 택할 사람은 많다.
>
> —데이비드 H. 발로, 『불안과 관련 장애』(2004)

결혼식 날이 내가 처음으로 무너져 내린 날은 아니었다. 마지막도 아니었고. 우리 첫아이가 태어나던 날에는 간호사들이 산고 중이던 아내를 내버려두고 나를 돌보아야 했다. 내가 얼굴이 창백해지다 못해 쓰러져버렸기 때문이다. 굴욕적이게도 강의나 발표를 하러 사람들 앞에 섰다가 얼어붙은 적도 있다. 단상에서 내려와야 했던 적도 여러 번이다. 데이트 약속을 해놓고 못 나가고, 시험장에서 나가버리고, 취업 면접을 보다가, 비행

기를 타고 가는 중에, 기차 여행 중에, 자동차 여행 중에, 그냥 거리를 걷는 도중에도 정신적으로 무너져 내리곤 했다. 평범한 날 일상적인 일을 하다가도 (책을 읽거나 침대에 눕거나 전화 통화를 하거나 다른 사람을 만나거나 테니스를 치는 도중에) 갑자기 존재에 대한 공포가 덮쳐오며 구토, 현기증, 떨림 등 여러 신체 증상이 세트로 나타난 일이 수천 번은 있었다. 이런 순간에는 죽음이나 어쩌면 그보다 더한 것이 눈앞에 있다는 확신이 든다.

이렇게 급격한 불안이 찾아올 때가 아니더라도 나는 늘 온갖 걱정에 시달린다. 나와 식구들의 건강에 대해, 돈 때문에, 일 때문에, 차에서 나는 덜덜거리는 소리 때문에, 물 새는 지하실 때문에, 나이 먹고 죽음이 다가오는 것에 대해, 모든 것에 대해, 아무것도 아닌 것에 대해. 이따금 이런 걱정이 신체 증상으로 바뀌어 나타나기도 한다. 복통, 두통, 어지럼증, 팔다리의 통증 등. 때로는 마치 단핵구증이나 독감에 걸린 것처럼 몸살을 앓기도 한다. 불안 때문에 호흡 곤란이 오거나 무얼 잘 삼키지 못하게 되거나 심지어 걷지 못하게 된 적도 있다. 그러다가 보면 이런 불편한 증상들이 강박증처럼 되어 거기에서 벗어나지 못하게 된다.

또 특정 대상에 대한 공포증도 여럿 있다. 몇 개를 예로 들자면 갇힌 공간(폐소공포증), 높은 곳(고소공포증), 기절(실신 공포증), 집에서 멀리 떨어진 곳에서 옴짝달싹 못하게 되는 것(광장공포증의 일종), 세균(미생물 공포증), 치즈(치즈 공포증), 사람들 앞에서 말하는 것(사회공포증의 한 가지), 비행기 여행(비행공포증), 구토(구토공포증), 그리고 당연하지만 비행기 안에서 구토하는 것에 대한 공포증(비행기 멀미 공포증)도 있다.

어릴 때 어머니가 야간 로스쿨에 가면 나는 베이비시터와 함께 집에 있었다. 그럴 때면 부모님이 교통사고로 죽었거나 나를 버렸을 거라는 생각에 극도의 공포에 시달렸다.(전문 용어로는 '분리불안'이라고 한다.) 부모님이 돌아오기를 빌면서 쉴 새 없이 방 안에서 왔다 갔다 하다 보니 일곱 살이 되었을 때에는 방바닥 양탄자에 고랑이 패었을 지경이었다. 1학년 때에는 몇 달 동안 거의 날마다 보건실에 가 있었다. 심리적인 이유에서 오는 두통에 시달리며 집에 보내달라고 조르곤 했다. 3학년이 되자 두통 대신 복통이 찾아왔지만 날마다 보건실에 가는 건 마찬가지였다. 고등학교 때는 경쟁 상황에서 느끼는 불안이 너무 고통스러워서 테니스나 스쿼시 시합에서 일부러 지곤 했다. 고등학교 시절의 유일한 데이트에서는, 로맨틱한 순간(우리는 야외에서 망원경으로 별자리를 보고 있었다.)에 데이트 상대였던 여자아이가 입을 맞추려고 몸을 기울였을 때 너무 불안한 나머지 토할까 봐 겁이 나서 몸을 빼고 말았다. 그 일이 어찌나 부끄럽고 수치스러웠던지 그 뒤로 그 아이의 전화를 받지 않았다.

줄여 말하면 나는 두 살 때부터 죽 공포증, 불안, 신경증을 지닌 예민 덩어리였다. 또 처음 정신병원에서 검사를 받고 치료가 필요하다는 진단을 받은 열 살 때부터 오늘날까지 죽 불안을 극복하기 위해 온갖 방법을 다 써보았다.

간단하게 열거하자면 이런 것들이다. 개인 상담 치료(30년), 가족 치료, 집단 치료, 인지행동 치료, 합리적 정서 치료, 수용전념 치료, 최면 치료, 명상, 역할연기 치료, 자극감응 노출 치료, 실제상황 노출 치료, 지지적·표현적 치료, 안구운동 민감소실 및 재처리 요법, 자가치유서, 마사지 요법, 기도, 침술 요법, 요가, 스토아 철학, 밤중에 텔레비전 광고를 보고 주문한 카세트테이프.

물론 약도 있다. 아주 많다. 소라진. 이미프라민. 데시프라민. 클로르페니라민. 나딜. 부스파. 프로작. 졸로프트. 팍실. 웰부트린. 이펙사. 셀렉사. 렉사프로. 심발타. 루복스. 트라조돈. 레복실. 프로프라놀롤. 트랑센.

세락스. 센트락스. 고추나물[성요한초라고도 하고 우울증에 효과가 있다고 알려졌다.─옮긴이]. 졸피뎀. 발륨. 리브리움. 아티반. 자낙스. 클로노핀.

또 맥주, 와인, 진, 버번, 보드카, 스카치위스키.

이 중에서 효과가 있었던 것: 없음.

솔직히 효과가 전혀 없었던 건 아니다. 어떤 약은 일정 기간 동안은 조금 도움이 됐다. 소라진(향정신성 약물이지만 전에는 대표적 진정제로 분류되었다.)과 이미프라민(삼환계 항우울제)을 같이 먹은 덕에 1980년대 초에 정신병원에 입원하지 않을 수 있었다. 중학생 때인데 이때 극심한 불안에 시달렸다. 데시프라민도 삼환계 항우울제다. 이 약으로 20대 초반을 버틸 수 있었다. 20대 후반에는 팍실(선택적 세로토닌 재흡수 억제제)을 먹기 시작했는데 6개월 동안은 불안감이 상당히 줄어든 채로 지낼 수 있었다. 다시 두려움이 폭발하기는 했지만. 30대 초반에는 자낙스, 프로프라놀롤, 보드카를 넉넉히 들이킨 덕에 책 출판 기념 투어와 대중 강연 여러 차례, 텔레비전 출연까지 가까스로 해낼 수 있었다. 스카치위스키 더블샷에 자낙스와 드라마민을 이륙 전에 투여하면 비행기 여행을 견딜 수 있을 때도 있다. 위스키 더블을 연달아 들이키면 실존적 공포가 좀 흐릿하고 멀게 느껴지는 효과가 있기도 하다.

그렇지만 내 영혼에 침투한 듯, 몸 안에 장착된 듯 상존하며 때로 내 삶을 처참하게 만드는 불안을 근본적으로 줄여준 치료 방법은 아직까지 없었다. 시간이 흐르면서 불안을 치료하겠다는 희망도 점점 사그라들었고, 이제는 체념하고 대신 불안을 안고 살아가는 방법, 덜덜 떨리고 흔들리고 엉망이 되어버리곤 하는 신경 상태를 조금이라도 달래고 진정시키는 방법을 찾기를 갈구한다.

* * *

불안은 서양 문명의 가장 두드러진 정신적 특성이다.

—R. R. 윌러비, 『마법과 관련 현상』(1935)

불안과 불안 관련 장애는 오늘날 미국에서 공식적으로 분류된 정신질환 가운데 가장 흔하다. 우울증 등의 기분장애보다도 더 많다. 미국 국립정신건강연구소에 따르면 미국인 4000만 명 정도, 그러니까 일곱 명 가운데 한 명은 현재 불안장애를 겪고 있으며, 미국에서 정신건강 관리에 사용되는 비용의 31퍼센트가 이 병 치료에 들어간다.[1] 최근 역학 조사 자료에 따르면 평생을 통틀어[2] 불안장애를 겪을 확률이 25퍼센트에 달한다. 그러니까 네 명 가운데 한 명에게는 살아가면서 어떤 시점에 병적인 불안이 덮쳐오는 일이 일어날 수 있다는 뜻이다. 그리고 정말로 **병적**이라고 할 수 있다. 얼마 전 나온 학술 논문에서 불안장애를 안고 사는 사람의 심리적·육체적 장애는 당뇨병이 있는 사람과 마찬가지라고 했다. 대체로 관리 가능하지만 때로는 치명적이기도 하고 치료가 매우 힘들다는 점에서 당뇨병과 비교할 만하다는 말이다. 2006년《미국 정신의학 저널》에 발표된 연구에서는 1년 동안 미국인들이 불안과 우울증 때문에 일을 하지 못하는 날을 다 합하면 3억 2100만 일이고 이로 인해 해마다 경제에 500조 달러의 비용 손실을 입힌다고 추산한다.[3] 2001년 미국 노동통계청 자료에서는 불안이나 스트레스 장애를 앓는 미국 노동자가 한 해 동안 일을 하지 못하는 날수의 중앙값이 25일이라고 했다.[4] 미국 경제위기가 닥치기 3년 전인 2005년 항불안제인 아티반과 자낙스 두 가지 약의 처방만 해도 5300만 건이었다고 한다.[5] (9·11 테러 직후 자낙스 처방은 전국에서 9퍼센트, 뉴욕에서는 22퍼센트 늘었다.)[6] 2008년 9월 금융위기가 닥치자 뉴욕에서 처방이 또 다시 급등했다.[7] 은행들이 무너지고 주식시장에서는 주가가 자유 낙하하는 동안 항우울제, 항불안제 처방은 지난해에 비해 9퍼센트 늘고 수면제 처방은 11퍼센트 늘었다.

불안이 미국 특유의 병이라고 하는 사람도 있지만 미국인만 불안을 겪는 건 아니다. 2009년 영국 정신건강재단에서 발표한 보고서는 영국에 사는 사람 가운데 15퍼센트가 현재 불안증을 앓고 있고 그 비율이 상승하고 있다고 했다.[8] 영국인 37퍼센트가 '전보다 더 불안한 느낌'이라고 말했다. 최근《미국 의학협회 저널》에 실린 논문은 정서장애 가운데 불안장애가 가장 흔한 나라가 여러 곳이라고 밝혔다.[9] 전 세계의 불안증 연구를 검토한 논문이 2006년《캐나다 정신의학 저널》에 실렸는데 세계적으로 최대 여섯 명 가운데 한 명은 평생 어느 시점에 1년 이상의 기간 동안 불안증에 시달린다는 결론을 내렸다.[10] 다른 연구에서도 비슷한 결과가 나왔다.[11]

물론 이런 수치는 미국 정신의학회에서 제정한 약간은 자의적인 진단 범주에 따라, 엄밀하게 **임상적으로** 불안하다고 진단을 받은 나 같은 사람만을 헤아린 수치다. 그렇지만 불안이란 공인된 정신병이 있는 사람만 느끼는 것이 아니다. 1차 진료기관 의사들은 환자들이 병원을 찾는 대표적인 이유가 불안이라고 말한다.[12] 심지어 감기보다 더 흔하다고 하는 의사들도 있다. 1985년에 수행된 대규모 연구에서는 가정의를 찾는 까닭 가운데 불안이 11퍼센트 이상을 차지한다고 했다.[13] 그 이듬해의 연구에서는 세 명 중 한 명이 가정의에게 "심한 불안"을 호소했다고 나타났다.[14] (미국에서 1차 진료기관을 찾은 환자 가운데 20퍼센트가 발륨이나 자낙스 등의 벤조디아제핀계 약물을 복용한다는 연구도 있다.[15]) 거의 대부분의 사람이 살아가는 동안 한 번은 극심한 불안을 경험한다. 아니면 조금 다르지만 연관이 있는 현상인 두려움이나 스트레스나 걱정 등을 극심하게 경험한다.(불안을 느낄 수 없는 사람은 사실 급작스레 또는 이유 없이 불안을 느끼는 사람보다 더욱 심각하게 병적이고 사회에도 더 큰 위협이 된다. 이런 사람들은 소시오패스다.)

만성 스트레스가 우리 시대의 특징이라거나 불안이 근대성의 문화적 징후라는 말에 고개를 끄덕이지 않을 사람은 별로 없을 것이다. 원자력 시대가 도래한 이래로 우리는 불안의 시대를 살고 있다고 흔히들 말한다. 진부한 표현이기는 하나 근래 미국이 연달아 테러, 경제위기, 전반적 사회 변화를 겪다 보니 더욱 옳은 말처럼 들린다.

그렇지만 고작 30년 전만 해도 불안이라는 병명은 존재하지 않았다. 1950년 정신분석학자 롤로 메이는 『불안의 의미』라는 책에서 자기 이전에 불안을 책 한 권 분량으로 다룬 사람은 쇠렌 키르케고르와 지그문트 프로이트 두 사람밖에 없다고 했다. 1927년 《심리학 초록》에 실린 목록을 보면 불안을 다룬 학술 논문은 세 편이 전부다. 1941년에도 열네 편 뿐이었다. 1950년이 되어도 서른일곱 편이 전부다. 불안이라는 주제 하나만을 다루는 학회가 처음으로 열린 때가 1949년 6월이었다. 1980년 불안을 치료하는 약물이 개발되어 시장에 나왔을 때에야 비로소 불안 장애가 미국 정신의학회의 『정신질환의 진단 및 통계 편람(*Diagnostic and Statistical Manual of Mental Disorders*)』(이하 DSM) 제3판(DSM-III)에 들어가게 되었다. 그 이전까지는 편람에 프로이트 식 "신경증"이라고 되어 있었다. 치료가 진단을 앞선 것이다. 그러니까 불안 치료약이 발견되었기 때문에 불안이 진단 범주로 탄생했다고 할 수 있다.

오늘날에는 해마다 불안을 다룬 논문이 수천 편은 나온다. 불안만을 전문적으로 다루는 학술지도 여럿이다. 무수한 연구를 통해 불안의 원인과 치료에 대해서는 물론이고 더 크게 정신이 어떻게 작동하는가에 대해서도 새로운 사실이 계속 드러나고 밝혀진다. 정신과 육체는 어떻게 연결되는가, 유전자와 행동, 분자와 정서는 어떻게 연결되는가 등에 대해. 기능성 자기공명영상(fMRI) 기술을 이용해서 주관적으로 경험하는 여러 정서를 뇌의 특정 부위와 연결할 수 있고, 또 뇌 기능에 미치는 영향이 어떻게 다른지 눈으로 확인하여 불안을 여러 유형으로 나눌 수도 있다. 예를 들어 앞날에 대한 막연한 근심(나를 예로 들면 이 책이 출간될 때까지 출판업계가 무너지지 않고 버틸까 하는 걱정, 우리 애들이 대학 갈 때 등록금을 댈 수 있을까 하는 걱정 등)은 대뇌피질 전두엽의 과잉 활성화로 나타난다. 일부 사람들이 사람들 앞에서 말을 할 때 느끼는 심한 불안(나는 얼마 전 강의를 할 때 약물과 알코올로 최대한 달랬지만 그래도 순수한 공포 비슷한 것을 느꼈다.)이나 아주 수줍음이 많은 사람이 사람들 앞에서 느끼는 불안은 뇌의 전대상회라고 하는 부분의 과잉 활성화로 나타난다. 한편 강박적 불안은 뇌 스캔으로 들여다보면 전두엽과 기저핵 안에 있는 하부 중추를 연결하는 회로에 교란이 있는 것으로 나타난다. 1980년대 신경학자 조지프 르두의 선구적 연구 덕에 공포와 관련된 정서와 행동은 편도라는 기관에서 만들어지거나 아니면 적어도 여기에서 처리된다는 것이 이제 잘 알려져 있다. 편도는 뇌 아래쪽에 있는 아몬드 모양의 기관인데 지난 15년 동안 불안에 관한 신경학 연구 대부분이 이 기관을 중심으로 이루어졌다.

프로이트나 키르케고르는 정확히 몰랐지만 지금 우리는 세로토닌, 도파민, 감마아미노부티르산, 노르에피네프린, 뉴로펩타이드 Y 등 여러 신경전달물질이 불안을 줄이거나 높이는 역할을 한다는 것을 안다. 또 불안에는 강력한 유전적 요인이 있다는 것도 안다. 구체적으로 어떤 요인인지도 이제 알아나가기 시작했다. 수백 편의 연구 중 하나를 예로 들자면 하버드 대학교 연구자들이 2002년에 어떤 유전자를 집어냈고 언론에서 "우디 앨런 유전자"[16]라는 이름을 붙였다. 이 유전자가 편도 등 공포 관련 행동을 관장하는 신경회로 중요 부분에서 특정 뉴런 집단을 활성화하는 역할을 하기 때문이다. 오늘날에는 연구자들이 이런 '후보 유전자' 여러 개를 목표로 두고 접근하면서 특정 유전자 변이와 특정 불안장애 사이의 통계적 상관관계를 살피고 이 관계를 '중재'하는 화학적·신경해부학적 메커니즘을 탐구하고 있다. 유전적 성향이 어떻게 하여 실제로 불안한 정서나 장애로 발현되는지를 정확히 밝히는 게 목표다.

미국 국립정신건강연구소장 토머스 인셀 박사는 이렇게 말한다. "불안을 정서로 보든 장애의 하나로 보든 이런 연구들을 통해 분자, 세포, 기관계에 대한 이해가 정서와 행동의 이해로 바로 이어질 수 있다는 사실이 가장 흥미롭다. 마침내 유전자와 세포와 뇌·뇌신경계 사이의 연관을 만들어나갈 수 있게 된 것이다."[17]

* * *

두려움은 정신의 유약함에서 나오고 따라서 이성과 무관하다.

—바뤼흐 스피노자(1670년경)

신경화학과 신경해부학 분야에서 혁혁한 발전이 이루어졌다고는 하나 내가 겪어본 바로 심리학 분야는 여전히 불안의 원인과 치료를 두고 크게 분열된 상태인 것 같다. 내가 만나본 정신약리학자나 정신의학자 들은 약이 나의 불안을 **치료해준다**고 말했다. 내가 만나본 인지행동 치료사들은 약이 오히려 불안의 **원인**일 수 있다고 했다.

인지행동 치료와 정신약리학의 충돌은 사실 수천 년 묵은 논쟁의 반복일 뿐이다. 물론 분자생물학, 생화학, 회귀분석, fMRI 등의 발달로 이 분야에서 새로운 발견이 이루어지고 과학적 엄밀성에 도달했으며 치료의 길도 열렸다. 프로이트를 비롯한 선구자들은 꿈도 꾸지 못한 일이다. 불안 연구가 인간 심리 연구 분야의 최첨단에 있다는 토머스 인셀의 말도 옳지만, 그런 한편 태양 아래 새로운 것은 없다는 말도 옳다.

　　인지행동 치료의 원조를 찾자면 17세기 네덜란드의 유대인 철학자 바뤼흐 스피노자로 거슬러 올라갈 수 있다. 스피노자는 불안은 논리적 문제일 뿐이라고 생각했다. 스피노자는 잘못된 생각 때문에 우리가 우리 힘으로 어떻게 할 수 없는 것들을 두려워하게 된다고 주장했다. 인지행동 치료사들이 말하는 '잘못된 인식'이라는 개념(통제할 수 없는 일에는 두려움을 품을 이유가 없다. 두려움이 아무런 이득을 가져다주지 않기 때문이다.)을 300년도 더 전에 제시한 것이다. 스피노자의 이런 생각이 본인한테는 통했던 모양이다. 전기 작가들은 스피노자가 두드러지게 침착한 사람이었다고 전한다. 스피노자로부터 1600년을 더 거슬러 올라가, 스토아 철학자 에픽테토스도 잘못된 인식에 대해 같은 생각을 했다. "사람들은 대상이 아니라 그 대상에 대해 갖는 생각 때문에 불안해한다." 무려 1세기에 쓴 글이다. 에픽테토스는 불안의 뿌리는 생물학적 신체가 아니라 우리가 현실을 바라보는 방식에 있다고 생각했다. 불안을 가라앉히려면 "그릇된 인식을 교정"해야 한다고 봤다.(인지행동 치료사들도 똑같이 생각한다.) 사실 스토아 학파는 진정한 인지행동 치료의 창시자라 할 수 있다. 에픽테토스와 같은 시대에 살았던 세네카는 이렇게 썼다. "우리에게 해를 가하는 것보다는 우리를 놀라게 하는 게 훨씬 더 많고 우리는 현실의 고통보다 불안의 고통을 훨씬 더 많이 겪는다." 1950년대 인지행동 치료의 공식 창시

자인 애런 벡이 한 말을 2000년 전에 이미 똑같이 한 것이다.[◆]

현대 정신약리학의 정신적 선조는 그보다도 더 멀리 거슬러 올라간다. 고대 그리스 의사 히포크라테스는 기원전 4세기에 병리적 불안은 생물학적·의학적 문제라고 규정했다. 히포크라테스는 이렇게 썼다. "[정신병이 있는 사람의] 머리를 갈라 보면 뇌에 습기가 많고 땀으로 가득하고 역한 냄새가 난다." 히포크라테스는 "체액"이 광기의 원인이라고 생각했다. 담즙이 뇌로 갑자기 몰려가면 불안이 일어난다.(아리스토텔레스는 히포크라테스의 뒤를 이어 담즙의 온도에 중대한 비중을 두었다. 담즙이 따뜻하면 온화하며 열정적이고 담즙이 차가우면 불안하고 겁이 많다.) 히포크라테스는 불안 등 정신장애는 체액이 적절한 균형을 유지하도록 하면 나을 수 있는 의학적·생물학적 문제라고 봤다.[◆◆]

그러나 플라톤과 그 추종자들은 정신세계는 생리학과 구분되는 자율성을 지닌다고 생각하여 불안이나 우울이 신체에서 비롯된다는 생각에 반대했다. 어느 고대 그리스 철학자는 정신병을 생물학적으로 설명하는 것은 "어린애 이야기처럼 허황하다."[18]고 했다. 플라톤은 사소한 심리적 문제는 의사가 치료할 수 있지만(정서적 문제가 신체를 통해 나타날 때가

◆ 어떻게 보면 세네카의 말은 프랭클린 루스벨트의 유명한 말을 미리 한 것이기도 하다. "우리가 두려워해야 할 것은 오직 두려움 그 자체다."

◆◆ 히포크라테스는 몸과 마음이 건강한 상태를 유지하려면 네 가지 체액, 곧 피, 점액, 검은 담즙, 노란 담즙이 적당한 균형을 이루어야 한다고 생각했다. 체액의 상대적 균형 상태가 그 사람의 기질의 원인이 되기도 한다. 피가 상대적으로 많은 사람은 얼굴이 붉고 활기차고 "다혈질"에 붉같은 성미이고, 검은 담즙이 비교적 많은 사람은 낯빛이 어둡고 기질이 우울하다. 체액이 적절하게 섞여 있으면(유크라시아라고 함) 건강한 상태다. 체액의 균형이 무너지면(디스크라시아라고 함) 병에 걸린다. 히포크라테스의 체액설이 오늘날에는 설득력을 잃었지만 1700년대까지 2000년 동안이나 큰 영향을 미쳤고 오늘날까지도 사람의 성격을 말할 때 bilious('담즙질의, 까다로운'이라는 뜻)라든가 phlegmatic('점액질의, 냉정한'이라는 뜻) 따위 단어가 쓰인다. 또 정신질환에 대한 생의학적 접근이 히포크라테스 이론의 명맥을 잇는다고도 할 수 있다.

있기 때문이다.) 깊은 곳에 근원이 있는 정서적 문제는 오직 철학자들만 치유할 수 있다고 했다. 불안 등의 정신적 문제는 생리적 불균형이 아니라 영혼의 부조화에서 오며 여기에서 회복하려면 깊은 자아성찰, 자기통제, 철학을 따르는 삶이 필요하다. 플라톤은 "어떤 사람의 몸과 마음이 대체로 건강한 상태라면 배관공을 불러 집수리를 하듯 의사를 불러 사소한 질환을 고칠 수 있다. 그렇지만 전체적 구조가 망가졌다면 의사는 쓸모가 없다."[19]고 했다. 따라서 영혼을 치료하는 데 적절한 방법은 철학뿐이다.

히포크라테스는 헛소리라고 일축했다. "저 철학자들이 자연과학에 대해 쓴 글들은 미술과 무관한 만큼 의학과도 무관하다."[20] 히포크라테스가 말했다.◆

병적 불안은 히포크라테스와 아리스토텔레스, 현대 약학자들의 생각처럼 의학적 질환인가? 아니면 플라톤과 스피노자, 인지행동 치료사들 생각처럼 철학적 문제인가? 프로이트와 그 추종자들이 생각하듯 어린 시절의 트라우마와 성적 억압에서 비롯된 심리적인 문제인가? 혹은 쇠렌 키르케고르와 실존주의자들의 주장처럼 정신적인 병인가? 아니면, W. H. 오든, 데이비드 리스먼[미국 사회학자, 교육자로 『고독한 군중』 등의 저서를 남겼다.─옮긴이], 에리히 프롬, 알베르 카뮈, 또 무수히 많은 현대 사상가들이 선언했듯 문화적인 병인 동시에 우리가 사는 시대와 사회 구조의 한 기능인 것일까?

사실을 말하자면 불안은 생물학적 기능인 동시에 철학적인 기능이기

◆ 아니면 히포크라테스의 추종자가 한 말일 수도 있다. 역사가들은 오늘날 히포크라테스의 글이라고 전해지는 것들이 사실은 히포크라테스의 추종자였던 여러 의사들의 저작물이라고 본다. 몇몇 글은 히포크라테스 사후에 쓰였고, 히포크라테스의 사위 폴리보스가 쓴 것도 있다고 한다. 히포크라테스의 아들인 드라코와 테살로스도 유명한 의사였다. 하지만 복잡함을 피하기 위해, 이 글들에 담긴 사고가 히포크라테스에게서 비롯되었으므로 그냥 한 사람의 글인 것처럼 취급한다.

도 하고, 육체와 정신, 본능과 이성, 개성과 문화 모두와 관련 있다. 우리는 불안을 정신적·심리적으로 경험하지만, 분자나 생리학적 층위에서도 불안을 측정할 수 있다. 불안은 유전에 의해 만들어지는 동시에 양육에 의해서도 만들어진다. 심리적 현상이면서 사회적 현상이다. 컴퓨터 용어로 말하면 하드웨어의 문제(배선이 엉망이다.)이면서 소프트웨어의 문제(논리적 오류가 있는 프로그램을 돌려서 불안한 생각을 일으킨다.)이기도 하다. 기질은 어느 하나에서 비롯되지 않는다. 위험 유전자라든가 이런 시절의 상처 같은 한 가지 원인에서 비롯되는 것처럼 생각하기 쉽지만 그렇지 않을 수도 있다. 사실 스피노자의 두드러지게 침착한 성품이 본인의 철학 덕분인지 생물학적으로 그렇게 타고났기 때문인지 어떻게 알겠는가? 스피노자가 유전적으로 자율신경 각성 정도가 낮기 때문에 고요한 철학을 펼칠 수 있었던 것이지 그 반대가 아닐 수도 있지 않나?

* * *

> 신경증은 우연한 개인적 경험에서만 비롯되는 것이 아니라 우리가 사는 특정한 문화적 조건에서 비롯되기도 한다. …… 예를 들어 억압적이거나 '희생적'인 엄마를 갖는 건 개인의 운명이지만 억압적이거나 희생적인 엄마는 특정한 문화적 조건에서만 나타난다.
>
> —카렌 호나이, 『우리 시대의 신경증적 성격』(1937)

내 가족력에서 불안을 찾고자 하면 멀리 볼 필요도 없다. 외증조부 체스터 핸퍼드는 여러 해 동안 하버드 학생처장이었는데 1940년대 후반에는 심한 불안증 때문에 매사추세츠 주 벨몬트에 있는 유명한 정신병원인 매클린 병원에 입원했다. 체스터 핸퍼드는 생애 후반 30년은 고통 속에서 보냈다. 약물과 전기 충격 치료 덕에 고통이 가라앉을 때도 있었지만 잠시뿐이었다. 1960년대 가장 심할 때에는 자기 침대에 태아처럼 몸을 웅크리고 누워 짐승 소리 같은 울음소리를 냈다고 한다. 나의 외증조모는 강인하고 현명한 분이었지만 남편을 돌보는 일이 너무 힘이 들어 1969년에 그만 위스키와 수면제 과용으로 사망하고 말았다.

체스터 핸퍼드의 아들이 내 외할아버지다. 지금 아흔셋인데 아주 세련되고 우아한 분이다. 내가 아는 사람 중 가장 분별 있는 사람이다. 그렇지만 외할아버지에게서도 강박의 그림자를 볼 수 있다. 예를 들어 어떤 건물에서 나갈 때에는 반드시 자기가 들어온 문으로 나가야 한다는 미신이 있는데, 그러다 보니 때로 복잡한 수송 문제를 일으키기도 한다. 우리 어머니는 극도로 예민하고 늘 걱정에 시달린다. 변호사로 정력적으로 활동하기는 했지만 나처럼 여러 공포증과 신경증도 지니고 있다. 높은 곳(유리 엘리베이터, 리프트)은 늘 꺼리고 사람들 앞에서 말하는 일을 피하고 조금이라도 위험한 일은 하지 않는다. 또 나처럼 토하는 것을 죽을 정도로 두려워한다. 젊을 때에는 심한 공황 발작을 자주 겪었다. 가장 심했을 때에는 (전남편인 우리 아버지 말에 따르면) 편집증에 가까운 증상을 보였다고 한다. 또 아버지 말에 따르면 내가 아기일 때 어머니는 노란 폭스바겐을 탄 연쇄살인범이 우리 집을 감시하고 있다고 철석같이 확신했다고 한다.◆
내 여동생은 나와 종류는 다르지만 심하기는 마찬가지인 불안에 시달린

◆ 아버지와 어머니가 이혼한 지 15년이 지난 지금은 어머니의 편집증이 얼마나 심했는지에 대해 두 분의 의견이 갈린다. 아버지는 상당했다고 주장하고 어머니는 경미한 정도였다고 한다.(사실 그때 실제로 연쇄살인범이 돌아다니고 있긴 했다.)

다. 동생도 셀렉사를 먹었었다. 프로작과 웰부트린, 나딜, 뉴로틴, 부스파도 먹었다. 어떤 것도 효과가 없었지만 그래도 현재 모계 쪽 우리 집안에서 정신과 약을 먹지 않는 어른은 동생 말고는 거의 없다.(우리 모계 쪽 친척 중에는 항우울제나 항불안제에 여러 해 동안 줄곧 의존해온 사람들이 많다.)

모계 쪽 네 세대를 근거로 살펴보면(이와 별개로 아버지 쪽에서도 내려오는 정신병리 요인이 있다. 아버지는 내가 어릴 때 일주일에 닷새는 코가 비뚤어질 때까지 술을 마셨다.) 내가 불안과 우울증을 일으킬 유전적 소인을 타고났다는 결론을 내려도 지나치지 않을 것이다.

하지만 이런 유전적 기질이 그 자체로 결정적이지는 않다. 모계에서 여러 세대에 걸쳐 불안이 이어져 내려온 까닭이 유전이 아니라 환경 때문일 수도 있지 않을까? 나의 외증조부는 1920년대에 아이 하나를 병으로 잃고 큰 충격을 받았다. 어쩌면 이런 트라우마에 나중에 2차 세계대전 당시 가르치던 학생들 상당수가 죽은 일이 더해져 심리적 타격을 입었을 수도 있다. 외할아버지도 마찬가지였을 것이다. 외할아버지는 동생이 죽었을 때 초등학생이었는데 영구차 안의 조그만 관 옆에 앉아 공동묘지로 간 일이 기억난다고 한다. 우리 어머니도 걱정덩어리였던 당신의 어머니가 늘 불안해하는 모습을 보며 불안을 익혔을 수 있다. 이런 걸 심리학 용어로 '모델링(modelling)'이라고 한다. 어쩌면 나도 어머니의 공포증을 보고 받아들였을 수 있다. 특정공포증[동물이나 높은 곳, 천둥, 어둠, 비행, 폐쇄된 공간, 특정 음식물, 피나 상처, 주사 등을 두려워하여 피하는 증상—옮긴이], 특히 높은 곳이나 뱀·설치류에 대한 공포처럼 자연 상태에서 적응에 도움이 될 수 있는 공포 등은 유전적으로 전달되어 진화 과정에서 보존된다는 증거가 있긴 하지만, 내가 어머니가 두려워하는 걸 보고 두려움을 배웠을 법도 하지 않나? 아니면 내 어릴 적의 심리적 환경이 대체로 불안정했기 때문에 (어머니는 끝없이 불안해하며 안달복달했고 아버지는 술독에 빠져 살았고 이혼으로 치닫는 부부 사이가 순탄했을 리가 없으니) 내 감수성이 불안해졌을까? 아니면 어머니가 나를 임신했을 때 편집증과 공황에 시달리며 자궁 안의 호르몬이 요동쳤기 때문에 내가 불안한 성격으로 태어날 수밖에 없었던 걸까? 임신 기간에 스트레스를 겪은 산모가 불안한 아이를 낳을 가능성이 더 높다는 연구가 있다.[*][21] 정치철학자 토머스 홉스는 1588년 4월 스페인 무적함대가 영국 해안으로 진격해온다는 소식을 들은 어머니가 겁에 질려 조산하는 바람에 미숙아로 태어났다. "나는 공포와 쌍둥이로 태어났다."[22]고 홉스는 썼고 어머니가 공포에 질려 조산했기 때문에 자기가 불안한 기질을 갖게 되었다고 생각했다. 사람은 자연 상태에서는 투쟁하며 서로 폭력과 불행을 가하기 때문에 시민들을 보호하기 위해 강력한 국가 권력이 필요하다는 홉스의 시각(홉스는 "삶은 역겹고 야만적이고 짧다."고 말한 것으로 유명하다.)은 자궁 안에 있을 때 어머니의 스트레스 호르몬에 영향을 받아 생겨난 불안한 기질에서 나왔을지도 모른다.

아니면 내 불안의 뿌리는 내 경험이나 내가 물려받은 유전자보다 더 깊고 광범위한 곳에 있을 수도 있을까? 말하자면 역사와 문화에? 우리 아버지의 부모님은 유대인이고 1930년대 바이마르 독일에서 미국으로 이민했다. 아버지의 어머니는 미국에 온 뒤에는 얄궂게도 반유대주의자가 되었다. 박해가 두려워 유대인으로서 정체성을 부인한 것이다. 내 동생과 나는 성공회 신자로 자랐고 대학에 들어가기 전에는 나한테 유대교 배경이 있다는 사실조차 몰랐다. 한편 아버지는 평생 2차 세계대전, 특히

◆ 2001년 9·11 테러가 일어났을 때 엄마 배 속에 있던 아이들을 생후 6개월에 검사했는데 스트레스 호르몬 수치가 여전히 높게 나왔다. 전쟁 등 혼란기에 임신한 아이가 평생 가는 스트레스성 체질을 가질 수 있음을 보여주는 비슷한 연구 결과들도 있다.

나치에 푹 빠져 살았다. 「전쟁에 휘말린 세계」라는 텔레비전 시리즈를 줄 창 틀어놓고 보았다. 이 프로그램에 나온, 우렁찬 진군가와 함께 나치가 파리로 진군하는 장면이 내 어린 시절 기억에 배경음악처럼 깔리곤 한다.[◆] 유대인은 역사적으로 수천 년 동안 박해 받은 경험이 있으니 겁에 질릴 이유가 충분하다. 그래서 유대인 남성이 다른 어떤 민족보다 우울과 불안 에 시달릴 확률이 높다는 연구 결과가 나오는지도 모르겠다.[◆◆23]

한편 우리 어머니는 혈통적으로 징통 와스프[WASP, 앵글로색슨계 백인 신교도라는 뜻으로 흔히 미국 사회의 주류 집단을 가리킨다.—옮긴이]다. 메이플 라워호를 타고 건너온 선조들을 자랑스럽게 생각한다. 집안 자랑을 삼갈 필요가 있다는 생각을 거의 해보지 않은 분이다.

그러니까 나는 유대인과 와스프 병리의 혼합물인 셈이다. 신경증적이 고 히스테리적인 유대인이 신경증적이고 억눌린 와스프 안에 억압되어 있다. 내가 불안해하는 것도 당연하다. 나는 장 칼뱅 안에 갇힌 우디 앨 런이다.

아니면 내 불안이 사실은 '정상'인 걸까? 우리가 사는 시대에 대한 자 연스러운 반응일까? 핵전쟁 이후의 디스토피아를 그린 「그날 이후」라는 영화가 텔레비전에 방송되던 날 나는 중학생이었다. 청소년 때 나는 미사 일이 하늘을 가로질러 날아가는 장면으로 끝나는 꿈을 정기적으로 꾸었

[◆] 어머니가 야간 로스쿨에 다닐 때 여동생과 나는 우울하게 저녁 시간을 보냈고 아버지는 피아노로 바흐 푸가를 연주한 다음 팝콘 한 그릇과 진 한 병을 챙겨 「전쟁에 휘말린 세계」가 나오는 텔레비 전 앞에 자리를 잡고 앉았다.

[◆◆] 아시케나지 유대인[독일, 프랑스, 동유럽 등의 유대인—옮긴이]의 지능지수가 높은 까닭이 이들 집 단의 높은 불안증 비율과 연관이 있다는 증거도 있다. 지능과 상상력이 왜 불안과 관련이 있는지 에 대해서는 진화론적으로 설득력 있는 설명이 가능하다.(여러 연구에서 아시케나지 유대인의 평 균 지능지수가 그다음으로 높은 민족 집단인 동북아시아인보다 8포인트 더 높다는 것이 확인되 다. 다른 유럽 민족 집단에 비해 거의 표준편차만큼 높은 수치다.)

다. 이 꿈이 불안한 정신병리의 증거일까? 아니면 내가 파악한 정세에 대한 당연한 반응이었을까? 사실상 1980년대 방위 정책 분석가들도 나와 똑같은 불안에 사로잡혀 있지 않았나? 냉전은 물론 오래전에 끝이 났지만 대신 비행기 납치, 방사능 폭탄, 테러, 화학무기, 탄저병, 사스, 신종플루, 항생제 내성균, 기후 변화로 인한 지구 종말, 세계 경제 불황과 끝없는 세계 경제 격변에서 오는 스트레스가 있다. 이런 것들을 수치로 측정한다면 사회 변화가 급격해지면서 사람들의 불안감도 비약적으로 증가하는 듯 보일 것이다. 우리가 사는 후기 산업 사회는 경제적으로 불안정하고 사회 구조는 지속적으로 붕괴되며 직업이나 성별에 따른 역할이 계속 바뀌니, 불안해하는 것은 정상일 뿐 아니라 시대에 잘 적응하는 방법이 아닐까?

어떤 면에서는 그렇다. 그럴 만한 이유가 있어 불안하다면 적응력이 높다는 의미라고 할 수 있다. 찰스 다윈에 따르면(다윈 자신도 심한 광장공포증에 시달려서 비글호 여행 뒤 오랜 세월 동안 집 밖에 나가지 못했다.) "옳은 두려움을 갖는" 종은 살아남을 가능성이 높다고 한다. 우리 불안한 사람들은 장난삼아 벼랑에서 뛰어내리거나 전투기 조종사를 직업으로 택하지는 않을 테니 자손을 남겨 유전자를 보존할 가능성이 높다.

100여 년 전 하버드 대학교 심리학자 로버트 M. 여키스와 존 딜링엄 도슨이 발표한 영향력 있는 연구가 있다. 적당한 정도의 불안이 사람과 동물의 수행 능력을 **향상**시킨다는 내용이다.[24] 물론 너무 불안이 크면 좋은 성과가 나오지 않지만 불안이 **너무 없어도** 마찬가지로 성과가 좋지 않다는 것이다. 1950년대에 항불안제 사용이 급증했을 때 일부 정신의학자들은 불안이 지나치게 줄어들 경우의 위험을 경고했다. "그러면 모든 사람들이 억지로 맥이 풀린 상태가 될 가능성이 있는데 미래를 위해 좋은 일이 아니다."[25] 어떤 정신의학자는 "반 고흐, 아이작 뉴턴 등 천재와 위대한 예술가 들은 대부분 평온하지 않았다. 신경질적이고 자부심으로 가득하고 끝없이 마음속 무언가에 쫓기며 불안에 시달리는 사람들이었다."[26]고 단언했다.

약이나 기타 방법으로 사회 전체의 불안을 획기적으로 줄이면 그 대가로 천재성을 잃어야 하는 걸까? 그런 비용을 치를 가치가 있을까?

"불안이 없다면 아무것도 이루어지지 않을 것이다."[27] 보스턴 대학교 불안과 관련 장애 센터 설립자이자 명예 소장인 데이비드 발로는 이렇게 말했다. "운동선수, 연예인, 기업인, 예술가, 학생 들의 성취도가 낮아질 것이다. 창의성은 사라지고 아예 씨앗조차 뿌리지 못하게 될 수도 있다. 대신 우리는 정신없이 바쁜 사회에서 늘 꿈꾸어오던 이상적인 상태, 나무 그늘 아래에서 빈들거리는 삶에 도달할 것이다. 인류에게 핵전쟁만큼이나 치명적인 일이다."

* * *

나는 불안이 지적 활동을 그림자처럼 데리고 다닌다는 생각
을 하게 되었다. 불안의 본질에 대해 많이 알면 알수록 지성에
대해서도 더 많은 것을 알게 될 것이다.

—하워드 리들, 「경계심이 동물 신경증 발달에 미치는 영향」(1949)

80여 년 전에 프로이트는 불안은 "수수께끼다. 이 수수께끼를 풀면 우리의 정신적 실존 전체에 빛을 밝힐 수 있을 것이다."라고 했다. 프로이트는 불안의 신비를 풀면 정신의 신비를 푸는 길도 찾을 수 있으리라고 생각

했다. 의식, 자아, 정체성, 지성, 상상력, 창의성뿐만 아니라 고통, 괴로움, 희망, 후회까지도. 어떻게 보면 불안을 파악하고 이해한다는 것은 인간의 조건을 파악하고 이해한다는 것이다.

문화와 시대에 따라 불안을 파악하고 이해하는 관점이 어떻게 다른지를 보고 그 문화와 시대의 모습을 짐작할 수도 있다. 고대 그리스의 히포크라테스는 불안이 의학적 질환이라고 본 반면 계몽주의 철학자들은 지적인 문제라고 본 까닭은 무엇일까? 초기 실존주의자들은 불안을 정신적인 문제로 본 반면 도금시대[미국 19세기 말 자본주의가 급속도로 발전하며 부의 편중이 이루어지던 시기—옮긴이] 의사들은 불안을 산업혁명에 대한 앵글로색슨계의 스트레스 반응으로 꼭 집어 특정한(이들은 가톨릭 사회에는 이런 반응이 일어나지 않는다고 생각했다.) 까닭은 뭘까? 초기 프로이트주의자들은 불안을 성적 금지에서 비롯된 심리적 병으로 보았지만 오늘날에는 왜 다시 의학적·신경화학적 병이자 생체역학적 문제로 보는 걸까?

이렇듯 달라지는 해석이 과학적 진보를 의미하는 걸까? 아니면 문화의 변동이나 순환을 의미하는 걸까? 공황 발작이 일어났을 때 미국인은 심장마비가 올 것 같다며 응급실을 찾고, 일본인은 기절할 것 같다고 말하는 차이에서 무얼 알 수 있나? 이란 사람들이 "심장의 고통"이라고 부르는 것은 서구에서 공황 발작이라고 부르는 것과 같은 것인가? 남아메리카 사람들이 겪는 '아타케 데 네르비오스(ataque de nervios)'[문자 그대로는 신경의 공격이라는 뜻—옮긴이]는 그냥 라틴계의 공황 발작인 걸까 아니면 요즘 연구자들이 생각하듯 뭔가 다른 문화적·의학적 현상인 걸까? 미국인과 프랑스인에게 효과가 좋은 불안 치료제가 중국인에게는 별 효과가 없는 까닭은 뭘까?

문화마다 그 특징들이 신기할 정도로 다양하긴 하지만, 시간과 공간을 넘어서는 어떤 일관된 경험은 불안을 인간의 보편적 특성이라 여기게 한다. 이를테면 100년 전 그린란드 이누이트족의 문화와 신념 체계라면 얼핏 생각하기에 매우 이질적일 것 같다. 그런데 이누이트들이 "카약 불안"이라고 부른 증상(이 병에 걸린 사람은 혼자 바다표범 사냥을 나가기를 두려워한다.)을 들여다보면 우리가 광장공포증이라고 부르는 것과 크게 다르지 않다. 히포크라테스가 쓴 고대 문헌에서 불안증을 임상적으로 설명한 부분을 찾아보면 이것 역시 매우 현대적으로 들린다. 히포크라테스의 환자 가운데는 고양이를 두려워하는 사람이 있는가 하면 밤을 두려워하는 환자도 있었다.(오늘날에는 '특정공포증'이라는 이름으로 DSM 제5판(DSM-5)에 보험용 코드 300.29번으로 분류되어 있는 증상이다.) 또 다른 환자는 히포크라테스의 기록에 따르면 피리 소리를 들으면 "공포에 휩싸였다." 또 "아주 얕은 도랑이라고 하더라도" 물가를 따라 걸을 수 없는 환자도 있었다. 도랑 **안에서** 걷는 건 아무렇지도 않았지만 말이다. 오늘날 말하는 고소공포증의 한 증상이다. 히포크라테스는 또 현대 용어로 광장공포증을 동반한 공황장애(DSM-5 코드 300.22)로 진단할 법한 환자에 대한 기록도 남겼다. 히포크라테스가 묘사하기를 이런 상태가 "주로 밖에 나와 있을 때 시작된다. 한적한 길을 걷고 있을 때 갑자기 공포가 덮쳐온다." 히포크라테스가 설명한 병은 《일반 정신의학 저널》이나 《메닝거 클리닉 회보》 최신판에서 볼 수 있는 증상하고 다르지 않다.

수천 년이라는 시간과 공간의 간극을 가로질러 나타나는 유사성을 보면 문화나 환경이 아무리 달라도 인간의 생리학적 불안성은 보편적이라는 생각이 든다.

* * *

나는 이 책에서 불안의 '수수께끼'를 풀려고 한다. 나는 의사도 심리학자도 사회학자도 과학사가도 아니다. 이런 직업을 가진 사람이 불안에 대해 글을 쓴다면 나보다 훨씬 학술적 권위가 있는 글을 쓸 수 있을 것이다. 다만 이 글은 종합이자 르포르타주다. 역사, 문학, 철학, 종교, 대중문화, 최신 학술 연구에서 불안에 대한 탐구들을 한데 모으고, 이걸 정말로 나의 전문 분야라고 할 수 있는 불안의 직접 경험과 함께 엮으려 한다. 나의 신경증을 깊이 파고들겠다고 하니 지나치게 자기애적인 행동이 아닌가 싶기도 하지만(사실 자기 자신에게 몰두하는 성향이 불안과 연관이 있다는 연구도 있다.) 훌륭한 선례가 없는 것은 아니다. 1621년 옥스퍼드 학자 로버트 버튼은 『우울의 해부』라는 대작을 썼다. 1300쪽에 달하는, 엄청나게 포괄적인 학술적 주해지만 들여다보면 실체는 불안과 우울에 시달리며 늘어놓는 막대한 규모의 푸념이다. 런던의 일류 의사이자 18세기에 많은 영향을 미친 심리학자였던 조지 체인은 1733년 『영국적 병』이라는 책을 출간했다. 이 책에는 「저자의 경우」라는 40쪽짜리 장(章)이 있는데(이 장은 특히 "나와 같은 병을 앓는 사람들"에게 헌정했다.) 여기에서 자기 신경증("공포, 불안, 근심, 두려움"과 "이성으로는 어찌할 수 없는 우울한 두려움과 공황"을 포함하여)과 수년 동안 겪어온 신체 증상("급작스럽고 격렬한 두통", "극심한 복통", "지속적 배앓이, 쓴 입맛" 등)을 세세하게 보고했다. 더 최근의 예로 찰스 다윈, 지그문트 프로이트, 윌리엄 제임스[미국의 철학자·심리학자로 실용주의 철학과 심리학 분야에 많은 저서를 남겼다. 소설가 헨리 제임스의 형이기도 하다.—옮긴이]의 지적 여정은 자신의 불안증에 대한 호기심과 그것에서 벗어나려는 욕구를 강력한 동인으로 삼았다. 프로이트는 무엇보다도 자신의 심한 기차 공포증과 건강염려증을 바탕으로 정신분석 이론을 발전시켰다. 다윈은 비글호 여행 뒤에 스트레스 때문에 바깥출입을 못하는 상태가 되었다. 다윈은 불안에서 벗어나려고 수년 동안 온천장을 찾아다녔고 의사의 조언에 따라 얼음 안에 들어가기도 했다. 윌리엄 제임스는 사람들 앞에서 공포증을 감추려고 했지만 속으로는 겁에 질려 있을 때가 많았다. "아침마다 전에는 한 번도 느껴보지 못한 끔찍한 두려움과 삶에 대한 불안감을 뱃속 깊은 곳에 담고 깨어났다." 1902년에 불안증이 시작됐을 때를 회상하며 쓴 글이다. "몇 달 동안 혼자서는 어두운 바깥으로 나가지 못했다."[28]

내가 다윈이나 프로이트, 제임스처럼 정신이나 인간 본성에 대한 새로운 이론을 펼치려는 것은 아니다. 이 책은 그저 불안으로 인한 고통을 이해하고 그것을 덜거나 벗어나려는 추구에서 비롯되었다. 그 과정에서 나는 뒤쪽으로, 곧 역사 속으로도 들어갔고 앞쪽으로, 곧 현대 과학 연구의 최전선으로도 나갔다. 나는 지난 8년의 시간 대부분을 3000년 동안 쓰인 불안에 대한 글 수십만 장을 읽으며 보냈다.

다행히 내 삶에는 엄청난 비극이나 극적인 사건은 없었다. 감옥에 들어간 적도 없다. 요양 시설에 들어간 적도 없다. 다른 사람을 공격하거나 자살 시도를 한 일도 없다. 벌판 한가운데에서 벌거벗은 채 잠에서 깬 일도, 마약굴에서 산 적도, 이상 행동으로 해고를 당한 적도 없다. 정신병리학적으로 지금까지 내 삶은 겉보기에는 대체로 조용했다. 설령 내 삶을 영화로 만든다고 해도 로버트 다우니 주니어가 주연을 맡을 일은 없을 것이다. 나는 임상 전문 용어로 말하면, 불안장애나 정신병을 가진 사람 중에서는 꽤 "고기능"이다. 다시 말해 증세를 숨기는 데 상당히 뛰어난 편이다. 나를 꽤 잘 안다고 생각하는 이들을 포함해 많은 사람들이 아주 차분하고 안정적으로 보이는 내가 불안에 대한 책을 쓰기로 했다는 말을 듣고 뜻밖이라고 말했다. 그러면 나는 부드럽게 미소를 지어 보인다. 속은 요동을 치지만, 『당신의 공포증』이라는 자가치유서에서 공포증을 가진 사람 고유의 특질이라고 설명한 내용을 생각한다. "마음속에서는 극도의 괴로움을 느끼면서도 다른 사람에게는 흔들리지 않는 침착한 모습을 보이고자 하는 욕구와 능력."✦

사람들 눈에는 내가 차분해 보일지 모르겠다. 그렇지만 수면 아래를 유심히 보면 내가 오리처럼 마구 물장구를 치는 게 보일 것이다.

* * *

내가 가장 몰두하는 주요 환자는 나 자신일세.

—지그문트 프로이트가 빌헬름 플리스에게(1897년 8월)

이 책을 쓰는 게 좋은 생각이 아닐지 모른다는 생각도 했다. 불안의 고통에서 벗어나고 싶다면서 불안의 역사와 과학, 나 자신의 심리를 깊이 깊이 파고드는 게 과연 좋은 방법일까 싶기도 했다.

불안을 다룬 옛글들 사이를 누비다가 윌프리드 노스필드라는 영국 퇴역군인이 쓴 짧은 자가치유서를 보게 되었다. 노스필드는 1차 세계대전 동안 신경쇠약에 걸렸고 불안증 때문에 10년 동안을 무력한 상태로

✦ "불안장애(특히 광장공포증과 공황장애)를 가진 사람에게 그런 문제가 있다는 사실을 주위 사람들이 알고서 깜짝 놀라는 경우가 아주 많다. 겉으로는 매우 침착하고 자기 제어를 잘하는 듯 보이는 경우가 많기 때문이다. 편안해 보이지만 다른 사람에게 보이는 자아와 내면의 자아 사이에 괴리가 있다." 버몬트 주 벌링턴 불안장애 센터 대표인 심리학자 폴 폭스먼의 말이다.

보내다가 성공적으로 회복한 뒤 회복을 도와주는 안내서를 썼다. 이 책은 1933년에 『신경의 정복: 신경쇠약 정복의 감동적 기록』이라는 제목으로 출간되어 베스트셀러가 되었다. 내가 가진 책은 1934년에 나온 6판이다. 마지막 장인 「마지막 몇 마디」에서 노스필드는 이렇게 말한다. "신경쇠약 환자가 절대적으로 피해야 할 일이 딱 한 가지 있는데, 바로 자기가 겪는 괴로움에 대해 말하는 것이다. 말한다고 해서 위안이 되지도 않고 도움을 얻을 수도 없다." 노스필드는 또 이렇게도 말한다. "괴로움을 구구절절 고통스레 말하면 괴로움이 더욱 쌓이고 감정이 '과장'될 뿐이다. 뿐만 아니라 이기적인 행동이기도 하다." 노스필드는 다른 작가를 인용하며 결론을 내린다. "의사 말고 다른 사람에게는 절대 상처를 드러내지 마라."

절대 상처를 드러내지 마라. 그런데 나는 불안증을 감추려고 지난 30년 동안 갖은 애를 써놓고 이제는 나를 아는 사람이건 모르는 사람이건 내 병을 낱낱이 알게끔 백일하에 드러내려 하고 있다. 노스필드 말이 옳다면(우리 어머니도 같은 이유로 걱정한다.) 이 책을 쓰는 일이 내 정신건강에 좋을 리가 없다. 요즘 나온 연구 가운데도 노스필드의 경고를 뒷받침하는 내용이 있다. 불안증이 있는 사람은 내면에, 자기 자신에 주의를 집중하는 병리적 성향이 있다고 한다. 그러니 자신의 불안증에 대해 책 한 권 분량으로 숙고하는 일이 그것에서 벗어나는 최상의 방법일 것 같지는 않다.◆ 책을 쓰면서 드는 한 가지 걱정이 더 있다. 나는 차분하고 침착한 척하는 능력 덕에 일자리를 보전하면서 살아올 수 있었다. 불안증 때문에

◆ 이 분야를 선도하는 연구자인 데이비드 발로의 의견은 이렇다.(전문 용어가 마구 나오니 주의할 것.) 병리적·부정적 자기 집중은 "불안의 인지-정서 구조의 핵심으로 보인다. 이렇듯 스스로를 부정적으로 평가하며 내면에 집중하거나 자꾸 주의를 쏟다 보면 수행력이 떨어진다. 이런 식으로 주의 전환이 불안증을 강화하는 악순환이 이루어진다. 불안이 심해지면 주의가 더 흐트러지고, 수행이 더 나빠지고, 자극은 더욱 심해지는 것이다."

더욱 성실하게 일하고(일을 망칠까 봐 불안하다.) 부끄러움 때문에 더욱 침착해 보이려고 가장한다.(내가 불안하다는 걸 감추어야 한다.) 이전에 같이 일하던 사람 하나는 나를 "인간 자낙스"라고 불렀다. 나한테서 침착함이 흘러 나와서 내가 곁에 있기만 해도 사람들이 차분해진다고 하는 말을 들으며 속으로 웃지 않을 수 없었다. 불안해하는 사람들로 가득한 방에 내가 들어가기만 해도 마음을 달래주는 약을 바르는 것 같다나. 내가 지나간 자리에 있는 사람들 사이에 느긋함이 퍼진다고. 그 사람이 내 속이 어떤 지경인지 알았다면! 이 차분함이 가면이라는 게 만천하에 드러나면 다른 사람들을 달래주는 능력도 잃게 되고 직업적 위치도 불안해지는 건 아닐까?

현재 나를 치료해주는 의사인 W 박사는 불안을 드러내면 수치심이라는 짐을 덜어버릴 수 있고 혼자 고통받는다는 외로움도 덜 수 있다고 말한다. 책을 써서 내 정신 문제를 떠드는 게 잘하는 일인지 모르겠다고 하면 W 박사는 이렇게 말한다. "수년 동안 불안을 비밀로 감춰왔죠? 그게 도움이 되던가요?"

옳은 말이다. 또 월프리드 노스필드(와 우리 어머니)의 경고와는 반대로, 불안을 감추거나 억누르는 게 **더욱 큰** 불안을 일으킨다고 하는 믿을 만한 연구도 매우 많다.◆ 그래도 이 책을 쓰는 일이 지나치게 자기몰입적이고 부끄러운 일일 뿐 아니라 위험하기도 하다는 걱정을 완전히 떨쳐버릴 수는 없다. 위험하다고 한 것은, 이 문제를 깊이 들여다보다가 나를 지지해줄 내적 힘이나 외적 방어벽이란 존재하지 않고 내가 바닥으로 추락

◆ 내 책상에는 1997년《이상심리 저널》에 실린 「감정을 숨기기: 부정적·긍정적 정서 억제의 심각한 영향」이라는 논문이 놓여 있다.

하는 일을 막아줄 것이 사실상 전혀 없다는 걸 알게 되는 순간이 오지 않을까 걱정스럽기 때문이다.

* * *

자기중심주의가 꼴사납고 품위 없다는 것도 알고, 저자가 스스로를 자기 글의 주제로 삼아 이렇듯 장황하고 구체적이고 세세하게 말한다는 게 어떤지 나도 안다. 그렇지만 내 경우와 비슷한 병증에 시달리는 절박한 환자에게 조금은 도움이 될지 모른다는 생각을 했다.

—조지 체인, 『영국적 병』(1733)

W 박사가 묻는다. "책에서 본인의 불안에 대해 이야기하는 게 왜 그렇게 부끄럽지요?"

정신병에는 여전히 오명과 낙인이 찍혀 있고 불안은 나약함으로 보이기 때문이다. 몰타에 있는 2차 세계대전 연합군 포병대 기념 현판에는 매정하게도 이렇게 적혀 있다. "남자라면 자존심을 걸고 불안신경증을 인정하거나 두려움을 보여서는 안 된다." 뿐만 아니라 이 책에서 내가 불안에 시달리고 불안과 싸운 과정을 드러내는 게 불필요한 정보를 지나치게 길고 지루하게 늘어놓는 일이 되지 않을까 걱정되기 때문이다. 절제와 적절함이라는 좋은 글의 기본 요건을 위반하게 될 수도 있다.◆

◆ 이걸 쓰는 지금도 마음속에서 이런 이성의 목소리가 들린다. '극도의 불안증에 시달리는 불행을 타고났더라도 최소한 그걸 대놓고 떠벌리지는 않을 정도의 위엄은 지켜라. 불굴의 정신으로 꽁꽁 숨겨라.'

W 박사에게 이렇게 설명하자 W 박사는 이 책을 집필하고 출판하는 일이 치료에 도움이 될 수 있다고 말한다. 세상에 내 불안을 밝힘으로써 내가 '커밍아웃'을 하게 된다고 한다. 게이인 사람이 마침내 벽장에서 나와 자신이 게이라는 사실을 밝힐 때처럼 해방감을 맛볼 수 있으리라는 의미다. 그렇지만 동성애자인 것은 (1973년까지는 미국 정신의학회에서 동성애를 정신장애로 분류했지만) 약점도 결함도 병도 아니라는 걸 이제는 누구나 안다. 극도로 긴장하는 것은 여전히 약점이자 결함이자 병이지만.

오랫동안 부끄럽기도 하고 어쩐지 꺼려져서 무슨 책을 쓰느냐고 묻는 사람들에게 "불안에 대한 문화와 지식의 역사"라고 대답했다. 이것도 사실이지만 이 책에 개인적인 면도 있다는 건 굳이 밝히지 않았다. 그런데 얼마 전부터 불안증이 있는 사람으로 커밍아웃하는 게 과연 효과가 있는지 시험해보려고 조심스럽게 책 내용을 더 솔직하게 말하기 시작했다. "불안에 대한 문화와 지식의 역사를 **저 자신의 불안 경험과 함께 엮은 책입니다.**"

충격적인 효과가 있었다. 무미건조하게 역사라고 말했을 때에는 사람들이 예의 바르게 고개를 끄덕이고 몇몇 사람이 나중에 나를 따로 불러 불안의 이러저러한 면에 대해서 질문을 하는 정도의 반응이었다. 그렇지만 이 책에 개인적인 면이 있음을 인정하자 사람들이 전과 달리 열렬히 귀를 기울였고 저마다 자기 자신이나 가족의 불안증에 대해 이야기하고 싶어 했다.

어느 날 작가와 예술가 들이 모인 저녁 식사 자리에 가게 되었다. 누군가가 어떤 책을 쓰느냐고 물어서 나는 새로 만들어낸 말을 읊고("불안에 대한 문화와 지식의 역사를 나 자신의 불안 경험과 함께 엮은 책") 여러 항불안제와 항우울제를 복용한 경험에 대해서도 약간 이야기했다. 놀랍게도 **내 말이 들릴 만큼 가까이에 있었던 아홉 사람 모두** 불안과 약물 복용에 대한 자기 경험을 나에게 들려주었다.◆ 결국 테이블에 둘러앉은 사람들이 돌아가며 신경증에 관련된 고충을 서로 나누었다.◆◆

밥 먹는 자리에서 내가 불안증이 있음을 인정하는 순간 불안과 약물요법에 대한 개인적 고백이 이렇게 줄줄이 쏟아지다니, 놀라운 일이었다. 물론 같이 있었던 사람들이 아리스토텔레스 이래로 죽 여러 정신병을 일으킬 가능성이 높다고 간주되어온 인구집단인 작가와 예술가 들이긴 했다. 그러니 이 이야기들이 단순히 작가들은 미쳤다는 증거일 수도 있다. 아니면 제약회사에서 보통 사람들의 경험을 약으로 치료해야 할 이상(異狀)으로 규정하고 그것을 '치료'하는 약을 판매하는 데에 성공했다는 증거일 수도 있다.◆◆◆ 또 어쩌면, 내 생각보다 많은 사람들이 불안에 시달

◆　예를 들자면 30대 중반 여성이고 논픽션 작가인 S는 불안 때문에 자낙스와 클로노핀을 먹었고 프로작도 복용했으나 성욕이 사라지는 문제가 있어 렉사프로로 처방을 바꾸었다는 이야기를 했다. 40대 중반 남성이고 시인인 C는 공황장애 때문에 항우울제인 졸로프트를 먹은 적이 있다고 했다.(처음 공황 발작이 일어났을 때에는 심장마비를 일으키는 줄 알고 응급실에 실려 갔다고 한다. C는 이런 이야기를 했다. 그 뒤에 일어난 발작은 "그게 뭔지 알기 때문에 처음만큼 힘들지는 않았습니다. 그래도 '이번에는 정말로 심장마비일지도 몰라.' 하는 생각이 들기 때문에 항상 두렵지요." 역학 조사에서 처음 공황 발작을 일으킨 성인 세 명 가운데 한 명은 응급실을 찾는다는 결과가 나오기도 했다.) 여성 소설가 K는 최근 작품을 마무리하는 동안에 불안증이 너무 심해져서 도저히 일을 할 수가 없었다고 한다. 자기가 미쳐가는 게 아닌가 두려워서 병원을 찾았고 의사가 졸로프트를 처방해주었는데 그걸 먹었더니 살이 쪘다. 그래서 렉사프로로 바꾸었더니 불안이 더욱 심해져서 아이들을 학교에 데리러 가는 일조차 할 수가 없었다고 한다.

◆◆　저녁 식사를 마치고 나자 또 다른 작가(E라고 하자.)가 나에게 다가왔다. 30대 후반 여성이고 세계를 누비며 전쟁 소식을 전하는 특파원이자 베스트셀러 작가였다. 우울과 불안 증상(주로 여성들이 스트레스를 받을 때 강박적으로 머리카락을 뽑는 증상인 발모벽 등)을 겪어서 의사가 항우울제인 렉사프로를 처방해주었다고 한다. 나는 E가 불안과 우울을 겪으면서도 아프리카와 중동 지방에서 전쟁에 휩싸인 나라들을 돌아다니며 목숨을 걸고 취재를 하는 종군기자로 활동했다는 사실에 감탄했다. 나는 집에서 조금만 떨어진 곳에 가도 끔찍한 불안감이 솟고 과민성 대장 증상이 나타나는데, "저는 전쟁 지역에 가면 더 침착해져요. 변태적이라는 건 아는데 폭격이 일어날 때에는 더욱 안정이 돼요. 사실 평소에 불안감이 없을 때가 아주 드문데 폭격이 벌어질 때가 바로 그럴 때예요." 그렇지만 기사를 송고하고 편집자가 의견을 말할 때까지 기다리는 동안에는 불안과 우울에 끝없이 빠져든다고 한다.(프로이트는 자존감이나 자아감에 위협을 받을 때에 육체적 건강이 위협을 받을 때보다 훨씬 큰 불안이 발생할 수 있다고 했다.)

◆◆◆　분명 일리가 있는 말이다. 나도 이 주제에 대해 할 말이 많아 3부에서 다루기로 하겠다.

리고 있다는 뜻일 수도 있다.

"맞아요!" 그 뒤에 W 박사를 만나러 가서 이런 생각을 이야기했더니 박사는 맞장구를 치며 이런 이야기를 들려주었다. "우리 형 집에서 사람들이 모여 여러 주제의 강의를 듣는 저녁 모임을 열거든요. 한번은 저한테 공포증에 대해 강의하라고 하더군요. 제 강의가 끝나자 그 자리에 있던 사람들 전부가 저한테 자기 공포증에 대해서 이야기를 했어요. 공식 발표된 수치가 아무리 높아 보여도 실제보다는 축소된 것이라고 생각합니다."

이 이야기를 들으니 벤이 생각났다. 대학 시절 가장 친한 친구였고 부유하고 잘나가는 작가인데(베스트셀러 목록과 영화 흥행 순위에 주기적으로 등장하는 인물이다.) 얼마 전에 심장마비가 확실하다고 생각될 정도로 가슴이 답답하게 조여드는 불안 증세 때문에 벤조디아제핀계 약인 아티반을 처방받았다고 한다.♦ 또 벤의 이웃에 사는 백만장자 헤지펀드 매니저 M도 공황장애 때문에 자낙스를 계속 복용한다는 사실이 떠오른다. 예전 동료인 G는 저명한 정치부 기자인데 공황 발작 때문에 응급실에 간 뒤로는 같은 일을 또 겪지 않으려고 여러 종류의 벤조디아제핀계 약을 복용했다. 또 다른 예전 동료 B는 불안 때문에 회의에서 말을 더듬고 프로젝트를 잘 마칠 수가 없게 되어 렉사프로 복용을 시작했다.

당연하지만 모든 사람이 다 불안에 시달리는 것은 아니다. 일례로 내 아내도 불안증이 없다.(하느님 감사합니다.) 버락 오바마도 어떤 면을 보나 불안한 성격은 아닌 듯하다. 아프가니스탄 주둔 미군 사령관을 역임하고

♦ 벤이 지금은 세계를 돌아다니고 레드카펫 위를 걷고 강연 한 번에 수만 달러를 받는 작가지만 첫 책을 출간하기 전 어렵던 시절에는 집에서 조금만 멀리 가면 공황 발작을 일으키고 파티에서 사람들과 어울릴 생각을 하면 너무 긴장이 되어 길가 수풀에서 미리 구토를 하곤 했던 기억이 난다.

CIA 국장으로도 일했던 데이비드 퍼트레이어스도 그렇게 보인다. 퍼트레이어스는 언론 인터뷰에서 자기가 날마다 삶과 죽음 사이를 오가지만 "스트레스를 거의 느끼지 않는다."[29]고 말한 적이 있다.♦ 프로 미식축구 쿼터백 톰 브래디나 페이턴 매닝 같은 선수도 적어도 필드 위에서는 불안을 모르는 듯 보인다.♦♦ 내가 이 책에서 탐구하려는 주제 가운데 하나가 왜 어떤 사람은 신기할 정도로 침착해서 엄청난 압박 아래에서도 우아함을 유지하는 반면 어떤 사람들은 아주 미세한 스트레스만 있어도 공황에 빠지고 마느냐는 것이다.

아무튼 불안에 시달리는 사람이 꽤 많으므로 나 자신의 불안에 대해 글로 쓰는 일은 부끄러운 일이라기보다는 같은 괴로움에 시달리는 수백만 명 가운데 일부에게나마 위안을 줄 기회가 될 수도 있다. 또 W 박사가 종종 강조하듯이 치료 효과도 있을지 모른다. "글을 쓰다 보면 건강해질 겁니다."라고 박사는 말한다.

그래도 나는 걱정이 된다. 아주 많이. 내 본성이 그렇다.(게다가 많은 사람들이 이야기했듯이 불안에 대한 책을 쓰면서 어떻게 불안하지 않을 수가 있나?)

W 박사는 이렇게 말한다. "그 책에 대한 불안을 책으로 만드세요."

♦   스트레스를 더 느꼈더라면 본인에게는 훨씬 좋았을 것이다. 자기 행동의 결과에 강한 불안을 느꼈다면 자신의 몰락을 초래한 불륜 사건을 저지르지는 않았을 테니까.
♦♦ 사실 필드에서 침착하고 강인하다고 해서 필드 밖에서도 차분하리란 법은 없다. 1970년대 후반 피츠버그 스틸러스 명예의 전당에 오른 쿼터백 테리 브래드쇼는 두려움을 모르는 싸움꾼이었으나 나중에 우울증과 공황 발작에 시달렸다. 1970년대 휴스턴 오일러스 러닝백이었던 괴력의 덩치 얼 캠벨은 10년 뒤에는 공황 발작 때문에 바깥출입을 하지 못하는 신세가 되었다.

＊ ＊ ＊

진화가 이루어지면서 신경계의 계획 기능이 발달해 생각, 가
치, 즐거움이 나타나는 수준에 이르렀다. 사람에게만 있는 사
회적 삶이 생겨난 것이다. 오직 사람만이 먼 미래의 일을 계획
할 수 있고 성취를 되돌아보며 기쁨을 느낄 수 있다. 오직 사
람만이 행복해할 수 있다. 오직 사람만이 걱정하고 불안해할
수 있다.

—하워드 리들, 「경계심이 동물 신경증 발달에 미치는 영향」(1949)

역사적·문화적으로 불안을 연구해서 얻을 수 있는 통찰 가운데 불안으
로 고통받는 개인에게 도움이 될 만한 것이 있을까? 나든 다른 사람들이
든, 불안의 가치와 의미를 이해하면 불안을 줄이거나 더 잘 받아들이고
살 수 있게 될까?

그랬으면 좋겠다. 그렇지만 공황 발작에 재미있는 점은 정말 하나도
없다. 나의 상태를 분석적으로 생각해보려고 해도 그게 되지를 않는다.
그저 처절하게 괴롭고 어서 끝나기만을 바랄 뿐이다. 공황 발작이 흥미롭
다면 다리 골절이나 신장결석이 흥미로운 정도일 거다. 그냥 끝났으면 싶
은 고통일 뿐이다.

이 책을 제대로 시작하기 전인 몇 년 전, 샌프란시스코에서 워싱턴으
로 가는 비행기 안에서 읽을 책으로 불안증의 생리학에 대한 학술서를
골랐다. 비행기가 순항하는 동안 푹 빠져 그 책을 읽다 보니 불안 현상에
대한 지적 이해가 자라는 듯한 느낌이었다. 책을 읽으면서 이런 생각을
했다. '내가 이따금 느끼는 극심하게 비참한 감정이 고작 편도 활동이 활

발해졌기 때문인 거라고? 종말을 맞은 듯한 공포의 감정은 뇌 속에서 신경전달물질이 분주히 움직여서 일어난 거고? 별것 아닌 일처럼 느껴지는데.' 그렇게 생각하니까 이런 자신감이 생겼다. '나는 정신으로 육체를 통제해서 불안이 일으키는 신체 증상을 적절한 정도로, 일상적 생리 상태로 줄이고 더 평온하게 살 수 있어. 보라고, 지금 1만 미터 상공에 있지만 전혀 불안하지 않잖아.'

그때 비행기가 난기류 때문에 흔들리기 시작했다. 로키 산맥 위를 지나며 비행기가 덜컹거리자 특별히 심하게 흔들리지도 않았는데 책에서 얻었다고 생각한 지식과 시각이 한순간에 쓸모없어져버렸다. 공포 반응이 점점 강해졌고 얼른 자낙스와 드라마민을 꿀떡꿀떡 삼켰지만 몇 시간 뒤 착륙할 때까지 두려움과 괴로움을 가라앉힐 수가 없었다.

나의 불안은 내가 내 몸의 생리에 지배된다는 사실을 일깨워준다. 몸에서 일어나는 일이 머리에서 일어나는 일을 결정짓지 그 반대가 아니라는 것이다. 아리스토텔레스부터 윌리엄 제임스를 거쳐 오늘날《정신신체의학》에 글을 싣는 연구자들은 잘 아는 사실이다. 그런데 이 사실은 플라톤과 데카르트가 정초를 놓은 서구 사상의 기본 원칙, 곧 우리 존재에 대한 인식이나 우리가 생각하고 파악하는 방식은 육체와 구분되는 정신이나 지성의 산물이라는 생각에 반한다. 불안이 동물적·생물학적 실체라는 관점은 우리가 스스로를 어떤 존재로 느끼는지에 대한 생각을 무너뜨린다. 불안은 우리가 동물처럼 몸 안에 갇힌 존재이며 곧 스러지고 무너지고 사라질 존재라는 것을 일깨워준다.(그러니 불안을 느끼는 것도 당연하다.)

불안은 우리를 싸울 것이냐 도망칠 것이냐의 충동에 지배되는 '파충류의 뇌'를 가진 원시적 존재로 만들지만, 한편 우리를 단순한 동물 이상으로 만드는 것도 불안이다. 키르케고르는 1844년에 썼다. "사람이 짐승이거나 천사였다면 불안을 느끼지 못할 것이다. 사람은 짐승이며 동시에 천사이기 때문에 불안을 느낄 수 있고, 불안이 클수록 더 위대한 사람이다." 미래를 걱정하는 능력은 미래를 계획하는 능력과 하나로 이어진다. 또 미래에 대한 계획이 (과거에 대한 기억과 함께) 문화를 이루게 하고 사람과 짐승을 구분 짓는다.

키르케고르처럼 프로이트도 가장 큰 불안을 일으키는 위협은 주변 세계가 아니라 우리 마음속 깊은 곳에 있다고 했다. 우리가 내리는 실존적 선택을 확신하지 못하고 죽음에 두려움을 느끼기 때문이라고 했다. 이 두려움을 마주하고, 정체성 붕괴의 위험을 무릅쓸 때 정신이 확장되고 자아가 충족된다고 했다. "불안을 전혀 모르거나 혹은 불안에 파묻혀서 파멸하지 않으려면 누구나 반드시 불안에 대해 알아가는 모험의 과정을 겪어야 한다." 키르케고르가 말했다. "따라서 적당히 불안해하는 법을 배운 사람은 가장 중요한 일을 배운 셈이다."

적당히 불안해하는 법을 배우는 것. 나도 노력하는 중이다. 이 책은 그 노력의 일부다.

2

불안을 말할 때
우리가 이야기하는 것

불안이 우리 시대 가장 흔한 심리적 현상임이 널리 인정됨에
도 불구하고, 불안의 정의는 거의 합의되지 않았고 불안의 정
도를 가늠하는 방법에도 발전이 없습니다.

—미국 정신병리학회 회장 폴 호크,
불안을 주제로 한 역사상 최초의 학회에서 한 연설(1949)

연구자에게나 일반인에게나 바야흐로 불안의 시대다. ……
그렇지만 지금까지 이루어진 엄청난 연구에 발맞추어 불안에
대한 이해도 자라났다고 진정 말할 수 있는가? 그렇지 않다고
생각한다.

—「불안의 본질: 814개 변수를 포함한 13편의 다변량 분석 검토」,
《정신의학 리포트》(1958년 12월)

불안은 쉽게 파악할 수 있는 것이 아니다.

1948년 2월 16일 오후 3시 45분, 내 외증조부 체스터 핸퍼드, 하버드 대학교에서 20년 동안 학생처장을 역임하다가 학문 연구에 전력을 쏟기 위해 최근에 보직을 그만둔 행정학("특히 지방, 시 정부를 중심으로"라고 외증조부는 말하곤 했다.) 교수가 "정신신경증"과 "반응성 우울증"을 잠정 진단받고 매클린 병원에 입원했다. 당시 나이는 56세였고 주로 불면증, "불안감과 긴장", "미래에 대한 불안"을 호소했다. 병원장은 체스터를 "성실하고 평소에 매우 유능한 사람"이라고 묘사했는데 그때 "상당히 심한 정도의 불안"에 다섯 달째 시달리고 있었다. 매클린 병원을 찾기 전날 밤에는 아내에게 자살하고 싶다고 말했다.

31년 뒤인 1979년 10월 3일 오전 8시 30분, 우리 부모님은 열 살이고 5학년인 나한테 (원래부터 강박적으로 세균을 겁내고 분리불안이 심하고 구토에 대한 공포가 있었지만 이에 더해) 온갖 걱정스러운 새로운 틱 증상과 이상한 행동이 생기는 것이 걱정되어 검사를 받아보려고 같은 정신병원에 나를 데려갔다. 한 무리의 전문가들(정신의학자, 심리학자, 사회복지사, 양방향 거울 뒤에 숨어서 내가 상담을 받고 로르샤흐 검사를 받는 과정을 지켜본 젊은 정신과 레지던트 몇 명)이 내가 "공포신경증"과 "아동기 과잉불안반응 장애"라고 진단했고 치료를 받지 않으면 자라면서 "불안신경증"과 "신경우울증"에 걸릴 가능성이 상당히 높다는 의견을 내놓았다.

그로부터 25년 뒤, 2004년 4월 13일 오후 2시 정각, 이제 서른네 살이 되었고 《애틀랜틱》의 선임 에디터로 일하면서 첫 책의 출간을 두려운 마음으로 기다리던 나는 전국적으로 유명한 보스턴 대학교 불안과 관련 장애 센터를 찾았다. 몇 시간 동안 심리학자 한 명, 대학원생 두 명과 면담을 하고 수십 장의 질문지를 채운 뒤에(나중에 알게 되었지만 '우울·불안·스트레스 척도', '사회적 상호작용 불안 척도', '펜스테이트 걱정 질문지', '불안민감성 지표' 등의 검사였다.) "광장공포증을 동반한 공황장애"를 주진단으로, "특정공포증"과 "사회공포증"을 추가진단으로 받았다. 또 내 질문지의 점수가 "약한 정도의 우울증"과 "강한 정도의 불안", "강한 정도의 걱정"을 나타낸다고 했다.

왜 이렇게 여러 가지 다른 진단이 나온 걸까? 내 불안의 성질이 1979년에서 2004년 사이에 바뀌었을까? 외증조부가 받은 진단과 내가 받은 진단은 왜 다를까? 체스터 핸퍼드의 의료 기록을 살펴보면 외증조부와 내 증상이 아주 똑같은데 말이다. 나의 "강한 정도의 불안"은 외증조부를 괴롭힌 "불안감과 긴장", "미래에 대한 불안"과 실제로 다른 것일까? 아니 사실, 사회에 아주 잘 적응한 사람이나 소시오패스를 제외하면 누구나 "미래에 대한 불안"이 있고 "불안감과 긴장"을 **느끼지 않나?** 외증조부나 나처럼 '병적으로' 불안한 것과 '정상적으로' 불안한 것을 나누는 기준은 무얼까? 현대 자본주의 사회에서 살아가고 살아남느라 지치고, 살아 있기 때문에 자연과 인간의 변덕과 폭력과 반드시 찾아오는 죽음에서 벗어날 수 없는 우리는 누구나 어느 정도 "정신신경증"을 가지고 있지 않나?

엄밀히 말하면 그렇지 않다. 사실 오늘날 정신신경증에 걸린 사람은 한 명도 없다. 체스터 핸퍼드가 1948년에 받은 정신신경증이라는 진단은 1980년에 사라졌다. 내가 1979년에 받은 진단도 오늘날에는 없다.

1948년에 미국 정신의학회에서 "정신신경증"이라 부른 것은 1968년 정신의학의 경전인 DSM 제2판(DSM-II)이 나오면서 공식적으로 "신경증"으로 명명되었고 1980년 세 번째 개정판(DSM-III)이 나온 뒤로는 "불

안장애"라고 불린다.◆

용어가 달라지면서 정의, 증상, 발생률, 추정 원인, 문화적 의미, 치료법까지 모두 달라져왔기 때문에 사실 이건 무척 중대한 문제다. 2500년 전에는 멜라이나 콜레(melaina chole, '검은 담즙'을 뜻하는 고대 그리스어)와 관련 있다고 생각되었던 이런 불쾌한 정서는 그 뒤로 시대 변화에 따라 때로 서로 겹치기도 하면서 이런 표현들로 바뀌어왔다. 멜랑콜리(melancholy), 앙스트(angst), 건강염려증(hypochondria), 히스테리(hysteria), 증기(vapors), 비장(脾臟, spleen), 신경쇠약(neurasthenia), 신경증(neurosis), 정신신경증(psychoneurosis), 우울증(depression), 공포증(phobia), 불안(anxiety), 불안장애(anxiety disorder). 여기에 공포, 걱정, 겁, 두려움, 안절부절못함, 신경질, 조바심, 긴장, 초조, 조마조마함, 떨림, 무서움, 강박, 스트레스, 근심 따위의 일상적 단어들도 있다. 영어로 된 표준 심리학·의학 교재에서 1930년대 이전에는 '불안'이라는 단어가 거의 쓰이지 않다가 (지그문트 프로이트가 사용한) 독일어 Angst가 anxiety로 번역되면서 나타나기 시작한다.◆◆

이런 의문이 떠오른다. 우리가 불안이라고 부르는 것은 무얼 가리키는가?

답은 간단하지 않다. 어쩌면 누구에게 묻느냐에 따라 다르다고도 할 수 있다. 19세기 중반에 쇠렌 키르케고르는 불안(덴마크어로 angst)은 정신적·철학적 문제라고 했다. '뚜렷하고 분명한 원인이 없는, 모호하지만 떨

◆ 불안장애라는 병명은 DSM-III-R(1987), DSM-IV(1994), DSM-IV-TR(2000), 가장 최근판인 DSM-5(2013)에서까지 계속 유지되었다.

◆◆ 프랑스어에서 angoisse와 anxiété의 차이가 무엇인지(비슷한 뜻인 inquiétude, peur, terreur, effroi는 차치하더라도), 독일어에서 Angst와 Furcht의 차이가 무엇인지(또 Angstpsychosen과 Ängstlichkeit는 어떻게 다른지)를 두고 심리학자와 문헌학자 들이 오래 논쟁을 벌여왔다.

처버릴 수 없는 불편함'이라고 정의했다.* 독일 철학자, 정신의학자이자 1913년『정신병리학 총론』이라는 교재를 집필한 카를 야스퍼스는 불안이 "대체로 **안정이 없는** 강한 느낌과 연결되며 무언가를 마치지 않았다거나 무언가를 찾아야 한다거나 무언가를 분명히 해야겠다는 느낌과 상관있다."고 했다. 20세기 전반의 손꼽히는 미국 정신의학자 해리 스택 설리번은 불안은 "자존감이 위협받을 때 경험하는 것"이라고 했다. 20세기 후반에 엄청난 영향을 미친 정신의학자 로버드 제이 리프턴은 불안을 "자아의 생명력에 위협을 느낄 때 혹은 자아 분열을 예상하여 생겨나는 불길한 느낌"이라고 정의했다.[2] 냉전시대 신학자 라인홀드 니부어는 불안을 종교적 개념으로 생각했다. "죄의 내적 전제조건 …… 유혹의 상태를 내적으로 기술한 것"[3]이라고 했다. 한편 의사들은 히포크라테스(기원

◆ 의사가 아니면서 처음으로 불안을 주제로 진지하게 책 한 권을 쓴 사람이 바로 덴마크 양모상의 아들인 키르케고르다. 프로이트가 등장하기 50여 년 전에 키르케고르는 불안을 두려움과 구분 지어 구체적이거나 '실제적' 위험 없이 일어나는 모호하고 산발적인 초조감이라고 정의했다. 아버지가 신을 버렸기 때문에(아예 신을 저주할 정도였다.) 키르케고르는 어린 시절 많은 시간을 예수를 믿을 것인지 거부할 것인지의 문제에 골몰하며 보냈다. 키르케고르는 이 두 선택지 가운데 하나를 선택할 수 있는 자유, 또 어느 쪽이 옳은지 절대로 확실히 알 수 없다는 사실이 불안의 주된 근원이라고 생각했다. 이런 주장은 키르케고르의 17세기 철학적 선조이자 키르케고르처럼 불안에 시달렸던 블레즈 파스칼과 궤를 같이한다. 키르케고르는 또 이렇게 하여 실존주의 철학을 탄생시켰다고도 할 수 있는데, 20세기 후예인 카를 야스퍼스나 철학자이자 소설가 장폴 사르트르 등은 선택, 자살, 참여, 불안 등에 대한 비슷한 질문을 받아들였다.
키르케고르와 사르트르 같은 실존주의자들은 사람이 신과 이성에 대한 믿음을 잃으면 우주에서 표류하며 따라서 불안 속에서 부유하게 된다고 생각했다. 그렇지만 실존주의자들은 불안이 생겨나는 까닭이 신에 대한 믿음이 없기 때문이 아니라 신과 무신론 가운데 선택할 수 있는 자유 때문이라고 보았다. 우리는 자유를 적극적으로 추구하지만 선택의 자유가 불안을 일으킨다. 키르케고르는 이렇게 썼다. "나의 가능성들을 보면 자유의 현기증과 같은 두려움을 느낀다. 나는 공포에 떨며 선택을 한다." 선택을 피함으로써 불안을 피하려는 사람들이 많다. 기괴하게도 사람들이 권위주의 사회에 매혹을 느끼는 까닭도 이렇게 설명할 수 있다. 엄격하고 선택을 억압하는 사회의 확실성이 안도감을 주기 때문이다. 그리하여 격변의 시기를 지나다 보면 극단적인 지도자가 등장하곤 한다. 바이마르 독일의 히틀러, 대공황기 미국의 코글린 신부, 오늘날 프랑스의 장마리 르펜과 러시아의 블라디미르 푸틴 등이 그렇다. 그렇지만 키르케고르는 불안은 인간의 조건을 받아들이는 법을 배우는 "학교"이므로 불안에서 달아나는 것은 잘못이라고 생각했다.

전 4세기)와 갈레노스(2세기 로마)부터 죽 병적 불안은 분명하게 의학적인 문제라고 주장했다. 인두염이나 당뇨병만큼이나 뚜렷한 생물학적 원인이 있는 신체적 병이라고 보았다.

그런가 하면 '불안'은 과학적 개념이 아니라는 사람들도 있다. 한 단어로 표현할 수 없을 정도로 광범위한 인간 경험의 스펙트럼을 억지로 담으려고 하는 부정확한 은유일 뿐이라는 것이다. 1949년 불안에 대한 최초의 학회가 열렸을 때 미국 정신병리학회 회장은 개회사에서 불안이 "우리 시대 가장 흔한 심리적 현상"[4]임은 누구나 다 알지만 불안이 정확히 무엇이고 어떻게 측정해야 할지에 대해서는 전혀 생각이 모아지지 않음을 인정했다. 15년 뒤 미국 정신의학회 연례 회의에서 저명한 심리학자 시어도어 사빈은 '불안'이라는 말이 임상에서 퇴출되어야 한다고 말했다. "'불안'이라는 용어는 정신주의적이고 다양하게 쓰이므로 이제 더 이상 유용하지 않다."[5]고 선언했다.(물론 이 용어는 그 뒤로 오히려 더 많이 쓰인다.) 더 최근에는 하버드 대학교 심리학자이고 '불안 기질'에 대한 세계적 전문가인 제롬 케이건이 "불안이라는 한 단어로 느낌(낯선 사람들 앞에 나설 때 가슴이 막 뛰거나 근육이 긴장되는 감각), 의미의 기술(낯선 사람을 만남으로 인해 걱정이 일어남), 행동(사회적 상황에서 얼굴 표정이 경직됨), 뇌의 상태(성난 얼굴을 보았을 때 편도의 활성화), 만성적인 걱정 상태(범불안장애) 등을 모두 지칭하기 때문에 논의가 발전하지 않는다."라고 했다.[6]

불안의 정의에 관해서조차 의견이 모이지 않는데 어떻게 과학적·의학적 진보를 달성하겠는가?

심지어 현대적인 신경증의 개념을 창시했다 할 수 있는 지그문트 프로이트조차 연구 과정에서 계속해서 불안에 대해 스스로 모순되는 말들을 했다. 불안은 프로이트가 정신병리학 이론을 펼칠 때 기본 초석이 된 개념이었는데도 말이다. 프로이트는 초기에는 성적 충동이 승화되어 불안이 일어난다고 말했다.(억압된 리비도가 "와인이 식초가 되듯"[7] 불안으로 바뀐다고 했다.)[8] 나중에는 불안이 무의식의 갈등에서 일어난다고 주장했다.♦♦ 말년작인 『불안의 문제』에서는 이렇게 말했다. "이렇게 많은 노력을 기울였는데도 여전히 가장 기본적인 문제를 파악하기가 어렵다니 거의 수치스럽기조차 한 일이다."[9]

불안의 수호성인인 프로이트조차 개념을 정의하지 못하는데 내가 어떻게 할 수 있겠는가?

* * *

공포는 감각을 예민하게 한다. 불안은 감각을 마비시킨다.

—커트 골드스타인, 『유기체: 생물학의 전신적 접근』(1939)

사전적 정의를 살펴보면 두려움("무언가 또는 누군가가 위험을 일으키거나 고통이나 위협을 가할 가능성이 있다는 생각에서 일어나는 불쾌한 정서")과 불안

♦ 이 주제에 관한 프로이트의 초기 저작에서는 불안의 본질을 순수하게 생체역학적인 것으로 보았다. 프로이트는 신경증적 불안은 대체로 억압된 성적 에너지의 결과물이라는 이론을 세웠다. 프로이트는 신경학자로 수련을 받았고(젊을 때에는 뱀장어의 신경계를 연구했다.) 사람의 신경계가 신경계 안의 '흥분'의 양을 줄이거나 아니면 적어도 일정하게 유지하려는 경향이 있다는 '항상성의 원리'를 받아들였다. 성적 활동(오르가즘)은 신체가 과잉 긴장을 배출하는 주된 수단이다.
성적 긴장과 불안이 관련 있다는 이런 생각의 전례를 고대에서도 찾아볼 수 있다. 고대 로마의 의사 갈레노스는 방출되지 않은 액액이 부패하여 뇌에 영향을 미쳤다고 진단한 환자를 치료한 일을 설명한다. "손으로 질과 클리토리스를 자극하자 환자가 큰 즐거움을 느꼈다. 또 많은 액체가 흘러나왔고, 이렇게 환자의 병이 나았다."

♦♦ 프로이트의 제자와 후예 들은 무엇에 관한 갈등인가를 두고 토론하느라 한 세대를 보냈다. 카렌 호나이는 "의존 욕구"라고 했고 에리히 프롬은 "안전 욕구", 알프레트 아들러는 "권력 욕구"라고 했다.

("주로 결과가 불분명한 일이나 사물에 대해 느끼는 걱정, 긴장, 불편 등의 감정")의 뜻이 크게 차이가 나지 않는 듯 보인다. 하지만 프로이트는 두려움(독일어로 Furcht)은 구체적 대상이 있는 반면(뒤에서 쫓아오는 사자, 전투 도중 숨은 곳에서 옴짝달싹 못하도록 총을 겨누고 있는 적군 저격수, 중요한 농구 경기 막바지에 결정적 자유투를 던지려는 순간 실패했을 때의 결과에 대한 인식) 불안(Angst)은 그렇지 않다고 구분한다. 프로이트의 시각에 따르면 적절한 때에 느끼는 두려움은 건강하다. "비합리적"이거나 "막연"할 때가 많은 불안은 그렇지 않다.◆

"아이가 뾰루지가 하나 나거나 약한 감기에 걸렸을 때 죽을까 봐 겁내는 엄마가 있다면 불안이라고 한다. 하지만 아이가 중병에 걸렸을 경우라면 엄마의 반응을 두려움이라고 한다."[10] 카렌 호나이[독일 태생이고 미국에서 활동한 정신분석가로 프로이트의 남근선망이론에 반하는 여성주의 심리학의 토대를 놓았다고 평가받는다.—옮긴이]가 1937년에 쓴 글이다. "높은 곳에 갈 때마다 겁을 내거나 잘 아는 주제에 관해 이야기해야 할 때 겁을 먹는다면 그런 반응을 불안이라고 부른다. 심한 폭우가 쏟아질 때 산속 깊은 곳에서 길을 잃을까 겁을 내는 사람의 반응이라면 두려움이라고 할 것이다."(호나이는 두려움을 느낄 때는 항상 스스로 인식하지만 불안은 자기도 모르는 사이에 느낄 수 있다는 점으로도 두 가지를 구분한다.)

프로이트는 후기 저작에서 두려움과 불안을 구분하는 대신 "정상적 불안(이유 있는 위협에 대한 불안으로 생산적이라고 할 수 있다.)"과 "신경증적 불안(해소되지 않은 성적 문제나 심리적 갈등에 의해 일어난 불안으로 병리적이고

◆　Angst에 대한 프로이트의 시각에는 "불확실성에서 비롯되며 뚜렷한 대상이 없음"이라는 키르케고르 식의 생각이 들어 있다.

생산에 방해가 된다.)"으로 나누었다.

그러니까 공포와 걱정과 일상적 초조함에 시달리는 나는 "신경증적"
으로 불안한 것일까? 아니면 "정상적"으로 불안한 것일까? "정상적" 불
안과 병리적 문제인 불안의 차이는 뭘까? 법학도가 변호사 시험을 치르
기 전에 느끼는 불안이나 초등학교 야구선수가 타석에 들어서기 전에 느
끼는 불안처럼 타당하고 도움이 되기도 하는 긴장감과, 1980년부터 현대
정신의학계에서 정의해온 공식 불안장애(공황장애, 외상 후 스트레스 상애, 특
정공포증, 강박장애, 사회불안장애, 광장공포증, 범불안장애 등)에 따른 인지적·
신체적 증상은 어떤 차이가 있을까?

'정상'과 '이상'을 구분하려 할 때, 또 여러 임상 증상을 서로 구분하
려 할 때 정신건강이라는 드넓은 분야에 종사하는 사람 거의 누구나 미
국 정신의학회의 DSM을 따른다.(얼마 전에 5차 개정판 DSM-5가 나왔다.)
DSM은 수백 종의 정신장애를 정의하고 유형에 따라 분류하고, 환자가
해당 진단을 받으려면 증상들을 얼마나 많이, 얼마나 자주, 얼마나 심하
게 보여야 하는지를 우스꽝스러울 정도로 구체적이면서도 완전 무작위
로 보일 정도로 세세하게 열거했다. 불안장애 진단에 과학적 타당성을 부
여하려는 노력이다. 그러나 현실적으로는 상당한 정도로 주관이 개입하
기 마련이다(증상을 설명하는 환자 쪽에서도, 증상을 해석하는 의사 쪽에서도).
DSM-II를 토대로 같은 환자를 두 정신과 의사가 진단했을 때 같은 진단
을 내릴 확률이 32~42퍼센트밖에 되지 않는다는 결과를 보여준 연구도
있다. 그 이후로 일치율이 높아지기는 했지만 여러 정신장애의 진단은 아
무리 과학적인 양해도 여전히 과학이라기보다는 기술에 가깝다.[11]

◆　DSM-5 개정을 둘러싼 잡음과 충돌이 많았다는 사실(DSM-III와 DSM-IV를 제정한 위원회 의

병적 불안과 병적 우울의 관계를 생각해보자. 어떤 불안증(특히 범불안장애)과 우울증은 생리적으로 무척 유사하다. 우울과 불안 모두 스트레스 호르몬인 코르티솔 수치 상승과 관련이 있고, 해마 등 뇌의 특정 부위의 축소 등 신경해부학적 특징도 같이 나타난다. 유전적 뿌리도 비슷하다. 특히 세로토닌과 도파민 등 신경전달물질 생산과 관련이 있는 유전자가 두드러지게 일치한다.(유전적으로는 주요우울증과 범불안장애를 구분할 수 없다고 하는 유전학자도 있다.) 불안과 우울은 그 바탕에 자존감과 자기효능감이 약하다는 느낌이 있다는 점에서도 같다.(자기 삶을 통제하지 못하는 느낌은 불안과 우울 둘 다로 이어질 수 있다.) 뿐만 아니라 스트레스(직업과 관련된 걱정부터 이혼, 사별, 전쟁 외상까지)가 불안장애와 우울증 양쪽에 큰 영향을 미친다는 것을 보여주는 연구는 무수히 많다. 물론 스트레스는 고혈압, 당뇨병 등 다른 병과도 연관이 있다.

불안장애와 우울증이 이렇게 비슷하다면 왜 둘을 구분할까? 사실 수천 년 동안 그런 구분이 없었다. 의사들은 불안과 우울을 "멜랑콜리아"나 "히스테리"라는 용어로 한데 묶어 사용하곤 했다.[12] 기원전 4세기에 히포크라테스가 '멜라이나 콜레'에 속한다고 한 증상 중에는 오늘날 우울증("슬픔", "실의", "자살 충동")과 연결할 수 있는 것도 있고 불안("지속적 두려움")과 연결할 수 있는 것도 있다. 1621년 로버트 버튼은『우울의 해부』에 불안은 슬픔의 "자매, 믿음직한 친구, 지속적인 동반자, 조수이자

장들이 저마다 DSM-5를 공개적으로 비난하기도 했다.)을 보면 정신과 진단이 기술이나 과학보다는 정치와 마케팅의 소산일지도 모른다는 생각이 든다.

◆ 과학사가들은 "일련의 괴로움의 증상들(걱정, 슬픔, 불안과 같은 심리적 증상과 두통, 피로, 등의 통증, 불면, 배앓이 등의 신체 증상)"을 "스트레스 전통"이라는 넓은 범주로 묶기도 한다. "스트레스"는 심리적 스트레스와 육체적 스트레스 둘 다를 가리킬 수 있다. 18세기부터 의사들은 신경계에 가해진 스트레스가 "신경질환"을 일으킨다고 믿었다.

주된 동인으로서 이런 못된 것들을 초래한다. 서로의 원인이자 증상이
다."[13][14]라고 썼다. 오늘날 연구를 통해 임상적으로 정확하다고 입증된
말이기도 하다. 나도 내 경험을 근거로 말하지만 심한 불안에 빠져 있으
면 정말로 우울하다. 불안 때문에 인간관계도 나빠지고, 일도 잘할 수 없
고, 삶에도 제약이 생기고, 가능성도 줄어들게 된다.

미국 정신의학회가 "우울증"으로 묶는 여러 이상들과 "불안장애"로
묶는 여러 이상들 사이를 나누는 선은, 아니 사실상 정신이 건강한 상태
와 아픈 상태를 나누는 선은 과학의 산물이라기보다는 정치와 문화(와
마케팅)의 산물인 것 같다. DSM 정의에서 특정 정신장애의 범위가 늘어
나거나 줄어들 때마다 보험금 지급부터 제약회사의 이윤, 전문 분야가 서
로 다른 치료사들의 직업 전망까지 다양한 분야가 막대한 영향을 받는
다. 의학계나 제약산업을 비판하는 사람들은 불안장애라는 게 원래 있던
것이 아니라 환자와 보험회사한테서 돈을 뜯어내려고 제약산업 복합체
가 만들어낸 것이라고 말한다. 사회불안장애나 범불안장애 같은 진단이
정상적인 인간의 정서를 병적인 것으로, 약으로 치료해야 할 병으로 바
꾸어놓아 제약회사에 이윤을 올려준다고 말한다. 제약업계에 열렬한 반
대 운동을 펼치는 하버드 출신 정신과 의사 피터 브레긴은 이렇게 말한
다. "당신 삶을 우울증, 조울증, 불안장애 같은 문구로 도매금으로 넘기게
하지 마시오."[15]

이런 장애 진단을 받아본 사람으로서 나는 이 병이 일으키는 고통은
만들어진 것이 아니라고 확실하게 말할 수 있다. 내 불안은 진짜다. 그렇

◆ 버튼은 이렇게 썼다. 낮 동안에 우울증 환자들은 "무언가 끔찍한 대상을 두려워하고, 의심, 두려
  움, 슬픔, 불만, 걱정, 수치, 괴로움 등으로 마음이 산란하여 마치 야생마가 수십 마리 날뛰고 있어
  단 한 시간도, 아니 1분도 조용히 있을 수 없는 것 같은 지경이다."

지만 내 증상이 DSM이나 제약회사에서 말하듯이 반드시 **병** 또는 **정신질환**에서 비롯된다고 말할 수 있나? 내가 느끼는 불안이 살면서 으레 느끼는 정서적 반응(내 반응이 다른 사람보다 더 심하기는 하지만)일 수는 없나? '정상'과 '병'을 어떻게 구분할 수 있나?

최근에는 과학이 많이 발전하였으니 정상적 불안과 병적 불안을 정확하고 객관적으로 구분할 수 있게 되었으리라고 생각할 것이다. 어떤 면에서는 확실한 발전이 있었다. 신경과학에서 fMRI를 이용해 뇌의 여러 곳에서 산소가 함유된 피의 흐름을 측정하여 뇌의 활동을 실시간으로 관찰할 수 있게 되어, 주관적으로 경험하는 특정 정서와 뇌스캔에서 드러나는 특정 생리적 활동이 관련이 있음을 입증하는 연구가 쏟아져 나왔다. 예를 들면 급작스러운 불안은 fMRI 스캔에서 편도 활동이 활발해지는 것으로 나타난다. 편도는 중앙 측두엽 깊은 곳에 있는 아몬드 모양의 조그만 기관이다. 불안이 가라앉는 것은 편도 활동이 줄어들고 전두피질 활동이 활발해지는 것과 관련이 있다.◆

이런 이야기를 들으면 엑스레이와 비슷한 방식으로 불안을 파악하고 얼마나 심한지 측정할 수 있을 것 같다. 엑스레이로 발목이 부러졌는지 삐었는지를 구분할 수 있듯 정상적 불안과 병적 불안을 구분할 수 있으리라는 말이다.

그런데 그렇지가 않다. 뇌스캔에서 불안을 뜻하는 생리적 징후가 나타났지만(스트레스를 일으키는 자극을 주었을 때 편도가 밝아진다.) 불안한 느낌이 없다고 말하는 사람도 있다. 뿐만 아니라 포르노그래피 영화를 보

◆　지나치게 단순화한 것이기는 하다. 신경과학적으로 나타나는 그림은 훨씬 더 복잡하고 세부적이지만 연구에서 나타난 내용을 줄여 말하면 이렇다. 심한 불안을 느끼는 순간에는 편도가 원시적으로 폭주하여 피질의 합리적 사고를 압도한다.

고 성적으로 흥분한 연구 대상자의 뇌가 두려움을 불러일으키는 자극에 반응한 뇌와 똑같은 모양으로 MRI 스캔에 나타나기도 한다.[16] 양쪽 경우 모두 편도, 섬피질, 전대상회 등 서로 연결된 뇌의 부분들이 같이 활성화된다. 어떤 상황이 있었는지 모른 채로 두 가지 뇌스캔 결과만 보면 어느 쪽이 공포 반응이고 어느 쪽이 성적 흥분인지 구분할 수 없을 것이다.

엑스레이 사진에 대퇴부 골절이 나타나면 환자가 통증을 못 느낀다고 하더라도 골절이라는 진단이 내려진다. fMRI에서 편도와 기저핵에 강한 활동이 나타나는데 환자가 불안을 느끼지 않는다고 말하면…… 아무것도 아니라는 진단이 내려진다.

* * *

척추동물의 뇌에서 위험을 감지하고 반응하는 부분은 거의
변하지 않았다. 어떤 면에서 우리는 정서적인 도마뱀이다.

—조지프 르두, 『정서적인 뇌』(1996)

아리스토텔레스 이래로 많은 연구에서 '동물 모델'에 의거해 정서를 설명하고 해마다 수천 건씩 동물 연구가 이루어지는 까닭은 쥐나 침팬지의 행동, 유전, 신경회로가 사람과 비슷해서 동물 실험을 통해 의미 있는 통찰을 얻을 수 있다는 개념이 확고하게 자리 잡고 있기 때문이다. 찰스 다윈은 1872년 『인간과 동물의 감정 표현』에서 종이 달라도 공포 반응은 상당히 보편적으로 나타난다는 점에 주목했다. 사람을 포함해 모든 포유류가 눈에 보이는 공포 반응을 나타냈다. 위험이 포착되면 쥐는 사람처럼

본능적으로 달아나거나 동작을 멈추거나 배변을 한다.* 위협이 느껴지면 '불안'한 기질을 타고난 쥐는 덜덜 떨고 개방된 공간을 피하고 익숙한 곳을 찾고, 무엇이든 위협이 될 수 있는 것을 만나면 이동하다가 멈추고 구조를 요청하는 초음파 울음소리를 낸다. 사람은 초음파 구조 요청을 보내지는 않지만 긴장하면 덜덜 떨고 낯선 상황을 피하고 사람들을 만나기를 꺼리고 집 가까운 곳에 머물고 싶어 한다.(광장공포증이 있는 사람들은 아예 집 밖으로 나가지 않는다.) 편도를 제거한 쥐(또는 유전자를 조작하여 편도가 제 기능을 하지 않게 만든 쥐)는 두려움을 표현하지 못한다. 편도가 손상된 사람도 마찬가지다.[17](아이오와 대학교 연구자들은 S.M.이라는 이름으로 불리는 한 여성을 여러 해에 걸쳐 연구했다. 이 여성은 희귀병으로 편도가 파괴되어서 두려움을 느끼지 못한다.) 뿐만 아니라 동물도 스트레스를 일으키는 상황에 지속적으로 노출되면 사람처럼 고혈압, 심장병, 궤양 등 스트레스와 관련이 있는 병이 생긴다.

다윈의 글이다. "거의 모든 동물이, 새조차도 두려움을 느끼면 몸을 떤다. 살갗이 창백해지고 땀이 나고 털이 곤두선다. 소화액 분비와 신장 활동이 활성화되고 괄약근이 이완되어 자기도 모르게 장을 비우게 된다. 사람도 같은 현상을 보이고 소, 개, 고양이, 원숭이도 마찬가지다. 숨이 가빠진다. 심장이 더 빠르고 거세고 격하게 뛴다. …… 정신 기능도 혼란을 일으킨다. 이어 탈진이 찾아오고 기절하기도 한다."

다윈은 위협에 몸이 자동 반응하는 것이 진화 과정에서 적응한 결과라고 했다. 생리적으로 싸우거나 도망가거나 기절할 준비를 하여 위험에

◆   배변 속도, 곧 1분 당 배출된 똥알의 수가 설치류가 겁에 질린 정도를 측정하는 표준 척도다. 1960년대 런던 정신병원에서 과학자들이 배변 속도가 비슷한 개체들을 교배해 반응성의 정도가 다른 유명한 모즐리 쥐를 만들어냈다.

대응하는 개체가 그렇지 않은 개체보다 살아남아 번식할 가능성이 더 높다. 1915년 하버드 의대 생리학과장인 월터 캐넌이 다윈의 "경보 반응"을 설명하기 위해 "싸움 또는 도주"라는 표현을 만들어냈다. 캐넌은 싸움 또는 도주 반응이 활성화될 때 혈액의 이동에 관해 처음으로 체계적으로 기술하기도 했다. 이런 때에는 말초 혈관이 수축되어 혈액이 사지 쪽에서 골격근 쪽으로 이동해서 싸우거나 달아나기에 더 적절한 상태가 된다.(피부에서 피가 빠져나가기 때문에 겁에 질린 사람은 얼굴이 허예진다.) 혈액에 산소를 공급하기 위해 숨이 더 가쁘고 깊어진다. 간에서는 글루코스를 더 많이 내놓아서 여러 근육과 기관에 에너지를 공급한다. 눈동자가 커지고 청각이 더 예민해져서 상황을 잘 포착할 수 있게 된다. 피가 소화관에서 빠져나가고 소화 과정이 멈춘다. 침이 적게 나오고(그래서 불안할 때에는 입이 마르는 느낌이 든다.) 대변이나 소변을 누거나 구토를 하고 싶은 충동이 느껴질 때가 많다.(필요 없는 물질을 방출하면 몸이 소화보다 더 절실한 생존 욕구에 집중할 수 있게 된다.) 1915년에 나온 『통증, 굶주림, 공포, 분노에 따른 몸의 변화』에서 캐넌은 정서의 경험이 몸에 구체적으로 어떤 화학적 변화를 일으키는지 간단한 사례 몇 개를 보여주었다. 캐넌은 대학생 아홉 명을 대상으로 어려운 시험을 본 뒤와 쉬운 시험을 본 뒤에 각각 소변을 검사했다. 어려운 시험 뒤에는 아홉 명 가운데 네 명의 소변에서 당이 나왔다. 쉬운 시험 뒤에는 한 명의 소변에서만 당이 검출됐다. 다른 실험에서는 하버드 풋볼팀이 1913년 "결승전이자 아주 짜릿했던 승부"[18]를 마친 뒤 선수들을 대상으로 소변을 검사했는데 스물다섯 개 샘플 가운데 열두 개에서 당이 뚜렷하게 나타났다.

기절하게 만드는 생리적 반응은 싸움 또는 도주를 하도록 준비시키는 반응과 다른 방식으로 작동하지만 적응에 따른 결과라는 점은 마찬가지다. 피가 흐르는 상처를 입었을 때 혈압을 급격히 떨어뜨리면 혈액 손실이 적다. 또 동물이 기절하면 무의식적으로 죽음을 가장하게 되는데 이게 어떤 상황에서는 목숨 보전에 도움이 된다.◆

싸움 또는 도주 반응이 적당한 때, 실제로 물리적 위험이 닥쳤을 때에 일어난다면 생존 가능성을 높여준다. 그런데 적당하지 않은 때에 반응이 일어나면 어떨까? 겁낼 만한 대상이 없는데 생리적으로 공포 반응이 일어나거나 위협의 크기에 비해 큰 반응이 일어난다면 병리적 불안이 될 수 있다. 진화 과정에서 발달한 충동이 잘못된 길로 벗어난 결과다. 심리학자이자 철학자인 윌리엄 제임스는 심한 불안이나 오늘날 말하는 공황 발작의 원인이 근대성 자체일 수도 있다는 가설을 세웠다. 다시 말하면 원시적인 싸움 또는 도주 반응이 현대 문명사회에는 어울리지 않기 때문이다. "짐승에서 인간으로 발전하는 과정의 가장 큰 특징은 제대로 두려움을 느낄 상황이 확연히 줄어들었다는 점이다."[19] 1884년 윌리엄 제임스가 쓴 글이다. "문명화된 삶에서는 대부분 사람이 진정한 공포에 휩싸이는 일을 한 번도 겪지 않고 요람에서 무덤까지 갈 수 있게 되었다."◆◆[20]

◆ 이 책을 쓰는 일이 나에게 미친 나쁜 영향 가운데 이런 게 있다. 자료 조사를 하기 전에는 피·상처 공포증에 관해 잘 몰랐다. 4.5퍼센트 정도의 사람에게 나타난다고 추정되는 증상인데 주사를 맞거나 피를 보면 강한 불안이 일고 때로는 혈압이 급격히 떨어져 기절하기도 한다. 예전에는 주사 맞고 피를 뽑는 일은 문제없이 해냈기 때문에 내가 다른 사람에 비해 겁을 덜 내는 몇 안 되는 일 가운데 하나라고 생각했다. 그런데 이런 현상을 일으키는 생리적 반응이 있다는 걸 알고 나자 주사 바늘을 꽂을 때 기절할까 봐 겁을 내게 되었다. 자기암시 때문인지 실제로 거의 기절할 뻔한 적도 몇 번 있다. W 박사한테 이야기했더니 이렇게 말했다. "맙소사. 스스로에게 새로운 공포증을 만들어주었군요."(W 박사는 공포증이 심각한 문제가 되기 전에 어서 의사한테 가서 주사를 맞는 연습을 하라고 했다. 노출 요법을 조언한 셈이다.)

◆◆ 윌리엄 제임스는(형제자매인 헨리와 앨리스 등도 마찬가지였다.) 불안해하고 늘 건강을 두고 노심초사하는 기질을 아버지에게서 물려받은 듯하다. 아버지 헨리 제임스 1세는 괴팍한 스베덴보리 학파 철학자였는데 1884년 윌리엄에게 쓴 편지에서 오늘날 임상에서 공황 발작으로 판단할 만한 경험을 들려준다. "어느 날엔가, 5월 말 무렵이었는데 편하게 저녁 식사를 마치고 식구들이 흩어진 뒤에 식탁에 계속 빈둥거리며 앉아 별 생각 없이 벽난로에서 타는 숯을 보고 있었단다. 그런데 갑

윌리엄 제임스는 자연 상태에서 일어나는 공포(검치호랑이에게 쫓긴다거나 적 부족을 맞닥뜨린다거나)와 비슷한 것을 "진정한 공포"라고 불렀는데 일반적으로 이런 일이 현대의 삶에서 일어나는 일은 드물다. 오늘날 우리가 경험하는 위협은 상사가 마음에 안 든다는 표정을 짓는다, 아내가 전 남자친구에게 비밀스러운 편지를 받았다, 대학 진학 시험을 친다, 경제가 무너진다, 테러의 위협이 있다, 퇴직 연금이 반토막 났다 등 싸움 또는 도주 생리 반응이 일어나도 대저에 도움이 되지 않는 위협들이다. 그래도 어쨌든 몸에서 긴급 반응이 일어난다. 특히 불안증이 있는 사람들은 더 그렇다. 그래서 결국 건강을 해치는 스트레스 호르몬에 절여진 채로 살게 된다. 신경증적 불안으로 고통받든 강도나 화재 같은 실제 위협에 반응하든 자율신경계 활동은 큰 차이가 없기 때문이다. 뇌간 바로 위에 있는 시상하부는 부신피질자극호르몬방출인자(CRF)라는 호르몬을 분비하는데 이 호르몬은 시상하부 아래쪽에 튀어나온 콩만 한 조직인 뇌하수체에서 부신피질자극호르몬(ACTH)을 배출하게 한다. ACTH는 혈관을 타고 신장으로 가서 그 위에 있는 부신에서 아드레날린(노르에피네프린이라고도 한다.)과 코르티솔을 분비하게 한다. 이 두 호르몬은 글루코스가 혈액으로 더 많이 들어가게 하여 심박동과 호흡을 빠르게 하고 몸을 흥분 상태로 만든다. 실제 위험이 있을 때는 아주 유용하겠지만 공황 발작이나 만성 불안 때문에 일어난다면 아주 괴로운 일이다. 코르티솔 수치가 높은 상태가 오랫동안 유지되면 건강에 여러 해로운 영향을 미친다. 고혈압, 면역 저하, 뇌에서 기억을 담당하는 해마가 줄어드는 등의 영향

자기. 마치 번개처럼 '두려움과 떨림이 내게 이르러서 모든 뼈마디가 흔들렸느니라.[용기를 인용한 것이다.]' 그런 상태가 10초 정도밖에 되지 않았는데 완전히 망가진 기분이었지. 자신 있고 원기왕성하고 삶을 즐기는 남자였다가 갑자기 아무것도 못하는 아기가 되어버린 것 같았어."

이 있다. 알맞은 상황에 불안으로 인한 생리적 반응이 일어나면 목숨을 부지할 수 있다. 같은 반응이 너무 자주, 시도 때도 없이 나타나면 일찍 죽을 수 있다.

동물처럼 사람도 공포 조건반사가 나타나도록 훈련받을 수 있다. 객관적으로 두려움과 관련이 없는 사물이나 상황을 실제 위협과 연관시키도록 만든다는 말이다. 1920년 심리학자 존 왓슨은 고전적 조건형성 방법을 이용해 '꼬마 앨버트'라는 생후 11개월 된 아이가 공포 불안을 일으키도록 만든 것으로 유명하다. 아기가 울면서 덜덜 떨게 만들 정도로 시끄러운 소리를 내면서 동시에 흰쥐("중립적 자극")를 보여주는 과정을 되풀이하자, 소리 없이 쥐만 보여주어도 아이에게서 강한 공포 반응을 불러일으킬 수 있게 되었다.(꼬마 앨버트는 이 실험 전에는 흰쥐와 침대에서 즐겁게 놀았다.) 머지않아 꼬마 앨버트는 쥐뿐 아니라 다른 조그맣고 털 난 동물 전체와 흰 수염에도 공포증을 갖게 되었다.(산타클로스도 무서워했다.) 왓슨은 앨버트의 공포증이 고전적 조건형성의 힘을 보여주는 예라고 결론 내렸다. 초기 행동주의 심리학자들은 동물이나 사람의 공포 불안은 공포 조건형성으로 간단하게 요약될 수 있다고 생각했다. 이런 관점에서 보면 불안증은 학습된 반응이다.◆

진화생물학자들은 불안이 인간이 본디 타고난 공포 반응, 동물적 본능이 잘못된 때에 잘못된 이유로 가동된 것일 뿐이라고 한다. 행동심리

◆ 사람이나 다른 포유류가 유전적으로 특정 대상에게 두려움을 갖도록 만들어져 있다는 사실이 밝혀져 순수한 행동주의 관점에서 공포 조건형성을 바라보기가 힘들어졌다. 오늘날 진화심리학자들은 왓슨이 꼬마 앨버트 실험을 잘못 해석했다고 말한다. 앨버트가 쥐에 대한 깊은 공포증을 갖게 된 까닭은 조건형성이 그만큼 강력하기 때문이 아니라 사람의 뇌가 자연적으로, 진화적 적응에 따라 병균을 옮기는 조그맣고 털 난 것들을 겁내게끔 만들어졌기 때문이라고 한다.(9장에서 이 점에 대해 더 자세히 이야기하겠다.)

학자들은 불안이 파블로프의 개가 종소리를 들으면 침을 흘리듯이 단순한 조건형성을 통해 습득한 반응이라고 한다. 양쪽 다 불안을 인간적이기보다 동물적인 성향으로 본다. 신경과학자 조지프 르두는 이렇게 말한다. "인문학적 시각은 다를 수 있겠지만 나는 정서가 인간 특유의 성향은 아니라고 생각한다. 또 사실 뇌의 일부 정서 체계는 포유류, 파충류, 조류, 어쩌면 양서류와 어류의 것까지도 본질적으로 같다."[21]

그렇지만 쥐가 고양이를 볼 때 자동으로 보이는 본능적 반응, 쥐가 충격과 연관 지어진 종소리를 들었을 때의 반응, 혹은 꼬마 앨버트가 쥐를 두려워하도록 훈련받은 뒤에 보인 반응이 내가 비행기를 탈 때나 우리집 재정 상태를 걱정할 때나 팔뚝에 사마귀가 나서 느끼는 불안과 정말같은 종류일까?

이것도 생각해보라. 바다 달팽이인 군소는 원시적인 뇌를 가진 무척추동물인데 사람의 불안과 생물학적으로 (대략) 대등한 생리적 반응과 행동을 보일 수 있다.[22] 아가미를 건드리면 움츠러들며 혈압이 높아지고 심장 박동이 빨라진다. 이걸 불안이라고 할 수 있을까?

이런 면도 있다. 뇌도 없고 신경도 없는 단세포 박테리아가 정신의학에서 회피 행동이라고 부르는 학습된 반응을 보일 수 있다. 연못에 사는 짚신벌레는 전기 버저 충격(싫어하는 자극이다.)을 받으면 물러선다. 버저에서 먼 쪽으로 헤엄쳐가서 자극을 피하려 한다. 이것도 불안인가? 어떤 정의에 따르면 그렇다. DSM에 따르면 두려움을 일으키는 자극을 '회피'하는 것이 불안장애의 대표적 특질이다.

동물과 인간의 행동 반응을 같은 선상에서 보는 것은 말도 안 된다고 하는 전문가들도 있다. 제롬 케이건은 "쥐가 보이는 놀람 반응이 사람의 불안 상태의 모델로 과연 적당한지는 분명하지 않다."[23]고 말했다. 보스턴 대학교 불안과 관련 장애 센터의 데이비드 발로는 이런 질문을 던진다. "공격을 당했을 때 자기도 모르게 마비 상태가 되는 것이[동물의 행동인데 사람에게도 진화론적으로나 생리적으로 분명히 이에 상응하는 반응이 있다.] 가족의 안녕, 직업, 재정 상태를 걱정하는 것과 정말 공통점이 있나?"[24]

"자기가 죽기 전까지 사회보장연금 재정이 버틸 것인지, 첫 데이트에서 무슨 말을 해야 할지 걱정하는 하마가 있을까?"[25] 스탠퍼드 대학교 신경과학자 로버트 새폴스키의 말이다.

"쥐는 주식시장 붕괴를 걱정할 수 없다. 사람은 할 수 있다."[26] 조지프 르두도 이런 점은 인정한다.

불안을 순수하게 생물학적이거나 기계적인 과정으로 환원할 수 있을까? 아무 생각 없이 전기 자극에서 물러나는 쥐나 바다 달팽이의 본능적 행동이나, 털이 있는 물건을 보면 움츠러들고 덜덜 떨게끔 파블로프의 개처럼 조건형성이 된 꼬마 앨버트처럼? 아니면 불안에는 시간 감각, 앞날의 위험에 대한 인식, 앞으로의 고통에 대한 예상이 반드시 포함되나? 외증조부와 내가 정신병원을 찾게 만든 "미래에 대한 두려움"이?

불안은 사람처럼 쥐나 도마뱀이나 아메바에게도 있는 동물적 본능일까? 기계적 조건형성을 통해 습득할 수 있는 학습된 행동일까? 아니면, 사실은 결국 무엇보다도 자아 개념과 죽음에 대한 인식에서 나오는 인간 고유의 경험일까?

* * *

의사와 철학자는 영혼의 병을 서로 다르게 정의한다. 예를 들어
철학자는 분노가 당한 대로 돌려주려는 욕구에서 나오는 감정

이라고 하지만 의사는 심장 주위에 피가 몰리는 것이라고 한다.

—아리스토텔레스, 『영혼에 대하여』(기원전 4세기)

이 질문을 안고 여러 달을 성과 없이 고민하던 어느 날 걱정과 자기혐오에 휩싸인 채로 상담의사를 찾아가 소파에 털썩 주저앉았다.

"무슨 일이에요?" W 박사가 묻는다.

"불안을 다룬 책을 쓴다고 하면서 불안의 정의조차 못 만들고 있어요. 수천 장이 넘는 글을 읽었는데 정의가 수백 가지는 나오더라고요. 서로 비슷비슷하기도 하지만 모순되는 것도 있어요. 어떤 걸 써야 할지 모르겠어요."

"DSM 정의를 쓰면 어때요?"

"DSM은 **정의**를 하는 게 아니라 관련 증상을 나열하는 걸요.♦ 게다가 그것조차도 확실하다고 할 수가 없어요. DSM을 개정해서 다섯 번째 판을 낸다고 하잖아요!"♦♦

"맞아요."

W 박사가 서글픈 듯 말한다. W 박사는 요즘 정신의학계 권위자들이 DSM을 새로 개정하면서 강박장애를 불안장애 범주에서 빼는 방안을

♦ 예를 들어 DSM-IV는 범불안장애를 이렇게 정의했다. "여러 일이나 활동에 대해 지나친 불안을 느끼는 날이 그러지 않은 날보다 많은 상태가 6개월 이상 지속된다. 환자가 걱정을 조절하기 어려워한다. 걱정과 불안이 다음 여섯 증상 가운데 최소 세 개와 연관이 있다.(지난 6개월 동안 몇몇 증상이 나타나는 날이 나타나지 않는 날보다 더 많았다.) 불안감과 긴장감. 쉽게 피로를 느낌. 집중하기가 어렵거나 머리가 멍해짐. 짜증이 남. 근육 긴장. 수면장애."(DSM-IV에는 불안의 일반적 정의도 나온다. 좀 포괄적이고 전문 용어가 들어가긴 했지만 상당히 정확하다고 생각한다. "불쾌한 감정이나 몸이 긴장되는 느낌을 동반한, 앞날의 위험이나 불행에 대한 부정적 예측. 예상되는 위험은 내적인 것일 수도 외적인 것일 수도 있다.")

♦♦ 이 대화를 나눈 때는 2013년 DSM-5가 발표되기 전이었다.

검토한다며 안타까워한다. 대신 투렛 증후군 등과 같은 스펙트럼에 넣어 '충동장애'라는 새로운 범주로 묶으려 한다고 한다. W 박사는 이렇게 바꾸는 게 옳지 않다고 생각한다. "수십 년 동안 환자들을 만나봤지만 강박장애 환자는 **하나같이 다** 불안했어요. 자기 강박증에 대해 걱정을 해요."

나는 몇 주 전에 참석한 학회에서 이런 이야기를 들었다고 했다. 강박장애가 불안장애 말고 다른 것으로 재분류되어야 하는 근거는 그 유전적 요인이나 신경회로가 다른 불안장애와 상당히 다르게 보이기 때문이라는 말이었다.

"빌어먹을 생물정신의학!" W 박사 입에서 이런 말이 튀어나왔다. W 박사는 평소 온화하고 침착한 사람이다. 그리고 치료 방법에도 매우 종파통합주의적으로 접근한다. 책을 쓸 때나 환자들을 치료할 때나 여러 치료 방식 중에서 좋은 부분들을 취합하여 "상처받은 자아를 치료하는 통합적 접근법"을 이루려고 해왔다.(그리고 W 박사는 단언컨대 최고의 치료사다.) 그렇지만 W 박사는 최근 몇 십 년 동안에 생물의학 전반, 특히 신경과학 쪽에서 나오는 목소리가 점점 오만하고 편협해져서 다른 연구의 줄기들을 주변부로 몰아내고 정신과 치료를 왜곡하고 있다고 생각한다. W 박사는 특히 강경한 신경과학자와 정신약리학자들이 모든 정신작용을 아주 작은 분자적 요소로 축소하려 한다고 했다. W 박사의 말에 따르면 이들은 인간의 고통이나 불안과 우울 증상의 **의미** 등 실존적 차원에는 아무 관심이 없다. 불안을 주제로 한 학회가 열려도 제약회사에서 후원하는 약물과 신경화학 심포지엄이 대다수이고 다른 것들은 낄 자리가 없다.

나는 W 박사에게 책을 포기하려고 한다고 말한다. "제가 못할 거라고 했죠."

"봐요. 그게 바로 불안증에서 나오는 말이에요. 불안의 정확한 정의를 찾는 데에 지나친 불안감을 느끼게 만들죠. 일 자체에 집중하는 대신 그 일의 결과를[내가 내린 불안의 정의가 틀리지 않을까를] 끝없이 걱정하게 만들어요. 집중을 해야 합니다. 할 일에 몰두하세요!"

"하지만 책에 쓸 불안의 기본 정의를 아직 모르는데요." 내가 말한다.

"내 걸 쓰세요." W 박사가 말한다.

* * *

> 상당 기간 지속되는 불안 발작을 겪어본 사람은 누구나
> 불안에는 사람을 무력하게 만들고 공포를 불러일으키고 즐거
> 움을 잃게 하고 생각을 비참한 쪽으로 끌고 가는 강력한 힘이
> 있다는 점을 잘 안다. 불안 경험이 끔찍하게 고통스러울 수 있
> 음은 누구나 인정할 것이다. 만성이건 급성이건 불안 경험은
> 심각하고 혼란스럽게 고통을 직면하게 한다.
>
> —배리 E. 울프, 『불안장애의 이해와 치료』(2005)

사실 몇 년 전 W 박사에게 치료를 받기로 결심한 까닭이 바로 W 박사의 불안 개념이 흥미롭고 그 치료법이 내가 전에 만나본 치료사들에 비해 덜 경직되고 덜 편협했기 때문이었다.(또 책 표지에 실린 저자 사진이 친절한 인상을 주었다.)

W 박사의 책을 처음 접한 건 마이애미에서 열린 불안 관련 학회에서였다. 회의장 바깥쪽 테이블에 W 박사가 최근에 출간한 책이 전시되어 있었다. 전문가들을 대상으로 쓴 불안장애 치료 안내서였지만 나도 불안의 "통합적" 개념에 관심이 갔다. 사실 나는 정신과학 분야의 전문서를

수도 없이 읽으며 "세타 활동은 해마와 관련 구조에서 일어나는 뉴런의 주기적인 발화 패턴이다. 매우 많은 세포와 동시에 일어나기 때문에 고전압 유사사인곡선 전기기록으로 느린 '세타 리듬'(마취하지 않은 쥐의 경우 약 5~10헤르츠)을 일으켜서 다양한 행동 조건 아래에서 해마체에 기록될 수 있다."[27] 따위 문장에 질려버린 터라 W 박사의 글이 이해가 잘 되고 전문 용어도 별로 없고 환자를 대하는 태도가 인간적인 점이 신선하게 여겨졌다. 내가 겪는 문제들(공황장애, 의존성 문제, 사소한 일에 대한 불안으로 위장된 죽음에 대한 공포)을 W 박사 책에 나온 여러 사례 연구에서도 볼 수 있었다.

그때가 보스턴에서 워싱턴으로 이사한 지 얼마 안 되어서 25년 만에 처음으로 정기적으로 찾는 정신과 의사 없이 지낼 때였다. 그래서 W 박사의 책에 박사가 워싱턴 지역에서 진료를 한다고 되어 있기에 이메일을 보내 새로운 환자를 받느냐고 물었다.

W 박사가 내 불안증을 고쳐주지는 않았다. 그렇지만 W 박사는 낫게 할 수 있다고 주장한다. 나도 낙관적인 기분일 때에는 그럴 수 있을 것 같다는 생각이 들기도 한다. 현재로서는 W 박사가 불안을 억제하는 데 쓸 수 있는 도구들을 제공해주었고, 견실하고 꾸준하고 실용적인 조언을 해주었고, 가장 중요하게는 책에 쓸 수 있는 불안의 정의(혹은 정의의 분류법)도 나에게 주었다.

W 박사에 따르면 불안에 대한 이론과 치료 방법은 네 가지 기본 범주로 나눌 수 있다고 한다. 정신분석, 행동주의와 인지행동주의, 생의학, 경험주의.◆

◆ 앞으로 여러 이론적 접근을 개략적으로 살펴볼 텐데 지나치게 단순화할 수밖에 없는 점을 양해 바란다.

정신분석적 접근(과학계에서는 프로이트 이론 대부분을 버렸지만 정신분석의 핵심적 내용은 오늘날에도 대화 치료에 영향을 미친다.)은 금지된 생각(주로 성적인 것)이나 내적인 갈등의 억압이 불안을 일으킨다고 본다. 이런 억압된 갈등을 의식으로 끌어와서 정신역학적 심리 치료와 '통찰'의 추구를 통해 해결하려 한다.

행동주의에서는 존 왓슨이 그랬듯이 불안이 조건형성된 공포 반응이라고 생각한다. 불안장애는 (대개 부의식적 조건형성을 통해) 객관적으로 위협적이지 않은 것을 두려워하게 되거나 약간만 위협적인 것을 너무 강하게 두려워할 때 발생한다. 노출 요법(두려움에 노출시켜 적응하게 하여 공포 반응을 줄임)을 여러 가지로 조합하여 잘못된 생각을 수정하거나 인지 재구성(사고를 바꿈)을 통해 공포증을 '소멸'시키고 공황 발작이나 강박적 걱정을 완화하여 치료한다. 여러 형태의 우울증과 불안장애를 치료하는 데에 인지행동 치료가 가장 안전하고 효과적인 방법이라는 연구 결과가 많이 나온다.

생의학적 접근(이 분야 연구가 지난 60년 사이 폭발적으로 증가했다.)은 불안의 생물학적 메커니즘(편도, 해마, 청반, 전대상회, 섬 같은 뇌의 구조와 세로토닌, 노르에피네프린, 도파민, 글루탐산염, 감마아미노부티르산, 뉴로펩타이드 Y 같은 신경전달물질)과 이 메커니즘의 근저에 있는 유전학에 주목한다. 주로 약물을 이용해 치료한다.

마지막으로 W 박사가 경험주의라고 부르는 접근 방식은 더 실존주의적인 관점을 택해 공황 발작이나 강박적 걱정을 온전한 정신과 자존감이 위협받을 때 그것에 대처하기 위한 대응 기제라고 본다. 경험적 접근은 정신분석처럼 불안의 **내용과 의미**에 무게를 둔다. 생의학이나 행동주의에서 불안의 메커니즘에 주목하는 것과 이 점이 다르다. 내용과 의미를 실마리 삼아 감춰진 정신적 외상이나 자기 존재가 무가치하다는 마음속 깊은 곳의 확신을 찾아갈 수 있다고 본다. 불안 증상이 줄도록 완화를 유도하고 환자가 불안 깊이 파고들어 그 아래에 있는 실존적 문제에 접근하도록 거들어 치료한다.

이런 여러 관점 사이의 갈등은(뿐만 아니라 정신과 의사(MD 학위를 받는다.)와 심리학자(PhD 학위를 받는다.), 약물 옹호자와 반대자, 인지행동주의자와 정신분석가, 프로이트 학파와 융 학파, 분자신경과학자와 전체성의학 치료사 사이의 갈등도) 때로 치열하다. 많은 사람과 기관이 관련된 대규모 직업군의 직업 안정성이 어떤 이론이 주도권을 쥐느냐에 달려 있기 때문이다. 사실 불안이 의학적 질병이냐 아니면 정신적 문제냐, 곧 몸의 문제냐 마음의 문제냐 하는 근본적인 갈등은 아주 오랜 옛날부터 이어져왔다. 히포크라테스와 플라톤 일파의 충돌까지 거슬러 올라간다.[28]

그런데 이처럼 경쟁하는 이론적 관점끼리 충돌하기는 해도 반드시 서로 배타적이지는 않다. 겹치는 부분도 많다. 최첨단 인지행동 치료는 생

♦ 현대 과학은 히포크라테스의 견해가 좀 더 정확하다고 손을 들어주었다. 마음은 실제로 몸 안의 뇌, 그리고 몸 전체에서 만들어진다. 그렇지만 플라톤이 심리학 연구에 미친 영향 역시 강력하게 지속된다. 플라톤이 프로이트에게 영향을 주었기 때문이기도 하다. 『파이드로스』에서 플라톤은 영혼을 두 마리 말과 마부에 빗대 설명한다. 말 한 마리는 힘이 세면서도 말을 잘 듣고, 다른 말은 거칠고 난폭하다. 마부는 두 마리가 협력해 앞으로 나아가게 하기 위해 엄청난 노력을 기울여야 한다. 인간 정신이 영적인 것, 본능적인 것, 합리적인 것 이렇게 세 부분으로 이루어져 있다는 시각은 프로이트가 정신이 이드(id), 자아(ego), 초자아(superego)로 이루어져 있다고 한 것과 일맥상통한다. 플라톤은 심리적으로 잘 적응하려면 이성(logistikon)이 본능적인 욕구(epithumetikon)를 억제해야 한다고 프로이트보다 오히려 더 강조했다. 플라톤의 『공화국』에 나오는 다음 구절은 프로이트의 오이디푸스 콤플렉스를 떠올리게 한다. "우리의 욕망은 영혼의 이성적인 부분, 문명화되어 통제하는 사고가 잠들어 있을 때 깨어난다. 그러면 우리 안에 있는 들짐승이 주로 알코올의 힘을 입어 일어나 합리적 생각을 밀어낸다. 이런 상태에서는 어떤 짓이라도 할 수 있다. 어머니를 범하고 사람들을 살해하는 꿈까지 꿀 것이다."(20세기 초에 활동한 저명한 영국 신경과 의사 윌프리드 트로터는 이 구절을 읽고 이렇게 말했다. "플라톤의 이런 말을 읽으니 프로이트가 점잖게 느껴질 지경이다.")

화학 모델을 빌어 약물을 이용해 노출 치료 효과를 높인다.(D-사이클로세린이라는 약은 원래 항생제로 개발되었지만 새로운 기억이 해마와 편도에 더 강하게 결합되게 만들기도 한다는 사실이 밝혀졌다. 이 약을 이용해 두려움을 일으키지 않는 새로운 연상이 두려움을 일으키는 연상을 압도하도록 기억을 강화하면 공포증을 소멸시키는 노출 요법의 효과를 높일 수 있다.) 한편 생의학에서도 명상이나 전통적인 대화 치료가 뇌의 생리에 구체적인 변화를 일으킬 수 있음을 인식하기 시작했다. 약이나 전기 충격 치료가 가져오는 변화와 다를 바 없는 '실제적'인 변화가 일어나는 것이다. 매사추세츠 종합병원 연구자들이 2011년에 발표한 연구에서는 8주 동안 하루 평균 27분 명상을 한 사람들의 뇌 구조에 뚜렷한 변화가 나타났음이 확인되었다. 명상을 하면 편도의 밀도가 감소하는데 이런 신체적 변화는 피검자가 스스로 말하는 스트레스 수치와 연관이 있었다. 편도 밀도가 줄자 스트레스를 덜 느꼈다.[29] 또 특히 명상을 잘하는 불교 승려들은 보통 사람보다 전두엽 활동이 훨씬 더 활발하고 편도 활동은 덜 활발하다는 연구도 있었다.[30][31] 명상과 심호흡은 추상적인 정신세계에만 영향을 미치는 게 아니라 우리 몸에서 감정과 관련이 있는 기관에도 정신과 약처럼 구체적인 영향을 미친다. 최근 연구에서 옛날 방식인 대화 치료도 뇌의 형태에 실제로 물리적인 영향을 미칠 수 있다는 게 드러났다.[32] 키르케고르가 적당히 불안해하는 법을 배운 사람은 가장 중요한 일, 실존적으로 가장 의미 있는 일을 배운 셈이라고 했는데 틀린 말인지도 모르겠다. 어쩌면 과민한

◆ 명상을 잘하는 사람들은 깜짝 놀랐을 때의 놀람 반응조차 억제할 수 있었다. 큰 소리가 나거나 다른 급작스러운 자극이 있을 때 일어나는 기본 생리 반응인 놀람 반응은 편도에서 조절한다.(어릴 때 측정하거나 어른일 때 측정하거나 상관없이, 놀람 반응의 강도가 불안장애와 우울증을 일으키는 유전적 성향과 강한 상관관계가 있다고 드러났다.)

편도를 조절하는 적당한 방법을 배운 것에 불과할지도 모른다.[33 34]

다윈은 사람의 공황 불안을 일으키는 장치가 쥐의 싸움 또는 도주 반응이나 바다 달팽이가 싫은 것을 피하는 반응과 진화론적 뿌리가 같

◆ 윌리엄 제임스는 다윈처럼, 순수하게 육체적이고 본능적인 과정이 감정의 인식보다 **먼저 일어난다**고 생각했다. 뇌가 어떤 상태가 되는 것보다도 신체 변화가 먼저 일어난다는 것이다. 그리하여 1890년대에 윌리엄 제임스와 덴마크 의사 카를 랑게는 정서는 몸의 자동적인 반응에 따라 일어나는 것이지 그 반대가 아니라고 주장했다. 제임스-랑게 이론이라고 알려진 이 이론에 따르면 자율신경계가 일으키는 장기의 변화는 사람이 자각하는 의식 수준 아래에서 작동하며 심장 박동수, 호흡, 아드레날린 분비, 골격근으로 가는 혈관 확장 등의 변화를 일으킨다. 이런 순수하게 신체적인 변화가 먼저 일어나고 나면 그다음에 이런 변화를 **해석**하여 기쁨이나 불안 같은 정서가 생겨난다. 공포나 분노를 유발하는 상황이 몸에 일련의 생리적 반응을 일으키고, 의식이 이 반응을 인식하여 평가하고 해석해야 불안이나 분노가 발생한다는 것이다. 제임스-랑게 이론에 따르면 불안 등에서 순수하게 인지적이거나 심리적인 경험과 내부 장기의 자율적 변화를 분리할 수는 없다. 신체적 변화가 먼저 일어나고 그다음에 정서가 뒤따른다.

불안은 본디 신체적 현상이고 심리적 현상은 이차적으로 일어난다는 의미다. 제임스는 이렇게 썼다. "흥분을 일으키는 사실을 지각하면 바로 신체 변화가 일어나고, 이 변화가 일어날 때 느끼는 감정이 정서를 이룬다는 것이다. 상식적으로는, 돈을 잃으면 슬퍼서 운다. 곰을 만나면 겁이 나서 달린다. 적에게 모욕을 당하면 화가 나서 때린다. 우리 가설은 이 순서가 정확하지 않다고 본다. 더 합리적으로 말하자면 우리는 울기 때문에 슬프고, 때리기 때문에 화가 나고, 떨기 때문에 두려워한다고 해야 한다." 신체적 상태가 정신적 상태를 이끌어내는 것이지 그 반대가 아니다.

제임스-랑게 이론은 이후에 척수 손상으로 장기에서 신체 정보를 받지 못하는 환자 연구가 이루어지며 근거가 무너졌다. 이 환자들은 근육 긴장이나 배 속의 불편을 느끼지 못해 실질적으로 몸이 없이 뇌만 있다고 할 수 있는 사람들이었는데 그래도 공포나 불안 같은 불쾌한 심리적 감정을 느낀다고 했다. 따라서 제임스-랑게 이론이 전적으로 틀렸다고는 할 수 없더라도 적어도 불완전함이 입증되었다. 자기 몸의 상태에 대한 정보를 받을 수 없는 사람도 불안을 경험할 수 있다면, 불안은 몸에서 보내는 정보가 필요 없는 본디 정신적 상태일 수 있다.

그렇지만 1960년대 초 이후의 여러 연구에서 제임스-랑게 이론이 완전히 틀린 것은 아님이 밝혀졌다. 컬럼비아 대학교에서 실험 대상자들에게 아드레날린을 주사하자 전부 심장 박동과 호흡이 빨라졌고, 모두 감정이 강렬해지는 것을 경험했다. 실험 대상자가 어떤 감정을 느끼는지는 상황을 바꾸어서 조종할 수 있었다. 대상자에게 긍정적 정서를 느낄 만한 근거를 주면 행복함을 느꼈고 부정적 정서를 느낄 근거를 주면 화를 내거나 불안해했다. 어떤 정서든지 플라시보 주사를 맞은 대조군보다 훨씬 강하게 느꼈다. 아드레날린 주사는 정서의 **강도**를 높여주지만 **어떤 정서를 느낄지를** 정해주지는 않으므로 실험에서 배경 조건으로 정해주었다. 이 실험에서 몸의 자율신경계가 정서의 작동 기제를 제공하지만 마음이 바깥 환경을 어떻게 해석하느냐가 정서가(情緖價)를 결정함이 드러났다.

또 다른 최근 연구에서 정서를 일으키고 강도를 결정하는 데에 몸 안의 생리적 과정이 결정적 영향을 미친다는 점에서는 제임스와 랑게가 옳았음을 확인했다. 예를 들어 얼굴 표정이 그것과 관련 있는 정서를 (반영하는 것이 아니라) 일으킬 수 있다고 보여주는 연구가 많다. 웃으면 행복해진다. 제임스가 말했듯, 몸을 떨면 겁이 난다.

다고 했다. 그러니까 불안에 온갖 철학과 심리학을 갖다 붙이지만 사실 사람이나 동물이나 크게 다르지 않은, 단순하기 그지없는 생물학적 현상일 수 있다는 말이다.

불안을 세로토닌과 도파민 부족이나 편도와 기저핵의 과잉 활성화 따위 생리학적 요소로 축소한다면 우리가 잃는 게 있을까? 신학자 파울 틸리히는 1944년 글에서 불안(Angst)이 "죽음, 양심, 죄책감, 절망, 일상 능에 대한 두려움"[35] 때문에 일어나는 자연스러운 반응이라고 했다. 틸리히에게 삶에서 가장 중요한 질문은 이런 것이었다. 우리가 신의 돌봄 안에서 안전한가, 아니면 차갑고 냉혹하고 무심한 우주 안에서 죽음을 향해 무의미하게 가고 있는가? 그렇다면 이 질문에 대한 답을 찾으면 평온을 찾을 수 있을까? 아니면 훨씬 세속적으로, 시냅스 안의 세로토닌 수치를 적절히 조절하면 평온을 얻을 수 있을까? 혹은 이 둘은 어쨌든 결국 같은 것일까?

* * *

아마 사람은 가장 겁이 많은 동물일 것이다. 포식자와 적대적 동족에게 품는 기본적 공포에다 지성을 바탕으로 한 존재론적 두려움까지 지니고 있기 때문이다.

—이레노이스 아이블아이베스펠트,
「동물과 사람의 공포, 방어, 공격: 비교행동학적 관점에서」(1990)

얼마 전에 40년 동안 불안 치료를 전문으로 해온 W 박사에게 불안의 정의를 한 문장으로 줄여달라고 부탁하는 이메일을 보냈다.

W 박사는 이렇게 적어 보냈다. "불안은 앞날의 고통에 대한 걱정, 곧 막을 수 없고 참을 수 없는 참사를 두려운 마음으로 예상하는 것이다." W 박사는 불안을 순수한 동물적 반응 이상으로 만드는 결정적 특징은 그것이 미래를 향해 있다는 점이라고 본다. 이런 점에서 W 박사의 생각은 정서 이론가들과 궤를 같이한다.(예를 들어 의사이자 심리학자인 로버트 플루칙은 20세기 정서 연구에 아주 큰 영향을 미친 학자였는데 불안을 "예측과 두려움의 조합"이라고 정의했다.) W 박사는 또 다윈이 동물과 사람의 행동이 비슷하다고 그렇게 강조했지만 결국 다윈도 같은 생각이었다고 지적했다.("우리는 고통을 예상할 때 불안하다." 다윈은 『인간과 동물의 감정 표현』에 이렇게 썼다. "나아지리라는 희망이 없으면, 절망한다.") 동물은 미래에 대한 추상적 개념이 없다. 불안에 대한 추상적 개념도 없고 두려움을 걱정할 능력도 없다. 동물이 스트레스로 인한 "호흡 곤란"이나 "가슴 통증"(프로이트의 표현)을 겪을 수는 있지만 이 증상을 **걱정**하거나 이 증상이 무엇을 뜻하는지 **해석**할 수 있는 동물은 없다. 동물은 건강염려증에 걸릴 수 없다.

또 동물은 죽음을 두려워할 수도 없다. 쥐나 바다 달팽이는 자동차 사고나 비행기 충돌, 테러 공격, 핵전쟁으로 인한 멸망이 일어날 전망을 인식하지 못하고 사회적으로 소외되거나 입지가 줄어들거나 직업적으로 굴욕을 당하거나 사랑하는 이를 잃거나 육신의 유한성에 직면할 가능성을 인식할 수도 없다. 게다가 인간은 두려움의 느낌을 의식적으로 인식하고 두려움에 관해 고민하는 능력이 있다. 그러므로 인간의 불안 경험에는 바다 달팽이의 '경보 반응'에서는 전혀 찾아볼 수 없는 실존적 차원이 있다. W 박사는 이런 실존적 차원이 매우 중요하다고 생각한다.

W 박사는 프로이트의 견해를 빌려 **두려움**(fear)은 세계의 '진짜' 위협이 일으키지만 **불안**(anxiety)은 우리 안에 있는 위협에서 나온다고 말한

다. 불안은 "자아에 대한 참을 수 없이 고통스러운 시각을 방어하지 못하고 있다는 신호"라고 W 박사는 표현한다. 결혼이 파국으로 치닫고 있다거나 직업적으로 실패했다거나 노쇠의 길로 접어들었다거나 죽음을 맞으리라는 현실, 대처하기 힘든 실존적 진실을 마주하는 대신에, 마음은 주의를 다른 데로 돌리는 방어적인 불안 증상을 만들어낸다. 그리하여 정신적 고통을 공황 발작이나 막연한 불안감이나 공포증으로 변환하여 내적 고통을 투사한다. 최근 여러 연구에서 불안에 시달리는 환자가 감춰져 있던 정신적 갈등을 흐릿한 무의식에서 뚜렷한 의식의 세계로 끌어와 인지하면 여러 생리적 수치가 뚜렷이 변화한다는 흥미로운 사실을 밝혔다. 혈압과 심박수가 떨어지고 피부 전도 반응도 낮아지고 혈액 속의 스트레스 호르몬 수치도 내려갔다.[36] 등의 통증, 복통, 두통 등 만성 증상도 신체 증상으로 바뀌어 나타났던 정서 문제를 의식하자 저절로 사라졌다.◆

그렇지만 불안장애가 근본적인 실존 문제에서 발생한다는 W 박사의 생각은, 앞으로 살펴보겠지만 현대 정신약리학(60년 동안 이루어진 약물 연구를 근거로 불안과 우울은 '화학적 불균형' 때문이라고 주장한다.), 신경과학(여러 정서 상태와 관련 있는 뇌의 활동을 보여주었을 뿐 아니라 정신병과 관련 있는 특정 구조적 이상도 일부 확인했다.), 기질 연구와 분자유전학(사람의 기본 불안 정도와 정신병에 걸릴 가능성에 유전이 결정적 역할을 한다고 상당히 설득력 있게 주장한다.)과는 충돌한다.

W 박사가 이런 최첨단 연구들이 밝혀낸 사실들을 부인하는 것은 아니다. W 박사는 약이 불안 증상을 효과적으로 치료할 수 있다고 생각한

◆ 프로이트의 이론은 많은 부분 타당성이 없다고 치부되었지만 일부분은 이런 최근 연구에서 실증적 근거를 얻기도 했다.

다. 그렇지만 30년 동안 수백 명의 불안증 환자를 임상 치료한 경험을 바탕으로 한 W 박사의 관점은, 거의 모든 불안증의 뿌리에는 박사가 "존재론적 숙명"이라고 부르는 어떤 실존적 위기가 있다는 것이다. 우리가 늙어간다는 것, 죽으리라는 것, 사랑하는 사람을 잃으리라는 것, 정체성을 뒤흔드는 실패와 모욕을 당할 가능성이 있다는 것, 삶의 의미와 목적을 찾기 위해 분투해야 한다는 것, 개인의 자유와 정서적 안정 사이에서 균형을 잡아야 하고 우리 욕구와 주변 사람과 사회의 제약 사이에서도 균형을 잡아야만 한다는 것 등. 이렇게 보면 쥐나 뱀이나 치즈나 꿀에 대한 공포증(꿀 공포증이 진짜 있다. 영화배우 리처드 버튼은 꿀이 있는 방에 있을 수가 없었다. 꿀이 서랍 속에 놓인 병에 들어 있더라도 마찬가지였다.)은 마음 깊은 곳에 있는 실존적 고뇌가 전치되어 외부적인 사물에 투사된 것이다.[37]

　W 박사는 일을 시작하고 얼마 안 되었을 때에 피아니스트가 되려고 평생 노력해온 대학 2학년생을 치료하게 되었다. 환자는 지도교수에게 그 꿈을 이루기에는 재능이 부족하다는 말을 듣고 심한 공황 발작을 일으켰다. W 박사는 환자가 저변에 있는 실존적 상실, 곧 피아니스트가 되겠다는 소망과 연주자로서의 자아상이 무너지는 것을 받아들이지 못해 증상이 나타났다고 보았다. 공황을 치료하며 학생이 이러한 상실에 따른 절망을 받아들여 경험하게 했다. 그러고 나서 새로운 정체성을 수립해 나가는 과정을 시작하도록 했다. 다른 환자는 마흔셋의 잘나가는 의사였는데, 큰아들이 대학에 진학해 집을 떠나고 원래 아주 잘 치던 테니스를 치다가 부상을 자꾸 입곤 하던 무렵에 공황장애가 생겼다. W 박사는 두 가지 상실(아들이 어른이 되어버린 것, 자신의 운동 기능이 떨어진 것)이 결합하여 노쇠와 죽음에 대한 실존적 고뇌를 일으켰기 때문에 공황이 일어났다는 결론을 내렸다. W 박사는 환자가 상실을 받아들이고 결국 인간은 쇠락

하고 소멸할 수밖에 없다는 '존재론적' 현실을 받아들이도록 하여 불안과 우울을 떨쳐버릴 수 있게 했다.◆

W 박사는 불안과 공황 증상이 상실이나 유한성, 자존감(프로이트가 자아라고 부른 것과 비슷하다.)의 위협과 관련된 극심한 고통을 막는 "보호막(프로이트는 "신경증적 방어"라고 불렀다.)" 기능을 한다고 본다. 부정적인 자아상이나 무력감, W 박사가 "자아의 상처"라고 부르는 것에 대처하거나 그것으로부터 주의를 돌리기 위해 환자가 강한 불안이나 공황 증상을 경험할 때가 있다고 한다.

이렇듯 불안 증상을 실존적 의미를 바탕으로 해석한 것이 요즘 대세인 생의학적 해석보다 더 흥미롭다고 생각한다. 그렇지만 나는 오랫동안 실존의 문제보다는 "편도와 청반의 신경 발화 속도"(신경과학)나 "세로토닌 시스템 촉진"과 "글루탐산염 체계 억제"(정신약리학)나 불안 기질을 예고하는 여러 유전자의 특정 "단일염기 다형성"을 밝히는 것(행동유전학) 등에 더 관심을 쏟는 현대 연구들이 W 박사의 이론보다 더 과학적이고 설득력 있다고 생각해왔다. 지금도 그렇다. 하지만 예전만큼 확신하는 것은 아니다.

얼마 전에 W 박사에게 치료를 받을 때 조심스럽게 내 공포증에 "상상적으로" 노출하는 연습을 했다.◆◆38 W 박사와 함께 공포를 불러일으키는 상황에 우선순위를 매겼고 그다음에 살살 "단계적인 둔감화"를 시작했다. 괴로움을 주는 이미지를 떠올리는 동시에 심호흡을 하며 몸을

◆ 내가 이 이야기들을 여기 적어서 환자의 비밀을 노출한 것은 아님을 밝혀두겠다. W 박사가 이 사례사들을 여러 곳에 이미 발표했다.

◆◆ 이 치료법은 체계적 둔감화라는 기법을 바탕으로 한 것이다. 체계적 둔감화는 1960년대 행동심리학자 조지프 울프가 개발한 것이다. 울프는 고양이의 공포 반응을 없애는 방법을 연구했다.

이완시키는 동작을 해서, 이 이미지들이 자극하는 불안을 줄이려는 것이었다. 내가 어떤 이미지를 떠올리고 공포에 질리지 않으면서 그걸 계속 머릿속에 담고 있으려고 노력하는 동안 W 박사는 나에게 기분이 어떠냐고 물었다.

믿기지 않을 정도로 힘들었다. 나는 W 박사의 집에 있는 상담실 안에 편안히 앉아 있었고 원한다면 언제라도 연습을 그만둘 수 있었지만, 무서운 일들을 상상하는 것만으로도 심한 불안이 엄습했다. 사소하고 매우 가능성이 희박하게 느껴지는 상상들, 이를테면 스키장 리프트나 난기류에 휩쓸린 비행기를 타는 장면이나 어린 시절 배탈이 났을 때 침대 옆에 두던 녹색 양동이를 떠올리자 땀이 솟고 호흡이 가빠졌다. 상상만으로 불안 반응이 너무 강하게 일어났기 때문에 몇 번이고 상담실에서 나와 W 박사 집 마당을 거닐며 마음을 가라앉혀야 했다.

둔감화 치료 동안 W 박사는 내가 정확히 무엇에 대해 불안한지에 집중하게 하려 했다.

이런 질문에 대답하기가 힘들었다. (실제로 '공포증을 일으키는 자극'을 맞닥뜨렸을 때는 물론이고) 상상만으로 노출되었을 때도 집중해서 답할 수가 없었다. 온몸을 송두리째 장악해 소진시키는 두려움 말고는 아무것도 느낄 수가 없고 그저 벗어나고 싶은 생각뿐이다. 공포로부터, 의식으로부터, 내 몸으로부터, 내 삶으로부터.◆

이런 치료를 몇 번 하다 보니 뜻하지 않은 일이 일어났다. 공포증과 씨

◆ 언젠가 W 박사에게 나한테 총이 있어서 공포에서 벗어나기를 선택할 수 있는 방법이 있다는 걸 알면 불안이 줄어들지 않겠냐고 물은 적이 있다. 탈출을 선택지로 확보하게 되면 스스로 통제하고 있다는 느낌이 들 테니까. "그럴지도 모르죠." W 박사가 동의했다. "그렇지만 자기 목숨을 날려버릴 가능성도 높아집니다."

름하려고 하다 보면 뜻밖에 슬픔이 찾아와 생각이 다른 데로 빠졌다. W 박사 상담실 소파에 앉아서 심호흡을 하면서 "둔감화 우선순위"에 따라 어떤 장면을 상상하려고 하면 정신이 산란해지기 시작했다.

"기분이 어떤지 말해봐요." W 박사가 말하곤 했다.

"약간 슬퍼요." 내가 말한다.

"계속하세요." W 박사가 말한다.

그리고 몇 초 뒤에 나는 주체할 수 없는 울음을 터뜨린다.

이 이야기를 하자니 당혹스럽다. 우선 얼마나 남자답지 못한가? 게다가 나는 카타르시스를 통해 감정이 배출되면 신비하게 감정이 해소된다는 말을 믿지 않는다. 하지만 그때 울먹이면서 어느 정도 마음이 풀리는 느낌을 받았음을 고백한다.

이 연습을 할 때마다 설움이 북받쳐 올랐다.

"왜 이러는 건가요? 이게 무슨 뜻인가요?" W 박사에게 물었다.

"무언가 되어간다는 말이지요." W 박사가 눈물을 닦으라고 화장지를 건네주며 말했다.

솔직히 이 장면을 생각하면 쥐구멍에 들어가고 싶다. 그렇지만 그때 소파에서 흐느낄 때에 W 박사의 말은 진심으로 느껴졌고 정말 큰 힘이 되었다. 그래서 감동을 받아 더 울었다.

"지금 상처의 핵심에 있는 겁니다." W 박사가 말했다.

W 박사는 프로이트처럼 불안이 슬픔이나 고통의 근원으로부터 정신을 보호하기 위한 적응 기제라고 생각한다. 만약 그렇다면 왜 슬픔보다 불안이 훨씬 더 강렬하게 느껴질 때가 많으냐고 물었다. 내 안 깊은 곳에 있다고 하는 이 '상처'가 울음을 터뜨리게 할 정도로 괴롭긴 하지만, 흔들리는 비행기 안에 있을 때나 토할 것 같을 때, 어린 시절 분리불안을

겪을 때만큼 고통스러운 감정은 아니었다.

"그런 경우가 많아요." W 박사가 말한다.

이걸 어떻게 받아들여야 할지 모르겠다. 나의 '상처' 주위에서 허우적거리고 나면 기분이 더 나아지고 불안을 덜 느끼게 되는 걸까?[39]

"아직은 모릅니다. 하지만 무언가가 되어가는 겁니다."

◆　1890년대 지그문트 프로이트와 요제프 브로이어는 함께 정신분석 기법을 개발하며 억압된 생각과 감정을 카타르시스적으로 들추는 과정을 "굴뚝 청소"라고 불렀다.

2부

내
예민한 장의
역사

3

부글거리는
아랫배

불안은 어려운 병이다. 환자는 무언가 가시 같은 것이 내장 안
을 찌르는 느낌을 받고 욕지기가 솟아 괴로워한다.

—히포크라테스, 『질병론』(기원전 4세기)

나는 내가 신부인데 속이 안 좋아져서 제단 앞에 남편을 두고
교회에서 뛰쳐나오는 악몽을 되풀이해서 꾼다.

—에마 펠링, 2008년 6월 5일 UPI 기사
「신부의 구토 공포 때문에 결혼식이 연기되다」에 인용된 말

나는 구토를 병적으로 두려워하는 병인 구토공포증(emetophobia)에 시달
린다. 그렇지만 실제로 구토를 한 것은 꽤 오래전이다. 사실 이 글을 쓰고
있는 지금, 정확히 말해 35년 2개월 4일 22시간 49분째 구토를 하지 않
았다. 다시 말해 내가 지구상에 존재한 기간 가운데 83퍼센트는 1977년
3월 17일 마지막 토한 이래로 구토 없이 흘러갔다. 1980년대에는 토하지

않았다. 1990년대에도 하지 않았다. 21세기에 들어서도 토하지 않았다. 당연하지만 이 추세를 유지하며 죽 가고 싶다.(물론 이 문단을 쓰려니 자연히 마음이 불편해지고, 특히 마지막 문장 때문에 동티가 날까 봐 겁이 나서 부정 타지 말라고 나무를 두드리면서 여러 신과 운명의 여신에게 기도를 드리고 있다.)

그러니까 나는 대략 계산하기에도 30년이 넘는 기간 동안에 한 번도 발생하지 않은 일을 걱정하는 데에 깨어 있는 시간의 최소 60퍼센트를 보내고 있다는 말이다. 합리적이지 않다.

마음속에서 바로 이런 저항의 목소리가 들린다. '하지만 그게 합리적인 것일 수도 있지 않나? 내가 구토를 할까 봐 걱정하는 것과 구토를 하지 않는 것 사이에 인과관계가 있을 수도 있지 않나? 내가 늘 경계하기 때문에 (마법을 통해서건 신경의 작용을 통해 면역체계가 강화되어서건 강박적으로 세균을 피하기 때문이건) 식중독이나 장내 바이러스 감염을 피할 수 있는 게 아닐까?'

지금까지 만난 여러 치료사들에게 그렇게 주장해보았지만 다들 이렇게 대답했다.

"인과관계가 있다는 말이 맞다고 해봅시다. 그래도 당신 행동은 불합리합니다. 불쾌한 일이기는 하나 드물게 일어나고 의학적으로는 중요하지도 않은 일을 걱정하느라 얼마나 많은 시간을 보내고 삶의 질은 또 얼마나 저하되는지를 생각해보세요."

경계를 늦춘 탓에 이따금 식중독이나 장염에 걸리게 된다고 하더라도 대신 일상의 많은 부분을 되찾을 수 있으니 얻는 게 더 많지 않으냐고 치료사들은 말한다.

합리적이고 공포증이 없는 사람이라면 그렇다고 대답할 것이다. 옳은 말이라고. 그렇지만 나에게는 결단코 그렇지가 않다.

내 일상에서 놀라울 정도로 많은 부분이 구토를 피하는 일과 만에 하나 구토를 하는 사태가 벌어질 때에 대비하는 일에 소비된다. 내 행동 패턴은 세균 공포증이 있는 사람과 크게 다르지 않다. 병원과 공중화장실을 피하고 아픈 사람 가까이에는 가지 않고 강박적으로 손을 씻고 무언가를 먹을 때마다 출처가 의심스러운 음식이 아닌지 신경을 쓴다.

그런데 어떤 행동은 더 극단적이다. 내가 구토를 할 가능성이 통계적으로 매우 희박하다는 점을 고려하면 더욱 그렇다. 나는 갑자기 구토가 치솟을 때에 대비해서 비행기에서 훔친 구토용 봉지를 집 안 곳곳과 사무실, 차 안에 비치해놓는다. 나는 위장약인 펩토비스몰, 멀미약 드라마민 등 구토 방지 약을 항상 지니고 다닌다. 적의 진군을 감시하는 장군처럼, 인터넷으로 미국을 비롯한 전 세계에서 노로바이러스(배탈을 일으키는 가장 흔한 바이러스)나 다른 장염 바이러스 발생 지역을 늘 추적해 머릿속 지도에 표시해둔다. 어느 정도냐 하면 아무 때고 나에게 물어보면 뉴질랜드에 있는 어떤 양로원에서, 지중해에 있는 어떤 크루즈선에서, 버지니아에 있는 어떤 초등학교에서 바이러스 감염이 일어났다고 정확하게 말할 수 있다. 한번은 아버지에게 노로바이러스는 인플루엔자처럼 발병 정보를 모아놓은 중앙 정보 센터가 없다고 한탄한 적이 있는데, 그 말을 듣고 아내가 끼어들었다. "왜, 있잖아." 우리가 무슨 소리냐는 표정으로 쳐다보자 아내가 이렇게 말했다. "당신이 그거잖아." 일리가 있는 말이다.

심해졌다 약해졌다 강도 차이는 있었으나 구토공포증은 35년 넘게 내 삶을 지배해왔다. 수천 번 정신과 치료사를 만나고, 수십 가지 약을 먹어보았고, 열여덟 살 때에는 최면 치료를 받아보았고, 장염에 걸렸는데도 구토하지 않고 이겨낸 적도 있지만 그래도 구토공포증을 극복할 수는 없었다.

몇 년 동안 보스턴 대학교 불안과 관련 장애 센터에서 M 박사라는 젊은 심리학자에게 치료를 받은 적이 있다. 원래는 대중 앞에서 말하기가 힘든 발표 불안 때문에 병원을 찾았는데 몇 달 상담을 거친 뒤 M 박사가 노출 요법을 적용해 나의 구토공포증을 없애보자고 제안했다.

그리하여 내가 부조리극 한 장면의 중심에 놓이게 되었다.

내가 평화봉사단 창설 과정에 대해 강의를 하는 설정이다. 설정 자체가 인위적이고 어색한데 강의 상소가 센터 근처에 있는 회의실이기 때문이다. 청중은 M 박사와 박사가 방금 전에 어딘가에서 끌고 온 대학원생 세 명이다. 한편 방구석에 있는 거대한 텔레비전에서는 사람들이 돌아가면서 토하는 장면이 끝없이 반복되는 동영상이 나온다.

"원래 케네디 대통령은 평화봉사단을 국제개발청 산하에 두려고 했습니다."

화면 속 남자가 우웩 소리 내며 구역질을 한다.

"그런데 케네디의 매제인 사전트 슈라이버가 평화봉사단을 기존 정부 관료 체제 안에 집어넣으면 제 역할을 하지 못하고 거세되어버릴 거라고 린든 존슨을 설득했습니다."

화면에서는 토사물이 바닥에 쏟아진다.

손가락에 끼워진 장치가 심장 박동수와 혈액 내 산소 농도를 측정한다. 몇 분에 한 번씩 M 박사가 끼어들어 말한다.

"지금 불안 정도가 어떤지 말해주세요."

나는 그 순간에 느끼는 불안을 1에서 10까지의 수치로 바꾸어 말해준다. 1은 아주 평온한 상태이고 10은 순전한 공포를 말한다.

"6 정도요."

나는 솔직하게 말한다. 불안하다기보다는 당황스럽고 역겨운 기분이었다.

"계속하세요."

화면에서 불협화음처럼 속을 게우는 소리가 흘러나오는 가운데 계속 강의를 한다. 흘깃 보니 여자 두 명, 남자 한 명의 대학원생 청중들이 내 말에 귀를 기울이려고는 하는데 뒤쪽에서 들려오는 자극적인 소리에 신경이 곤두서는 게 눈에 들어왔다. 남학생은 얼굴이 노랗게 되어 목울대가 움찔거리는 걸 보아 구역질 반사를 억누르려고 애쓰는 것 같았다.

약간 불안하긴 했지만 솔직히 우습다는 생각이 더 들었다. 구토하는 장면을 앞에 두고 가짜 청중에게 가짜 강의를 한다고 해서 어떻게 발표와 구토공포증이 낫는다는 말인가?

이 장면이 기괴하기는 하나 바탕이 된 치료 원칙은 효과가 입증된 방법이다. 노출 요법은 쥐나 뱀이나 비행기나 높은 곳이나 구토나 뭐든 병리적 공포를 유발하는 대상에 환자를 노출시키는 방법으로, 수십 년 동안 공포증을 치료하는 표준 요법이었고 인지행동 치료에서 중요한 부분을 차지한다. 이 접근 방법은 치료사의 인도에 따라 두려움의 대상에 장기간에 걸쳐 노출되면 그 대상이 덜 두려워진다는 원리를 바탕으로 한 것인데 최근에 신경과학 연구가 이를 뒷받침해주었다. 고소공포증이 있는 사람은 치료사와 함께 건물 발코니로 점점 더 많이, 점점 더 높은 곳으로 나아가는 연습을 한다. 기차 공포증이 있는 사람은 짧게 지하철을 타보고 다음에는 조금 더 길게 타보고 그다음에는 조금 더, 이런 식으로 두려움이 줄어들어 결국에는 완전히 없어질 때까지 서서히 단계를 높인다. 노출 요법을 더 공격적으로 적용한 홍수법(洪水法, flooding)이라는 것도 있다. 이 경우에는 더욱 강렬한 경험을 하게 한다. 예를 들어 비행공포증을 표준 노출법으로 치료할 때에는 처음에는 공항에 가서 불안이 가라앉을 때까지 비행기 이착륙을 구경하는 것으로 시작한다. 그다음에는 실제로 비행기에 타서 그 안에 있는 일에 익숙해져 몸의 반응과 두려운 정서가 정점에 달했다가 떨어지게 한다. 그리고는 치료사와 함께 짧은 비행기 여행을 해본다. 장거리 비행을 혼자 할 단계가 되면 치료 과정이 끝난 것이다. 비행공포증에 홍수법을 적용한다면 조그만 쌍발 비행기를 타고 공중 높이 솟아올랐다가 떨어지는, 속을 뒤집어놓는 아찔한 곡예비행을 경험하는 것부터 시작한다. 처음에는 환자의 불안이 치솟지만 비행도, 극심한 불안도 이겨낼 수 있다는 걸 알게 되면 결국은 불안이 가라앉게 된다는 이론이다. 실제로 이런 치료를 할 수 있게 개인용 비행기 조종사들과 협력 관계를 유지하는 치료사들도 있다.(M 박사가 나에게도 이 방법을 권했다. 나는 거절했다.)

불안과 관련 장애 센터 원장이었던 데이비드 발로는 노출 치료의 목표는 "환자를 간이 떨어질 정도로 겁에 질리게 하여"[1] 환자가 그 공포를 이길 수 있다는 걸 알려주는 것이라고 말한다. 발로의 노출 요법이 잔인하고 지나치게 느껴지기도 하지만 발로는 이 방법의 공포증 치료율이 85퍼센트에 달한다고 하고[2](일주일 안에 치료가 끝나는 경우도 많다.) 이런 주장을 뒷받침해주는 연구도 많다.◆[3]

M 박사가 발표와 구토를 결합하여 노출 치료를 한 까닭은 불안을 최대치로 끌어올리기 위해서였다. 두려워하는 대상에 더 잘 '노출'시켜서 이 두려움을 '소멸'시키는 과정을 시작할 수 있게 하려는 것이다. 다만 이 가상 체험이 너무 인위적이라 불안을 제대로 일으키지 못해서 문제였다.

◆ 한편 공포 불안은 없애기보다 생기기가 훨씬 더 쉽다는 것을 보여주는 증거도 많다. 발로 자신도 고소공포증이 있는데 스스로 고치지 못했다고 인정한다.

M 박사 병원에서 대학원생 몇 명을 앞에 두고 말을 하려니 긴장이 되고 불편하기는 했지만 진짜로 대중 강연을 할 때처럼 온 정신을 다 빼놓는 두려움은 전혀 느끼지 못했다. 게다가 불안 증세를 연구하는 대학원생들이라는 걸 아니까 더욱 그랬다. 평소처럼 불안감을 감출 필요를 느끼지 못했던 것이다. 이 사람들은 이미 내가 문제가 있다는 걸 아니까 애써 내 결함을 감추려고 할 필요가 없었고 그러다가 불안해질 일도 없었다. 그래서 직장에서 팀원들과 하는 소규모 회의조차도 고통스러운 공포감을 주는 데 반해(몇 달 전부터 두려움에 시달리며 기다려야 하는 대중 강연은 말할 것도 없다.) 매주 M 박사에게 진료를 받을 때마다 하는 가짜 발표는 그럴 듯하지도 않은 유사품 같았다. 불편하고 불쾌하기는 했으나 효과적인 노출 치료가 될 만큼 불안을 유발하지는 않았다.

구토 동영상을 보는 경험 역시 당혹스럽고 불쾌하기는 했지만 구역질이 솟을 때 내가 느끼는, 온몸을 뒤흔들고 정신을 혼미하게 만드는 공포에는 발끝도 미치지 못하는 경험이었다. 동영상을 본다고 구토가 옳지 않는다는 걸 알고, 불안감이 너무 커지면 시선을 돌리거나 동영상을 꺼버릴 수 있다는 것도 알고 있으니 말이다. 사실 노출 치료를 할 때에는 언제나 달아나려면 달아날 수 있다는 점이 중요하고 또 그게 치명적 함정이기도 하다.◆

M 박사는 나의 구토공포증이 여러 두려움의 핵심이라고(이를테면 내가

◆ 덧붙여 구토 동영상이 있다는 사실 자체가(내가 지금까지 본 것만 해도 여럿이다.) 구토공포증이 얼마나 흔한지를 보여준다. 구토공포증 치료에 동영상을 사용하는 방법도 흔하다. 환자를 가짜 토사물에 노출시켜서 서서히 적응시키는 방법도 있다.(관심 있는 사람을 위해 소개하자면 2008년 학회에서 만난 에머리 대학교 심리학자들이 추천한 조리법이 있다. 쇠고기 보리 수프 한 캔을 버섯 크림 수프 한 캔과 섞는다. 다진 오이피클과 식초를 조금 넣는다. 유리병에 붓고 봉한 뒤 창가에 일주일 정도 놓아둔다.)

비행기를 두려워하는 까닭은 일부 비행기 멀미 때문이기도 하다.) 판단하여 구토 공포증에 집중하자고 했다.(그 전이나 후에 만난 치료사들도 대체로 같은 생각을 했다.)

"그런 것도 같네요."

내가 동의했다.

"제대로 하려면 한 가지 방법밖에 없어요. 공포증에 정면으로 맞서서 가장 두려운 대상에 스스로를 노출시켜야 합니다."

이런.

"구토를 하게 만들어야 돼요."

안 돼. 절대로. 그것만은.

M 박사는 동료 의사가 얼마 전에 구토를 유발하는 토근 시럽[이페 칵 시럽이라고도 하며 남아메리카산 꼭두서닛과에 속하는 관목 뿌리로 만드는 구토제—옮긴이]으로 구토공포증 환자 한 명을 치료했다고 설명했다. 환자는 뉴욕에 사는 여성 경영인으로 치료를 받으려고 비행기를 타고 이곳 보스턴까지 와서 일주일 동안 불안과 관련 장애 센터에 다녔다. 날마다 간호사의 돌봄을 받으며 토근을 마시고, 구토를 하고, 그 경험을 치료사와 함께 되짚으며 정리했다. 인지행동 치료사들이 "탈파국화 (decatastrophizing)"라고 부르는 과정이다. 일주일 뒤에 환자는 공포증에서 깨끗이 회복하여 뉴욕으로 돌아갔다고 한다.

난 여전히 회의적이었다. M 박사가 나에게 토근 노출 방법으로 심각한 구토공포증을 치료한 사례가 나온 학술지 논문을 보여주었다.

"사례가 하나밖에 없는데요. 1979년 논문이고요."[4]

"그 뒤로도 많았어요."

M 박사가 말하고는 동료 의사의 최근 케이스를 다시 상기시켰다.

"전 못하겠어요."

"하고 싶지 않으면 억지로 할 필요 없어요. 뭐든 강제로 시키지는 않을 거예요. 그렇지만 공포증을 극복하려면 맞서는 것 말고 다른 방법은 없어요. 맞서려면 반드시 구토를 해야 하고요."

이런 비슷한 대화를 몇 달에 걸쳐 수차례 나누었다. M 박사가 시도한 설정 강연 노출 치료가 의미 없다고 생각하긴 했지만 그래도 나는 M 박사를 믿었다.(M 박사는 친절하고 미인이고 똑똑했다.) 그래서 어느 가을날 그 방법을 전향적으로 생각해보겠다고 해서 M 박사를 놀라게 했다. M 박사는 나를 안심시키기 위해 어떤 과정으로 진행될지 차근차근 말해주었다. 프라이버시를 확보하기 위해 위층 실험실을 예약하고 M 박사와 간호사가 계속 곁에 있을 것이다. 내가 무언가를 먹고 나서 토근 시럽을 먹으면 곧 구토가 시작된다고 말했다(그리고 나는 아무 문제없이 살아남을 것이고). 그다음에 구토에 대한 "나의 인지를 재구성"하는 작업을 한다. 구토가 두려워할 대상이 아니라는 사실을 알게 되고, 두려움으로부터 해방될 것이다.

M 박사가 나를 위층으로 데려가 간호사를 소개해주었다. R 간호사가 실험실 안을 보여주고 토근 시럽을 마시는 게 노출 요법에서 쓰는 표준 방법이라고 설명했다. R 간호사는 여러 차례 구토공포증 치료를 도왔다고 한다.

"지지난 주에도 어떤 남자분이 여기 왔었어요. 처음에는 무척 긴장했는데 아주 잘되었어요."

우리는 M 박사 진료실로 다시 돌아갔다.

"좋아요. 할게요. 아마도요."

그 뒤 몇 주 동안 계속 노출 요법을 실시할 날을 잡았다. 그러고는 정해진 날 내가 나타나서는 못하겠다고 말하며 취소했다. 그러기를 하도 여러 차례 해서, 12월 초 유난히 따뜻했던 어느 목요일 예약 시간에 내가 나타나 이렇게 말하자 M 박사는 상당히 놀랐다.

"이제 준비됐어요."

이 치료는 처음부터 불운의 조짐이 보였다. 토근 시럽이 하나도 없어서 R 간호사가 약국에 사러 가는 동안 나는 M 박사 진료실에서 한 시간 동안 기다려야 했다. 그러고 나서 보니 위층 실험실이 이미 예약이 되어 있었다. 그래서 지하에 있는 공중화장실에서 노출 치료를 해야 했다. 나는 계속해서 포기하려고 했다. 아마 마음만 먹으면 언제라도 포기할 수 있다는 걸 알기 때문에 포기하지 않고 참은 것 같다.

다음 글은 이 일이 끝난 뒤에 M 박사가 권하는 대로 최대한 감정을 절제하면서 쓴 글을 축약한 것이다.(외상적 경험을 한 뒤에는 외상 후 스트레스 증후군을 피하기 위해 감정적으로 중립적인 글을 쓰는 방법을 흔히 처방한다.) 구토공포증이 있거나 속이 예민한 사람은 읽지 않고 건너뛰는 게 좋겠다.

지하 화장실에서 R 간호사를 만났다. 이야기를 좀 나눈 뒤에 토근 시럽을 마셨다.

돌아올 수 없는 강을 건너고 나니 불안감이 상당히 커지는 게 느껴졌다. 몸이 약간 떨렸다. 그렇지만 곧 욕지기가 몰려올 것이고 금세 끝마치고 나면 걱정한 만큼 끔찍한 경험은 아니라는 걸 알게 되리라는 기대가 있었다. M 박사가 내 손가락에 심장 박동과 산소 농도를 체크하는 장치를 부착했다. 욕지기가 치밀기를 기다리는 동안에 M 박사가 불안 수치를 1부터 10 사이의 수치로 말해달라고 했다.

"9쯤이요."

이제 속이 약간 메슥거렸다. 갑자기 무언가가 치밀어 올라 변기로 달려갔다. 두 차례 헛구역질을 했지만 아무것도 올라오지 않았다. 바닥에 무릎을 꿇고 앉아 기다렸다. 빨리 시작되어 얼른 끝나기를 바랄 뿐이었다. 손가락에 달린 감지기가 방해가 되는 것 같아 떼어버렸다.

잠시 뒤 다시 횡격막이 요동치며 헛구역질이 나왔다. R 간호사는 헛구역질을 몇 번 하고 나면 본 게임이 펼쳐진다고 했다. 나는 얼른 끝났으면 하는 절박한 심정이었다.

욕지기가 강한 파도처럼 몰려오기 시작했다. 나를 덮쳤다가는 다시 물러났다. 구토가 나올 것 같은데 요란한 헛구역질만 나오고 아무것도 나오지 않았다. 몇 차례인가는 정말 배 속이 뒤집히는 게 느껴졌다. 그렇지만 구역질을 해도…… 아무 일도 일어나지 않았다.

이 무렵에는 시간 감각이 흐려져 시간이 어떻게 흘렀는지 모르겠다. 구역질이 치밀 때마다 땀이 비처럼 솟았고 욕지기가 지나고 나면 몸이 땀으로 축축했다. 머리가 어질어질했던 것 같고, 내가 기절해서 구토를 하다 기도가 막혀 죽을까 봐 걱정이 되었다. 머리가 어지럽다고 하자 R 간호사가 내 안색은 좋다고 말했다. 그렇지만 간호사나 M 박사나 약간 걱정스러워 하는 듯 보였다. 그래서 불안감이 더 커졌다. 저 사람들이 걱정할 정도라면 정말 두려워해야 할 이유가 있는 거지 하는 생각이 들었다.(한편으로 나는 기절하고 싶은 생각도 있었다. 그러면 죽는다고 하더라도 말이다.)

대략 40분 정도 지나고 수차례 더 헛구역질을 하자 M 박사와 R 간호사가 토근 시럽을 좀 더 마시는 게 좋겠다고 했다. 하지만 나는 또 먹으면 더 심한 욕지기가 더 오랫동안 몰려올까 무서웠다. 몇 시간이고 며칠이고 계속 헛구역질을 할 것 같았다. 어느 순간부터 얼른 게우고 고통을 끝내자는 생각이 토근 시럽을 이겨내고 구역질이 가라앉기를 바라는 쪽으로 바뀌었다. 나는 완전히 기진

맥진했고 구역질 때문에 죽을 지경이었고 너무나 비참했다. 구역질 발작이 잠시 가라앉은 사이에는 덜덜 떨며 화장실 바닥에 누워 있었다.

긴 시간이 지났다. R 간호사와 M 박사가 계속 구토제를 더 먹으라고 설득했지만 나는 그저 구역질에서 벗어나고 싶은 생각뿐이었다. 한참 동안 구역질이 나지 않다가, 놀랍게도 느닷없이 격렬하게 구역질이 치솟았다. 속이 뒤집어지는 게 느껴져서 이번에는 진짜 무슨 일이 일어나리라는 생각이 들었다. 아무것도 나오지 않았다. 2차 파동을 힘겹게 삼키고 나자 욕지기가 뚜렷이 가라앉았다. 그 순간 토하지 않고 이 고통을 벗어날 수 있을 거라는 희망이 생겼다.

R 간호사는 화가 난 것 같았다.

"세상에, 이렇게 자제력이 강한 사람은 처음 봐요."

간호사가 말했다.(R 간호사는 내가 치료를 끝낼 준비가 아직 되지 않아서 토하지 않으려고 저항하는 것 아니냐고 짜증스럽게 말하기도 했다. M 박사는 그렇지 않다고 잘라 말했다. 어쨌든 구토제를 먹지 않았느냐는 거다.) 마침내 내가 토근 시럽을 삼킨 지 몇 시간이 지난 뒤에 R 간호사는 토근 시럽을 먹고 토하지 않는 사람은 처음 보았다는 말을 남기고 가버렸다.◆

시간이 좀 더 흐르고, "노출 요법을 완성하자."는 M 박사의 설득이 좀 더 이어지고 난 뒤에 결국 포기하고 "이번 시도를 마치기로" 했다. 여전히 속이 메슥거렸지만 그래도 좀 가라앉은 편이었다. 진료실에서 잠깐 이야기를 나누고 나는 병원에서 나왔다.

차를 몰고 집으로 가는데 구토가 일어나 차 사고를 낼까 봐 극도로 불안했다. 붉은 신호등 앞에 서서 공포에 떨었다.

◆ 그 뒤에 토근 시럽 1회분을 먹었을 때 15퍼센트 정도는 구토를 하지 않는다는 글을 읽었다.(그 15퍼센트 중에 구토공포증이 있는 사람의 비율이 상대적으로 높다.)

집에 도착해 침대로 들어가 몇 시간 동안 잤다. 일어났을 때는 욕지기가 사라졌고 기분이 좀 나아졌다. 그렇지만 그날 밤에는 병원 지하 화장실에서 구역질을 하는 악몽을 되풀이해서 꾸었다.

다음 날 아침 회의가 있어서 억지로 출근을 했다. 그런데 공황이 찾아와서 집으로 돌아와야 했다. 그 뒤 며칠 동안 불안감이 심해서 집 밖에 나가지 못했다.

M 박사가 다음 날 전화를 걸어 괜찮은지 물었다. 이런 끔찍한 경험을 하게 한 것이 안타까운 듯했다. 나는 이 일 때문에 엄청난 충격을 받기는 했지만 박사의 미안함이 뚜렷이 느껴져 안쓰러웠다. M 박사가 권한 대로 글을 쓸 때에는 최대한 정확하게 쓰면서도 내 생각과 감정(노출 치료는 처절한 재앙이고 R 간호사는 ×년이라는)은 감추고 무감한 병원 문체로 적었다. "내 이력을 생각해보면 토근 시럽을 마신 것은 용감한 행동이었다고 생각한다. 빨리 토할 수 있었으면 좋았을 것이다. 그렇지만 전체적 경험은 끔찍하게 충격적이었고 내 불안의 정도와 구토에 대한 공포증이 이전보다 더 강해졌다. 그런 한편 구토제의 효력을 이겨낸 경험을 통해 구토를 막는 나의 능력이 상당히 강하다는 것도 알게 되었다."

M 박사보다도 강했던 것 같다. M 박사는 그날 오후 약속을 모두 취소해야 했다고 한다. M 박사는 내가 구역질을 하며 욕지기와 싸우는 걸 보다 보니 속이 메스꺼워져서 오후 내내 집에서 토했다 한다. 여기서 야릇한 쾌감을 느꼈음을 고백해야겠다. **내가** 먹은 토근 시럽이 **다른 사람을** 토하게 했다는 데에서. 어쨌든 좋은 건 조금이고 충격이 컸고 불안감도 커졌다. 나는 공포증은 잘 극복하지 못하지만 내 치료사나 그 주변 사람들을 구역질나게 만드는 일은 꽤 잘하는 것 같다.

그 뒤로 몇 달 더 M 박사를 만났다. 실패한 노출 치료를 "처리"했고 그다음에는 우리 둘 다 그 일을 통째로 잊고 싶었으므로 구토공포증 대신 다른 여러 공포증과 신경증으로 관심을 돌렸다. 하지만 그 뒤 치료 과정은 맥락도 목적도 없게 느껴졌다. 둘 다 이미 끝이 났다는 걸 알았다.♦

* * *

> 장을 비우는 역할을 하는 괄약근은 우리의 의지와 상관없이,
> 때로 의지에 반해서 스스로 팽창하고 수축한다.
>
> —미셸 드 몽테뉴, 「상상의 힘에 대하여」(1574)

신경철학에서 말하듯 정신은 오롯이 육신화되어 있다. 아리스토텔레스는 "물질화되었다."고 말했다. 신경이 곤두섰을 때나 불안할 때, 겁날 때 등을 나타내는 여러 상투어구("배 속에 나비가 가득하다.", "변을 지릴 정도다.", "똥줄 탄다.", "명치 깊은 속이 떨린다.")는 그냥 습관으로 하는 말이나 비유법이 아니라 있는 그대로를 말하는 것이다. 불안한 정서와 상관이 있는 생리적 변화를 정확하게 묘사하는 표현이라 할 수 있다. 의학 저널에서 뇌-장축(brain-gut axis)이라고 지칭하는 무언가가 실제로 있을 가능성을 천년도 더 된 옛날부터 의사와 철학자 들은 생각해왔다. "장과 뇌가 어찌나 밀접하게 연결되어 있는지 공포증과 비프스테이크 사이에 연관성이 있다

♦ 나중에 M 박사는 종신교수직을 받고 남서부에 있는 대학으로 옮겨갔다. 불안 관련 학회에서 가끔 마주치곤 한다. 이런 일들이 있었지만 그래도 나는 M 박사를 좋아한다. 한편 M 박사의 마음속이 궁금하기도 하다. 전에 환자였던 사람이 이런 학회에 수첩을 들고 찾아와 취재를 하는 척하며 불안에 대한 일반인 전문가 행세를 하는 걸 보면 어떤 생각이 들까? '저 사람한테 구토제를 먹이고 몇 시간 동안 공중화장실 바닥에서 구역질하고 울고 몸부림치는 걸 보았었지.' 하는 생각은 얼마나 자주 할까?

고 할 수 있을 정도다."[5] 1934년에 윌프리드 노스필드가 쓴 글이다.

신경 때문에 교란된 장은 현대인의 천형이다. 하버드 의대 보고에 따르면 미국에서 1차 진료기관을 찾은 환자 가운데 12퍼센트가 과민성 대장 증후군 때문에 병원에 왔다고 한다.[6] 이 병의 증상은 복통과 변비 또는 설사이고 원인은 전적으로 혹은 부분적으로 스트레스나 불안 때문이라고 본다. 1830년 영국 의사 존 하우십이 처음으로 확인했고[7] 그 이후로 "경련성 결장", "경련성 대장", "대장염", "기능성 대장 질환" 등의 이름으로 불려왔다.(중세와 르네상스 시대 의사들은 "바람 같은 우울" 혹은 "건강염려증"이라고 지칭했다.) 아무도 과민성 대장 증후군의 원인을 명확히 밝히지 못했기 때문에 대체로 스트레스나 정서적 갈등 등 심리적 원인 때문에 나타나는 것으로 본다. 신경이나 장 근육 기능에 문제가 없으니 뇌에서 장의 자극을 지나치게 민감하게 받아들인다거나 하는 식으로 뇌가 문제를 일으켰다고 본다. 과민성 대장 증후군 환자와 건강한 대조군의 결장에서 풍선을 부풀려본 유명한 실험이 있다.[8] 과민성 대장 증후군 환자는 훨씬 더 빠르게 통증을 호소했다. 과민성 대장 증후군 환자가 장과 뇌의 연결이 더 민감하다는 뜻이다.

불안민감성이 공황장애와 밀접한 상관관계가 있음이 드러난 연구와도 일맥상통하는 이야기다. 불안민감성 지표(Anxiety Sensitivity Index, ASI)가 높은 사람은 '내수용성 지각'이라는 것이 높다. 몸의 내부 작용, 곧 생리적 신호와 메시지에 매우 민감하다는 뜻이다. 자신의 심장 박동, 혈압, 체온, 호흡수, 소화관의 움직임 등을 다른 사람보다 훨씬 많이 의식한다. 생리 활동을 지나치게 의식하다 보니 "내부에서 신호를 보내 일어난 공황장애"를 겪을 가능성이 더 많다. 불안민감성이 높은 사람은 심장 박동이 아주 약간 빨라지거나 살짝 어지럼증이 느껴지거나 가슴에서 미묘한 정체불명의 떨림이 일어나거나 하면 쉽게 알아차린다. 그러고 나면 의식에 동요가 일어나 불안해지고('이러다 심장마비를 일으키는 건 아닐까?') 그로 인해 몸에서 일어나는 변화가 더 강하게 느껴진다. 그러면 더욱 불안해지고, 몸 안에서 느껴지는 증상도 더 강해지고, 그러다 보면 극심한 공황에 시달리게 되는 식이다. 《정신신체의학 연구 저널》같은 학술지에 실린 연구들을 보면 불안민감성과 과민성 대장 증후군, 걱정, 신경증적 성향 사이에 뚜렷한 연관이 있음이 드러났다고 한다. 신경증적 성향은 심리학에서 부정적인 것에 몰두하는 경향, 지나친 불안이나 죄책감이나 우울 등의 감정에 쉽게 빠지는 성향, 사소한 스트레스에 과민 반응하는 기질 등으로 정의한다. 당연한 이야기지만 신경증적 성향을 인지적으로 측정했을 때 높은 점수가 나오는 사람들은 공포증, 공황장애, 우울증에 걸릴 가능성이 높다.(신경증적 성향이 낮게 나오는 사람들은 이런 병에 걸릴 확률이 더 낮다.)

과민성 대장 증상이 있는 사람들의 몸이 스트레스에 더 잘 반응한다는 것도 입증되었다. 얼마 전에 《장》이라는 의학 저널에서 읽은 글은 인지(의식적 생각)와 생리적 상관물(그 생각에 반응하여 몸이 하는 작용) 사이에 순환적 관계가 있다고 설명했다.[9] 불안을 덜 느끼는 사람의 정신은 스트레스에 과민 반응하지 않고, 스트레스를 경험할 때에도 몸이 스트레스에 과민 반응하지 않는 경향이 있다. 반면 불안증이 있는 사람은 정신도 예민하고 몸도 예민해서 스트레스가 조금만 있어도 걱정이 솟고 약간만 걱정을 해도 몸이 기능이상을 일으킨다. 위장이 과민한 사람은 두통, 가슴 두근거림, 가쁜 호흡, 피로를 더 잘 느낀다. 과민성 대장 증세가 있는 사람은 그렇지 않은 사람에 비해 고통에 더 민감하고 감기 같은 사소한 병에 불편을 호소하는 경우도 더 흔하며 스스로를 아픈 사람이라고 생각하는 경우도 더 많다.

1909년에 생리학자 월터 캐넌이 쓴 글에 따르면 위장병 대부분은 "신경에 원인이 있다."[10] 월터 캐넌은 「정서 상태가 소화관 기능에 미치는 영향」이라는 글에서 불안한 생각이 교감신경계를 통해 위장의 물리적 운동(음식이 소화관을 따라 움직이게 만드는 연동운동)과 위액 분비 둘 다에 직접적 영향을 미친다고 결론 내렸다. 현대에 1차 진료기관을 조사했더니 소화기 문제는 정신적 스트레스에서 비롯되는 경우가 가장 흔하다고 드러나서 캐넌의 이론이 입증되었다. 장 기능장애 진단을 받은 환자 가운데 정신과 진단(불안이나 우울이 가장 흔했다.)도 받은 환자의 수가 42~61 퍼센트 사이였다.[11] 어떤 연구에서는 공황장애 환자와 위장 기능장애 환자가 겹치는 비율이 40퍼센트로 나타났다.[12]◆

"두려움이 설사를 일으킨다. 두려운 감정이 배 속의 열을 높이기 때문이다." 아리스토텔레스의 말이다.[13] 히포크라테스는 장 문제와 불안 둘 다 (치질과 여드름도 합해서) 검은 담즙이 지나치게 많아서 일어난다고 했다. 고대 로마 의사 갈레노스는 노란 담즙 때문이라고 했다. "두려움에 휩

◆ 과민성 대장 증후군에 반드시 효과가 있다고 입증된 위장약은 없는 반면 일부 우울증 약이 과민성 대장 증후군에 효과가 있다고 드러난 것도 위장 문제의 상당 부분이 장이 아니라 뇌에서 시작된다는 또 다른 증거가 된다.(1960년대 이전에는 과민성 대장 증후군에 모르핀과 진정제인 바르비투르산염을 섞은 약을 흔히 처방했다.) 최근 연구에서 과민성 대장 증후군 환자에게 선택적 세로토닌 재흡수 억제제(SSRI) 우울증 약인 셀렉사를 주사했더니 "장의 과민성"이 줄어들었다고 한다. 컬럼비아 대학교 병리학·세포생물학 교수 마이클 거숀은 항우울제가 과민성 대장 증상을 줄여주는 까닭은 이 약이 뇌의 신경전달물질이 아니라 위의 신경전달물질에 영향을 미치기 때문이라고 말한다. 우리 몸 안에 있는 세로토닌 가운데 95퍼센트는 위장에 있다.(1930년대 세로토닌이 처음 발견되었을 때에는 장에 집중되어 있다는 이유로 엔테라민(장을 뜻하는 enteron과 amine의 합성어)이라고 불렸다.) 거숀은 위를 "제2의 뇌"라고 부르며 불안이 위장 문제를 일으키고 또 반대로 위장 문제가 불안을 유발한다고 했다. "장 안의 뇌가 제대로 활동을 하지 않으면 생각이라는 것 자체를 할 여유를 가질 수가 없다. 정신이 화장실 문제에 쏠려 있을 때에는 누구도 제대로 생각을 못한다."

싸인 사람은 노란 담즙이 상당량 위 안으로 흘러들어간다. 그래서 속 쓰림을 느낀다. 노란 담즙을 토해내기 전에는 정신적 괴로움과 배 속의 괴로움 둘 다 사라지지 않는다."[14]

아무튼 1833년에 들어서서야 정서 상태와 소화불량 사이의 연관성을 과학적으로 엄밀하게 알게 된다.『소화액과 소화의 생리에 관한 실험과 관찰』이라는 연구서가 출간되면서부터다. 1822년 6월 6일 미국 모피회사에 고용된 사냥꾼 알렉시스 세인트 마틴은 사고로 위장에 산탄총탄을 맞았다. 목숨을 부지하지 못할 것 같았는데 업스테이트 뉴욕의 의사윌리엄 보몬트에게 치료를 받고 살아났다. 다만 누공(瘻孔)이라고 불리는아물지 않은 구멍이 위에 남았다. 보몬트는 사냥꾼의 누공이 엄청난 의학적 관찰을 할 기회가 되어주리라는 것을 깨달았다. 사냥꾼의 위 안을 직접 들여다볼 수 있었던 것이다. 그 뒤 10년 동안 보몬트는 사냥꾼의 누공을 소화기 작용을 관찰하는 창문 삼아 여러 실험을 했다.

보몬트는 사냥꾼의 정서 상태가 위에 맨눈으로도 관찰할 수 있을 정도로 뚜렷한 영향을 미치는 것을 보았다. 마치 기분 반지처럼 기분에 따라 위점막 색깔이 크게 변했다. 어떤 때에는 위점막이 선홍색이었다. 사냥꾼이 불안해할 때에는 색이 흐릿해졌다.

"나는 절대 다시 일어날 수 없는 상황 덕에 생긴 기회를 이용했다." 보몬트는 이렇게 썼다. 그런데 절대 다시 일어날 수 없는 일은 아니었다. 의학 문헌에 보면 그 뒤 한 세기 동안 위에 구멍이 난 환자를 통해 소화를 연구한 사례가 적어도 두 건은 있었다. 그리고 시간이 흘러 1941년에 맨해튼 뉴욕 병원 의사인 스튜어트 울프와 해럴드 울프가 톰을 만난다.

톰은 1904년 아홉 살이던 어느 날, 아버지의 맥주 양동이 안에 있는 액체를 맥주인 줄 알고 한 모금 마셨다. 그런데 그건 엄청나게 뜨거운 조

개 수프였다. 뜨거운 수프 때문에 소화관 위쪽이 타버렸고 톰은 의식을 잃었다. 어머니가 병원에 데려갔을 때에는 식도가 녹아 눌어붙어버렸다. 그 뒤 평생 동안 톰은 수술로 위벽에 낸 구멍을 통해 영양을 공급받을 수밖에 없었다. 바깥에서 보면 구멍 주위가 위점막 일부로 덮여 있었다. 톰은 음식을 씹은 다음에 씹은 음식을 배에 난 구멍에 끼운 깔때기를 통해 위에 직접 집어넣었다.

1941년 뉴욕 병원의 두 의사가 톰을 알게 되었다. 톰은 하수도 노동자로 일하다가 상처가 감염되어 병원을 찾았다. 톰의 상태가 더없는 연구 기회를 제공하리라는 생각에 의사들은 톰을 실험실 조수로 채용하고 그 뒤 일곱 달 동안 여러 가지 실험을 했다. 결과는 1943년 『인간 소화 기능』이라는 책에 발표되었다. 정신신체의학의 전기를 마련한 책이었다.

의사들은 보몬트가 발견한 내용을 발전시켜서 톰의 위점막 색깔이 위 활동 상태에 따라 "흐릿한 주황색에서 짙은 선홍색까지" 현저하게 달라지는 것을 목격했다. 소화 활동이 활발할 때에는 색깔이 짙어지고(혈액이 위로 더 많이 들어온다는 의미) 소화 활동이 활발하지 않을 때, 불안 때문에 소화 기능이 둔화되었을 때에는 색이 흐릿했다.(혈액이 위에서 빠져나간다는 의미)

오래전부터 짐작은 했으나 과학적으로 입증되지 않았던 상관관계를 기록할 수 있었다. 어느 날 오후 다른 의사가 실험실로 벌컥 들어와 욕설을 퍼부으면서 문서가 사라졌다며 서랍을 마구 뒤졌다. 실험실을 정돈하는 임무를 맡고 있는 톰은 일자리를 잃을까 봐 겁이 났다. 그때 위벽 색깔이 갑자기 창백해졌다. 색상 수치상 "붉은 기가 90퍼센트"[15]였던 것이 20퍼센트로 떨어졌다. 위산 분비는 거의 멈췄다. 의사가 몇 분 뒤 없어졌던 서류를 찾자 위산 분비가 다시 시작되었고 위벽 색깔도 차츰 원래대로 돌아왔다.

어떻게 보면 당연한 이야기일 수도 있다. 불안이 소화불량을 가져온다는 건 누구나 아는 사실이다.(내 친구 앤은 자기가 해본 다이어트 프로그램 중 '이혼 스트레스 다이어트'가 가장 효과가 좋았다고 말한다.) 그렇지만 『인간 소화 기능』은 둘 사이의 연관성을 처음으로 정확하고 체계적으로 소상히 기록했다. 톰의 정신 상태와 소화 기능 사이에는 애매하고 불분명한 연관이 있는 게 아니었다. 위가 심리 상태를 구체적이고 직집적으로 반영했다. 스튜어트 울프와 해럴드 울프 박사는 관찰 내용을 정리하여 "정서적 안정성"과 위의 불편한 상태 사이에 강한 역상관관계가 있다는 결론을 내렸다.

내 경우를 봐도 분명한 사실이다. 불안하면 속이 아프고 설사가 난다. 속이 아프고 설사가 나면 더 불안해지고, 그러면 배가 더 아프고 설사는 더 심해지고, 집에서 나와 어디에라도 가려 하면 항상 똑같은 상황이 벌어진다. 그 지역 화장실 탐방이라도 하듯 미친 듯이 이 화장실에서 저 화장실로 뛰어가게 되는 것이다. 그리하여, 바티칸이나 콜로세움이나 이탈리아 철도에 관해서는 별로 기억나는 게 없지만 바티칸의 공중화장실, 콜로세움의 화장실, 이탈리아 여러 기차역 화장실의 기억은 매우 강렬하게 간직하고 있다. 어느 날에는 트레비 분수에 갔다. 아니, 아내와 아내 가족이 트레비 분수에 갔고, 나는 분수 근처 아이스크림 가게 화장실에 갔다. 내가 화장실을 점거하는 동안 이탈리아인 여럿이 못 참고 문을 쾅쾅 두드린 일이 생생히 기억난다. 다음 날 식구들은 폼페이를 구경하러 갔지만 나는 포기하고 침대에 누워 있었다. 화장실 가까이에 있을 수 있어 마음이 놓였다.

이탈리아 여행 몇 해 전, 베를린 장벽이 무너지고 바르샤바 조약 기구가 해체된 뒤에 폴란드에 유학 가 있던 여자 친구 앤을 만나러 동유럽에 갔다. 앤이 폴란드로 떠난 지 여섯 달이 지난 뒤였다. 나는 여러 차례 여행 계획을 세웠다가 (불안 때문에) 취소했다. 더 이상 미뤘다가는 앤이 나와 헤어지겠다고 할까 봐 겁이 나서 대서양을 건너는 비행에 대한 엄청난 두려움을 억누르고 바르샤바로 떠나지 않을 수 없었다. 거의 의식을 잃을 정도로 약을 먹고 보스턴에서 런던까지 날아갔다가 비행기를 바꿔 타고 바르샤바로 갔다. 진정제와 멀미약, 시차 때문에 정신이 혼미한 상태로 도착해 첫날과 그다음 날 반나절을 보냈다. 드라마민과 자낙스 약효가 떨어져 정신이 좀 깨어날 무렵에 내 장도 깨어났다. 결국 앤과 나는 화장실에서 화장실로 이동하며 동유럽을 누비게 되었다. 앤은 실망했고 나는 비참했다. 당시 동유럽 공중화장실이 무척 원시적이었기 때문이기도 했다. 화장실에 들어가기 전에 문을 지키는 사람에게 까칠까칠하고 조악한 휴지를 한 장당 얼마 돈을 내고 사야 했다. 결국 나는 두 손을 들었다. 앤은 혼자 관광하러 가고 나는 호텔방으로 후퇴했다. 호텔방에서는 적어도 화장지가 얼마나 필요할지 미리 계산할 필요가 없으니까.

앤이 짜증이 난 것은 충분히 이해할 수 있는 일이었다. 우리는 프라하에서 프란츠 카프카 생가를 구경한 뒤에(프란츠 카프카도 만성 장 문제에 시달렸다.) 바츨라프 광장을 걸었고 나는 배가 아프다고 투덜거렸다. 앤은 더 이상 화를 참지 못하고 이렇게 말했다. "아무래도 넌 네 배에 대해서 논문을 쓰는 게 좋겠다." 내가 온통 배에만 집착하는 걸 두고 하는 말이었다. 알겠지만 아직도 나는 이 집착에서 벗어나지 못한 상태다.

배가 나의 존재 자체를 지배하는데 집착하지 않을 도리가 없다. 몇 차례 처참한 경험을 하고 나면 (비행기에서, 아니면 데이트 도중에 바지에 실수를 한다거나) 위장관에 열렬하게 몰두할 수밖에 없다. 위장관을 중심으로 계획을 짜고 최대한 신경을 써야 한다. 위장관이 나를 신경 써주는 일은 없으니까.

적절한 예가 있다. 15년 전 여름에 첫 책을 쓰려고 자료를 모으면서 케이프코드의 케네디 일가 저택에서 잠시 지낸 적이 있다. 그러던 어느 주말에 당시 대통령이었던 빌 클린턴이 마서스비니어드[케이프코드는 미국 매사추세츠 주에 있는 반도이고 여기에 케네디 일가의 저택이 있다. 마서스비니어드는 케이프코드 연안의 섬으로 고급 휴양지이다.   옮긴이]에서 휴가를 보내다가 테드 케네디와 같이 요트를 타려고 낸터킷 해협을 건너왔다. 그래서 케네디 일가의 별장이 있는 하이애니스포트 사방에 대통령 경호원과 정보부 요원들이 깔렸다. 저녁 식사 전에 시간이 좀 있기에 나는 그 광경을 구경하러 산책을 하기로 했다.

좋지 않은 생각이었다. 과민성 대장이 흔히 그러듯이 '화장실에 쉽게 접근할 수 있는 범위'를 지나자마자 꽉 막혀 있던 하수관이 풀리기 시작했다. 숙소로 달려가는 도중에 몇 번이나 위기가 찾아왔고 제때 돌아가지 못하리라는 생각이 들었다. 나는 이를 악물고 식은땀을 흘리며 달리면서도 화장실 대용으로 쓸 만한 수풀이나 창고가 있는지 주위를 살피기 시작했다. 하지만 내가 수풀 속에 쭈그리고 앉아 있는 것을 정보부 요원이 발견하면 어떤 일이 벌어질까 상상하니 공포가 밀려왔고 초인적인 힘을 발휘해 변을 참을 수가 있었다.

현관이 가까워지자 머릿속으로 건물 구조를 그려보면서('저택에 있는 화장실 중에서 어디가 현관에서 가장 가까울까? 2층 내 방까지 갈 수 있을까?') 동시에 가는 길에 케네디 가문 사람이나 다른 유명인(그 주말에는 아널드 슈워제네거, 라이자 미넬리, 해군 장관 등도 저택에 머무르고 있었다.)을 마주쳐 일을 그르치지 않기를 빌었다.

천만다행으로 집 안에 들어설 때까지 아무도 나를 불러 세우지 않았다. 그래서 얼른 계산을 했다. '위층으로 올라가서 복도를 따라 달려서 내 방 화장실에 제때에 도착할 수 있을까? 아니면 현관 홀에 있는 화장실로 얼른 들어가야 할까?' 위층에서 발소리가 들리기에 누군가에게 붙들려 늦어질 수도 있을 것 같아 나는 홀 화장실을 택했다. 홀과 화장실 사이에 전실이 있어 문 두 개를 통과해야 화장실이 나왔다. 허겁지겁 전실을 통과해 변기에 달려가 앉았다.

안도감이 얼마나 크던지. 거의 형이상학적인 경험이었다.

그런데 물을 내리자…… 일이 터졌다. 발이 젖는 느낌이 났다. 발밑을 내려다보았더니 충격적이게도 변기 아래쪽에 물이 흘러넘치고 있었다. 무언가가 터진 것 같았다. 화장실 바닥과 내 신발과 바지와 속옷까지 모두 오수로 뒤덮였다. 물은 점점 붇고 있었다.

벌떡 일어나 뒤를 돌아보았다. 물이 흐르는 걸 멈출 수 있을까? 변기 위에 놓인 꽃과 포푸리를 치우고 도기 뚜껑을 열고는 미친 듯이 내부 설비를 들쑤셨다. 뭔지도 모르는 채로 이걸 올렸다 저걸 내렸다 흔들었다 하면서 흘러넘치는 물을 막는 무슨 장치가 없는지 물속을 더듬었다.

어떻게 해서인지, 저절로인지 내가 무언가를 건드렸기 때문인지는 몰라도 물 흐름이 느려지더니 멈추었다. 상황을 가늠해보았다. 옷은 젖은 데다가 변까지 묻었다. 화장실 러그도 마찬가지였다. 아무 생각 없이 나는 바지와 팬티를 벗어 젖은 러그에 돌돌 말아 전부 쓰레기통에 쑤셔 넣은 다음 세면대 아래의 찬장 속에 처박아두었다. 이건 나중에 처리해야지 하고 생각했다.

바로 그 순간 저녁 식사 종이 울렸다. 칵테일을 마시러 거실에 모이라는 뜻이었다.

거실은 바로 홀 건너편에 있었다.

내가 발목까지 오수에 잠긴 채 서 있는 화장실 건너편에.

나는 벽에 걸린 수건을 모두 바닥에 깔아 오수를 빨아들이기 시작했다. 그러다가 아예 바닥에 네발로 기어다니며 화장지를 전부 다 풀어 미친 듯이 바닥의 물을 빨아들이려 했다. 부엌용 스펀지로 호수를 말리는 심정이었다.

그때 내 기분은 엄밀하게 말하면 불안이 아니었다. 이제 끝이구나, 완전한 굴욕을 맛보겠구나 하는 생각에 체념과 같은 심정이었다. 바지에 실수를 했고, 저택의 정화조 설비를 망가뜨렸고, 곧 정계와 할리우드의 엘리트들 앞에 반벌거숭이 상태로 나서야 할 테니.

사람들 목소리가 점점 가깝게 들렸다. 두 가지 선택지가 있다는 생각이 들었다. 첫째는 화장실에 쭈그리고 숨어서(화장실 문을 두드리는 사람이 있으면 계속 방어하면서) 칵테일파티와 저녁 식사가 끝날 때까지 기다리는 방법이다. 기다리는 동안 화장실을 좀 치워보다가 다들 자러간 다음에 몰래 빠져 나와 내 방으로 돌아가는 거다. 아니면, 정면돌파를 시도해볼 수도 있었다.

더러워진 수건과 화장지를 전부 찬장에 쑤셔 넣은 다음 탈출 준비를 시작했다. 그나마 가장 깨끗한 수건(그래도 더럽고 축축했다.)을 건져서 허리에 꼼꼼하게 둘렀다. 문가로 살금살금 다가가 목소리와 발소리가 들리지 않는지 들어본 다음 거리와 접근 속도를 가늠해보려 했다. 금세 사람들이 홀에 모여들 거라는 사실을 알고 있었기 때문에 얼른 화장실에서 나가 전실을 지나 빠른 걸음으로 현관 홀을 통과해 계단으로 달려갔다. 중간 층계참에 닿자마자 180도 몸을 틀어 2층으로 뛰어 올라가는데 일행과 함께 있는 존 F. 케네디 2세와 딱 마주쳤다.

"안녕하세요, 스콧." 케네디가 말했다.◆

"어, 안녕하세요."

나는 칵테일파티 시간에 바지도 입지 않고 땀에 흠뻑 젖어 더럽고 젖은 수건을 몸에 두르고 집 안에서 돌아다니는 까닭에 대해 그럴듯한 변명을 찾으려고 머리를 쥐어짰다. 그렇지만 케네디와 동행은 전혀 놀라지 않은 표정이었다. 손님이 오물을 뒤집어쓰고 반벌거숭이 상태로 돌아다니는 일이 여기에서는 흔한 일이라는 듯 무심하게 나를 지나쳐 내려갔다.

나는 허둥지둥 내 방으로 달려갔다. 거기에서 열심히 샤워를 하고 옷을 갈아입고 최대한 침착함을 되찾으려고 애썼다. 하지만 마음은 불안하고 몸은 고생한 데다 여름이라 습도도 높아 재킷에 땀이 배어나올 정도로 계속 땀이 났다.

그날 저녁 누가 칵테일파티 장면을 사진으로 찍었다면 이런 광경이 보일 것이다. 여러 유명인과 정치인, 성직자 들이 저마다 우아하고 온화한 얼굴로 대서양이 내다보이는 베란다에서 자연스럽게 서로 어울리는 가운데, 구석에서 땀에 전 젊은 작가가 어색하게 서서 진토닉을 들이켜면서 이 저명인사들하고 자기는 얼마나 어울리지 않는지, 부자도 아니고 유명하지도 않고 뭐 하나 해낸 것도 없고 딱히 잘생긴 것도 아닌 데다가 자기 장조차 조절할 수가 없으니 이렇게 멋지고 중대한 인물들에 걸맞지 않을 뿐 아니라 어른보다는 동물이나 갓난아기 들하고 어울리는 편이 낫지 않나 생각하는 장면이다.

◆ 나는 바로 그 전날에 케네디를 처음 만났다. 케네디는 "존 케네디입니다."라고 말하며 손을 내밀었다. 나는 악수를 하면서 속으로 '압니다.'하고 생각했다. 케네디 2세를 모르는 사람은 은둔자 아니면 화성인일 텐데도 상대방이 자기 이름을 모를 것이라고 가정해서 예의 바르게 자기 이름을 밝혀야 한다는 사실이 재미있다고 생각했다. 슈퍼 계산대 옆에 전시된 잡지 표지에서 늘 볼 수 있는 얼굴인데도 말이다.

땀에 전 젊은 작가는 누가 홀 화장실을 쓰려고 하면 어떤 일이 일어날까도 걱정이다.

그날 밤 늦게 모두 잠자리에 든 뒤에 나는 창고에서 훔친 쓰레기봉투와 종이 타월과 청소용 세제를 들고 다시 화장실로 갔다. 내가 그곳에서 나온 뒤에 들어간 사람이 있었을지 알 수는 없지만 그 점은 생각하지 않으려고 애쓰며 찬장에 쑤셔 넣어둔 더러워진 러그와 수건과 옷과 휴지를 쓰레기봉투에 넣었다. 그러고 나서 종이 타월로 바닥을 닦은 다음 그것도 쓰레기봉투에 넣었다.

부엌 바깥으로 나가면 본채와 별채 사이에 커다란 쓰레기통이 있었다. 몽땅 거기에 넣어 처리할 계획이었다. 그런데 그러다가 들킬까 봐 겁이 났다. 손님이 대체 무엇 때문에 한밤중에 커다란 쓰레기봉투를 집 밖에 내다 버리겠는가? (아직 정보부 요원이 돌아다니고 있을까 걱정되기도 했다. 내가 폭탄이나 시체처럼 보이는 걸 쓰레기통에 넣으려고 하는 모습을 발견하면 그냥 총으로 쏴버릴 수도 있었다.) 그렇지만 달리 무슨 방법이 있겠는가? 살금살금 집에서 빠져 나와 쓰레기통으로 가서 쓰레기봉투를 버렸다. 그러고 나서 다시 2층으로 돌아가 잠자리에 들었다.

아무도 나에게 현관 화장실이나 사라진 러그와 수건에 관해 묻지는 않았다. 그렇지만 그 주말 내내, 그리고 나중에 다시 그곳에 갈 때마다 늘 그 집에서 일하는 사람들이 나를 보며 수군대는 것만 같았다. "저 사람이야." 역겹다는 듯 이렇게 말할 것 같았다. "저 사람이 변기를 망가뜨리고 우리 수건을 다 더럽혔어. 대소변도 못 가리는 사람이라니까."[16]

◆ 광장공포증이 있는 내 배도 참 처참하지만 더 심한 사람들도 있다. 내가 읽은 가운데 특히 심한 사례로 2007년 미시건 주 캘러머주 정신병원을 찾은 45세 남자가 있었다. 공황장애가 찾아와 구토와 설사를 한 뒤로 20년 동안 줄곧 여행에 대한 심한 불안에 시달려왔다. 그 뒤에는 집을 떠나면

> 결장에 염증이 있는 사람들은 대부분 잘 긴장하고 예민하고
> 성마른 성품이다. 겉모습은 차분해 보일지 모르나 내면은 부
> 글부글 끓을 때가 많다.
>
> —월터 C. 앨버레즈, 『긴장, 소화불량, 통증』(1943)

물론 공인된 병에 수치심을 느낄 필요가 없다는 것도 안다. 과민성 대장
증후군은 기분장애나 불안장애와 연관이 있는 흔한 위장 증세이고 고대
부터 죽 관찰되어 왔다. 1943년 저명한 소화기내과 의사 월터 앨버레즈
는 『긴장, 소화불량, 통증』이라는 즐거운 제목의 책에서 칭찬을 받았을
때 얼굴이 붉어진다거나 슬픈 연극을 볼 때 눈물이 나는 것을 부끄러워
할 이유가 없는 것처럼 신경성 위장장애에 대해서도 부끄러워할 이유가
없다고 말했다.[17] 이런 신체적 반응이 일으키는 초조함이나 예민함은 "잘
조절하여 제대로 쓰면 성공에 도움이 되는" 성격 특성이라고 앨버레즈는
말한다.[18◆19 20 21 22]

참을 수 없이 구토와 설사가 몰려와 집에서 15킬로미터 이상 떨어진 곳에는 갈 수가 없었다. 의사
들이 이 환자의 증상을 관찰하여 안심 구역을 지도로 그렸다. 집에서 멀리 가면 갈수록 구토와 설
사가 심해졌다. 때로는 어찌나 심했던지 피를 토해서 응급실에 실려가기도 했다. 내과에서 궤양이
나 위암 가능성이 없다는 진단을 내리고 마침내 정신과로 보냈다. 2008년 어떤 학회에서 이 환자
를 맡았던 치료사를 만났는데, 노출 치료와 인지행동 치료를 병행하여 병을 치료했다고 한다.

◆ 앨버레즈는 환자들이 만성 위장장애에 시달리는 주된 원인은 "현대를 살아가는 일의 어려움"이라
고 했다. "위장 전문가는 정신의학자이기도 해야 한다. 신경증에 시달리는 사람이 더 합리적으로
살 수 있도록 가르치는 데에 매주 몇 시간씩은 들여야 한다."
한 여성은 "일주일 동안 밤낮으로" 토한 끝에 앨버레즈를 찾았다. 앨버레즈는 이 환자가 얼마 전에
국세청에서 불길한 느낌을 주는 편지를 받았다는 것을 알게 되었고, 치료를 위해 세금을 대신 내
주었더니(내야 되는 세금이 3.85달러밖에 되지 않았다.) 환자의 병이 바로 나았다. 또 다른 환자는
"늘 긴장하고 스트레스를 많이 받는 타입의 세일즈 매니저"였는데 좋아하는 포커를 칠 수가 없다

신경성 위장장애만으로도 괴로운데 신경성 위장 때문에 초조해지므로 나한테는 더욱 큰 장애가 된다. 불안성 구토공포증 환자의 천형이다. 배가 아프다는 사실 그 자체가 아주 강렬한 공포의 원인이 되곤 한다. 배가 아플 때마다 토하지 않을까 걱정이 된다. 따라서 불안하면 배가 아프고, 배가 아프면 불안해진다. 그러면 배가 더 아프고, 그러다 보면 더 불안해지고, 이런 식으로 악순환이 계속되어 순식간에 공황 상태로 치닫는다. 구토공포증 환자들의 삶은 공포증에 지배되는 경우가 많다. 어떤 사람들은 두려움 때문에 몇 해 동안 일도 하지 못하고 집 밖에 나가지도 못하고 '구토'나 그런 비슷한 뜻의 단어를 말하거나 쓰지도 못한다.(인터넷 구토공포증 커뮤니티에는 보통 이런 단어들을 vomit(구토) 대신에 'v**' 이런 식으로 쓰는 등의 규칙이 있다.)

얼마 전까지만 해도 임상의학 문헌에서 구토공포증은 별로 다루지 않았다. 그렇지만 인터넷 덕에 이런 고통을 겪는 사람이 세상에 자기 혼자뿐일 거라고 생각했던 구토공포증 환자들이 이제 혼자가 아니라는 사실을 알게 되었다.♦ 온라인 커뮤니티와 상호지원 모임이 속속 생겨났다. 규모가 큰(국제 구토공포증 협회 회원 수가 가장 큰 비행공포증 모임 회원 수보다

며 병원을 찾았다. 좋은 패가 들어오면 "속이 메스껍고 추워지고" 얼굴이 붉어졌다. 풀하우스나 그 이상 좋은 패가 나왔다 하면 바로 일어나서 토하러 가야 하기 때문에 블러핑은 아예 시도할 수도 없었다. 앨버레즈가 본 "자연이 부린 가장 잔인한 장난"은 긴장하고 불안하면 위장이 문제를 일으켜 연애에 막대한 지장이 있는 사람들 경우였다. 앨버레즈는 남자의 손길이 닿으면 배가 아파 화장실에 가야 하는 여성을 치료한 적이 있었다. 또 데이트에서 상대와 친밀해지면 주체할 수 없이 트림이 나오는 사람들도 있었고, 낭만적인 순간이 되면 방귀나 구토가 나오는 사람도 여럿 보았다.(전설적인 바람둥이 카사노바의 수기를 보면 성적으로 흥분할 때마다 엄청난 양의 가스를 방출하는 여자와 연애 행각을 벌인 이야기가 나온다.) 앨버레즈는 "성적으로 흥분할 때마다 멈추고 화장실로 달려가야 해서 결국 아내에게 이혼 당한 남자들도 여럿" 치료했다.

♦ 스스로 구토공포증이 있다고 밝힌 유명인 가운데는 배우 니콜 키드먼, 가수 존 바에즈, 뉴스 쇼 「투데이」의 진행자 맷 라우어 등이 있다.

다섯 배나 많았던 적도 있다.) 모임들이 생겨나자 불안 연구자들도 구토공포증에 관심을 두고 체계적으로 연구하기 시작했다.

다른 불안장애처럼 구토공포증도 생리적 반응, 회피 행동(안전 행동, 중화 행동이라고도 하며 내가 위급 사태에 대비해 복통약, 항불안제 등을 가지고 다니는 것 등을 말한다.), 주의가 흐트러지는 증상(예를 들어 사무실이나 집 안에 바이러스가 돈다든가 하여 공포를 자극하는 무언가가 있으면 다른 일에 도무지 집중할 수가 없다.)이 나타난다. 자존감과 자기효능감에 문제가 있는 경우도 흔하다. 구토공포증이 있는 사람들은 스스로를 낮게 평가하고 자기가 세상에 대처하는 데에, 특히 구토처럼 대재앙으로 여겨지는 일에 대처하는 데에 문제가 있다고 생각한다.◆

살펴보았듯이 공황장애 환자나 과민성 대장 증후군 환자나(두 가지가 **겹치는** 경우가 많다.) 전문 용어로 "신체화 취약성이 높고"(정서적 고통을 신체적 증상으로 바꾸는 경향이 있다는 뜻) "신체 증상을 파악하고 해석하는 데 인지적 편견이 있다"(생리적으로 사소한 변화가 있어도 예민하게 의식하고 이런 증상을 늘 최악의 시나리오로 해석하는 성향이 있다는 의미)는 점은 공통적이다. 다만 공황 환자들은 불안으로 인한 신체 증상이 심장마비나 질식이나 정신이상이나 죽음의 전조일까 봐 걱정하는 반면 구토공포증 환자들은 신체 증상이 구토의 전조일까 봐 걱정한다.(정신이상과 죽음도 걱정하지만.) 공황 환자들의 두려움은 (아주 드문, 불안으로 인한 급성심장사를 제외하면) 실현될 가능성이 매우 희박하지만 구토공포증 환자들의 경우에는 불안과 신체 증상이 상승작용을 일으켜 가장 두려워하는 상황을 일으킬수가 있다. 그러니까 계속 두려워한다는 사실을 계속 두려워해야 할 이유

◆　연구 결과에 따르면 구토공포증 환자들은 "다른 사람의 의견에 더욱 민감"하기도 하다고 한다.

가 있는 셈이다. 가끔 내 뇌가 뒤집어지는 것 같은 기분이 드는 것도 당연하지 않나?

심리학자들은 통제 이상을 측정하는 표준 척도도 개발했다. 예를 들면 로터 통제 소재 척도와 건강 통제 소재 척도 같은 것이 있다. 불안과 우울이 자존감 문제와 밀접한 관련이 있을 뿐 아니라 통제 문제와도 떼려야 뗄 수 없는 연관이 있다는(불안장애 환자는 자기 삶을 통제할 수 없다고 느끼고 자기 신체와 정신의 통제를 잃을까 전전긍긍하는 경향이 있다.) 사실이 수세대의 연구를 통해 입증되었다. 그런데 이 연관관계가 특히 구토공포증 환자들에게 뚜렷이 나타나는 듯하다. 《임상심리학 저널》에 발표된 한 연구에서는 "구토공포증 환자는 통제 유지에 대한 욕구가 도저히 충족될 수 없을 정도로 강해서 억누를 수가 없는 듯 보인다."[23]라고 했다. ◆

◆ 전에 만나던 여자 친구의 이모는 수십 년 동안 폭식증에 시달렸다. 그 이모는 10대 때부터 30대 때까지 밥을 먹고 나면 거의 늘 구토를 했다고 한다. 나한테는 이해가 안 되면서도 참 신기한 이야기였다. 일부러 구토를 하는 사람이 있다니? 중학교 때 텔레비전에서 본 청소년 대상 프로그램에서 거식증과 폭식증에 관해 알게 되었지만 일상적으로 일부러 먹은 것을 게우는 사람을 직접 만난 것은 처음이었다. 내 삶은 토하지 **않으려는** 노력을 중심으로 돌아가는데, 날마다 의도적으로 토하는 사람도 있다니. 물론 이 사람은 정신적으로 아픈 사람이다. DSM에 따라 쉽게 진단할 수 있다. "폭식증: 일정 시간 동안 같은 시간 비슷한 상황에 다른 사람이 먹을 만한 양보다 훨씬 더 많은 양의 음식을 먹고 몸무게가 느는 것을 방지하기 위해 부적절한 보상 행동을 반복한다. 예를 들면 1. 스스로 유발한 구토." 그렇지만 나도 DSM에 따르면 아픈 사람인데? "공포증: A. 어떤 대상이나 상황이 나타나거나 예상될 때 심하고 불합리한 두려움이 뚜렷이 지속적으로 계속된다. B. 공포 자극에 노출되면 거의 예외 없이 바로 불안 반응이 일어난다. 상황에 따라 공황 발작으로 나타날 수도 있다."

그때 여자 친구 이모와 내 장애가 희한하게도 상쇄적이라는 생각을 했다. 누군가가 기분이 **좋아지기** 위해 일부러 구토를 한다는 생각을 내가 받아들인다면, 구토가 대재앙은 아니라는 것도 받아들이게 될 수 있지 않을까? 반면 폭식증 환자들이 구토를 끔찍하게 혐오하는 내 감정을 받아들일 수 있다면 구토하는 습관을 멀리하는 데 도움이 되지 않을까?

조심스레 제안해본다. 폭식증 환자와 구토공포증 환자를 모아 그룹홈을 조직하고 서로 모범이 되어 병을 극복하게끔 하는 게 어떨까? 구토공포증 환자는 폭식증 환자들이 일상적으로 스스로 구토를 유발하는 것을 보고 토하는 게 별일이 아니라고 생각하게 될 것이고, 폭식증 환자들은 구토공포증 환자들이 공포와 혐오감을 느끼는 걸 보면 아무렇지도 않게 구토하기를 꺼리게 될 것이다. 그리고 사실 우리는 누구나 폭식증이나 구토공포증 환자와 꼭 같은 대상을 두려워하지 않나? 통제를 잃는 것 말이다. 폭식증 환자들은 사실 뚱뚱해지는 것보다 통제를 잃는 것을 더 두려워한다.

W 박사가 내 구토공포증의 여러 층위로 된 상징을 해석해 설명한 적이 있다. 구토는 통제의 상실과 내 속을 밖으로 드러내는 데 대한 두려움 둘 다를 상징한다는 것이다. W 박사는 또 그것이 무엇보다도 죽음에 대한 나의 두려움을 상징한다고 말한다. 구토와 내 제멋대로인 배 속은 나의 육신성의 뚜렷한 증거이고, 결국 나의 유한성의 증거라는 것이다.[24]

언젠가 나는 구토를 할 것이다. 언젠가 나는 죽을 것이다.

이 둘에 대한 공포에 휩싸여 사는 게 잘못일까?

* * *

> 국수와 위장은 적대적인 힘이라는 생각이 들어요. 생각이 로스트비프 소화와 무슨 상관이 있는지는 모르겠지만 형제처럼 기능합니다.
>
> —찰스 다윈이 누나 캐럴라인에게 보낸 편지(1838)

나는 불안에 의해 쉽게 흐트러지는 정신과 배를 가진 사람이 나 혼자만은 아니라는 사실에서 위안을 얻으려 한다. 아리스토텔레스까지 거슬러 올라가는 시대부터 신경성 소화불량과 지적 성취가 함께 나타나는 경우

기이한 방법이지만 구토를 하면 통제를 잃는다는 생각을 떨쳐버릴 수가 있다. 폭식증 환자들은 과식을 한 다음 자기 식욕을 통제할 수 없다는 느낌이 들면 구토를 함으로써 자기 몸에 지배력을 행사하려 한다. 그렇지만 과식과 구토의 순환에 갇혀 있기 때문에 실제로는 통제력이 있다고 할 수 없다.

◆ 영국 의사이자 철학자 레이먼드 탈리스는 이렇게 말했다. "자기 몸에 대해 어떤 독창적이고 철학적인 입장을 수립하더라도 …… 구토를 겪으면 확실히 모조리 사라진다. …… 몸이 온 존재를 장악한다. …… 구토는 공포를 일으킨다. 우리가 그 나름의 계획에 따라 작동하는 유기체 안에 갇힌 존재라는 걸 요란하게 일러준다."

가 많다는 관찰이 있었다. 지그문트 프로이트는 1909년 미국으로 건너가 정신분석학을 전파했는데, 신경성 위장장애와 설사 때문에 여행을 망치고 말았다.(나중에 이 일을 두고 여러 차례 한탄을 했다.) 윌리엄 제임스와 헨리 제임스는 둘 다 일급 신경증 환자였고 둘 사이의 편지 내용은 주로 위장을 치료하는 여러 방법을 서로 나누는 것이었다.

그렇지만 신경성 위장병에 시달린 사람 중 불쌍한 찰스 다윈을 따라올 사람은 없다. 찰스 다윈은 자기 인생의 수십 년을 위장병 때문에 누워 보냈다.

1865년에 다윈은 자기가 거의 30년 동안 앓아온 여러 증상을 열거하는 처절한 편지를 존 채프먼이라는 의사에게 보냈다.

> 나이 쉰여섯에서 쉰일곱. 25년 동안 밤낮으로 극심하게 발작적으로 속이 부글거림. 이따금 구토를 하고 구토가 몇 달 동안 지속된 일이 두 차례 있었음. 몸이 떨리고 히스테리적으로 울음이 나고 죽을 것 같은 기분이나 반쯤 기절한 상태가 되어 구토가 나오며 흐린 색 소변이 다량 나옴. 현재는 귀울림, 몸이 붕 뜬 기분, 시야가 흐려지고 구토가 나옴. …… E[에마 다윈, 아내]가 곁을 떠나면 초조함.[25]

이 목록에 적힌 증상이 전부가 아니다. 다른 의사가 권해서 다윈은 1849년 7월 1일부터 1855년 1월 16일까지 "건강 일기"를 썼다.[26] 수십 쪽에 달하는 이 일기에는 만성피로, 심한 복통, 배 속에 가스가 참, 잦은 구토, 현기증(다윈은 "머리가 수영한다."고 표현했다.), 떨림, 불면, 발진, 습진, 종기, 가슴 두근거림, 가슴 통증, 우울 등의 증상이 나열되어 있다.

다윈은 자기 아버지부터 시작해 수십 명의 의사를 만나보았지만 아무도 병을 낫게 해주지 못해 좌절했다. 채프먼 박사에게 편지를 썼을 때에는 이미 지난 수십 년의 대부분 시간을 환자의 몸으로 집 안에서만 지내야 했다.(그동안에 영웅적으로 분투하여 『종의 기원』을 썼다.) 일기와 편지를 바탕으로 다윈은 스물여덟 살 이래로 낮 시간의 3분의 1은 토하거나 침대에 누워서 보냈다고 말할 수 있다.

채프먼은 이런 저런 불안증 때문에 "나가떨어진"[27] 저명한 당대 지식인 여럿을 치료했다. 채프먼은 자기가 "정신이 매우 발달하고 교양이 높은 예민한 신경증 환자"를 전문으로 한다고 밝혔다. 이들은 "미묘한 정신적 영향에 얽히고 지배 받아서 그 정신적 영향이 신체적 병과 어떤 강도로 어떻게 관련되는지 쉽게 파악되지 않는다."고 했다. 채프먼은 신경과 관련된 거의 모든 병에 척추에 얼음을 가져다 대는 치료를 처방했다.

채프먼은 1865년 5월 말 다윈의 시골집을 찾아왔고 다윈은 그 뒤 몇 달 동안 날마다 몇 시간씩 얼음 속에 들어갔다. 다윈은 『사육 재배에 의한 동식물의 변화』의 핵심 부분을 척추에 얼음주머니를 두르고 썼다.

치료는 효과가 없었다. "끝없는 구토"가 계속되었다. 다윈과 가족들이 채프먼을 좋아하긴 했으나("우리는 채프먼 박사를 너무 좋아해서, 얼음이 효과가 없어서 실망한 한편 박사에게 미안하기도 했다."[28] 다윈의 아내가 쓴 글이다.) 7월에는 치료를 포기하고 의사를 런던으로 돌려보냈다.

다윈 치료에 실패한 의사는 채프먼 전에도 있었고 후에도 있었다. 다윈의 일기와 편지를 읽어보면 놀랍게도 1836년 비글호 항해에서 돌아온 뒤에 거의 언제나 쇠약한 상태였다는 사실을 알게 된다. 다윈한테 정확히 어떤 문제가 있었는지를 두고 150년 동안 열띤 의학적 토론이 벌어졌다. 다윈 생전과 후에 거론된 병명은 다음과 같다. 아메바 감염, 맹장염, 십이지장 궤양, 소화기 궤양, 편두통, 만성 담낭염, "소모성 간염", 말라리아, 카타르성 소화불량, 비소 중독, 포르피린증, 기면증, "당뇨병 유발 인슐린과다증", 통풍, "억눌린 통풍",♦29 만성 브루셀라증(비글호가 방문했던 아르헨티나의 풍토병), 샤가스병(아르헨티나에서 벌레에 물려 감염되었을 수 있음), 다윈이 실험하던 비둘기에 대한 알레르기 반응, 비글호에서 겪은 장기 배멀미로 인한 합병증, "눈의 굴절 이상" 등. 방금 나는 2005년 영국 학술지에 발표된 「다윈의 병이 밝혀지다」30라는 글을 읽었다. 이 글에서는 다윈의 병이 유딩불내증 때문이라고 했다.♦♦

그렇지만 다윈의 삶을 찬찬히 읽어보면 다윈이 가장 심하게 앓을 때마다 불안이 병을 재촉한 원인으로 등장한다는 걸 알 수 있다. 정신의학자이자 역사가인 랠프 콜프는 1970년대에 입수 가능한 다윈의 일기, 편지, 의료 기록 등을 샅샅이 살펴보았다. 콜프는 다윈의 병증이 가장 심한 기간이 진화론 연구나 가족 때문에 스트레스를 받던 시기와 일치했다고 한다.(결혼식을 앞두고는 "이틀 밤낮 동안 심한 두통이 계속되어서 과연 내가 결혼을 할 수 있을지 의문이 들었다."31) 1997년 《미국 의학협회 저널》에 실린 「찰스 다윈과 공황장애」32라는 논문의 저자들은 다윈 스스로 설명하는 증상을 바탕으로 하면 DSM-IV의 '광장공포증을 동반한 공황장애' 진단을 쉽게 받을 수 있다고 한다. 다윈은 이 병과 관련된 열세 가지 증상 중에서 아홉 가지 증상을 보였다.(진단을 받으려면 네 가지만 충족시키면 된다.)♦♦♦33 34

♦ "의사들이 자기가 모르는 병에 다 갖다 붙이는 '억눌린 통풍'이라는 병은 대체 뭔가?" 이 진단을 듣고 다윈의 친구 조지프 후커가 다윈에게 한 말이다. "그게 억눌렸다면 어떻게 통풍인지 아나? 증상이 겉으로 드러난다면 대체 왜 억눌렸다고 하나?"

♦♦ 웨일즈 생화학자인 이 논문의 저자들은 다윈의 일지와 건강 일기를 검토하여 다윈이 먹은 음식과 소화불량 사이의 상관관계를 이끌어냈다.

♦♦♦ 1918년, 미국 초기 정신분석학자 에드워드 J. 켐프는 《정신분석 리뷰》에서 다윈의 손이 떨리고 손에 습진이 있다는 사실이 "신경증적 손"의 증거라고 했다. 켐프는 "자위행위가 어려웠음을 강력하게 의심하게 한다."고 결론을 내린다. 그 뒤에 이보다는 좀 덜 괴상한 정신분석학적 설명들로 건강

4년 9개월 동안 계속된 비글호 항해는 다윈이 생물학 연구를 펼치는 데에 중추적인 역할을 한 경험이었다.♦ 비글호 출항 전에 항구에서 몇 달을 보내면서 "생애 최악으로 비참한 시간"[35]을 보냈다고 노년에 다윈은 기록했다. 평생 끔찍한 신체적 고통에 시달린 다윈이 그렇게 말했다니 그때 고통이 얼마나 대단했기에 그랬을까 싶다.

"가족과 친구들 곁을 오랫동안 떠난다는 생각에 울적했고 날씨는 더할 나위 없이 암울하게 보였다. 게다가 심장이 두근거리고 아파서 괴로웠다. 젊고 무지한데 의학에 관한 수박 겉핥기 지식은 있어서 나는 내가 심장병에 걸린 게 분명하다고 생각했다."[36] 다윈은 현기증과 손끝이 따끔거리는 증상도 경험했다. 모두 불안의 증상이고 특히 공황장애로 인한 과호흡 때문에 일어난다.

다윈은 겨우 우울감을 극복하고 항해를 떠났다. 항해하는 동안 폐소공포증("끝없는 두려움"에 빠지게 했다.)과 심한 배멀미에 시달렸지만 그래도 대체로 건강을 유지했고 필생의 과업을 달성하고 명성을 누릴 토대가 될 생물학적 증거들을 수집했다. 그렇지만 1836년 10월 2일 비글호가 팰머스로 돌아온 뒤 다윈은 평생 단 한 차례도 영국 밖으로 나가지 않았다. 장장 거의 5년 동안 세계 여행을 하고 돌아온 뒤에 다윈의 지리적 활동 영역은 점점 축소되었다. 다윈은 "나는 조금만 흥분해도 위장이 문제를

염려증, 우울증, 아버지에 대한 적대심에서 비롯된 억압된 죄의식, "강박적 성격으로 인해 나타나는 심한 불안신경증이 천재성 때문에 더욱 악화됨", 어린 나이에 어머니를 잃어서 생긴 "사별 증후군" 등이 있었다.(창조론자들은 이런 해석을 열렬히 받아들였고 어떤 사이비 학술지에서는 다윈이 정신병을 앓았다는 증거가 있으므로 "정신병자"이고 따라서 진화론은 망상의 산물이라고 주장했다.)

♦ 다윈은 갈라파고스 군도에서 핀치류의 다른 종을 발견했기 때문에 종이 고정되어 있는 것이 아니라 시간에 따라 변한다, 또는 진화한다는 생각을 하게 되었다.

일으키기 때문에 어디든 가기가 겁이 난다."[37]고 사촌에게 말했다.

『종의 기원』을 쓸 수 있었다는 게 기적일 지경이다. 결혼 직후에 다윈은 진화론 작업을 본격적으로 시작했는데 그때 처음으로 "주기적 구토"를 겪었다. 하루에도 몇 번씩 토하고 몇 주 동안, 심할 때에는 몇 년 동안 침대 신세를 져야 하는 이런 기간이 그 뒤에도 계속 찾아온다. 흥분하거나 사람들과 어울려야 할 일이 있으면 신체적 동요를 일으켰다. 파티나 모임이 있으면 불안 때문에 "쓰러졌고" "격한 떨림괴 구토 발작"이 일어났다.("그래서 여러 해 동안 디너파티를 모조리 포기해야 했다."[38]고 다윈은 적었다.) 다윈은 진입로로 들어오는 손님들을 집에 들어오기 전에 미리 볼 수 있도록 서재 창밖에 거울을 설치했다. 마음의 준비를 하거나 숨을 시간을 벌기 위해서였다.[39]

다윈은 채프먼 박사의 얼음 치료뿐 아니라 유명한 의사 제임스 걸리(제임스 걸리 박사는 그 무렵에 앨프리드 테니슨, 토머스 칼라일, 찰스 디킨스도 치료했다.)의 "물 치료"도 시도했고, 운동도 했고, 무당분 식사, 브랜디와 "인도산 에일", 조제약 수십 종도 먹어보고, 내부 장기를 자극하기 위해 금속판을 상체에 붙이고 놋쇠와 아연선으로 만든 "전기 사슬"로 전기 충격을 가하고, 식초에 온몸을 담가보기도 했다.[40] 심리적 효과 때문인지 다른데로 정신이 분산되었기 때문인지 실제로 효험이 있었는지는 모르지만 일부는 한동안 효과가 있기도 했다고 한다. 그렇지만 결국에는 병이 재발했다. 런던에 당일치기로 다녀오는 일 등으로 인해 규칙적인 일상이 조금만 흐트러져도 며칠에서 몇 주 동안 누워 지낼 수밖에 없을 정도로 "매우 심한 구토"[41]가 시작되었다. 무슨 일을 하려 하든, 특히 다윈이 "내 지긋지긋한 책"이라고 부른 『종의 기원』 작업을 하려면 몇 달씩은 앓았다. "몸이 좋지 않아. 진저리나는 교정쇄 때문에 이틀 동안 심하게 토했거든."[42] 1859년 초 교정을 보는 동안 친구에게 보낸 편지다. 다윈은 서재에서 토할 수 있게 커튼 뒤에 세면대를 설치하기도 했다. 1859년 10월 1일 구토에 시달리면서도 교정을 마쳤다.『종의 기원』을 붙들고 씨름한 열다섯 달 동안 불편을 느끼지 않는 상태로 보낸 가장 긴 시간이 20분이 채 안 될 정도로 끝없이 위장장애에 시달렸다.

20년 넘는 준비 기간을 거쳐『종의 기원』이 1859년 11월 마침내 출간되었을 때 다윈은 물 치료를 받으러 요크셔에 있는 온천에 가서 침대에 누워 있었다. 배 속은 요동쳤고 온몸에 발진이 돋았다. "최근에 많이 안 좋았다. 끔찍한 '위기'를 겪었다. 상피병(象皮病)에 걸린 것처럼 한쪽 다리가 부었고 눈이 거의 감겼고 온몸이 발진과 화농성 부스럼으로 덮였다. …… 지옥에 사는 것 같았다."[43◆44]

다윈의 병은 책 출간 뒤에도 낫지 않았다. "아마 나는 날마다, 매 시간마다 불편하다고 불평하고 신음하면서 무덤까지 갈 것 같다."고 1860년에 썼다. 어떤 사람들은 다윈의 증상이 심하고 기간이 오래 지속되었다는 점을 들어 다윈이 세균 감염이나 아니면 다른 신체적 병에 걸렸었다고 주장한다.("찰스가 얼마나 아픈지 말씀드려야겠네요. 여섯 달 동안 거의 날마다 토했답니다."[45] 아내가 1864년 5월 친구에게 보낸 편지다.) 그렇지만 이런 사실을 들어 반박할 수 있다. 다윈이 일을 멈추고 스코틀랜드 고지대나 북웨일스로 여행을 갔을 때에는 건강이 다시 좋아졌다.

◆ 다윈 전기를 쓴 영국 정신분석가 존 볼비는 1980년대에 다윈이 겪은 부스럼과 발진을 피부과에서는 "감정을 억누르려고 애쓰고 자존감이 낮고 과로하는" 사람들에게 잘 나타나는 증세로 본다고 했다. 볼비는 다른 전기 작가들과 마찬가지로 다윈이 스트레스나 "사소한 흥분"만 느껴도 신체 증상을 겪곤 했다고도 썼다.

찰스는 너무 쉽게 불안해해. 알잖아.

—에마 다윈이 친구에게(1851)

내가 찰스 다윈의 위장에 지나친 관심을 쏟는 것처럼 보일 것도 같은데 아마 왜 그러는지 이해가 갈 것이다. 공포에 대한 현대적 연구를 촉발했고, 공포가 구체적인 생리 반응(특히 소화기의 반응)을 일으킨다는 사실을 확인한 바로 그 사람이 신경증적 위장에 극심하게 시달렸다는 사실이 참 얄궂기도 하고 또 그럴싸하다 싶기도 하다.

다윈은 아내 에마에게 지나치게 의존하는 문제도 있었다. "당신이 없으면 나는 아프고 너무나 쓸쓸해요."[46] 다윈이 아내에게 보낸 편지다. "아 엄마, 당신과 같이 있고 싶어요. 당신이 보호해주어야 안전한 느낌이 들어요."[47] 이런 편지도 보냈다.

엄마라고? 프로이트주의자들이 다윈에게 의존성 문제와 오이디푸스 콤플렉스가 있다고 주장한 것도 납득이 간다. 여기서 내가 아내에게 부담이 될 정도로 의존하고 그 전에는 부모에게 의존했다는 사실에 근거해 W 박사가 나에게 의존성 인격장애가 있다는 진단을 내렸음을 밝혀야 할 것 같다. 의존성 인격장애가 있는 사람은 DSM-5에 따르면 다른 사람(주로 사랑하는 사람이나 양육자)에게 심리적으로 지나치게 의존하고 자신은 무언가 부족하고 무력해서 혼자 힘으로는 해나가지 못한다고 생각하는 등의 특징이 있다.

마지막으로 다윈이 수십 년 동안 끝없이 구토를 했다는 점도 나의 관심을 끌 수밖에 없다. 구토공포증이 있는 나 같은 사람은 그 사실에서 병적인 매혹을 느낀다. 다윈은 불안감 때문에 구토를 했지만 구토가 불안감을 더 높이지는 않은 것으로 보인다. 게다가 다윈은 그렇게 토하면서도 일흔세 살까지 살아 당시 기준으로 장수했다. 다윈이 이렇듯 심한 위장병을 안고도 그렇게 위대한 성취를 해냈다는 사실을 보면, 내가 한 번 구토를 하더라도, 아니 다섯 번 하더라도, 아니 하루에 다섯 번, 아니면 다윈처럼 수년 동안 하루에 다섯 번 구토를 하더라도 죽지 않을 뿐 아니라 뭔가를 이루어낼 수도 있다고 생각하고 안심할 수 있지 않을까?

당신이 구토공포증이 없는 사람이라면 대체 이게 무슨 소리인가 할 것이다. 내 정신병의 핵심에 있는 불합리한 강박을 드러내는 예다. 이해가 안 가는 것도 당연하다. 그렇지만 당신이 구토공포증 환자라면, 그렇다면, 내가 무슨 말을 하는지 거울처럼 또렷하게 이해할 것이다.

4

발표 불안

이런 두려움이 여러 안타까운 효과를 일으킨다. 얼굴이 상기되거나 창백해지거나 몸이 떨리거나 땀이 난다. 몸이 갑자기 추웠다 더웠다 하고 심장이 두근거리고 실신하기도 한다. 사람들 앞에 나서거나 말을 하려고 할 때, 중요한 인물을 만날 때에 이러는 사람이 많다. 키케로조차 연설을 시작할 때에는 떨린다고 고백했다. 고대 그리스의 위대한 웅변가 데모스테네스도 그러했다고 한다.

—로버트 버튼, 『우울의 해부』(1621)

모든 가치 있는 대중 연설의 특징은 초조함이다.

—키케로(1세기)

사람들 앞에서 발표를 해야 할 날이 다가올 때 몇 주 동안 괴로움에 시달리지 않아도 되게 만들어줄 요법을 마침내 찾아냈다.

내가 어떤 공개 행사에서 발언을 하게 되었다고 해보자. 나는 준비 과정으로 이런 것들을 할 것이다. 일단 네 시간쯤 전에 자낙스를 반 밀리그램 먹는다.(너무 늦게 먹으면 교감신경계가 이미 증속구동 모드로 들어가버려 약을 먹어도 진정시킬 수가 없다.) 그리고 발표가 한 시간쯤 남았을 때 또 자낙스를 반 밀리그램 먹고 인데랄도 20밀리그램 먹는다.(자낙스를 총 1밀리그램 먹고 혈압약인 인데랄도 같이 먹어야 한다. 인데랄은 베타차단제라고도 하는데 교감신경계 반응을 둔화시켜서 사람들 앞에 섰을 때 느끼는 불안 자극에 대한 생리적 반응, 즉 땀이 나고 몸이 떨리고 욕지기와 트림이 나고 배 속이 뒤집히는 증상에 압도되지 않게 해준다.) 약은 보통 스카치위스키 싱글샷이나 보드카로 넘긴다. 자낙스 두 알과 인데랄만으로는 빙빙 도는 머리를 안정시키고 가슴과 목이 조여서 말을 하지 못하게 되는 현상을 막기에 역부족이다. 술기운이 있어야 약만으로 완전히 억제하지 못하는 생리적 반응이 느리고 둔해진다. 사실 술을 한 잔 더 마셨을 수도 있다. 그러니까 내가 아침 9시에 발표를 하게 된다고 하더라도, 한 15분에서 30분쯤 전에 강연 전 순서에 따라 잠깐 시간이 날 거라고 예상해서 살짝 빠져나가 한 잔 들이킬 것이다. 청중이 얼마나 위협적으로 느껴지느냐에 따라 두 번째 잔을 더블이나 트리플샷으로 마셨을 수도 있다. 절차대로 무사히 진행되면 나는 한쪽 주머니에는 (내가 소개되기 전에 한 알 더 먹어야 할 때에 대비해서) 자낙스를, 다른 쪽 주머니에는 미니바 크기의 보드카 한두 병을 넣은 채로 청중 앞에 설 것이다. 심지어 무대로 걸어 올라가는 동안 조심스레 마지막 한 모금을 들이키기도 한다. 아직도 불안한 데다가 술과 벤조디아제핀 약물 때문에 절제력과 판단력이 흐려졌기 때문에 더 마시고 싶어진다. 만약 약과 알코올을 완벽한 양과 타이밍으로 마셔서 인지와 정신운동을 안정시키는 효과가 불안으로 인한 생리적 과각성을 상쇄하는 균형점을 맞추었다면, 발표를 잘해낼 수 있을 것이다. 긴장되긴 하지만 비참하지는 않은 상태이고 약간 몽롱하지만 그래도 또박또박 말할 수 있다. 사람들 앞에서 말을 해야 하는 상황의 불안유발 효과가 내가 먹은 약과 술의 불안완화 효과로 중화되었다.* 그렇지만 자낙스나 술을 너무 많이 먹었다면 제정신이 아닌 것처럼 보이거나 발음이 뭉개져 뭔가 모자라 보일 것이다. 만약 약이 충분하지 않았다면? 그러면 나는 비참한 상태가 되어 식은땀을 흘리고 목소리를 떨고 내 상태에만 계속 신경을 쓸 것이고 어쩌면 그런 일이 벌어지기 전에 벌써 도망갔을 수도 있다.

나도 안다. 발표 불안에 대처하는 내 방식은 건강하지 못하다는 것. 알코올중독의 증거다. 위험한 방법이다. 그래도 어쨌든 효과가 있다. 나는 벤조디아제핀과 알코올의 조합으로 거의 마비 상태가 되어야만 사람들 앞에서 (상대적으로) 괴롭지 않게 말을 할 수 있다는 자신감이 든다. 언제라도 자낙스와 술을 투여할 수 있다는 걸 안다면, 몇 달 동안 잠을 못 이루고 두려움에 시달리는 대신 발표 전 며칠 동안만 적당한 정도의 불안을 견디면 된다.

약물 복용은 자칫 위험을 초래하기도 하지만 아주 오래전부터 수행불안을 물리치는 데에 쓰인 방법이다. 오랫동안 영국 수상을 역임한 윌리엄 글래드스톤은 서른 살 때부터 의회 연설 전에는 커피와 함께 아편을 알코올에 녹인 약인 로드넘을 복용했다.[1](한번은 실수로 과용하는 바람에 회복할 때까지 요양원에 입원해야 했다.) 18세기 영국의 유명한 정치인이자 노예 폐지론자였던 윌리엄 윌버포스는 의회 연설 전에 늘 "신경을 진정시키

◆ 알코올과 벤조디아제핀 약물은 편도의 뉴런 발화를 늦추고 도파민과 감마아미노부티르산 전달을 높이고 시상하부의 베타엔도르핀 생산을 촉진하며 아세틸콜린 전달을 낮춘다.

는” 아편을 복용했다. 윌버포스는 연설 전에 아편을 먹는 방법 덕분에 자기가 “대중 연설가로서 성공할 수 있었다.”[2]고 했다.◆ 로렌스 올리비에는 무대공포증 때문에 자기가 “의문스럽고 충격적일 정도로 급작스러운 은퇴”[3]를 했다고 언론에 보도될 날이 머잖아 오리라 생각했고, 배우인 데임 시빌 손다이크 부부에게 고민을 털어놓았다.

“자기도 약을 먹지 그래. 우리도 먹어.” 손다이크가 말했다.◆◆

* * *

나는 글래드스톤, 로렌스 올리비에 등 무대공포증에 시달리면서도 많은 것을 이룬 훌륭한 사람들을 보면서 용기를 얻으려고 한다.

그리스 정치가이자 유명한 웅변가 데모스테네스도 처음에는 사람들 앞에 서면 불안해 말을 더듬어서 비웃음을 당했다. 고대 로마의 위대한 정치가이자 철학자 키케로는 포럼에서 열린 중요한 재판에서 발언하는 도중에 얼어서 무대에서 내려온 적이 있다. “말을 시작하려 하자 창백해지고 팔다리와 정신까지 온통 후들거렸다.” 키케로는 이렇게 적었다. 출애굽기 4장 10절은 모세가 사람들 앞에서 말하기를 두려워하고 말을 더듬었다는 뜻으로 해석된다. 모세는 자기 민족의 목소리가 되기 위해 이 공포증을 억눌렀다.

◆ 윌버포스는 물론 아편 덕에 성공도 했지만 끔찍한 우울증과 여러 병도 얻었다. 애초에는 위장병 때문에 아편 처방을 받았는데 중독이 되어서 45년 동안 날마다 복용했다.

◆◆ 올리비에는 약에 의지하지는 않았던 듯하다. “공포가 스스로 닳아 없어질 때까지 버티는 오래된 방법 말고 다른 치료법은 없다. 이렇게 굳은 마음을 먹고 계속 연기를 했다.” 자서전에 이렇게 썼다. 그래도 불안 때문에 5년 동안 무대를 떠나야 했다.

역사상 어느 시대를 보아도 심한 발표 불안을 어렵게 극복하고 (혹은 극복하지 못한 채로) 탁월한 성취를 이룬 사람들이 있다. 18세기 영국의 시인 윌리엄 쿠퍼는 관직에 오를 자격을 심사받으러 상원에 출석하게 되어 있었는데, 사람들 앞에 나서느니 차라리 죽는 게 낫겠다며 목을 매달았다.(자살 시도는 실패했고 심사는 연기되었다.) "사람들 앞에서 평가받는 것이 치명적 독처럼 느껴지는 사람은 내가 느끼는 공포를 조금이나마 이해할 것이다. 그렇지 않은 사람은 전혀 모를 거다."[4] 쿠퍼는 이렇게 썼다.

1889년, 젊은 인도인 변호사가 첫 재판에서 얼어버려 굴욕 속에 법정에서 도망치듯 나왔다. "머리가 빙빙 돌았고 재판정도 같이 도는 것 같았다."[5] 젊은이가 나중에 마하트마 간디로 불리게 된 뒤에 쓴 글이다. "무슨 질문을 해야 할지 떠오르지 않았다." 또 어느 소규모 채식주의자 모임에서도 한마디 하려고 일어섰다가 갑자기 말문이 막혀버렸다. "시야가 흐릿해지고 몸이 떨렸다. 종이 한 장밖에 안 되는 연설이었는데." 간디는 "사람들 앞에서 말할 때마다 끔찍하게 긴장하는 바람에" 몇 년 동안 사적인 저녁 식사 모임 같은 데에서조차 나서서 말하지 못했다. 그것 때문에 정신적 지도자가 되는 데도 실패할 뻔했다. 토머스 제퍼슨도 대중 연설을 두려워해 변호사 경력에 차질이 있었다.[6] 제퍼슨 전기에는 제퍼슨이 열변을 토하려고 하면 목소리가 "목구멍에서 잠겨버리곤" 했다는 말이 나온다. 제퍼슨은 2차 대륙 회의 토론에서 한 번도 발언을 하지 않았고, 놀랍게도 대통령으로 재임하는 동안 대중 연설은 단 두 차례밖에 하지 않았다. 취임 연설 두 차례가 전부였다. 듀크 대학교 정신의학자들이 제퍼슨의 전기들을 살펴보고 사회공포증이라는 진단을 내리는 글을 《신경 정신병 저널》에 기고하기도 했다.

소설가 헨리 제임스는 모의 법정 경연에서 "덜덜 떨며 말문이 막혀버려" 망신스러운 경험을 한 뒤에 로스쿨을 그만두었다. 디너파티에서 재치 있는 농담을 잘하기로 유명한 사람이었지만 그 뒤로는 공식석상에 나서서 발언하는 일은 피했다. 20세기 최고의 피아니스트로 불리는 블라디미르 호로비츠는 심한 무대공포증이 생겨 15년 동안 공연을 하지 않았다. 마침내 무대로 돌아가긴 했으나, 청중석 맨 앞줄에 앉아 있는 주치의가 자기 시야에 보여야 한다는 조건으로 공연을 수락했다.

바브라 스트라이샌드는 인기가 최절정에 달했을 때 심한 수행 불안을 겪었다. 그래서 27년 동안 돈벌이를 위한 공연은 하지 않았고 압박이 덜 느껴지는 자선행사에서만 라이브로 공연했다. 칼리 사이먼은 1981년 피츠버그에서 만 명의 군중을 앞에 두고 콘서트를 하기 직전 긴장 때문에 쓰러졌고 7년 동안 무대를 피했다. 다시 공연을 시작했을 때에는 무대 위에 오르기 전에 불안감을 떨치려고 바늘로 살을 찌르거나 밴드 멤버에게 자기를 때려달라고 부탁했다. 가수 도니 오즈먼드는 공황장애에 시달려 몇 년 동안 공연을 중단했다.(지금은 미국 불안 우울 협회 대변인이다.) 코미디언 제이 모어는 「새터데이 나이트 라이브」에 출연했을 때, 공황 발작이 일어날 것 같았고 이러다 코미디언 경력이 끝장날 것 같아 생방송 중에 필사적으로 클로노핀을 까서 입에 넣으려고 했다고 한다.[7](모어는 클로노핀 덕이 아니라 자기와 콤비로 연기하는 크리스 팔리가 폭소를 자아내는 바람에 거기에 정신이 쏠려 공황 발작을 피할 수 있었다.) 몇 년 전 휴 그랜트는 카메라가 돌기 시작하면 공황 발작이 찾아와 연기를 잠정적으로 그만두겠다고 선언했다. 영화 한 편을 겨우 찍었는데 "로라제팜을 가득" 먹었기 때문에 가능했다고 한다. 로라제팜은 아티반이라는 상표명으로 팔리는 단기 작용 벤조디아제핀이다. 휴 그랜트의 말이다. "온갖 공황 발작을 다 겪었다. 끔찍하다. 토끼처럼 옴짝달싹 못한다. 말을 할 수도 생각을 할 수도 없고 식은땀만 솟는다. 그러다가 집에 오면 이렇게 다짐을 한다. '더 이상 연기는 안 해. 영화는 끝이야.'[8] 1998년 하이즈먼상을 받은 미식축구 선수 리키 윌리엄스는 불안 때문에 몇 년 동안 NFL 선수 생활을 접었다. 다른 사람과 대화를 할 때 지나치게 긴장해서 항상 미식축구 헬멧을 쓴 채로 인터뷰에 응했다.◆ 2004년 노벨문학상을 받은 오스트리아 소설가 엘프리데 옐리네크는 극심한 사회공포증 때문에 대중 앞에 나설 수가 없어서 직접 수상을 하지 못했다.[9]

키케로, 데모스테네스, 글래드스톤. 올리비에, 스트라이샌드, 윌버포스. 의사, 과학자, 정치가, 오스카상 수상자, 하이즈먼상 수상자, 노벨상 수상자. 간디와 제퍼슨과 모세. 나보다 훨씬 위대한 이렇게 많은 사람들이 때로 무대공포증 때문에 무너졌다는 사실에서 위안을 얻어도 되지 않을까? 또 이들이 불안감 속에서도 분투하고 때로 불안을 극복하기도 했다는 점에서 희망과 용기를 얻을 수 있지 않을까?

* * *

다른 사람들이 나에 대해 생각한다는 생각이 대체 왜 혈액 순환에 영향을 미칠까?

—찰스 다윈, 『인간과 동물의 감정 표현』(1872)

수행 불안의 증상은 때로 굴욕감을 주기 위해 특별히 디자인

◆ 리키 윌리엄스는 한동안 항불안제 팍실을 먹었고 잠시 동안 제약회사 스미스클라인비첨의 광고 모델을 하기도 했다. 나중에 《마이애미 헤럴드》 인터뷰에서 마리화나가 "팍실보다 10배 더 효과 있었다."고 밝히긴 했지만.

된 끔찍한 농담 같기도 하다.

—존 마셜, 『사회공포증』(1994)

DSM은 사회불안장애를 공식적으로 두 개의 하위 범주로 나눈다. 특수 사회불안장애와 일반 사회불안장애. 특수 사회불안장애 진단을 받은 환자는 매우 특수한 상황에 불안을 느낀다. 무언가 사람들 앞에서 하는 일과 관련 있는 경우가 대부분이다. 대중 앞에서 말하는 일에 대한 두려움이 특수 사회공포증 가운데 가장 흔하지만, 사람들 앞에서 먹는 일, 사람들 앞에서 글씨를 쓰는 일, 공중화장실에서 소변을 보는 일에 대한 두려움 등도 있다. 사람들 앞에서 밥을 먹지 않아도 되도록 일과를 짜고, 다른 사람 앞에서 수표에 서명해야 한다거나 할 때 두려움에 떨고, 공중화장실 변기 앞에 서면 소변이 나오지 않는 사람들이 놀라울 정도로 많다.

일반 사회불안장애에 시달리는 사람은 대체로 어떤 사회적 상황에서든 스트레스를 느낀다. 칵테일파티, 회사에서 하는 회의, 취업 면접, 데이트 같은 일상적 일 때문에 상당한 정서적 고통과 신체적 증상을 느낀다. 심한 사람에게는 삶이 끝없는 고통일 수 있다. 가게 점원과 이야기를 하거나 아는 사람과 가벼운 대화를 나누는 정도의 사회적 상호작용이 공포를 불러일으키기도 한다. 사회공포증 환자들은 끔찍하게 외로운 삶을 살고 직업적으로도 불리하다. 사회공포증과 우울, 자살 사이에 강한 연관관계가 있다는 연구가 있다. 사회공포증 환자들은 알코올이나 약물에 중독될 가능성도 높다.[10]

◆   지그문트 프로이트는 젊은 시절 선배 의사들 집에서 열리는 사교 모임에 갈 때 불안감을 가라앉히기 위해 코카인을 흡입했다.

특히 얄궂은 점은 사회공포증에 시달리는 사람들은 불안이 겉으로 드러나는 일을 무엇보다도 두려워한다는 것이다. 그런데 불안으로 인한 증상이 불안을 폭로하고 만다. 사회공포증이 있는 사람들은 사람들 사이에서 어색하게 행동하거나 불안한 기색을 드러내면(얼굴이 붉어진다거나 몸이 떨린다거나 말을 더듬거나 땀을 흘리는 등) 모자라고 부족한 사람으로 비칠까 봐 걱정한다. 그래서 긴장을 하고, 말을 더듬거나 얼굴을 붉히게 되고, 그러다 보면 더욱 긴장이 되어 더 많이 더듬고 얼굴은 더 붉어지고, 이렇게 해서 불안은 커지고 수행은 점점 나빠지는 악순환이 계속된다.

그렇기 때문에 얼굴을 붉히는 게 그렇게도 무서운 것이다. 적면공포증(erythrophobia, 사람들 앞에서 얼굴을 붉히는 것에 대한 두려움) 케이스가 처음 발표된 때가 1846년이었다. 독일 의사가 스물한 살 의대생이 얼굴 홍조를 억제하지 못하는 것에 대한 수치심 때문에 자살한 일을 기록으로 남겼다.[11] 몇 해 뒤에 다윈은 『인간과 동물의 감정 표현』에서 얼굴 붉힘에 관한 이론에 한 장(章)을 할애해 사람이 가장 불안을 감추고 싶을 때에 얼굴이 붉어져 불안을 폭로하고 마는 현상을 관찰했다. "자기 모습을 떠올리는 것만으로 얼굴이 붉어지지는 않고 다른 사람이 자기를 어떻게 생각할까 생각할 때 얼굴이 붉어진다."[12] "수줍음 많은 사람은 다른 사람이 지나가는 말로 가볍게 자기 외양에 관해 언급을 했다 하면 꼭 얼굴을 붉힌다." 다윈 말이 맞다. 내가 아는 사람들 중에도 긴장하면 얼굴이 잘 붉어지는 사람들이 있는데, 얼굴이 붉어졌다고 언급하면 더 타는 듯이 불타오른다. 여자 직장 동료 한 명은 결혼식을 앞두고 결혼식에서 얼굴이 붉어지는 수치를 견딜 수 없어서 여러 가지 약물 요법을 시도하고 심지어 수술까지 고려했다.(긴장하면 얼굴이 붉어지는 것 때문에 흉강경 교감신경 절제술이라는 수술을 받는 사람들이 한 해에 수천 명이다. 흉곽 근처에 있는 교감신경

신경절을 파괴하는 수술이다.) 나한테도 긴장했을 때 나타나는 증상이 여럿 있지만 다행히도 얼굴이 붉어지지는 않아서, 이 동료를 보면서 결혼식에서 얼굴을 붉히는 일을 굴욕이라고 여기다니 얼마나 어리석은가 하고 생각했다. 그렇지만 나도 내 결혼식에서 땀 흘리고 떨면서 얼마나 부끄러워했는지 떠올랐고 어리석기는 마찬가지라는 생각이 들었다.

이런 반응을 일으키는 감정은 부끄러움일 것이다. 불안과 얼굴의 홍조 둘 다 부끄러움이 추동한다. 1839년 영국 의사 토머스 버지스는 『얼굴 붉힘의 생리와 기제』라는 책에서 "영혼이 강한 힘을 행사하여 도덕적 감정이 일으키는 다양한 내적 정서를 얼굴에 나타낼 수 있게끔 하려고"[13] 신이 사람이 얼굴을 붉히도록 설계했다고 주장했다. 붉어진 얼굴은 "우리가 신성하게 지켜야 할 규칙을 위반하고 있음을 다른 사람에게 드러내는 표지가 되므로 우리가 스스로를 저지할 수 있게 해준다." 다윈처럼 버지스도 얼굴 붉힘은 우리의 자의식과 사회성이 생리적으로 드러난 것이라고 본 셈이다. 우리 스스로에 대한 인식, 또 다른 사람들이 우리를 어떻게 볼 것인가에 대한 의식이 겉으로 드러났다는 말이다.

다윈의 후기 저작이나 현대 진화생물학에서는 얼굴을 붉히는 것이 우리가 무언가 부끄러운 사회적 위반을 저지르고 있다는 몸의 신호일 뿐 아니라(얼굴이 뜨거워지므로 얼굴이 붉어진다는 것을 느낄 수 있다.) 우리가 스스로를 겸손하게 인지함을 다른 사람에게 보이는 신호이기도 하다고 말한다. 곧 높은 계급에 있는 사람에게 사회적 겸허를 드러내는 방식이라는 것이다. 또 버지스 식으로 말하면 얼굴 홍조는 사회적 규준에서 벗어나지 못하도록 막아 반사회적 충동을 저지하는 역할을 한다. 사회적으로 불안해하고 얼굴이 붉어지는 것은 진화를 통한 적응일 수 있다. 사회적 예의를 지킴으로써 무리에서 추방당하지 않게 해주는 행동이다.

사회불안장애 진단이 공식적으로 내려진 지는 얼마 되지 않았지만 (1980년 DSM 3차 개정에서 프로이트 식의 신경증에서 불안장애를 새로이 분리해 낼 때에 사회불안도 탄생했다.) 사실 이런 증상은 아주 오래전부터 있어왔고 시대와 상관없이 일관성 있게 나타난다.[◆14] 1901년 프랑스 소설가이자 정신의학자 폴 아르탕베르는 DSM-5에 나온 사회불안장애와 아주 잘 들어맞는 신체적·정서적 증상이 나타나는 증후군을 묘사했다.[15] 아르탕베르는 사회공포증이 있는 사람은 다른 사람을 겁내고 자신감이 부족하고 사회적 상호작용을 피한다고 『수줍어하는 사람과 수줍음』에 썼다. 사회공포증이 있는 사람은 사회적 상황을 앞두고 있을 때 두근거림, 으스스함, 과호흡, 땀, 욕지기, 구토, 설사, 떨림, 말을 잘 하지 못함, 목 메임, 숨가쁨 등의 신체 증상이 나타나고 감각이 무뎌지고 "정신적 혼란"을 느낀다고 아르탕베르는 기록했다. 사회공포증이 있는 사람은 늘 부끄러워한다. 아르탕베르는 게다가 현대에 일반 사회불안과 특수 사회불안을 구분하듯 모든 사회적 상황에서 불안해하는 사람과 사람들 앞에 나설 때에만 불안해하는 사람을 구분했다. 이런 정서적 경험을 아르탕베르는 특히 '트락(trac)'이라고 불렀다. 많은 학자, 음악가, 배우들이 강연이나 공연 전에 이런 공포증에 시달린다고 했다.(현기증이나 뱃멀미처럼 갑자기, 대개 전조 없이 나타난다고 설명했다.)

사회불안장애가 세기를 뛰어넘어 일관되게 묘사되는 것처럼 보이지만 그래도 사회불안장애 진단에는 여전히 논란 요소가 남아 있다. 1980년 DSM에 공식적으로 기록된 뒤에도 여러 해 동안 사회공포증 진단은

◆ "사회공포증"이라는 용어는 1903년에 처음으로 썼다. 프로이트와 동시대에 살았고 라이벌이었던 영향력 있는 프랑스 정신의학자 피에르 자네가 정신 질환 분류법을 발표했는데 여기에서 적면 공포증을 사회적 공포증(phobies sociales) 또는 사회공포증(phobies de la société)으로 분류했다.

거의 이루어지지 않았다. 서구 정신과 의사들은 사회공포증을 '동양인의 장애'라고 보는 경향이 있었다. 인류학에서 말하는 '수치 문화'를 바탕으로 하며 올바른 사회적 행동에 높은 가치를 부여하는 일본이나 한국 같은 사회에 흔한 병이라고 보았다.(일본 정신의학계에는 사회불안장애와 비슷한 다이진 교후쇼(対人恐怖症, 대인공포증)라는 병이 있는데 가장 흔히 내려지는 진단 가운데 하나다.) 1994년 나온 문화권 비교 연구에서는 일본에 사회공포증 증상이 흔히 나타나는 까닭이 "부끄러움을 보이는 게 사회적으로 장려되는 분위기"와 연관이 있다고 했다.[16] 대표 연구자는 일본 사회 자체가 "가상 사회공포증" 사회라고 볼 수 있다고 주장했다. 서양에서 정신병 증상으로 생각되는 감정과 행동(지나치게 부끄러워하고 눈 맞춤을 피하고 공경심을 공들여 표현하는 등)이 일본에서는 사회적 표준이기 때문이다.◆

미국에서는 컬럼비아 대학교 정신의학자 마이클 리보위츠가 사회불안장애라는 병의 존재를 주장하여, DSM 편찬 위원회에서 활동하면서 이 병을 공식화했다. 1985년 리보위츠는 「사회불안: 간과되어 온 장애」라는 글을《일반 정신의학 저널》에 발표했다. 여기에서 이 병의 진단과 치료가 한탄스러울 정도로 잘 이루어지지 않는다고 주장했다.[17]◆◆ 이 글이 발표된 뒤에 사회공포증 연구가 차츰 쌓이기 시작했다. 1994년에만 해도 대중 언론에 '사회불안장애'라는 말이 쓰인 경우가 50회밖에 되지 않았다.[18] 5년 뒤에는 수십만 회로 늘었다. 왜 이 장애가 사람들 머릿속에 자리 잡게 되었을까? 한 가지 사건을 주된 원인으로 들 수 있다. 미국 식품의약

◆ 여기에서 문화와 의학이 복잡하게 교차하는 모습을 볼 수 있다. 어떤 문화에서는 정상이고 심지어 가치 있게 평가되는 행동이 다른 문화에서는 병적으로 생각될 수 있다는 예다.

◆◆ 리보위츠는 환자의 사회불안 정도를 측정하는 표준 심리 척도도 개발했다.

국(FDA)에서 1999년 팍실을 사회불안장애 치료제로 허가한 일이다.♦ 스미스클라인비첨은 곧 의사와 대중을 타깃으로 삼아 수백만 달러짜리 광고 캠페인을 벌였다.

"사람에 대해 알레르기 체질이라면 어떨까 상상해보세요." 많이 뿌려진 팍실 광고 문구다. "얼굴이 붉어지고 땀이 나고 떨립니다. 심지어 숨쉬기가 힘들기도 하지요. 사회불안장애는 그런 병입니다." 이 광고는 "1000만 명이 넘는 미국인이" 사회불안장애에 시달린다고 주장했다. 사회불안장애가 갑자기 유행처럼 통용되게 된 덕에 팍실 처방이 폭발적으로 늘었다. 팍실은 프로작과 졸로프트를 제치고 미국에서 가장 잘 팔리는 선택적 세로토닌 재흡수 억제 항우울제가 되었다.

1980년 이전에는 사회불안장애 진단을 받은 사람이 한 명도 없었다. 20년 뒤에는 미국에서 1000만에서 2000만에 해당하는 사람들이 이 진단을 받을 수 있다는 추산이 나왔다. 오늘날 미국 국립정신건강연구소 공식 통계에 따르면 미국인 10퍼센트 이상이 일생 중 어느 시점에 사회불안장애에 시달릴 가능성이 있고 이 가운데 30퍼센트는 급성으로 심하게 겪을 것이라고 한다.(공신력 있는 의학 저널에 실린 연구도 비슷한 통계를 내놓았다.)

논란이 되는 게 당연하다. 환자가 한 명도 없다가 20년 사이에 수천만 명으로 늘었으니. 수상쩍은 음모가 눈에 들어오는 것 같다. 뭔가 애매한 정신병명이 새로 만들어진다. 처음에는 이 병을 앓는 환자가 거의 없는 것처럼 보인다. 그런데 이 병을 치료하는 약이 승인을 받는다. 갑자기 진단이 폭발적으로 늘어난다. 제약회사가 수십억 달러 수익을 올린다.

♦ 팍실은 그 전에 우울증, 강박장애, 범불안장애 약으로 승인을 받았다.

이런 의심을 품는 사람들은 사회불안장애라는 것을 부르는 다른 이름이 있다고 말한다. 정신병으로는 생각되지 않는 흔한 기질적 성향인 '수줍음'이다. 2007년 노스웨스턴 대학교 영문과 교수 크리스토퍼 레인이 이 논쟁을 책 한 권으로 써서 펴냈다. 『만들어진 우울증: 수줍음은 어떻게 병이 되었나?』라는 책은 정신과 의사들이 제약회사와 한통속이 되어 평범한 성격적 특성을 병으로 만들어버렸다고 주장한다.◆

한편 사회불안장애 진단이 급작스레 증가했다는 사실에서 제품에 대한 수요를 만들어내는 제약업계의 마케팅 능력이 어느 정도인지 짐작할 수 있다. 사회적 상호작용에서 어느 정도 긴장하는 건 당연한 일이다. 파티에서 낯선 사람과 담소를 나누어야 할 때 약간의 불편함을 느끼지 **않는** 사람이 얼마나 될까? 사람들 앞에서 무언가를 해내야 한다거나 여러 사람 앞에서 평가를 받아야 할 때 어느 정도 불안해하지 **않는** 사람이 있을까? 이런 불안은 건강한 것이고 적응에 도움이 되기도 한다. 이런 불편을 약으로 치료해야 할 병으로 정의하는 것은 그저 인간적인 것을 치료해야 한다는 말이나 똑같다. 이런 점을 고려하면 사회불안장애는 제약업계에서 이윤을 위해 조제해낸 무언가에 지나지 않는다는 생각에 무게가 실린다.

그러나 한편 나는 많은 연구 문헌을 통해서나 직접 경험을 통해서나 사회공포증이 있는 어떤 사람들이 느끼는 고통은 진짜이고 매우 심각하다고 레인 등의 제약회사 반대파들만큼이나 설득력 있게 말할 수 있다. 이윤을 최대화하고 싶은 제약회사의 요구에 따라 광범위하게 설정된 사

◆ 제약산업 복합체가 이윤을 올리기 위해 새로운 병을 만들어낸다고 비난하는 글이 계속 쏟아져 나오는데 레인의 책이 그 대표격이다. 3부에서 조금 더 자세한 이야기를 하겠다.

회불안장애 진단 범주에 들어가지만, 딱히 정신적으로 아프다고 볼 수 없고 치료를 받을 필요는 없는 '정상적으로' 수줍음이 많은 사람도 있는 걸까? 물론 그렇다. 그렇지만 약이나 정신과 치료를 통해 사회불안을 극복하는 데에 도움을 받을 수 있는 사람도 있을까? 치료를 받지 않으면 알코올중독, 절망, 자살에 이르고 말 사람들도 있지 않나? 나는 그렇다고 생각한다.

몇 년 전 내가 편집하는 잡지에 내성적인 성격으로 살아가는 어려움에 관한 글이 실린 적이 있다. 그리고 며칠 뒤에 사무실에 이런 편지가 도착했다.

> 방금 잡지에서 내성적 성격에 관한 글을 읽었습니다. 작년에 스물여섯 살이었던 우리 아들은 자기의 내성적인 성격을 한탄했지요. 저는 괜찮다고, 우리 식구들 모두 내성적이고 조용한 사람들 아니냐고 달랬습니다. 석 달 뒤에 아들은 우리에게 유서를 남기고 총을 사서 스스로 목숨을 끊고 말았습니다. 유서에 자기는 제대로 생기지 못했다고…… 사람들 앞에 서면 불안하고 어설퍼지고 더 이상 버틸 수가 없다고…… 아들은 영리하고 착하고 공부도 많이 했습니다. 학력도 매우 높았습니다. 얼마 전에 사람들과 부대껴야 하는 인턴 과정을 시작했는데 그래서 극단적인 선택에 내몰린 게 아닐까 생각합니다. 총을 사기 전에 우리에게 말을 했다면 얼마나 좋았을까요. 그것 말고 다른 방법은 없다고 생각했나 봅니다. 그 아이는 병원에서 피를 뽑을 일만 있어도 긴장하곤 했어요. 삶이 얼마나 끔찍했을지 상상하기 어려울 겁니다.

사회불안장애 진단을 받은 환자 가운데 23퍼센트가 살면서 한 번 이상 자살을 시도한다는 연구가 있다.[19] 그래도 이 사람들이 그저 수줍음이 많을 뿐이고, 이들의 고통을 덜어주는 약이라는 건 순전히 돈을 노린 속임수일 뿐이라고 말할 수 있을까?

* * *

> 정신이 활동하고 추론하지 못하게 하는 감정 중 두려움만큼
> 강력한 것은 없다.
>
> —에드먼드 버크,
> 『숭고와 아름다움의 이념의 기원에 대한 철학적 탐구』(1756)

내 기억으로 내 수행 불안은 열한 살 때 피어났다. 그 전에는 크게 긴장하지 않고 교실에서 발표도 하고 전교생 앞에도 섰다. 그런데 6학년 때 크리스마스 연극 '성 조지와 용'에서 주인공을 맡아 무대에 선 순간 갑자기 말이 나오지 않았으니 난데없이 기습공격을 당한 셈이다.

12월 중순 어느 날 저녁이었다. 부모님들, 형제자매들, 선생님들이 수십 명 정도 모여 강당이 꽉 찼다. 무대 뒤에서 무대로 나오라는 신호를 기다리고 있던 때에는 살짝만 떨리던 게 기억난다. 지금 나로서는 상상할 수 없는 일이지만 그때 어린 나는 연극 주인공으로 주목 받을 순간을 기다리며 신이 나기까지 했다. 그런데 무대 중앙으로 걸어 나가 청중석을 향해 돌아서 나를 보고 있는 무수한 시선과 마주치자 가슴이 조여왔다.◆

◆ 다른 사람의 시선을 직접 받으면 정서적·생리적으로 큰 자극이 일어난다는 것이 연구로 입증되었다. 사람의 편도 뉴런 발화를 일으키는 확실한 방법 중 하나가 다른 사람이 피험자를 빤히 보게 하는 것이다. 사회불안장애 진단을 받은 사람의 편도는 대조군에 비해 사람의 시선에 더 큰 반응을 보인다고 입증한 연구도 많다.

몇 초 뒤에는 몸도 정신도 공황 상태에 빠져버렸고 말이 나오지 않았다. 점점 기어들어가는 목소리로 떨면서 몇 줄을 읊었다. 그러다가 더 이상 아무 말도 나오지 않는 지경에 다다랐다. 토할 것만 같아서 문장을 다 맺지도 못하고 말을 멈춰버렸다. 고통스러운 침묵이 몇 초 흐른 뒤 내 하인 역이었던 친구 피터가 자기 대사를 하고 나를 끌어냈다.[*] 청중이 보기에는 이야기가 이어지지 않는 것처럼 보였겠지만 그래도 어쨌든 장면이 마무리되었고 다행히도 나는 무대에서 내려올 수 있었다. 내가 등장하는 다음 장면이 되었을 때에는 불안 증상이 약간 가라앉았다. 연극 마지막 장면에서는 대본대로 용을 죽였다. 연극이 끝나고 사람들이 격투 장면이 좋았다고 말했고 (아마도 예의상) 아무도 첫 장면 이야기는 하지 않았다. 좋게 봐주어도 대사를 잊어버린 듯 보였을 것이다. 공포로 얼어붙은 듯 보였다면 최악이었다.

그날 내 발 아래에서 함정 문이 열렸다. 그 뒤에는 결코 전과 같은 기분으로 사람들 앞에 설 수가 없었다. 그 무렵 나는 뉴잉글랜드 전역 교회와 공연장을 순회하는 소년 합창단 단원이었다. 그때부터는 공연이 고역이었다. 나는 솔로 파트를 맡을 정도로 노래를 잘하지는 않았다. 아직 변성기를 맞기 전인 고만고만한 소년 스물네 명 가운데 하나일 뿐이었다. 그래도 순간순간이 고통이었다. 청중이 나를 보지 못하도록 악보를 얼굴 앞에 들고 소리 내지 않고 입만 뻥긋거렸다. 목이 조이는 듯한 끔찍한 느낌이 들었고 배가 아팠다. 소리를 내면 토할 것 같았다.[**]

---

[*] 피터는 이런 불안을 모르는 게 분명하다. 쭉 잘 자라서 오바마 대통령의 1기 내각에 들어갔다.

[**] 합창단 지휘자는 그 나이에도 부모님과 같이 사는 괴팍하고 폭압적인 사람이었고 심하게 말을 더듬었는데 그것 또한 한 원인이었던 것 같기도 하다. 지휘자는 연습 도중에 소리를 질러대곤 했고 어떤 말이 혀에 걸려 나오지 않으면 분노와 좌절감에 얼굴을 잔뜩 일그러뜨렸다. 한참을 기다려야

합창단은 그만두었지만 청중 앞에서 무언가를 하는 일을 완전히 피할 수는 없었다. 내 불안증은 심해지고 '청중'의 정의는 점점 넓어졌으니 말이다. 이듬해 중학교 1학년 때에는 과학 시간에 발표를 해야 했다. 나는 내가 몰두하는 주제인 식중독에 관해 발표하기로 했다. 교실에서 아이들 앞에 서자 머리가 어지럽고 욕지기가 치밀었다. 몇 마디 더듬더듬 하고 나서 말을 멈추고 애처로운 목소리로 말했다. "몸이 좋지 않아요." 선생님이 자리에 가서 앉으라고 했다. "식중독에 걸렸나 봐!" 반 친구 하나가 농담을 했다. 모두 웃음을 터뜨렸고 나는 수치심으로 온몸이 타올랐다.

몇 년 뒤에는 지역 테니스 클럽 청소년부 대회에서 우승을 했다. 경기가 끝나고 간단한 식사와 시상식이 있었다. 나는 이름이 불리면 연단으로 올라가서 시상자와 악수를 하고 카메라를 향해 웃어 보인 뒤 연단에서 내려오기만 하면 됐다. 소감 같은 것을 말할 필요도 없었다.

그런데 진행자가 다른 부 우승자들을 한 명씩 부르기 시작하자 떨리고 땀이 솟았다. 사람들 시선이 나에게 쏠릴 거라고 생각하니 겁이 났다. 어떻게 해서든 망신을 당할 것 같았다. 내 이름이 불리기 몇 분 전에 뒷문으로 빠져나가 지하 화장실에 숨었다. 그러고 몇 시간이 지난 뒤에야 식사 모임이 끝났으리라 확신하고 화장실에서 나왔다.(사회공포증이 있는 사람들은 이런 극단적인 회피 행동을 흔히 한다. 회사 연회에서 우수 사원상을 받게 되어 있던 여성이 꾀병을 부려 연회에 불참했다는 사례를 어떤 임상 보고에서 읽었다. 관심의 초점이 되는 데 초조함을 느꼈기 때문이다. 상 받을 사람이 연회에 불참하자 동료 몇몇이 좀 더 편안한 축하 모임을 준비했다. 이 여성은 모임에 참석하느니 차라리 회사를 그만두는 쪽을 택했다.)

내뱉으려 했던 욕설이 마침내 터져 나왔다.

대학에 다닐 때 연구 장학금을 받으려고 지원한 적이 있다. 장학금을 받으려면 대여섯 명쯤 되는 교수진과 면접을 보아야 하는데, 대부분 잘 알고 친하게 지내는 교수들이었다. 공식 절차가 시작되기 전에는 면접관들과 가벼운 농담을 주고받았다. 그런데 면접이 시작되고 면접관이 첫 번째 공식 질문을 던지자 가슴이 죄어오고 목구멍에서 아무 소리도 나오지 않았다. 나는 물고기나 젖먹이 짐승처럼 입만 뻥긋거리며 그렇게 앉아 있었다. 마침내 목소리가 다시 나왔을 때, 나는 실례한다고 말하고 그 자리를 떴다. 면접관들은 황당한 눈으로 쳐다보았고 그것으로 끝이었다.

이 문제는 안타깝게도 성인이 되어서도 지속되었다. 굴욕적인 실패(사람들 앞에서 발표하다 말고 무대에서 내려옴)가 몇 차례 있었고 위기는 수십 차례도 넘게 찾아왔다.(텔레비전 방송 중에 가슴이 조여왔을 때, 강의나 인터뷰 도중에 방이 빙빙 돌고 욕지기가 치밀고 목소리가 바르르 떨렸을 때 등) 이런 위기가 닥쳤을 때 어떻게든 견디고 버틴 적이 많다. 그렇지만 이런 상황을 겪을 때마다 겉보기에는 문제없어 보이도록 잘 처리했다고 하더라도 나는 성공과 실패, 찬사와 굴욕 사이의 면도날 위에 사는 듯한 느낌이었다. 내 존재가 의미가 있느냐, 아니면 나는 살아갈 가치가 없는 존재냐를 가르는 면도날이기도 하다.

* * *

사람들은 어떤 대상 때문이 아니라 그 대상에 관해 어떻게 생각하느냐 때문에 마음의 동요를 일으킨다.

—에픽테토스, 「불안에 관하여」(1세기)

왜 이런 상황에서 내 몸은 나를 배신할까?

수행 불안은 정신계에만 존재하는 감정이 아니라 실험실에서 측정할 수 있는 구체적인 신체 증상을 수반하는 정신 상태다. 심장 박동이 빨라지고 가슴이 떨리고 혈류 안의 에피네프린과 노르에피네프린 수치가 올라가고 위 운동은 느려지고 혈압은 높아진다. 누구나 사람들 앞에서 공연이나 발표를 할 때는 자율신경계에 뚜렷한 변화를 느낀다. 대부분 사람들이 강연을 시작할 때는 혈류 안의 노르에피네프린 수치가 두세 배 정도 올라가고 아드레날린이 솟구쳐 수행 능력을 높인다. 그렇지만 사회공포증이 있다면 자율신경계 반응이 더 급격하게 나타나고 그것이 몸을 쇠약하게 만드는 신체 증상이나 고통스러운 정서로 느껴진다. 위스콘신 대학교 연구에서 사회불안이 있는 사람들은 연설 준비 단계에서 뇌의 우반구가 크게 활성화된다는 게 드러났다. 그러면 논리적 처리와 언어 능력 둘 다 방해를 받는다.[20] 간디가 젊은 시절에 법정에서 경험한 뇌가 멈추는 느낌이 그런 것이다. 사회적 스트레스를 받을 때 똑똑하게 생각하거나 말을 하기 어려워지는 현상에는 뚜렷한 생물학적 바탕이 있다.

인지행동 치료에서는 사회불안장애가 논리적 연결이 흐트러지거나 사고가 오류를 일으켜 생긴다고 주장한다. 옳지 않은 생각과 부적응 행동(인지행동 치료에서는 "인지" 또는 "도식(schema)"이라고 부른다.)을 수정하면 불안을 치료할 수 있다고 한다. 1세기 무렵 로마에 살았던 그리스 노예이자 스토아 철학자 에픽테토스는 인지행동 치료의 원조다. 「불안에 관하여」라는 글은 자가치유서의 선구자격일 뿐 아니라 수행 불안을 오늘날 말하는 '자존감 문제'와 연결한 것도 이 글이 처음인 듯싶다.

에픽테토스의 글을 보자. "불안한 사람을 보면 나는 이렇게 말한다. '이 사람은 무엇을 원하는가?' 자기 힘으로 어떻게 할 수 없는 것을 원하는 경우가 아니라면 어째서 불안하겠는가? 예를 들어 가수가 혼자 노래를 할 때에는 불안을 느끼지 않는다. 그런데 무대 위에 올라가면 아무리 목소리가 잘 나와도, 아무리 노래를 잘해도 불안하다. 가수는 노래를 잘하는 데 더해 청중들에게 갈채를 받는 것도 원하기 때문이다. 그런데 갈채를 받고 안 받고는 자기가 어떻게 할 수 있는 일이 아니다. 간단히 말해 기술이 있는 데에 용기도 있다."[21] 다른 말로 하면 청중이 갈채를 할지 안 할지를 내 마음대로 할 수가 없는데 걱정해봐야 무슨 소용이 있느냐는 거다. 에픽테토스는 불안은 욕망과 감정이 혼란을 일으킨 것이므로 논리적 사고로 극복할 수 있다고 생각했다. 혼자 있을 때나 다른 사람 앞에서나 똑같이 공연할 수 있게 정신을 단련한다면 무대공포증에 시달릴 일은 없다.

20세기에 큰 영향을 끼친 심리치료사 앨버트 엘리스와 애런 벡을 살펴보자. 각각 합리적 정서행동 치료와 인지행동 치료를 창시한 사람들인데 사회불안 치료의 핵심은 인정받지 못함에 대한 두려움을 극복하는 것이라고 주장했다. 사회불안을 극복하려면 불필요한 부끄러움에 면역을 기를 필요가 있다고 한다.

보스턴 대학교 불안과 관련 장애 센터의 M 박사는 인지행동 치료 방식을 따르는 의사라, 나를 치료할 때에도 치료 요법의 하나로 의도적으로 나에게 창피를 주려고 했다. 센터 옆에 있는 대학 서점으로 나를 데려가서 자기는 숨어 있고 나한테는 직원들에게 바보 같은 질문을 하거나 토할 것 같은데 화장실이 어디 있냐고 물으라고 시켰다. 이 일이 고통스러울 정도로 바보 같고 창피했지만(그게 바로 이 치료의 목적이었다.) 나한테는 별로 도움이 되지 않았다. 그렇지만 이 방법이 사회공포증 환자들에게는 표준 노출 요법이다. 효과가 있다고 입증하는 연구가 점점 쌓인다. 부족함을 드러내거나 바보 같은 행동을 해도 세상이 끝나거나 존재가 무너지는 게 아니라는 것을 환자에게 보여주는 게 목적이다.♦

정신분석학 쪽 치료사들은 사회공포증 환자가 스스로를 치명적 결함이 있거나 가치 없는 인간으로 확고하게 생각한다는 점에 초점을 맞춘다. 오리건 주 포틀랜드에서 일하는 정신의학자 캐스린 저브는 사회공포증 환자가 가장 두려워하는 일은 다른 사람들이 자기의 진정한(모자란) 모습을 알게 되는 일이라고 말한다.[22] 사회공포증 환자들은 음악이건 스포츠건 사람들 앞에서 말을 하는 일이건 무언가 수행하기를 겁내는데, 실패하면 숨겨왔던 결함과 부족함이 드러날 것이기 때문이다. 그런 한편 거짓처럼 느껴지는 이미지(자신감, 유능함, 완벽함)를 끝없이 연기해야 한다. W 박사는 이런 행동을 '인상 관리'라고 부른다. 인상 관리는 사회불안의 **증상**이기도 하지만 큰 **원인**이기도 하다. 마음속 깊은 곳에서 사실이 아니라고 느끼는 자기 이미지를 사람들 앞에서 유지하려고 애를 쓰다 보면 늘 기만이 폭로될 위험에 직면한 듯한 느낌이 든다. 단 한 번이라도 실수를 하면, 한 번이라도 불안이나 결함을 들키면, 나약한 자아를 감추기 위해 만들어진 가공의 인물이 자신감 있고 유능한 척 가장해왔다는 사실이 드러날 것이라고 생각한다. 그러니 사람들 앞에서 무언가를 할 때마다 엄청나게 많은 것을 걸게 된다. 성공하면 가치 있고 존중할 만한 존재라는 생각이 유지되지만 실패하면 그토록 감추려고 애썼던 부끄러운 자아가 폭로되고 만다. 인상 관리는 힘들고 지치는 일이다. W 박사의 말을 빌면 투사된 자아가 카드로 만든 집처럼 한순간에 와르르 무너질까 봐

♦ 같은 서점에서 센터의 다른 치료사들이 환자들에게 비슷한 노출 치료를 실시하는 걸 몇 번 보았다. 이상한 질문을 하거나 바보 같은 실수를 하게 만들었다. 서점 직원들은 왜 날마다 이렇게 이상한 손님들이 많이 와서 괴상한 행동을 하는 걸까 의아했을 것 같다.

끝없는 두려움 속에 사는 것이다.

* * *

말을 더듬는 사람이라고 해서 절대 가치 없는 사람은 아니네.
생리학을 살펴보면 알 수 있지. 다른 사람의 존재에 지나치게
민감하기 때문에 말을 더듬는 것이야.

—토머스 칼라일, 랠프 월도 에머슨에게 보낸 편지(1843년 11월 17일)

현대에 사회공포증에 관해 밝혀진 핵심적 사실 가운데 하나를 폴 아르탕
베르는 무려 1901년에 예견했다. 『수줍어하는 사람과 수줍음』을 보면 사
회공포증이 있는 사람들은 다른 사람의 감정에 예민하여 대화 상대가 자
기를 어떻게 받아들이는지 억양, 표정, 몸짓을 세심하게 살피고 이렇게 관
찰한 바에 따라 내린 결론, 특히 **부정적인** 결론을 지나치게 확신한다고
한다. 그러니까 사회공포증이 있는 사람들은 다른 사람보다 미묘한 사회
적 의미를 더 잘 포착한다. 그렇지만 부정적 반응으로 이해될 수 있는 것
을 과대해석하는 경향이 있다. 사람들이 자기를 좋아하지 않는다거나 자
기에게 좋지 않게 반응할 거라고 믿는 경향이 있기 때문에('나는 따분한 사
람이야.', '바보 같은 소리를 해서 웃음거리가 되고 말 거야.' 같은 강박적 생각을 하
곤 한다.) 상대가 하품을 하거나 입술을 살짝만 씰룩거려도 자기가 마음
에 들지 않아서 그런다고 해석하는 식으로 계속 이런 믿음을 강화한다.
"불안이 강한 사람은 그렇지 않은 사람보다 얼굴 표정을 빨리 읽는다. 그
렇지만 잘못 읽을 가능성도 더 높다."[23] 일리노이 대학교 어배너샘페인 심
리학 교수 R. 크리스 프레일리의 말이다. UCLA 불안장애 프로그램 대표

인 알렉산더 비스트리츠키는 불안증 환자들이 "민감한 정서 감지기"를 가지고 있어 미묘한 정서 변화를 감지할 수 있지만 "이 감지기는 또한 너무 많은 것을 읽게 한다."[24]고 했다.

사회공포증이 있는 사람은 적어도 한 가지 면에서는 다른 사람보다 재능이 뛰어나다. '정상'인 사람들이 포착하지 못하는 신호를 감지하는 민감한 사회적 안테나가 있어서 행동의 뉘앙스를 빨리 잘 파악한다. 반대로 생각해보면 건강한 사람의 지각은 진화를 통해 무뎌졌다고 할 수 있다. 실제로 지루해서 하품을 하거나 경멸하듯 입을 씰룩거리는 등 부정적인 신호를 보내도 알아차리지 못하는 사람도 있다.

스웨덴 웁살라 대학교 신경과학자 아르네 외만은 진화생물학 관점에서 공포증적 행동에 관한 글을 많이 썼다. 외만은 사회공포증이 있는 사람들은 유전적으로 과민한 정서 감지기를 지니고 있어 사람들 사이에서 상호작용할 때 사회적 지위를 아주 예민하게 인식한다고 한다.[25] 30년 동안 치과 의사로 일한 네드라는 56세 환자의 경우를 보자. 겉보기에는 아주 잘 사는 것처럼 보인다. 그렇지만 네드는 정신과 의사를 찾아와 "바보 같은 행동을 할까" 두려워서 치과 의사 경력을 망쳤다고 말했다.[26]◆ 실수를 해서 망신당할까 봐 불안해하는 것은 흔한 일이다. 그런데 네드의 두려움은 매우 구체적이었다. 네드는 자기보다 사회적 지위가 높아 보이는 (어떤 의료보험에 가입했느냐에 따라 판단했다.) 환자를 진료할 때만 수행 불안을 심하게 느꼈다. 저소득층 의료보장 제도 대상자나 보험이 없는 환자를 진료할 때에는 전혀 불안해하지 않았다. 그렇지만 고가의 보험에 가입해 높은 지위에 있다고 짐작되는 환자를 치료할 때에는 손이 눈에 보이게

◆ 네드라는 환자는 존 마셜의 책 『사회공포증』에 나온다.

떨리거나 땀을 흘렸고 환자들이 자기가 불안해하는 것을 눈치챌까 봐 겁이 났다. 네드는 이런 환자들은 불안이라는 걸 모르는 것 같고 "모든 일에 완벽히 자신이 넘친다"고 생각해서, 자기의 이런 약한 모습을 보면 좋지 않게 생각하고 비웃으리라고 믿었다.

지위와 관련된 사회불안 증상, 동료들에 비해 '약하다'는 사실이 발각되는 데 대한 두려움은 한 세기 전부터 정신의학 관련 문헌에 종종 등장한다. 아르네 외만은 풍부한 근거를 바탕으로 네드 같은 사람은 사회적 지위나 모욕에 대한 인식이 지나치게 예민하게 조정되어 있다고 말한다. 미국 국립정신건강연구소에서 2008년 발표한 연구에서는 일반 사회공포증 환자의 뇌는 비판에 대해 다른 사람의 뇌와 다르게 반응함을 밝혔다.[27] 자신에 관한 중립적인 언급을 읽었을 때에는 사회공포증 환자나 건강한 대조군이나 뇌 활동이 다르게 나타나지 않았다. 그렇지만 **부정적인** 언급을 읽었을 때에는, 사회불안장애 진단을 받은 사람은 편도와 안쪽 전전두엽 피질의 혈류가 뚜렷이 증가했다. 이 두 부분은 불안과 스트레스 반응과 관련이 있다. 사회공포증 환자의 뇌는 부정적 언급에 생리적으로 과잉 반응하게끔 생긴 것으로 보인다.

이와 비슷하게 사회공포증 환자들이 부정적인 얼굴 표정을 볼 때 편도가 과잉 활성화된다는 연구도 여럿 있다. 화가 나거나 겁이 나거나 못마땅해 하는 표정의 얼굴을 보면 사회공포증이 있는 사람들의 편도 안 뉴런이 대조군에 비해 훨씬 더 빠르게 집중적으로 발화한다. 미국 국립정신건강연구소 연구자들이 말하듯 "일반 사회공포증 관련 기능이상은 어느 정도는 자아에 대한 부정적 태도를 반영한다. 특히 사회적 자극에 부정적으로 반응한다는 것을 안쪽 전전두엽 피질을 통해 볼 수 있다."[28] 쉽게 말하면 수치심과 낮은 자존감의 생물학적 근거지가 있다는 말이다.

편도와 안쪽 전전두엽 사이 연결에 존재하는 것이 분명하다.

의식이 포착하지 못하는 사회적 자극에 편도가 뚜렷이 반응함을 보여주는 fMRI 연구가 무수히 많다. 사람들을 fMRI 기계 안에 넣고 공포나 분노를 드러내는 얼굴 그림을 보여주면 편도가 활발하게 활동한다. 이건 놀랍지 않다. 편도가 공포 반응이 일어나는 장소라는 것은 알려진 사실이다. 공포나 분노의 표정을 보여주었을 때 사회공포증 진단을 받은 사람의 편도 뉴런이 일반인보다 더 빠르게 열심히 발화하는 것도 그럴 만하다. 신기한 것은 사회공포증이 있거나 없거나 모든 사람이 의식적으로는 보았다고 인식하지 못하는 그림에 대해서도 편도에서는 뚜렷한 반응이 일어난다는 사실이다.[29] 예를 들어 평범한 꽃 사진 슬라이드 사이사이에 겁에 질리거나 화난 얼굴 사진을 지각하지 못할 정도로 아주 짧은 시간 동안만 나타나게 끼워 넣어 보여주면 얼굴 사진을 보았다는 사실은 모르지만 편도는 얼굴 표정에 반응한다. 피험자에게 겁에 질리거나 화난 얼굴을 보았는지 물어보면 못 보았다고 말할 것이다. 사진이 너무 순식간에 지나가서 의식은 받아들이지 못한다. 그렇지만 의식 아래에서 빛의 속도로 날카롭게 작동하는 편도는 불편한 얼굴을 파악하고 fMRI에 반응을 나타낸다. 일부 피험자는 이럴 때 불안을 느낀다고 말한다. 불안을 느끼지만 원인이 무엇인지는 모른다고 한다. 무의식이 존재한다고 말한 프로이트가 옳았음을 신경과학이 입증한 것으로 보인다. 뇌는 우리가 인식하지 못하는 자극에도 강하게 반응한다.

의식하지 못하는 사회적 자극에 신경생물학적 스트레스 반응이 일어남을 밝히는 연구가 수백 편은 된다. 하나만 예로 들면 2008년《인지신경과학 저널》에 발표된 연구에서 사람들에게 감정 표현을 드러내는 얼굴 사진을 30밀리초 동안(의식이 파악하지 못할 정도로 짧은 순간이다.) 보여주자

"두드러지게" 뇌 반응이 나타났다.(사회불안이 있는 사람들의 뇌 반응이 가장 강했다.) 놀랍게도 그다음에 피험자들에게 놀란 얼굴을 보여주고 긍정적인지 부정적인지 판단하라고 하면 바로 직전에 의식 아래에서 스치고 지나간 이미지에 큰 영향을 받은 판단을 내렸다. 화가 나거나 겁에 질린 얼굴을 의식하지 못한 채로 본 다음에 놀란 얼굴 이미지를 보면, 놀란 얼굴이 공포나 분노 같은 부정적인 감정을 나타내고 있다고 말할 가능성이 높다. 행복한 표정을 순간적으로 비춘 뒤 같은 놀란 표정을 보여주면 기쁨을 표현하는 얼굴이라고 말할 가능성이 높다. 한 연구자의 말을 빌리면 "무의식에서 포착한 위협의 신호가 수면으로 떠올라 나도 모르는 사이 사회적 판단에 영향을 미친다."[30]

이렇게 민감한 사회적 지각 감지 장치가 왜 있는 걸까? 왜 뇌는 우리가 인식하지도 못하는 판단을 내리는 걸까?

이런 "빠른 사회적 판단"이 과거로부터 생존 가능성을 높였다는 이론이 있다. 개코원숭이 집단이나 수렵채집 집단 안에 속해 있다면 동료들이 나를 공격하거나 추방하게 만들 만한 사회적 인상을 주고 싶지는 않을 것이다. 개코원숭이의 경우 집단에서 쫓겨나는 것은 죽음이나 다름없다. 혼자 돌아다니다가 다른 집단의 눈에 뜨이면 공격을 당해 죽을 가능성이 높다. 원시인은 부족에서 추방당하면 공동 식량도 얻을 수 없고 맹수의 공격에도 무력해진다. 따라서 집단의 규준이 요구하는 바를 민감하게 파악하고, 사회적 위협을 인식하고, 집단에서 높은 지위를 가진 이에게 두들겨 맞거나 부족에서 추방당하는 일을 피하기 위해 겸허함을 드러내는 것 따위의 사회적 민감성은 적응의 산물이다.(이런 점에서는 얼굴을 붉히는 것도 겸허함을 자동으로 드러내므로 유용하다.) 사회적 행동("수행")이 다른 사람에게 어떻게 받아들여질까 의식하는 게 생존에 도움이 된다. 사람들

의 이목을 끌고 부정적 평가를 받으면 위험하다. 지위를 잃거나 쫓겨나거나 나쁜 인상을 줄 위험이 있다.♦

캘리포니아 대학교 샌디에이고 정신의학자 머리 스타인은 개코원숭이 등 영장류 동물의 사회적 복종성과 사람의 사회공포증 사이에서 놀라운 유사성을 발견했다.[31] 사회공포증이 있는 사람이 사람들 사이에서 상호작용을 하거나 사람들 앞에서 수행해야 할 일이 있어 스트레스를 받을 때 일어나는 고코르티솔증(스트레스 호르몬 상승과 시상하부-뇌하수체-부신축(HPA축) 활성화)은 개코원숭이가 무리에서 하위에 있을 때 일어나는 증상과 같다. 고코르티솔증은 편도를 활성화하는데, 그러면 그 순간에 불안이 강해지는 효과도 있고 또 사회적 상호작용을 스트레스 반응과 더 공고히 연결하는 지속적인 효과도 있다.♦♦

스타인의 연구는 스탠퍼드 대학교 신경과학자 로버트 새폴스키의 연구를 바탕으로 한 것이다. 새폴스키는 무리 안에서 개코원숭이의 서열과 혈액 내 스트레스 호르몬의 양 사이에 직접적 상관관계가 있음을 보여주는 연구를 했다. 개코원숭이 무리의 수컷 사이에는 엄격한 위계질서가 있다. 우두머리 수컷은 덩치가 가장 크고 힘이 가장 세고 식량과 암컷도 가장 많이 누리며 다른 모든 수컷 원숭이들에게 우러름을 받는다. 그

♦ 일부 사회공포증 환자는 긍정적인 관심도 싫어한다. 생일파티에서 손님들이 생일 축하 노래를 불러주면 울음을 터뜨리는 아기를 생각해보라. 노벨상을 받으러 가기를 겁낸 엘프리데 엘리네크도 있었다. 긍정적이고 지지해주는 관심이라고 할지라도 공포 신경회로를 자극한다. 진화론적 관점에서 납득할 수 있는 일이다. 긍정적인 관심을 끌면 질투나 경쟁심을 유발할 수 있다.

♦♦ 공포 반응이 편도와 해마 뉴런에 단단하게 자리 잡는다. 그래서 공포증을 떨쳐버리기가 어렵기도 하다. 안타깝게도 불안은 이렇듯 스스로를 강화한다. 스트레스가 편도를 활성화하면 불안이 증대된다. 불안이 증대되면 HPA축을 자극하고 그러면 편도가 더욱 자극을 받는다. 이런 신경 활동 전반이 불안과 공포 자극(사회적 상호작용이건 흔들리는 비행기건)의 연결을 깊이 새긴다. 줄여 말해, 불안해하면 앞으로 더욱 불안하게끔 된다.

다음에는 우두머리를 제외한 다른 모든 수컷 원숭이들의 우러름을 받는 2인자가 있고, 그런 식으로 신분의 사다리 가장 아래에 있는 최하위 수컷까지 순위가 모두 정해져 있다. 원숭이들 사이에 싸움이 벌어졌을 때 서열이 높은 원숭이가 이기면 사회 질서가 유지된다. 서열이 낮은 원숭이가 이기면, 이긴 원숭이가 사다리를 타고 올라가면서 서열이 재정비된다. 새폴스키 연구팀은 원숭이들을 자세히 관찰해서 사회적 위계를 파악했다.[32] 그 다음에 원숭이들의 피를 검사했는데 테스토스테론 수치가 사회적 지위와 정확히 일치함을 발견했다. 지위가 높을수록 테스토스테론 수치가 높았다. 뿐만 아니라 원숭이의 사회적 지위가 높아지면 몸에서 만들어내는 테스토스테론 양도 늘어났다. 사회적 지위가 내려가면 테스토스테론 수치가 떨어졌다.(인과관계는 상호적인 것으로 보인다. 테스토스테론이 우세를 만들어내고, 우세가 테스토스테론을 만든다.)

높은 지위와 테스토스테론이 관련이 있듯 낮은 지위는 코르티솔 같은 스트레스 호르몬과 관련이 있다. 위계질서에서 낮은 위치에 있는 개코원숭이일수록 피 안의 스트레스 호르몬 농도는 더 높다. 하위에 있는 수컷은 식량과 암컷을 얻기 위해서 더 많이 노력해야 할 뿐 아니라 상위 수컷에게 맞지 않으려고 조심하기도 해야 한다. 코르티솔 수치가 높아서 복종하는 건지, 아니면 서열이 낮아서 받는 스트레스 때문에 코르티솔 수치가 올라가는 건지는 분명하지 않다. 양쪽 모두일 가능성이 높다. 하위 개코원숭이로 살아가는 일의 육체적·심리적 압박 때문에 스트레스 호르몬이 더 많이 나오고, 그러면 더 불안해지고, 그래서 스트레스 호르몬이 더 많이 나오고, 그러다 보면 더욱 복종적이 되고 건강도 나빠진다.

동물 연구를 통해 알아낸 사실들을 인간에 직접 적용할 수는 없지만 (인간은 다른 영장류 동물과 달리 논리적 사고를 할 수 있다.) 치과 의사 네드가

"지위가 높은" 환자들을 치료할 때 느끼는 불안의 뿌리는 사회적 위계의 경계를 넘어서는 데 대한 원시적 불안일 것이다. 개코원숭이나 오랑우탄이 지위가 높은 수컷 앞에서 복종의 뜻으로 눈을 내리깔지 않는다면 공격을 당할 위험을 무릅써야 한다. 개코원숭이는 사회적 지위와, 자기 서열에 따라 얼마나 능란하게 잘 행동하느냐에 얼마나 편히 지낼 수 있느냐가 달려 있다.[*33]

서열이 낮은 개코원숭이나 사회불안장애가 있는 사람이나 쉽게 복종적 행동을 한다. 지위가 낮은 동물처럼 일반 사회불안장애가 있는 사람은 눈을 내리깔고 시선을 마주치지 않으려 하고 얼굴을 붉히고 순종적 성격을 드러내는 행동을 하고 동료나 상사의 비위를 맞추려고 하고 갈등을 피하기 위해 먼저 양보하곤 한다. 지위가 낮은 개코원숭이가 이런 행동을 한다면 자기 보호를 위한 적응이라고 할 수 있다. 사람의 경우에도 적응에 도움이 될 수 있지만, 사회공포증이 있는 사람들에게는 도움이 된다기보다는 자기파괴적일 때가 많다.

또 서열이 낮은 원숭이와 사회공포증이 있는 사람은 특정 신경전달물질 처리에 이상이 있다는 공통점도 있다. 세로토닌 작동이 강화된(뇌 시냅스에 세로토닌이 많다는 의미) 원숭이는 세로토닌 수치가 정상인 원숭이에 비해 지배 성향이 더 강하고 더 사교적이고 동료들과 더 강하게 결속한다는 연구 결과가 나왔다.[34] 반면 세로토닌 수치가 낮은 원숭이들은 사회적 상호작용을 피하고 혼자 있으려 하는 회피 행동을 보일 가능성이

◆   흥미롭게도 가장 행복해 보이고 스트레스가 가장 적은 원숭이는 '베타' 수컷임이 최근 연구에서 드러났다. 위계질서에서 꼭대기 근처에 있으면서 느긋하고 사회적 기술이 뛰어난 원숭이다. 서열이 가장 높은 수컷은 가장 낮은 수컷보다 훨씬 건강하고 편하게 살 수 있다. 그렇지만 서열이 **높기는** 해도 **가장 높지는** 않으면 더 편하고 건강하게 살 수 있다. 친위대가 쿠데타를 일으켜 자기를 쓰러뜨리려고 하지 않을까 늘 전전긍긍할 필요가 없기 때문이다.

높다. 최근에 사람을 대상으로 연구하여 사회불안장애 진단을 받은 환자의 뇌 일부 부위에서 세로토닌 기능이 다르게 나타남을 확인했다.[35] 이런 사실로 프로작이나 팍실 같은 선택적 세로토닌 재흡수 억제제(SSRI)가 사회불안 치료에 효과가 있는 까닭도 설명할 수 있다.[36](불안증이나 우울증이 없는 사람이 SSRI를 먹으면 더 사교적이 된다는 연구도 있다.[37])

도파민도 사회적 행동에 영향을 미친다. 혼자 지내던 원숭이들을 우리에서 꺼내어 무리를 만들어놓았을 때 높은 서열에 오르는 원숭이는 뇌에 도파민이 더 많다.[38] 사회불안장애 진단을 받은 사람은 도파민 수치가 평균보다 낮다는 연구와 견주어볼 수 있다.[39] 뇌 속 도파민 부족과 관련이 있는 신경계 질환인 파킨슨병과 사회불안 사이에서 놀라운 상관관계가 나타나기도 했다. 2008년에 어떤 연구에서는 파킨슨병 환자 절반이 리보위츠 사회불안 척도에서 사회공포증 진단을 받을 정도로 높은 점수를 기록했다.[40] 사회불안 환자의 뇌에서 "도파민 결합력의 변화"를 발견한 최근 연구도 여럿 있었다.[41]♦ 머리 스타인도 사회공포증 환자의 행동이 어색하고 어설픈 것은 도파민 기능 문제와 직접적 관련이 있다는 가설을 내세웠다.[42] 사회적 행동 교정을 도와주는 도파민의 '강화/보상' 경로가 사회공포증 환자의 뇌에서는 뭔가 비뚤어져 있을 수 있다는 말이다.

내 여동생은 4년 동안 사회불안증에 시달렸는데 이런 견해를 강력하게 지지한다. 여동생은 신경생물학은 전혀 모르지만 오래전부터 자기 뇌가 "배선이 잘못되었다고" 말해왔다.

"보통 사람들이 아무 생각 없이 자연스레 처리하는 사회적 상황에서

♦ 마약성 약물은 모두 기저핵의 도파민 수치를 높인다. 사회불안 환자는 기저핵 안의 도파민 수치가 낮다. 사회공포증 환자들이 중독에 빠지기 쉬운 까닭을 만성 도파민 부족 때문으로 설명할 수 있을 것이다.

내 뇌는 멈춰버려. 무슨 말을 해야 할지 절대로 생각이 안 나."

여동생은 이렇게 말한다.

동생의 뇌는 다른 쪽으로는 잘 기능하지만(만화가, 편집자, 어린이책 작가로 잘 해나가고 있고 하버드 대학교를 졸업했다.) 중학교 때 이래로 죽 "대화 문제"라는 것 때문에 골치를 앓는다. 수십 년 동안 정신과 치료를 받았고 수십 가지 조합의 약을 먹어보았지만 크게 나아지지 않았다. 아스퍼거 증후군 등 자폐 스펙트럼 장애 진단을 받은 적도 있지만, 동생은 아스퍼거 증후군 환자처럼 공감 능력이 부족하다거나 그렇지는 않다.◆

도파민과 세로토닌이 사회공포증과 관련 있다고 해서 신경전달물질 부족이 사회불안증을 **일으킨다**고 입증되는 것은 아니다. 신경전달물질 이상은 사회불안의 **결과**일 수도 있다. 뇌가 늘 각성된 상태로 사회적 위협이 없는지 쉴 새 없이 주위를 살피고 있기 때문에 지나치게 스트레스를 받아 생긴 신경화학적 '흉터'일 수도 있다. 그렇지만 도파민과 세로토닌이 시냅스 간에 얼마나 효율적으로 전달되는지는 유전적으로 결정된다는 연구가 나오고 있다. 어떤 세로토닌 전달 유전자를 가지고 있느냐에 따라 뉴런 안의 세로토닌 수용체 밀도가 달라진다. 세로토닌 수용체 밀도가 상대적으로 높으냐 낮으냐에 따라 내성적 성격과 외향적 성격 사이 어딘가에 위치하게 된다.[43]◆◆

개코원숭이 집단에 사회적 불안을 도입하면 불안 정도에 재미있는 변화가 나타난다. 서열이 낮은 원숭이들은 이러나저러나 늘 스트레스를 받

◆ 아스퍼거 증후군 환자와 사회공포증 환자는 사회적 상호작용에 어려움을 겪는다는 점에서 비슷한 고통을 겪지만 그렇게 되는 과정은 거의 정반대다. 아스퍼거 환자는 다른 사람의 마음을 잘 상상하지 못하는 반면 사회공포증 환자는 **지나치게** 잘 상상하는 게 문제다.

◆◆ 유전과 불안의 관계에 관해서는 9장에서 더 자세히 이야기하겠다.

는다. 그러나 로버트 새폴스키의 관찰에 따르면 새 수컷이 무리에 들어올 때마다 지위 고하를 막론하고 모든 개코원숭이의 글루코코티코이드 수치가 올라간다.[44] 위계 사회에 새 구성원이 들어오면 누가 누구에게 복종해야 하느냐 등과 같은 행동 규범에 혼란이 생긴다. 싸움이 더 자주 벌어지고 전반적 동요 상태가 계속된다. 마침내 새로운 구성원이 무리에 통합되면 스트레스 수치와 글루코코티코이드 농도도 떨어지고 사회적 행동도 보통 때로 돌아간다.

사람들 사이에서도 마찬가지다. 1990년대 후반 독일 정신생물학자 디르크 헬하머가 신병 훈련소의 육군 신병 예순세 명에게 사회적 위계질서 안에서 차지하는 위치(인류학적 관찰을 통해 판단하여)에 따라 순위를 매기고 매주 코르티솔 수치를 측정했다.[45] 안정기에는 지배 서열이 높은 신병 타액 안의 코르티솔 기본 수치가 서열이 낮은 신병보다 낮았다. 개코원숭이와 마찬가지였다. 실험을 위해 심리적·육체적 스트레스를 가하자 모든 병사의 코르티솔 수치가 올라갔는데, 상위에 있는 병사들은 더 현저히 올라가고 하위에 있는 병사들은 조금 덜 올라갔다. 무리에서 하위 구성원인 사람은 늘 스트레스를 받지만, 사회 질서에 혼란이 일어나면 상위에 있는 사람을 비롯해 모든 사람이 스트레스를 받았다.◆

◆ 근대성의 특성 가운데 하나가 지위가 늘 불확실하다는 점이다. 수렵채집 사회는 사회적 계층이 그다지 뚜렷하지 않았다. 인류 역사에서 대부분 기간에는 사람들이 상당히 평등한 사회를 이루고 산 셈이다. 중세를 거치면서 변화가 일어났다. 12세기 무렵부터 미국 독립혁명에 이르는 시기에는 사회가 뚜렷한 계층으로 나뉘었을 뿐 아니라 거의 고정되어 있었다. 봉건 사회에서는 계급 이동이 거의 없었다. 현대 사회는 계층이 크게 나뉠 뿐 아니라(소득 불평등이 심한 나라가 많다.) 유동성도 높다. 현대인의 성공 개념에는 가난한 사람도 운과 능력만 있으면 중간계급으로, 또 중간계급에서 상류층으로 올라갈 수 있다는 생각이 바탕에 깔려 있다. 그렇지만 위로 올라가기만 하는 것은 아니다. 사회경제 계급이 고정적인 사회와는 다르게 현대 사회에서는 바닥으로 떨어질 수 있다는 두려움도 늘 있다. 요즘 같은 시대에는 이런 두려움이 더욱 커진다. 자유시장 자본주의의 창조적 파괴, 기술 변화로 인한 노동시장 변동, 성역할과 관계의 혼란과 변화 등이 노동자들에 압박을 가하여 지속적인 불확정성을 만들어낸다. 사람들은 당연히 걱정을 하게 된다. 이 일에 더 잘 맞는 능력

＊ ＊ ＊

많은 이들이 세상을 통제하기 위해 완벽을 추구하려고 고군
분투했다. …… 자신이 충분히 뛰어나지 않다거나, 어떤 면에
서 부족하고 모자라다거나, 다른 사람과 무언가 달라서 받아
들여지지 않으리라는 생각이 우리 마음 깊은 곳에 퍼져 있다.
이런 생각이 수치심이나, 다른 사람 앞에 진정한 모습을 드러
내면 망신과 굴욕을 당할 것이라는 두려움을 갖게 한다.

─재닛 에스포시토, 『조명 속에서』(2000)

얼마 전에, 거의 10년 전 M 박사에게 치료를 받을 때의 기록을 훑어보다
가 M 박사가 시켜서 쓴 글을 발견했다. M 박사는 대중 연설을 하다가 최
악의 사태가 벌어진다면 어떻게 될지를 상상해 쓰라고 했다. 이런 연습을
하는 까닭은 일어날 수 있는 최악의 일을 충분히 상상해서(완전한 실패, 처
절한 굴욕) 실제로 생각을 해보고 나면, 최악의 시나리오가 벌어질 가능성
은 매우 낮다는 결론, 또 설령 그런 일이 일어난다고 하더라도 모든 게 무
너져 내릴 대재앙은 아니라는 결론을 내리게 되리라는 생각이다. 이런 결
론에 도달해 논리적·정서적으로 받아들이면 대중 연설이 덜 위험하게
여겨지고 불안이 줄어든다는 것이다.

이론상으로는 그렇다. 그런데 어느 목요일, 내가 상상한 최악의 시나
리오(굴욕과 실신, 해고, 이혼, 사회의 냉대)를 써서 M 박사에게 이메일로 보

을 가진 사람들에게 자리를 뺏기게 될까? 일자리를 잃고 중산층에서 밀려나게 될까? 이런 만성적
불확정성이 뇌를 변화시켜서 더 불안하게 만든다는 주장도 있다.

낸 뒤에 상담 시간에 찾아갔을 때 M 박사는 충격 받은 얼굴이었다.

"내가 읽어본 것 가운데 가장 부정적인 글이었어요."

M 박사가 말했다. M 박사는 내 글을 읽고 충격을 받았고 정신과 과장에게 글을 보여서 경험자의 조언을 얻는 게 좋겠다는 생각이 들었다고 말했다. M 박사는 동정과 걱정과 두려움이 섞인 눈으로 나를 바라보았다. 나는 M 박사가 내가 아주 심한 우울증을 겪고 있거나 아니면 정신병을 앓고 있을지도 모른다는 의심을 품은 게 아닌가 생각했다.

어쩌면 내 상상력이 지나친지도 모른다. 심하게 비관적인 것도 같다. 하지만 이런 부정적인 생각과 스스로를 하찮게 보는 것, 이런 자아상을 감추려는 절박함 등은 사회공포증의 교과서적 특징이다. 대중서이건 학술서이건 사회공포증을 다룬 책은 하나같이 열등감과 남의 비판이나 부정적 평가에 대한 극도의 민감함 등이 사회불안장애와 관련 있다는 점을 지적한다.◆

어느 날 W 박사에게 곧 다가올 대중 강연에 얼마나 많은 것이 걸려 있는지, 능력 있는 척 가장하면서 나약함을 감추는 게 얼마나 중요한지를 설명하는데 W 박사가 이렇게 말했다.

"맙소사. 그 수치심 때문에 불안이 커진다는 것 알아요?"

M 박사와 W 박사 둘 다(에픽테토스도 그렇고) 이런 종류의 사회불안을

◆ 정신과 의사들도 여기에서 자유롭지는 않다. 환자나 동료 들이 의사는 자기 감정을 잘 절제한다고 생각할 것 같아 불안하거나 동요된 모습을 보이지 않으려고 스스로에게 엄청난 압박을 가할 수도 있다. 그렇기 때문에 더욱 불안하고 통제력을 잃은 듯 느끼게 된다. 내 서가에도 자기 역시 불안에서 자유롭지 못해 굴욕과 어려움을 맛보았던 치료사들의 책이 몇 권 있다. 『불안 전문가: 정신과 의사의 공황 이야기』는 불안장애 전문가인데 대중 연설을 할 때 공황 발작 때문에 고통을 겪은 마저리 래스킨의 책이다. 래스킨은 불안을 감추기 위해서 갖은 노력을 했고 나처럼 벤조디아제핀 약물도 많이 복용했다. 『괴로운 수줍음: 사회불안증을 극복하고 삶을 되찾기』라는 책의 공저자인 심리학자 바버라 마크웨이는 사실 자기도 "사회불안증을 완전히 극복하고 삶을 되찾지" 못했음을 인정한다.

덜어줄 가장 좋은 방법은 수치심을 줄이는 것이라고 할 것이다. M 박사가 나에게 시킨 당혹스러운 노출 치료도 내가 수치심에 익숙해지게 만들기 위한 것이었다.

"해봐요. 거기에다 써봐요."

W 박사는 불안을 다룬 책에 관해 이렇게 말했다.

"사람들 반응에 놀랄 거예요. 다른 사람이 어떻게 생각할지 신경 쓰지 말아요."

W 박사도 수백 권의 자가치유서에서 읽은 조언과 같은 말을 한다. 그게 그렇게 쉽다면 얼마나 좋을까.

* * *

내가 긴장하지 않는 날은 곧 골프를 그만두는 날일 겁니다. 나에게는 긴장이 아주 좋아요. 내가 하는 일을 다른 사람들이, 그리고 나 자신이 중요하게 생각한다는 뜻이니까요.

—타이거 우즈, 2009년 WGC 액센츄어 매치플레이 챔피언십 전 기자회견에서

뭐라고 하든 신경 안 써요. 내가 경기에 나갔는데 지면 사람들이 "코비가 얼었다."느니 "코비는 압박이 심한 경기에서는 막 던져도 일곱 개밖에 못 넣어."라고 말하죠. 엿이나 먹으라고 해요. 당신들한테 칭찬 들으려고 하는 거 아니니까. 나는 게임이 좋아서, 즐거워서 하는 거예요. 또 이기려고 해요. 그래서 하는 거예요. 대부분 사람들은 압박을 느끼면 다른 사람들이 뭐라 말할까 걱정하죠. 나는 그런 걱정은 안 해요. 그래서 나

쁜 플레이는 잊고 숏을 하고 내 경기를 할 수 있는 거예요.

—코비 브라이언트, 2012년 NBA 서부지구 준결승 3차전 뒤 인터뷰에서

중학교 1학년 때 반 친구 폴과 테니스 시합에서 맞붙은 날, 나는 불안에 압도되었다. 배가 부풀어 올랐다. 쉴 새 없이 트림이 나왔다. 시합을 시작하기 전에는 시합에서 이기는 게 가장 중요한 일이었다. 그런데 시합 도중에 배가 아프고 토할까 봐 걱정이 되기 시작하자 가장 중요한 일은 최대한 빨리 코트에서 나가는 일이 되었다. 가장 빠른 길은 시합에서 지는 것이었다. 그래서 나는 볼을 바깥으로 쳐냈다. 네트에다 박았다. 더블폴트를 했다. 나는 6 대 1, 6 대 0으로 졌다. 악수를 나누고 코트에서 나오자 안도감이 몰려왔다. 아픈 배가 가라앉았다. 불안도 사그라졌다.

그리고 나자 자기혐오감이 밀려왔다. 뚱뚱한 데다가 떠벌리기 좋아하는 폴한테 졌기 때문이다. 폴은 이제 거들먹거리며 얼마나 큰 점수차로 나를 이겼는지 큰소리로 떠들면서 돌아다닌다. 특별히 중요한 경기도 아니었다. 중학교 테니스팀 토너먼트에서 아래쪽 한 자리를 놓고 벌인 경기일 뿐이었다. 그렇지만 나한테는 실존적으로 매우 중대한 사건으로 느껴졌다. 딱히 잘하지도 않는 폴한테 진 데다(기술이나 민첩성이나 체력이나 나보다 훨씬 떨어졌다.) 그 결과가 점수기록표에, 탈의실에 있는 토너먼트 결과 기록에 표시가 되었고 폴의 한껏 부풀어 오른 가슴에서 빛나고 있었다. 폴이 이겼고, 따라서 폴이 나보다 뛰어나다는 사실이 만천하에 드러났다. 나는 졌고, 따라서 나는 패배자였다.

이런 일, 그러니까 견딜 수 없는 불안에서 벗어나려고 일부러 경기에서 지는 일이 학창 시절에 수십 차례는 있었다. 다 폴하고(참, 폴이라는 이름은 내가 바꾼 것이다.) 붙은 경기처럼 어처구니없지는 않았지만(불안에 휩쓸리

지 않았더라도 이기기 어려웠을 상대와 맞붙어 망친 적이 많았다.) 정말 허망한 경기도 많았다. 코치 선생님은 기가 막혀 했다. 연습 때에는 저렇게 잘하는 아이가 어떻게 대회에서는 한 번도 이기지를 못하나?

예외는 중학교 3학년 때였다. 중학교 스쿼시 팀에서 경기할 때였는데 열일곱 게임인가 내리 연승을 했다. 어째서 그랬던 걸까?

발륨 때문이었다.

스쿼시 시합과 연습 때문에 너무 힘들어하니 그때 만나던 아동정신과 의사 L 박사가 벤조디아제핀 약물을 약간 처방해주었다. 그해 스쿼시 경기가 진행되던 동안 날마다 점심 때 피넛버터 샌드위치와 같이 몰래 알약을 먹었다. 단 한 경기도 지지 않았다. 그래도 그 기간 내내 우울했다. 광장공포증과 분리불안 때문에 경기를 하러 다른 지역으로 가기가 싫었고 시합 때에 느끼는 불안 때문에 시합이 싫었다. 그래도 발륨이 신경을 많이 진정시켜서 최대한 빨리 코트에서 내려가려고 하는 대신 경기를 잘하는 데 집중할 수 있었다. 일부러 져야 한다는 생각은 들지 않았다. 약 덕분에 불안이 이롭게 작용하는 범위에서 벗어나지 않을 수 있었다.

1908년 심리학자 로버트 M. 여키스와 존 딜링엄 도슨은 어떤 과제를 수행하도록 훈련받은 동물들이, 앞서 "약간 불안한" 상태일 때에 과제를 조금 더 잘 수행한다는 내용의 논문을 발표했다.[46] 여기에서 여키스-도슨 법칙이라는 것이 나왔다. 이 법칙은 그 뒤로 여러 차례 동물과 인체 실험을 통해서 입증되었다. 말하자면 『골디락스와 곰 세 마리』 같은 법칙이다. 시험이나 스쿼시 시합에서 불안을 너무 조금 느끼면 최고의 실력을 발휘하지 못한다. 반면 너무 불안이 크면 제대로 수행을 하지 못한다. '딱 적당한' 정도의 불안, 생리적 각성 상태를 높이고 과제에 몰두하게 만들 정도이자 자기 긴장 상태에 주의가 쏠려 집중력이 흐트러지게 하지는 않을 정도의 불안이 있으면 최고의 성과를 낼 가능성이 높다. 나의 경우에는 너무 불안한 상태에서 수행에 적당한 상태로 내려오려면 발륨이 약간 필요했다.[*47]

경쟁에 대한 불안이 청소년기에 잠깐 지나가는 현상이었으면 좋았을 것이다. 10년쯤 전에 친구인 잘생긴 젊은 의사 제이와 스쿼시 토너먼트 결승전에서 맞붙은 적이 있다. 스쿼시 클럽 대회 결승전 날이었기 때문에 수십 명의 사람들이 시합을 보러 왔다. 우리는 클럽에 속한 사람들 중에서 그저 평균보다 조금 더 나은 정도일 뿐이었다. 전혀 중요한 경기도 아니었고 상금도 트로피도 없었다.

다섯 게임 중에서 세 게임을 먼저 이기면 매치에서 이긴다. 게임을 따려면 9점을 올려야 한다. 나는 첫 번째 게임에서 자신감 있게 초반에 리드를 잡았지만 지고 말았다. 두 번째 게임은 이겼다. 제이가 세 번째 게임을 가져갔다. 궁지에 몰린 나는 네 번째 게임을 따냈고 제이는 확연하게 지쳐 보였다. 나보다 더 많이 지친 게 눈에 보였다. 다섯 번째이자 마지막 게임에서 나는 꾸준히 점수를 쌓아 7 대 3까지 갔다. 2점만 더 따면 우승이었다. 제이는 지쳐 보였다. 승리는 나의 것이었다.

그런데 그렇게 되지를 않았다.

승리가 눈앞에 있다는 생각에 불안이 몸으로 엄습해왔다. 입이 바싹

◆ 뛰어난 운동선수들 가운데에도 이런 경우가 있다. 메이저리그 디트로이트 타이거스의 젊은 3루수 리노 베르토이아의 앞날은 창창하게만 보였다. 그러던 베르토이아가 1957년에는 불안에 압도되어서, 타이거스 트레이너 말에 따르면 "공을 쳐내지 못하고 가끔 수비에서 실책을 했다." 베르토이아가 긴장하면 할수록 나쁜 플레이가 나왔고 경기에서 죽을 쑤면 쑬수록 긴장이 더 심해졌다. 불안은 점점 커지고 수행은 점점 나빠지는 악순환이 시작된 것이다. 경기력이 너무 떨어져서 결국 타이거스 구단에서 방출당할 위기에 처했다. 베르토이아는 발륨 이전에 나온 신경안정제 밀타운을 먹기 시작했다. 놀라운 변화가 있었다. 트레이너는 베르토이아가 "이제는 풀 죽어 있지 않다. 벤치에서도 백팔십도 달라졌다. 수다를 떨고 농담을 하고 훨씬 편안해 보인다."고 했다. 한편 필드에서는 "공을 엄청나게 때려대기" 시작했다. 타율이 두 배로 뛰었다.

말랐다. 팔다리가 믿을 수 없을 만큼 무거워졌다. 최악의 사태로, 배가 나를 배신했다. 욕지기와 공황에 사로잡혀 나는 무력하게 공을 쳐댔다. 조금 전까지는 포기한 듯 힘 빠진 경기를 하던 제이가 갑자기 기운을 차렸다. 내가 희망을 준 것이다. 제이가 기세를 몰아가기 시작했다. 불안이 점점 커졌고 갑자기 중학교 1학년 때 폴과 테니스 시합을 하던 때로 돌아간 것 같았다. 나가고 싶은 생각뿐이었다. 나는 사람들 눈앞에서 시들어갔다. 일부러 지는 경기를 했다.

제이는 기회를 잡았고 무덤에서 살아난 나사로처럼 일어나 나를 때려눕혔다. 시합이 끝났고 나는 우아하게 패배를 인정하려 했지만 사람들이 승리의 문턱까지 다가갔던 극적인 시합이었다고 다들 한마디씩 해서 등이 아파서 그랬다고 말하지 않을 수 없었다. 등이 아프긴 했다. 하지만 그래서 진 것은 아니었다. 우승을 거의 손에 쥐었는데 불안 때문에 더 싸울 수가 없어 놓아버리고 만 것이었다.

초크(choke)에 걸린 것이다.

운동선수한테 할 수 있는 최악의 말이 아마 '초커'라는 말일 것이다.(어떤 면에서는 '속임수를 쓴다.'는 말보다도 더 불명예스럽다.) 초크는 스트레스 상황에서 움츠러들고 중요한 순간에 제대로 경기를 하지 못한다는 말이다.(시카고 대학교 인지심리학자 시언 베일록은 전문용어로 "수행자가 할 수 있다고 생각되는 정도, 곧 과거에 했던 정도보다 못한 수행을 하는 것"이라고 정의한다.) '불안한'이라는 단어 anxious의 어원은 라틴어 angere인데 '목이 조이다(choke)'라는 뜻이다. 라틴어 anxius는 아마 공황 발작이 일어났을 때 가슴이 조여드는 듯한 느낌을 가리키는 말일 것이다. 운동 경기 등 무언가를 수행하는 상황에서 초크하다, 곧 '목이 조이다.'라고 표현하는 것은 패기가 부족하다, 정신이 나약하다는 의미다. 운동 경기에서 초크가 일어나는 까닭은 흔히 '긴장' 때문으로 여겨진다. 다시 말해 운동 경기에서나 전투에서나 일터에서 긴장으로 일을 망치는 것은 불안 때문이고, 불안은 바로 나약함의 징표다.

그해 클럽 결승전에서 무너진 뒤에 나는 시합 전에 명상을 하고 예방 차원에서 항불안제를 적정량 복용하는 게 도움이 된다는 사실을 알게 되었다. 또 아내가 아이를 둘 낳아 아빠가 되면서 취미 삼아 하는 운동 경기에 좀 더 대범해진 것도 같다. 그래도 문제가 사라지지는 않았다.

얼마 전에 또 스쿼시 대회 준결승에 진출하게 되었다.

"그렇게 힘들어하면서 대회에는 왜 나가는 겁니까?"

몇 해 전에 W 박사가 나한테 이렇게 물었다.

"즐길 수도 없는 대회에 부러 나가서 고통받지 마세요!"

그래서 한동안 운동을 그만뒀다. 다시 시작할 때에는 의식적으로 큰 의미를 부여하지 않으려고 했다. '그냥 운동 삼아 하는 거야.' 스스로에게 이렇게 말했다. '결과가 어떻든 불안해하거나 비참해하지 않고 그냥 경기를 즐길 수 있어.' 대회 초반에는 그럴 수가 있었다. 물론 긴장된 순간도 있었다. 압박감을 느껴서 지치고 경기의 질이 떨어지는 순간이 있었다. 그렇지만 시합을 하다가 기복을 겪는 건 자연스러운 일이었다. 그것 때문에 괴롭지는 않았다. 또 계속 이겼다.

그러다 보니 준결승에 나가게 되었는데, 코트에 들어서면서 나는 스스로에게 이렇게 말했다. '여전히 아무렇지도 않아.' 시합을 구경하는 사람이 다섯 명밖에 되지 않았다. 첫 게임은 아슬아슬하게 졌다. 하지만 재미있었다. '별거 아니야. 지든 이기든 상관없어. 상대가 잘하네. 아마 이 시합에서 질 거야. 기대가 없으니 압박도 없어.'

그런데 그다음 게임을 이겼다. '잠깐, 이 경기 좀 되는데. 이길 수도 있겠어.' 이런 생각이 든다. 경쟁심이 발동한 순간 익숙한 묵직함이 어깨에 내려앉고 배에 가스가 차기 시작한다.

'이봐, 즐기면서 해. 누가 이기든 무슨 상관이야?' 나는 스스로에게 말한다.

긴장하지 않으려고 애쓰지만 호흡이 점점 힘들어진다. 땀이 줄줄 흐른다. 막상막하의 시합이라는 말이 퍼져서 사람들이 구경하러 몰려든다.

나는 모든 것을 늦추려고 한다. 호흡, 플레이 속도. 불안이 커질수록 내 실력은 점점 나빠진다. 그렇지만 아직까지는 경기에 집중하고 있다. 놀랍게도 속도를 늦추는 전략이 효과가 있다. 역전으로 세 번째 게임을 따낸다. 한 게임만 더 이기면 결승전이다.

이제는 불안 때문에 너무 소진되어서 더 경기를 하기가 어렵다. 상대 선수가 다음 게임을 쉽게 따내어 게임 스코어가 2 대 2 동점이 된다. 다음 게임을 이기는 사람이 결승전에 나가게 된다.

나는 게임 사이 쉬는 시간 2분을 이용해서 화장실로 몸을 피한다. 나자신을 추스르려고 해본다. 얼굴이 창백하고 몸이 떨린다. 더 끔찍한 것은 토할 것 같은 기분이다. 다시 코트로 돌아가자 심판이 괜찮냐고 묻는다.(누가 보기에도 상태가 좋지 않아 보인다.) 괜찮다고 웅얼웅얼 말한다. 다섯 번째 게임이 시작되자 이제 이기고 싶은 생각은 싹 사라졌다. 다시 30년 전 폴과의 경기로 돌아가 토하지 않고 코트에서 벗어나고 싶은 생각밖에는 없다. 나는 또 다시 최대한 빨리 패하려고 노력한다. 공을 받으러 달리지 않는다. 일부러 공을 빗맞힌다. 상대 선수가 황당해한다. 내가 쉬운 공을 받지 않자 돌아보며 괜찮냐고 묻는다. 나는 굴욕을 삼키며 고개를 끄덕인다.

그렇지만 괜찮지가 않다. 빨리 점수를 잃어서 토하기 전에 코트에서 벗어나고 싶은데 그러지 못할까 봐 겁이 난다. 폴하고 시합을 할 때에는 적어도 시합이 끝날 때까지는 코트에서 버틸 수 있었다. 이번에는 많은 사람들이 나를 지켜보고 있고 배 속이 뒤집힐 것 같아 그것조차도 해내지 못한다. 2점을 더 잃고 난 뒤에, 아직도 끝나려면 몇 점이 더 남은 상태에서 두 손을 든다.

"기권할게요. 몸이 안 좋아서요."

이렇게 말하고 패배감 속에 코트에서 도망쳐 나온다.

나는 시합에서 패했을 뿐 아니라 시합을 중도에 포기했다. 싸구려 접이식 의자처럼 접혀버렸다. 굴욕적이었고 처참한 기분이었다.

구경하던 친구들이 위로의 말을 던진다.

"몸이 안 좋아 보이더라고. 뭔가 이상했어."

나는 친구들을 뒤로하고("점심 먹은 게 안 좋았나 봐."하고 웅얼거린다.) 탈의실로 몸을 피한다. 늘 그렇듯 긴장 상황에서, 사람들의 눈길에서 벗어나자 불안이 사그라든다.

그렇지만 이길 수 있었던 상대에게 또 지고 말았다. 사실 경기에서 지는 것 자체에는 크게 연연하지 않는다. 나를 괴롭히는 것은 또 다시 불안에 패했다는 사실이다. 불안이 나를 바르르 떨리는 젤리 같은 존재로 만들어 사람들 앞에서 망신을 주었다는 사실.

나도 안다. 사실 사람들은 이러거나 말거나 전혀 신경도 안 쓴다. 이유는 알 수 없지만 그렇기 때문에 더욱 처참한 기분이 든다.

* * *

평생 이런 경험은 처음이다. 완전히 자제력을 잃고 말았다. 게

다가 내가 왜 이러는지 알 수가 없었다.

—그레그 노먼, 1996년 마스터스 대회에서 큰 점수차로
리드하던 경기를 망친 뒤 《골프 매거진》 인터뷰

스타 운동선수 중에도 초크 때문에 극적으로 경기를 망쳐버리거나 수행 불안이 심해져서 고통을 받은 사람들이 꽤 많다.

오스트레일리아 출신 골프 선수 그레그 노먼은 1996년 마스터스 대회에서 무너져 내렸다. 마지막 몇 홀을 남겨두고 긴장해서 절대 뒤집히지 않을 것 같던 타수 차를 다 까먹고 말았다. 결국 자기에게서 승리를 앗아간 닉 팔도의 품에 안겨 울음을 터뜨리고 말았다. 체코 테니스 스타 야나 노보트나는 1993년 윔블던 우승을 5포인트 남겨두고 압박감에 무너져 내려 큰 점수차로 리드하던 경기를 슈테피 그라프에게 넘겨주고 말았다. 결국 노보트나는 켄트 공작부인 품에서 울음을 터뜨렸다. 1980년 11월 25일, 당시 복싱 웰터급 세계 챔피언이던 로베르토 두란은 슈가 레이 레너드와 세기의 일전을 벌였다. 8라운드 종료 16초 전 수백만 달러의 상금을 눈앞에 두고, 두란은 심판에게 항복의 뜻으로 두 손을 들고 호소했다. "이제 그만, 이제 그만. 권투는 그만." 나중에 두란은 배가 아팠다고 말했다. 그전까지 두란은 무적의 존재, 라틴계 남성성의 상징이었다. 그 이후에 두란은 불명예 속에서 살아야 했다. 스포츠 역사상 최악의 겁쟁이로 기억된다.

극도의 불안으로 고립된 가운데 정신적·육체적으로 무너져 내린 초크의 대표적인 예들이다. 더욱 희한한 경우로 대중 앞에서 수행 불안을 드러내는 곤욕을 치르고 초크가 만성이 되어버린 프로 선수들도 있다. 1990년대 중반 올랜도 매직의 가드였던 닉 앤더슨이 그중 하나다. 닉 앤

더슨은 NBA 경력에서 자유투 성공률 약 70퍼센트를 자랑하는 선수였다. 올랜도 매직이 휴스턴 로키츠와 맞붙은 1995년 NBA 결승전 첫 경기, 정규 시간이 몇 초 남았을 때 앤더슨에게 올랜도의 승리를 굳건히 할 자유투 기회가 연달아 네 차례 주어졌다. 단 1점만 기록하면 되는 상황이었다.

네 번 모두 빗나갔다. 결국 올랜도 매직은 연장전에서 실점해 그 경기에서 패하고 말았다. 그리고 4전 전패로 시리즈를 내주었다. 그 뒤에 닉 앤더슨의 자유투 성공률은 급락했다. 은퇴 전까지 죽 앤더슨은 자유투 라인에만 서면 재앙이었다. 그러다 보니 적극적으로 공격을 하지 못하게 됐다. 파울을 당하면 자유투를 던져야 하기 때문이다. 앤더슨이 나중에 회상하며 말하기를 결승전에서 놓친 자유투가 "머릿속에서 맴도는 노래처럼 떠나지 않고 계속 되풀이되고 또 되풀이되었다."[48] 앤더슨은 일찍 은퇴할 수밖에 없었다.

1999년, 척 노블럭은 2루에서 1루로 야구공을 던지는 능력을 잃었다. 그런데 척 노블럭이 뉴욕 양키스 선발 2루수라는 게 문제였다. 부상을 입은 것도 아니었다. 연습 동안에는 1루로 송구를 하는 데 아무 문제가 없었다. 그렇지만 경기장에서 4만 관중이 지켜보고 수백만이 텔레비전으로 보는 경기 중에는 자꾸 1루수 키를 넘겨 관중석 쪽으로 공을 던졌다.

20년 전으로 거슬러 올라가, 전년도 내셔널리그 신인왕이었던 스티브 색스도 노블럭과 같은 증상에 시달렸다. 연습 때는 아무 문제가 없었고, 심지어 징크스를 깨기 위해 눈을 가리고 1루에 송구하는 연습까지 해냈다.

가장 유명한 케이스는 스티브 블래스일 것이다. 피츠버그 파이리츠 소속 올스타 투수였고 야구 역사상 최고의 투구를 하더니 어느 순간 갑자기 공을 스트라이크 존 안에 던지지 못하게 되었다. 연습 때에는 전처럼 잘 던졌다. 하지만 막상 경기에 들어가면 제구가 되지 않았다. 스티브 블래스는 정신과 치료, 명상, 최면 치료, 온갖 민간요법(헐렁한 속옷을 입는 것 등등)을 써보았지만 낫지 않자 은퇴하고 말았다.

더 희한한 경우로 각각 샌디에이고 파드리스와 뉴욕 메츠의 포수였던 마이크 아이비와 매키 새서를 들 수 있다. 둘 다 공을 투수한테 돌려보내는 일에 공포증이 생겨서(초등학교 야구 선수들도 아무렇지 않게 하는 일이다.) 결국 포수를 그만두어야 했다.(스포츠 정신의학자 앨런 랜스는 반쯤 농담 삼아 이런 상태를 표현하는 용어로 "공 돌리기 공포증"이라는 말을 만들어냈다.[49])

초크를 설명하는 이론으로 '분명한 감시 이론'이라는 것이 있다.[50] 인지심리학과 신경과학 연구를 바탕으로 운동선수가 수행에 지나치게 집중하면 오히려 낮은 성취를 보인다고 주장하는 이론이다. 실제로 자기가 하는 행동에 관해 **너무 많이** 생각하면 수행에 방해가 된다. 집중력에 성패가 달려 있다는, 귀에 못이 박히도록 들어온 말과는 정반대의 주장인 듯하다. 사실 중요한 것은 어떤 종류의 집중력을 보이느냐다. 시카고 대학교에서 초크의 심리학을 연구하는 시언 베일록은 망칠 가능성을 적극적으로 걱정하면 망칠 가능성이 높아진다고 말한다. 최상의 성취를 올리려면(일부 심리학자들은 이런 상태를 플로(flow)라고 부른다.) 뇌의 일부는 자동조종장치로 작동해야 한다. 하고 있는 일에 관해 적극적으로 생각하면(또는 "분명하게 감시"하면) 안 된다. 이런 논리에 따르면 아이비나 새서의 "공 돌리기 공포증"이 심해진 까닭은 공을 투수에게 돌려보내는 행위를 아무 생각 없이 기계적으로 해야 하는데 그것에 관해 너무 많이 생각했기 때문이라고 할 수 있다.(내가 공을 제대로 잡았나? 오른팔 동작이 제대로인가? 우스꽝스럽게 보이지 않나? 이번에도 또 망치는 거 아닌가? 내가 대체 왜 이럴까?) 베일록은 타격이나 스윙 동작 말고 다른 데에 집중하게 하면 (최소한 실험실 환경에서는) 선수들의 수행이 훨씬 좋아진다는 것을 확인했다.[51] 선수들에게 머릿속으로 시를 외우거나 노래를 부르게 해서 의식적으로 신체적 과제 말고 다른 데로 주의를 돌리게 하면 수행이 확연히 좋아졌다.

그렇지만 불안증이 있는 사람은 언제나 모든 것에 관해 온갖 잘못된 방법으로 생각하기를 멈출 수가 없다. '만약에 이렇게 되면? 저렇게 되면? 내가 잘하고 있을까? 바보 같아 보일까? 실수하면 어쩌지? 다시 관중석으로 공을 던지면 어쩌지? 얼굴이 빨개졌나? 내가 떨고 있는 게 보일까? 내 목소리가 떨리는 걸 알아차렸을까? 일자리를 잃거나 강등될까?'

운동심리학자 브래들리 햇필드는 초크가 일어나기 직전이나 일어나는 도중인 운동선수의 뇌를 스캔해보면 걱정과 자기 감시가 신경계에서 "교통 체증"을 일으킨 게 눈에 보인다고 한다.[52] 한편 초크를 모르는 사람들, 톰 브래디나 페이턴 매닝처럼 초긴장 상황에서 우아함을 뽐내는 이들은 "효율적이고 능률적인" 신경계 활동을 보인다. 뇌 사진을 보면 효율적 수행과 관련이 있는 부분만 활발히 쓰이는 것을 알 수 있다.

어떻게 보면 초크를 일으키는 운동선수들이 느끼는 불안은 얼굴이 붉어지는 문제와 크게 다르지 않다. 사람들 앞에서 부끄러움을 당하지 않을까 하는 두려움 때문에 사람들 앞에서 부끄러운 행동을 하게 된다. 불안 때문에, 가장 겁내는 바로 그 행동을 하게 되고 마는 것이다. 자의식이 강할수록, 부끄러움에 민감할수록 수행이 나빠진다.

* * *

남자라면 자존심을 걸고 불안신경증을 인정하거나 두려움을 보여서는 안 된다.

—몰타 섬 연합군 포대 격전지에 붙어 있는 현판

1830년, 영국에서 바그다드로 파견한 영사 R. 테일러 대령이 고대 아시리아 왕궁터를 발굴하다가 설형문자가 가득 적힌 육각 점토 기둥을 발견했다. 테일러 각기둥이라고 하는 이 유물은 오늘날 대영박물관에 소장되어 있는데 기원전 8세기에 아시리아를 통치한 센나케리브 왕의 정복 활동이 적혀 있다. 구약 성서에 나온 사건에 관한 동시대의 기록이기 때문에 역사가나 신학자 들 모두 매우 소중한 유물로 생각한다. 나한테는 이 각기둥에 적힌 글에서 아시리아와 엘람(오늘날 이란 남서부에 해당한다.)의 젊은 왕들 사이에서 벌어진 전투 이야기가 특히 흥미롭게 느껴진다.

각기둥에 새겨진 글은 센나케리브 왕의 군대가 엘람 군을 압도했을 때 일어난 일을 이렇게 들려준다. "목숨을 구하기 위해 자기 병사들의 시신을 밟고 달아났다. 그물에 걸린 어린 새처럼 용기를 잃었다. 소변으로 전차를 더럽히고 대변을 지렸다."

오늘날 남아 있는 가장 오래된 기록 가운데 하나에, 예민한 장을 경멸하고 불안에 시달리는 전사를 도덕적으로 폄하하는 내용이 담겨 있는 것이다.

영웅적 태도, 용기, "긴박한 상황에서의 우아함" 따위 운동 경기에 관련된 문구들을 전쟁 상황에도 적용할 수 있다. 그렇지만 전쟁의 성패에는 운동 경기에서 잘하고 못하고와는 비교할 수 없을 정도로 큰 대가가 걸려 있다. 삶과 죽음이 갈리기 때문이다.

긴박함 속에서 평정을 유지하는 군인(과 운동선수)은 사회적으로 가장 큰 칭송을 받고, 압박을 느낄 때 흔들리는 사람은 심한 지탄을 받는다. 불안이 강한 사람은 변덕스럽고 나약하다. 용맹한 사람은 흔들림이 없고 강하다. 겁쟁이는 두려움에 지배당하지만 영웅은 두려움을 모른다. 헤로도토스는 『역사』에서 스파르타 최고의 전사 아리스토데모스 이야기를 들려준다. 아리스토데모스는 기원전 480년 테르모필레 전투 때 "심장이 그를 저버려" 후위에 머무르며 전투에 참여하지 않았다. 그래서 아리스토데모스는 '떠는 자'라고 불리게 되었고, "치욕이 너무 컸던 탓에 스스로 목을 매고 말았다."[53]

군대에서는 병사들이 불안에 내성을 갖게 하기 위해 많은 노력을 기울여왔다.[54] 바이킹은 사슴 오줌으로 만든 흥분제를 이용해 화학적으로 두려움에 대한 저항을 기르려고 했다. 영국군 사령관들은 전통적으로 럼주로 병사들의 용기를 북돋웠다. 러시아군은 보드카를 사용했다.(약한 진정제인 쥐오줌풀도 사용했다.[55]) 미국 국방부는 싸움 또는 도주 반응을 막고 전장에서의 두려움을 없애는 방법을 약학적으로 연구해왔다. 얼마 전 존스홉킨스 대학교에서 병사들의 히드로코르티손 호르몬 수치를 측정하여 스트레스 수치를 실시간으로 파악하는 시스템을 고안했다.[56] 병사의 스트레스 호르몬이 어느 수치를 넘어서면 전장에서 벗어나게 해야 한다는 생각에서 나온 관리 방식이다.

군대에서 겁쟁이를 비난하는 건 당연한 일이다. 불안이라는 병은 당사자뿐 아니라 그 군인이 속한 군에도 재앙이 될 수 있다. 『앵글로색슨 연대기』에는 1003년 영국과 덴마크 사이에 벌어진 전투 기록이 나온다. 이때 영국 지휘관 앨프릭은 너무 불안해져서 토하기 시작했고 부하들을 지휘할 수가 없었다. 결국 덴마크군에게 살육당하고 말았다.[57]

불안은 전염되기도 쉽다. 그래서 군에서는 적극적으로 불안을 억누르려고 한다. 미국 남북전쟁 때 연합군은 겁쟁이처럼 구는 병사에게 문신을 새기거나 낙인을 찍었다. 1차 세계대전 때 전쟁 외상 때문에 신경증에 걸린 영국군은 "좋게 봐주어야 기질적으로 열등한 인간이며 나쁘게 말하면 엄살꾼에 겁쟁이다."[58]라는 소리를 들었다. 당대 의학서에서는 불안해하는 군인을 "도덕적 병자"라고 불렀다.(일부 진보적 의사들(시인 시그프리드 서순을 치료한 W. H. R. 리버스 등)은 전투로 인한 신경증은 도덕적으로 확고한 군인들도 걸릴 수 있는 병이라고 했지만 이런 의사들은 드물었다.) 1914년 《아메리칸 리뷰 오브 리뷰스》에 실린 글에는 "장교가 자기 사병에게 발포하여 공황을 억제할 수 있다."[59]라고 적혀 있다. 2차 세계대전 이전까지만 해도 영국군에서 탈영병은 사형에 처했다.

2차 세계대전 때 처음으로 전쟁에서 심리학자들이 중요한 역할을 하게 되었다. 전투 전에 군인을 선별하는 데에도 참여했고 그 뒤에 심리적 상처를 치유하는 일도 했다. 미군 100만 명 이상이 전투 후유증으로 정신과 치료를 받으러 병원에 입원했다. 그렇지만 일부 고위 장교들은 군인들을 이렇게 인간적으로 대우하는 게 전투 효과를 높이는 데 무슨 도움이 되느냐고 불평했다. 나중에 미국 국방부 장관이 된 육군 장군 조지 마셜은 전선에서 겁쟁이나 꾀병꾼으로 간주될 병사들이 정신과 환자 취급받는 상황을 개탄했다. 정신과 의사들의 "지나치게 배려하는 전문적 태도"[60] 때문에 군대가 응석받이 겁쟁이로 가득하다고 불평했다. 명망 있는 의학 저널에 전투 도중 공포에 질리는 군인들은 불임 시술을 해야 한다는 영국 장군들의 의견이 실렸다. "이런 조치를 취해야만 군인들이 공포를 드러내는 걸 막을 수 있고 또 정신적 나약함을 다음 세대에 물려주는 일도 막을 수 있다."[61] 영국과 미국 양쪽에서 고위 장교들은 "전쟁 신경증" 진단을 받은 병사들이 비겁함으로 유전자 풀을 오염시키지 못하게 막아야 한다고 주장했다. "이제 우리나라가 나약함을 버려야 할 때가 되었다. 아무 쓸모없는 자들을 과보호하는 프로그램은 중단해야 한다."[62]

영국군 대령의 말이다. 미 육군 소속 조지 패튼 장군은 전쟁 신경증이라는 게 존재한다는 사실을 부인했다.[63] 조지 패튼은 "전투 피로"라는 용어를 즐겨 썼고 이런 게 단지 "의지의 문제"일 뿐이라고 말했다. 패튼 장군은 전투 피로의 확산을 막기 위해 당시 사령관이던 드와이트 아이젠하워에게 전투 피로를 사형으로 처벌 가능하게 하라고 제안했다.(아이젠하워는 거부했다.)

현대에도 군은 전투로 신경이 망가져 무너져 내린 군인들을 어떻게 해야 할지를 두고 아직 고민이다. 이라크 전쟁 중에 비겁함을 이유로 불명예 전역한 미군의 이야기를 다룬 기사가 《뉴욕 타임스》에 실렸다.[64] 이 군인은 명예 전역으로 인정해주어야 한다고 반발했다. 자기는 겁쟁이가 아니라 정신질환을 앓는 환자일 뿐이라고 했다. 전쟁 스트레스 때문에 공황장애가 생겼고 불안 발작 때문에 제대로 역할을 할 수가 없었다고 했다. 변호사는 이 군인은 겁쟁이가 아니라 환자라고 주장했다. 군은 처음에는 그 차이를 인정하지 않으려 했지만 나중에는 비겁함이라는 죄목은 취하하고 직무 태만이라는, 강도가 약한 위반으로 바꾸었다.

역사적으로 볼 때 불안에 시달리는 군인은 언제나 있었다. 결정적 순간에 신경이 무너지고 몸이 배신하곤 했다. 남북전쟁 때인 1862년 연방군인 펜실베이니아 자원군 68사단 소속 병사 윌리엄 헨리는 심한 복통과 설사에 시달렸다. 군의관들이 그것 말고는 건강 상태가 좋다고 판단하여, 윌리엄 헨리는 공식적으로 "군인의 심장(soldier's heart)"[65] 진단을 받은 최초의 사례가 된다. 전투 스트레스 때문에 일어나는 증후군을 가리키는 말이다.* 2차 세계대전 동안에 미군의 실금률(失禁率)을 조사했는

◆ 프랑스 혁명 이후 전투 와중에 무너져 내리는 사람에게 비공식적으로 이런 진단이 내려지긴 했으

데[66] 장의 통제를 잃는 군인이 5~6퍼센트 정도 일정한 비율로 나타났고 일부 전투 분대에서는 20퍼센트가 넘기도 했다. 1945년 6월 이오지마에 상륙하기 직전 미군은 설사병에 시달렸다. 일부 군인들은 설사를 핑계로 전투에서 빠지려고 했다. 1944년 프랑스에 주둔한 미군 전투여단을 조사 했더니 군인 가운데 절반 이상이 전투 중에 식은땀을 흘리고 현기증을 느끼거나 실금을 했다.[67] 2차 세계대전 때 보병대를 대상으로 한 설문에 서 두려움을 전혀 느끼지 않는다고 말한 사람은 7퍼센트밖에 되지 않았 다. 75퍼센트는 손이 떨린다고 했고 85퍼센트는 손바닥에 땀이 고인다고 했고 12퍼센트는 대변을, 25퍼센트는 소변을 참지 못했다고 말했다.[68](설 문에 응한 사람의 4분의 1이 전투 중에 소변을 지렸음을 인정했다는 말을 듣고 한 육군 대령은 이렇게 말했다. "맙소사…… 그렇다면 네 명 중 세 명은 거짓말쟁이라 는 말이네!"[69]) 얼마 전 미 국방부에서는 이라크 전쟁에 참전한 병사들 중 전투 지역에 정찰을 나가기 전에 불안 때문에 구토를 한 군인이 매우 많 다는 조사 결과를 발표했다.

나중에 저명한 미국 역사가가 되는 윌리엄 맨체스터는 2차 세계대전 때 오키나와에서 전투에 참가했다. "내 턱이 씰룩거리는 걸 느낄 수 있었 다. 무언가 작동 이상 신호를 보내는 불빛처럼 들어왔다 나갔다 했다."[70] 윌리엄 맨체스터가 직접 전투에 처음 나서서 판잣집에 숨은 일본군 저격 병에게 다가갈 때의 경험을 회상하며 쓴 글이다. "배 속에서 여러 밸브들 이 열렸다 닫혔다 했다. 입이 바싹 말랐고 다리가 덜덜 떨렸고 눈은 초점

나, 1871년에 제이컵 멘디스 다 코스타라는 의사가 헨리의 사례사를 《미국 의학 저널》에 기고하면 서 처음으로 학술 문헌에 "군인의 심장", "예민한 심장" 혹은 "다 코스타 증후군"이라고 공식 기록 되었다. 정신의학사들은 이 글이 오늘날 공황장애나 외상 후 스트레스 장애라고 부르는 병을 처 음으로 설명한 의학 문헌이라고 평가한다.

이 맞지 않았다." 맨체스터는 일본군 저격병을 쏘아 죽였다. 그러고 나서 구토를 하고 오줌을 지렸다. "이게 사람들이 '혁혁한 무용'이라고 부르는 것인가?"라는 생각을 했다고 한다.

나는 맨체스터가 불안 속에서 일으킨 생리적 반응에는 도덕적인 면이 있다고 생각한다. 맨체스터는 상황의 실존적 무게감을 의식했다. 고맙게도 아우구스티누스 이래로 여러 사람들이 불안을 도덕성과 연결했다. 이런 상황에서 아무런 생리적 반응을 일으키지 않는 사람은 냉혈한 살인자다. 작가 크리스토퍼 히친스(거침없는 소신 발언으로 유명해 겁쟁이와는 거리가 멀게 느껴지는 사람이다.)의 말을 빌리면 "압박감 아래에서 감정을 드러내지 않는 사람은 훌륭한 군인이 될 자질을 갖춘 것으로 보이겠지만, 전투 피로나 외상 후 스트레스에 시달리지 않는 장교는 무감함 뒤에 사이코패스와 같은 침착함을 감추고 있을 수 있다. 그래서 소대 전체를 철조망으로 가득한 구렁텅이에 몰아넣고도 아무런 가책을 느끼지 않는 일이 일어난다."[71]

그렇지만 고대로부터 문화적으로는 용기와 남자다움을 연결 지어왔다. 극한 상황에서 신체 기능을 통제하는 능력에 도덕적 우월성을 부여한 것은 물론이다. 전설에 따르면 나폴레옹이 위험한 작전을 앞두고 "철심 같은 신경줄"[72]을 지닌 군인이 필요해서, 지원자 몇 명을 총살형하는 척하라는 명령을 내렸다고 한다. 나폴레옹은 공포탄이 발포되었을 때에 "변을 지리지 않은" 지원자를 선택했다.

내 동료인 제프는 전쟁 특파원으로 세계 곳곳 전장에 파견되었고 테러 단체에 납치된 일도 있는데, 신참 전쟁 특파원은 다들 처음으로 총구 앞에 섰을 때 어떤 일이 일어날지 궁금해한다고 말한다. "포화 속으로 들어가기 전에 가장 궁금한 게 바로 이거다. 나도 바지에 변을 지릴까? 어떤 사람은 지리고 어떤 사람은 안 지린다. 나는 안 지렸다. 그래서 그때 괜찮으리라는 걸 알았다. 그렇지만 겪어보기 전에는 절대 알 수 없는 일이다."

다행히도 나는 한 번도 포화 속에 있어본 적이 없다. 그렇지만 내가 어느 쪽일지는 알 것 같다.

* * *

> 겁쟁이는 계속 안색이 바뀌고 늘 안절부절못해서 가만히 앉아 있지 못하고 쭈그려 앉아 이 발 저 발 발을 바꾼다. 온갖 종류의 죽음을 상상하며 심장은 쿵쾅거리고 이가 덜덜 떨리는 소리가 들린다. 그렇지만 용감한 사람은 안색이 변하는 법이 없고 잠복을 시작할 때부터 한순간도 지나치게 동요하는 법이 없다.
>
> —호메로스, 『일리아스』(기원전 8세기경)

왜 포화 속에서 평정을 유지하는 사람이 있는가 하면 너무나 쉽게 무너지는 사람도 있는 걸까? 연구에 따르면 (회복력이 아주 뛰어난 사람과 소시오패스 성향이 아주 강한 사람을 제외하고) 누구에게나 정신적 한계점이 있다고 한다. 정서적·육체적으로 무너져 내리지 않고는 전투 스트레스를 더 이상 감당할 수 없는 임계점이 있다는 말이다. 그렇지만 어떤 사람은 무너지기 전까지 상당히 많은 스트레스를 감당할 수 있고 전투로 인한 정신적 후유증에서도 빨리 회복한다. 어떤 사람은 쉽게 무너지고 회복도 더디고 힘들다. 아예 회복하지 못하는 경우도 있다.

인구 전체를 볼 때 이 비율이 놀랍게도 일관되게 나타난다. 스트레스를 받았을 때 무너지는 사람의 비율도 일정하고 스트레스에 크게 영향을 받지 않는 사람의 비율도 일정하다. 2차 세계대전 동안 이루어진 대규모 연구에 따르면 일반 전투 부대에서는 일정 비율의 군인들이 조기에, 심지어 전장에 나가기도 전에 정서적 붕괴를 겪는다.[73] 또 엄청난 양의 스트레스를 아무 악영향 없이 견딜 수 있는 군인의 비율도 상대적으로 일정하다.(그 가운데 일부는 소시오패스다.) 대다수의 군인들은 이 두 극단 사이 어딘가에 속한다.

극도의 스트레스 속에서의 인지를 연구하는 영국 심리학자 존 리치는 전투 상황에서 평정심을 유지하는 사람의 비율이 평균 10~20퍼센트 정도 된다고 했다. 리치는 『생존 심리학』에서 "이 사람들은 얼른 정신을 추스를 수 있다. 상황에 대한 인식이 온전하고 판단력과 논리력도 크게 손상되지 않는다."[74]고 썼다. 반대편 극단에서 10~15퍼센트 정도는 "울음을 주체할 수 없고 혼란을 일으키고 비명을 지르며 불안으로 몸이 마비되는" 반응을 일으킨다.[75] 그렇지만 최대 80퍼센트에 달하는, 대부분 사람들은 스트레스가 높은 위험한 상황에서 무기력하고 혼란스러운 상태가 되어 수동적으로 지시만을 기다린다고 리치는 말한다.(아마 이 사실로 극도의 스트레스나 혼란 시기에 많은 사람들이 쉽게 권위주의 정권에 복종하는 까닭을 설명할 수 있을 듯하다.)

그런 한편 영국 정신의학자들은 2차 세계대전 동안 독일 공군이 런던을 공습할 때에 원래 신경증이 있었던 민간인들의 전반적 불안 정도가 오히려 **줄어들었다**는 사실도 알게 되었다.[76] 한 역사가는 이렇게 썼다. "신경증 환자들은 하늘로부터 공격을 당할 위험에 대해서 뚜렷이 침착한 반응을 보였다."[77] 공습 동안에는 '정상'인 사람들도 자기와 같이 공포를 느낀다는 것을 알게 되어 안심했기 때문일지도 모르겠다. 신경증 환자들이 "자기가 오래전부터 느껴온 걱정을 다른 사람도 하는 것을 보면" 마음을 놓는다는 추측도 있다.[78] 불안해하는 게 당연한 일이 되면, 신경증 환자들은 불안을 오히려 덜 느낀다.

2차 세계대전 때 테레지엔슈타트 강제 수용소에 갇혔던 의사 V. A. 크랄은 전쟁 중의 스트레스에 관해 매우 흥미로운 연구를 했다.[79] 1951년에 크랄은《미국 정신의학 저널》에 테레지엔슈타트에서 3만 3000명이 사망했지만(8만 7000명은 다른 나치 수용소로 옮겨져 살해당했다.) 공포증, 신경증, 병리적 불안증이 새로 생긴 사람은 아무도 없었다는 글을 발표했다. 크랄은 수용소 병원에서 일하면서 대부분 포로들이 우울한 상태였지만 불안증을 겪는 사람은 거의 없다는 사실을 관찰했다. 전쟁 전에 "공포증이나 강박신경증 같은 정신신경증을 오래 심하게" 앓았던 사람들은 오히려 병세가 수그러든 것을 느꼈다. "테레지엔슈타트에서는 환자의 신경증이 완전히 사라지거나 아니면 의료진을 찾지 않고 일할 수 있을 정도로 호전되었다." 이 환자들 중 전쟁이 끝난 뒤에 살아남은 이들은 이후에 과거의 신경증이 재발했다. 진정한 공포가 신경증적 불안을 밀어낸 듯 보였다. 공포가 사그라지자 불안이 다시 찾아왔다.

군 소속 정신과 의사들은 어떤 상황에서 군인들이 가장 큰 불안을 느끼는가에 관련된 정보를 많이 수집했다. 자기가 상황에 대한 통제력을 얼마나 가졌다고 느끼는지에 따라 불안의 정도가 크게 달라짐을 입증한 연구가 많았다. 로이 그링커와 동료들이 2차 세계대전 동안의 전쟁 신경증을 연구한 고전인 『압박감 아래의 남자들』이라는 책에는, 전투기 조종사들이 땅에서 날아오는 대공포에는 공포감을 느끼지만 적군기와 싸우면 오히려 신이 났다고 되어 있다.◆

◆ 전투와 상관없는 상황에서도 통제력 상실과 불안이 관련 있다는 사실이 여러 차례 입증되었다. 쥐

전투로 인한 외상은 정신을 처절하게 망가뜨린다. 전쟁 중에 정서적으로 무너져 내리는 군인이 많다. 전쟁 뒤에는 더 많은 이들이 무너진다. 베트남 전쟁으로 수없이 많은 사람들이 정신적 외상을 입었다. 결국 노숙자가 되거나 마약중독자가 된 사람도 많다. 1965년에서 1975년 사이에 베트남에서 전투 중에 죽은 미군이 5만 8000명 정도 된다. 그런데 그 뒤에 자살한 사람 수는 그보다 더 많다. 최근의 이라크 전쟁과 아프가니스탄 전쟁 퇴역 군인 가운데에도 자살한 사람이 많다. 군 정신건강 통합 데이터 환경 수치에 따르면 현역 군인의 자살률이 2004년에서 2008년 사이에 80퍼센트 증가했다. 2012년 《상해 예방》에 발표된 연구는 이것이 "30년간 미군 기록에서 전례 없는 수치"라고 했다.[80] 《미국 의학협회 저널》에 실린 연구에 따르면 아프가니스탄 전쟁 참전 군인 가운데 10퍼센트 이상, 이라크 전쟁 참전 군인 가운데 거의 20퍼센트가 불안이나 우울에 시달린다.[81] 또 다른 연구에서도 이라크 전쟁 참전 군인들이 항우울제나 신경안정제를 높은 비율로 먹는다는 결과가 나왔다. ABC 뉴스에서는 세 명 가운데 한 명이 정신과 약을 복용한다고 보도했다. 전투 스트레스로 무너지는 사람들의 사망률은 그렇지 않은 사람들보다 훨씬 높았다. 최근 《역학 연보》에 발표된 연구에서는 외상 후 스트레스 장애 진단을 받은 전역 군인은 이른 죽음을 맞을 비율이 그렇지 않은 사람들보다 두 배 더 높다는 게 확인되었다.[82] 최근에 전투 뒤 자살률이 너무 높아져서 미군은 외상 후 스트레스 장애를 미리 치료하는 것을 최우선으로 하게 되었다. 2012년에 군인 자살률은 10년째 상승세를 기록했다. 충격적이게

에게서 환경에 대한 통제력을 앗아가는 것만으로 궤양이 생기게 할 수 있었던 실험이 있다. 또 직장에서 자기 일에 통제력이 별로 없다고 생각하는 사람들은 병리적 불안과 우울, 스트레스와 관련 있는 질환인 궤양이나 당뇨병 등이 생길 가능성이 더 높다는 연구도 무수히 많다.

도 전직 합동참모본부 의장 마이크 멀린 대장에 따르면 미국에서 날마다 전·현직 군인 열여덟 명이 스스로 목숨을 끊는다고 한다.[83]

물론 1980년 DSM-III가 발표되며 다른 불안장애와 더불어 외상 후 스트레스 장애(PTSD)라는 것이 존재한다고 공포되기 전에는 공식적으로는 그런 병이 존재하지 않았다.◆ 사회불안장애가 그렇듯 외상 후 스트레스 장애가 자연 상태에서 실제로 존재하는지에 대해서는 아직 논란이 있다. 또 존재한다고 하면 범위를 어떻게 정의해야 할지도 문제다. 이런 논란은 정치성을 띨 수밖에 없다. 퇴역 군인의 의료 혜택, 제약회사 수익에 수십억 달러가 달려 있고 비겁함과 질환을 구분하는 문제에 늘 의견 대립이 있어왔기 때문이다. 오늘날 미군은 PTSD를 실재하는 심각한 문제로 받아들이고 원인, 치료, 예방을 위한 연구에 많이 투자한다. 미 국방부는 가장 용감하고 강한 엘리트 특수 부대라고 하는 네이비실을 대상으로 여러 연구를 한다. 유전자 조합, 신경화학, 훈련법 등을 연구하여 무엇이 이들을 정신적으로 강인하게 만드는지를 밝히려 한다. 실험을 통해 네이비실 부대원들이 혼란스럽거나 압박이 강한 상황에서 다른 군인들보다 훨씬 더 또렷하게 사고하고 더 빨리 좋은 판단을 내린다는 게 계속 확인되었다.

＊ ＊ ＊

군인이 경험하는 전투 스트레스가 어떠한지도 중요하지만, 군인의 성향 자체도 신경쇠약이 일어날지 여부에 중요한 영향을 미친다는 게 신경과

◆ PTSD는 군인의 심장, 포탄 충격, 전투 피로, 전쟁 신경증 등과 같은 진단명의 후예다.

학과 유전학 연구를 통해 밝혀졌다. 심하지 않은 전투 스트레스에도 무너질지 아니면 극단적인 전투 상황에서도 평정을 유지할지 여부가 전투에 임하는 군인 몸 안의 신경화학물질과 큰 연관이 있고, 이것은 어느 정도는 유전이 결정한다.

예일 대학교 의대 정신의학자 앤디 모건은 포트브래그 군사기지에서 유명한 SERE(생존·도피·저항·탈출 훈련)를 받은 특수 작전 병력 훈련병들을 연구했다. 네이비실이나 그린베레(미 육군 특수부대)를 지망하는 훈련병들에게 3주 동안 극한의 육체적·정신적 고통을 가해 전쟁 포로가 되는 스트레스를 견딜 수 있을지를 검증했다. 육체적 고통, 수면 부족, 고립감, 고문(물고문 등 "진보된 기술" 포함)을 견뎌야 했다. 이 훈련 프로그램에 선발된 군인들은 이미 포트브래그에 있는 존 F. 케네디 특수전 센터 학교 등에서 몇 년 동안 훈련을 받은 이들이었다. 정신적·육체적 자질이 부족한 군인들은 이미 다 솎아내고 엘리트 병사들만 남아 SERE에 들어간다. 그렇지만 이들에게도 SERE는 놀라울 정도로 큰 스트레스를 준다. 앤디 모건과 동료들이 2001년에 발표한 논문에 따르면 SERE 훈련 동안 스트레스 호르몬인 코르티솔 변화량이 "기록상 최고 수치"[84]로 나타났다. 심장절개 수술에 따른 증가보다도 더 심했다.

모건은 SERE 훈련에서 특히 두각을 나타낸 특수부대 신병들을 성과가 좋지 않은 신병과 비교했는데 우수한 신병의 뇌 안에는 뉴로펩타이드 Y(NPY)라는 화학물질이 뚜렷이 많았다.(30퍼센트 이상 높은 경우도 있었다.) 1982년에 발견된 NPY는 뇌 안에 있는 펩타이드 가운데 가장 양이 많으며 식사와 균형 조절과 관련이 있고 스트레스 반응과도 관련이 있다. NPY 수치가 높은 사람은 외상 후 스트레스 장애에 **면역력이 있는** 것처럼 보인다. 아무리 스트레스를 받아도 무너지지 않는다.[85] NPY와 스트레스 저항력 사이에 상관관계가 매우 뚜렷하여 모건은 피검사만으로 누가 특수부대 훈련을 무사히 마칠 것일지를 매우 정확하게 예측할 수 있었다. NPY 수치가 높은 사람은 훈련을 통과하고 낮은 사람은 그러지 못한다. 어떻게 해서인지 NPY가 심리적 저항력과 회복력을 준다.[♦86]

물론 특수부대에서 압박을 견디는 사람은 회복력을 **습득**했기 때문일 수도 있다. 훈련이나 양육 과정에서 NPY 수치가 높아졌을 수 있다는 말이다. 회복력은 학습이 가능하다. 국방부에서는 어떻게 회복탄력성을 학습으로 높일 수 있는지 알아내려고 수백만 달러를 들인다. 그렇지만 연구에 따르면 개인의 NPY 양은 대체로 태어날 때부터 정해져 있어, 학습보다는 유전에 따른 기능으로 보아야 한다고 한다. 미시건 대학교 연구팀은 어떤 종류의 NPY 유전자를 지니고 있느냐와 얼마나 많은 NPY를 생산하느냐 사이에서 상관관계를 발견했을 뿐 아니라 NPY를 얼마나 많이 생산하느냐와 부정적 사건에 얼마나 강하게 반응하느냐 사이에서도 역상관관계를 발견했다.[87] NPY 수치가 낮은 사람은 높은 사람보다 뇌의 "부정적인 정서 회로"(오른쪽 편도 등)에서 과반응이 더 많이 나타났다. 스트레스를 주는 사건 뒤에 뇌가 평온한 상태로 돌아가는 데에도 시간이 훨씬 더 많이 걸렸다. 또 주요우울증 삽화가 나타날 가능성도 높았다. 세로토닌 시스템과 무관하게 나타난 결과였다. 지난 수십 년 동안 신경과학 연구는 주로 세로토닌에 집중되었는데 말이다. 반대로 넉넉한 NPY는 스트레스를 받아도 잘 살아나갈 수 있게끔 예비해주는 듯 보인다.

다른 연구에서는 신체적으로 스트레스 호르몬에 더 크게 반응하는

♦ 현재 NPY를 코 스프레이로 주입하면 외상 후 스트레스 장애가 생기는 것을 막을 수 있는지 밝히는 연구가 이루어지고 있다.

군인들이 압박 상황에서 무너질 가능성이 더 높게 나타났다. 2010년《미국 정신의학 저널》에 발표된 연구에서는 혈액 안에 글루코코티코이드 수용체가 더 많은 군인이 전투에 참가한 뒤에 PTSD가 생길 위험이 더 높다는 결론을 내렸다.[88] 이런 연구들을 통해 압박 아래에서 무너질 가능성은 HPA축의 상대적 민감도에 크게 좌우된다는 생각을 확인할 수 있다. HPA축이 과민하면 외상성 경험 뒤에 PTSD나 불안장애가 생길 가능성이 더 높다. HPA축의 반응성이 낮으면 PTSD에 면역력이 있다고까지는 못하더라도 외상을 더 잘 이겨낸다. 여러 가지 조건이 HPA축의 민감성에 영향을 미치지만(부모님의 애정, 식생활, 어떤 정신적 외상을 입었느냐 등) 가장 결정적 영향은 유전자에서 온다. 이 사실 역시 유전적으로 부여된 생리와 스트레스로 인해 무너질 가능성 사이에 강한 상관관계가 있음을 뒷받침한다. 그렇다면, 중압감 속의 우아함이 뇌 안의 특정 펩타이드 양이나 타고난 HPA 민감성에 따른 것이라면, 그걸 우아함이라고 부를 수 있나?

* * *

영웅이나 겁쟁이나 같은 것을 느낀다. 그렇지만 영웅은 두려움을 이용해 그것을 상대에게 투사하는 반면 겁쟁이는 달아난다. 두려움은 같지만, 결국 그걸 어떻게 하느냐가 문제다.

—커스 다마토, 플로이드 패터슨과 마이크 타이슨을
권투 선수로 훈련시킨 매니저

과민한 HPA축을 가진 사람들, 미약한 혼란만 있어도 생쥐처럼 달달 떨리는 몸을 가진 이들은 중대한 순간에 주저앉을 수밖에 없는 운명인가? '떠는 자' 아리스토데모스나 로베르토 두란처럼 수치와 굴욕에 빠질 수밖에 없는가? 움찔거리는 몸과 제멋대로인 감정에 휘둘릴 수밖에 없는 운명을 타고난 것일까?

반드시 그런 것은 아니다. 불안과 수행, 우아함과 용기 사이의 관계를 파헤치다 보면 처음 생각보다 훨씬 복잡한 문제라는 것을 알게 된다. 불안에 시달리면서도 성과를 내고, 겁쟁이면서도 강인하고, 겁에 질렸으면서도 영웅적일 수 있는 것 같다.

빌 러셀은 명예의 전당에 오른 농구선수다. 보스턴 셀틱스 소속으로 열한 차례 우승을 차지했고(미국 주요 운동 경기에서 최다 우승 기록이다.) NBA 올스타로 열두 번 선발되었고 다섯 차례 MVP로 뽑혔다. 역사상 최고는 아니라 할지라도 당대 최고의 수비수이자 올어라운드 플레이어라는 데 토를 달 사람은 별로 없다. 역사상 모든 운동 경기를 통틀어 전국 대학 대항전 우승, 올림픽 금메달, 프로 대회 우승 모두를 차지한 선수는 빌 러셀이 유일하다. 러셀이 강인하고 탁월하며 용감한 선수라는 건 자명해 보인다. 그런데 놀랍게도 이 선수는 경기에 나서기 전에 거의 늘 불안감 때문에 구토를 했다고 한다. 어떤 기록에 따르면 1956년에서 1969년 사이에 1128경기에서 구토를 했다고 한다. 거의 찰스 다윈 수준이다. "러셀은 거의 언제나 경기 전이나 하프타임에 토하곤 했어요."[89] 같은 팀의 존 하블리첵이 1968년 작가 조지 플림턴에게 한 말이다. "그 소리를 들으면 반가웠어요. 러셀이 경기에 준비됐다는 의미니까. 우리는 라커룸에서 웃으며 이렇게 말했죠. '여어, 오늘 경기는 문제없겠어.'"

러셀은 불안장애가 있는 사람처럼 늘 배 속을 뒤집어놓는 신경과 싸워야 했다. 그렇지만 러셀과 보통 불안증 환자 사이의 결정적 차이는(물론 러셀의 초자연적인 운동 능력은 제외하고), 러셀의 경우 불안과 수행 사이에 긍정적인 상관관계가 있었다는 점이다. 속이 뒤집어지는 것과 수행 사이의 관계도 마찬가지다. 1960년에 한번은 셀틱스 감독이 러셀이 아직 구토를 하지 **않았다는** 사실을 알고는 러셀이 토할 때까지 시합 전 워밍업을 미루라는 지시를 내렸다.[90] 러셀은 1963년 시즌 말 무렵에는 한동안 구토를 하지 않았는데 그때가 러셀의 커리어에서 최악의 슬럼프 기간이었다. 다행스럽게도 그해 플레이오프가 시작되고 개막전에 관중이 모여드는 걸 보자 러셀의 신경이 요동치기 시작했고 불안해져 다시 구토를 시작했다. 그때부터 그 시즌 최고의 플레이를 보여주었다. 러셀에게는 신경성 위장이 수행 능력을 높이는 효과가 있었다.◆[91]

겁이 많다고 해서 위업을 달성할 수 없는 것도 아니다. 1956년 플로이드 패터슨은 스물한 살 나이에 최연소 헤비급 복싱 세계 챔피언이 되었다. 또 1959년에서 1961년 사이에 잉게마르 요한슨과 전설적 시합들을 벌이며 역사상 최초로 챔피언 타이틀을 잃은 뒤에 다시 되찾은 복서가 되었다. 이듬해에는 소니 리스턴에게 져서 타이틀을 영원히 빼앗기고 말

◆ 물론 신경성 위장이 수행에 지장을 초래할 때에는 상황이 정반대가 된다. 빌 러셀과 2005년 슈퍼볼 게임 때 필라델피아 이글스의 쿼터백이었던 도너번 맥냅을 비교해보라. 맥냅도 러셀처럼 뛰어난 선수다. NFL의 올스타전인 프로볼에 여섯 차례 출전했고 이글스의 패스 기록은 대부분 맥냅이 세운 것이다. 대학에서나 프로에서나 당대 최고의 쿼터백으로 꼽혔다. 그렇지만 맥냅은 러셀과 달리 플레이오프에서는 여러 차례 승리를 거두었지만 우승은 단 한 번도 차지하지 못했다. 게다가 2005년 슈퍼볼에서 이글스가 패한 뒤 맥냅이 경기 중 허들(작전회의) 때 구토를 했고 작전 지시를 내릴 수 없었다고 팀 동료들이 주장한 일 때문에(맥냅은 부인했다.) 계속 시달렸다.(맥냅이 실제로 토했나 하는 논란은 8년이 지난 오늘날까지도 계속된다. "스포츠 역사상 최대의 미스터리"라고 불리기도 한다.) 맥냅이 선수로서 능력은 뛰어나지만 상황의 압박을 이기지 못하고 긴장감 때문에 무너졌으며, 리더로서의 자질과 위장을 통제할 배짱이 부족해 이글스를 승리로 이끌 수가 없었다는 비판이 계속 나온 것이다. 맥냅은 그 뒤로 예전 같지 않았다.(그래서 맥냅이 초커라는 평판이 더 널리 퍼졌다. 중요한 플레이오프 게임에서 맥냅의 기록은 정규 시즌 게임 기록에 비해 뚜렷하게 좋지 않았다.)

았지만, 그래도 그 뒤 10년 동안 은퇴하지 않고 계속 싸우며 리스턴, 지미 엘리스, 무하마드 알리 등에 도전장을 내밀었다.

패터슨은 억세고 사납고 강했다. 몇 년 동안 헤비급 챔피언이었으니 세계에서 가장 억세고 사납고 강한 사람이었다고 말할 수도 있을 것이다. 그렇지만 패터슨은 자기 말에 따르면 겁쟁이이기도 했다. 리스턴에게 첫 패를 당한 뒤에는 시합장에 올 때 가짜 수염과 모자 등 변장 용품을 가지고 왔다고 한다. 자신감이 꺾여 시합 전에 탈의실에서 몰래 빠져나오거나 시합에서 진 뒤에 숨고 싶을 때에 대비해서. 1964년 게이 털리즈가 《에스콰이어》에 실을 인물 소개 글을 위해 패터슨을 인터뷰하면서 변장 용품을 챙기는 습관에 대해 물었다.

"멀쩡한 남자가 왜 그런 행동을 하나 궁금하시겠지요."[92] 패터슨이 말했다. "글쎄요, 저도 궁금합니다. 아마도 그 답은, 잘 모르겠지만…… 제 속에, 모든 사람 속에는 나약한 구석이 있는 것 같아요. 혼자 있을 때 더욱 잘 드러나는 나약함이지요. 제 생각에 제가 그런 행동을 하는 까닭은, 그러니까 그 한 가지, '나 자신'이라는 것을 받아들이지 못하는 까닭은, 어쩌면 조금은…… 어쩌면…… 제가 겁쟁이라서일지도 모릅니다."

물론 패터슨이 말하는 '겁쟁이'는 우리가 생각하는 개념과는 다를 것이다. 흔히 생각하는 의미와는 다르다.◆ 그래도 내적 불안이 겉으로 보이는 육체적 용맹함과 함께 존재할 수 있으며, 나약함이 강인함과 양립할 수 있음을 보여주는 것은 사실이다.

드물게는 불안이 영웅적 행동의 원천이 될 수도 있다. 1940년대 주세

◆ "언제 처음 당신이 겁쟁이라고 생각했습니까?" 털리즈가 물었다. "잉게마르와 처음 붙은 뒤에요. 패배 속에서 자기 자신이 드러나는 법입니다. 패배를 당하자 사람들을 쳐다볼 수가 없었어요. 사람들한테 '이게 최선이야, 미안해.' 같은 말을 할 용기가 없었습니다."

페 파르도 로케스는 이탈리아 피사에 있는 유대인 공동체의 지도자였다. 영적 지도자로서 무척 존경받았지만 심한 불안 때문에 많은 장애를 겪기도 했다. 특히 동물에 대한 공포증이 매우 심했다. 불안을 극복하려고 온갖 방법을 다 써보았다.[93] 진정제, "강장제"(신경계를 강화해준다는 신경인산염)를 복용하고, 프로이트의 제자에게 정신분석 치료를 받고, 공포증의 이론과 역학에 관해 히포크라테스에서 프로이트까지 입수할 수 있는 모든 문헌을 다 읽었다.(이건 나도 해본 일이다.) 어떤 것도 소용이 없었다. 공포증이 삶을 지배했다. 여행을 할 수도 없었고 심지어 집 앞에 나가기도 힘들었다. 개를 만나면 비이성적인 공포에 휩싸일 테니 말이다. 겨우 용기를 그러모아 거리로 산책을 나설 때면 동물이 공격할까 겁이 나 내내 지팡이를 미친 듯이 휘두르며 걸었다. 이웃집에서 애완용 개를 들였을 때에는 이웃 사람들을 쫓아낼 구실을 만들어냈다. 그렇게 가까이 동물이 있는 것을 도저히 견딜 수가 없었기 때문이다. 로케스는 날마다 몇 시간씩을 들여 집 안에 동물이 없다는 걸 확인하기 위한 복잡한 의식을 수행했다.(오늘날이라면 강박장애 진단을 받았을 것이다.)

로케스는 자신의 두려움이 불합리하다는 것을 알았지만 그래도 극복할 수가 없었다. "너무나 어리석지만 그만큼 강렬하다." 이렇게 말하기도 했다. "어찌할 바를 모르겠다. 심장이 쿵쾅거리고 안색이 바뀐다. 내가 내가 아니다. 공황이 점점 심해지고 두려움에 대한 두려움이 더욱 큰 두려움을 가져온다. 고통이 점점 커져 나를 삼켜버린다. 도무지 버텨낼 수 없을 것 같다. 도와줄 사람을 찾는다. 어디에서 도움을 구해야 할지 모른다. 도와달라고 말하기가 부끄럽지만, 두려움 때문에 죽을까 봐 두렵다. 나는 겁쟁이처럼, 수천 번도 넘게 죽는다."

같은 공동체 소속이었던 실바노 아리에티라는 젊은이는 로케스에게 강한 흥미를 느꼈다. 어떻게 로케스처럼 영민하고 지혜로운 사람이 이런 불합리한 공포에 지배당하면서 사는 걸까? 로케스는 여행을 두려워해서 60년 생애 동안 한 번도 피사를 떠나지 않았다. 불안이 너무 심할 때에는 침실 밖으로조차 나오지 못하기도 했다. 그렇지만 아리에티가 특히 매혹된 점은, 로케스가 다른 방식으로 "두려움을 모르는 사람, 누구보다도 용감하게 불우하고 힘없고 고통받는 이들 편에 선 사람"임을 보여주었기 때문이다. "그는 늘 공포에 시달렸지만 동시에 불굴의 용기를 지닌 사람이었다." 로케스는 '진짜' 두려움을 다룰 수 있었고, 두려움에 시달리는 다른 이들을 담대하게 도울 수 있었다. 그렇지만 "비극적으로 강렬한" 자기 자신의 공포증에 대해서만은 아무것도 할 수가 없었다. 아리에티는 로케스의 도덕적 강인함과 정신병 사이에 어떤 연관관계가 있는 걸까 하는 의문을 가졌다.

몇 년 뒤 아리에티는 미국으로 이민을 갔고 정신병 분야에서 세계에서 손꼽히는 학자가 되어 『파르나스[성직자가 아닌 유대인 지도자를 가리키는 말—옮긴이]: 홀로코스트의 한 장면』(1979)이라는 책을 출간했다. 이 책은 독일군이 이탈리아 일부를 점령했을 때 피사에서 일어난 일을 들려준다. 1943년과 1944년, 처음에는 이탈리아 파시스트가 나중에는 나치가 피사의 유대인 공동체를 공포에 몰아넣어 대부분 유대인들이 피난을 갔다. 그렇지만 불안 때문에 여행을 하지 못하는 로케스는 피사에 남았다. "집에서 먼 곳으로, 다른 도시로, 시골로 간다는 생각만으로 불안이 커져 공황이 찾아올 지경이오." 로케스는 여러 다른 이유 때문에 피사에 함께 남은 여섯 동지들에게 이렇게 말했다. "이런 공포가 우스울 지경으로 말도 안 된다는 것을 나도 알지만 나 스스로에게 그렇게 말해봤자 소용이 없소. 도무지 억누를 수가 없으니." 로케스의 추종자들이 폭격과 나치의 폭압에도 굴하지 않는 태도를 용기나 영적 위대함이라고 칭송하면 로케스는 그런 게 아니라고 말했다. "[병이] 나의 삶을 이렇듯 속박하고, 다른 사람들의 수군거림과 비웃음을 사게 한 것은 말할 것도 없고, 내 존재 자체에 그늘을 드리웠소. 나는 동물, 특히 개에 대한 전적으로 부조리한 공포 때문에 떨면서 살아가오. 나에게는 또 두려움 그 자체에 대한 두려움도 있소. …… 이런 병적인 두려움을 지속적으로 느끼지 않았다면 여기에 있지 않을 거요. 멀리 다른 데에 있겠지. 낭신들이 득별한 은총이라 부르는 게 사실은 병이요." 그렇지만 개에 대한 두려움이 폭탄과 나치에 대한 두려움보다 크기 때문에 그는 용감한 사람으로 비칠 수 있었다.

1944년 8월 1일 이른 아침에 나치가 로케스의 집에 들이닥쳐서는 집에 데리고 있던 손님들을 내놓으라고 했다. 로케스는 거부했다.

"죽는 게 두렵지 않나?" 나치가 으름장을 놓았다. "더러운 유대인, 죽여버릴 거야."

"두렵지 않소." 로케스가 말했다.

아리에티는 나중에 이때 살아남은 이들을 인터뷰했는데 로케스는 나치가 자기를 곧 죽이리라는 사실을 알면서도 전혀 두려움을 느끼지 않는 듯 보였다고 한다. 진짜 위험이 닥치자 오히려 두려움을 모르는 사람처럼 보였다.◆

◆ 아리에티의 책은 그 이유를 설명하는 이론도 제시한다. 아리에티는 로케스가 동물에 대해 갖는 공포증과 혐오감은 사람 내면의 악에 대한 혐오감을 전치한 것이라고 본다. 어릴 때 로케스는 행복하고 낙천적인 아이였다. 그렇지만 청소년기에 학문을 닦으면서 십자군 전쟁, 이단 심문을 비롯해 역사상 인간이 인간에게 가한 무수히 많은 끔찍한 악행을 알게 되었다. 로케스로서는 받아들일 수 없는 일이었다. 로케스가 인간에 대한 애정, 우호적인 세계관을 유지하기 위해 인간의 악을 동물에게 투사하였다고 아리에티는 생각한다. 인간의 본질적 선함에 대한 믿음을 저버리느니 차라리 동물을 겁내는 편이 나았던 것이다. 로케스가 나치의 형상으로 나타난 악을 피할 수 없이 정면으로 마주하게 되었을 때에는 동물에 대한 두려움이 사라졌다. 그리하여 로케스는 공포 불안을 통해 반감과 불안감을 비지성적인 존재에 투사하여 인류에 대한 사랑을 온존할 수 있었으니, 공포

전쟁이 발발했을 때 피사에는 주세페 파드로 로케스 말고도 불안증 때문에 피하지 못한 사람이 또 있었다. 폭탄이 떨어져서 도시 곳곳을 폐허로 만들기 시작하자 대부분의 사람들이 도시를 떠났다. 그렇지만 로케스가 살던 곳에서 멀지 않은 데에 살던 젊은이 피에트로는 집에서 한 블록도 벗어나지 못했다. 광장공포증 때문이었다. 그래서 집에 남아 있었다. 피에트로는 집에서 멀리 떨어졌을 때 느끼는 공포를 견디느니 차라리 머리 위에 폭탄이 떨어지는 게 낫다고 생각했다. "신경증이 일으키는 두려움이 전쟁의 위협으로 인한 두려움보다 더 컸다." 아리에티는 이렇게 적었다.

피에트로는 살아남았다. 그리고 용맹하다는 이유로 영웅 훈장을 받았다. 폭탄이 떨어질 때마다 (폭격 위치가 자기 집에서 한 블록 안쪽에 있는 경우에는) 피에트로는 폐허가 된 건물로 달려가 그 안에 갇힌 사람들을 구해냈다. 이렇게 해서 여러 사람의 목숨을 구했다. 피에트로는 공포증 때문에 꼼짝할 수 없는 신세였기 때문에 폭격 피해자들을 구할 수 있었다. "그의 병이 그를 영웅으로 만들었다." 아리에티는 말한다.

불안으로 고통받는 사람들에게는 분명 로케스와 피에트로, 빌 러셀과 플로이드 패터슨의 이야기가 마음에 남을 것이다. 이들에게는 불안이

불안에는 거의 영적인 면이 있다고 아리에티는 주장한다. "감수성이 예민한 젊은이는 [인간의 악과 존재의 위험과 고난에 대해] 불편한 깨달음을 얻은 뒤에 삶을 마주하기가 어려웠다. 어떻게 인간을 신뢰하고 인간에 대한 사랑을 유지해나갈 수 있을 것인가? 그러다 보면 의심이 자라나고 피해망상을 갖게 될 터인데, 사랑을 하지 못하는 무감한 사람이 될지도 모른다. 그렇지만 공포증 환자는 그렇지 않다. 공포증 환자는 사랑하는 능력을 유지할 수 있는 사람이다. 사실 나는 정신과 의사로 오래 일해오면서 다정하지 않은 공포증 환자를 만나본 적이 없다." 아리에티의 글이다. 우리는 루소가 말하는 것처럼 순진무구한 상태로 태어나지만, 삶과 인간 본성을 정확히 관찰하게 되면 삶의 흉포함에 대해 홉스 식으로 방어적인 자세를 취할 수밖에 없는 게 아닌가 싶다. 공포증은 홉스가 말하는 인간 본성에 대한 공포를 신경증적이고 불합리한 두려움으로 승화시켜 세상에 대해 더 순진하고 따뜻한 태도를 유지할 수 있게 해준다고 아리에티는 말한다.

장점이 되었을 뿐 아니라 심지어 도덕적 영웅주의와 조금은 이상한 종류의 용기의 원천이 되기도 한 것이다.

3부

약물

5

정신약리학의
초기 역사

까마득한 옛날부터 약물이 자기초월과 해방감을 어느 정도 누
릴 수 있게 해주었습니다.

—올더스 헉슬리, 뉴욕 과학 학회 발표(1957년 5월 9일)

포도주와 물을 같은 양 마시면 불안과 공포를 억누를 수 있다.

—히포크라테스, 『아포리즘』(기원전 4세기)

첫 책 출간 준비를 하던 2004년 봄, 출판사에서 적절한 규모의 홍보 투어
를 계획했다. 텔레비전과 라디오 방송에 출연하고 전국을 돌며 서점 낭독
회와 강연회를 갖는 스케줄이었다. 즐거운 기대에 부풀어야 마땅한 일이
다. 내 책을 홍보하고, 다른 사람 돈으로 여행도 하고, 독자들도 만나고,
보잘것없는 명성이나마 잠시 누려볼 기회이니 말이다. 그렇지만 이 북투
어 때문에 내가 느낀 강력한 공포는 도무지 말로 표현할 수가 없는 수준
이었다.

나는 절박해져서 여러 곳에 도움을 청했다. 가장 먼저 내가 다니던 정신과 의사가 한 해 전에 추천해준 하버드 출신 유명 정신약리학자를 찾았다.

"불안장애가 있군요."

첫 상담 때 정신약리학자가 내 사례사를 살피더니 이렇게 말했다.

"다행히 치료가 가능합니다. 잘 맞는 약만 먹으면 됩니다."

약물 치료를 시작하기 선에 늘 그러듯 약물에 기대는 방법에 대해 느끼는 거부감(부작용이나 의존성에 대한 걱정, 약이 내 정신에 영향을 미쳐 나를 다른 사람으로 바꾸어놓지 않을까 하는 불편함 등등)을 줄줄 읊고 나자 의사도 틀에 박힌 비유이긴 하나 강력한 당뇨병 논증으로 나를 설득하려 했다. 이런 식이다.

"불안증은 생물학·생리학·유전에 바탕을 두고 있습니다. 당뇨병과 하나도 다를 것 없는 질환이에요. 당뇨병 환자라면 인슐린을 복용하는 걸 꺼림칙하게 느끼지 않겠지요? 당뇨병이 도덕적 결함이라고 생각하지도 않을 테고요."

나는 그동안 이와 비슷한 대화를 여러 의사들과 여러 차례 나누었다. 새로 개발된 약을 의사가 권하면 늘 일단 거부했다. 이런 저항은 뭔가 고귀하고 도덕적인 반면 약물 의존은 성격의 나약함을 뜻한다고 생각했다. 이렇게 불안은 나 자신을 구성하는 필수불가결한 구성 요소며 고통 속에 보상이 있다고 생각하려 애쓰다가, 결국에는 불안이 너무 심해져서 신약이건 뭐건 지푸라기라도 잡고 싶어지게 되곤 한다. 그래서 늘 그러듯 이번에도 북투어가 다가옴에 따라 결국 두 손을 들고 벤조디아제핀제(낮에는 자낙스, 밤에는 클로노핀) 복용을 시작했고 원래 먹던 SSRI 항우울제 셀렉사 용량을 늘렸다.

약을 이렇게 들이부었지만 눈앞에 다가온 북투어 때문에 두려움에서 벗어날 수가 없었다. 결국 또 젊지만 인망 있는 스탠퍼드 출신 심리학자를 찾아갔다. 이 사람은 인지행동 치료 전문가였다.

"우리가 가장 먼저 해야 할 일은, 약을 끊는 거예요."

심리학자는 상담을 시작한 지 얼마 되지 않아 이렇게 말했다. 몇 번 더 만나고 난 뒤에는 나에게 자낙스 병을 달라고 하더니 자기 책상 서랍에 넣고 잠가버렸다. 심리학자는 책상 서랍을 가득 채운, 다른 환자들이 놓고 간 약병들을 보여주더니 한 병을 꺼내 흔들어 보였다. 이런 약은 목발과 같은 것이라서 내가 불안을 진정으로 경험하고 마주하지 못하게 막는다고 말했다. 불안을 있는 그대로 경험하지 않으면 나 스스로 불안을 이겨낼 수 있다는 사실을 결코 알지 못하게 되리라는 것이다.

나도 그 말이 맞다는 건 알았다. 노출 치료는 불안을 온전하게 경험하는 것을 바탕으로 하는데 항불안제를 먹고 있다면 그렇게 하기가 힘들다. 그렇지만 북투어는 다가오고, 내가 실제로 불안을 이겨낼 수 있을 것 같지가 않아 두려웠다.

그래서 나는 하버드 정신약리학자를 다시 찾아가(이 사람을 하버드 박사라고 부르자.) 스탠퍼드 심리학자(이 사람을 스탠퍼드 박사라고 부르자.)가 제안한 행동 치료를 설명했다.

"각자의 선택이에요. 약을 중단해볼 수도 있겠죠. 하지만 불안이 몸에 아주 단단히 뿌리박고 있기 때문에 미약한 스트레스에도 불안이 일어난다는 건 분명합니다. 약을 먹어야만 이런 생물학적 반응을 조절할 수 있어요. 게다가 당신은 불안이 너무 심해서 행동 치료를 할 수 있을 정도가 되려면 약으로 신체 증상을 어느 정도는 달래야 합니다."

"하지만 자낙스에 중독되어서 평생 먹어야 하게 되면 어떡하죠?"

벤조디아제핀 약은 의존성을 불러일으킨다는 악명이 높다. 급작스레 끊으면 끔찍한 부작용이 생길 수 있다.

"그러면 또 어때요? 오늘 오후에 만나기로 한 환자는 20년째 자낙스를 복용하고 있어요. 자낙스 없이는 못 산다고 합니다."

다음에 스탠퍼드 박사와 만났을 때 나는 자낙스를 끊기가 겁이 난다고 말하고 하버드 박사가 해준 말을 전했다. 스탠퍼드 박사는 배신당한 듯한 표정이었다. 스탠퍼드 박사가 울음을 터뜨리지 않을까 싶기까지 했다. 그 뒤로는 하버드 박사를 만난 일은 이야기하지 않았다. 하버드 박사를 계속 보러 다닌다는 사실을 감춰야만 할 것 같았다.

스탠퍼드 박사가 하버드 박사보다 더 호감이 가고 대화도 즐거웠다. 스탠퍼드 박사는 무엇이 불안을 일으키는지를 이해하는 것 같았고 나를 한 인간으로 생각해 주는 것처럼 느껴졌다. 반면 하버드 박사는 나를 어떤 유형(불안장애 환자라는 유형)으로 생각하는 듯했고 그렇기 때문에 약이라는 한 가지 해결책으로 누구든 치료할 수 있다고 바라보는 듯했다. 어느 날 신문에서 하버드 박사가 동물원에서 우울증에 걸린 고릴라를 치료하고 있다는 기사를 읽었다. 문제의 고릴라를 치료하는 데 쓴 방법은? 셀렉사였다. 나에게 처방한 것과 같은 SSRI 항우울제다.

이 약이 고릴라에게 효과가 있었는지 아닌지 확실히는 모르겠다. 효과가 있다고 보도되기는 했다.[1] 그렇지만 이 사례는 하버드 박사의 치료법이 철저하게 생물학적임을 너무나 확실하게 보여주기도 했다. 하버드 박사에게는 정신적 고통 자체가 중요할 뿐 정신적 고통의 내용은(그 의미야 말할 것도 없고) 별 의미가 없었다. 정신적 고통은 사람에게나 유인원에게나 약물로 바로잡을 수 있는 의학적·생물학적 기능이상일 뿐이다.

어떻게 해야 하나? 하버드 박사는 나에게는 그 고릴라처럼 약으로 개입해야 하는 병이 있다고 말했다. 스탠퍼드 박사는 내 문제는 생물학적이라 기보다는 인지적인 것이라고 말했다. 내가 (의지의 힘과 인지 재훈련과 최대의 공포에 직접 노출됨을 통해) 사고 과정에서 일어나는 기능이상을 고칠 수만 있다면 불안감이 줄어들 것이라고 했다. 그렇지만 내가 먹는 약이 이런 기능이상에 효과적으로 대처하는 데 방해가 된다고 스탠퍼드 박사는 말했다.◆

　나는 인지 재훈련을 제대로 하려고 클로노핀과 자낙스를 끊으려 계속 애써봤다. 어느 정도까지 잘되기도 했는데, 그러다가 결국 불안에 압도되어 비참한 심정으로 다시 자낙스를 찾으려 주머니를 뒤지곤 했다. 내 사고방식을 고치거나 정신적 평화를 이룩하거나 아니면 최소한 버티는 방법을 찾아서 병에서 낫고 싶은 마음이 간절했지만 결국에는 우울증에 걸린 고릴라처럼 되고 마는 것 같았다. 불안에 시달리는 망가진 뇌를 고치려면 인위적으로 신경전달물질을 조절해야만 하는.

＊ ＊ ＊

　　신경안정제는 불안이 정신에 미치는 파괴적 영향을 약화시켜
　　재능을 더 조화롭게 잘 쓸 수 있게 해준다. 이런 효과로 행복
　　과 성취, 인간의 존엄에 기여한다.

—프랭크 버거, 「불안과 신경안정제의 발견」,
『생물학적 정신의학 분야의 발견』(1970)

◆　사실 스탠퍼드 박사는 불안에 생물학적 요소도 강하게 작용함을 인정했다. 하지만 생물학적 요소는 인지 재훈련을 통해 극복할 수 있다고 보았다. 실제로 인지 재훈련이나 다른 대화 치료가 약과 같은 방식으로 몸속 작용을 변화시킬 수 있음을 보여주는 연구가 있다. 약보다 더 근본적이고 지속적인 효과가 나타난 경우도 있었다. 말 그대로 정신이 육체를 지배함을 보여준 셈이다.

신경안정제가 널리 쓰이게 되면 서양 문명이 어느 정도로 달라질까요? 미국인의 진취성이 사라질까요? 불안을 약물로 없애면 해로울까요?

—스탠리 욜스, 미국 국립정신건강연구소 소장,
미국 상원 중소기업특별위원회 증언(1967년 5월)

정신분석학의 아버지 지그문트 프로이트는 스스로 불안을 조절하기 위해 약물에 크게 의존했다. 프로이트의 초기 학술 논문 가운데 여섯 편은 코카인의 효능에 관한 것이었다. 프로이트는 1880년대부터 거의 10년 동안 규칙적으로 코카인을 투여했다. "최근에 심한 우울증이 왔을 때 다시 코카인을 썼소. 놀랍게도 적은 양으로도 기분이 최고로 좋아졌어요. 지금은 이 마법의 물질을 칭송하는 글을 쓰려 참고 문헌을 모으는 중이오."[2] 1884년 아내에게 보낸 편지다. 프로이트는 코카인의 의학적 특성을 연구하여 명성을 얻을 수 있으리라고 믿었다. 코카인이 커피 정도의 중독성밖에는 없다고 생각해서 예민한 신경, 우울, 소화불량, 모르핀 중독 등 모든 병의 치료제로 자기 자신과 다른 환자들에게 처방했다. 프로이트는 코카인을 "마법의 약"이라고 불렀다. "나는 우울증이나 소화불량이 올 때 정기적으로 아주 조금씩 흡입하는데 효과가 탁월하다."[3] 파리에 있는 스승 장마르탱 샤르코의 살롱 모임에 참석할 때도 사회불안을 달래기 위해 코카인의 힘을 빌렸다.◆ 프로이트의 코카인 사랑은 자신이 코카인을 처방한 절친한 친구가 치명적인 중독 상태가 되었을 때에야 수그러들었다. 그

◆ 프로이트는 자기가 니코틴 중독이라는 것도 인정했다. 거의 평생 동안 시가를 하루에 스무 대 이상 피웠고 결국 60대에 구강암에 걸리고 말았다.

렇지만 프로이트는 코카인 직접 경험을 통해 일부 정신질환은 뇌에 물리적 원인이 있다는 확신을 굳게 가지게 되었다. 그러니 의학사의 아이러니가 아닐 수 없다. 프로이트는 후기 작업 덕에 정신병은 무의식의 심리적 갈등에서 나온다는 전제를 바탕으로 하는 현대 정신역학 치료법의 선구자로 생각되지만, 또 한편으로 초기에 코카인 관련 연구를 썼기 때문에 정신병은 물리적·화학적 기능이상에 따른 것이므로 약물로 치료할 수 있다고 보는 생물학적 정신의학의 선구자 가운데 한 명이기도 하다.[4]

현대 정신약리학 역사를 훑어보면 프로이트의 코카인 실험처럼 우발적인 면이 두드러진다. 지난 60년 동안에 상업적 성공을 거둔 항불안제나 항우울제 대부분이 우연히 발견되었거나, 본디는 결핵·수술 쇼크·알레르기 치료약, 살충제, 페니실린 보존제, 염료, 살균제, 로켓 연료 등등 불안이나 우울과 전혀 상관없는 용도로 개발된 물질이었다.

그러나 비록 그 역사가 짧고 우연적이라 할지라도 정신병에 대한 현대적인 생각은 정신약리학에 큰 영향을 받았다. 오늘날 의학적으로나 일상적으로 아주 흔히 쓰는 말인 '불안'이나 '우울'이 반세기 전만 해도 병의 범주로 존재하지도 않았다는 점을 떠올려보라. 1920년대 이전에는 우울증 진단을 받은 사람이 단 한 명도 없었다. 1950년대 이전에는 콕 집어 불안증이라는 진단을 받은 사람이 없었다.

뭐가 달라진 걸까? 이런 병은 사실상 제약회사가 만들어냈다고 말하기도 한다. 마케팅 표적으로 시작된 것이 결국 병으로 구체화되었다는 것이다.

1950년대 이전에는 오늘날 우리가 생각하는 개념으로 '불안'하거나 '우울'한 사람이 없었다는 뜻은 아니다. 언제나 어느 정도 비율의 사람들은 늘 병적으로 불행해하고 두려워했다. '불안'과 '우울'이 정서적 상태나 임상 질환을 가리키는 말로 널리 쓰이기 이전, 수천 년 동안 그랬다.("세상의 눈물은 일정한 양이다."라고 사뮈엘 베케트가 말했듯이.) 그렇지만 지난 세기 중반에 이런 정서적 상태를 완화하기 위한 새로운 약물이 조제되었을 때에서야 그런 상태가 오늘날 우리가 생각하는 것과 같은 '병'으로 규정되었다.

1906년 FDA가 설립되고 약품의 성분을 반드시 명시하도록 강제하기 전에는, 소비자들은 당대 가장 인기 있는 불안 치료제(뉴로신, "신경증의 과학적 치료법"이라고 광고하던 마일스 박사의 너빈, 윌러 신경 활성제, 렉솔 아메리카니티스 특효약 등)를 먹으면서도 자기들이 알코올이나 마리화나나 아편을 먹는다는 사실조차 몰랐다.[5][6] 1897년 독일 제약회사 바이엘은 디아세틸모르핀을 판매하기 시작했다. 디아세틸모르핀은 미국 남북전쟁과 보불전쟁 때 전장에서 진통제와 기침약으로 널리 쓰인 약제다. 이 새로운 약은 1914년 이전까지 미국 약국에서 헤로인이라는 제품명으로 처방 없이 팔렸다.◆◆ 『머크 매뉴얼』은 과거에나 지금에나 최신 의학 지식을 집대성한 권위 있는 의학서로 통용되는데, 1899년 판에는 아편이 불안증의 표준 치료제로 나와 있다.[7]

당대 의사와 약사들은 말할 것도 없고, 권위 있는 『머크 매뉴얼』조

◆ 아예 대놓고 술을 처방한 의사도 있었다. 1890년대에 영국 의사 아돌푸스 브리저는 『소화불량이라는 악마』와 『인간과 질병』 등 인기 있는 의학서를 집필한 영향력 있는 의사였는데 긴장과 우울증에 시달리는 환자들에게 포트와인과 브랜디를 마시라고 했다. 브리저는 "적당한 형태의 알코올", 특히 "깊은 맛의 버건디, 고급 클라레, 포트, 질 좋은 프랑스·독일·이탈리아산 화이트와인, 흑맥주나 좋은 브랜디는 다른 어떤 약보다 신경의 건강 회복에 도움이 된다."고 했다.

◆◆ 2년 뒤 바이엘은 다른 진통제로 아세틸살리실산을 아스피린이라는 제품명으로 내놓았다. 헤로인과 아스피린이 하도 흔하게 소비되다 보니 곧 제품명이 아니라 일반 명사로 쓰이게 되었다. 세기말 미국과 영국 의사들은 이 약들을 착각해서 몸살이 있는 환자들에게 헤로인을 처방하고(이건 효과가 없다고는 할 수 없다.) "신경과민"에 아스피린을 처방했다.(이건 전혀 의미 없는 처방이었다.)

차 지금은 중독성 있고 건강에 해롭거나 아무 효과가 없다고 알려진 약을 열렬하고 자신감 있게 추천했다는 사실을 보면 오늘날에 비슷하게 자신감 있게 권하는 약이나 치료법을 믿어도 되는지 의문이 생긴다. 물론 오늘날에는 통제 연구를 통해 얻은 자료와 신경 촬영, 혈액 분석 등을 통해 알게 된 사실을 근거로 약을 만들고 FDA에서도 좀 더 신중하게 여러 해 동안 동물 실험과 임상 시험을 거친 약에만 시판 허가를 내준다. 그렇지만 앞으로 100년 뒤 의학사가들이 오늘날 우리가 중독성 있고 독성도 있고 아무 효력도 없는 물질을 엄청나게 소비했다는 사실에 놀랄 수도 있는 일이다.

20세기 초에는 흔히 바르비투르산염을 신경 긴장 치료제로 썼다. 바르비투르산염은 원래 1864년 독일 화학자가 (동물의 배설물에 있는) 응축 요소를 (사과의 산에서 추출하는) 말론산다이에틸과 결합해서 만들었다. 바르비투르산은 처음에는 아무 쓸모가 없는 듯 보였다. 그런데 1903년 바이엘 연구자들이 개에게 바르비투르산을 먹였더니 개가 잠이 들었다. 몇 달 지나지 않아 바이엘은 바르비투르산염을 최초로 상용화한 바르비탈을 만들어 판매하기 시작했다.(바이엘은 이 약에 베로날이라는 이름을 붙였다. 연구자 가운데 한 사람이 이탈리아 베로나가 세상에서 가장 평화로운 도시라고 생각했기 때문이었다.) 1911년, 바이엘은 효과가 더 지속적인 페노바르비탈을 루미날이라는 이름으로 출시했다. 루미날은 바르비투르 계열에서 가장 인기 있는 약이 되었다. 1930년대에는 바르비투르산염이 19세기 후반에 "신경 문제" 치료제로 쓰이던 클로랄 수화물이나 브롬화물, 아편 따위 약들을 거의 다 밀어냈다.◆

◆ 브롬화칼륨은 1857년 영국 의학협회에서 처음 소개된 화합물인데 원래는 항경련제로 쓰였으나 19

1906년이 되자 벌써 미국에서 베로날 소비가 늘고 과용까지 나타나서 《뉴욕 타임스》에 "엉터리 미봉책"[8]을 과다 처방하는 행태를 비판하는 사설이 실리기도 했지만 소용이 없었다. 1930년대 『머크 매뉴얼』도 "극도의 긴장, 신경쇠약, 건강염려증, 우울"과 다른 "불안 증세"[9]에 베로날을 처방하라고 권했다. 베로날과 "정신의 아스피린"이라고 홍보되던 루미날이 불안증 약 시장을 수십 년 동안 지배했다. 1947년에는 미국에서 서른 가지가 넘는 바르비투르산염이 여러 다른 상표명으로 팔렸다. 아미탈(아모바르비탈), 넴뷰탈(펜토바르비탈), 세코날(세코바르비탈)이 가장 인기가 높았다. 그때는 '불안'과 '우울'이 아직 공식적인 병으로 존재하지 않을 때라 '신경쇠약'(또는 '신경 문제'), '긴장', 불면증 등의 치료제로 처방되었다.

그렇지만 바르비투르산염에는 두 가지 큰 문제가 있었다. 중독성이 매우 높고, 실수로 과용할 가능성이 높았으며 그러면 결과가 치명적일 때가 많았다. 1950년에 미국에서 바르비투르산염 과용으로 죽음에 이른 사람이 1000명에 달했다.(1960년대에도 그런 사람들이 줄을 이었고 그중에 나의 증조모와 마릴린 먼로도 있었다.) 1951년에 《뉴욕 타임스》는 바르비투르산염이 "헤로인이나 모르핀보다 사회에 더 큰 위협이 된다."[10]고 비판했다. "날마다 자기 전에 양치하듯 분홍색 알약을 챙겨 먹는 부인, 중요한 회의 전에 긴장감을 가라앉히기 위해 하얀 캡슐을 삼키는 사업가, 편안

세기 후반부터 20세기 초까지는 진정제로 널리 쓰였다. 그러다가 독성과 쓴 뒷맛, 여드름, 현기증, 심한 욕지기, 구토 등 브롬화물의 부작용이 드러나 쓰이지 않게 되었다.(오늘날에는 수의사만 개와 고양이 간질을 치료할 때 쓴다.) 그래도 오랜 기간 하도 널리 쓰인 탓에 bromide(브롬화물)라는 단어가 '잠이 올 정도로 따분하다.'는 뜻이 되었다. 클로랄 수화물은 1832년에 처음 합성된 수면 유도제인데 1869년 베를린 약학과 교수 오토 리브리히가 우울증 환자에게 투여하여 불면증이 나아지는 것을 확인한 뒤에 정신과 의사의 도구상자에 들어가게 되었다. 100년 뒤에는 나의 증조부가 긴장과 불면증 때문에 클로랄 수화물 처방을 받는다.(대공황기를 배경으로 한 대중 소설에 종종 등장하는, 사람을 무력하게 만드는 음료 '미키핀'의 주재료가 클로랄 수화물과 알코올이기도 하다.)

히 시험을 치르려고 노란색 '안정제'를 먹는 대학생, 자신감을 높이기 위해 '파란 천사'를 넘기는 배우들은 바르비투르산염을 지나치게 많이 먹으면 '건강에 좋지 않다.'는 사실은 알지 모르나 위험성이 어느 정도인지는 모른다."

바르비투르산염이 이렇게 많이 소비되니 당연히 제약회사에서 불을 켜고 더 나은 신약 개발에 달려들었을 듯하다. 그렇지만 카터 프로덕츠 부설 월리스 실험실 연구자인 프랭크 버거가 1940년대 후반에 합성한 새로운 항불안제를 회사 중역들에게 보였을 때에는 아무도 관심을 보이지 않았다.[11] 이들은 첫째로 불안 치료는 생물학이나 화학이 아니라 심리적 문제나 해소되지 않은 개인적 문제에 초점을 맞추어야 한다며 반대했다. 오늘날 생물학적 정신의학의 관점에서 보면 이런 구분 자체가 시대에 뒤떨어진 것이지만 그때는 그랬다. 게다가 카터의 주력 상품이 향정신성 약물보다는 변비약(카터 리틀 리버 필즈), 방취제(어리드), 제모제(네어) 등이기도 했다.

프랭크 버거는 새로운 물질에 불안을 달래주는 성질이 있다는 사실을 순전히 우연하게 발견했다. 버거는 1913년에 오늘날 체코에서 태어나 프라하 대학교에서 의학박사 학위를 취득하고 면역학을 연구하여 전도유망한 과학자가 되었다. 그러나 히틀러가 오스트리아를 합병하고 체코슬로바키아도 호시탐탐 노리자 유대인이었던 버거는 런던으로 탈출했다.

런던에서 일자리를 찾을 수 없어 버거는 아내와 노숙자가 되어 공원 벤치에서 자고 무료 급식소에서 끼니를 때웠다. 마침내 난민 캠프 의사로 일하게 되었고 그곳에서 영어를 익혀 리즈 근교에 있는 공공보건 연구소에 항생제 연구자로 취직했다.

1941년 무렵에는 페니실린이 박테리아 감염에 효과적인 치료약이라는 게 밝혀졌다. 그렇지만 연합군 전체가 쓸 수 있을 만큼 대량으로 페니실린을 제조하고 보존하는 일이 쉽지 않았다. "균주가 오페라 가수만큼이나 까탈스럽다."[12] 한 제약회사 간부가 이렇게 한탄했다. 그래서 버거도 다른 연구자들 수백 명과 함께 이 혁명적인 항생제를 추출하고 정제하는 새로운 기법을 찾아내는 작업에 투입되었다. 버거는 페니실린 균주를 더 널리 보급할 수 있을 정도로 오랜 기간 보존하는 방법을 개발하는 데 성공했다. 버거의 연구는 일류 학술 저널에 발표되었고, 한때 노숙자였던 화학자는 영국의 한 제약회사 높은 자리에 스카우트될 수 있었다.

버거가 실험한 페니실린 방부제 가운데 하나는 메페네신이라는 화합물이었는데 상용되는 살균제를 조작하여 합성했다. 버거는 메페네신의 독성을 시험하려고 쥐에게 주사를 놓았는데 전에는 보지 못한 일이 일어났다. "화합물에 동물의 활동을 차분하게 만드는 효과가 있었다."[13]

버거는 뜻하지 않게 혁신적인 약을 처음으로 발견한 것이다. 메페네신을 사람에게 투여했을 때에도 비슷한 진정 효과가 있음이 확인되자 제약회사 스큅에서 상업성이 있다고 보고 수술 전 긴장 완화 용도로 메페네신을 유통시켰다. 톨세롤이라는 상표명으로 판매하여 1949년에는 스큅의 처방약 가운데 대표 상품이 되었다.

그렇지만 메페네신은 알약으로 먹었을 때에는 약효가 그다지 크지 않고 오래 지속되지도 못했다. 버거는 더 강한 약제를 만들기로 했다. 1949년 여름, 버거는 뉴저지 주 뉴브런즈윅에 있는 카터 사의 월리스 실험실 대표 자리를 맡았다. 그곳에서 메페네신보다 더 강한 화합물을 합성하고 실험하는 연구를 이끌었다. 그렇게 해서 대략 500종의 화합물을 만들었는데 그 가운데 가능성이 있는 것이 여남은 종 나왔다. 동물 실험을 반복하여 네 개 정도로 줄였고, 결국 메프로바메이트라는 것 하나만

남았다. 1950년 7월에 이 약으로 특허를 받았다. 버거 연구팀은 메프로바메이트가 쥐를 진정시킨다는 사실을 확인했다. 원숭이한테는 효과가 더 뚜렷이 나타났다. 버거가 나중에 의학사가인 앤드리아 톤에게 들려준 이야기다. "그때 붉은털원숭이와 자바원숭이가 스무 마리 정도 있었습니다. 아주 사나워서 원숭이를 다룰 때는 두꺼운 장갑을 끼고 안면 보호대를 착용해야 했어요."[14] 그렇지만 메프로바메이트를 주사하고 나자 "아주 순한 원숭이가 되었습니다. 우호적이면서도 정신은 또렷했어요." 추가 실험을 통해 메프로바메이트가 메페네신보다 약효가 오래 지속되고 바르비투르산염보다 독성은 낮다는 게 드러났다.

한편 처음으로 메페네신의 치료 효과를 확인한 논문 두 편이 권위 있는 의학 저널에 실렸다. 메프로바메이트보다 효과가 약하다는 메페네신인데도 약효가 입증된 것이다. 이 중 한 연구는 오리건 대학교 박사들이 진행한 것인데 "불안 긴장 상태" 때문에 의사를 찾은 환자 124명에게 메페네신을 투여했을 때 절반 이상이 불안이 상당히 줄어드는 경험을 했다고 밝혔다. 연구자들의 표현을 빌리면 환자들이 "기분 좋고 편안하고 느긋한 상태"로 보이는 정도까지 이르렀다고 한다.[15] 정신병원에서도 비슷한 결과를 보고했다. 곧 메프로바메이트로 소규모 연구가 이루어졌고 같은 결과가 나왔다. 당시 의사들이 "긴장"이라고 부르던 상태를 현저하게 줄여주었다.

이 연구들이 약이 사람의 정신 상태에 미치는 영향을 체계적으로 측정한 연구의 시초였다. 오늘날에는 매달 수십 개씩 신문과 의학 저널에 여러 향정신성 약물의 효용을 실험한 무작위 비교 연구가 실리니 이런 연구가 특별하지 않게 생각된다. 그렇지만 20세기 중반에만 해도 정신과 약이 과학적으로 평가될 수 있다는 개념은커녕 많은 사람들을 대상으로,

그리고 안전하게 처방될 수 있다는 개념조차 매우 낯선 것이었다.

어쩌나 낯선지 카터 사 경영진이 이런 약을 팔 만한 시장이 도무지 있을 것 같지 않다고 생각할 정도였다. 카터 사는 설문조사 회사에 의뢰해 1차 진료기관 의사 200명을 대상으로 일상적 스트레스를 겪는 환자들에게 도움이 될 만한 약을 처방할 생각이 있냐고 묻는 설문조사를 했다. 대다수가 그러지 않을 것이라고 대답했다. 버거는 실망했지만 스스로 길을 찾아보기로 하고 뉴저지와 플로리다에 있는 아는 정신과 의사 두 명에게 메프로바메이트 약을 보내고 테스트해보라고 했다. 뉴저지 의사는 오늘날 우리가 불안장애라고 부르는 병에 시달리는 환자들에게 약을 투여했더니 78퍼센트가 호전되었다고 전해왔다.[16] 사회성이 좋아지고 잠도 더 잘 잤으며 집 밖 출입을 못 했는데 다시 직장에 나갈 수 있게 된 사람들도 있었다. 플로리다 의사는 환자 187명에게 약을 주었는데 "긴장" 증세가 있는 환자 중 95퍼센트가 증세가 호전되거나 병이 나았다고 했다.[17]

플로리다 의사의 환자 한 명이 메프로바메이트 복용 몇 달 뒤에 이렇게 말했다. "처음 병원을 찾았을 때에는 라디오도 들을 수 없었어요. 미치는 줄만 알았어요. 지금은 축구 경기, 공연도 보러가고 텔레비전도 봅니다. 제가 어쩌나 느긋해졌는지 남편이 깜짝 놀라요."

이런 결과(나중에 1955년 4월 《미국 의학협회 저널》에도 실렸다.)가 나타나자 버거는 카터 제약회사 회장 헨리 호이트에게 보고했고 마침내 호이트가 FDA에 메프로바메이트 승인을 신청했다. 카터 사에서는 새로운 약제에 이름을 붙일 때 동네 이름을 따는 관습이 있었다. 여행 안내서에 "고요하고 작은 밀타운"이라고 나온, 버거 실험실 근처에 있는 작은 마을의 이름을 따서 내부에서는 메프로바메이트를 밀타운(Milltown)이라고 불렀다. 지명을 상표명으로 등록할 수는 없기 때문에 호이트는 l 하나를 뺐다. 그렇게 메프로바메이트 알약은 1955년 5월 밀타운(Miltown)이라는 이름으로 시장에 나왔다.

1955년에는 바르비투르산염이 여전히 가장 인기 있는 항불안제였다. '진정제'라는 이름으로 수십 년 동안 약국 판매대를 점령했다. 진정제 시장이 있다고 입증되었기 때문에 버거는 밀타운도 진정제로 광고하고 싶어 했다. 그런데 어느 날 버거가 맨해튼에서 친구이자 로클랜드 주립 병원 연구팀장인 네이선 클라인과 저녁 식사를 하던 중 클라인이 반대 의견을 내놓았다. "그게 말이 되는 소리야? 새로운 진정제는 필요 없어. 세상이 원하는 건 안정제라고. 지금 세상에는 안정이 필요해. 안정제라는 이름을 붙여봐. 수십 배는 더 팔릴 거야."[18] 클라인이 말했다. 페니실린 보존제의 뜻밖의 부작용, 저녁 식사 때 주고받은 몇 마디 말, 이런 우연들이 겹쳐서 정신약리학의 역사가 만들어졌다.

밀타운은 1955년 5월 9일 조용히 시장에 등장했다. 처음 두 달 동안은 매출이 한 달에 7500달러 정도밖에 되지 않았다.[19] 그렇지만 "불안, 긴장, 정신적 스트레스"에 효과가 있다는 광고가 먹혔는지 곧 판매량이 급증했다. 12월에는 미국에서 밀타운 매출이 50만 달러에 달했다.[20] 얼마 지나지 않아 한 해 수천만 달러어치씩 팔렸다.

1956년에는 밀타운이 문화 현상의 하나가 되었다. 영화배우 등 유명인사들이 새로운 안정제를 칭송했다. "영화계에 꼭 필요한 게 있다면 그것은 다름 아닌 안정이다."[21] 로스엔젤레스 어느 신문에 실린 칼럼이다. "영화계에서 일단 '알 만한 인물'이 될 만큼 올라왔다면 긴장감과 정신적·감정적 스트레스에 무릎까지 빠진 기분일 것이다. 정상에 오르기까지 고군분투하며 느꼈던 불안감은 정상에 오르고 나면 여기 계속 머무를 수 있을 것인가 하는 불안감으로 바뀐다. 그러니 유명 배우건 무명 배우건 하나같이 약통에 조그맣고 신비로운 알약을 가득 채운다." 루실 볼의 매니저는 시트콤 「왈가닥 루시」 세트장에 늘 밀타운을 구비해놓았다. 루실 볼이 실제 남편이자 시트콤 속 남편이기도 한 데시 아나즈와 티격태격하고 난 뒤 마음을 진정시켜야 할 때가 많았기 때문이다.[22] 극작가 테네시 윌리엄스는 잡지 인터뷰에서 집필과 「이구아나의 밤」 제작에서 오는 스트레스를 버텨내려면 "밀타운, 술, 수영"[23]이 필요하다고 말했다. 영화배우 털룰라 뱅크헤드는 자기가 밀타운을 이렇게 많이 믹으니 윌리스 실험실이 있는 뉴저지 주에 세금을 내야 한다는 농담을 하기도 했다. 지미 듀랜트와 제리 루이스도 텔레비전 시상식에서 공식적으로 이 약을 찬미했다.[24] 코미디언 밀턴 벌은 자기가 진행하는 화요일 밤 텔레비전 쇼를 이런 말로 시작하곤 했다. "안녕하세요, 밀타운 벌입니다."[25]

유명인들의 적극 지지를 받으며 밀타운은 전국적으로 유명해졌다. 잡지에는 "행복 알약", "마음의 평화를 주는 약", "행복을 처방하다." 운운하는 글이 실렸다. 초현실주의 화가 살바도르 달리의 아내 갈라 달리는 밀타운의 열렬한 애호가여서 밀타운을 주제로 한 10만 달러짜리 설치미술 작품 제작을 남편에게 의뢰하라고 카터 사를 설득하기도 했다.[26]◆ 올더스 헉슬리는 『멋진 신세계』에서 약에 취한 디스토피아를 그리기도 했으니 약물의 위험성을 준엄하게 경고할 것 같은데 오히려 메프로바메이트 합성이 "핵물리학 분야의 최근 발견보다 더 중요하고 더욱 혁명적"이라며 열렬한 전도에 나섰다.

밀타운은 시판 18개월 만에 역사상 가장 많이 처방되고 (아마도 아스

◆ 달리가 만든 「크리살리다」는 밀타운을 통해 달리가 "인간 영혼의 열반"이라고 부른 것으로 가는 길을 상징하는 2톤 반짜리 터널로 1958년 미국 의학협회 연례 회합이 열리는 전시실에 설치되었다. 의학계 행사를 기념하는 전시물치고는 무척 아방가르드한 작품이었을 것이다.

피린을 제외하면) 가장 많이 소비되는 약이 되었다. 미국인 가운데 최소 5 퍼센트는 이 약을 먹었다. "역사상 처음으로 일반 인구의 불안을 집단적으로 치료할 수 있게 되었다."[27] 신경학자 리처드 레스탁은 나중에 이렇게 평했다.

밀타운은 불안의 개념 자체를 바꾸어놓았다. 1955년 이전에는 일단 안정제라는 게 없었다. 불안 자체를 치료하기 위한 약은 존재하지 않았다.(영어로 "안정제(tranquilizer)"라는 말을 처음 쓴 기록은 의사이자 독립선언문 서명에 참여한 벤저민 러시의 글이다. 벤저민 러시는 이 말을 정신병자를 구속하는 용도로 만든 의자를 가리키는 뜻으로 썼다.) 그런데 몇 년 만에 미국에서 수십 종의 안정제가 나와 약국 판매대를 가득 채웠고 제약회사에서는 수억 달러를 들여가며 또 다른 약 개발에 매진했다.

신약에 대한 정신의학계의 믿음은 좀 지나친 감이 있었다. 프랭크 버거의 친구 네이선 클라인은 1957년 의회에서 증언을 하면서 정신과 약물 등장이 "인류 역사에서 원자폭탄 개발보다도 더 중요한 사건"이라고 말했다. "이런 약들이 인류의 숙원이었던, 사람의 화학적 기질과 심리적 행동 사이 관계의 비밀을 풀 열쇠를 제공하고 병리적 욕구를 교정할 효과적인 수단이 되어준다면 핵융합 에너지를 파괴적 목적으로 사용할 일이 없을 것입니다."[28] 클라인은 《비즈니스위크》 기자에게 메프로바메이트는 경제적 생산성에도(사업가들이 효율성을 유지할 수 있게 해주므로), 예술적 창의성에도(작가나 화가가 신경증을 물리치고 "정신적 장애물"을 극복할 수 있게 해주므로) 도움이 된다고 말했다.[29] 지나치게 유토피아적인 전망이다 싶었지만 약물이 더 나은 삶을 가져다주리란 생각이 널리 퍼졌다. 1960년이 되자 전체 미국 의사의 75퍼센트가 밀타운을 처방했다.[30] 정신분석가의 소파에서 이루어지던 불안 치료가 이제 가정의학과 진료실로 옮겨갔다.

이드와 초자아의 갈등을 해소하려는 노력은 곧 뇌 안의 신경화학 조성을
미세 조정하는 문제로 바뀌게 될 것이다.

* * *

> 지금 [정신에 대한] 설명에서 불분명한 부분은 심리학 용어를
> 생리학이나 화학 용어로 대체할 수 있게 되면 사라질 것이다.
>
> —지그문트 프로이트, 『쾌락 원칙을 넘어서』(1920)

> 신경증 환자의 인슐린.
>
> —1953년 프랑스 정신의학자 장 지그왈드가 새로 개발된 약
> 클로르프로마진(소라진)을 한마디로 이렇게 표현함

한편 프랑스에서는 의학과 문화에 밀타운보다도 더 큰 영향력을 미치게
될 약리학적 발견들이 역시 우연하게 이루어졌다.

1952년 파리에서 외과 의사 앙리 라보리는 자기 환자들을 대상으로
클로르프로마진이라는 화합물을 실험해보기로 했다. 클로르프로마진은
19세기 후반 독일 직물 산업이 급격히 성장하며 나온 부산물인데 현대
에 쓰이는 향정신성 약물 가운데 같은 기원을 가진 약물이 무척 많다. 구
체적으로 말하면 1880년대부터 화공회사에서 개발한 산업용 염료에서
나왔다.♦ 1950년에 프랑스 연구자들이 페노티아진에서 새로운 화합물을

♦ 클로르프로마진의 모체인 페노티아진은 원래 1880년대에 파란색 염료로 합성되었는데 그 뒤 몇
 십 년 동안 예기치 않은 약효가 있다는 사실이 발견되었다. 살균제 효과도 있고(감염 위험을 낮
 춤), 구충제(몸에서 기생충을 몰아냄), 말라리아약(말라리아 치료 효과가 있음), 항히스타민제(알

합성해내며 탄생했다. 원래는 더 강한 항히스타민제를 만드는 게 목적이었다. 그런데 클로르프로마진이 기존 항히스타민제보다 더 나을 것이 없었기 때문에 바로 폐기해버렸다. 라보리는 클로르프로마진이 항히스타민제 역할보다도 감염 위험을 줄이고 신체의 자가면역반응을 억제하여 수술로 인한 충격을 경감하는 데 효과가 있지 않을까 생각하고 제약회사 롱폴랑에 이 약물을 요청해서 받았다. 효과가 있었다. 게다가 놀랍게도 환자들을 진정시키는 효과도 있었다. 몇몇 환자는 긴장이 크게 풀려서 곧 겪어야 할 중대 수술 절차에 대해 "무관심한" 지경까지 이르렀다고 라보리는 말했다.

"와서 좀 보세요." 라보리가 발드그라스 군병원에 있는 정신과 군의관 한 명에게 말했다고 한다. 라보리는 "긴장하고 불안해하는 지중해 사람 유형 환자들"[31]이 건강 상태가 좋지 않은데도 불구하고 아주 평온한 상태가 되었다고 했다.

병원에 소문이 퍼졌고 라보리의 동료 의사 하나가 자기 매제인 정신과 의사 피에르 드니케르에게 새로운 화합물의 약효를 알려주었다. 관심이 동한 드니케르는 자기가 일하는 파리 정신병원 뒤쪽 병동에 있는 특히 증상이 심한 환자들에게 이 약을 투여했다. 결과는 놀라웠다. 심하게 동요되어 있던 환자들이 차분해졌다. 미친 사람들이 제정신으로 돌아왔다. 드니케르의 동료 의사 하나는 몇 해 동안 아무 반응이 없던 환자에게 이 약을 투여했는데, 환자가 멍한 상태에서 깨어나서는 다시 이발사로 일하고 싶다고 말했다. 의사가 환자에게 면도를 해달라고 부탁했더니 꼼꼼

러지 반응을 막음) 역할도 했다. 듀퐁 사는 벌레를 죽이는 효능에 방점을 두고 1935년부터 페노티아진을 농부들에게 살충제로 팔았다.

히 면도를 해주었다. 그래서 퇴원시켰다. 환자들이 모두 다 이런 극적인 변화를 보인 것은 아니었지만 어쨌든 약의 진정 효과는 강력했다. 병원 근처에 사는 사람들은 정신병원에서 들려오던 괴성이 현저하게 줄었다고 했다. 다른 곳에서도 소규모 실험이 있었는데 마찬가지로 뚜렷한 효과가 나타났다. 1953년 파리에서 정신과 의사 장 지그왈드가 "불안과 우울"에 시달리는 환자 여덟 명에게 클로르프로마진을 주었더니 다섯 명이 호전되었다. 지그왈드는 클로르프로마신이 "신경증 환자의 인슐린"이라고 단언했다.[32]

클로르프로마진이 북아메리카로 건너오게 된 것은 1953년 봄 어느 일요일 저녁 몬트리올 맥길 대학교 정신의학자 하인즈 에드거 레먼이 목욕을 즐기면서 어떤 기사를 읽었기 때문이었다. 클로르프로마진이 프랑스에서 정신병에 어떤 약효를 발휘했는지에 관한 기사로, 제약회사 영업사원이 레먼의 연구실에 두고 간 것이었다.("얼마나 좋은 약인지 이 글만 읽어봐도 설득이 될 거예요."[33] 영업사원은 레먼의 비서에게 이렇게 말했다.) 레먼은 목욕을 마치고 나와 약을 주문했고, 이 약을 자기가 임상 관리자로 일하는 베르됭 신교 병원의 정신병 환자 일흔 명에게 투약하여 북아메리카 최초의 클로르프로마진 시험을 시작했다. 놀라운 결과가 나타났다. 몇 주 만에 조현병(정신분열증), 주요우울증, 오늘날 양극성장애라고 부르는 것 등을 겪던 환자들이 거의 나은 듯 보였다. 증상이 완전히 사라졌다는 사람들도 많았다. 평생 정신병원에 수용되어 있어야 할 거라고 생각했던 환자들 몇몇이 퇴원하게 되었다. 레먼은 나중에 말하기를 "한 세기 전에 마취제가 발명된 이래 약학 분야에서 가장 획기적인 발명이 이루어졌다."[34]고 했다.

미국 제약회사인 스미스, 클라인 앤드 프렌치에서 클로르프로마진 판매 허가를 받아 1954년에 소라진이라는 상표명으로 시장에 내놓았다. 소라진 등장으로 정신병 치료에도 변화가 일어났다. 1955년에는 수십 년 만에 처음으로 미국에서 정신병 입원 환자의 수가 줄어들었다.[35]

소라진과 밀타운은 문화 전반에 스며들던 새로운 생각을 더욱 강화했다. 정신병은 잘못된 양육이나 해소되지 않은 오이디푸스 콤플렉스 때문에 생기는 게 아니라 생물학적 불균형이나 생리적 교란 때문에 일어나므로 화학 요법으로 고칠 수 있다는 생각이다.

* * *

> 나는 그 길고 긴 밤을 공포에 질려 무서워하며 뜬눈으로 지새웠다. 어린아이들만이 느낄 수 있는 그런 공포감이었다.
>
> ─샬럿 브론테, 『제인 에어』(1847)

나 자신도 수십 년 동안 지속될 화학 요법의 첫 경험을 소라진으로 시작했다. 약이 나온 지 25년이 지난 뒤였다.

초등학교 졸업을 앞두고 나의 틱과 공포증이 다양하게 번성하자 부모님이 나를 정신병원에 데려가 검사 받게 했고 병원에서는 집중 치료가 필요하다고 진단을 내렸다. 중학교에 올라간 10월 어느 월요일 아침 학교에 가지 않겠다고 했다. 부모님과 떨어져 있어야 한다는 것, 세균을 접하

◆ 정신의학계에서는 혁명적인 일이었다. 1955년 이전에는 심한 정신병자든 약한 신경증 환자든 주로 정신분석 등의 방법으로 치료했다. 대화 치료로 심리적 문제나 어린 시절의 정신적 외상을 해소하는 게 표준 치료법이었다. 하인즈 레먼은 나중에 1950년대 이전의 정신의학에 관해 이렇게 말했다. 그때는 "정상적인 정신과 의사라면 약은 사용하지 않았다. 전기 충격이나 다른 여러 심리 요법을 썼다."

게 되리라는 게 너무 무서워서 견딜 수가 없었다. 그렇지만 부모님은 L 박사(내가 매클린 병원에서 검사를 받을 때 로르샤흐 테스트를 했던 의사다. 이 의사에게 매주 치료를 받으러 다녔다.)와 P 선생님(사회복지사로 불안을 덜 유발하려면 어떻게 해야 하는지 부모님에게 조언을 해주던 사람이다.)에게 전화를 걸어보더니 그래도 학교에 가야 한다고 말했다. 이렇게 해서 학기 내내 거의 매일 아침 드라마틱한 실랑이가 되풀이되었다.

나는 잠에서 깨면 울며 이불을 꼭 붙들었고 학교에 가기 무섭다고 했다. 부모님은 말로 설득해보려 하다가 안 되면 이불을 벗겨냈고 레슬링 시합이 시작되었다. 아버지가 나를 잡고 있는 동안 어머니는 억지로 옷을 입혔고 나는 빠져나가려고 몸부림쳤다. 옷을 입히고 나면 나를 차로 질질 끌고 가고 나는 버둥거렸다. 학교에 도착하기까지 7분여 동안 차 안에서 나는 울면서 부모님에게 제발 보내지 말라고 빌었다.

학교 주차장에 차가 멈추면 머릿속으로 셈을 하기 시작했다. 부모님이 나를 억지로 차에서 끌어내서 학교 친구들 앞에서 굴욕을 줄까? 학교도 두려웠지만 굴욕은 더욱 두려웠다. 나는 눈물을 닦고 차에서 내려 죽으러 가는 사람처럼 교실을 향해 걸어갔다. 내 불안은 불합리하다. 사실상 두려워할 만한 것은 아무것도 없었다. 그래도 심한 병리적 불안에 시달려본 사람이라면 단두대로 걸어가는 것보다도 더 비참한 심정이었다는 내 말이 과장이 아니라는 걸 알 거다.

절망에 빠져, 눈물을 삼키며, 꾸륵거리는 아랫배를 진정시키려고 애쓰면서 나는 말없이 책상에 앉아 있었다. 울음을 터뜨려 망신을 당하지는 않아야 했다.◆

◆   내가 처음으로 병적 우울증을 맛본 것은 그해 어느 금요일 교실에 앉아 있을 때였다. 곧 주말이라

1월이 되자 공포증과 분리불안이 극심해져서 친구들을 멀리하기 시작했고 친구들도 나를 멀리했다. 이제 또래들과는 거의 어울리지 않았다. 사내아이들의 찧고 까부는 장난에 끼기가 너무 힘들어서 점심시간이면 선생님 옆에 조용히 앉아 있곤 했다. 그러다가 그해 개학식 첫날에 스페인어 선생님이 프랑스어 선생님에게 친구들과 맨해튼으로 휴가 여행 다녀온 이야기를 생생하게 들려주는 것을 엿듣게 되었다. 스페인어 선생님과 친구들이 바이러스성 식중독에 걸려 엄청나게 구토를 했다는 내용이었다.◆

개학 첫날에, 이 일까지 더해지자 내가 견딜 수 있는 임계점을 넘고 말았다. 나는 학교에서 나와 집으로 갔고 이성을 잃었다.

그날 저녁에 있었던 일이 토막토막 기억난다. 내가 물건을 마구 집어던지고, 손에 닿는 것은 전부 부수고, 아버지가 힘으로 나를 억누르려고 하고, 내가 바닥에 드러누워 주먹으로 바닥을 치고, 입에 거품을 물며 비명을 지르고, 너무 무서워서 더 이상은 못 참겠다 죽고 싶다고 소리를 지르고, 아버지는 L 박사에게 전화를 걸어 나를 입원시켜야 하는지를 의논하고(구속복과 앰뷸런스 이야기가 나왔다.), 아버지가 동네 약국으로 달려가고, 비상약으로 파는 발륨(벤조디아제핀 계열의 약(弱)신경안정제로 나중에 좀더 자세히 설명하겠다.)과 액상 소라진(그때는 강력 안정제로 알려져 있었고 지금은 정신병 치료제로 분류된다.)을 사 가지고 돌아왔다.

는 기대감에 평소처럼 안도하고 있었는데, 느닷없이 **일요일 밤이 되면 이 모든 일이 다시 시작되리라는** 생각이 들었다. 고통이 무한하다는 것, 일요일 밤 그리고 월요일 아침이 끝없이 되돌아오리라는 생각, 그걸 멈추려면 죽음밖에는 방법이 없고 그러므로 나쁜 일이 돌아오리라는 두려움을 이겨내도록 도와줄 그 무엇도 기대할 수 없다는 생각을 하자 서늘함이 엄습했다.

◆ 내 공포증적 강박이 어쩌나 강했던지 30년도 더 지난 오늘날까지도 두 선생님의 대화를 거의 정확하게 그대로 기억할 수 있다.

소라진은 맛이 지독했다. 그래도 너무 힘들었기 때문에 오렌지주스에 타서 마셨다. 그 뒤 열여덟 달 동안 나는 소라진을 매일 복용했다. 그리고 그 주말에 이미프라민도 먹기 시작했다. 이미프라민은 1980년대 후반 프로작이 등장하기 전까지 대표적인 우울증 약이던 삼환계 약이다.♦

그때부터 2년 동안 날마다 어머니는 커다란 노란색 소라진 알약과 더 작은 녹색과 파란색 이미프라민 알약들을 아침 식사와 저녁 식사 때 내 접시 가장자리에 놓아주었다. 약이 불안을 줄여주어 입원은 하지 않아도 되었다. 그렇지만 대가를 치러야 했다. 소라진 때문에 멍했고 탈수 증상이 나타났다. 입은 바싹 마르고 감정도 메마르고 소라진의 흔한 부작용인 지연성 운동이상이 나타나 손가락이 경련을 일으켰다. 1년 전, 소라진과 이미프라민 복용을 하기 전에 나는 축구 대표 선수로 뽑혔었다. 내가 소라진 때문에 둔해진 상태로 운동장에 나타나자 코치들이 당혹해 했다. 현란한 드리블 솜씨로 상급생 선수들을 무색하게 만들던 키 작은 아이가 대체 어떻게 된 거지? 방학 지나고 다시 나타난 아이는, 여전히 키는 작았지만 움직임도 느리고 금세 지치고 빠르게 탈수 증상을 보이고 입가에 끈끈한 점액이 말라붙곤 했다.

약에 절어 있었어도 불안이 아예 사라지지는 않았다. 학교는 그럭저럭 갔지만 공포가 압도해오면 교실에서 나와 양호실에 가서는 양호선생님에게 집에 가게 해달라고 빌었다. 내가 안절부절못하고 계속 돌아다니다 보면 양호실 안이 너무 좁고 답답하게 느껴질 때가 있었는데 그럴 때면 양호선생님이 친절하게도 내가 진정될 때까지 나를 데리고 학교 주위

♦ 이미프라민은 공황장애라는 개념을 규정하는 데 가장 결정적 역할을 한 약이다.(다음 장에서 좀 더 이야기하겠다.)

를 돌아주었다.◆

걸핏하면 양호선생님과 함께 학교 안을 돌아다니는 모습이 보이니 애들은 당연히 나한테 무슨 문제가 있는 걸까 궁금했을 것이다. 전에 친했던 애의 어머니가 우리 엄마에게 내가 어디 아프냐고 물었다. 어머니는 아니라고, 괜찮다고 둘러댔다.

그렇지만 나는 괜찮지 않았다. 비참했다. 그때 사진을 보면 나는 풀죽고 아파 보이고 구부정해서는 쪼그라드는 것처럼 보인다. 나는 정신병약, 항우울제, 안정제를 복용하고 있었고 수업에 들어가는 대신 날마다 양호선생님과 같이 돌아다녔다.

소라진과 이미프라민과 발륨이 없었다면 그해를 버티지 못했을 것 같다. 어찌 되었든 버텼고, 이듬해 말에 L 박사는 소라진 복용을 줄여나가 끊게 했다. 그렇지만 30여 년 전 그 겨울 이래로 계속 이런저런 정신과 약을 먹었다. 때로는 두세 가지 이상을 먹을 때도 있었다. 나는 지난 반세기 동안의 불안 치료제 트렌드의 산증인 같은 사람이다.

◆ 이 무렵에 구토공포증이 목이 메는 것에 대한 두려움으로 전이되어 문제가 한층 복잡해졌다. 뭐든 목으로 넘기기가 힘들어지기 시작했다.(잘 삼키지 못하는 문제가 불안의 증상 가운데 하나라는 것은 19세기 후반부터 잘 알려져왔다. 연하곤란이라고 불린다.) 그래서 음식을 먹기가 두려워졌다. 안 그래도 빼빼 마른 몸이 더욱 야위었다. 학교에서 점심은 아예 걸렀다. 삼키기가 힘들어질수록 그 문제에 온 정신이 사로잡혔고 그러다 보면 문제가 점점 더 심각해졌다. 침조차 삼키기 힘들었다. 역사 시간에 입안에 침이 가득 고여서 선생님이 나에게 발표를 시킬까 봐 두려움에 떨던 일이 생각난다. 그러면 입안 가득한 침이 목에 걸리거나 아니면 침을 책상 위에 질질 흘릴 것 같았다. 나는 어딜 가든 화장지 뭉치를 가지고 다니면서 침을 삼키지 않아도 되도록 몰래 휴지에 침을 뱉었다. 날마다 점심 무렵이 되면 주머니에 젖은 휴지가 가득 찼고 그게 바지에 스며들어 바지에서 침 냄새가 났다. 하루가 지날 때쯤이면 휴지가 산산이 찢어지고 침에 젖은 휴지가 주머니 밖으로 흘러나오곤 했다. 내가 중학교와 고등학교를 통틀어 단 한 번밖에 데이트를 하지 못했다는 사실이 이제 놀랍지 않을 것이다.

＊＊＊

약물의 발견은 정신병과 인간 본성에 관한 생각에 충격적인 영향을 미쳤다. 우리의 성격, 지성, 문화 자체를 한 자루의 효소로 축소할 수 있게 된 것이다.

─에드워드 쇼터, 『프로작 이전』(2009)

1980년대에 잠시 동안 나는 모노아민 산화효소 억제제(MAOI)인 페넬진을 먹었다. 상표명은 나르딜이다. MAOI는 나에게 별로 효과가 없었다. 불안이 줄어들지 않은 데다가 오히려 이 약의 부작용 때문에 죽지 않을까 하는 걱정을 아주 많이 했다. MAOI가 특정 성분과 결합하면 매우 위험하고 치명적일 수도 있는 부작용을 일으키기 때문이다. MAOI를 먹는 환자가 와인 등의 발효주, 오래된 치즈, 피클, 특정 종류의 콩, 약국에서 쉽게 살 수 있는 여러 약 등 아미노산에서 유래한 티라민 함량이 높은 것을 같이 먹으면 건강에 심각한 문제가 생길 수 있다. 심한 두통, 황달, 혈압 급상승, 심한 내출혈을 일으킨 경우까지 있었다. 그러니까 이 계열 약은 건강 상태가 아주 좋을 때에도 건강염려증과 건강에 대한 불안에 시달리는 나 같은 사람에게는 적당하지 않다.

환자에 따라서는 우울·불안 치료에 MAOI보다 나은 방법이 없는 사람도 있지만, 부작용 때문에 여러 해 전부터 기분장애 치료에 일차적 치료 방법으로 고려하지는 않는다.[◆36] MAOI가 내 정신병 치료 역사에서

◆ 소설가 데이비드 포스터 월리스는 불안과 우울 치료를 위해 전기 충격을 비롯해 여러 치료법을 시도해본 끝에 나르딜이 가장 효과적이라고 결론 내렸다. 월리스는 티라민으로 인한 듯한 부작용을 경험한 뒤에 나르딜을 끊었는데 아마 그래서 2008년 자살에 이르지 않았을까 싶다.

는 카메오 출연에 그쳤지만 불안의 과학 문화사에서는 중요한 역할을 했다. 당시 막 형성되기 시작한 신경화학적 정신병 이론과 밀접한 연관이 있는 초기 약물 가운데 하나이기 때문이다. 20세기 중반 MAOI와 이미프라민 등 삼환계 약물이 등장하며 우울과 불안에 대한 과학적 이해의 기반이 만들어지기 시작했다.

MAOI 계열 약은 2차 세계대전 막바지에 등장했다. 독일 공군이 영국 도시를 V-2 로켓 미사일로 포격하다가 사용하던 연료가 떨어져서 대신 히드라진이라는 연료로 로켓을 발사해야 했다. 히드라진은 독성이 있는 폭발성 물질이었지만 과학자들은 히드라진을 변형해서 의학적으로 쓸 수 있음을 알아냈다. 전쟁이 끝난 뒤 남은 히드라진을 제약회사에서 헐값에 사들였다. 1951년 뉴저지 주 너틀리에 있는 호프만라로슈 사에서 일하던 화학자들이 히드라진을 변형해서 만든 화합물 이소니아지드와 이프로니아지드가 결핵균을 억제한다는 사실을 발견했다. 임상 시험이 뒤따랐다. 1952년에는 이소니아지드와 이프로니아지드 둘 다 결핵 치료제로 판매되었다.

그런데 이 두 항생제에 예상하지 못한 부작용이 있었다. 이 약을 투여 받은 뒤에 일부 환자들이 "행복감에 빠져" 결핵 병동 복도에서 춤을 추는 일이 있었다고 신문에 실렸다. 이 보도를 읽은 정신과 의사들은 이소니아지드와 이프로니아지드에 기분을 좋게 하는 효과가 있으니 정신과 약으로 쓸 수 있지 않을까 생각했다. 1956년 뉴욕 로클랜드 주립 병원에서 여러 정신질환이 있는 환자들에게 5주 동안 이프로니아지드를 투여하는 연구를 했다. 5주 투약 기간이 끝날 무렵 우울증이 뚜렷이 호전되었다. 이 병원 연구 책임자인 네이선 클라인은 "정신에 활력을 주는" 효과를 보았고 그래서 자기 개인병원의 우울증 환자들에게도 이프로니아지드를 처방했다. 네이선 클라인은 일부 환자들에게서 "증상이 완전히 사라졌다."고 보고했다. 클라인은 "정신의학 역사에서 이런 약효를 발휘한 치료제는 이프로니아지드가 처음"이라고 단언했다.[37] 1957년 4월 호프만라로슈 사는 이프로니아지드를 마르실리드라는 상표명으로 판매하기 시작했고 이 약은《뉴욕 타임스》1면을 장식하기도 했다. 마르실리드는 MAOI 계열 약 1호이자 항우울제로 알려진 첫 번째 약이기도 하다.

20세기 중반은 신경과학의 역사가 일천할 때다. 뇌가 이렇게 작동하는지에 관한 지식이 아직 초보적인 수준이었다. "불꽃"이냐 "국물"이냐를 두고 논쟁이 계속되었다.[38] 그러니까 뉴런 사이에서 자극이 전기적으로 전달되느냐 아니면 화학적으로 전달되느냐를 두고 과학계의 의견이 나뉘었다. 옥스퍼드 대학교 약리학 교수 레슬리 아이버슨은 1950년대를 이렇게 회상했다. "내가 케임브리지에서 학부생일 때에는 뇌 안에 화학적 전달은 없고 뇌는 전기 기계와 같다고 배웠다."[39]

19세기 후반 영국 생리학자들이 뇌 안의 화학물질에 관한 기초적 연구를 해놓았다. 그렇지만 1920년대에 접어들어서야 오스트리아 그라츠 대학교 약리학 교수 오토 뢰비가 처음으로 신경전달물질의 존재를 밝혔다. 뢰비는 1926년에 아세틸콜린이라는 화학물질이 신경 끝에서 다른 신경으로 자극이 전달되는 과정을 중재한다는 내용의 논문을 발표했다.◆

소라진과 밀타운 판매가 가속화하는데도 뇌세포 사이에서 자극을 전달하는 물질인 신경전달물질이 실제로 존재하는지는 확실히 입증이

◆ 뢰비는 개구리의 심장 박동을 인위적으로 높이거나 낮추는 실험을 했는데, 1923년 부활절 일요일에 꾼 꿈속에서 이 실험을 구상했다고 한다. 뢰비는 잠결에 이 아이디어를 침대 옆에 있는 쪽지에 적어놓았는데 이튿날 아침 깨어보니 꿈도 기억이 나지 않고 자기가 적어놓은 글도 알아볼 수가 없었다. 다행스럽게도 그날 밤에 그 실험이 또 꿈에 나왔다. 이번에는 기억했고 실험을 수행해서 최초로 신경전달물질의 존재를 입증했다. 이 작업으로 나중에 노벨상을 받는다.

되지 않은 상태였다.*(이 약을 처방하는 의사들이나 이 약을 개발한 생화학자들이나 약에 왜 이런 효과가 있는지는 오리무중이었다.) 그때 스코틀랜드에서 두 연구자가 발견한 사실이 평형추를 "국물" 쪽으로 강하게 기울게 했다. 1954년 에든버러 대학교에서 독일 신경과학자 마르테 포크트가 노르에피네프린이라는 신경전달물질이 있다는 증거를 처음 발견했다. 그해 말 포크트의 동료인 존 헨리 개덤이 여러 변칙적 실험을 통해 이전까지는 소화와 관련된 장내 물질이라고 생각되던 세로토닌이 신경전달물질임을 발견했다.** 개덤은 스스로 LSD를 먹어 실험을 했다.[40] 개덤은 48시간 동안 제정신이 아니었고 또 실험실에서 측정한 바에 따르면 뇌척수액 내의 세로토닌 대사 물질 함량도 줄어들었다고 한다. 개덤은 이런 애매한 결론을 내렸다. 세로토닌은 정신건강을 유지하게 도와준다. 따라서 세로토닌이 부족하면 정신병에 걸릴 수 있다. 이렇게 하여 신경전달물질과 관련된 정신건강 이론이 탄생하게 되었고 의학계나 문화 전반에서 불안과 우울을 바라보는 관점도 달라지게 된다.

◆　오토 뢰비나 다른 연구자들이 혈액 안에 노르에피네프린 등의 신경전달물질이 있다는 증거를 찾기는 했지만 아직 뇌 안에서는 확인되지 않았었다.

◆◆　초기 세로토닌 연구 역사를 간략하게 살피면 이렇다. 1933년에 이탈리아 연구자 비토리오 에르스파메르가 위에서 화학물질을 발견하였고 이 물질이 장 수축을 촉진하여 소화 작용에 관여하는 듯 보였기 때문에 엔테라민이라는 이름을 붙였다. 1947년 미국 클리블랜드 병원에서 고혈압을 연구하던 생리학자 두 명이 혈소판 안에서 엔테라민을 발견했다. 엔테라민이 혈관 수축을 일으킨다는 것을 알게 되어 세로토닌이라고 새로운 이름을 붙였다(세로는 라틴어 세룸(serum)에서 나온 말로 '피'를 뜻하고 토닌은 그리스어 토니코스(tonikos)에서 온 말로 근긴장을 가리킨다.). 1953년에 처음으로 뇌에서 미량의 세로토닌이 발견되었지만 연구자들은 위에서 나와 혈류를 타고 뇌로 이동한 잔존물일 뿐이라고 생각했다. 나중에야 세로토닌이 신경전달물질 역할을 한다는 것이 분명해졌다.

* * *

…… 뇌수에 씌어진 고통을

지워버리고, 감미로운 망각 촉진제로

왕비의 그 답답한 가슴속에서

심장을 짓누르는 위험한 것들을

말끔히 청소할 순 없단 말인가?

—윌리엄 셰익스피어, 최종철 옮김, 『맥베스』(1606년경)

버나드 "스티브" 브로디는 2차 세계대전 때 말라리아약을 만들어 생화학자로 명성을 높였다. 1950년대 소라진과 밀타운이 시판되기 시작했을 때 브로디는 메릴랜드 주 베서스다에 있는 미국 국립보건원 심장 센터 실험실을 맡아 운영하고 있었다. 그 뒤 10년에 걸쳐 이 실험실은 정신의학에 혁명을 가져온다.

그 획기적인 실험의 시작은 레세르핀 실험이었다. 레세르핀은 라우월피아 세르펜티나(뿌리가 뱀처럼 생겨서 붙은 이름이다.)라는 식물에서 추출한 물질로 천 년도 넘는 옛날부터 인도에서 고혈압부터 불면증, 뱀독, 영아 산통까지 온갖 병에 만병통치약으로 쓰였다. 그런데 힌두 문헌에 보면 "광기" 치료에도 효과가 있었다고 나와 있다. 그전까지는 서구에서 레세르핀에 별 관심을 두지 않았지만 소라진이 놀라운 효과를 발휘하는 걸 보고 스큅 사 경영진이 레세르핀에 주목하기 시작했다. 스큅 사는 네이선 클라인에게 자금을 대주었고 클라인은 이 물질을 로클랜드 주립 병원에 있는 환자들에게 시험 삼아 투여했다. 여러 명이 현저하게 호전되었고 불안 때문에 생활에 '장애'를 겪던 환자 몇몇이 퇴원하여 일상으로 돌아갈 정도로 긴장이 크게 완화되었다.

대규모 연구가 시작되었다. 1955년 뉴욕 주 정신위생국장 폴 호크가 뉴욕 주지사 W. 애버렐 해리먼과 협의하여 주 안에 있는 정신병원의 환자 9만 4000명 **전부**에게 레세르핀을 투여하는 15억짜리 프로젝트를 시작했다.[41](오늘날이라면 이런 연구는 FDA 규정에 따라 시행될 수가 없다.) 결과는 이랬다. 레세르핀은 일부 환자들에게 효과가 있었지만 소라진만큼은 아니었다. 게다가 심각하고 때로는 치명적인 부작용도 있었다. 그래서 레세르핀은 임상에서 정신과 약으로는 부적절하다고 간주되었다.

그렇지만 스티브 브로디와 국립보건원 동료들은 레세르핀을 통해 생화학과 행동 사이에서 뚜렷한 관련성을 발견했다. 존 개덤이 LSD와 세로토닌의 관계를 통해 발견한 것에 힌트를 얻어 브로디는 토끼에 레세르핀을 투여해 세로토닌 수치에 어떤 변화가 있는지 살폈다. 브로디는 두 가지 흥미로운 사실을 발견했다. 토끼에게 레세르핀을 투여하면 뇌 안의 세로토닌이 감소하고, 그렇게 되면 토끼들이 마치 우울증이 있는 사람처럼 "무기력"하고 "무심"해지는 것으로 보였다.[42] 심지어 토끼의 세로토닌 농도를 조절하여 "우울한" 행동을 일으키거나 없앨 수도 있었다. 브로디는 1955년 《사이언스》에 이 발견을 보고했는데, 특정 신경전달물질의 농도와 동물의 행동 변화를 연결 짓는 최초의 논문이었다.[43] 한 의학사가는 브로디가 신경화학과 행동 사이에 다리를 놓았다고 표현했다.[44]

브로디의 레세르핀 연구는 당시 정신의학자들이 MAOI에 관해 알게 된 것과 연결된다. 좀 심하게 단순화해서 말하자면 1950년대 뇌과학자들은 '상류'의 뉴런이 신경전달물질을 시냅스(신경 세포 사이의 아주 작은 공간)로 방출하여 '하류'의 뉴런이 발화하게 한다는 사실을 막 알아낸 참이었다. 신경전달물질은 뉴런에서 뉴런으로 빠르게 이동하며 나중 뉴런의 세포막에 있는 수용체와 결합하여 신호를 전달한다. 신경전달물질이 시 냅스후 뉴런의 수용체에 결합할 때마다(세로토닌은 세로토닌 수용체에, 노르 에피네프린은 노르에피네프린 수용체에 결합한다.) 신호를 받는 뉴런의 형태가 바뀐다. 세포막에 구멍이 생겨 뉴런 바깥의 원자가 안으로 쏟아져 들어 오게 하여 뉴런의 전압을 바꾼다. 그러면 나중 뉴런이 발화하여 자기 신 경전달물질을 주위 시냅스로 방출하게 된다. 이 신경전달물질이 또 다른 뉴런의 수용체에 닿는다. 이런 연쇄 반응(뉴런 발화, 신경전달물질 방출, 다른 뉴런이 발화하게 함)이 우리 뇌 안의 수천억 개의 뉴런과 수조 개의 시냅스 사이에서 이루어져 정서, 지각, 사고를 일으키는 것이다. 뉴런과 신경전달 물질은 정서와 사고의 물질적 재료이고 아직도 많은 부분이 밝혀지지 않 은 상태다.

이프로니아지드에 관한 초기 연구에서 이 항생제가 모노아민 산화 효소(MAO)라는 효소를 불활성화한다는 사실이 밝혀졌다. MAO는 시 냅스에 쌓이는 세로토닌과 노르에피네프린을 분해하여 제거하는 역할 을 한다. 신경전달물질이 시냅스에 분출되면 보통은 MAO가 금세 치워 서 다음 전달이 이루어질 수 있게 한다. 그렇지만 이프로니아지드를 먹 어 MOA가 억제되면 신경전달물질이 신경 말단에 더 오래 남아 있게 된 다. 브로디 연구팀은 이프로니아지드가 시냅스에 신경전달물질이 쌓이게 하기 때문에 항우울 효과가 있다는 이론을 펼쳤다. 토끼에게 레세르핀을 투여하기 전에 이프로니아지드를 주면 그냥 레세르핀만 투여했을 때처 럼 무기력한 상태가 되지 않았다. 브로디 연구팀은 이프로니아지드가 시 냅스의 노르에피네프린과 세로토닌 수치를 높여서 토끼가 '우울해지지' 않게 막는다는 결론을 내렸다.

제약업계가 새로운 생각에 눈뜬 순간이었다. 정신과 약을 '화학적 불균형'을 바로잡는다거나 특정 신경전달물질 결핍을 보충하는 약이라고 선전하여 판매할 수 있다는 사실을 깨달은 것이다. 호프만라로슈는 1957 년 이프로니아지드를 처음 광고하면서 이 약이 "세로토닌, 에피네프린, 노르에피네프린 등의 아민 대사에 영향을 미치는 아민 산화효소 억제제"라고 선전했다.[45]

또 다른 약이 연구되면서 이런 개념은 더욱 굳건해졌다. 1954년, 스위스 제약회사인 가이기에서 소라진의 화학 구조를 살짝 바꾸어 G22355 라는 화합물을 만들고 이미프라민이라고 불렀다. 최초의 삼환계 약물이었다.(삼환계 약물은 화학적 구조가 고리 세 개로 되어 있다.) 더 우수한 수면제를 개발하려고 연구 중이던 스위스 정신의학자 롤란드 쿤이 이미프라민을 환자들에게 주었다. 소라진과 이미프라민은 화학적으로 비슷하기 때문에(원자 두 개만 다르다.) 쿤은 이미프라민도 소라진처럼 진정 효과가 있으리라고 생각했다. 그런데 그렇지 않았다. 환자들이 잠들게 하는 대신 활력을 주고 기분을 돋워주었다. 500명이 넘는 환자들에게 이미프라민을 투여해본 쿤은 1957년 취리히 국제 정신의학 회의에 심한 우울증을 겪던 환자들도 이미프라민을 수 주 투여한 뒤에 엄청나게 호전되었다는 내용을 담은 논문을 제출했다. 기분이 좋아지고 활력이 솟고 "건강염려증"이 사라지고 "전반적 억제"가 해소되었다고 밝혔다. "완치도 드물지 않았다. 환자 본인이나 가족들이 이렇게 좋은 상태는 정말 오랜만이라며 효과를 확인해주었다."[46]라고 쿤은 보고했다. 가이기는 이미프라민을 창고에서 꺼내어 1958년 토프라닐이라는 이름으로 유럽 시장에 내놓았다. *[47]

◆ 이미프라민 역시 우연 덕에 시장에 나올 수 있게 되었다. 이 우연이 없었더라면 생물학적 정신의학의 역사도 상당히 달라졌을 것이다. 쿤의 말에 따르면 국제 정신의학 회의에서 이미프라민에 대한 보고를 했을 때 "회의적인 반응이 엄청나게 강했다."고 한다. "그때까지는 우울증을 약으로 치료한

1959년 9월 6일, 이미프라민이 미국 시장에 나온 날, 《뉴욕 타임스》는 「약과 우울증」이라는 제목의 기사를 내어 마르실리드(이프로니아지드, 최초의 MAOI)와 토프라닐(이미프라민, 최초의 삼환계 우울증 약)을 다루었다. 《뉴욕 타임스》는 이 약을 "항우울제"라고 불렀는데, 아마 언론이나 대중 문화에서 이 용어가 사용된 게 이때가 처음이었을 것이다.

오늘날 미국에서 항우울제를 먹는 사람이 4000만 명이 넘는다는 통계도 있지만, 1957년 롤란드 쿤이 국제 정신의학 회의에서 발표할 때에는 항우울제라는 게 없었다. 그런 개념 자체가 존재하지 않았다. MAOI와 삼환계 우울증 약이 새로운 범주를 만들어낸 셈이다.

1960년대 초 미국 국립보건원 연구자이자 스티브 브로디 실험실 출신인 생화학자 줄리어스 액설로드는 이미프라민이 뇌 안의 여러 화학물질에 미치는 영향을 밝히는 연구를 했다. 액설로드는 이미프라민이 시냅스에서 노르에피네프린 재흡수를 막는다는 것을 알아냈다.(몇 년 뒤 세로토닌 재흡수 역시 막는다는 사실도 발견한다.) 액설로드는 항우울제가 노르에피네프린 재흡수에 영향을 미치기 때문에 기분이 밝아지고 우울감이 사라진다는 이론을 세웠다. 혁신적인 아이디어였다. 이미프라민이 노르에피네프린 재흡수를 막고 환자들의 불안과 우울을 줄여준다면, 노르에피네

다는 데 대해 부정적인 생각이 전적으로 우세"했기 때문이다. 사실 정신과 약에 관심이 얼마나 적었던지 취리히에서 쿤이 발표를 할 때 그 자리에 있었던 사람은 열두 명밖에 되지 않았다.(나중에 쿤의 발표는 약리학의 게티즈버그 연설이라고까지 불렸다. 당시에는 주목을 받지 못했으나 역사에 남게 될 사건이라는 뜻이다.) 가이기 사도 시큰둥해했다. 정신의학계와 마찬가지로 정서장애를 약으로 치료한다는 생각에 회의적이었고 이미프라민을 판매할 계획은 전혀 없었다. 그런데 어느 날 쿤이 로마에서 열린 학회에 참석했다가 우연히 가이기 사의 대주주인 로베르 보링거를 만났다. 보링거가 지나가는 말로 제네바에 사는 친척이 우울증이 깊다고 얘기했는데 쿤이 이미프라민 한 병을 손에 쥐어주었다. 보링거의 친척은 약을 먹고 며칠 만에 호전되었다. "쿤 말이 맞습니다. 이미프라민은 우울증 치료제입니다." 보링거가 가이기 이사회에서 단언했다. 가이기 중역들도 마음을 바꾸고 약을 시장에 내놓기로 했다.

프린과 정신건강 사이에 어떤 상관관계가 있다는 뜻이다. 마르실리드나 토프라닌, 또 비슷한 효과를 내는 코카인은 시냅스의 노르에피네프린 수치를 높임으로써 불안과 우울을 치료하는 것으로 보였다.

이 무렵 매사추세츠 정신건강 센터 의사였던 조지프 실드크로트는 불안과 신경증은 어린 시절의 외상이나 해소되지 않은 심리적 갈등 때문에 일어나므로 프로이트 식 심리 치료를 해야 한다고 믿던 사람이다. 그런데 환자들 몇에게 이미프라민을 주어보았다. "이 약이 마법처럼 보였다." 실드크로트는 나중에 이렇게 밝혔다. "새로운 세계가 펼쳐졌다는 사실을 깨달았다. 약학이 연 정신의학의 신세계가."[48] 1965년 실드크로트는《미국 정신의학 저널》에 「정서장애에 대한 카테콜아민 가설: 근거 검토」[49]라는 논문을 발표했다. 스티브 브로디와 줄리어스 액설로드의 작업을 기반으로 해서 뇌 안의 카테콜아민 수치가 올라가면 우울증이 생긴다고 주장했다. 카테콜아민은 노르에피네프린 등 싸움 또는 도주 반응과 관련이 있는 호르몬을 총칭하는 말로 스트레스를 받으면 부신에서 분비된다. 실드크로트의 논문은 정신의학 역사상 가장 많이 인용되는 논문이 되었고 불안과 우울이 화학적 불균형 때문이라는 이론을 이 분야 중심에 당당히 올려놓은 논문이기도 하다.

생물학적 정신의학의 첫 번째 기둥이 세워진 셈이다. 프로이트 모델은 무의식의 심리적 갈등을 해소하여 불안과 우울을 치료하려 했다. 항우울제가 등장하면서 정신병과 정서장애는 점점 더 특정 신경전달물질 시스템의 장애 탓으로 돌려지게 되었다. 조현병과 약물 중독은 도파민 시스템 문제 때문으로 생각되었고, 우울증은 부신에서 분비되는 스트레스 호르몬 때문이고, 불안은 세로토닌 시스템 결함으로 인한 것으로 생각되었다.

그렇지만 약리학이 불안의 역사에 가장 결정적 영향을 미치게 되는 사건은 아직 일어나지 않았다. 정신의학계에서 불안의 개념을 송두리째 바꾸어놓은 변화는, 이미프라민 연구에서부터 시작된다.

6

어떻게 약이
새로운 병을 만들어냈는가

불안 발작은 아무런 관련된 생각 없이 불안한 감정만으로도
촉발될 수 있고, 죽음, 뇌졸중, 광기 등을 떠올릴 때 찾아오기
도 한다. 또는 식은땀, 두근거림, 혈관 운동 신경 자극, 선(腺)
의 활동 등 신체 기능 이상과 관련하여 불안한 감정이 솟기도
한다. 이런 것들의 조합에서 환자가 하나 이상의 요소를 골라
서 증상을 호소한다. "가슴이 조임", "숨쉬기가 힘듦", "식은땀
이 남" 등.

—지그문트 프로이트, 「불안신경증의 묘사를 통해
신경쇠약과 특정 증상을 구분하는 근거에 대하여」(1895)

정신병의 바탕은 뇌 안의 화학적 변화다. …… 이제는 정신과
육체, 또는 마음의 병과 몸의 병을 구분하는 게 합리화될 수
없다. 정신병이 곧 몸의 병이다.

—데이비드 새처, 미국 공중보건국장(1999)

어느 날 사무실에서 이메일을 읽는데 의식 가장자리에서 미묘하게 내 몸이 좀 뜨뜻하다는 느낌이 들었다.

'실내 온도가 올라갔나?' 갑자기 내 몸 안의 작용이 의식의 중심에 들어왔다.

'내가 열이 나나? 병에 걸렸나? 이러다 기절하려나? 토하려나? 여기에서 나가거나 도움을 청하기 전에 움직이지 못하게 되지 않을까?'

나는 불안에 관한 책을 쓰고 있다. 공황 현상에 관한 지식으로 가득하다. 어떤 신경 작용으로 인해 발작이 일어나는지 일반인치고는 아주 잘 안다. 게다가 수천 번은 직접 겪어봤다. 지식과 경험이 있으니 당연히 잘 대처하리라 생각할 것이다. 사실 가끔은 그럴 때도 있다. 공황장애 증상을 미리 감지해서 피하거나 아니면 증상이 심해지지 않게 억누를 수 있다. 그렇지만 내 마음속의 대화는 이렇게 진행될 때가 많다.

'그냥 공황 발작일 뿐이야. 괜찮아. 마음 편하게 가져.'

'만약에 공황 발작이 아니면? 이번에는 정말 문제가 있는 거면? 심장마비나 뇌졸중이면 어떡하지?'

'늘 공황 발작이었잖아. 심호흡을 해. 침착하게. 괜찮아.'

'하지만 괜찮지 않으면?'

'괜찮아. 지금까지 782차례 공황 발작을 일으킬 때마다 이번에는 공황 발작이 아닐지도 모른다고 생각했는데 다 그냥 공황 발작이었잖아.'

'좋아. 마음 놓고. 숨을 크게 들이마시고 내쉬고. 명상 테이프에서 배운 마음을 편하게 하는 생각을 해야지. 그렇지만 지난 782번이 모두 공황 발작이었다고 해서 783번째도 공황 발작이란 법은 없잖아? 이제 배가 아프네.'

'그래 맞아. 여기서 나가야겠다.'

사무실에 앉아서 이런 생각이 머릿속에서 오가는 동안에 약간 뜨뜻했던 몸에서 열이 나기 시작한다. 땀이 흐른다.

얼굴 옆면에서 경련이 일더니 감각이 없어진다.(거 봐, 뇌졸중일지 모른다고 했잖아!) 가슴이 조여온다. 갑자기 사무실의 형광등이 섬광등처럼 정신없이 깜박거리는 듯 느껴진다. 현기증이 나서 어질어질하고 사무실 안의 가구가 빙빙 돌고 땅에 고꾸라질 것 같은 끔찍한 기분이 든다. 나는 중심을 잡으려고 의자를 붙든다. 현기증이 심해지고 사무실이 빙빙 돌자 주위 환경이 현실이 아닌 듯 느껴진다. 마치 나와 세상 사이에 얇은 막이 쳐진 것 같다.

머릿속이 마구 돌아가지만 이 세 가지 생각이 가장 확실하게 반복된다. '토할 것 같아. 죽을 것 같아. 여기에서 나가야 해.'

나는 비틀거리며 의자에서 일어나 뛰쳐나간다. 이미 땀으로 흠뻑 젖었다. 정신이 혼미하다. 나가야 한다. 사무실에서, 건물에서, 이 상황에서. 뇌졸중이나 구토나 죽음을 맞이한다면 건물 밖에서 맞고 싶다. 탈출하고야 말겠다.

계단까지 나가는 동안 누구를 만나지 않기를 절박하게 바라면서 문을 열고 엘리베이터가 있는 복도로 달려 나간다. 비상문을 열고 계단으로 나가, 여기까지 무사히 온 것에 약간 안도하며 일곱 층을 뛰어 내려가기 시작한다. 세 층쯤 내려오자 다리가 부들부들 떨린다. 내가 이성적으로 생각할 수 있다면, 편도를 진정시키고 대뇌를 잘 이용할 수만 있다면, 다리가 떨리는 것은 싸움 또는 도주 반응과(싸움 또는 도주 반응은 골격근 떨림을 일으킨다.) 급격한 운동 때문에 자동적으로 일어난 일이라는 옳은 결론을 내릴 수 있을 것이다. 그렇지만 이미 공황 때문에 최악의 사태를 생각하게끔 머리가 돌아가기 때문에 이성적인 뇌를 가동하지 못하고 떨리는 다리가 신체적 붕괴의 조짐이며 내가 곧 죽을 것이라는 결론을 내린다. 마지막 계단 두 층을 내려가면서 휴대전화로 아내에게 전화를 걸어 사랑한다고 말하고 내가 의식을 잃고 죽기 전에 도와줄 사람을 보내달라고 말할 시간이 있을까 생각한다. 계단에서 나가는 문은 평소에 잠겨 있다가 누가 계단 쪽에서 다가오면 움직임을 감지해 자동으로 잠금 해제되게 되어 있다. 그런데 어째서인지, 아마 내가 너무 빨리 달려왔기 때문인지 움직임 감지가 되지 않는다. 나는 최고 속도로 달려와 문에 몸을 부딪혔다가 뒤로 튕겨나가 엉덩방아를 찧는다.

내가 문을 너무 힘차게 들이받아서 문 위의 비상구 표지 둘레에 붙은 플라스틱 틀이 떨어졌다. 플라스틱 틀이 내 머리에 쿵 하고 부딪히고 바닥에 떨어진다.

로비에 있는 경비원이 요란한 소리를 듣고는 문을 열고 안을 들여다본다. 내가 멍한 상태로 바닥에 주저앉아 있고 비상구 표지판 틀은 옆에 떨어진 것을 보고 경비원이 묻는다. "대체 무슨 일이에요?"

"저 아파요." 내가 말한다. 누가 아니라고 말할 수 있을 것인가?

* * *

고대 그리스인들은 자연의 신 판이 목동들과 양떼를 다스린다고 믿었다. 판은 고상한 신은 아니었다. 키가 작고 못생겼으며 다리는 울퉁불퉁한 염소 다리였고 길가 동굴이나 수풀에서 낮잠 자기를 좋아했다. 지나가는 사람 때문에 잠에서 깨면 소름끼치는 비명을 질러 모골이 송연하게 했다. 판의 비명 소리 때문에 여행객들이 겁에 질려 급사하곤 했다고 한다. 판은 동료 신들에게도 겁을 주었다. 신화에 따르면 티탄족이 올림포스 산을 공격할 때 판이 두려움과 혼란을 불어넣어 티탄족이 패배했다고 한다. 그리스인들은 기원전 490년 마라톤 전투에서 승리한 것도 판 덕분이라고 생각한다. 적군인 페르시아 군인들의 마음에 판이 불안을 심어 넣었다고 한다. 그래서 (특히 사람이 많은 곳에서) 급작스러운 공포를 경험하는 것을 패닉(panic, 그리스어로 '판의'라는 뜻인 파니코스(panikos)에서 온 말이다.)이라고 하게 되었다.

패닉, 곧 공황 발작을 겪어본 사람은 그게 어떤 혼란을 불러일으키는지 알 것이다. 감정적으로는 물론이고 생리적으로도 엄청난 혼란이다. 가슴이 마구 뛴다. 식은땀이 난다. 몸이 떨린다. 숨이 가쁘다. 가슴이 조이고 숨이 막히는 듯하다. 메스껍고 속이 좋지 않다. 어지럼증이 나고 시야가 흐려진다. 손끝이 찌릿찌릿 저리다.(의학 용어로 '감각이상'이라고 한다.) 오한이 들었다가 화끈화끈 열이 났다가 한다. 극단적 절망감과 비관적인 생각이 든다.[♦]

데이비드 시핸은 40년 동안 불안을 연구하고 치료한 정신의학자다. 시핸이 쓴 책에 공황 경험이 얼마나 끔찍한지를 잘 보여주는 이야기가 있다. 1980년대에 어떤 환자가 공황 발작 치료를 받으려고 시핸을 찾아왔다. 환자는 2차 세계대전 참전 군인이자 노르망디 상륙작전 때 노르망디 해변에 처음 상륙한 바로 그 보병사단 가운데 한 명이었다. 시핸은 환자에게 물었다. 공황 발작이 머릿속 신경회로 작용 때문에 매우 괴롭게 느껴지기는 하겠지만 그래도 노르망디 해변을 달려갈 때만큼, 그러니까 사방에서 총알이 날아들고 피가 튀고 시체가 날아가며 죽거나 다칠 가능성

♦ DSM에 나와 있는 공황 발작의 증상 열세 개 가운데 열 개를 열거한 것이다. 나머지 세 개는 자아 개념 또는 현실 감각을 잃는 것, 자제력을 잃거나 미칠 것 같다는 두려움, 죽을 것 같다는 두려움이다. DSM에 따르면 열세 개 증상 가운데 최소 네 개 증상이 나타나야 공황 발작을 일으킨 것이다.

이 매우 높고 강하게 느껴질 때의 경험만큼 무시무시하고 괴롭지는 않지 않은가? 환자는 아니라고 대답했다. 시핸은 이렇게 전한다. "노르망디 해안에 상륙할 때 느낀 불안은 심한 공황 발작 때 겪는 공포감에 비하면 아무것도 아니라고 말했다. 둘 중 하나를 고르라면 망설임 없이 노르망디 상륙작전에 다시 자원하는 쪽을 택하겠다고 말했다."[1]

오늘날 공황 발작은 정신의학계나 대중문화의 단골손님이다. 미국인 가운데 나를 포함해 1100만 명이 공황장애 공식 진단을 받은 적이 있다. 그렇지만 1979년에만 하더라도 공황 발작이나 공황장애라는 것은 공식적으로 존재하지 않았다. 그럼 이런 개념이 어디에서 나온 것일까?

답은 이미프라민이다.

1958년, 뉴욕 힐사이드 병원의 젊은 정신과 의사 도널드 클라인은 이미프라민이 시판되기 시작하자 힐사이드 병원에서 치료하는 정신과 환자 200명 중 대부분에게 무조건 이미프라민을 투여하기 시작했다. 클라인은 이렇게 전한다. "우리는 이미프라민이 일종의 슈퍼코카인처럼 환자들이 틀을 깨고 나올 수 있게 해줄 것이라고 생각했다. 쾌감 상실증, 거식증, 불면증 등에 시달리던 환자들이 몇 주 뒤에는 놀랍게도 더 잘 자고 잘 먹게 되었다. …… '베일이 걷힌 것 같다.'"[2]

클라인은 특히 환자들 가운데 간헐적으로 급성 불안에 시달리던 열네 명의 변화에 주목했다. "가쁜 숨, 심장 두근거림, 허약, 죽음이 임박했다는 느낌"(당시에는 이런 증상을 일으키는 병을 프로이트 전통에 따라 불안신경증이라고 불렀다.) 등의 증상을 보이던 환자들의 불안이 현저하게 혹은 완전히 경감됐다.[3] 특히 한 환자가 눈에 띄었다. 공황에 빠져 간호사실로 달려와 죽을 것 같다고 말하곤 하던 환자였다. 그러면 간호사가 손을 잡고 달래주었고 몇 분이 지나면 발작이 가라앉곤 했다. 이런 일이 몇 시간에 한 번씩 계속 일어났다. 소라진도 먹었지만 효과가 없었다. 그렇지만 이미프라민 복용을 시작하고 몇 주가 지나자 간호사실을 찾는 일이 없어졌다. 아직도 **만성** 불안이 상당하다고 말하긴 했지만 **급격한** 발작은 완전히 없어졌다.

클라인은 곰곰이 생각해보았다. 이미프라민이 만성 불안이나 걱정에는 영향을 주지 않는데 불안 발작은 억제하는 걸 보면 현재 통용되는 불안 이론에 무언가 허점이 있다는 생각이 들었다.

1880년대 후반, 프로이트가 "신경 의사"라는 간판을 내걸었을 때에 프로이트나 다른 의사들이 가장 흔히 내리던 진단은 신경쇠약이었다. '신경쇠약'이라는 단어는 미국 의사 조지 밀러 비어드가 두려움, 걱정, 피로가 섞인 증세에 병명으로 붙이면서 널리 쓰이게 되었는데, 비어드는 이 병이 산업혁명의 스트레스에서 비롯되었다고 생각했다. 신경쇠약의 뿌리는 현대 생활의 압박 때문에 지나치게 긴장된 신경이라고 여겨졌다. "피곤한 신경"에는 "신경 활성제"를 처방하곤 했다. 약한 전기 자극이나 아편, 코카인, 알코올 등을 탄 만병통치약 따위 엉터리 치료법이 대부분이었다. 그렇지만 프로이트는 신경쇠약 환자들이 보이는 두려움이나 걱정은 신경의 피로 때문이 아니라 심리 문제 때문이고 정신분석을 통해 해소할 수 있다고 확신하게 되었다.

1895년, 프로이트는 불안신경증에 관한 논문을 썼다. 프로이트는 불안신경증을 신경쇠약과 다른 병으로 구분했는데, 프로이트가 묘사한 증상을 보면 DSM-5에서 열거한 공황장애 증상과 거의 일치한다. 빠르거나 불규칙한 심장박동, 가쁜 숨, 호흡 곤란, 식은땀, 잠자는 동안 땀을 흘림, 경련, 떨림, 현기증, 소화불량, "불안한 기대" 즉 파멸이 다가오고 있다는 느낌 등이다.

이런 내용과 도널드 클라인이 이미프라민 실험에서 알아낸 사실이 모순을 일으키지는 않는다. 왜냐하면 1895년에만 해도 프로이트는 불안신경증이 "억압된 생각"(프로이트는 대부분 정신병의 근원에는 이것이 있다고 생각했다.) 때문이 아니라 생물학적 힘 때문에 생긴다고 생각했기 때문이다. 프로이트의 초기 저작에서는 불안신경증이 유전적 성향(현대 분자유전학이 지지하는 이론이다.)이나 어떤 억눌린 생리적 압박(프로이트는 특히 좌절된 성욕 때문에 일어나는 압박이라고 생각했다.) 때문이라고 설명한다.

그렇지만 『히스테리 연구』 무렵부터의 저작에서는 불안 발작이 (강한 신체 증상으로 나타나는 것조차도) 해소되지 않은 무의식적·심리적 갈등에서 나온다고 주장했다. 프로이트는 그 뒤로 거의 30년 동안 불안 발작이 생물학적 문제라는 생각을 실질적으로 폐기했다. 프로이트와 추종자들은 불안신경증이라는 개념을 버리고 유전이나 생체가 아니라 심리적 불화에 바탕을 둔 보통 신경증으로 일반화했다. 20세기 중반에는 정신의학계 전반에서 불안이 이드의 욕망과 초자아의 억압 사이의 갈등 때문에 발생한다고 생각했다. 뿐만 아니라 불안이 조현병에서 정신신경증적 우울증에 이르기까지 거의 모든 정신병의 바탕이라고 믿었다. 정신분석과 대화 치료의 주된 목적은 환자가 마음속 깊은 곳에 있는 불안을 인식하고 대처하게 하는 것이다. 이 불안 때문에 적응에 도움이 안 되는 다양한 "자기방어 기제"가 가동된다는 것이다. "미국 정신의학계에서는 모든 정신병이 불안에서 파생된다는 이론이 지배적이었다. 또 이 불안은 심리 내면의 갈등에서 비롯된다는 것이다."[4] 클라인이 당시를 회상하며 말했다.

그런데 이런 생각은 클라인이 이미프라민 연구로 알아낸 것과 들어맞지 않는다. 불안이 모든 정신병을 일으키는 힘이라면, 왜 이미프라민이 불안신경증 환자의 공황은 없애주는데 조현병 환자의 병은 낫게 해주지 않는 걸까? 클라인은 프로이트주의자들 생각처럼 모든 정신병이 불안 스펙트럼 위에 있는 것은 아닐지 모른다고 가정했다.

불안 스펙트럼 이론은 기저에 있는 불안이 얼마나 심하냐에 따라 정신병의 심각성이 달라진다고 본다. 불안이 약하면 정신신경증이나 여러 신경증적 행동이 일어나고, 불안이 심하면 조현병이나 조울증이 발생한다고 생각한 것이다. 정통 프로이트주의자들은 급격한 불안 발작을 일으키는 장소, 예를 들어 다리, 엘리베이터, 비행기 등은 상징적인, 대개 성적인 의미를 지니고 있기 때문에 불안을 일으킨다고 보았다.

클라인은 헛소리라고 잘라 말했다. 공황을 일으키는 것은 어린 시절의 정신적 외상이나 성적 억압이 아니라 생물학적 기능이상이라고 했다.

클라인은 이런 불안 발작이(나중에는 공황 발작이라고 불렀다.) 질식에 대한 경보 반응을 일으키는 생물학적 결함 때문이라는 결론을 내렸다. 클라인은 압도적 공포를 맞닥뜨렸을 때 자발적으로 일어나는 반응으로 보이는 연쇄적 생리 활동을 이렇게 설명했다. 질식이 시작되면 몸 안의 생리적 감지 장치가 문제를 감지하고 뇌에 신호를 보낸다. 그러면 강한 흥분이 일어나 헐떡이고 도주 충동을 느낀다. 생존하기 위해 적응하면서 발달한 메커니즘이다. 그런데 감지 장치에 결함이 있는 사람들은 산소가 충분할 때에도 경보를 보내는 경우가 있다는 게 클라인의 잘못된 질식 경보 반응 이론이다. 그러면 여러 신체 증상을 연쇄적으로 경험하게 되고, 이게 불안 발작이 된다. 공황은 심리적 갈등 때문에 일어나는 게 아니라 생리적 회로가 꼬였기 때문에 일어난다. 이미프라민이 어떻게 해서인지는 알 수 없지만 이 얽힌 회로를 풀어준다. 클라인의 자료는 불안 발작을 겪는 환자 대부분이 이미프라민을 복용하자 발작 증세가 사라졌음을 보여준다.

클라인은 1962년《미국 정신의학 저널》에 이미프라민에 대한 1차 보고서[5]를 발표했지만 사람들은 "가당치도 않은 실패"[6]로 받아들였다고 회고했다. 그 뒤 몇 년에 걸쳐 후속 연구들[7]을 발표하며 공황 불안은 만성 불안과 다른 것이라고 주장했는데 마찬가지로 냉담한 반응을 불러일으켰다. 사방에서 공격을 당했고 변절자라고 비난받기도 했다. 그렇지만 이미프라민이 일반적인 불안감과 신경증에는 영향을 미치지 않으면서 공황 불안은 낫게 해주는 것처럼 보였기 때문에, 클라인은 공황 불안과 다른 불안은 정도만 다른 게 아니라 증상이나 생리적 원인도 다르다는 확신을 버리지 않았다.

그러려고 의도한 것은 아니었지만 클라인은 최초로 약리분석을 해낸 셈이다. 약물 치료의 효과에서 거슬러 올라가, 프로이트 식 신경증의 근저에 있다고 하는 일반적인 불안에서 공황성 불안을 분리해내 새로운 질병의 범주를 정의했다.

클라인이 약리분석을 통해 불안을 구분한 것에 다른 의사들은 격하게 적대적인 반응을 보였다. 1980년, 공황장애의 존재를 인정하는 DSM-III가 발표되던 즈음에 열린 학회에서 클라인은 질식 경보 반응이 공황을 가져온다고 발표했고 그다음 순서로《미국 정신의학 저널》의 편집주간을 오래 맡아온 저명한 의사 존 네마이어가 발표를 했다. 네마이어는 클라인의 주장을 공박하며 공황은 질식 경보 반응이나 생물학적 회로의 문제 등과는 아무 상관도 없고 "불쾌하거나 금지되었거나 원하지 않거나 무서운 충동, 감정, 생각이 의식으로 침투하는 위협에 대해 자아(ego)가 일으키는 반응"[8]이라고 말했다.

1980년 이후 미국 정신의학계에서는 클라인의 이론을 어느 정도는 공식적으로 받아들였다. 그러나 오늘날까지도 논란은 남아 있다. 지금 나를 치료하고 있는 W 박사는 1960년대에 공부를 하고 학위를 딴 심리학 박사인데 클라인 때문에 정신병에 대한 생각이 근본적으로 바뀌었다며 한탄한다. DSM-II 시대에 지배적이었던 차원 모델이 1980년 DSM-III가 발표되면서 범주 모델로 바뀌었다고 한다. 차원 모델에서는 우울증, 신경증, 정신신경증, 공황 불안, 일반 불안, 사회불안, 강박장애 등이 모두 프로이트가 심리 내면의 갈등(W 박사는 "자아의 상처"라고 부른다.)이라고 부른 것을 뿌리로 생겨난 스펙트럼 위에 있는 것으로 본다. DSM 3차 개정부터 이어져온 범주 모델에서는 우울증, 공황 불안, 일반 불안, 사회불안, 강박장애 등이 모두 다른 생물학적·생리학적 메커니즘에 원인을 두고 있다고 보고 서로 다른 증상 모둠에 따라 구분한다.

클라인이 이미프라민 연구를 처음 발표한 1962년부터 DSM-III가 발표된 1980년 사이에 정신의학계에서(그리고 문화 전반에서) 불안을 생각하는 방식에 심대한 변화가 있었다. "15~20년 전에는 공황 불안이라는 개념 자체가 없었다는 걸 지금은 상상하기 어려울 정도다."[9] 브라운 대학교 정신의학자 피터 크레이머는 1993년 『프로작에게 귀 기울이기』라는 책에서 이렇게 말했다. "의대에서도, 정신과 레지던트로 일할 때에도, 둘 다 1970년대였는데 '공황 불안'이 있는 환자는 한 번도 만나보지 못했다." 하지만 오늘날 공황장애는 흔하디흔한 병이고(미국인의 18퍼센트 정도가 공황장애를 겪는다고 추정된다.) '공황 발작'은 정신병원의 담을 넘어 일상적으로 쓰이는 말이 되었다.

약에 대한 반응이 병을 정의하는 데 결정적인 역할을 한 첫 번째 정신질환이 공황장애다. 이미프라민이 공황을 낫게 해준다. 따라서 공황장애는 존재한다. 이렇게 된 것이다. 약이 그 약을 처방할 이유가 되는 병을 실질적으로 정의하는 이런 현상은 곧 다시 되풀이된다.

*　*　*

DSM은 정신병의 조각조각 모두에 이름과 번호를 부여했다.
예를 들어 공황장애에는 진단 기호 300.21이라는 번호가 부
여되었다. …… 하지만 이름이 있다고 해서 그게 진짜 병이라
고 말할 수 있나?

— 대니얼 칼랏,
『나사 풀림: 정신의학의 문제─직업의 위기를 의사가 폭로하다』(2010)

1956년 10월, 밀타운을 만들어낸 프랭크 버거의 대중 강연 광고를 보면 안
정제는 고혈압, 걱정, 불안, "중역의 위장", "사장의 신경", "주부의 신경"[10] 치
료에 효과가 있다고 나와 있다. 이 병 모두, 그때나 지금이나 미국 정신의
학회의 DSM에 나와 있는 병은 아니다. 밀타운은 실제 정신장애 치료를
겨냥한 게 아니라 그 시대 자체를 치료하려는 게 아니었나 하는 의문이
든다. 프랭크 버거는 이 강연에서 밀타운이 "압박이 심한 오늘날의 삶"이
주는 부담을 덜어준다고 말하기도 했다.

　새로운 치료약이 등장할 때마다 정신병으로서 불안과 일상적인 문제
로서 불안을 어떻게 구분해야 하는가 하는 의문이 제기된다. 약학 역사
에서 이런 일은 되풀이해서 일어난다. 안정제가 개발되면 불안장애 진단
이 늘어난다. 항우울제가 개발되면 우울증 발병률이 높아진다.

　미국 정신의학회에서 2차 세계대전 뒤에 DSM 1판을 발표했을 때 정
신의학의 기반은 여전히 프로이트주의였다. 1판에서는 모든 정신병을 불
안 스펙트럼 위에 두었다. "[신경] 장애의 가장 중요한 특징은 '불안'이다.
불안은 직접 느껴지거나 표현될 수도 있고 여러 방어기제가 작동하며 무

의식적으로, 자동적으로 제어되기도 한다."라고 DSM에 나와 있다. 1968년에 출간된 2판은 더 노골적으로 정신분석학적이다. 1970년대에 미국 정신의학회에서 3차 개정판을 내기로 결정했을 때 (이전 두 판의 편집위원회를 주도한) 프로이트주의자들과 (최근 약학 분야 연구에서 추진력을 받은) 생물학적 정신의학자들은 치열한 전투를 준비했다.

판돈이 큰 싸움이었다. 여러 학파에 속한 의사와 치료사 들 저마다 자기들이 전문으로 하는 병의 정의가 넓어지거나 좁아짐에 따라 직업적 운이 흥할 수도 쇠할 수도 있었다. 제약회사의 이윤은 새로 만들어진 범주가 자기네들이 생산하는 약과 맞느냐 아니냐에 따라, 또 FDA 승인을 받는 데 도움이 될 것이냐 여부에 따라 치솟을 수도 폭락할 수도 있었다.

1980년대 발표된 DSM-III는 어느 정도 프로이트주의의 쇠퇴이자 생물학적 정신의학의 승리를 뜻했다.(한 의학사가는 DSM-III를 정신분석학에 가한 "죽음의 일격"이라고 표현했다.) 신경증은 퇴출되고 대신 불안장애가 들어왔다. 사회불안장애, 범불안장애, 외상 후 스트레스 장애, 강박장애, 광장공포증을 동반한 공황장애, 광장공포증을 동반하지 않은 공황장애 등. 도널드 클라인이 약리분석으로 만들어낸 공황이 결국 승리했다.◆11 12

◆ 이 일을 신(新)크레펠린주의가 프로이트주의에 승리를 거둔 것이라고 보기도 한다. 정신의학 역사에서 가장 중요한 인물은 지그문트 프로이트가 아니라 에밀 크레펠린이라고 하는 학자도 많다. 정신분석학은 일시적 현상일 뿐이고, 크레펠린의 정신병 분류 체계는 프로이트주의보다 먼저 이룩되었을 뿐 아니라 또 그 뒤까지도 이어졌다는 것이다.
1890년 프로이트가 빈에서 개업할 무렵, 서른네 살의 내과 의사였던 크레펠린이 하이델베르크 대학교에서 정신의학 교수직을 맡는다. 크레펠린은 재직하는 동안 여러 정신병 증상에 관심을 갖게 된다. 크레펠린은 레지던트들과 함께 병원에 오는 환자마다 한 장씩 카드를 만들어 증상과 1차 진단을 적어 넣고 각 카드를 "진단 상자"에 넣었다. 새로운 증상이 나타날 때마다, 진단을 수정할 때마다 환자 카드를 상자에서 꺼내 바꾼 내용을 추가했다. 환자가 퇴원할 때에는 기질과 최종 진단을 기록했다. 시간이 흐르면서 이런 카드가 수백 장이 모이자 크레펠린은 휴가를 내고 이것들을 검토했다. "이런 방식으로 전체적인 그림을 그릴 수 있었고 어떤 진단이 부정확한지, 왜 이런 오류를 범하게 되었는지를 볼 수 있었다." 크레펠린은 이렇게 적었다.

그렇지만 새로운 DSM이 정신병을 프로이트주의에서 분리해 의학 영역으로 가져옴으로써 전에는 그저 '신경증'이 있다고 생각되던 사람들을 '장애' 또는 '병'이 있는 것으로 몰고 가는 결과를 가져오지는 않았나? 이제 약을 만들어서 팔 수 있는 '아픈' 사람들이 더 많아졌으니 제약업계에는 분명 호재였다. 하지만 환자들에게도 이득이었을까?

이건 좀 복잡한 문제다. 한편으로는 한때 수치스러운 성격적 결함으로 여겨지던 우울과 불안을 병으로 규정함으로써 오명을 벗게 해주고 사람들의 고통을 덜어주었다. 우울증이나 불안장애를 개인의 결함으로 보는 대신 건강 문제로 보는 사람의 수가 1980년에서 2000년 사이에 기하급수적으로 늘었다. 프로작을 비롯한 SSRI가 우울증이 화학적 불균형 때문이라는 생각을 더욱 굳게 해주었기 때문이다.◆ 다른 한편 정신질환

환자의 증상과 진단을 체계적으로 기록하는 일이 오늘날에야 특별할 것 없어 보이겠지만 크레펠린 이전에는 정신병을 이렇게 철저하게 관찰하고 분류하려는 시도가 아예 없었다.(사실 예외로 점성학자들의 작업이 있긴 하다. 계몽주의 시대에 점성학자들은 의학 기록을 아주 꼼꼼하게 기록했는데 천체의 정렬에 따라 증상을 도표로 만들어 그 상관관계를 밝혀서 진단과 치료에 사용하기 위해서였다. 이런 기록 덕에 체계적 관찰보다 직관에 의존하던 의사들보다 점성학자들이 병의 진행을 오히려 더 잘 예측할 수 있었다. 다시 말해 점성학자가 의사보다 더 잘 맞는 약을 내어줄 수 있었다는 말이다.) 그래서 체계 없이 자의적으로 진단이 내려지곤 했다. 크레펠린이 이런 자료들을 모은 까닭은 증상을 구분해 각 정신병의 특징이 되는 증상 모음을 확인하고 병의 발전 경과를 그려보기 위해서였다. (정신병이 의학적 병인지 사회심리적 "적응" 문제인지에 대해 애매한 태도를 취했던) 프로이트와 달리 크레펠린은 정신의학은 의학의 하위 분야라고 생각하게 되었다. 정서장애를 홍역이나 폐결핵처럼 구분해서 확인할 수 있는 생물학적 실체라고 보았다.

크레펠린은 카드에 모은 증상 데이터를 기반으로 삼아 1883년 정신의학 교과서를 출간했다. 여러 해를 거치며 여러 차례 수정한 『정신의학개론(*Compendium der Psychiatrie*)』은 지금까지 나온 정신의학서 가운데 가장 큰 영향을 미쳤다. 1899년 6차 개정판이 나왔을 무렵에는 정신병 분류의 기준이 되었다.

정신분석학이 크레펠린의 생물학적 정신의학을 주변부로 몰아낸 20세기 중반에조차 크레펠린 체제와 프로이트 체제가 나란히 공존했다. 1952년 DSM 초판이 발행되었을 때에는 병들을 질병 모둠에 따라 여러 범주로 나누었다. 크레펠린의 19세기 정신의학 교과서와 비슷한 방식이었다. 그렇지만 이런 병을 설명하는 용어는 대체로 정신분석학적이었다. 그래서 DSM 초기 두 판에는 의학과 정신분석학 용어 체계가 뒤죽박죽으로 섞여 있다.

◆   이에 관한 이야기는 7장에서 조금 더 하겠다.

범주를 확장함으로써 정신적으로 비교적 건강한 사람들조차 제약회사의 그물에 걸려들게 되었다. 1950년대 후반 MAOI와 삼환계 약물이 나오기 전에는 우울증(또는 이와 관련된 이전 병명들) 진단이 내려지는 일이 매우 드물었다. 미국 인구의 1퍼센트 정도만 해당되었다. 오늘날에는 공식 추산에 따르면 미국에서 우울증 진단을 받는 사람이 최대 15퍼센트까지 된다고 한다. 정말 2011년의 미국인은 1960년의 미국인보다 훨씬 우울할까? 아니면 우울증과 불안장애를 지나치게 넓게 정의하는 바람에 우리는 걸린 줄도 몰랐던 병, 1980년 이전에는 존재하지도 않았던 병을 치료하는 약을 사먹게 된 걸까?

미국 정신의학회에서 DSM을 계속 개정 발표한 의도는 과학이 진보하고 있다는 인상을 주기 위해서였다. DSM-III, DSM-IV, (2013년에 발표된) DSM-5가 이전 두 판보다 실증적 기반이 더 탄탄한 것은 사실이다. 이후 개정판은 병인, 곧 여러 병의 추정 원인의 비중은 줄이고 대신 단순한 증상 묘사에 훨씬 치중했다.* 그래도 여전히 과학적이라기보다는 어느 학파의 주장을 우위에 놓을 것이냐를 두고 정신과 의사들의 직업적 명운이 걸린 각축이 벌어지는 정치적인 문건에 더 가까웠다. "정신과 의사들의 수익을 보호하는 것이 정신의학회의 사명이다."[13]라고 미국 정신의학회 부회장 폴 핑크는 1986년에 선언했다. 사회복지사 스튜어트 커크와 허브 커친스는 DSM 역사를 다룬 책 두 권을 공저했는데 미국 정신의학회의 '바이블'이라 불리는 이 책이 실은 "일상적 행동을 병으로 만든" "잠정적 합의"[14]를 담은 책이라고 했다.

◆ 이를테면 범불안장애와 공황장애는 어떻게 병이 생기느냐(유전 때문이든 어린 시절의 외상 때문이든 해소되지 않은 리비도 때문이든)에 따라서가 아니라 체크리스트에서 최소 몇 개 이상의 증상을 경험하느냐에 따라 구분한다.

DSM-III가 만들어진 과정을 좀 더 깊이 살펴보면 과학적 엄밀성을 가장하는 게 좀 억지처럼 느껴진다. 일단 새로운 범주 구분이 너무 자의적으로 보인다.(공황장애가 있다고 진단하려면 열세 가지 증상 중에서 네 개가 있어야 한다고 하는데, 왜 세 개나 다섯 개가 아니라 하필 네 개인가? 사회불안장애로 진단하려면 증상이 6개월 지속되어야 하는데 5개월이나 7개월이 아니라 6개월이어야 할 까닭이 있나?) DSM-III 편찬위원회장 로버트 스피처는 여러 결정이 무작위로 내려진 면이 있다고 인정했다. 누군가가 어떤 병을 넣어야 한다고 강력하게 주장하면 결국 들어가게 되곤 했다. 그러다 보니 DSM이 2판에서 3판으로 넘어갈 때 100쪽에서 494쪽까지 늘었고 진단명은 182가지에서 265가지로 늘었다.

데이비드 시핸도 DSM-III 편찬위원회 구성원이었다. 시핸의 기록에 따르면 1970년대 어느 날 밤 편찬위원 몇몇이 맨해튼에서 함께 저녁 식사를 했다. "와인이 계속 도는 가운데"[15] 편찬위원들은 도널드 클라인의 연구 결과가 이미프라민이 불안 발작을 막는다는 사실을 보여주었다는 이야기를 나누었다. 공황장애가 다른 병과 다르다는 약학적 증거라고 받아들여졌다. 시핸은 그때 일을 이렇게 전한다.

공황장애가 탄생했다. 그리고 와인이 몇 순배 더 돌았고, 테이블에 둘러앉은 정신의학자들이 공황 발작은 일으키지 않지만 항상 걱정을 놓지 않는 동료 이야기를 했다. 그 사람은 뭘로 분류해야 할까? 그 사람은 뭐랄까 **범사에** 불안해하거든. 아, 그러면 '범불안장애'라고 하는 게 어때? 그러고는 와인 한 병을 더 주문해 새로운 병의 이름을 붙인 것을 자축했다. 그 뒤로 30년 동안 전 세계 연구자들은 범불안장애에 관한 자료를 모으게 된다.

시핸은 플로리다에서 정신병원을 운영하는 키가 큰 아일랜드 출신 의사로 이 업계에서는 일종의 변절자 취급을 받는다. 시핸은 자기가 공황장애와 범불안장애가 뚜렷이 구분된다는 "개념을 무너뜨리려고" 한다고 쾌활하게 말한다. 그렇게 보면 이 범불안장애 탄생 비화에는 시핸의 편견이 가미되어 있을 수 있으니 약간 걸러 들어야 할 듯싶다. 아무튼 데이비드 시핸은 수십 년 동안 불안을 연구하고 치료하며 얻은 식견으로 중요한 점을 지적한다. 일단 새로운 병을 만들어내면 그 병이 나름의 생명력을 갖고 뻗어나가기 시작한다. 그 병에 관한 연구 조사가 모이고, 진단을 받는 환자가 생기고, 그 개념이 의학계와 대중문화에 파고든다. 범불안장애는 술자리에서 만들어져 상당히 자의적인 기준으로 DSM에 정의되었지만 오늘날 범불안장애에 관한 연구는 수천 편에 달하고 FDA에서 범불안장애 치료제로 승인한 약도 여럿이다. 그렇지만 시핸이 주장하듯 범불안장애라는 것이 존재하지 않는다면? 적어도 공황장애나 주요우울증과 뚜렷이 구분되는 어떤 병이 있다고는 할 수 없다면?[*] 시핸이 옳다면, 범불안장애 위에 세워진 진단, 처방, 연구의 거대한 구조물은 자연에 존재한다고 여겨졌지만 실제로는 존재하지 않는 것 위에 세워진 셈이다.

* * *

〔현재의 발륨 사용 추세를 보면〕 새천년이 되면 미국 전체가

---

[*] 2장에 나온, 유전학 연구들이 우울증과 범불안장애 사이에 뚜렷한 차이가 없다고 밝혔다는 이야기를 떠올려보자.

안정에 빠져 있을 것이다.

—「벤조디아제핀: 사용, 남용, 오용, 악용」, 《랜싯》 사설(1973년 5월 19일)

1950년대 후반 소라진은 정신병원 환자들을 무더기로 퇴원시키고 우울증 약 처방을 기하급수적으로 늘게 했지만 그래도 밀타운의 상업적 성공에는 한참 못 미쳤다. 그래서 뉴저지에 있는 호프만라로슈 사에서 화학자 레오 스턴바크에게 "새로운 안정제를 만들라."[16]는 지시를 내렸다. 스턴바크는 1930년대 폴란드에서 박사후 연구 과정에 있을 때 헵톡스디아진 기반 염료 연구를 했던 것을 떠올렸다. 그것의 화학 구조를 약간 바꾸면 어떻게 될까? 스턴바크는 40가지도 넘는 변종을 가지고 동물 실험을 했다. 그렇지만 안정 효과가 있는 것은 없는 듯했다. 호프만라로슈는 이 프로젝트를 포기했다. 스턴바크는 다시 항생제 연구 일을 맡게 되었다.

그런데 1957년 4월 어느 날, 보조 연구원 하나가 스턴바크 실험실을 정리하다가 어떤 가루를 발견했다.(공식 명칭은 R0-5-090) 1년 전에 합성되었는데 테스트는 거치지 않은 물질이었다. 스턴바크는 아무 기대 없이, 5월 7일 자신의 마흔아홉 번째 생일에 그 물질을 동물 실험실로 보냈다. "당연히 부정적인 결과가 나올 테고 이것으로 이 계열 화합물 테스트를 마무리하고 적어도 논문으로 발표할 결과는 얻겠거니 하고 생각했다. 이 일이 수년 동안 우리를 바쁘게 할 작업의 시작이 되리라고는 전혀 예상 못했다."[17]

최고의 생일선물이었다. 스턴바크는 우연히, 전혀 의식도 하지 못하고 최초의 벤조디아제핀을 만들어낸 것이다. 이 물질은 클로르디아제폭시드고 나중에 리브리움이라는 이름으로 시판된다.(equilibrium(평정)이라는 단어에서 딴 이름이다.) 리브리움은 발륨, 아티반, 클로노핀, 자낙스 등 우리 시대 주요 항불안제의 선조다. 화학 처리 과정에서 오류가 있었기 때문에 R0-5-090은 스턴바크가 합성한 다른 40종 화합물과 분자 구조가 달랐다.(탄소 원자 여섯 개로 이루어진 벤젠 고리가 탄소 원자 다섯 개와 질소 원자 두 개의 디아제핀 고리와 연결되어 있었다. 그래서 '벤조디아제핀'이라고 부른다.) 호프만라로슈의 약학 연구소장이 새로운 물질을 고양이와 쥐에게 실험해보았는데 놀랍게도 효과가 밀타운보다 열 배나 강한 데다가 운동 기능이 뚜렷이 저하되는 부작용도 없었다. 《타임》에는 샌디에이고 동물원 조련사들이 리브리움으로 야생 스라소니를 길들였다는 기사가 실렸다.[18] 어떤 신문은 이런 헤드라인을 뽑았다. 「호랑이를 길들이는 약—신경과민 여성에게는 어떤 영향을 미칠 것인가?」[19]

클로르디아제폭시드가 사람에게 미치는 독성을 측정하기 위해 스턴바크는 우선 자기 자신을 실험 대상으로 삼았다. 스턴바크는 "무릎에서 힘이 살짝 빠지는"[20] 느낌이고 몇 시간 동안 조금 졸리긴 했지만 그밖에 나쁜 부작용은 경험하지 못했다고 한다. 1960년 2월 24일 FDA에서 리브리움을 승인했을 때에는 이미 2만 명 남짓이 리브리움을 복용한 뒤였다. 의학 저널에 실린 초기 보고들은 열광적으로 약효를 찬미한다. 불안을 가라앉히려면 전기 충격 요법을 받는 수밖에 없었던 환자들이 리브리움이 그만한 또는 그 이상의 효과가 있다고 말했다. 1960년 1월 《미국 의학협회 저널》에 발표된 연구는 뉴저지 주에서 정신질환에 시달리는 외래 환자 212명에게 리브리움을 투여하였더니 "부동성(浮動性) 불안"[21] 환자 가운데 88퍼센트가 어느 정도 증상 경감을 느꼈다고 보고했다. 또 "공포 반응", "강박"(오늘날에는 강박장애라고 부름), "긴장" 치료에도 효과적이라고 확인되었다. 또 다른 연구에서는 리브리움 개발이 "불안 치료 약물 개발 사상 가장 혁혁한 진보를 이룬 사건"[22]이라고 선언했다.

이 약은 1960년 3월 미국 약국에 도착했다. 호프만라로슈에서 첫 번째 리브리움 광고에 넣은 문구는 "일반적인 불안과 긴장 치료"[23] 약이라는 것이었다. 석 달 만에 리브리움 판매는 밀타운 판매를 앞섰다. 10년 뒤 리브리움 처방 수는 지구상의 어느 약보다도 더 많았다. 의사들은 숙취, 소화불량, 근육통부터 온갖 종류의 "긴장", "초조함", "신경증", "불안" 등에 리브리움을 처방했다.(한 의사는 리브리움은 진(gin)만큼 다양한 병에 처방할 수 있다고 말하기도 했다.)[24]

리브리움은 1969년까지 미국에서 가장 많이 처방되는 약이었다. 리브리움을 밀어낸 약은 역시 레오 스턴바크가 합성한 화합물로 7-클로로-1, 3-디하이드로-1-메틸-5-페닐-2H-1, 4-벤조디아제핀-2-온이라는 길고도 복잡한 이름을 가진 물질이었다. 새로운 약은 리브리움처럼 뒷맛이 쓰지 않았고 약효는 2.5배 더 세다는 연구가 있었다. 호프만라로슈의 마케팅 부서는 이 약에 발륨이라는 이름을 붙였다.('잘 지내다', '건강하다'를 뜻하는 라틴어 valere에서 딴 말이다.) 발륨은 리브리움의 뒤를 이어 1982년까지 미국에서 가장 인기 있는 약의 지위를 차지했다.◆ 1973년, 발륨은 매출액 2억 3000만 달러(오늘날 가치로 따지면 10억 달러가 넘는다.)를 넘긴 미국 최초의 약이 되었다.[25] 발륨의 선배 리브리움이 미국에서 가장 많이 처방되는 약 5위 안에 아직 버티고 있는데도 그랬다. 1975년, 미국에서 여성 다섯 명 중 한 명, 남성 열세 명 중 한 명은 리브리움, 발륨 등 벤조디아제핀을 복용한 것으로 추정되었다.[26] 어떤 연구에서는 1970년대 미국 **내과 의사**의 18퍼센트가 정기적으로 안정제를 복용했다는 결

◆　스턴바크는 플루라제팜(상표명 달메인)과 클로나제팜(상표명 클로노핀)도 개발했다. 클로노핀은 발륨처럼 오늘날에도 자주 처방되는 지속성 벤조디아제핀이다.

과가 나왔다.[27] 안정제 광고가 의학 저널마다 빠지지 않고 실렸다. 1970 년대 흔히 볼 수 있던 리브리움 광고 문구는 이렇다. "리브리움이 시판된 지 10년이 지났습니다. 불화와 시위, 쿠바, 베트남, 암살, 평가절하, 비아프라와 체코슬로바키아 등으로 얼룩진 불안한 10년이었습니다. 세계적으로 불안과 폭력의 기후가 만연한 격동의 10년을 겪으면서, 확실한 안정 효과와 탁월한 안전성을 지닌 리브리움은 인류가 변화하는 세계의 도전을 마주할 수 있도록 돕는 데에 유일무이하고도 점점 중요해지는 역할을 하고 있습니다."[28]

1970년대 말, 리브리움과 발륨 덕에(레오 스턴바크의 지대한 공으로) 호프만라로슈는 세계 최대 제약회사로 성장했다. 벤조디아제핀은 처방약 역사에서 최대의 상업적 성공을 거두었다.

1960년대와 1970년대 벤조디아제핀 판매가 늘면서 한편 반대 여론도 거세졌다. 이 약물이 과잉 처방되고 있다고 경고하는 의사들이 있었다. 1973년 스탠퍼드 대학교 정신의학자 리오 홀리스터는 이렇게 말했다. "[항불안제 사용] 증가가 최근의 격동하는 시대 때문인지 아니면 새 약을 시장에 내놓고 대대적 선전을 퍼붓기 때문인지 아니면 의사들이 느슨하게 처방을 하기 때문인지는 분명하지 않다."[29] (의사들 가운데 18퍼센트가 발륨을 복용하고 있다니 느슨한 점이 없지는 않았을 것 같다.)

1970년대 중반 FDA는 벤조디아제핀 의존성에 관한 보고서 여러 편을 입수했다. 발륨이나 리브리움을 오랫동안 많은 양 복용한 환자들이 복용을 중단했을 때 극심한 신체적·정신적 고통을 겪는 일이 많았다. 예를 들면 불안, 불면, 두통, 떨림, 시야가 흐려짐, 귀울림, 온몸에 벌레가 기어 다니는 듯한 느낌, 극도의 우울감 등이 발생했고 일부 환자들에게는 발작, 경련, 환각, 편집성 망상까지도 나타났다. 1979년 테드 케네디 상원

의원이 벤조디아제핀의 위험에 관해 상원 공청회 개최를 주도했는데 그때는 이미 끔찍한 부작용을 전하는 사례가 차고 넘치게 많았다. 특히 영화배우 주디 갈런드는 벤조디아제핀과 알코올 조합으로 인한 독성 때문에 죽은 것으로 알려졌다. CBS 방송국의 인기 방송작가 바버라 고든은 발륨 중독 때문에 완전히 망가질 뻔한 경험이 있어 벤조디아제핀의 위험을 널리 알리는 방송을 했다. 고든은 『나는 최대한 빠르게 춤추고 있어요』라는 수기에서 벤조디아제핀에 빠졌던 경험을 들려주어 큰 반향을 일으켰다. 이 책은 1979년 《뉴욕 타임스》 베스트셀러가 되었고 1982년 질 클레이버그 주연의 영화로 만들어졌다. 그해에 랠프 네이더가 이끄는 소비자 보호 시민단체 '퍼블릭 시티즌'이 벤조디아제핀 중독이 만연하다고 주장하는 『발륨 끊기』라는 책을 출간했다.

사회 비평가들은 발륨 처방이 늘면서 사회의 거친 면을 무마하는 게 아닌지, 급진주의, 반대 의견, 창의성이 말살되는 건 아닌지 걱정했다. "수천만 명의 성인이 향정신성 약물을 복용해 깨어 있을 때나 잘 때 하는 행동의 거의 모든 면이 바뀐다면 사회 전체에는 어떤 영향이 있을지 생각해보아야 한다."[30] 1971년 약물 복용 관련 학회에서 한 의사는 경고했다. "현대의 기술이 우리 생활양식에 미치는 영향은 어떠할까? 우리의 가치체계는 어떤 변화를 일으킬까?"[◆31] 허버트 마르쿠제 같은 마르크스주의

◆ 페미니스트들도 불만이 있었다. 1970년대 초반 호프만라로슈에서 내놓은 광고들은 노처녀를 위한 치료제를 제공한다고 공언했다. "서른다섯, 미혼이고 신경증이 있다." 당시에 전형적으로 등장하던 전면 광고는 이런 말로 시작해 잰이라는 여성의 딱한 사연을 들려준다. "여러분 병원에도 잰과 같은 사람들이 많이 올 것입니다. 자존감이 낮은 독신 여성들이지요. 잰이 만나본 어떤 남자 중에도 자기 아버지만 한 사람이 없었습니다. 잰은 이제는 가망이 없다는 걸 깨닫습니다. 평생 결혼하지 못할지도 모른다는 것을요." 해결책은? 발륨이다.(베티 프리던은 1963년 『여성의 신비』에서 이렇게 비판했다. "아침에 눈을 뜨면 이렇게 사는 게 더 이상 무슨 의미인가 하는 생각이 든다. 그러니까 무의미하거나 말거나 신경 쓰지 않기 위해 안정제를 먹는다는 말이다.")

자는 쉽게 약을 먹고 약에 빠지는 게 자본주의의 소외 때문이라고 했다. 음모론자들은 올더스 헉슬리의 디스토피아 소설 『멋진 신세계』를 들먹이며 정부가 안정제로 대중을 유순하게 만들어 사회를 통제한다고 주장했다.(정작 헉슬리 본인은 안정제를 열렬히 찬미한 사실을 생각하면 얄궂은 일이다.) 1973년 저명한 영국 의학전문지 《랜싯》은, 당시 처방 수가 1년에 700만 건 꼴로 치솟던 발륨의 복용 증가 추세가 계속된다면 "새천년이 되면 미국 전체가 안정에 빠져 있을 것이다."[32]◆라고 했다.

발륨의 특허가 1985년에는 소멸되기 때문에 새로운 벤조디아제핀 개발에 박차가 가해졌고 제약회사 업존에서 알프라졸람을 개발해 1981년 자낙스라는 이름으로 내놓았다. 자낙스는 DSM-III가 불안장애라는 병의 범주를 새로 도입하자마자 시장에 나왔기 때문에, 공황장애라는 새로 만들어진 병의 치료제로는 처음으로 FDA 승인을 받았고 덕분에 판매에 크게 탄력을 받았다.◆◆

얼마 전까지만 해도 나도 그렇게 느꼈듯, 자낙스가 공황 발작을 줄여주고 어지러움, 두근거림, 소화불량, 또 지나친 소심함이나 두려움 같은 심리적 증상도 줄여준다고 한 환자들이 많다.(내 친구 하나는 9·11 이후에 비행기 타기를 두려워했는데 시인 마리 하우가 친구에게 이렇게 말했다고 한다. "머릿속에 **두려움**이라고 쓰인 작은 문이 하나 있지요? 자낙스가 그 문을 닫아줘요.") 1986년, 자낙스는 밀타운, 리브리움, 발륨을 따라잡아 역사상 가장 많이

◆　실제로는 발륨 소비가 1973년에 정점을 찍었다.
◆◆　FDA 승인에 대해서도 논란이 없지 않았다. 자낙스가 공황에 효과가 있다고 밝힌 첫 번째 연구는 《일반 정신의학 문서고》에 발표되었는데 그때 편집자였던 대니얼 프리드먼이 업존 사의 의학 부서에 고용되어 있었음이 드러났다. 프리드먼이 객관적이지 못했기 때문에 설계 자체에 문제가 있어 실제로 약효를 입증하지 못한 연구를 저널에 실어주었다는 비판을 받았다.

팔린 약이 되었다. 그 뒤로 죽 신경안정제 시장을 지배해왔다.◆

*　*　*

우리 현대 문화에서는 불안과 긴장이 만연한 듯 보이고 그 불
쾌한 영향에서 벗어나려고 하는 게 요즘 트렌드다. 그렇지만
삶의 스트레스가 없었던 때가 있었나? 전인구가 긴상에서 벗
어나는 게 장기적으로 보아 바람직한 일일까? 온갖 기분과 상
황에 맞는 약이 있을 필요가 있나?

　　　　　　　　　　　　　　　　　—1956년 12월 뉴욕 의학아카데미 보고서에서

벤조디아제핀은 거의 반세기 전부터 대표적인 불안 치료제로 자리 잡아
왔다. 그렇지만 벤조디아제핀의 핵심적 화학 작용이 무엇인지 마침내 밝
혀진 것은 1970년대 후반이 다 되어서였다. 역시 국립보건원 스티브 브로
디 연구실 출신인 에르미니오 코스타라는 이탈리아 신경과학자가 벤조
디아제핀이 감마아미노부티르산(GABA)이라고 하는, 뉴런 발화 속도를
억제하는 신경전달물질에 영향을 미친다는 것을 알아냈다.

　신경과학적 원리를 아주 간략하게 줄여 설명하자면, 글루탐산이라는
신경전달물질은 뉴런을 자극하여 더 빨리 발화하게 한다. 반면 GABA는
뉴런을 억제해 발화를 늦추고 뇌 활동을 진정시킨다.(글루탐산이 뇌 신경
회로의 가속 페달이라면 GABA는 브레이크다.) 코스타는 벤조디아제핀이 모

◆　2010년 통계를 보면 자낙스가 미국에서 열두 번째로 많이 처방되는 약이자 항정신성 약 중에서는
　가장 흔히 처방되는 약으로 나타난다. 프로작 등의 항우울제보다도 처방 수가 훨씬 많았다.

든 뉴런에 있는 GABA 수용체와 결합하여 GABA의 억제 효과를 강화하고 중추신경계 활동을 억제한다는 사실을 알아냈다. 벤조디아제핀은 GABA 수용체와 결합하며 수용체의 분자 구조를 바꾸어 GABA 신호가 더 오래 지속되게 하고, 그러면 뉴런이 계속 더 느린 속도로 발화하여 뇌 활동이 진정된다.

신경과학에 대해서 이 정도 겉핥기식으로만 알아도 내 뇌에서 불안이 생겨나고 자낙스가 그걸 줄이고 하는 과정을 은유적으로 이해하는 데에 도움이 되었다. 불안이 자라면 자율신경계가 싸움 또는 도주 모드로 들어가고, 머릿속이 마구 돌아가고, 온갖 종류의 재앙을 상상하기 시작한다. 몸은 완전히 고장 나버린 것처럼 느껴진다. 시냅스가 과열된 엔진처럼 점점 더 빨리 발화하는 게 상상이 된다. 자낙스를 먹으면, 운이 좋으면 30분 정도 지난 뒤에 벤조디아제핀이 GABA 수용체와 결합해 신경 발화를 억제하며 브레이크를 거는 게 느껴지는 듯하다. 모든 게…… 조금씩…… 느려진다.

물론 아주 단순화한 은유다. 나의 불안을 정말로 염화이온 통로를 얼마나 잘 막았는지, 편도의 신경 발화 속도가 어떤지로 간단히 설명할 수 있나? 사실 어느 정도는 그럴 수 있다. 편도의 신경 발화 속도는 불안이 느껴지는 정도와 상당히 밀접한 상관관계가 있다. 그렇지만 나의 불안을 편도 속의 이온으로 환원해 말한다는 건 내 성격이나 영혼을 뇌세포를 구성하는 분자나 그게 만들어지는 바탕이 된 유전자로 환원하는 것과 다를 바 없이 편협하다.

한편 실질적 고민도 있다. 벤조디아제핀에 장기간 의존하면 내 뇌에 어떤 변화가 있을까? 지금 현재 나는 벤조디아제핀계 약(발륨, 클로노핀, 아티반, 자낙스)을 용량과 빈도는 계속 바꾸었지만 어쨌든 30년 넘게 먹어온 셈이다. 한 번에 몇 달 동안씩 날마다 복용한 때도 꽤 있었다.

"발륨, 리브리움 등 이 계열의 약은 뇌 손상을 일으킨다. 약물 복용 때문이라고 생각되는 대뇌피질 손상을 확인했는데 영구적 손상인지 의심하고 있다."[33] 테네시 대학교 의사 데이비드 노트가 1976년에 이미 이런 경고를 했다. 그 뒤 30년 동안 학술지에 장기간 벤조디아제핀 약물을 복용한 사람의 인지 기능 손상을 보고한 글이 수십 편에 달한다. 1984년 맬컴 레이더의 연구는 오랜 기간 신경안정제를 복용한 사람의 뇌가 물리적으로 수축한다는 사실을 발견했다.[34] (후속 연구에서는 벤조디아제핀계 약물 중에서도 어떤 종류냐에 따라 뇌의 어떤 부분을 수축시키는지 차이가 나타났다.) 그래서 마흔네 살이 된 내가, 먹다 끊다 하긴 했지만 수십 년에 걸쳐 신경안정제를 먹어왔기 때문에 전보다 머리가 나빠진 듯한 느낌이 드는 걸까?

7

약이 말해주지 않는
불안의 의미

발륨이 처음 나왔을 때에는 환자들이나 의사들이나 모든 문
제를 불안과 연관해 정의하려고 했다. …… 우울증 약인 프로
작이 나오자 우울이 고통의 핵심 특질로 부각되었다.

—에드워드 쇼터, 『정신의학의 역사』(1997)

1997년 봄, 나는 힘든 한 해를 보내고(부모님의 이혼, 직업적으로 잘 안 풀림,
애인과 좋지 않은 관계) 몇 달 동안 정신과 약을 먹은 뒤에 마침내 치료사가
권하는 대로 SSRI인 팍실을 먹기 시작했다. 팍실은 상표명이고 일반명은
파록세틴이다.

팍실 복용 일주일 뒤, 조증에 가까울 정도로 에너지가 솟는 걸 느꼈
다. 잠이 점점 줄었는데 그래도 낮 동안에 피곤한 줄 몰랐다. 태어나서 처
음으로 아침마다 활기차게 일어났다. 약한 조증은 곧 사라졌지만 대신
기분이 조금씩 밝아졌다. 마침내 거의 2년 동안 삐걱거리면서도 질질 끌
어왔던 여자 친구와의 관계를 끝냈다. 그동안 몇 번이고 끝내려고 했지만

상호의존적인 관계라 쉽지가 않았다. 게다가 근무하던 작은 잡지사에서 승진도 했다. 다른 여자도 만나기 시작했다.

그해 가을 어느 시점, 4월에 팍실을 복용하기 시작한 뒤로 몇 달 동안 공황 발작을 제대로 일으킨 일이 한 번도 없었다는 것을 깨달았다. 중학교 때 이후로 그만큼 오랫동안 무탈하기는 처음이었다. 불안감은 줄어들고, 생산성 높게 일에 몰두할 수 있었고, 사교 활동도 적극적으로 했다. 배탈도 나지 않았다. 팍실이 꼭 마법의 약 같았다.

정말 그랬던 걸까? 어떤 게 원인이고 어떤 게 결과였을까? 내가 직장에서 승진한 까닭은 누군가가 회사를 그만두어 내가 그 자리를 채우게 되었기 때문이었다. 내가 팍실을 먹지 않았어도 일어났을 수 있는 일이다. 어쩌면 직장에서 약간 위로 올라간 데다가 더 재미있고 권한이 큰 일을 하게 되었기 때문에 자존감이 높아졌고, 그래서 자신감 있게 글을 여기저기 투고할 수 있었고 글 쓰는 일에 바쁘게 몰두하는 느낌이 들었을지도 모르겠다. 팍실 덕에 여자 친구와의 건강하지 못한 질긴 의존 관계를 마침내 떨쳐버릴 힘을 얻었다고 생각했지만, 어쩌면 팍실이 아니라도 결국은 헤어졌을 수도 있다. 게다가 팍실을 먹었든 아니든 그 관계를 끝낸 덕에 해방감을 느꼈으리란 건 의문의 여지가 없다.(그 사람도 마찬가지였을 거라고 생각한다. 그 뒤에 이야기를 나누어본 적은 없지만.) 그러니까 그해 봄에 승진, 지지부진한 연애 청산, 보스턴의 우울한 겨울이 끝나고 봄이 온 것 등의 일이 겹쳤기 때문에 불안감과 우울감이 줄어들었을지도 모른다. 팍실하고는 아무 상관없이.

그래도 나는 팍실의 영향이 있었다고 생각한다. 짧은 조증 상태부터 시작해서 삶이 팍실 때문에 달라진 것처럼 느껴졌다. 알고 보니 많은 사람들이 흔히 팍실 복용 뒤 약한 조증-기분이 밝아짐-삶에서 긍정적인 변화가 일어남으로 이어지는 치료의 궤적을 경험한다고 한다. 물론 그해 봄과 여름에 느꼈던 것이 헛약(플라시보) 효과일 수도 있다. 내가 팍실이 효과가 있으리라고 **믿었기** 때문에 효과가 있었다는 말이다.(헛약 효과에서는 약의 화학적 내용보다도 믿음의 힘이 더 핵심적인 역할을 한다.)

여하튼 팍실은 마법의 약이 아니었다. 아니 마법의 약이었는지는 몰라도 결국 그 마법은 풀리고 말았다. 나는 열 달 동안은 약에 취해 경쾌하게 보냈으나, 무적이 된 듯한 자신만만함이 단 10분이라는 짧은 시간 동안에 산산조각으로 무너져 내리고 말았다.

팍실을 먹기 시작한 초기 몇 달 동안에는 비행기를 타도 심한 불안을 느끼지 않았다. 20년 만에 처음 있는 일이었다. 그래서 2월 어느 날 아침 폭우가 쏟아지는데도 무모하게 공항으로 차를 몰고 갔다.(비행일 며칠 전부터 긴장과 초조에 시달리던 나날이 끝나서 얼마나 다행인지!) 비행기에 탑승해 신문을 들고 워싱턴까지 한 시간짜리 비행이 시작되기를 기다렸다. 팍실 덕에 평온하게 지내던 초기 몇 달 동안에도 비행 불안에서 완전히 자유로웠던 것은 아니다. 그렇지만 가슴이 두근거리고 손에 땀이 차고 약간 불안한 정도인 잔잔한 경험이었다. 이륙할 때에 이런 기분을 느끼는 사람은 꽤 많을 거라고 생각한다. 그래서 나는 꽤 자신만만하고 으쓱한 기분이었다.(스물여덟 살에, 잡지 편집장으로서, 사업차 워싱턴으로 비행기를 타고 가며 《뉴욕 타임스》를 읽는 내 모습을 좀 보라지.) 아침에 팍실 20밀리그램을 복용한 덕에 두려움이라는 건 모르는 상태다. 지금까지 몇 달 동안 공황을 모르는 행복한 나날을 보낼 수 있게 해준 조그만 분홍색 알약. 비행기가 활주를 시작하고 드디어 이륙했다.

그리고 그때, 비행기가 비를 뿌리는 검은 구름을 지나가다가 난기류를 탔다.

딱 10분 동안 지속되었다. 길어야 15분이었을 것이다. 그 시간 내내 나는 비행기가 추락할 거라고 철석같이 믿었다. 그런데 멀미를 일으켜 구토하는 건 그것보다도 더 끔찍한 일로 느껴졌다. 손을 덜덜 떨면서 멀미약 드라마민 두 알을 삼켰다. 음료 서비스가 중단되고 승무원들이 좌석에 앉았는데 그래서 더욱 겁이 났다. 그렇지만 객실을 둘러보아도 나 말고 다른 승객들은 아무도 크게 동요한 기색이 없었다. 왼쪽에 앉은 남자는 비행기가 흔들리는데도 신문을 읽으려 하고 있었다. 오른쪽 복도 건너편 좌석에 있는 여자는 조는 것 같았다. 그런데 나는 비명을 지르고 싶은 심정이었다. 비행기의 흔들림이 멎기를 절박하게 빌었고('신이시여 제발 흔들림을 멈춰주세요, 그러면 신을 믿으며 평생 경건하게 살겠습니다.') 드라마민 약효가 나타나기를 빌었고 그리고 무의식적으로는 이 고통이 영원히 끝나기를 갈구했다.

그래도 추락에 대한 공포가 나를 송두리째 장악한 것은 아니었나 보다. 그 순간에도 또 다른 걱정거리가 하나 있었기 때문이다. 내가 공포에 질린 게 겉으로 드러나 다른 승객들이 알아채지 않을까? 논리적으로 따지면 두 가지 걱정을 다 할 필요는 없는 게 명백하다. 우리 모두 죽을 거라면, 영원한 망각을 앞두고 현세의 수치스러운 순간 따위를 걱정할 필요가 없다. 반면에 내가 비행이 끝난 뒤에 수치심을 느끼게 된다는 말은 우리가 죽지 **않는다**는 말이 아닌가? 그리고 그 순간에는 당연하지만 수치스럽거나 말거나 일단 무사히 땅에 착륙하는 게 훨씬 바람직한 일이었다. 그렇지만 편도에 휘둘려 교감신경계가 바짝 긴장해 있는 내 머리로는 그런 논리적 사고가 불가능했다. 내 머릿속에는 온통 '나는 토할 거야, 망신을 당할 거야, 죽을 거야, 무서워, 이 상황이 끝나서 다시 비행기를 탈 일이 없으면 좋겠어.' 이런 생각밖에는 없었다.

그때 비행기가 구름 위로 올라갔고 창밖으로 맑은 하늘과 해가 보였다. 흔들림 없이 순탄한 비행이 계속되었다. 안전벨트 신호가 꺼졌다. 음료 서비스가 다시 시작되었다. 마침내 내 부교감신경계가 작동해서 과열된 편도에서 과잉 활성화된 뉴런의 발화를 억제했다. 나는 긴장을 풀고 드라마민 때문에 더 심해진 탈진 상태에 빠져들었다. 반 시간 정도 지난 뒤 아무 탈 없이 워싱턴에 착륙했다.

하지만 팍실의 효과는 사라졌다.

완전히 사라진 건 아니었다. 적어도 당장 사라지지는 않았다. 그렇지만 불안을 물리치는 막강한 팍실 힘의 장 안에 있다는 환상은 깨졌다. 이런 경우가 드물지 않다고 한다. SSRI는 불안을 줄이고 공황 발작을 막을 수 있다. 그렇지만 공황의 스트레스 취약성 모델(stress-diathesis model)에 따르면 (비행기의 흔들림 같은) 강한 자극이 있으면 뇌가 약물로 조정되어 있다고 하더라도 그 균형이 무너져 강한 불안이 일어날 수 있다고 한다. 이런 일이 일어나면 당사자의 생각(혹은 '인지')에 큰 영향을 미치기 때문에 마치 마법이 깨진 것처럼 느껴진다.(때로는 아무런 강한 자극 없이도 약의 작용이 멈추는 경우도 있다. 이런 현상을 "프로작 효과 중단(Prozac poop-out)"이라고 부른다.)

그날 이후로 일상적 불안이 조금씩 다시 커졌다. 공황 발작도 다시 시작되었다. 처음에는 약하게 드문드문 오다가 시간이 지나면서 더 심하고 잦아졌다. 비행공포증도 되살아나서 비행기를 타기 전에는 자낙스나 클로노핀이나 아티반을 잔뜩 먹었고 그런데도 속수무책일 때도 있었다. 나중에 내 아내가 된 수재너와 처음으로 같이 비행기를 탔을 때에는 이륙 직후에 불안이 너무 심해서 덜덜 떨며 숨을 헐떡였다. 게다가 수재너가 당혹스러운 표정으로 보는 가운데 배가 뒤틀리고 설사가 시작되었다. 런던에서 사흘을 낭만적으로 보내며 여자 친구한테 감동을 주고 프러포즈도 하려고 계획한 여행이었다. 그런데 출발부터가 좋지 않았다. 비행기에서 내린 뒤에도 별로 나을 게 없었다. 휴가 내내 마찬가지였다. 나는 자낙스를 잔뜩 먹어 거의 혼미한 상태로 있거나 아니면 돌아가는 비행기를 겁내면서 죽을 듯이 덜덜 떨고 있었다.

* * *

나는 몇 년 동안, 공황을 물리쳐주는 마법이 깨진 뒤에도 꾸준히 팍실을 먹었다. 관성 때문이기도 하고 중단했다가 어떻게 될지 모른다는 두려움 때문이기도 했다. 그렇지만 2003년 봄, 팍실을 복용하기 시작한 지 6년이 되었을 때에 내 불안증이 다시 정점에 다다랐다. 이제 다른 방법을 시도해야 했다.

그래서 정신약리학자인 하버드 박사를 찾아간 것이다. 첫 상담 때, 하버드 박사에게 내 사례사를 들려주던 와중에 내 병을 실제로 보여주기라도 하려는 듯 강렬한 공황 발작이 일어났다. 나는 숨을 잘 쉬지 못하고 눈물을 글썽였고 말을 잇지 못했다. "천천히 하세요." 하버드 박사가 말했다. "준비가 되면 계속하세요." 내 사례사 때문인지 아니면 나도 모르게 시연해 보인 공황 발작 때문이었는지는 모르겠지만 하버드 박사는 내가 약물 없이 산 기간이 꽤 길다는 사실에 상당히 놀라는 듯했다. 하버드 박사가 보기에 나는 약물 없이는 정상적인 생활이 불가능한 아주 힘든 환자였다.

우리는 여러 가지 약을 두고 의논하다 최종적으로 이펙사를 선택했다. 이펙사의 일반명은 벤라팍신이고 세로토닌-노르에피네프린 재흡수 억제제(SNRI)다. 곧 세로토닌과 노르에피네프린 두 호르몬이 뇌에서 흡수되는 것을 방해해 시냅스 내의 농도를 높이는 약이다. 하버드 박사는 팍실을 서서히 줄여나가는 방법에 관해 이야기했고 나는 하버드 박사의 지시를 충실히 따라서 몇 주에 걸쳐 용량을 아주 조금씩 줄여나갔다.

몇 해 전부터 나는 정신과 약을 완전히 끊으면 어떨까 하는 생각을 했었다. '사실 약을 먹어도 이 모양인데, 끊는다고 해봤자 얼마나 더 나빠지겠나?' 이런 생각이었다. 그래서 팍실을 계속 줄여 거의 끊었을 때에는 이런 생각이 들었다. '한번 약 없이 혼자 힘으로 버텨볼까.' 그래서 팍실을 완전히 끊고도 이펙사 복용을 시작하지 않았다.

지금 내가 이야기할 내용은 향정신성 약 광고에서는 볼 수 없고, 마찬가지로 임상 문헌에도 충분히 구체적으로 생생하게 나와 있지 않은 내용이다. 지옥 같은 약 끊기. 나는 헤로인은 해본 적이 없어서 알 수 없지만(그 정도까지는 아닐 것 같다.) 팍실 금단증상이 헤로인 금단증상만큼 지독하다고 주장하는 사람이 많다. 두통. 탈진. 욕지기와 복통. 무릎이 꺾일 정도의 현기증. 뇌 안에서 전기가 파직거리는 느낌.(희한한 증상인데 의외로 흔하다.) 그리고 당연하지만 불안이 치솟는 느낌. 새벽마다 가슴이 쿵쾅거리고 끔찍한 두려움에 휩싸인 채로 눈을 뜨는 것. 낮 동안 수차례의 공황발작.

6년 만에 처음으로 '나 자신이 되고' 약물의 도움 없이 지내보고 싶은 마음이 컸지만 도무지 버틸 수가 없었다. 그래서 팍실을 끊고 일주일도 채 못 되어 처음으로 이펙사를 입에 넣었다. 정말로 몇 분 만에 기분이 나아지는 것 같았다. 신체 증상이 가라앉고 정신 상태도 나아졌다.

이펙사의 작용 때문에 그런 것일 수는 없다. 보통 SSRI과 SNRI가 효과를 발휘할 정도로 시냅스에 쌓이려면 몇 주 걸린다. 이펙사의 무언가가 팍실 중단으로 인한 증세를 완화했을 가능성이 높다. 그렇지만 어떤 게 원인이고 어떤 게 결과일까? 팍실을 끊은 뒤에 내가 느낀 정서 불안과 신체 증상이 정말로 약물 금단증상 때문이었을까? 아니면 약을 먹지 않는 상태의 나는 원래 그런 걸까? 약에 의존해 살아온 지 너무 오래되어 맨뇌로 사는 게 어떤 느낌인지 잊어버렸을지도 모르는 일이다.

아니면 그해 봄 나의 처참한 상태는 약 바꾸는 실험 때문이 아니라 삶의 스트레스 때문이었을까? 그해 여름 끝에 두 가지 일이 예정되어 있었다. 첫째는 내 첫 번째 책 원고 마감일이었다. 그때 이미 6년째(팍실을 먹은 기간과 얼추 일치한다.) 끌어안고 있는 원고였는데 그동안 이 편집자 저 편집자, 이 출판사 저 출판사를 거쳤고 내 책의 주제로 삼은 인물이 알츠하이머에 걸렸고 그 인물의 막강한 집안에서 점점 심하게 간섭을 해오는 바람에 힘겨운 여정을 거쳐온 상태였다. 또 다른 일은 우리 첫애의 출산 예정일이었다.◆ 그해 여름에 내가 겪은 고통 가운데 어떤 것이 외적 스트레스 요인에 의한 것이고 어떤 게 약과 관련된 것인지 정확히 알 수는 없다. 또 약으로 인한 현상이라고 할지라도 어떤 게 내가 **끊은** 약의 금단증상이고 어떤 게 새로 **시작한** 약의 부작용인지 가름하기는 어렵다.

제약회사의 홍보 자료와 임상 연구 보고서(이 가운데 상당수는 제약업계의 후원으로 만들어진다.)에 나와 있는 내용과 실제 환자들이 모인 온라인 커뮤니티에서 하는 이야기 사이에는 큰 차이가 있다. 양쪽 다 대체로 정직하고 대체로 정확하겠지만(약에는 치료 효과가 있을 수 있고, 부작용과 금단증상은 끔찍할 수 있다.) 양쪽 다 전적으로 믿어서는 안 된다고 생각한다. 제

◆ 여러 일상적 스트레스가 정신과 신체 건강에 미치는 영향을 수치화한 홈스와 라헤 스트레스 척도에서도 출산이 높은 순위를 차지한다.

약회사와 제약회사의 지원을 받는 의사들은 이득을 위해 약을 권한다. 약을 먹는 사람들은 본디 불만족하고 불안정한 사람들이다 보니 나처럼 신체 증상에 매우 민감하다. 불안민감성 지표에서 높은 수치를 기록하는 사람들은 약물 부작용도 더 심하게 겪는다는 연구가 있다.(불안 증세가 없는 사람이 SSRI를 먹으면 부작용 때문에 힘들어할 가능성이 더 적고 따라서 온라인 커뮤니티에 부작용을 호소할 일도 적을 것이다.) 따라서 약물 복용자 커뮤니티에서 약을 비난하는 말을 있는 그대로 받아들이기도 힘들고 한편 임상 문헌에 나온 부작용과 금단증상 평가도 의심스럽다.

이펙사를 먹자 팍실 중단 뒤의 신체 증상은 많이 가라앉았지만 불안과 공황은 더욱 심해졌다. 하버드 박사에게 이런 이야기를 하자 "용량을 높여야겠습니다."라고 했다. 정신과 의사나 정신약리학자들이 흔히 하는 말이다. 내가 먹는 이펙사의 용량이 내 세로토닌과 노르아드레날린 시스템의 "화학적 불균형"을 교정하기에 불충분하다고 했다. 그래서 하루 세 번 37.5밀리그램 먹던 것을 75밀리그램으로 늘렸다.

이 무렵 내 불안 정도가 지붕을 뚫고 치솟았다. 밤에는 극심한 공황 발작에 휩싸여 깨곤 했다. 낮에도 공황 발작이 계속되었다. 발작 상태가 아니어도 곧 발작이 닥칠 것 같은 기분이었다. 이렇게 만성적으로 끝없이 동요되기는 처음이었다. 끊임없이 움직이고 들썩댔고 내 살갗 안에 내가 들어 있는 그 느낌을 견딜 수가 없었다.(의학 용어로 '좌불안석'이라고 한다.) 자살 생각이 의식 가장자리에서 스멀거렸다.

나는 하버드 박사에게 전화를 했다. "못 견디겠어요. 이펙사를 끊어야 할지도 모르겠어요. 미쳐가는 것 같아요." "효과가 나타나려면 시간이 좀 더 걸립니다." 하버드 박사가 말했다. 하버드 박사는 이펙사가 효과를 발휘할 때까지 기다리는 동안 불안을 달래라고 자낙스를 처방해주었다.

환자가 SSRI나 (이펙사 같은) SNRI 항우울제를 먹기 시작했을 때 불안을 억누르기 위해 (자낙스 같은) 벤조디아제핀계 약을 처방하는 게 1990년대 후반부터 표준 치료법이다. 내 경우에는 효과가 있었다. 약간, 짧은 기간 동안이었지만. 불안이 어느 정도 줄어들었고 공황도 가라앉았다. 다만 자낙스를 빼놓지 않고 먹어야 했다.

나는 책 작업을 하기 위해 보스턴 노스엔드에 있는 오래된 건물 3층의 낡은 사무실을 빌렸다. 또 작업 속도를 높이기 위해 자료 조사를 도와줄 아르바이트생을 고용해 같은 사무실에서 일했다. 캐시는 유능한 연구원일 뿐 아니라 (내가 공황에 휩싸여 있을 때만 아니라면) 유쾌한 말벗이기도 했다. 그렇지만 나는 내 불안 증세가 부끄러워서 감출 수밖에 없었다. 그래서 공황이 올 것 같으면 사무실 밖으로 몸을 피했다. 결국 일은커녕 사무실 밖으로 나갈 구실만 끊임없이 만들어냈다.◆

그래서 다시 하버드 박사에게 전화를 걸었다. 박사는 이번에도 이렇

◆ 사무실 밖으로 나가기만 해서는 공황을 억누를 수 없을 때가 많았다. 그래서 나는 몇 블록을 걸어 올드노스 교회까지 가곤 했다. 미국 독립전쟁 영웅인 폴 리비어가 1775년에 영국군이 육로로 온다면 등을 하나, 해로로 온다면 두 개 걸라고 했다는 그 교회. 나는 소박한 뒤쪽 신도석에 앉아 제단 너머에 있는 예수 유화를 바라보곤 했다. 그림 속 예수의 얼굴은 온화하고 눈에는 공감이 담겨 있었다. 나는 철저한 무신론자는 아니지만 신앙인도 아니다. '이 모든 일을 어떻게 설명하면 좋을지 누가 알겠나?'는 불가지론자이자, 워낙 조심성이 많다 보니 '파스칼의 내기'[파스칼은 신이 존재할 경우와 존재하지 않을 경우의 득실을 따져볼 때 이 도박에서는 신의 존재를 믿는 쪽이 그렇게 하지 않는 것보다 유리하다고 주장했다.—옮긴이]에서 지고 뒤늦게 후회할 위험을 무릅쓰고 대놓고 신의 존재를 부정할 용기는 없는 회의론자다. 그렇지만 2003년 여름 그 처절한 나날에는 올드노스 교회에 앉아 예수의 초상에 대고 솔직담백하게 기도를 드렸다. 제발 마음의 평화를 달라고, 아니면 붙들고 신경의 공격에 맞서 버틸 수 있게 해줄 무언가, 신이 존재한다는 증거라든가 그런 것을 보여달라고 기도했다. 지푸라기라도 잡는 심정으로 성경과 초기 기독교 역사를 읽기 시작했다. 신앙인이 되어 영적·실존적 평온을 얻을 근거를 찾을 수 있지 않을까 하는 생각이었다.

그렇게 되지는 않았다. 올드노스 교회의 꾸밈없는 청교도적 단순함이 어떤 편안함을 주기는 했지만, 이펙사 복용 초기 구렁텅이에 빠져 있을 때에는 교회에 와도 별 도움이 안 됐다. 숨을 고르려고 하다 보면 갑자기 폐소공포증과 공황이 닥쳐와 교회 밖으로 뛰쳐나가야 했다. 결국 공원 벤치에 덜덜 떨며 앉아 있었는데 지나가는 관광객들이 보기에는 섬망증에 시달리는 노숙자처럼 보였을 것이다.

게 말했다. "이펙사의 치료 효과가 나타나려면 아직 기다려야 해요. 용량을 더 높입시다." 그래서 이펙사를 더 많이 먹기 시작했는데, 며칠 뒤에 시야가 흐려지고 배뇨를 할 수가 없었다. 하버드 박사에게 말하자 이번에는 놀란 눈치였다. "이펙사를 끊는 게 좋겠습니다." 그렇지만 팍실을 끊을 때 겪었던 금단증상이 기억 속에 생생한 터라 겁이 난다고 말했다.(팍실 금단증상은 현재는 임상적으로 확인된 현상이다.) "셀렉사를 처방해줄게요." 하버드 박사가 말했다. 셀렉사는 시탈로프람의 상표명인데 이것 역시 SSRI다. "셀렉사를 바로 시작하면서 자낙스도 계속 드세요."

나는 시키는 대로 했고 하루 만에 눈이 다시 밝아지고 소변이 나오기 시작했다. 이펙사의 부작용 때문에 그랬다는 증거처럼 보였다. 하지만 아닐 수도 있다. 불안증 환자들은 '신체화'(신경증을 신체 증상으로 바꿈) 경향이 있으므로, 내 시야가 흐려지고 방광이 말썽을 일으킨 게 사실은 불안이 신체 증상으로 나타난 것일 수도 있다.

이펙사에서 셀렉사로 옮아가는 과정은 팍실에서 이펙사로 바꿀 때보다 순탄했다. 다음 것을 시작하기 전에 앞의 것을 완전히 끊지 않았기 때문일 수도 있다. 아무튼 그날 이후, 여전히 만성 불안과 간헐적으로 심한 불안에 시달리면서도 SSRI 항우울제를 하루도 빼놓지 않고 죽 먹었다. 팍실에서 이펙사로 넘어갈 때의 끔찍한 일을 다시 겪고 싶지 않아 용량도 거의 조절하지 않았다. 가끔 팍실 복용 초기의 편안하던 시기가 그립다. 다시 팍실 복용을 시작해 공황을 모르던 열반으로 돌아가볼까 하는 생각도 든다. 그렇지만 임상 연구를 보면 전에 먹었던 약을 다시 복용했을 때에는 효과를 느끼지 못하는 경우가 많다고 한다.

게다가 팍실을 끊는 과정의 경험은 도무지 되풀이하고 싶지 않다.

$$* * *$$

약, 약, 약! 그래서 뭐 나아진 게 있어요?

—미국 드라마 「소프라노스」의 토니 소프라노가 공황 발작 때문에

1년 동안 프로작을 복용한 뒤 멜피 박사에게 한 말

1990년 3월 26일 《뉴스위크》의 표지에는 녹색과 흰색 캡슐 그림과 함께 "획기적 우울증 약"이라는 문구가 적혔다. 이렇게 해서 플루옥세틴, 상표명 프로작은 전 미국인의 의식 속으로 들어왔고 20세기 후반의 상징적인 항우울제가 된다. 프로작 제조사 엘리 릴리는 블록버스터급의 성공을 거두었다. 프로작은 미국에서 판매된 최초의 SSRI로 곧 자낙스를 제치고 향정신성 약물 가운데 역사상 최대 판매고를 기록한다. 곧 다른 SSRI인 졸로프트, 팍실, 셀렉사, 렉사프로 등이 시장에 나와서 프로작의 판매량을 능가하게 되지만 말이다.

아마 항생제를 제외하면 SSRI가 역사상 최대의 상업적 성공을 거둔 처방약이 아닐까 싶다. 통계에 따르면 2002년 미국인 가운데 2500만 명이(남자는 전체의 5퍼센트 이상, 여자는 11퍼센트 이상) SSRI 항우울제를 복용했다.[1] 그 이후로도 꾸준히 증가해서 2007년에는 SSRI를 복용하는 미국인이 3300만에 달했다.[2] SSRI는 정신병원과 가정집 약장을 지배했을 뿐 아니라 문화와 자연 환경에도 영향을 미쳤다. 『프로작 네이션』, 『프로작 일기』, 『프로작에게 귀 기울이기』(당연히 『프로작에게 대꾸하기』라는 책도 있다.) 등의 책이 1990년대 베스트셀러 목록에 올랐고 영화나 《뉴요커》 만화에도 프로작·렉사프로와 관련된 농담이 단골로 등장한다. 프로작, 팍실, 졸로프트, 셀렉사 잔류물이 미국 개구리 생태계에서 발견되었고(발달

지연과 기형을 유발했다.) 노스텍사스에서는 물고기의 뇌와 간에서 발견되었으며, 라스베이거스, 로스엔젤레스, 샌디에이고, 피닉스에 식수를 공급하는 미국 최대 저수지 미드 호에서도 발견되었다.[3]

SSRI가 우리 문화와 환경에 이렇게 속속들이 침투해 있는데, 정작 미국에서 플루옥세틴(프로작) 특허를 가지고 있는 엘리 릴리 사는 이 약을 개발하는 과정에서 실험 결과가 만족스럽지 않게 나와 **일곱 차례**나 프로젝트를 폐기했었다. 1984년 독일 허가 당국에서는 플루옥세틴 실험의 애매한 결과와 부작용에 대한 불만을 검토한 뒤에 이런 결론을 내렸다. "득실을 견주어보면 우울증 치료에는 전혀 적합하지 않다고 본다." 다른 SSRI인 팍실도 초기 임상 시험 결과는 실패로 나왔었다.[4*5]

효과가 없다고 간주되던 SSRI가 어떻게 역사상 가장 많이 팔린 약이 되었을까? 이 질문의 답은 불안과 우울에 대한 사람들의 생각이 짧은 기간 동안에 얼마나 급변하였는지에 관한 이야기 속에 있다.

이야기는 이번에도 역시 국립보건원 스티브 브로디 실험실에서 시작된다. 아르비드 칼손은 1959년 브로디 실험실을 나와 스웨덴에 있는 예테보리 대학교로 갔다. 그곳에서 칼손은 인공적으로 세로토닌 수치를 낮춘 쥐에게 삼환계 항우울제를 투여하는 실험을 했다. 항우울제가 세로토닌 수치를 높일까? 그랬다. 이미프라민에 세로토닌 재흡수 억제 효과가 있었다. 1960년대에 칼손은 항히스타민제를 가지고 비슷한 실험을 했다. 이 약도 세로토닌 재흡수를 억제할까? 이것 역시 그랬다. 클로르페니라

◆ 1980년대의 여러 연구에서는 우울증이나 공황장애가 있는 환자 치료에 삼환계 항우울제인 이미프라민이 프로작보다 효과적인 것으로 나타났다. 이미프라민은 1980년대 초 우울증 환자 연구에서 팍실도 가뿐히 눌렀다. 1989년, 팍실은 실험 케이스 절반 이상에서 헛약을 능가하는 효과를 보이지 못했다. 그런데도 4년 뒤에 팍실이 FDA 승인을 받았다. 2000년이 되자 팍실은 프로작과 졸로프트를 제치고 가장 많이 팔리는 항우울제가 되었다.

민이라는 항히스타민제가 뇌의 세로토닌 수용체에 이미프라민이나 아미트립틸린보다 더욱 강하고 정확하게 영향을 미쳤다. 이미프라민과 아미트립틸린은 가장 흔히 처방하는 삼환계 우울증 약이다. 칼손은 이 발견을 우울증이 세로토닌 부족 때문이라는 가설의 근거로 제시했다. 다음으로 이 발견을 기반으로 더 강한 항우울제 개발에 착수했다. "이렇게 해서 SSRI가 탄생하게 되었다."[6][7] 의학사가 에드워드 쇼터는 이렇게 말했다.

칼손은 다음으로 다른 항히스타민제인 브롬페니라민(기침약 다임탭의 주요 성분)을 가지고 실험했다. 이 물질도 이미프라민보다 더 확실하게 세로토닌과 노르에피네프린 재흡수를 막았다. 칼손은 이 항히스타민제를 변형해서 세로토닌 재흡수만 막는 H102-09라는 화합물을 만들었다. 칼손은 스웨덴 제약회사인 아스트라의 연구팀과 협력하면서 1971년 4월 28일 H102-09을 지멜리딘이라는 이름을 붙여 특허 신청했다. 초기

◆ 칼손은 불안과 우울증을 앓는 환자를 대상으로 클로르페니라민 임상실험을 하고 싶었지만 그럴 기회가 없었다. 칼손 실험실의 연구나 뒤이은 관찰을 통해 클로르페니라민에 당시에 존재하던 어떤 SSRI에도 뒤지지 않는 효과가 있음이 드러났다. 그런데 흥미롭게도 클로르페니라민은 1950년대부터 클로르트리메톤이라는 상표명으로 약국에 나와 있는, 처방 없이 살 수 있는 꽃가루 알레르기 치료약이었다. 2006년 스웨덴 연구자 에이나르 헬봄은 공황장애 진단을 받은 환자가 꽃가루병 때문에 클로르페니라민을 복용했을 때 공황 증상이 줄어드는 현상이 나타났다고 발표했다. 그러다 환자가 클로르트리메톤을 끊으면 다른 항히스타민제를 복용한다 하더라도 공황 발작이 다시 돌아왔다. 그러니까 처방이 필요 없는 SSRI 항우울제가 오늘날 동네 약국 알레르기약 코너에 떡하니 있다는 말이다. 의사들도 소비자들도 이 약에 이런 효과가 있다는 것을 전혀 모르지만 말이다. 헬봄은 이렇게 말한다. "1970년대에 클로르페니라민을 우울증 약으로 테스트해보았더라면 프로작이 나오기 15년 전에 벌써 안전하고 값싼 SSRI 약이 사용될 수 있었을지 모른다. …… 클로르페니라민이 최초의 안전하고 심장 독성이 없고 부작용이 적은 항우울제가 될 수도 있었다는 말이다. 그랬다면 약 개발과 마케팅에 쓰인 수십억 달러를 절약하고 수백만 환자들의 고통도 덜 수 있었을 것이다."

나에게는 충격적인 사실이었다. 나는 어릴 적 봄마다 알레르기 때문에 꼬박꼬박 클로르트리메톤을 먹었기 때문이다. 4월, 5월이 되면 우울감과 불안감이 사라지곤 했는데 나는 그게 낮이 길어지고 긴 여름방학이 다가오기 때문이라고 생각했다. 그렇지만 헬봄의 글을 읽고 나니 봄이 되면 기분이 밝아지고 긴장이 풀리고 했던 것이 의도하지 않게 SSRI 작용을 해준 클로르트리메톤 덕이 아니었나 하는 생각이 든다.

임상 시험에서 지멜리딘이 우울증을 줄여주는 효과가 어느 정도 있음이 나타나자, 아스트라는 1982년 젤미드라는 이름을 붙여 유럽 시장에 항우울제로 내놓았다. 아스트라는 머크 사에 젤미드의 북아메리카 판매 라이선스를 주었다. 머크는 미국에서 젤미드 판매를 준비했다. 그때 재앙이 일어났다. 젤미드를 먹던 환자 일부가 마비를 일으켰다. 사망자도 몇 명 나왔다. 젤미드는 유럽 약국에서 회수되었고 미국에서는 결국 판매되지 못했다.

엘리 릴리 경영진은 이런 과정을 관심 있게 지켜보았다. 10여 년 전에 인디애나에 있는 엘리 릴리 실험실 생화학자들이 디펜하이드라민(알레르기약 베나드릴의 주요 성분)이라는 또 다른 항히스타민제에서 유도해낸 물질을 가지고 LY-82816이라는 물질을 만들어낸 일이 있었다. 이 물질은 세로토닌에는 강한 영향을 미치는 반면 노르에피네프린 수치에는 약한 영향만 미쳤다. 그러니까 LY-82816은 이 연구자들이 실험한 여러 화합물 가운데 가장 "깨끗한", 곧 "선택적"인 약이었다.◆ 엘리 릴리의 생화학자 데이비드 웡은 LY-82816을 재합성하여 LY-110140을 만들었고 발견한 내용을 1974년 《라이프 사이언스》에 기고했다.[8] 웡이 나중에 회상하기를 "이 시점에서는 LY-110140에 관한 연구가 순전히 학술적이었다." 세로토닌만을 높이는 정신과 약에 시장성이 있는지 아무도 확신할 수 없었다. 게다가 몇 년 앞서 개발된 젤미드가 임상 시험을 거쳐 시장에 나온 탓에 엘리 릴리는 LY-110140, 곧 플루옥세틴에서 손을 뗐다.

하지만 젤미드가 사람들을 마비시키는 부작용을 일으키자 엘리 릴리

◆ 반면 삼환계 약과 MAOI는 세로토닌에만 영향을 미치는 게 아니라 노르에피네프린, 도파민 등의 신경전달물질에도 영향을 미치므로 "더러운", "비선택적" 약이라고 할 수 있다. 그렇기 때문에 여러 불쾌한 부작용이 일어난다고 보았다.

는 플루옥세틴이 미국 시장 최초의 SSRI가 될 기회가 아직 있다는 사실을 깨닫고 연구를 재가동했다. 초기 임상 시험 가운데 뚜렷이 긍정적인 결과가 나타나지 않은 경우가 많았지만 그래도 1986년 벨기에에서 승인을 받고 판매가 시작되었다. 1988년 1월, 플루옥세틴이 미국 시장에 "특정하게 작용하는, 매우 강력한 최초의 세로토닌 재흡수 억제제"로 배포되었다. 엘리 릴리는 프로작이라는 상표명을 붙였다. 브랜딩 회사에서 날렵한 느낌을 준다고 권한 이름이었다.[9]

2년 뒤, 이 약이 《뉴스위크》의 표지를 장식했다. 3년 뒤, 브라운 의대 정신과 교수 피터 크레이머는 『프로작에게 귀 기울이기』라는 책을 출간했다.

1993년 여름 『프로작에게 귀 기울이기』가 출간되었을 때 나는 스물세 살이고 세 번째 삼환계 항우울제를 복용하고 있었다. 이번에는 데시프라민(상표명은 노르프라민)이었다. 나는 놀라운 심정으로 이 책을 읽었다. 크레이머의 환자들이 프로작 덕에 겪은 변화에 감탄하지 않을 수 없었다. 많은 환자들이 "병이 나은 것 이상"으로 좋아졌다고 크레이머는 말했다. "프로작은 소심했던 사람들에게 사회적 자신감을 주고 예민한 사람을 대범하게 만들어주고 내성적인 사람에게 세일즈맨에 버금가는 사교적 기술을 심어주는 듯했다." '음, 아주 괜찮아 보이는데.' 나는 생각했다. 오랫동안 만나왔던 의사 L 박사가 몇 달 전부터 프로작을 권하기도 했다. 그런데 책을 읽으면서 한편으로 파우스트처럼 어떤 대가를 치러야 하는 게 아닌가 하는 생각도 들었다. 프로작이 긴장감이나 우울감을 사라지게 만들면 개성이나 독특한 성품도 사라지는 게 아닌가 싶었다. 크레이머는 책에서 불안이나 우울이 아주 심한 환자라면 그런 거래라도 나쁘지 않다고 강력하게 주장했다. 그렇지만 크레이머도 이른바 "미용적 정신약리학"

에는 우려를 표했다. '정상'이거나 '건강한' 사람이 더 행복하고 더 사교적이고 효율적인 사람이 되기 위해 약을 먹는 일을 가리킨다.

곧 나도 SSRI를 먹는 수백만 미국인의 물결에 동참했다. 그 뒤로 20년 동안 거의 끊임없이 이 계통 약을 먹었다. 그럼에도 불구하고 이 약이 효과가 있다고 확실하게 말할 수는 없다. 이 약을 먹는 데 든 돈이나 약으로 인한 부작용, 약을 바꾸는 일에 대한 정신적 외상, 그리고 아무도 알수 없을 뇌에 미치는 장기적 영향 등을 고려했을 때 그래도 먹을 만한 가치가 있는지에 대해서도 마찬가지다.

SSRI를 향한 초기 열광이 지나가고 나자 1970년대 안정제가 일으켰던 우려가 항우울제에도 드리우기 시작했다. 정신약리학사가 데이비드 힐리는 이렇게 말한다. "팍실 중단으로 인한 문제가 다른 어떤 향정신성약보다 더 폭발적인 기세로 보고되었다는 게 지금은 분명해졌다."[10]◆

"팍실은 중독성이 매우 강하다." 밀타운을 발명한 프랭크 버거는 2008년 죽음을 앞두고 이런 말을 남겼다. "팍실 복용을 시작하고 나면 끊기가 매우 어렵다. …… 리브리움, 발륨, 밀타운은 그렇지 않다."[11] 몇 년전에 내가 만나는 내과 의사는 환자들이 심한 금단증상을 호소해서 이제는 더 이상 팍실을 처방하지 않는다고 이야기했다.

금단 효과를 차치하더라도, (프로작과 팍실의 개발 초기 연구에서 유효성이 입증되지 않기도 했고) SSRI에 그다지 뚜렷한 효과가 없는 듯도 하다. 2010년 1월, 《뉴스위크》는 미국인들에게 SSRI를 화려하게 소개한 지 정

◆ 얄궂은 일이지만 SSRI가 초기에 상업적 성공을 거둘 수 있었던 까닭은 1970년대 초 발륨 중독에 대한 사람들의 공분이 커서 벤조디아제핀계 약물의 인기가 떨어지는 상황이었기 때문이다. FDA에서 SSRI를 우울증 약으로 승인하자 우울 진단 수가 급증하고 불안 진단은 오히려 줄어들었다. 그렇지만 FDA에서 뒤이어 SSRI를 불안 치료제로도 승인하자 불안 진단 수는 다시 올라갔다.

확히 20년 만에 이 약의 불안과 우울 치료 효과가 사탕약보다 별로 나을 게 없다는 연구를 표제 기사로 다뤘다. 2006년의 대규모 연구 두 건에서 항우울제를 먹어도 환자 다수가 회복되지 않았다는 결과가 나왔다. 첫 번째 시도에서 확실하게 호전된 환자는 3분의 1밖에 되지 않았다.《영국 의학 저널》은 SSRI의 약효에 관한 연구 수십 건을 검토한 뒤에 프로작, 졸로프트, 팍실 등 SSRI계 약은 "임상에서 헛약과 비교했을 때 의미 있는 이득이 없었다."[12]◆는 결론을 내렸다.

어떻게 그럴 수가 있을까? 나와 내가 아는 사람들을 포함해 수천만 명의 미국인이 해마다 SSRI를 수십억 달러어치씩 소비한다. 그게 약효가 있다는 뜻이 아닌가?

꼭 그렇지만은 않다. SSRI의 대량 소비가 불안과 우울을 호소하는 사람의 수를 감소시키지 않는 것만 보아도 그렇다. 오히려 약 소비와 불안과 우울증 증가 추세 사이에 상관관계가 있는 듯 보인다.

펜실베이니아 대학교 심리학자 마틴 셀리그먼은 이렇게 말한다. "1차 세계대전 무렵에 태어난 사람의 우울증 평생 유병률은 1퍼센트 정도다. 2차 세계대전 무렵에 태어난 사람의 우울증 평생 유병률은 5퍼센트 정도다. 1960년대 이후에 태어났다면 평생 유병률은 10~15퍼센트 정도로 나타나는데 이 세대 인구는 아직 생존 중이다."[13] 그러니까 최종적으로는 유병률이 더 높아지리라는 말이다. 우울증 진단이 단 두 세대 사이에 최소 열 배로 늘었다.

다른 나라에서도 비슷한 추세가 나타난다. 아이슬란드에서는 우울증

◆　이런 결과는 아직 논란의 대상이고 정신의학이나 심리학 관련 블로그에서 여전히 열띤 논쟁이 펼쳐지곤 한다.

발병률이 (SSRI가 개발되기 전인) 1976년에서 2000년 사이에 거의 두 배로 뛰었다.[14] 영국에서는 프로작 도입 4년 전인 1984년에는 우울과 불안 장애로 인한 병가 일수가 3800만 일이었으나[15] SSRI가 널리 쓰인 지 10년이 지난 1999년에는 같은 이유에 따른 병가가 1억 1700만 일이었다. 300퍼센트로 증가한 셈이다. 미국 보건 조사에서는 우울증 때문에 일을 할 수 없는 노동 연령 인구의 비율이 1990년대에 세 배로 늘었다.[16] 내가 본 가운데 가장 충격적인 통계는 다음과 같다. 항우울제가 존재하기 전에는 인구 100만 명당 50~100명 정도가 우울증을 앓는다고 추정되었다. 오늘날에는 100만 명당 **10만에서 20만 명**에 달한다. 우울증을 낮게 해준다는 최첨단 약이 어느 때보다 많은 이 시대에, 우울증 발병률이 **1000배로 폭증한** 셈이다.[17]

저널리스트 로버트 휘터커는 2010년에 『어떤 유행병의 해부』라는 책에서 SSRI가 실제로는 우울과 불안을 **일으킨다**는 자료들을 모아 제시했다. 그러니까 지난 20년 동안 SSRI를 먹은 수천만 명의 뇌에 유기적 변화가 일어나 이들이 더욱 불안하고 불행하다고 느끼게 되었다는 것이다.(세계보건기구 통계에 따르면 지난 45년 동안 세계에서 자살률이 **60퍼센트** 증가했다. 이걸 근거로 세계적인 불행이 SSRI 소비와 맞물려 늘어났다고 말할 수도 있으리라.)[18] 약이 정신병을 일으킨다는 휘터커의 주장은 논란의 대상이다. 전문가들은 대부분 부인하고, 확실히 입증된 바도 없다. 그렇지만 SSRI 처방의 폭증으로 우울과 불안장애의 **정의**가 급격하게 확장된 것은 분명하다.(우울과 불안을 구실로 일을 쉬는 것이 널리 용인되기도 했다.) 그렇게 해서 우울과 불안 진단을 받는 사람의 수는 또 점점 늘어나게 되었다.

> 앞으로 150년 뒤에는 지금을 돌아보며 항우울제가 얼마나 위
> 험하고 해로운 실험이었나 생각하게 될지도 모른다.
>
> —조지프 글렌멀런, 『프로작의 반격』(2001)

미국에서는 만성 신경증에 약을 처방해야 하는지, 한다면 언제 해야 하는지 하는 문제가 두 가지 지적 전통과 연결되어 있다. 청교도 조상들의 자기부정과 금욕, 그리고 베이비붐 이후에 생겨난, 누구나 미국 독립선언문에 명시된 '행복 추구'를 할 권리가 있다는 믿음이 대립하며 미국인의 역사적 뿌리를 이룬다. 현대 정신의학에서는 두 가지 전통 사이의 알력이 피터 크레이머가 말하는 "미용적 정신약리학"과 "약리학적 칼뱅주의" 사이의 싸움으로 펼쳐진다.

미용적 정신약리학을 비판하는 사람들은(크레이머 자신도 어느 정도는 이 비판자들에 포함된다.) 수백만의 약간 신경증적인 환자들이 '병이 나은 것 이상'이 되기 위해 약을 먹는다면, 일터에서 경쟁에 밀리지 않기 위해 약을 무기로 삼게 된다면 어떻게 될까 우려한다. '약리학적 칼뱅주의'라는 용어는 1971년 제럴드 클러먼이 만들어낸 것이다. 클러먼은 "분노한 정신의학자"를 자처하며, 먹어서 기분이 좋은 약이라면 나쁜 약이 분명하다는 사람들의 인식에 전면 도전했다.[19] 클러먼 등은 이렇게 주장했다. 삶은 힘겹고 고통은 현실이다. 불안과 불행에 시달리는 사람들이 평화를 찾고자 하는데 왜 청교도주의적인 간섭으로 그걸 막는가?

이른바 약리학적 칼뱅주의자들은 어떤 추구나 노력 없이 정신적 고통에서 탈출하는 것은 자아나 영혼을 일부 포기하는 것이라고 여긴다.

공짜로 무언가를 얻는 것은 프로테스탄트 직업윤리와 상충하는 파우스트적 거래라고 본다. 클러먼은 이렇게 비웃는다. "정신 치료라는 분야에서 세상은 일등 시민, 그러니까 의지, 통찰, 정신분석, 행동수정 등으로 구원을 얻을 수 있는 성인들과 그 나머지 사람들, 곧 도덕심이 부족해서 보조물이 필요한 사람으로 나뉜다."[20] 클러먼은 분노에 찬 음성으로 약에 대한 우려를 공박하며 그릇된 도덕주의 때문에 불안과 우울에 시달리는 미국인들이 고통을 덜고 더 높고 의미 있는 목표를 추구하지 못하게 가로막는 일이 옳으냐고 묻는다. 알약 하나로 정신적 고통에서 벗어날 수 있는데 왜 사람을 황폐하게 만드는 신경증의 수렁에 빠진 채로 살려 하는가?

미국인들의 태도는 이중적이다. 안정제와 항우울제 수십억 알을 입에 털어 넣지만 그러면서도 정신과 약에 의존하는 것을 나약함이나 도덕적 결함의 징표로 바라보는 생각의 뿌리가 깊다.◆ 1970년대 초 국립정신건강연구소에서 실시한 연구에서는 이런 결론을 내렸다. "미국인들은 안정제가 효과가 있다고 생각하면서도 그걸 먹는 게 도덕적으로 옳은지에 대해 심각한 의문을 갖는다."[21]

비논리적이고 모순처럼 들리지만, 사실 내 생각도 바로 그렇다. 나는 어쩔 수 없어 안정제와 항우울제를 둘 다 복용하고 효과가 있을 거라고 생각한다.(적어도 조금은, 가끔은.) 그리고 또 여러 정신과 의사들이 내게 허다히 말했듯이 나에게는 이런 증상을 일으키는 "병적 조건"이 있기 때문에 약을 먹는 게 "정당화"된다는 생각도 한다. 그렇지만 한편으로는 내

◆ 안정제 복용률이 높은 프랑스와 비교하면 미국 사람들이 이런 생각이 더 강하다고 할 수 있지만, 또 반대로 SSRI 복용률이 훨씬 낮은 일본과 비교하면 미국이 오히려 약에 대해 너그러운 편이다.

신경 문제는 성격 문제나 도덕적 결함 때문이라고도 여긴다.(사회 통념도 그러리라 생각한다.) 나는 신경줄이 약하기 때문에 겁쟁이이고 또 겁쟁이이기 때문에 부정적인 겁쟁이라는 이미지를 감추려고 애쓰는 것 같다. 또 겁쟁이라서 문제를 덜기 위해 약에 의존하는 게 나의 나약한 성격을 입증하고 강화하는 증거가 아닐까 걱정하기도 한다.

"스스로를 재단하려고 하지 말아요! 그러면 불안이 더 심해져요!" W 박사는 말한다.

W 박사 말이 맞다. 그렇지만 나도 국립정신건강연구소 설문 조사에서 "정신이 나약하기 때문에 정신병이 생기고 이 상태를 치료하거나 덜기 위해 안정제를 복용하는 것은 나약함을 더욱 확실히 입증하는 일이다."라는 문항에 '그렇다.'라고 대답한 40퍼센트의 응답자와 같은 생각을 하지 않을 수가 없다.

물론 사람의 어떤 기질적 특성이나 성향과 유전자의 관계에 관해 점점 많은 것을 알게 되면서 이제는 예전과 같은 의미에서 나약한 정신 때문이라고 주장할 수는 없다. 유전자 때문에 내가 생리적으로 불안을 느낀다면, 무서운 상황을 앞두고 떨거나 스트레스 상황에서 무너지곤 하는 게 내 책임이라고 말할 수 있나? 정신질환에 유전적 원인이 있다는 증거가 쌓여가면서 정신과 약에 의존하는 일에 대한 미국인들의 태도도 최근에 확연하게 바뀌었다. 1996년에는 우울증이 건강 문제라고 보는 미국인이 38퍼센트에 불과했고 개인의 나약함 때문이라고 보는 사람은 62퍼센트였다.[22] 10년이 지난 뒤에는 완전히 뒤집혀서 72퍼센트가 건강 문제라고 보고 28퍼센트만이 나약함 때문이라고 보았다.

* * *

우울증이 세로토닌 부족 때문이라는 이론은 정신병이 자위
행위 때문이라는 이론과 맞먹을 정도로 터무니없다.

—데이비드 힐리, 2002년 런던 정신의학연구소 연설에서

불안과 정신약리학의 얽히고설킨 역사를 살피다 보면 불안이 생물학적
토대와 직접적 연관이 있다는 게 드러난다. 불안은 다른 정신 상태처럼
우리 신경들 사이에, 우리 시냅스를 적시는 신경전달물질 국물 안에 살
고 있다. 불안을 덜려면 이 국물의 구성 성분을 조정하여 신경 조절기를
재설정해야 한다. 피터 크레이머가 『프로작에게 귀 기울이기』에서 말하
듯 카뮈의 이방인에 나오는 주인공의 무감각, 도덕적 혼란은 어쩌면 세로
토닌 이상 때문인지도 모른다.

하지만 더 깊이 파고들어 가면 반드시 그런 건지 확실하지가 않다.

신경과학과 분자유전학이 발전하면서 이 단백질과 저 뇌 수용체 사
이의 관계, 이 신경전달물질과 저 감정 사이의 관계를 더욱 정확하게 그
릴 수 있게 되었지만, 한편 생물학적 정신의학의 초기 기반 일부는 무너
지고 있다.

사반세기 전에 프로작이 환호를 받으면서 세로토닌을 '행복 신경전
달물질'로 추앙하는 움직임이 생겼다. 그렇지만 연구 초기부터 우울증
이 있는 사람들과 없는 사람들의 세로토닌 수치에서 통계적으로 유의미
한 차이를 찾을 수가 없었다. 1976년 《사이언스》에 실린 우울증 환자 연
구에서는 그 가운데 절반만 세로토닌 수치가 비정상임을 확인했다.[23] 게
다가 이 절반 가운데에서도 절반만 세로토닌 수치가 평균보다 낮았다. 그

러니까 우울증 환자 가운데 세로토닌이 부족하다고 할 수 있는 사람은 4분의 1밖에 되지 않는다는 말이다. 게다가 세로토닌이 평균보다 **높은** 사람도 그와 똑같이 전체의 4분의 1을 차지했다. 그 뒤 여러 후속 연구에서 나온 결과들도 세로토닌 부족과 정신질환 사이에 일정한 관계가 있다는 개념에 혼란을 일으켰다.

세로토닌과 불안·우울 사이의 상관관계는 처음 생각했던 것처럼 명명백백하지는 않은 듯하다. 우울증이 세로토닌 부족 때문이리는 가설을 처음 제시한 아르비드 칼손 자신도 이 가설을 버려야 한다고 했다. 2002년, 몬트리올에서 열린 학회에서 칼손은 정서장애가 "특정 신경전달물질이 비정상적으로 높거나 낮기 때문"이라는 "단순한 가설"[24]을 폐기해야 한다고 선언했다. 또 얼마 전에는 1960년대 스코틀랜드에서 정신의학을 연구하여 정신질환이 화학적 불균형 때문이라는 이론을 확산하는 데 중요한 역할을 했던 조지 애슈크로프트가 후속 연구에서 뒷받침되지 않자 이 이론을 포기했다.[25] 1998년 미시건 대학교 신경과학자 엘리엇 밸런스타인은 『뇌 탓』이라는 책 한 권 전체를 들여서 "정신질환의 생화학 이론을 입증하는 증거는 없다."[26]고 주장했다.

《정신의학》의 편집장이자 버지니아 코먼웰스 의대 정신의학 교수인 케네스 켄들러는 2005년에 이렇게 시인했다. "우리는 지금껏 신경화학을 이용해 정신질환을 간단하게 설명하는 방법을 찾아왔다. 그런데 찾을 수가 없었다."[27]

프로작과 셀렉사가 어떤 방식으로 작용하는지 명확하게 밝힐 수 없었던 까닭은, 혹시 실제로 작용을 하지 않기 때문은 아닐까? "정신과 약은 득보다 실이 많다." 하버드 출신 정신의학자이자 제약회사를 상대로 하는 법률 소송에 증인으로 심심찮게 등장하는 피터 브레긴은 이렇게 말한다. 항우울제를 복용한 뒤 호전된 환자가 3분의 1 정도밖에 되지 않는다는 연구들이 피터 브레긴의 주장을 떠받쳐준다.

그렇지만 다른 방식의 치료도 대체로 반응이 나타나는 비율이 그다지 높지 않다. 뿐만 아니라 일선에서 일하는 의사들이 이 약이 효과를 발휘하는 것을 무수히 보았다고 하는데 이 사람들이 전부 다 제약회사의 마케팅에 홀랑 속았을 리는 없는 일이다. 무작위 이중맹검 대조군 실험에서 나타난 통계적 사실과 임상에서 경험하는 사실(정신과 의사나 1차 진료 기관의 내과 의사가 환자의 반응을 관찰하고 들어서 아는 것)이 다를 때가 있다. 이걸 대체 어떻게 이해해야 하나?

나는 이 논쟁에서는 양쪽 주장이 다 일리가 있다고 믿고 싶다. 약을 지지하는 사람들(제럴드 클러먼이나 프랭크 버거나 피터 크레이머나 하버드 박사 같은 이들)은 환자가 겪는 불안으로 인한 고통을 약으로 덜어주고자 하는 히포크라테스적 정신으로 애를 쓰는 것이다. 또 불안장애나 우울증을 의학적 문제로 분류하여 환자들의 오명을 벗겨주고 싶은 생각 역시 사심과는 무관하다. 한편 약에 반대하는 이들(피터 브레긴, 스탠퍼드 박사 등) 또한 환자들을 이윤에 목을 맨 제약회사의 탐욕으로부터 보호하고 약물 의존성을 유발할 가능성이 있는 약 대신 스스로의 힘으로 불안을 극복할 수 있게 진심으로 도우려고 한다.

나는 제약산업에 대한 합리적 비판에 공감한다. 내가 살펴본 수천 건의 연구뿐 아니라 내 직접 경험을 근거로 이런 비판들이 어떤 면에서는 분명히 옳다고 말할 수 있다. 심각한 부작용이나 의존성과 금단증상 문제에 대한 비판, 광고 내용처럼 효과가 있느냐는 의심, 사회 전체가 이렇게 약물을 많이 복용할 때 장기적으로 어떤 피해가 있을지에 대한 우려 등은 옳다고 생각한다. 그렇지만 또, 어떤 면에서는 틀렸다는 생각도 든다. 이 약들은 여러 연구에서 밝혔듯 효과가 있을 수 있다. 물론 어떤 때에, 어떤 사람에게만 효과를 발휘하고 또 지긋지긋한 부작용과 끔찍한 금단증상, 의존성 문제를 일으킬 수 있기는 하지만 말이다. 또 이 약이 뇌에 장기적으로 어떤 영향을 미치는지 우리는 모른다. 게다가 제약회사와 보험업계에서 진단 범주를 인위적으로 부풀리거나 왜곡한 것도 사실이다. 그럼에도, 나는 개인적 경험을 통해 힘겹게 획득한 권위로, 실제로 이 약으로 때로는 아주 약간, 때로는 상당히 많이 달랠 수 있는 매우 괴로운 정서적 고통이 실제로 존재한다고 말할 수 있다.

W 박사에게 이런 이야기를 하자 W 박사는 자기의 임상 경험도 내가 알아낸 것들과 일치한다고 말했다. 약마다 환자마다 반응이 매우 크게 다르다는 사실이다. W 박사는 홀로코스트 생존자의 딸을 치료한 적이 있었다. 우울증이 아주 심한 환자였다. W 박사는 이 환자가 자기 부모가 느끼는 생존자의 죄책감을 내면화한 게 분명하다고 생각했다. 홀로코스트 생존자 가족에게 흔히 일어나는 현상이다. W 박사는 몇 달 동안 상담하며 환자가 이 사실을 인식해서 불행을 떨쳐버릴 수 있게 하려고 애썼다. 아무 도움이 되지 않았다. 심한 우울증이 계속되었다. 그러다가 환자가 프로작 복용을 시작했다. 몇 주 만에 환자는 W 박사에게 이렇게 말했다고 한다. "기분이 아주 좋아요." 몇 주가 더 지난 뒤에는 환자가 병이 나았다고 느끼고 치료를 중단했다. SSRI가 1점 득점.

그런데 그 무렵에 강박장애와 약한 우울증에 시달리던 남자 환자가 있었다. 이 환자도 프로작 복용을 시작했는데 48시간 만에 심한 자살 충동이 엄습해 병원에 입원하게 되었다. SSRI 1점 실점이다.◆

◆　W 박사의 동료 의사인 G 박사는 저명한 정신분석의였는데 말년에 심한 우울증에 빠졌다. G 박사

W 박사는 정신약리학을 전공한 동료 의사와 여러 해 동안 협력하며 환자들을 치료했다. 함께 불안장애 환자 여러 명을 낫게 했다고 한다. 환자 한 명이 호전될 때마다 W 박사는 약리학자 동료에게 이렇게 덕담을 한다. "약 때문에 나았습니다." 그러면 그쪽에서는 W 박사에게 이렇게 말한다. "아닙니다. 상담 치료 때문에 나은 겁니다." 그러면 두 사람은 웃으며 서로를 축하한다. 하지만 W 박사도 인정한 대로 두 사람 다 환자한테 먹힌 게 어느 쪽인지는 알 수 없다는 게 사실이다.

* * *

고층 아파트에서 고립되어 지내고 아이들이 나가 놀 곳도 없어 미칠 지경인 가정주부들을 안정시키는 편이, 아파트 단지를 허물어 인간적 규모의 주택 단지를 다시 짓거나 놀이모임을 꾸려주는 것보다 돈이 덜 든다. 제약업계, 정부, 약사, 납세자, 의사 모두가 공모하여 사회적으로 만들어진 스트레스 반응을 '병'으로 만든다.

—맬컴 레이더, 「벤조디아제핀: 대중의 아편」(1978)

어떤 사람의 우울증을 "세로토닌 재흡수 억제" 같은 말로 설

는 정신분석을 중심으로 치료하는 정신병원인 체스트넛 로지에 제 발로 입원했다. G 박사는 오래전부터 생물학적 정신의학에 반대하며 프로이트 식 대화 치료가 불안과 우울 치료에 최선의 방법이라고 주장해왔다. 그렇지만 날마다 분석 치료를 받는데도 고통은 줄어들지 않았다. 결국 G 박사는 항우울제를 먹기로 했고, 약을 먹자 상태가 좋아졌다. 그렇지만 대신 이제는 직업적 위기에 빠진 셈이었다. 평생을 바쳐온 정신분석 치료가 허상이었던가? G 박사는 오래 버티지 못하고 세상을 떴다.

명할 수 있다고 하더라도, 그렇다고 해서 그 사람이 어머니와
아무 문제가 없었다는 뜻은 아니다.

—칼 엘리엇, 『최후의 의사: 워커 퍼시와 의학의 도덕적 삶』(1999)

도널드 클라인의 이미프라민 실험 이전에는 불안의 내용을 해석하는 게 매우 중요했다. 높은 곳, 쥐, 기차 등을 두려워하는 게 무슨 **의미**인가? 공포증이 무슨 이야기를 하고 있는가? 이미프라민 덕에 불안에서 철학적 의미는 거의 탈색되었다. 약이 발달하면서 불안은 생물학적 증상, 생리학적 현상, 기계적 과정으로 생각되고 내용은 중요하지 않게 되었다.

그렇지만 키르케고르나 사르트르 같은 철학자는 불안에 분명한 의미를 부여했다. 이들이나 뇌의 상태를 생물학으로 환원하기를 거부하고 심리 치료를 중시하는 의사들은, 불안은 피하거나 약으로 없애야 할 것이 아니라 자아 발견을 위한 길, 자아실현의 길이라고 본다. W 박사도 그렇게 생각한다.

W 박사는 "위험의 중심으로 들어가라. 그곳에 안전이 있을 것이다."라는 중국 속담을 인용하기를 좋아한다.

진화생물학에서는 불안을 안전하게 살아남기 위해서 진화 과정에서 발전한 정신적·생리적 상태로 본다. 불안은 경계심을 높여 싸우거나 도망갈 준비를 시킨다. 불안을 느끼면 주변의 물리적 위협에 반응하도록 몸이 맞추어진다. 프로이트는 불안이 외부의 위협뿐 아니라 내면의 위협에 대비한 반응이기도 하다고 생각했다. 이런 관점에서 보면 불안은 우리 정신이 우리에게 무언가를 말하려 한다는 신호다. 그것에 귀 기울이는 대신에 약으로 불안을 제거한다면, 그러니까 불안이 아니라 프로작에게 귀 기울인다면, 자기의 최선의 모습이 되지 못할 수 있다. 불안은 무언가 변

화가 필요하다는, 우리 삶을 변화시켜야 한다는 신호일 수 있다. 약은 이 신호를 차단해버릴 위험이 있다.✦

『프로작에게 귀 기울이기』에서 피터 크레이머는 소설가 워커 퍼시의 작품을 다룬다. 워커 퍼시는 생물학적 정신의학의 시대에 정서적 고통과 영적 갈망의 문제를 어떻게 할 것이냐를 깊이 파고든 작가다. 퍼시의 글은 이런 질문을 던진다. 불안과 아노미를 약으로 달랠 때 우리가 잃는 것은 무얼까?

퍼시는 이런 문제를 다루기에 걸맞은 작가였다. (프로이트가 말하는) 우울의 "유전적 성향"이 집안 혈통에 강하게 흘렀다. 할아버지, 아버지 모두 자살했고 어머니도 그랬을 가능성이 높다.(차를 몰고 가다 다리에서 떨어졌다.) 삼촌 두 명은 신경쇠약을 일으켰다. 퍼시의 아버지 르로이는 변호사였는데 알코올로 우울증을 달랬고 전문가들을 찾아다니며 치료를 받다가 1925년에는 존스홉킨스 의대에 있는 저명한 의사를 만나러 볼티모어로 갔다. 그렇지만 아직 현대적 정신약리학이 발전하기 전이라, 1929년에 두 번째 자살 시도를 했고 20구경 산탄총으로 머리를 날려 죽고 말았다.

이런 일을 겪으며 자란 워커는 과학에 몰두하게 되었다. 과학이 우주의 모든 것, 식구들 여럿을 죽인 우울의 본질까지도 설명해주리라고 믿었고 의사가 되겠다고 결심했다. 의학 수업을 받으면서 퍼시의 과학적 유물론은 더욱 강고해졌다. 워커 퍼시의 전기 작가 한 사람은 젊은 시절 퍼시의 생각을 이렇게 정리했다. "인간을 화학적·생물학적 성질의 합으로 환

✦ 뉴잉글랜드에서 일하는 정신과 의사 에드워드 드러먼드는 불안을 줄여주기 위해 환자들에게 벤조디아제핀계 안정제를 꾸준히 처방하곤 했다. 지금은 안정제가 만성 불안의 **원인**이라고 강하게 믿는다. 드러먼드는 자낙스나 아티반을 복용하면 심한 불안을 일시적으로 줄일 수 있지만, 대신 그 불안을 일으키는 어떤 문제에 맞서지 않고 회피하는 결과가 된다고 말한다.

원할 수 있다면, 뭐하러 이상(理想)이 있고 없고에 관해 고민하겠는가?"[28]

그런데 1942년에 퍼시는 결핵에 걸려 의학 공부를 중단할 수밖에 없었다. 회복하기 위해 뉴욕 새러낵 호 부근에 있는 요양원에 들어갔다. 그때는 결핵 치료제로 스트렙토마이신도 (결핵 환자들을 기분 좋게 만드는 부작용이 있었던) 이소니아지드도 이프로니아지드도 아직 나오기 전이라 휴식 말고는 별다른 치료법이 없었다. 퍼시는 요양원에서 우울에 빠졌고 독서에 몰두했다. 도스토옙스키와 토마스 만을 여러 권 읽고 키르케고르와 토마스 아퀴나스도 읽었다. 몸 상태도 마음 상태도 좋지 않았던 퍼시는 일종의 영적 위기를 맞았고 결국 과학이 인간의 불행이라는 문제를 해결해주지 못하리라는 결론을 내렸다. 마침내, 특히 키르케고르에게 큰 영향을 받아 신앙에 귀의하기로 결심하고 가톨릭 신자가 되었다.[◆][29] 퍼시가 요양원에서 유럽 소설과 실존철학 대신 이프로니아지드 치료를 받았다면, 퍼시의 삶과 철학이 얼마나 달라졌을까? 이프로니아지드는 그 뒤 얼마 지나지 않아 MAOI 항우울제 마르실리드가 된다. 이 약은 결핵을 치료해주면서 우울증도 물리쳐주었을 것이다. 그랬다면 의대로 다시 돌아가고 소설을 쓰지 않았을지도 모른다. 생물학적 정신의학에 대한 의견도 훨씬 우호적이 되었을 것이다.[30][◆◆]

그렇다고 퍼시가 과학적 방법론을 저버린 것은 아니었다. 다만 과학이 윤리를 비롯한 모든 인간 지식의 철학적 토대라는 환원주의적 세계관을 거부하게 되었다. 더 나아가 현대 사회에 우울증과 자살이 많아진 까닭은 과학적 세계관이 문화적 우위를 점했기 때문이라고 생각하게 되었

◆ 퍼시의 개종을 두고 가장 친한 친구인 소설가이자 남북전쟁 역사가 셸비 푸트는 이렇게 말했다. "자네 정신은 지적으로 완전히 후퇴한 상태네."

◆◆ 피터 크레이머가 『프로작에게 귀 기울이기』에서 이와 비슷한 이야기를 했다.

다. 과학적 세계관이 사람을 세포와 효소의 집합체로 축소하면서 다른 의미는 부여하지 않았기 때문이다.

1957년 퍼시는 예수회 주간지인 《아메리카》에 2회에 걸쳐 글을 실었다. 정신의학이 생물학적인 면에 집중하면서 "현대 인간의 시련을 설명할 수 없게"[31] 되었다고 했다. 죄책감, 자의식, 슬픔, 수치, 불안 등은 세계와 우리 영혼이 보내는 중요한 신호다. 이런 신호를 신체적 병증으로 생각하고 약으로 달랜다면 더욱 심한 인간 소외가 일어난다. "불안은 어떤 관점에서 보면 제거해야 할 증상이지만, 다른 관점에서 보면 진정한 실존으로의 부름이며 어떤 희생을 치르더라도 귀 기울여야 하는 메시지다."◆

◆ 퍼시의 글을 관통하는 주요 주제는 불안, 신경증, 실존적 공포다. 『재림』이라는 소설의 주인공 윌 배럿은 은퇴한 변호사인데 아내가 죽은 뒤 이상한 증상에 시달린다. 우울감과 함께 몸의 평형감각이 흔들리고, 골프를 칠 때에는 스윙이 잘 안 되고, 의사가 소발작이라고 생각하는 현상이 나타난다. 윌은 자신의 신경성 병이 세계가 "우스꽝스럽기" 때문에 생겼다고 생각한다. 그렇지만 의사는 "뇌의 변연계 부근에 약간의 출혈이나 동맥경련"이 의심된다고 말한다. 윌의 불행은 의미의 문제일까? 아니면 생체의 이상일까?

소설이 진행되며 윌의 병은 점점 심해진다. 기절하는 일도 잦아지고 종교적 갈망은 강해진다. 마침내 가족이 윌을 병원에 입원시키고 이 병원에서는 하우스만 증후군이라는 진단을 내린다. 하우스만 증후군(퍼시가 만들어낸 병이다.)의 증상은 발작과 "우울, 둔주, 망상, 발기부전과 성욕항진을 오가는 성기능 장애, 고혈압, [하우스만 박사에 따르면] '반지니게 젠주흐트(wahnsinnige Sehnsucht, 부적절한 갈망)'라는 것" 등이다. 의사는 이 병이 아주 단순하게 pH 불균형 때문에 일어나므로 약으로 간단히 치료할 수 있다고 한다. 치료제는 바로 수소 이온, 곧 핵 하나에 양자 하나가 있는 것이다. 윌은 요양원에 입원하고 몇 시간마다 한 번씩 pH 농도를 체크한다. 의사는 이렇게 말한다. "참으로 신기하지 않습니까? 양자 몇 개가 많거나 적다고 해서 이런 복잡한 정신 상태가 생겨난다는 것이요. 가장 간단한 금속인 리튬이 우울증을 조절합니다. 가장 단순한 원소인 수소는 반지니게 젠주흐트를 조절하고요." 외관상으로 병이 나은 윌은 요양원 안에 갇혀 살면서 경탄을 금치 못한다. "수소 이온에 의해 구조되고, 구원받고, 변화하다니 얼마나 이상한 일인가! 당구공처럼 단순하게 생긴 양자가! 결국 모든 게 화학으로 환원되는 걸까? 그가…… 갈망에 들끓으며 땅을 주먹으로 내리친 까닭이…… pH가 7.6이기 때문이었나?"

퍼시는 1970년대 후반에 이 글을 썼는데 이때는 '정서장애의 카테콜아민 가설'과 '우울의 노르에피네프린 이론'이 득세하던 무렵이다. 퍼시는 생물학적 환원주의의 허위를 조롱하고 있는 것이다. 윌의 인간성이, 우울증뿐 아니라 윌의 생각과 갈망까지도 수소 분자로 축소되는 과정을 통해 소외를 병리화하는 현대 정신약리학을 비판한다.

7년 뒤, 프로작이 미국에 발매되기 전날 퍼시는 생물학적 유물론을 더욱 직접적으로 비판하는 글을 발표했다. 『타나토스 증후군』이라는 소설에는 토머스 모어라는 인물이 나오는데 전작인 『폐허 속의 사랑』에도 나왔던 정신의학자다. 『타나토스 증후군』에서 모어 박사는 벤조디아제핀 약인 퍼시는 절망보다 더 나쁜 것은 절망 속에 있으면서 그것을 깨닫지 못하는 것이라는 키르케고르의 생각을 글에서 되풀이해서 드러낸다. 불안을 느끼지만 그것을 느끼지 못하게끔 피하며 살아가는 삶이다. "알다시피 이런 사람은 소비자로 살아가는 것이다."[32] 「정신의학의 임박한 위기」에서 퍼시는 이렇게 말했다. "섹스 파트너로서, '타인 지향적' 행위자로서, 신문, 영화, 텔레비전을 끝없이 소비함으로써 지루함과 불안을 피한다. 이런 사람은 인간으로서 자기 운명을 저버린 것이나 다름없다."

항불안제가 불안을 소거해버리고 우리가 불안에 귀 기울이지 못하게 하고 절망을 자각하지 못한 채 절망에 빠져 있게 한다면, 그로 인해 우리 영혼은 죽어가는 것이 아닌가? 퍼시는 그렇다고 생각하는 듯하다.

달메인을 불법으로 화물차 휴게소에서 판매한 탓에 감옥에 들어갔다가 막 풀려나서 루이지애나 주 펠리시아나에 있는 고향으로 돌아간다. 이곳에 가보니 모든 사람들이 이상한 행동을 한다. 동네 여자들이 하나같이 섹스를 하자고 엉덩이를 들이댄다. 아내도 마찬가지일 뿐 아니라 또 아내에게 컴퓨터 같은 실력으로 브리지 카드게임을 하는 능력이 생기거나 전국 토너먼트에서 우승을 하기에 이른다. 모어는 불안에 시달리던 여자들의 몸무게와 자의식이 갑자기 줄어든 반면 대담함, 성욕, 무감함은 늘어났다는 것을 알아차린다. "오래된 두려움, 걱정, 분노를 뱀 허물처럼 벗어던지고, 대신 온화하고 다정하고 텅 빈 정신, 일종의 명한 동물적 활기가 들어선 듯했다." 알고 보니 안락사 프로그램을 관리하는 연방기관 '삶의 질 위원회' 대표를 비롯한 오만한 관리들이 사회 복지를 '향상'시킨다는 명목으로 중나트륨이라는 화합물을 불소 첨가하듯 식수에 첨가한 것이었다. 중나트륨은 사람들을 더 차분하게, 자의식은 적고 더 만족하게끔 만든다. 그게 좋기만 한 일은 아니었다. 불안과 자의식이 사라지자 펠리시아나 시민들은 인간성을 잃어갔다. 중나트륨에 취한 여성들은 "상처를 주지도 않고 늘 똑같은 걱정을 달고 살지도 않게 되었지만, 무언가가 빠진 듯 보였다. 해묵은 걱정과 두려움이 아니라 그 어떤 무언가―그게 뭘까? 자아?" 모어 박사는 의심을 품지만 중나트륨 옹호자들은 모어 박사의 생각을 바꾸려고 한다. 한 열렬한 옹호자는 이렇게 말한다. "톰, 눈으로 빤히 보인다네! PET 스캐너로 보면 변연계의 포도당 대사가 온갖 고통을 야기하는 것이나 대뇌 피질이 스위치처럼 그걸 끄는 게 보인다고. 청반과 시상하부가 가동하기 시작하고, 리비도가 증가하고(건강한 이성애적 리비도가), 우울증이 사라지지. 눈으로 볼 수 있어!" 퍼시는 생물학적 정신의학의 오만함을 조롱하며 죄책감, 불안, 자의식, 우울을 약으로 밀어낸다면 영혼을 밀어내는 것과 다름없다고 경고한다.

＊＊＊

나도 그렇게 생각한다. 워커 퍼시와 쇠렌 키르케고르의 철학적 입장을 지지한다. 그렇지만 내 말에 신빙성이 얼마나 있을까? 무엇보다도 나는 정신과 약을 30년째 복용하고 있고 지금 내 혈관 속에는 시탈로프람, 알프라졸람에 어젯밤에 먹은 클로나제팜이 아직까지 흐르고 있을 것이다. 내 세로토닌 시스템과 감마아미노부티르산 시스템은 촉진되고 글루탐산은 억제된 상태로, 약에는 독성이 있다는 피터 브레긴에 동조하며 약이 영혼을 위축시킨다는 워커 퍼시에게도 동의한다. 이런 주장을 펼치기에 과연 내가 적절한 사람이라고 말할 수나 있을까?

그렇지만 퍼시도 만성 불면증 때문에 수면제를 복용했다.(그럴 만한 이유가 충분히 있었다. 극심한 불면증이 퍼시의 아버지를 자살로 몰고 간 요인이었다.) 정신과 약은 일부 사람에게, 어떤 상황에서, 어떤 때에는 효과가 있다. 조현병 환자가 병적 망상에 시달릴 때 화학적으로 망상을 억제하거나, 양극성장애 환자가 자해 충동과 압도적 우울감에 시달릴 때 약으로 달래주거나, 공황에 시달려 집 밖에 나가지 못하는 사람에게 약을 주어 불안으로부터 보호해주지 못하게 한다면 참으로 잔인한 일일 것이다. 나는, 정신과 약을 신중하게 사용하는 일에 이념적으로 반대하지 않으면서도 제약회사의 주장에 대해 회의할 수 있고, 인구가 약을 대규모로 소비한다면 사회 전체에 어떤 영향이 있을지 우려할 수 있고, 정신과 약을 먹음으로써 개인의 실존적 차원에 어떤 손실이 있을지에 신경을 쓸 수 있다고 생각한다.

그런 한편으로 내가 퍼시나, 제약회사를 비판하는 에드워드 드러먼드나 피터 브레긴 같은 사람의 말을 유념해야 한다는 것도 안다. 약물에 대한 이 글을 쓰기 위해 내가 먹어야 했던 것들을 생각하면 이 이상 아이러니한 일이 있을 수가 없다. 나는 일단 셀렉사 복용량을 늘렸고, 자낙스와 클로노핀에 의존하게 되었고, 불안을 억누르기 위해 알코올을 엄청나게 들이부었다. 40년 동안 단 한 대도 피우지 않았던 담배를(할머니가 담배를 끊으시게 하려고 나 자신은 절대 담배를 피우지 않겠다고 약속을 했기 때문이다.) 마흔한 살이 되어 처음으로 시작했다. 마약에 대한 경계심이 커서(타고난 조심성 때문일 것이다.) 40년 동안 마리화나 한 모금 빤 적이 없고 처방받지 않은 약은 한 번도 입에 댄 적이 없는데 최악의 절망 상태에서 (프로이트가 코카인을 찬미한 글을 읽고 나서) 코카인과 암페타민까지 시도해보았다. 저녁이 오면 일단 무력감과 절망감을 떨쳐낼 연료 삼아 카페인과 니코틴을 투여한다. 그래도 불안에 덜덜 떨기 시작한다. 생각이 마구 뻗고 손이 떨려 어쩔 수 없이 결국 클로노핀을 먹는다. 가끔은 자낙스 한 알을 보태고 스카치 한 잔(거기에 한 잔 더, 또 한 잔 더)을 마셔야 진정이 된다. 건강한 삶은 아니다.

　좀 더 건설적으로 키르케고르와 퍼시를 지지대이자 위안으로 삼으려고 해보았다. 또 요가, 침술, 명상도 시도했다. 뉴에이지 치료사들이 말하는 "내면의 치료소", 곧 건강하고 자연적인 호르몬과 신경전달물질 저장소의 문을 명상과 바이오피드백과 "내적 균형"을 통해 열고 싶은 생각이 굴뚝같다. 그러나 최선을 다하고는 있지만 열쇠를 어디에 꽂아야 할지 여전히 헤매는 중이다.

4부

선천이나
후천이나

8

분리불안

유아기에는 홀로 있는 것이 엄청난 공포를 불러일으킨다.

—윌리엄 제임스, 『심리학 원칙』(1890)

나의 불안은 언제 시작되었을까?

돌쟁이 아기 때, 쉴 새 없이 소리를 지르고 바닥에 머리를 찧으면서 서사시적 규모의 울음을 터뜨리곤 했던 때일까?

부모님은 이런 의문에 맞닥뜨렸다. 내 행동이 좀 심하기는 하지만 그래도 미운 세 살이 으레 보일 법한 정도일까? 아니면 정상의 범주 밖에 있는 걸까? 아이의 일반적 발달 과정의 하나인 분리불안과, 병적이거나 병으로 발전할 가능성이 있는 분리불안을 어떻게 구분할까? 기질적 행동억제가 정상적인 성격인지 병리적 증상인지(곧 사회불안장애의 시초인지) 가르는 기준은 뭘까?

어머니는 스포크 박사[미국 소아과 의사. 1946년에 출간한 육아서가 수십 년간 베스트셀러 자리를 차지하며 전 세계적으로 읽혔다.—옮긴이] 육아책을 들취보았지만 판단을 내리는 데 도움이 되지 않아, 소아과 의사에게 나를 데려가 내 행동을 설명했다. "정상입니다." 의사는 이런 결론을 내렸고 1970년대 초에 유행한 자유방임 육아 방식에 따라 내가 "실컷 울게" 내버려두라고 조언했다. 그래서 부모님은 내가 바닥에 누워 비명을 지르고 몸을 뒤틀고 바닥에 머리를 찧는 것을 괴로운 심정으로 그냥 지켜보곤 했다. 한 번에 몇 시간씩 계속될 때도 있었다.

그렇다면 세 살 때 내가 극도로 수줍어하던 것은 어떻게 설명할까? 어린이집에 처음 간 날 내가 다리에 매달리며 울어서 어머니는 나를 두고 떠날 수가 없었다고 한다.(그리고 싶지 않았을 수도 있다. 분리불안은 아이나 부모나 같이 느끼는 것이다.) 그렇더라도 세 살짜리의 분리불안은 발달상 정상적 행동에 들어간다. 나도 일주일에 사흘은 혼자 어린이집에 있을 수 있었다. 내가 뚜렷하게 '억제 기질'(수줍음, 내향성, 낯선 상황을 피함)의 징후를 드러냈지만(아마 실험실에서 검사를 받았다면 아주 예민한 놀람 반응이 나타나고 혈액 내 코르티솔 수치도 매우 높게 나왔으리라고 생각한다.) 그렇다고 해서 그게 반드시 정신병으로 발전할 징후라고 볼 수는 없었다.

지금은 내가 어릴 때 보인 행동억제가 성인기 신경증의 전조로 보인다. 그렇지만 그건 지금에 와서 내 불안증의 진행 경과를 돌아볼 때에 그렇게 보인다는 말이다.

여섯 살, 1학년에 입학했을 때 두 가지 새로운 문제가 생겼다. 첫 번째는 분리불안이 더욱 심하게 다시 나타났다는 것이고(뒤에서 좀 더 이야기하겠다.) 두 번째는 구토공포증이 시작된 것이다. 구토공포증은 나의 특정공포증 가운데에서도 근원적이며 가장 심하고 끈질긴 것이다.

하버드 의대 연구팀이 수집한 자료에 따르면 불안장애를 가진 성인 가운데 처음 나타난 증상이 어린 시절에 생겨난 특정공포증인 경우가 85

퍼센트 정도 되었다. 세계 곳곳 25만 명에 달하는 사람들과 면담하여 수집한 자료인데, 이 자료를 통해 어린 시절에 불안을 경험한 경우 불안이 결합하고 전이되는 경향이 있음도 드러났다. 예를 들어 여섯 살 때 개에 대한 공포증이 있던 아이는 그렇지 않던 아이와 비교했을 때 10대 때 사회공포증이 생길 가능성이 거의 다섯 배나 되었다. 성인기에 주요우울증이 생길 가능성은 2.2배였다.

연구를 이끈 론 케슬러는 이렇게 말한다. "공포장애는 시간이 지나면서 동반질병이 되는 경향이 매우 강하다. 첫 번째 장애가 시작되면 두 번째 장애가 시작될 가능성이 매우 높고, 마찬가지로 세 번째도, 그 뒤도 계속 마찬가지다."[1] (동반질병이란 두 가지 만성 질병이 동시에 존재하는 것을 가리킨다. 불안과 우울은 동반질병일 때가 많아 둘 중 하나가 있으면 나머지 하나도 있을 가능성이 높다.) "다섯 살이나 열 살 때의 개 공포증이 중요한 까닭은 개를 무서워하면 생활이 불편해서가 아니다. 앞으로 우울증에 빠지고, 고등학교를 중퇴하고, 약물에 의존하는 스물다섯 살 미혼모가 될 가능성이 **네 배나 더 높기 때문에** 중요하다."◆

◆ 어릴 때의 개 공포증이 성인기 장애의 강한 전조가 된다는 건 개 공포증이 나중에 사회공포증, 우울, 약물 중독을 **일으킨다**는 뜻일 수도 있고, 아니면 아동기의 개 공포증과 성인기의 우울증이 같은 환경에서 만들어진다는 뜻일 수도 있다. 예를 들어 도시 빈민 지역에서 어린 시절을 보낸 경우, 이곳에서 위험한 핏불이 정말 위협적인 존재였을 수도 있고 또 이때의 정신적 외상이나 가난으로 인한 박탈이 나중에 우울증으로 발전할 토대가 될 수도 있는 것이다. 아니면 개를 무서워하는 것이나 성인기의 우울증, 약물 중독이 하나의 유전적 토대에서 자라난 다른 행동 지표일 수도 있다. 개를 두려워하는 성향을 만들어내는 유전자가 우울증 성향을 부여한다거나. 또는 이도 저도 아니라 어린 시절 개를 무서워하는 것이 성인의 공황장애나 우울증하고 **실제로 같은 것**일 수도 있다. 그러니까 아동기 공포증과 성인기 우울증이 사실 같은 병인데 살면서 발달 단계에 따라 다른 증상으로 나타나는 것이라는 말이다. 앞에서 말했듯 특정공포증은 아동기에 나타나는 경향이 있다. 살면서 공포증을 경험하는 사람 가운데 절반은 6세에서 16세 사이에 처음 공포증이 발달한다. 그러니까 개 공포증은 더 광범위한 장애의 첫 번째 증상일 수 있다. 감기가 시작될 때 목이 아픈 증상이 먼저 나타나는 것처럼 말이다.

아동기 공포증과 성인 정신병이 어떻게 연결되는지는 분명하지 않지만 연결이 된다는 것만은 분명하다. 그래서 케슬러는 초기 진단과 치료가 매우 중요하다고 주장한다. "개 공포증이 어떻게 해서인지는 몰라도 성인 정신병을 일으킨다면, 공포 증상을 보이는 아이를 초기에 잘 치료하면 나중에 우울증 발병률을 30~50퍼센트까지 줄일 수 있을 것이다. 아니 15퍼센트만 줄인다고 하더라도 의미 있다고 생각한다."

케슬러의 연구에 나온 수치를 보면 내 불안의 발전이 통계적으로 피할 수 없는 운명이라는 생각이 든다. 여섯 살 때 나타난 특정공포증, 열한 살 무렵에 시작된 사회공포증, 10대 후반의 공황장애, 청년기 초기에 나타난 광장공포증과 우울증까지. 내 병의 진행 경과를 보면 나야말로 교과서적인 케이스라고 할 수 있다.

* * *

사랑하고 그리워하는 사람의 부재가 불안을 이해하는 열쇠다.

—지그문트 프로이트, 『억압, 증상 그리고 불안』(1926)

내가 여섯 살 때 어머니가 야간 로스쿨을 다니기 시작했다. 아버지 말로는 외할머니가 직업 없이 전업주부로 살면서 우울증과 알코올중독을 겪는 것을 보았기 때문에 자기가 어머니를 부추겼다고 한다. 어머니는 자신이 아버지의 반대를 무릅쓰고 법 공부를 시작했다고 말한다. 어머니는 게다가 외할머니가 우울증도 알코올중독도 아니었다고 말한다.(외할머니는 어머니가 더 잘 알겠지만, 내 기억으로는 사랑하는 외할머니가 진한 술 냄새를 풍길 때가 꽤 많았던 것 같다.)

내 분리불안이 강하게 재발한 때가 어머니가 로스쿨에 다니기 시작한 때와 겹친다. 1학년 내내 날마다 학교를 마치고 집으로 돌아오면 동네누나들 가운데 하나가 베이비시터로 와서 나를 맞았다. 우리를 봐주던 베이비시터들 모두 다 좋은 사람들이었다. 그래도 저녁마다 똑같은 일이 되풀이되었다. 나는 아버지가 돌아오기를 절박한 심정으로 기다리며 내 방에서 안절부절못하고 있었다. 거의 매일 밤마다 4년 동안, 그리고 그 뒤 10년 동안은 가끔씩, 나는 부모님이 집에 오지 않으리라는 확신에 빠지곤 했다. 부모님이 죽었거나 나를 버렸고 나는 고아가 되었다는 생각을 하면서 견딜 수 없는 두려움에 휩싸였다.

날마다 부모님이 항상 집에 돌아온다는 사실이 입증되었지만 그래도 나는 마음을 놓을 수가 없었다. 이런 확신이 늘 강하게 들었다. '이번에는 정말로 안 돌아올 거야.' 그래서 내 방에서 안절부절못하며 돌아다니다가 라디에이터에 앉아 창밖을 내다보며 아버지의 폭스바겐이 주차장으로 들어오는 소리가 들리는지 귀를 기울였다. 아버지는 늦어도 6시 30분에는 돌아오기로 되어 있어서, 시계가 6시 10분, 15분을 지나면 저녁마다 되풀이되는 불안과 절망이 또 다시 시작되었다.

나는 라디에이터 위에 앉아 코를 창문에 바싹 대고 아버지가 돌아오기를 빌었다. 아버지가 돌아오는 모습을 머릿속에 그려보았다. 폭스바겐이 코먼 가에서 클라크 가로 돌아 나오고, 오르막길을 올라가 클로버 가로 좌회전, 그다음에 우리 집이 있는 블레이크 가로 우회전. 그러고 나서 나는 길을 내려다보며 자동차 소리에 귀를 기울였다. 하지만 아무 소리도 들리지 않았다. 나는 내 방 시계를 보았고 1초 1초 지날 때마다 불안감은 점점 자라났다. 사랑하는 사람이 자동차 사고로 죽었다는 소식을 지금 막 들었다고 상상해보라. 매일 밤마다 나는 딱 그런 말을 들은 것 같은 상태로 15분에서 30분 정도를 보냈다. 부모님이 죽었거나 나를 버렸다고 절대적으로 확실하게 생각하면서 격심한 고통 속에서 반시간 정도를 보냈다. 베이비시터는 아래층에서 아무렇지도 않은 듯 동생과 보드게임을 하고 있었지만 말이다. 그러다가 마침내, 보통 6시 30분까지는, 아무리 늦어도 7시에는 폭스바겐이 부릉거리며 달려와 우리 집 진입로로 들어왔고 그러면 마음이 놓이면서 엄청난 행복감이 밀려들곤 했다. '아버지가 왔나, 살아 있다, 날 버리지 않았어!'

그리고 다음 날 저녁이면 똑같은 일이 또 다시 되풀이되었다.

주말에 부모님이 함께 나갈 때면 더욱 힘들었다. 내가 느끼는 두려움은 물론 합리적이지 않았다. 주로 부모님이 교통사고로 죽었다고 생각했다. 가끔은 그냥 나를 버리고 떠나기로 했다는 확신이 들었다. 나를 사랑하지 않아서이거나 아니면 실제로 우리 부모님이 아니기 때문에.(가끔은 부모님이 외계인이라고 생각했다. 로봇이라고 생각할 때도 있었다. 여동생은 다섯 살짜리 역할을 하도록 훈련받은 왜소증 성인이고 부모님과 함께 나를 대상으로 실험을 하다가 이제 나를 버린 것이라고 생각하기도 했다.)

어머니는 아버지보다 내 불안을 더 잘 이해했기 때문에 부모님이 돌아오겠다고 약속한 시간보다 훨씬 일찍 내가 걱정을 시작한다는 것을 알아차렸다. 그래서 부모님이 외출할 때 내가 "언제 오실 거예요?"라고 물으면 어머니는 실제 예측 귀가 시간보다 15분이나 20분 정도 늦은 시간을 댔다. 그렇지만 나는 곧 이런 꼼수를 알아차렸고 이 시간까지 고려해서 어머니가 말한 시간보다 45분이나 한 시간 정도 일찍부터 걱정을 하기 시작했다. 어머니는 이것도 알아차리고, 집에 오겠다는 시간을 더 뒤로 늦추어 말했다. 그러면 또 내가 그걸 간파하고 더더욱 일찍 걱정을 시작했다. 우리는 군비경쟁이라도 하듯 공포한 귀가 시간과 짐작되는 귀가 시간을 계속 늦추고 당기기를 되풀이해 마침내 어머니가 몇 시라고 말하든 그게 아무 의미가 없게 되었다. 결국 부모님이 나가는 시간부터 불안감이 시작되었다.

이렇게 주말을 보내는 나날이 안타깝게도 무척 오랫동안 계속되었다. 10대 때에도 부모님이 간 곳에 전화를 걸어(아니면 여동생한테 걸라고 시켜서) 부모님이 아직 살아 있는지 확인하곤 했다. 몇 번은 밤에 이웃집 문을 두드려 이웃 사람을 깨워서(한번은 근처 성공회 교회의 목사를 깨운 적도 있다.) 부모님이 집에 돌아오지 않았다, 죽은 것 같다며 경찰을 불러달라고 했다. 여섯 살 때에 내가 이런 행동을 하면 부모님은 당황했다. 열세 살 때에도 그러자 창피해서 어찌할 바를 몰랐다.

열두 살이 되자 밤에 내 방에 혼자 있는 것조차도(부모님이 몇 걸음도 안 떨어진 복도 건너 방에 있는데도) 고통스러웠다. "아무 일 없을 거라고 **약속해요?**" 어머니가 나를 침대에 눕히면 이렇게 묻곤 했다. 구토공포증이 심해지면서 자다가 토할까 봐 걱정이 되었다. 그래서 잘 때가 되면 불안하고 속이 메슥거렸다. 어느 날 밤에는 어머니에게 이렇게 말했다. "몸이 좋지 않아요. 제가 괜찮은지 오늘 밤에는 특별히 신경 써주실래요?" 어머니는 그러겠다고 했다. 그렇지만 며칠 뒤에는 더욱 불안해져서 이렇게 물었다. "오늘 밤에는 특별히 특별히 **특별히** 신경 써주실래요?" 내가 밤마다 똑같은 질문을 했기 때문에 정확히 무어라고 했는지 또렷이 기억이 난다. 그러다가 이게 기묘하고도 정교한 절차를 갖춘 의식으로 발전했고 내가 대학에 갈 때까지 계속되었다.

"아무 일 없을 거라고 **약속해요?**"

"약속해."

"그러면 특별히, 특별히, 특별히, **특별히**, 357과 4분의 1배로 특별히 신경 써주실래요?"

"그래."

주기도문이라도 외우듯 늘 마지막 '특별히'에 강세를 두며 이 문장을 날마다 몇 년 동안 되풀이했다.

분리불안이 내 삶의 거의 모든 면에 영향을 미쳤다. 어릴 때 나는 운동신경이 나쁘지 않은 아이였지만, 여섯 살 때 첫 번째 야구 연습은 이렇게 되었다. 나는 더그아웃에서 울고 코치는 옆에서 친절하면서도 당황한 태도로 나를 달래고 있었다.(다시는 연습하러 가지 않았다.)

일곱 살 때 첫 번째 수영 수업은 이랬다. 겁에 질려 울면서 풀 안에 들어가지 않겠다고 버텼다.

여덟 살 때 첫 번째 축구 연습은 이랬다. 축구장 사이드라인에 서서 나를 데려온 베이비시터 옆에서 울면서 그라운드로 들어가 다른 아이들과 같이 연습을 하기를 거부했다.

다섯 살 때 처음 일일 주간 캠프에 갔을 때에는 이랬다. 오전 내내 사물함 옆에서 울면서 엄마가 보고 싶고 집에 가고 싶다고 했다.

일곱 살 때 처음(이자 마지막)으로 1박 2일 캠프에 갔을 때에는 이랬다. 두 시간 동안 구석에 틀어박혀 울었고 선생님들이 교대로 나를 달래보려고 했지만 결국 실패했다.

대학에 가게 되어 부모님이 나를 차에 태우고 가는 동안에는 이랬다. 뒷좌석에 앉아 울면서 불안과 향수병에 사로잡혔고 내가 대학에 가도 부모님이 나를 사랑할까 걱정했다. 대학이 부모님 집에서 5킬로미터밖에 떨어져 있지 않는데도.

왜 나는 부모님이 나를 사랑하고 지켜주리라는 확신을 가질 수가 없었을까? 아동기에 으레 하는 일들이 나한테는 왜 그렇게 힘들었을까? 어머니와 밤마다 주고받는 말을 통해 대체 무얼 구하려 했던 걸까?

* * *

> 첫 번째 불안은 어머니의 돌봄이라는 대상의 상실에서 온다.
> 유아기 이후, 그리고 일생에 걸쳐 사랑을 잃는 것은 새로이 훨
> 씬 지속적인 위험이자 불안의 원인이 된다.
>
> —지그문트 프로이트, 『불안의 문제』(1926)

1905년 프로이트는 이렇게 썼다. "아이들의 불안은 사랑하는 사람을 잃는다고 느끼는 사실의 표현일 뿐이다."[2] 그 뒤로 분리불안이 연구와 임상에서 초점이 되어, 지금까지 수십 년 동안 심리학, 영장류학, 인류학, 내분비학, 동물행동학 등의 분야에서 유아기 엄마와 아이의 관계가 아이의 평생 안녕에 결정적 영향을 미친다는 사실을 다양한 방식으로 밝히는 연구가 수도 없이 이루어졌다. 아이와 엄마의 관계는 아이가 세상에 나오는 순간부터(초기 프로이트학파 심리학자 오토 랑크는 "출생의 트라우마"라고 불렀다.) 형성되기 시작하고 심지어 그보다 더 이르게 시작될 수도 있다고 한다. 자궁 안에 있을 때와 유아기의 경험이 아이의 안정감에 수십 년 동안 지속되는 심대한 영향을 미칠 수 있고, 또 최근 연구에 따르면 후대에까지도 이어진다.

프로이트는 초기 아동기 경험이 정서 건강에 평생 가는 영향을 미친다는 통찰을 보였음에도, 어릴 때 부모와 아이 사이의 관계가 정신에 영향을 미치는 방식은 희한하게 잘 간파하지 못했다. 프로이트 자신의 경우에 특히 그랬다.

프로이트는 오랜 기간 동안 기차 여행에 대한 심한 공포증에 시달렸다. 프로이트 본인의 기록에 따르면 기차 공포증이 처음 나타난 게 1859년, 세 살 때였다고 한다. 아버지의 양모 사업이 망해서 프로이트 일가는 오스트리아헝가리 제국의 작은 도시 프라이베르크(지금은 체코의 프르지보르)를 떠나 빈으로 이사했다. 프라이베르크 기차역에 도착했을 때 어린 지그문트는 겁에 잔뜩 질려 있었다. 역을 밝히는 가스등을 보니 "지옥에서 불다는 영혼"[3]이 떠올랐다. 지그문트는 자기만 남겨두고 기차가 떠날까 봐, 부모님만 떠나고 자기는 뒤에 남겨질까 봐 무서웠다. 그 뒤로 몇 년 동안 기차 여행을 하려 하면 불안 발작이 일어났다.

여행 공포증 때문에 일상에도 제약이 있었다. 프로이트는 로마에 가고 싶다는 말을 자주 하곤 했는데 프로이트가 "로마 신경증"이라고 부르는 것 때문에 계속 미루어지기만 했다. 가족과 함께 기차로 여행해야 할 일이 생기면 아내와 아이들과 다른 찻간을 예약했다. 식구들에게 불안 발작을 일으키는 모습을 보이기가 창피했기 때문이다. 프로이트는 강박적으로 출발 몇 시간 전에 미리 기차역에 가려고 했다. 세 살 때에 처음 경험한, 뒤에 남겨지는 것에 대한 강력한 공포가 항상 마음속에 남아 있기 때문이었다.

현대의 심리치료사라면 프로이트의 여행 공포증을 자연스레 어린 시절의 유기(遺棄) 불안과 연결할 것이다. 그러나 프로이트는 그것 때문이라고 생각하지 않았다. 1897년 친구 빌헬름 플리스에게 쓴 편지를 보면, 프라이베르크에서 빈으로 가는 길에 객실에서 어머니가 옷을 벗은 모습을 보았기 때문에 기차 여행이 불안을 유발한다고 생각한 것으로 보인다. "어머니를 향한 리비도가 깨어나는"[4] 시점에 이것을 목격하여 성적 흥분이 일어났을 것이며, 세 살이지만 이러한 근친상간적 욕망이 금기시된다는 것을 알아 억압하려 했으리라고 추측했다. 억압이 불안을 일으켰고 이것이 기차 공포증으로 신경증적 변환을 일으켰다는 이론이다. "자네도 내 여행 불안증이 극도로 심했을 때의 모습을 보았지 않나."[5] 프로이트는 플리스에게 환기시켰다.

물론 프로이트가 기차에서 어머니의 벗은 모습을 본 일을 실제로 기억하지는 못한다. 그저 틀림없이 보았을 것이고 그 이미지를 무의식 속으로 밀어내버렸으리라고 가정하는 것이다. 프로이트는 이런 (억지스러운) 가정을 통해 기차 공포증은 억압된 성적 욕망에서 나온다고 일반화하고 "여행 도중에 불안 발작을 일으키는" 사람은 사실 "기차 여행에 대한 두려움을 통해 고통스러운 경험을 반복하는 것을 피함으로써"[6] 스스로를 보호하려 하는 것이라고 한다.

프로이트는 (상상의 산물일 가능성이 높은) 경험을 기반으로 삼아 여러 해에 걸쳐 오이디푸스 콤플렉스 이론을 발전시켰고 오이디푸스 콤플렉스가 "아동기 초기의 보편적 사건"[7]이라고 결론을 내렸다. 그 뒤에 오이디푸스 콤플렉스는 프로이트의 신경증 정신분석 이론에서 핵심이 된다.

내가 어릴 때 느낀 분리불안이나 어른이 되어서도 사라지지 않는 불안과 의존성 문제가 어머니에 대한 억눌린 성적 감정 때문일까? 그런 감정을 느껴본 적은 없다. 프로이트는 당연히 그런 감정을 느낄 수는 없는 거라고 말할 거다. 프로이트 말의 요지는, 그런 감정이 무의식으로 억압되어 기차나 높은 곳이나 뱀이나 기타 등등 다른 것에 대한 불안으로 변환된다는 거다. 사실 고백할 게 있는데, 프로이트 이론을 뒷받침해주는 증거이기도 한 것 같다. 내 첫사랑은 5학년 때였는데 그 애 이름은 앤이었다. 대학 졸업 뒤 처음 사귀기 시작해 3년 사귄 여자 친구 이름도 앤이었다. 앤과 헤어진 직후에 2년 정도 만난 여자 친구는 애나였다. 애나와 헤어지고 만난 여자는 앤이었다. 내 아내 이름은 수재너인데 이 이름 철자에도 '앤'이 들어 있다. 우리 어머니 이름은? 짐작했겠지만 앤이다. 나는 만났던 여자가 앤 아니면 애나이니 실수로 이름을 잘못 부를까 걱정할 필요가 없다며 농담을 하곤 했다. 잘못 불러도 맞게 부른 것처럼 들릴 테니. 하지만 프로이트라면 내가 진짜 걱정해야 할 것은 '엄마'라고 잘못 부를 위험이고, 앤, 애나 등을 만나면서 갈구한 상대가 사실은 엄마라고 말할 거다. 내 연애 상대 결정에 오이디푸스 콤플렉스가 개입했음을 떠받치는 또 다른 증거로, 우리 할머니 이름도 역시 앤이라는 사실을 밝힌다. 우리 아버지도 자기 어머니와 이름이 같은 여자와 결혼했다는 이야기다.

하지만 프로이트의 어린 시절 경험이 평생 가는 불안과 기차 공포증의 원인이 된 과정을 덜 성적인 방식으로도 설명할 수 있다.

프로이트는 아주 어렸을 때에 여러 상실을 경험했고 어머니 아말리아에게서 안정적인 보살핌을 받지 못했다. 프로이트가 태어나고 얼마 되지 않았을 때인 1856년에 어머니가 다시 임신을 해 율리우스라는 남동생이 태어났다. 율리우스는 돌도 채 되지 않아 장염으로 죽고 말았다. 그때 프로이트 일가는 방이 하나인 아파트에 살고 있었으므로 어린 지그문트는 가까이에서 동생의 죽음과 부모님의 반응을 지켜보았을 것이다. 프로이트 전기 작가들은 율리우스의 죽음 때문에 아말리아가 우울증에 빠졌고 그래서 지그문트에게 냉담해졌으리라 추측한다.(이 나이 또래 아이의 어머니가 우울증에 걸리면 아이가 나중에 불안과 우울증을 보일 가능성이 매우 높아진다.) 어머니가 정서적으로 멀어지자 프로이트는 자연히 어머니를 대신할 다른 사람에게 의존했다. 체코 출신 가톨릭 신자인 유모였다. 그런데 지그문트가 아직 어린 나이일 때 유모가 도둑질을 하다 들켜서 감옥에 갔다. 그 뒤로 유모를 다시는 볼 수 없었다.

프로이트의 기차 공포증은 동생이 죽고, 어머니가 정서적으로 멀어지고, 주 양육자가 갑자기 사라지는 등 어린 시절 경험한 일련의 상실이 일으킨 유기에 대한 두려움에서 나왔다고 보는 게 합리적이다. 그렇지만 프로이트는 불안을 오이디푸스 콤플렉스 등 성적으로 설명하는 것이 옳다고 입증하는 데 집착했다. 자기 추종자들 가운데에서도 성적 원인을 중심에 놓는 설명에 감히 의문을 제기하는 사람이 있으면 추방해버리곤 했다(알프레트 아들러, 카를 융, 오토 랑크 등).

* * *

> 모든 불안은 출생 시의 불안으로 돌아간다.
>
> —오토 랑크, 『출생의 트라우마』(1924)

프로이트는 후기에 불안이 억압된 리비도 때문이라는 이론에서 내면의 갈등 때문이라는 이론으로 옮겨가면서 부모와 아이 사이의 관계(정신분석학에서는 '대상관계'라고 한다.)가 불안과 어떻게 연관되는지를 더 자세히 설명하기 시작했다.

프로이트의 불안 이론은 가장 열렬한 추종자 하나가 쓴 책을 프로이트가 거부하면서 최종적으로 또 바뀌었다. 프로이트의 빈 정신분석학회 서기였던 오토 랑크가 1924년 출간한 『출생의 트라우마』는 스승 프로이트에게 경의를 표하려 쓴 책이다.(책에는 "무의식의 탐험자, 정신분석학의 창시자"인 프로이트에게 바치는 헌사가 붙어 있었다.) 랑크가 상세하고 장황하게 설명한 내용의 기본 논지는 출산의 트라우마가(산도를 통과하는 신체적 경험이나 어머니로부터 분리되는 심리적 경험 모두) 너무나 심하기 때문에 그 경험이 그 뒤에 찾아올 모든 불안 경험의 기본 틀이 된다는 것이다. 랑크는 프로이트가 이미 내놓은 견해를 바탕으로 이런 주장을 펼쳤다. 프로이트는 1908년 『꿈의 해석』 2판 각주에 "출산 과정은 처음으로 불안을 경험하는 사건이며 따라서 불안 감정의 근원이자 원형이 된다."라고 썼다. 또 이듬해 빈 정신분석학회 연설에서도 이런 생각을 되풀이해서 밝혔다.◆

그렇지만 『출산의 트라우마』에서 해석의 비약이 워낙 심하다 보니◆◆ (프로이트 자신도 심심치 않게 해석의 비약을 하면서도) 프로이트는 이 책이 설득력이 없고 당혹스럽다고 생각했고 『불안의 문제』에서 한 장을 전부 할애해 이 책을 공박했다. 랑크의 주장 때문에 프로이트는 아주 어릴 때의 경험과 불안의 관계를 다시 한 번 파고들게 되었다. 그러다 보니 자기 자신의 이론을 수정하는 결과를 낳았다.

『불안의 문제』의 마지막 장에서 프로이트는 "생물학적 요인"이라는 것에 잠시 주목한다. "인간 종 아기의 오랫동안 지속되는 무력하고 의존적인 상태"[8]를 가리키는 말이다.

프로이트는 "인간의 아기는 다른 종의 아기보다 훨씬 덜 완성된 상태로 세상에 나온다."[9]고 했다. 인간은 생존하려면 다른 동물에 비해 어머니에게 훨씬 더 많이 의존해야 하는 상태로 태어난다는 뜻이다.◆◆◆ 아기

◆ 영국 정신분석가이고 프로이트 작업을 영어로 번역한 제임스 스트레이치는 프로이트가 출산과 불안을 처음 연결한 게 1880년대 초였으리라고 추측한다. 프로이트는 당시 의사로 일할 때 어떤 산파가 출산과 두려움 사이에는 평생 가는 연관성이 있다고 주장한 말을 전해 들었다.

◆◆ 랑크는 출생 트라우마로 모든 것을 다 설명할 수 있다고 생각했다. 알렉산드로스 대왕의 영토 확장(아버지로부터 "어머니의 독점 소유권을 얻기 위한 시도"), 프랑스 혁명("남성적 지배"를 전복하고 어머니에게 돌아가기 위한 시도), 동물공포증("먹히고자 하는 욕구를 통해 어머니의 자궁으로 돌아가고 싶은 소망이 합리화된 것"), 또 제자들이 예수 그리스도에게 헌신한 것("제자들은 예수에게서 출산의 트라우마를 극복한 유일한 사람을 볼 수 있었다.") 등등. 프로이트의 이후 제자들은 랑크가 제정신이 아니라고 비난했는데 그럴 만도 했다.

◆◆◆ 대부분 동물들이 살아남으려면 어느 정도 부모에게 의존할 수밖에 없는 상태로 자궁이나 알에서

는 어머니가 먹여주고 지켜주리라는 본능적 감각을 가지고 태어나는 듯하다. 아기는 어머니의 존재가 안전과 편안함을 뜻하는 반면 어머니의 부재는 위험과 불편을 뜻한다는 걸 금세 알아차린다. 프로이트는 이런 사실을 관찰하고 유아기 초기의 불안, 그리고 그 이후의 모든 불안의 근원은 '대상 상실'에 대한 반응이라고 결론 내린다. '대상'은 어머니를 가리킨다. "따라서 무력함이라는 생물학적 요인이 사랑받고자 하는 욕구를 생성한다. 인간 존재는 절대 이 욕구를 포기할 수 없는 운명을 띤다."라고 프로이트는 썼다. 첫 번째 불안은 어머니의 돌봄을 잃는 것 때문이다. 살아가면서 내내 "사랑을 잃는 것은 새로이 훨씬 지속적인 위험이자 불안의 원인이 된다."[10]

『불안의 문제』 마지막 부분에서는 성인의 공포 불안이 사람이 진화하며 적응한 뒤에 남은 잔존물이라는 생각을 짧게 설명한다. 천둥, 동물, 낯선 사람, 혼자 있는 것, 어둠 등에 대한 공포는 자연 상태에서 맞닥뜨리는 진짜 위험에 대한 "타고난 준비성이 퇴화된 흔적"[11]이라고 했다. 과거의 사람들에게는 혼자 있거나 어둠 속에 있거나 뱀이나 사자에게 물리거나 아기일 때 어머니로부터 분리되는 것이 치명적인 위험이었다. 프로이트의 이런 생각은 수십 년 뒤에 공포증을 연구하는 생물학자와 신경과학자 들의 작업을 예견한 것이었다.◆

나오지만, 대체로 인간보다는 덜 의존적인 상태로 나온다.

◆ 프로이트는 한편으로 아동기의 공포증이 외적 공포가 되어야만, 곧 내적 심리적 갈등이 쥐나 높은 곳이나 어둠이나 천둥이나 열린 공간이나 혹은 마요네즈(실제로 문헌에 기록된 공포증이다.) 따위에 대한 공포로 투사되어야만 공포증이 성인기에 심해지거나 지속된다고 하여 유연한 정신분석학적 해석의 여지를 남겨두었다. 이런 관점에서 보면 공포증은 (억압해야 하는 음란한 충동이 있는) 이드와 (양심과 도덕성을 엄격하게 요구하는) 초자아가 자아에게 부과하는 위험이 상징적으로 나타난 것이라고 할 수 있다.

다시 말해 프로이트는 70대에 접어들어 마지막 작업 중 하나에서 드디어 불안에 대한 현대 과학적 이해에 근접하기 시작한 것이다. 그렇지만 그때는 이미 너무 늦어버렸다. 프로이트의 추종자들은 "오이디푸스적 갈등", "남근 선망"과 "거세 불안"을 가지고 경주를 시작했고 "열등감 콤플렉스"(아들러), "집단 무의식"(융), "죽음 본능"(멜라니 클라인), "구강기와 항문기 고착"(카를 아브라함), 또 "좋은 가슴과 나쁜 가슴"에 대한 "환상"(이것도 클라인) 등으로 뻗어나갔다. 정신분석 이론이 2차 세계대전 이전 그리고 이후까지도 계속 발전하면서 불안은 억눌린 성적 욕망 때문이라는 정신분석학적 시각이 한 세대 동안 정신의학을 지배했다.

* * *

> 아이가 두려움에 민감해지게 되는 데에 부모가 중요한 역할을
> 한다고 보긴 하지만, 부모의 행동을 도덕적으로 비난하는 관
> 점에서 바라보는 게 아니라 부모 자신들이 어릴 적에 겪은 경
> 험에 따라 결정된 것으로 바라본다.
>
> —존 볼비, 『분리: 불안과 분노』(1973)

분리불안의 비밀을 밝히는 데 가장 큰 공헌을 하고 이 개념을 현대 정신의학의 핵심 가까이까지 가져간 사람은 아마 영국 정신분석학자 존 볼비일 것이다. 존 볼비는 특히 심한 아전인수식 이론으로부터 정신분석학을 구해내려고 누구보다도 많은 노력을 쏟은 사람이다. 1930년대 프로이트의 제자 멜라니 클라인에게 가르침을 받은 볼비는 '애착 이론'이라고 알려진 것을 발전시키는 데 힘을 쏟았다. 개인의 불안 정도는 초기 애착 대

상(흔히 어머니)과 맺는 관계의 성격에 크게 좌우된다는 생각이다.

볼비는 1907년 영국 국왕의 주치의인 귀족 의사의 아들로 태어났다. 나중에 볼비는 자기가 "매우 안정적인 배경"[12]에서 나고 자랐다고 말했다. 그렇지만 볼비가 임상과 연구에서 관심을 쏟은 분야도 프로이트처럼 자신의 어린 시절 경험과 뚜렷한 관련이 있는 듯 보인다. 볼비의 어머니는 "날카롭고 엄격하고 자기중심적인 여성이었고 아이들을 칭찬하는 법이 없었으며 아이들의 정서에 무관심했다."[13]고 심리학자 로버트 캐런은 전한다. 아버지는 대개 부재중이었는데 "허세가 심하고 위압적인 사람"이었다고 한다. 볼비 집안 아이들은 열두 살이 될 때까지 부모님과 철저하게 따로 식사를 했다. 열두 살이 되면 디저트만 같이 먹을 수 있었다. 볼비는 열두 살이 되기 4년 전부터 집을 떠나 기숙학교 생활을 했다. 대외적으로는 부모님이 1차 세계대전이 발발하자 독일 비행선이 런던에 폭격을 할까 봐 자식을 보호하기 위해 자기를 기숙학교에 보냈다고 말했지만, 사석에서 터놓고 말할 때에는 자기는 기숙학교가 너무 싫었고 개라도 그렇게 어린 나이에는 집 밖에 내보내지 않을 것이라고 했다.[*][14]

볼비 이전의 정신분석가들은 부모와 아이 사이의 일상적 관계에는 큰 관심이 없었다. 관심을 두더라도 모유 수유, 배변 훈련, 특히 아이가 부모의 성행위를 목격하는 일 등에 초점을 맞추었다. 아이의 내적 환상 대신 실제 경험을 지나치게 강조하는 사람이 있다면 "딱할 정도로 순진하다고 취급당했다."고 볼비는 나중에 회고한다. 한번은 볼비가 의대생일 때, 영국 정신분석학회에서 발표되는 사례 연구가 하나같이 정서장애의

◆ 로버트 캐런은 볼비가 평생 그렇게 많이 써낸 어린아이의 욕구에 관한 글이 거의 대체로 "자기가 겪은 양육에 대한 비난으로 볼 수 있다."고 했다.

원인을 어린 시절의 환상 때문으로 돌리는 것을 보고 경악했다. 볼비는 더 이상 들어줄 수가 없어 이렇게 외쳤다. "하지만 정말 **나쁜** 엄마라는 게 실제로 **존재한다**고요!"[15] 정신분석학계에서 이런 행동을 곱게 보아줄 리가 없었다.

1938년에는 아직 정신분석학계 주요 인물들과 좋은 관계를 유지하고 있을 때라 볼비는 프로이트 학계의 원로인 멜라니 클라인 밑으로 들어가 지도를 받게 되었다.♦

볼비는 곧 멜라니 클라인의 시각과 자기 시각이 많이 다르다는 것을 알게 된다. 예를 들면 클라인이 아기를 미움, 리비도, 질투, 가학적 욕망, 죽음 본능, 억압하는 초자아에 대한 분노 등의 독기가 끓는 존재로 본 것이나, "좋은 가슴"과 "나쁜 가슴"의 갈등 때문에 신경증이 발생한다고 본 것 등이 그랬다. 사실 꽤 많은 사람들이 클라인이 썩 유쾌한 사람은 아니었다고 말한다. 볼비는 나중에 클라인이 "끔찍할 정도로 거만한 할머니고 사람들을 조종하려 했다."[16]고 묘사했다. 볼비는 특히 클라인이 어머니와 아이 사이의 실제 관계를 철저히 무시하는 데 충격을 받았다. 볼비가 클라인의 지도를 받으며 처음 맡은 환자는 불안해하고 과잉행동성인 남자아이였다. 볼비는 아이의 어머니가 "극도의 불안과 고통에 시달리는 사람으로 매우 긴장하고 불편한 듯 손을 뒤틀고 쥐어짜곤 한다."[17]는 것을 알아차렸다. 어머니의 정서 문제가 아이에게 영향을 미치는 게 분

♦ 클라인은 빈에서 태어났고 유치원 교사로 훈련받았다. 행복하지 않은 결혼생활을 청산하고 프로이트의 가까운 제자들인 산도르 페렌치와 카를 아브라함에게 정신분석을 받았다. 그 이후에 클라인 자신도 프로이트의 주요 추종자이자 해석자가 된다. 1926년 마흔네 살 때 런던으로 건너가 영국 정신분석학회장이자 프로이트의 유산을 열심히 지켜온 학자 어니스트 존스에게 추앙을 받는다. 클라인이 아이의 정신분석과 치료에 대해 프로이트의 딸 아나 프로이트와 의견을 달리하면서, 정신분석학계는 클라인주의와 (아나) 프로이트주의로 분열되고 이 대립은 2차 세계대전이 끝날 때까지 지속된다.

명하다고 보았고 제대로 치료를 하려면 어머니도 같이 상담을 해야 한다고 생각했다. 그러나 클라인은 볼비가 어머니와 이야기를 나누는 것을 금지했다. 결국 어머니는 신경쇠약을 일으켜 정신병원에 입원하고 말았는데, 클라인은 외려 이제 아이를 병원에 데리고 올 사람이 없어 환자를 잃게 되었다며 분통을 터뜨렸다. 볼비는 이후에 이렇게 말했다. "가엾은 어머니가 결국 무너지고 말았다는 사실에 클라인은 아무런 관심이 없었다. 솔직히 말해 클라인의 반응에 경악했다. 그래서 그때부터 실제 삶의 경험이 아이에게 아주 중대한 영향을 미친다는 사실을 입증하는 일을 필생의 과업으로 삼았다."[18]

1950년 세계보건기구 정신건강 부서장이었던 로널드 하그리브스는 볼비에게 유럽에서 2차 세계대전 혼란 중에 가족을 잃은 아이들 수천 명의 심리 문제에 관한 보고서를 의뢰했다. 볼비가 쓴 보고서 『어머니의 돌봄과 정신건강』은 "비타민과 단백질이 육체 건강에 중요한 만큼" 어머니의 애정이 정신건강에 중요하다는 사실을 인지하라고 정부에 촉구한다. 지금은 이상하게 생각되겠지만 1950년에는 육아가 아동 심리 발달에 미치는 영향에 대한 인식이 거의 없었다. 특히 정신의학계는 여전히 내적 환상의 작용을 중심으로 치료를 했다.◆

볼비의 초기 연구는 전쟁이나 병 등 때문에 어머니와 떨어지게 되었을 때 아이에게 어떤 일이 일어나느냐에 집중되었다. 정신분석이나 행동

◆ 1890년대 초에 이루어진 프로이트의 초기 히스테리 연구에서는 성인의 신경증이 어린 시절 **실제로** 경험한 트라우마, 대체로 성적인 트라우마의 산물이라고 주장했다. 그렇지만 1897년 프로이트는 그때 발전시키고 있던 오이디푸스 콤플렉스 이론을 뒷받침하기 위해 이런 관점을 수정하여, 성인의 신경증은 다른 성의 부모와 섹스를 하고 같은 성의 부모를 살해하는 어린 시절의 **환상**이 억압되었기 때문에 생긴다고 주장했다. 성인이 되었을 때 신경증이 없는 사람은 오이디푸스 콤플렉스를 성공적으로 극복한 사람이고 신경증이 있는 사람은 그렇지 못한 사람이라는 것이다.

심리학 이론에서는 아이의 기본 욕구가 충족되면(배가 부르고 몸이 편하면) 어머니와 떨어지는 것 자체는 문제가 되지 않는다고 보았다. 볼비는 전혀 그렇지 않다는 사실을 밝혀냈다. 어린아이를 어머니와 상당 기간 동안 떼어놓으면 극심한 고통을 드러내곤 했다. 볼비는 어릴 때 어머니와 오랫동안 떨어져 있으면 그 영향으로 나중에 정신병이 생길 수 있는지 의문을 품었다. 어머니와 떨어져 있다가 다시 만났을 때 심하게 매달리는 아이는 나중에 의존적이고 신경증적인 어른으로 성장하고 적대적 태도를 보이는 아이는 사람을 피하고 깊이 있는 관계를 맺지 못하는 어른이 되지 않을까 하는 생각을 했다.

볼비는 1940년대와 1950년대에 런던에 있는 병원에서 아동과 과장으로 근무하면서 어린 시절 어머니와 아이 사이의 일상적 관계(나중에 애착 방식이라는 이름을 붙였다.)가 아이의 심리적 건강에 어떤 영향을 미치는지를 탐구했다. 같은 패턴이 계속 나타났다. 어머니가 영유아기 아이와 "안정 애착" 관계를 형성하면(어머니가 차분하게 곁에 있어주지만 숨 막히게 하거나 과보호하지 않음) 아이도 차분하고 모험심도 있고 즐거워 보였다. 아이가 어머니와 가까운 거리를 유지하면서도 주변 환경을 탐구하는 건강한 균형을 찾았다.

안정 애착을 형성한 아이는 어머니의 사랑으로 "내적 작동 모델"이라는 것을 만들어서 세상 밖으로 나간 뒤에도 평생 지니고 있을 수 있다. 내적 작동 모델이란 내면화된 심리적 안정감, 세상 안에서 사랑받고 안전하다는 느낌이다. 그렇지만 어머니가 아이와 "불안정 애착" 또는 "양가(兩價) 애착" 관계를 맺으면(어머니가 불안해하거나 과잉보호하거나 정서적으로 차갑거나 거리감이 있으면) 아이의 불안이 커지고 모험심은 줄어든다. 어머니에게 매달리고, 어머니에게서 떨어지게 되면 심하게 동요한다.

그 뒤 40여 년 동안 볼비는 동료들과 함께 애착 방식의 유형을 발전시켰다. 어릴 때 안정 애착을 이루면 어른이 되었을 때에도 불안 정도가 낮고 건강한 친밀 관계를 맺을 가능성이 높다. 양가 애착 관계를 이룬 아이는(불안하게 매달리고 새로운 상황을 맞닥뜨렸을 때 생리적 반응이 강하고 세상을 탐구하기보다 어머니가 어디 멀리 가지 않는지 감시하는 데 더 몰두하는 아이) 어른이 되어 불안을 더 크게 느낄 가능성이 높다.◆ 회피 애착, 곧 분리 뒤에 어머니를 피하는 아이는 어른이 되었을 때에 친밀한 관계를 회피할 가능성이 높다.◆◆

볼비가 애착 방식의 명명법을 확립하는 데 가장 큰 도움을 준 사람은 심리학자 메리 에인즈워스다. 1929년 토론토 대학교 1학년이던 에인즈워스는 적응을 잘 못하고 힘들어하고 있었다. 에인즈워스는 그해에 윌리엄 블래츠 교수에게 이상심리학 수업을 들었다. 윌리엄 블래츠는 어린아이의 안전감은 부모가 가까이에 있을 때에 형성되고 아이의 성장과 발달은 부모가 지속적으로 곁에 있느냐에 달려 있다는 안전감 이론을 주장했다. 에인즈워스는 자기도 불안정한 상태였기 때문에 블래츠의 강의에 매료되었고, 심리학 대학원에 진학하게 되었다. 그리하여 1939년 토론토 대학교 심리학과 강사가 된다. 그런데 남편이 영국에 있는 대학원에 진학하게

◆ 불안정 애착을 형성한 이들은 어른이 되어 연애를 할 때에 매달리는 성향이 강하고 버려질까 봐 두려워하곤 한다.

◆◆ 이런 아이들이 어른이 되면 가까운 관계 맺기를 기피하고 일중독자가 되는 경우가 많다. 어릴 때 어머니보다 장난감하고 노는 것을 더 좋아했듯이 어른이 되어서는 가족보다 일을 좋아한다.(회피 애착을 형성한 사람이 양가 애착을 형성한 사람보다는 덜 불안해 보이지만, 볼비는 반드시 그렇지는 않다고 생각한다. 1970년대에 시작된 여러 연구를 통해 회피성인 아이들도 어머니와 떨어져 있을 때 심장 박동수가 빨라지고 혈액 속 스트레스 호르몬 수치가 올라가는 등 불안과 관련된 생리적 자극이 일어나는 게 드러났다. 아이가 신체적인 고통은 경험하면서, 감정이 겉으로 드러나는 것은 억누른 것이다.)

되자 에인즈워스도 런던에서 일자리를 다시 구해야 하는 상황이 되었다. 친구가 《타임스》에 실린 광고를 일러주었다. 어느 정신분석학자가 아동기 초기 분리가 발달에 미치는 영향에 관한 프로젝트에 참가할 연구 조교를 구한다는 내용이었다. 에인즈워스는 자기중심적이고 냉담했던 어머니와의 관계를 탐구해보고 싶었기 때문에 지원했다. 이렇게 해서 존 볼비와 같이 일하게 된 것이다. 두 사람은 함께 애착 이론을 발전시켜 나가게 된다.

에인즈워스는 이 분야에 두 가지 핵심적 공헌을 했다. 첫 공헌은 1950년대 중반, 남편을 따라 우간다 캄팔라에 갔을 때에 이루어졌다. 캄팔라 한 마을에서 에인즈워스는 젖먹이 아기 스물여덟 명을 보고 자연 환경에서 애착 행동을 관찰하기 시작했다. 수유, 배변 훈련, 목욕, 손가락 빨기, 잠자리, 분노와 불안의 표현, 행복과 슬픔의 표현 등을 꼼꼼하게 기록했다. 또 어머니들이 아이와 어떻게 상호작용하는지도 관찰했다. 이렇듯 자연스러우면서도 세심한 관찰은 지금까지 한 번도 이루어진 적이 없었다.

에인즈워스는 처음 우간다에 왔을 때에만 해도[19] 아이가 어머니에게 쏟는 정서적 애착은 젖 먹는 일에서 비롯된 이차적 연관에 불과하다는 프로이트주의자와 행동주의자 들의 의견과 생각을 같이했다. 어머니가 젖을 주고, 젖이 편안함을 주기 때문에 아기들이 편안한 느낌을 어머니와 연결 짓는다는 생각이다. 먹을거리의 공급에서 비롯된 것 말고 따로 어머니와의 관계 자체에 심리적으로 중요한 무언가가 있다고는 생각하지 않았다. 그런데 꼼꼼하게 관찰한 바를 취합하다 보니 생각이 바뀌게 되었다. 프로이트주의나 행동주의가 틀렸고 볼비가 옳다는 확신이 들었다. 기어 다니기 시작하자, 아기는 혼자 주위 세상을 탐구하다가 되풀이해서 어머니에게로 돌아오곤 했다. 몸을 움직여 돌아오거나 아니면 어머니와 눈을 맞추고 웃음을 주고받으며 안심하곤 했다. 또 아기는 어머니가 어디에 있는지 항상 의식하고 있는 듯 보였다. 아기가 처음 기기 시작할 때의 모습을 관찰한 바를 기록하면서 에인즈워스는 아기들이 불안해하지 않고 탐험을 나갈 수 있도록 어머니가 "안전기지"를 제공해주는 듯하다고 표현했다. 이후 '안전기지'는 볼비의 애착 이론의 핵심 요소가 된다.

에인즈워스는 하루 종일 엄마에게 매달리고 엄마와 떨어지면 엄청 울어대는 아기가 있는가 하면 어떤 아기들은 엄마에게 무관심해 보이고 떨어져 있더라도 별로 괴로운 내색 없이 감당하기도 한다는 것을 알아차렸다. 무관심한 아기는 매달리는 아기보다 어머니를 덜 사랑하고 애착도 덜 형성되었다는 의미일까? 아니면 사실은 매달리는 아기가 애착이 **덜** 안정적으로 형성된 아기일까? 에인즈워스는 후자에 더 가능성을 두었다.

에인즈워스는 스물여덟 명의 우간다 아기 가운데 일곱이 "불안정 애착"을 이루었다고 보았고 이 아기들을 차근히 관찰했다. 이 아기들은 왜 이렇게 불안해하고 매달릴까? 얼핏 보기에는 이 아기들이나 다른 아기들이나 어머니에게 돌봄을 받는 양에 큰 차이가 없는 듯 보였다. 불안정한 아기들이 지나치게 혹은 상처가 될 만큼 오래 어머니와 떨어져 있지 않았으므로 그것 때문도 아니었다. 그런데 자세히 들여다볼수록 불안정한 아기들의 어머니의 특징이 눈에 띄었다. 이 어머니들 가운데 몇몇은 "매우 불안해했다." 자기 자신의 문제에 정신이 팔려 있을 때가 많았다. 남편에게 버림을 받았다거나 집안에 문제가 있는 경우도 있었다. 그렇지만 구체적으로 어머니의 어떤 행동이 분리불안이나 불안정 애착의 원인이 되는지 집어서 말할 수는 없었다.

1956년 에인즈워스는 미국으로 건너갔고 존스홉킨스 대학교에서 교편을 잡았다. 에인즈워스는 양육 행동이 문화권과 상관없이 보편적인지 밝히기 위한 실험을 고안했다.

이렇게 해서 에인즈워스가 "낯선 상황 실험"이라고 이름붙인 실험이 탄생한다. 이 실험은 그 뒤로 아동 발달 연구에서 단골 메뉴가 되었다. 절차는 간단하다. 어머니와 아이를 낯선 환경(장난감이 많은 방)에 데려다 놓고 아기에게 자유롭게 탐색하도록 한다. 그리고 어머니가 옆에 있는 상황에서 낯선 사람이 방에 들어온다. 아기가 어떻게 반응할까? 어머니가 아기를 낯선 사람과 함께 두고 방에서 나간다. 아기가 이 일에 어떻게 반응할까? 다음에 어머니가 돌아온다. 엄마와 다시 만난 아기는 어떤 반응을 보일까? 낯선 사람 없이도 실험을 반복할 수 있다. 어머니가 아이를 방에 혼자 두고 나갔다가 잠시 뒤에 돌아오는 식으로. 이 과정 전체를 연구자들이 한쪽은 유리인 거울 뒤에 앉아서 관찰한다. 그 뒤 몇 십 년 동안 이 실험이 수천 번은 반복되며 산더미 같은 자료를 내놓았다.

이 실험으로 알게 된 재미있는 사실들이 많다. 실험 첫 단계에서 아기는 방을 탐색하고 장난감을 구경하면서 자꾸 엄마를 체크한다. 아기가 '안전기지'를 기반으로 활동해야 할 심리적 필요를 느낀다는 것은 문화의 차이를 넘어서 보편적인 사실임을 보여준다. 그런데 어머니와 분리되었을 때 얼마나 괴로워하는지는 아기마다 크게 차이가 났다. 어머니가 방에서 나가자 절반 정도는 울었고 몇몇 아기는 심한 스트레스를 받아 울음을 쉽게 그치지 못했다. 이렇게 많이 힘들어하던 아기들은 어머니가 돌아왔을 때 어머니에게 매달리거나 어머니를 때리는 등 분노와 불안을 드러냈다. 에인즈워스는 이런 불안정한 아기들의 애착 관계를 "양가 애착"이라고 불렀다. 양가적인 아기들보다도 더 놀라운 것은 애착 방식이 "회피"로 나타나는 아기들이었다. 이 아기들은 어머니가 자리를 비우거나 말거나 무심한 듯 보이고 동요하는 기색이 없었다. 겉보기에는 무척 건강하고 적응력 강한 아기처럼 보였다. 그러나 에인즈워스는 이렇듯 회피하는 아기들의 독립심과 평정심은 사실 방어기제에서 나온 것이라고 생각했다. 어머니에게 거부당하는 일을 이겨내기 위해 감정을 마비시키는 것이다. 그 뒤에 수행된 많은 연구에서 이 생각을 뒷받침하는 증거가 나왔다.

에인즈워스가 자료를 모으면 모을수록 어머니의 양육 방식과 아이의 불안 정도 사이에서 강한 상관관계가 드러났다. 연구자들이 안정 애착을 이루었다고 파악한 아기 엄마들은 양가적이거나 회피하는 아이 엄마들과 비교해보면 아기가 괴로워하는 신호를 보낼 때 더 빨리 반응하고 아이를 안아주거나 스킨십을 하는 시간도 더 길었고 그런 행동에서 더 뚜렷이 즐거움을 느꼈다.(안정 애착을 형성한 엄마들이 상호작용을 반드시 더 **많이** 한다고는 할 수 없었지만, 더 **잘**, 그러니까 더 다정하고 더 민감하게 상호작용했다.) 회피하는 아이들의 엄마들이 거부하는 행동을 가장 많이 보였다. 양가적 아이들의 엄마들이 가장 불안이 심했고 아이에게 반응할 때 일관성도 가장 부족했다. 어떤 때에는 다정하고 어떤 때에는 밀어내고 어떤 때에는 정신이 다른 데에 가 있었다. 에인즈워스는 어머니의 반응이 예측 가능해야 아기가 나중에 커서 쉽게 자신감과 자존감을 수립할 수 있다고 했다. 아이가 괴롭다는 신호를 보낼 때 얼른 일관성 있고 따뜻하게 반응하면 아기가 차분하고 행복해지고 나중에 자신감 있고 독립적인 아이로 자랄 수 있다.

그 뒤 몇 십 년에 걸쳐 애착 형태와 심리적 건강 상태 사이의 연관성이 여러 다른 방법으로 확인되었다.[*] 1970년대 미네소타 대학교 연구자

---

[*] 볼비와 에인즈워스의 영향 때문에 1980년대가 되자 미국 대학 심리학과에는 애착 연구자들이 넘쳐났다.

들은 여러 장기적 연구를 해서 많은 영향을 미쳤다. 이 연구들에서 안정 애착을 형성한 아이는 불안 애착 상태인 아이보다 더 행복하고, 더 열의가 있고, 실험적 과제를 할 때에 더 끈질기고 집중력 있게 매달리며 충동 조절도 더 잘한다는 사실도 발견되었다. 연구자들이 고안해낸 거의 모든 테스트에서 안정 애착 상태의 아이가 양가 애착인 아이보다 더 나은 결과를 보였다.[20] 자존감도 더 높고, "자아 탄력성(ego resiliency)"도 더 강하고, 불안감은 더 적고 독립심은 높았다. 교사와의 관계도 더 좋았다. 다른 사람에 대한 공감 능력도 더 높았다. 불안정 애착을 형성한 아이는 자기 문제에 너무 몰두하여 다른 사람에게 관심을 두기가 어려운 듯했다. 안정 애착을 형성한 아이는 삶을 더 즐기는 듯 보였다. 양가 애착인 아이는 안정 애착인 아이처럼 웃거나 즐거움을 표현하지 않았다. 양가 애착인 아이들은 약간만 스트레스를 받아도 무너지곤 했다.

이런 영향이 수년, 수십 년까지도 계속 이어졌다. 걸음마기에 안정 애착을 형성한 아이들은 10대가 되었을 때 친구를 쉽게 사귀었다. 양가 애착을 형성한 아이들은 사회 집단 안에서 자리를 찾는 데에 불안감을 느꼈고 친구 없이 소외되는 경우가 잦았다. 어머니와 양가 애착 관계를 맺었던 이들은 안정 또는 회피 애착 관계를 맺었던 이들에 비해서 성인이 되었을 때 일을 미루는 경향이 크고, 집중하는 데 어려움을 겪었고 대인 관계 문제 때문에 마음이 산란해지는 일이 많았고 (아마도 그렇기 때문이겠지만) 평균 임금도 더 낮았다. 어린 시절의 불안정한 애착이 성인이 되었을 때 정서 문제로 이어지는 경향이 매우 높음을 드러내는 연구가 지난 30년 동안 무수히 나왔다. 어머니와 양가 애착을 형성한 두 살 여자아이는 성인이 되어 연인과 맺는 관계에서 질투, 의심, 불안에 시달릴 가능성이 높아진다. 이런 사람은 어머니와 맺지 못한 안정적이고 탄탄한 관계를 끝없이 추구하지만 아마 도달하지 못할 것이기 때문이다. 불안해하고 매달리는 성향을 띤 어머니의 딸은 성장해서 자기 또한 불안해하고 매달리는 엄마가 될 가능성이 높다.

* * *

어린 시절의 부정적 경험 때문에 성장하여 불안 애착을 형성
하게 된 어머니는 자기 자식에게 의존하는 경향이 있어 아이도
불안해하고 죄책감에 시달리거나 공포증을 갖게 될 수 있다.

—존 볼비, 『존 볼비의 안전기지』(1988)

2차 세계대전 뒤에 수십 년 동안 이루어진 신경화학 연구에서 아기나 어른이 스트레스를 받으면 뇌에서 연쇄 화학반응이 일어나 불안과 정서적 고통을 야기한다고 드러났다. 안전기지(어머니나 배우자)에게로 돌아가면 몸에서 내인성 아편제가 배출되어 긴장이 풀리고 마음이 편안해지게 된다. 그런 까닭이 뭘까?

1930년대로 돌아가서, 어머니와 아이 사이의 유대에 관한 연구에 푹 빠져 있던 존 볼비는 초기 동물행동학 연구를 맞닥뜨리게 된다. 동물행동학에서는 볼비가 사람에게서 관찰한 여러 애착 행동이 포유류에게 보편적으로 나타난다고 보았다. 따라서 왜 이런 행동이 나타나는지 진화론적으로 설명할 수가 있었다.

진화론적 관점에서 보았을 때 초기 애착 행동이 왜 적응에 유리한 행동인지는 쉽게 짐작할 수 있다. 어미가 새끼를 가까이 두면 새끼가 스스로 몸을 지킬 만큼 자랄 때까지 안전하게 지킬 수 있다. 그러니까 분리불안을

자연선택만으로 설명할 수 있다는 말이다. 어떤 종이건 어미와 새끼가 분리되었을 때 괴로움을 느끼게 만들어 서로 가까이 붙어 있게끔 만드는 심리적 기제에는 적응적 가치가 있다. 어려운 때에 어미에게 가장 많이 매달리는 성향이 있는 새끼가 다른 새끼들보다 진화론적으로 유리하다.

불안의 원천을 환상의 영역에서 꺼내어 동물행동학의 영역으로 가져다 놓았으니 볼비는 정신분석학을 연구하는 동료들로부터 완전히 멀어지게 된다.♦ 1950년대 초 볼비가 연구 내용을 처음으로 발표했을 때에는 정신분석학과 행동심리학 양쪽으로부터 공격이 쏟아졌다. 행동심리학자들은 어머니와 아이의 유대 자체는 전혀 중요하지 않다고 생각했다. 분리불안은 어머니의 존재를 "부차적 이득", 곧 먹이와 위안을 주는 젖가슴과 연결하기 때문에 나타나는 것이라고 보았다. 행동주의자들은 애착은 엄마가 충족해주는 구체적 욕구(주로 먹을거리에 대한 것)와 구분조차 되지 않는다고 보았다. 볼비는 그렇게 생각하지 않았다. 애착 행동과 분리불안은 먹을 것과 엄마 사이의 관련과 상관없이 인간을 포함한 동물의 몸 안에 생물학적으로 내재되어 있다고 생각했다. 볼비는 자기 주장을 뒷받침하기 위해 콘라트 로렌츠가 1935년에 내놓은 유명한 논문 「조류 세계의 동료」[21]를 인용했다. 이 논문은 새끼 거위가 자기에게 먹이를 주지 **않는** 거위나 심지어 사물에 대해서도 애착을 형성할 수 있다는 사실을 밝혔다.♦♦[22]

♦ 프로이트가 말년에는 공포 불안의 진화론적 뿌리를 언급하는 등 생각의 전환을 이루었지만, 이미 전 세계에 정신분석학의 복음을 전파하고 있던 프로이트 추종자들에게 영향을 미치기에는 너무 늦어버렸다. 적어도 2차 세계대전이 끝나기까지 정신분석 이론가들은 줄곧 거세 공포, 억압적 초자아, 승화된 죽음 본능을 불안의 '초석'이라고 보았다.(볼비는 프로이트가 다윈의 작업을 좀 더 잘 알았다면 생물학적 원칙을 정신분석학에 더 설득력 있게 통합할 수 있었으리라고 생각했다.)

♦♦ 볼비는 1950년대 후반 영국 정신분석학회에서 '아이와 어머니의 유대의 본질'이라는 일련의 발표를 하면서 자기 작업이나 입장이 프로이트 전통에서 벗어나지 않게 하려고 애썼다. 그렇지만 반응은 가혹했다. "거위를 정신분석해서 뭐에 씁니까?" 정신분석학자 해나 시걸은 볼비가 동물행동학

프로이트주의자들은 볼비가 동물 행동 모델에 의존하며 인간을 다른 동물과 구분하는 정신 내부의 과정(이드와 초자아의 싸움 등)은 간과했다고 비판했다. 볼비가 영국 정신분석학회에서 분리불안에 관한 초기 논문을 발표한 뒤에, 학회에서 볼비를 "두들기고" 싶어 하는 비판자들이 모두 의견을 발표할 수 있도록 여러 차례 추가 회합을 개최한 일도 있다. 배교한 볼비를 "파문"하라는 요청도 있었다.[23]

정신분석학계에서는 볼비를 매섭게 비난했지만 동물 연구에서는 볼비의 연구를 떠받쳐주는 결과가 나왔다. 1958년 미국 심리학회 회장이자 위스콘신 대학교 교수인 해리 할로는 《아메리칸 사이칼러지스트》에 「사랑의 본질」이라는 글을 발표했다.[24] 이 글에는 오늘날 심리학개론 수업에 빠지지 않고 등장하는 실험이 나온다.

우연히 하게 된 실험이었다. 할로의 실험실에 있는 붉은털원숭이 가운데 치명적 병에 걸린 원숭이들이 많았다. 그래서 할로는 아기 원숭이 예순 마리를 출생 직후 어미로부터 떼어놓고 무균 환경에서 길렀다. 효과가 있었다. 분리해서 키운 원숭이들은 병에 걸리지 않았고 어미와 떨어져 있는데도 정상적으로 성장하는 듯 보였다. 그런데 이들의 행동에서 뭔가 이상한 점이 보였다. 예를 들어 우리 바닥에 깔아놓은 천기저귀를 꽉 붙들고 놓지 않으려 했다. 철망으로 된 우리에 기저귀를 깔지 않고 넣어둔 원숭이들은 살기가 힘들어 보였다. 철망으로 만든 고깔을 테리 천으로 감싸서 우리에 넣어주면 더 잘 지냈다.

이것을 보고 할로는 볼비처럼 늘 의심스럽게 생각해온 가설을 검증

에 기댄 것을 두고 이렇게 비꼬았다. "아기는 어머니를 따라가지 않습니다. 오리 새끼가 아니니까요." 다른 정신분석가는 이렇게 말하며 코웃음을 쳤다.

할 방법을 떠올렸다. 정신분석학과 행동심리학에서 주장하는 대로 아기가 어머니에게 애착을 갖는 까닭은 단지 엄마가 젖을 주기 때문이라는 가설이다. 엄마와 먹을거리를 연결하는 것이 (행동심리학 용어를 쓰면) "이차적 강화 요인"이 된다고 할지라도, 단지 젖을 먹인다는 사실만으로 수십 년 동안 이어지는 어머니와의 유대를 설명할 수는 없다고 생각했다. 할로는 붉은털원숭이를 어미에게서 떼어 키우면서 아이의 어미 사랑의 근원을 연구할 수 있지 않을까 생각했고, 실험을 해보기로 했다.

일단 붉은털원숭이 새끼 여덟 마리를 엄마로부터 떼어서 우리에 한 마리씩 넣었다. 우리마다 "대리모" 장치를 두 개씩 넣었다. 하나는 철망으로 만들었고, 다른 하나는 나무로 만들고 테리 천으로 감쌌다. 우리 네 개에는 철망 대리모에 우유가 나오는 고무젖꼭지를 달았다. 다른 네 개에는 테리 천 대리모에 달았다. 애착은 젖과 연관되어 부차적으로 발생한다는 행동주의 가설이 옳다면 새끼원숭이들은 두 경우 모두 젖꼭지가 달린 대리모에게 끌려야 한다.

결과는 그렇지 않았다. 원숭이 여덟 마리 모두 천으로 된 대리모에 마음을 붙이고 하루에 열여섯 시간에서 열여덟 시간까지 거기에 매달려 있었다. **먹을 것은 철망 대리모에게서 나오는 경우에도** 마찬가지였다. 분리불안에 대한 행동주의 이론을 일격에 무너뜨린 결과였다. 원숭이가 먹이를 주는 차가운 물체보다 먹이는 주지 않지만 부드럽고 포근한 사물에 애착을 갖는다면, 유대 과정에서 작용하는 요인이 행동주의에서 가정하는 대로 먹이가 아니라는 말이다.◆

◆ 원숭이의 행동과 볼비가 인간 아기에게서 본 행동 사이에 또 다른 유사점이 있었다. 할로가 우리 안에 낯선 물건을 집어넣자 원숭이들은 불안해하며 천 대리모에게 달려가 마음이 가라앉을 때까지 몸을 문댔다. 진정이 되자, 천 대리모를 "안전기지"(볼비와 에인즈워스가 곧 같은 용어를 사용

할로는 논문 「사랑의 본질」을 캘리포니아 주 몬터레이에서 열린 미국 심리학회에서 처음 발표했는데, 우연하게도 볼비가 이 자리에 참석했다. 볼비는 할로의 작업이 자기 연구와 어떻게 연관이 되는지를 바로 알아차렸다. 두 사람은 의기투합했다. 그 뒤 몇 년 동안 다른 연구에서도 할로가 발견한 결과가 재현되었다. 볼비에게는 프로이트주의자와 행동심리학자들의 포화에 맞설 수 있는 갑옷이자 무기가 생겼다. "그 뒤로는 우리 가설에 타당성이 없다는 주장은 들리지 않았다. 비판이 제기되더라도 건설적인 비판이었다."[25]

할로의 연구가 볼비의 애착 이론과 얼마나 밀접한 관련이 있는지 그때만 해도 두 사람 다 완전히는 알지 못했다. 시간이 흐르면서 할로의 연구에 등장한 원숭이들이 분리 실험에서 지속적인 영향을 받았다는 게 드러났다. 아기들이 움직이지 않는 천 대리모에 열심히 매달리며 유대감을 형성하는 듯 보였지만 진짜 어미와 자식 사이의 관계를 대신할 수는 없었던 게 분명했다. 이 원숭이들은 그 뒤 평생 다른 원숭이들과 관계를 맺는 데 어려움을 겪었고 사회적으로나 성적으로 비정상적인 행동을 보였다. 새끼를 학대하고 심지어 살해하기도 했다. 낯선 상황이나 힘든 상황이 되면 다른 원숭이들보다 더 불안해하고 침체되고 동요했다. 볼비가 어머니와 헤어졌거나 힘든 관계를 맺은 사람들 연구에서 관찰한 바와 정확히 일치하는 현상이었다. 어린 시절의 분리와 애착 경험이 장기적인 영향을 미친다는 것을 확인하는 충격적인 결과였다.◆[26]

한다.)로 삼아 낯선 물건을 탐구하고 가지고 놀기 시작했다.

◆ 할로도 부모와 자식 사이의 관계 연구로 알게 된 사실을 자기 삶에 적용하지는 못한 듯싶다.(심리학 역사를 보면 이런 사례가 너무나 많다.) 할로는 자식들과 멀어진 채로 알코올중독과 우울증에 시달리다 사망했다.

그 뒤 수십 년 동안 수백 건의 동물 실험이 이루어지며 이런 발견을 뒷받침했다. 케임브리지 대학교 동물행동학자 로버트 하인드는 아기 원숭이를 단 며칠만 어미로부터 떼어놓아도 다섯 달 뒤 낯선 환경에 가져다 놓았을 때 대조군보다 더 소극적인 모습을 보였다고 밝혔다.[27] 해리 할로는 후속 연구에서 어미가 몇몇 특정 양육 방식("아기가 어떤 행동을 하든 간에 나무라지 않고 거의 전적으로 받아들이고" 아기가 "엄마에게서 좀 떨어진 곳으로 탐험을 나길 때" 놓치지 않고 감시하는 것 등)을 보이면 아기가 안정감 있게 자랄 가능성이 높다고 결론을 내렸다.[28] 최근에는 붉은털원숭이 연구에서 "복부 접촉 개시"[29](쉬운 말로 하면 안아주기)가 교감신경계 흥분을 가라앉힌다는 게 드러났다. 어미한테 많이 안기지 못한 원숭이들은 주변 환경을 탐구하는 성향이 적었고 성장했을 때 불안이나 우울 행동을 보일 가능성이 높았다. 다시 말해 원숭이 어미가 새끼의 응석을 받아주고 보호해주면 아기가 건강하고 행복하게 자란다는 것이다. 메리 에인즈워스가 사람 엄마와 아이 사이의 상호작용을 장기간 꼼꼼하게 관찰하여 파악한 바와 정확히 일치한다.

* * *

아기를 귀여워해주고 싶을 때면 어머니의 사랑이 위험하다는
것을 명심하시오.

—존 왓슨, 『유아와 어린이의 심리 돌보기』(1928)

할로나 하인드나 그 시대 사람들의 실험은 투박하고 거칠었다. 잔인하게 어미와 자식을 떼어놓았고 설정한 상황도 실제 현실과 비슷하지 않았다.

그런데 1984년에는 컬럼비아 대학교 연구자들이 야생에서 일어나는 분리와 애착 행동과 더 가까운 상황을 설정하는 방식을 생각해냈다.

먹이 찾기 부담 변동(variable foraging demand, VFD) 방식은 어미가 식량 공급원에 얼마나 쉽게 접근할 수 있는지를 달라지게 해서 새끼와 상호작용하는 방식을 변화시킬 수 있다는 생각을 바탕으로 한다.[30](영장류 학자들이 야생 상태 영장류를 관찰해서 이미 그렇다는 사실을 확인한 바 있다.) VFD 실험에서는 원숭이 어미가 먹이를 얻기 쉽거나 어려운 정도를 조절한다. 먹이 찾기 부담을 낮추는 기간에는 우리 여기저기에 놓아둔 그릇에 먹이가 겉으로 드러나게 담아둔다. 먹이 찾기 부담을 높이는 기간에는 먹이를 나뭇조각 밑에 묻어놓거나 톱밥 속에 감춰서 찾기 힘들게 한다. 보통 VFD 실험에서는 2주 동안 먹이를 쉽게 찾을 수 있게 했다가 다음 2주 동안은 찾기 어렵게 하곤 한다.

예상대로 어미들은 먹이 찾기 부담이 높을 때에 그러지 않을 때보다 스트레스를 더 많이 받고 아이를 잘 돌보지 못했다. 보닛원숭이 어미에게 먹이 찾기 부담이 높은 기간을 오랫동안 겪도록 만들었더니 새끼가 자라면서 사회적·신체적 문제를 더 많이 겪었다. 그런데 먹이 찾기 난이도를 자꾸 바꾸었더니 계속 어렵게 했을 때보다도 스트레스를 더 많이 받았다. 그러니까 먹이를 구하기가 계속 어려울 때보다 불시에 어려워지곤 할 때에 어미는 더 큰 스트레스를 받는다는 말이다.

뉴욕 주립대학교 다운스테이트 메디컬센터의 신경심리약학과장 제러미 코플런은 15년 동안 VFD 실험을 해왔다. 코플런은 이 실험이 어미와 새끼의 "기능적·정서적 분리"를 유도한다고 말한다. 스트레스를 받은 어미는 새끼에게 "심리적으로 부재"하게 된다고 한다. 사람 어머니도 스트레스를 받으면(프로이트의 어머니처럼) 마음이 산란해지고 아이에게 집중하지 못하게 되는 것과 마찬가지다.

행동 변화는 눈에 잘 뜨이지 않을 수 있다. 스트레스를 받은 어머니라도 아기에게 반응하기는 한다. 다만 조금 더 느리고 미적지근하게 반응할 뿐이다. 그렇지만 그 영향은 매우 강력할 수 있다. 코플런 연구팀은 여러 실험을 통해 VFD 어미의 새끼들은 혈액 속 스트레스 호르몬 수치가 대조군보다 더 높다는 것을 확인했다. 어미의 불안이 아이에게 전달된다는 의미다. 특히 놀라운 것은 어미의 불안과 새끼의 스트레스 호르몬의 상관관계가 지속되는 기간이었다. 코플런은 첫 실험 이후 10년 뒤에 이 새끼들을 검사했는데, 그때까지도 스트레스 호르몬 수치가 대조군보다 높았다. 불안을 유발하는 화학물질을 주사했더니 다른 원숭이들에 비해 훨씬 반응성이 컸다.

VFD 원숭이들이 평생 가는 불안을 지니게 된 게 분명했다. 이 원숭이들은 사회성도 부족하고 소극적이며 종속적인 행동을 보일 때가 많았다. 또 자율신경계 활동이 고조되어 있고 면역 반응도 제한적이었다. 반세기 전에 볼비가 주장한 바를 강력하게 뒷받침하는 생리적 증거였다. 초기 육아 경험이 (뚜렷한 외상을 남기지 않고 미묘한 상처만 가했다고 하더라도) 아이의 심리적·육체적 건강에 어른이 될 때까지 지속되는 영향을 미친다는 것이다. 코플런 연구팀은 어머니와 아이 관계가 아주 잠깐만 끊어지더라도 신경계 발달에 변화를 일으켜 "성인기의 불안장애가 나타나는 데 핵심적 역할을 할 수 있다."고 결론을 내렸다.[31]

◆ 설치류를 대상으로 한 연구에서도 같은 결과가 나왔다. 어미 쥐가 새끼를 얼마나 핥아주고 쓰다듬어주느냐가 새끼가 평생 스트레스에 얼마만큼의 내성을 갖느냐에 강한 영향을 미쳤다. 어릴 때 물고 빨고를 많이 겪을수록 성숙했을 때 스트레스를 더 잘 감당한다. 어미가 더 많이 핥아준 쥐는 자율신경계 활동이 적었고(HPA축의 활동성이 낮음) 따라서 스트레스에 대한 내성은 컸다. 많이 핥아준 쥐들은 스트레스 반응을 '끄는' 스위치가 강화되어 있다고 연구자들은 말한다. 단지 나흘

비슷한 실험이 지난 20년 동안 수차례 되풀이되며 계속 비슷한 결과를 내놓았다. 어린 시절 짧은 기간 동안 스트레스를 받거나 어미와 새끼 사이의 관계가 잠깐만 힘들어도 영장류 동물이 받는 신경화학적 영향은 지속적이다.[32]◆ 심지어는 VFD 어미의 **손자녀까지도** 출생 시부터 코르티솔 수치가 높게 나타난다는 결과도 있었다. 어릴 때 잠깐 동안 겪은 약한 스트레스의 영향이 세대를 넘어 이어지는 셈이다.[33]

끔찍한 트라우마를 겪은 희생자의 후손도 같은 영향을 받는다는 증거가 발견되었다. 홀로코스트에서 살아남은 사람들의 자녀, 심지어 손자녀까지도 민족적으로 유사하지만 홀로코스트를 직접 겪지 않은 이들의 자녀, 손자녀와 비교했을 때 생리적으로 스트레스와 불안이 심하다는 증거(여러 스트레스 호르몬 수치가 높다던가)가 나타난다.[34] 이 손자녀들에게 홀로코스트와 직접적으로 상관이 없는, 괴로움을 유발하는 이미지(소말리아의 폭력 사태라든가)를 보여주면 행동으로나 생리적으로나 또래보다 더 극단적인 반응을 보인다. 정신적 외상 치료를 전문으로 하는 정신의학자 존 리빙스턴은 나에게 이렇게 말했다. "마치 외상적 경험이 신체 조직에

동안만 어미가 특별히 많이 핥아주어도 편도 활동이 감소했다. 한편 어미의 손길을 덜 받은 쥐들은 스트레스 반응이 더 컸다.

어미가 덜 핥아줄 때의 영향이 부정적인 듯 보이지만 사실 적응성이 있는 것이기도 하다. 아기 때 어미가 핥고 쓰다듬기를 덜 해준 쥐들은 더 겁이 많고 두려움을 유발하는 환경은 더 얼른 피한다. 혹독하고 위험한 환경에 있다면 좋은 적응 방식이다. 사실 자연 상태에서라면 어미가 새끼를 덜 핥고 만진 까닭이 바로 환경이 위험하기 때문일 수 있다. 어미가 새끼에게 애정을 쏟는 대신 먹이를 구하거나 외부의 위험을 피하는 데에 신경을 쏟고 있을 것이기 때문이다. 어미에게 사랑을 많이 받은 쥐는 겁이 적고 모험심이 강하고 위험을 피하는 법은 더 천천히 익힌다. 안정적인 환경에서는 좋은 적응이지만 위험한 환경에서는 문제가 될 수 있다.

◆ 신경과학 연구에서 어릴 때의 스트레스가 나중에 정신병리를 일으키는 구체적 메커니즘이 밝혀지기 시작했다. 핵심을 말하자면 어릴 때 스트레스 호르몬 수치가 높으면 뇌의 세로토닌과 도파민 시스템에 부정적 영향을 미치고, 이것은 병적 불안, 우울과 뚜렷한 연관이 있다. 신경 촬영을 통한 연구에서 어릴 때 오랫동안 받은 스트레스가 신경병리학적 영향을 미칠 수 있음이 드러났다. 예를 들면 뇌에서 새로운 기억을 만드는 데 중요한 역할을 하는 해마가 수축된다.

들러붙어 다음 세대로 유전되는 것 같습니다."

어머니의 애정의 양과 질이 이 아이가 나중에 경험할 불안의 정도에 강한 영향을 미친다는 생각을 입증하는 연구가 이제 수십 편에 달한다. 최근 《역학과 사회보건 저널》에 발표된 연구는 1960년대 초 로드아일랜드 주 프로비던스에서 태어난 아기 462명을 출생 시부터 30대 중반까지 추적했다.[35] 연구 대상이 아기일 때 아기와 어머니의 상호작용을 관찰해서 어머니의 애정 정도를 "부정적"에서 "과도함"까지 단계별로 나누어 평가했다.(그 가운데 대부분인 85퍼센트는 "따뜻함", 곧 정상이라고 평가되었다.) 심리학자들이 34년 뒤에 피험자들을 면담했는데, 어머니의 애정 정도가 "과도함" 또는 "살가움"(두 번째로 높은 단계)이었던 이들은 다른 이들에 비해 불안이나 정신신체증이 있을 가능성이 낮았다.

이런 결과는 존 볼비가 옳았음을 입증하는 듯하다. 적응력 있고 불안해하지 않는 아이를 키우고 싶다면 행동주의 원조 존 왓슨의 지시대로 하는 것은 좋지 않다는 것이다. 존 왓슨은 1928년에 내놓은 유명한 육아서에서 "아기를 귀여워해주고 싶을 때면 어머니의 사랑이 위험하다는 것을 명심하시오."라고 주장했다. 왓슨은 어머니의 애정이 아이의 인성 발달에 위험한 영향을 미친다고 경고했다. "절대 안아주거나 입 맞추지 말고 무릎에 앉히지도 마시오. 꼭 입을 맞춰야겠다면 밤 인사를 할 때 이마에다 한 번만 하시오. 아침에는 악수를 나누시오. 어려운 일을 아주 탁월하게 잘해냈을 때에는 머리를 한 번 쓰다듬어주시오." 다른 말로 하면 아이를 "작은 어른처럼" 대하라는 말이다. 어릴 때 바로 이렇게 키워진 볼비는 정반대로 생각했다. 아이에게 안전기지를 만들어주고 불안과 우울에 대한 내성을 길러주려면 사랑과 애정을 아끼지 말고 쏟으라고.

볼비는 1973년에 대표작 『분리: 불안과 분노』를 발표했는데, 그때에는 성인의 병적 불안이 어떤 형태든 거의 대부분✦ 어린 시절 주요 애착 대상(거의 늘 어머니)과의 사이에서 힘겨운 경험을 했기 때문이라고 확신했다. 최근 연구들은 이런 생각을 확인하는 증거를 계속해서 쌓아올리고 있다. 2006년에는 미네소타 대학교에서 출생부터 성인기까지 위험과 적응에 관해 40년에 걸쳐 해온 장기 연구의 결과가 새로이 나왔다. 불안정한 애착을 형성했던 아기들은 안정 혹은 회피 애착을 형성했던 아기보다 청소년기에 불안장애가 생길 가능성이 훨씬 높았다. 유아기에 불안정한 애착은 아동기 후기나 성인기에 유기에 대한 두려움으로 이어지고 "만성적 경계"[36]를 기반으로 한 대처 전략을 갖게 만든다. 다시 말해 예측 불가능한 어머니의 존재를 감지하기 위해 불안하게 주위를 살피던 아기들은 위험의 가능성이 없는지 항상 불안하게 주위를 살피는 어른이 된다는 말이다.

볼비의 애착 이론은 우아할 정도로 단순하고 진화론적으로 이해하기 쉽고 설득력 있게 느껴진다. 아기일 때 부모님이 안전기지를 제공해주었고 그걸 내면화할 수 있다면 편안하게 심리적 안정감을 갖고 삶을 헤쳐나갈 가능성이 높을 것이다. 부모님이 그렇게 해주지 못했거나, 부모님이 안전기지를 제공해주었지만 외상이나 분리 때문에 그것을 내면화하지 못한 경우에는 불안과 불만의 삶을 살 가능성이 높아진다.

✦ 특정 동물공포증은 예외라고 생각했다. 볼비도 프로이트처럼 동물공포증은 진화 과정의 적응이 엇나간 결과라고 여겼다.

＊ ＊ ＊

그 사람들이 널 망쳤어, 네 엄마와 아빠.

일부러 그런 건 아닐 수 있지만, 어쨌든 그랬어.

—필립 라킨, 「이것이 시다」(1971)

얼마 전에 내가 열한 살이던 1981년 여름에 쓴 일기를 우연히 발견했다. 그때로부터 몇 달 전에 나는 아동정신과 의사 L 박사를 만나기 시작했다. 프로이트 이론가로 수련 받은 L 박사는 나를 25년 동안 치료했다. L 박사가 권해서 나는 일기를 쓰면서 내 정서적 문제의 뿌리를 자유연상법으로 찾으려 했다. 중년에 접어들어, 내가 열한 살 때 이미 불안해하고 스스로에게 몰두하며 일기장에서 끝없는 불안과 불만의 가장 큰 원인이 뭘까 골몰하고 있었다는 사실을 알게 되니 참 서글펐다. 여섯 살 때 주간 캠프에서 물속에 들어가기가 무서워 떨며 울고 있을 때 나에게 소리를 지르고 다른 아이들과 같이 유아 풀에 들어가게 시킨 위압적인 캠프 선생님이 원인이었을까? 아니면 네 살 때 이웃에 사는 길버트네 생일파티에 갔을 때 내가 겁이 나서 엄마를 찾으며 미친 듯이 울기 시작하자 유치원 친구들이 보는 앞에서 내 뺨을 때린 길버트 엄마 때문이었을까?

나의 자기애와 내면을 향한 여행이 끝없이 되풀이되어온 것은 분명하다. 마흔세 살에 내 불안의 뿌리를 찾기 위해 과거를 파헤치다가, 불안의 근원을 찾기 위해 과거를 파헤치는 열한 살의 나를 발견했으니.

가족 여행에서 막 돌아왔을 때 쓴 일기에는 내가 여행 동안 느낀 두려움과 부당함이 잔뜩 열거되어 있었다.

1. 비행기에서 멀미가 날까 봐 겁이 남.

2. 첫날밤에 집 생각이 나서 잠을 잘 수가 없었음.

3. 음식이 맛이 없었음.

4. 식당에 갔는데 집에 가고 싶다고 투정을 부리자 엄마가 화가 나서 나에게 말을 하지 않음.

5. 비위생적일까 봐 겁이 남.

6. 산 위에서 공기가 희박해서 아플까 봐 겁이 남.

7. 아빠가 억지로 먹으라고 시킴. 안 먹으면 화를 내고 불평을 하면 먹지 못하게 함.

8. 아빠가 내 말에 귀를 기울이지 않고 내가 계속 꼬치꼬치 묻자 나를 때림.

9. 아래층 카펫에 누가 토했을 수 있다는 생각을 하자 정말 무섭고 괴로워짐. 두렵고 끔찍했음.

10. 집으로 돌아오는 비행기에서 누군가가 토했음. 무서웠음. 슬프고 우울하고 겁이 남.

여행 일기는 이렇게 끝난다. "내가 머리를 파묻으면 엄마와 아빠가 안 아주고 달래주었으면 했지만 엄마 아빠는 내가 무서워하는 걸 이해하지 못한다."

얼마 전에 이 일기를 베껴서 어머니에게 이메일로 보낸 다음 전화를 걸어서 어머니는 다른 엄마들에 비해 자식에 대한 사랑을 많이 표현한 편이라고 생각하는지 아니면 덜 표현했다고 생각하는지 물었다.

"보통이지." 어머니가 말했다. 그러고는 잠시 생각한 뒤에 이렇게 말했다. "사실, 의식적으로 애정표현을 자제하려고 했어."

나는 놀랐고 왜 그랬는지 물었다.

"그러는 편이 너희들한테 좋다고 생각했어." 어머니는 그렇게 생각하게 된 까닭을 들려주었다.

어머니의 어머니, 그러니까 나의 외할머니 일레인 핸퍼드는 어머니와 이모에게 사랑을 담뿍 표현했고 몸도 마음도 늘 곁에 있어주었다. 외할머니의 삶은 딸들 시중을 드는 일을 중심으로 돌아갔다. 어머니가 초등학교 파하고 점심 먹으러 집에 돌아오면 외할머니가 늘 맞아주었다. 사랑해주고 돌보아주는 건 물론이고 응석도 받아주었다. 그런데 이머니가 청소년기에 접어들며 공황 발작과 광장공포증, 구토공포증에 시달리게 되자 어머니는 외할머니의 돌봄 안에서 사랑받는 느낌, 안전하다는 느낌을 **지나치게 많이** 받았기 때문에 이렇게 강한 불안을 느끼는 게 아닌가 생각했다고 한다. 그래서 나와 내 여동생은 그런 불안에 시달리지 않게 하고 싶어서 무조건적인 사랑을 겉으로 표현하는 일은 삼가려고 했다.

존 왓슨이 보았다면 칭찬해주었을 것이다.

하지만 어머니는 애정은 아꼈을지 몰라도 과잉보호는 아끼지 않았다. 과잉보호와 애정결핍이 결합되면 치명적 결과를 낳을 수 있다. 사랑받지 못하는 느낌에 더해, 내가 무능하고 무기력하다는 생각까지 갖게 된다. 다른 사람이 내가 스스로는 아무것도 못한다고 보고 모든 걸 대신 해주기 때문이다.

우리 어머니는 내가 아홉 살인가 열 살이 될 때까지 옷을 입혀주었다. 그 뒤에는 내가 열다섯 살이 될 때까지 날마다 입을 옷을 골라주었다. 고등학교에 들어갈 때까지 욕조에 목욕물을 받아주었다. 중학교 때에는 친구들 대부분이 대중교통을 이용해 시내에 가서 놀고, 방학 때 부모님이 출근하면 혼자 집에 있고, 오토바이를 사서 타고 다니기도 했다. 설령 내가 지하철을 타고 시내에 가거나 오토바이를 타고 싶어 했다고 하더라도(물론 당연히 그러고 싶어 하지 않았다.) 어머니가 허락하지 않았을 거다. 나는 우리 동네에서 걸어서 몇 블록 이상 떨어진 곳에 가면 안 되었다. 어머니가 너무 복잡해서 위험하다고 생각하는 도로나 위험한 동네라고 생각하는 곳이 나오기 때문이었다.(내가 살던 동네는 강력 범죄가 10년에 한 번 일어날까 말까 한 조용한 교외에 있었다.) 부모님이 직장에 있을 때에는 여동생과 나를 돌보러 늘 베이비시터가 왔다. 내가 10대가 되자 상황이 좀 어색해졌다. 어느 날은 우리 집에 온 베이비시터가 나와 동갑(열세 살)이라는 걸 알고 서로 불편해지기도 했다.

우리 어머니는 워낙 불안해하는 성격이라 정말 걱정이 되어서 그렇게 한 거였다. 나도 어머니가 이렇게 걱정이 많은 게 싫지 않았다. 편안한 의존감 안에 파묻힐 수 있었기 때문이다. 친구들 앞에서 어머니가 보호자 없이 친구들끼리 시내에 가는 건 안 된다고 말하면 창피하기는 했지만, 그래도 어머니가 보호막을 거두기를 바라지는 않았다. 어머니와 아이 사이의 관계에는 양쪽의 행동이 모두 포함된다. 나는 과잉보호를 원했고 어머니는 그걸 제공했다. 그렇지만 어머니와 맺은 관계 때문에 나는 자율성이나 자기효능감을 갖지 못했다. 그래서 초등학교 때, 그리고 10대가 되어서도 어머니에게 매달리고 의존했으며 자라서는 의존적이고 불안에 시달리는 어른이 되었다.(어느 정도인지는 오랜 세월 고통받아 온 내 아내가 잘 말해줄 것이다.)

"광장공포증이 있는 어른은 자기 부모가 애정은 적고 과잉보호 정도는 높다고 평가하는 경향이 높다."[37](2008년에 발표된 「애착과 성인기 정신병리」라는 논문) "광장공포증이 있는 어른이 대조군보다 어릴 때 분리불안을 느낀 빈도가 높다."[38](1985년 《미국 정신의학 저널》에 발표된 연구) "불안정 애착을 가진 유아는 안정 애착을 맺은 유아보다 불안장애 진단을 받을 확률이 훨씬 높다."[39] (1997년 《미국 아동청소년 정신의학회 저널》에 발표된 연구) "자네 부모님처럼 불안과 과잉보호 기질이 있는 어머니, 알코올중독이고 정서적으로 부재하는 아버지가 불안을 불러일으키는 대표적 조합이야."(내 첫 의사 L 박사를 첫 번째 면담 뒤 30년 만인 최근에 다시 찾아가서 물었을 때 이렇게 말함) 이런 사실에 대한 신경생물학적 증거도 있다. "부모와 관계가 아주 안 좋았다고 하는 성인을 부모와 관계가 아주 좋았다고 하는 성인과 비교했을 때, 배측선조체[전뇌 깊숙이 있는 피질하 물질의 일부]에서 도파민 분비가 뚜렷이 많았고 스트레스를 주는 일이 있을 때에는 침 속의 코르티솔[스트레스 호르몬]이 크게 올라갔다. 어린 시절의 돌봄이 스트레스 활동과 관련 있는 신체 시스템 발달에도 영향을 미칠 수 있음을 암시한다."[40] (2006년 《심리 과학》에 발표된 연구) 지금 내 작업실에도 이것과 관련된 발견을 확인하고 강화하는 자료들이 한 무더기는 쌓여 있다. 나의 불안이 내가 어릴 때 어머니와 맺은 관계에서 비롯되었음을 입증하는 글들.

다만, 그게 반드시 그렇다고 입증하는 건 아니라는 문제가 있다.

9

불안의 유전

정신의 습성과 상태가 씨를 통해 아이에게 전달된다.

—히포크라테스(기원전 4세기)

아버지의 기질을 아들도 닮는다. 아버지가 자식을 가졌을 때
지닌 병이 아들에게도 옮는 것을 보라. 따라서 나는 우울은
유전병이라는 사실을 의심하지 않는다.

—로버트 버튼, 『우울의 해부』(1621)

아빠, 나 불안해.

—내 딸, 여덟 살 때

내 불안이 아버지의 음주나 어머니의 과잉보호와 공포증, 부모님의 행복
하지 않은 결혼생활과 이혼 등 때문이라고 속 편하게 말할 수도 있을 것
이다. 다만 이 불편한 진실 때문에 그렇게 할 수가 없다. 지금 아홉 살, 여

섯 살이 된 내 아이들한테도, 정말 안타깝게도 근래에 내 것에 버금가는 불안이 생겨났다는 사실이다.

내 딸 마렌은 나처럼 소극적 기질을 타고났다. 수줍음이 많고 낯선 상황에 처하면 뒤로 물러서고 세상에 대한 태도는 위험 회피형이고 스트레스나 새로운 것에 매우 민감하다. 더욱 충격적인 점은 1학년일 때 강박적 구토공포증이 생겼다는 사실이다. 반 친구가 수학 시간에 토한 적이 있는데 아이는 그 장면을 머리에서 떨쳐버릴 수가 없었다. "나쁜 생각을 멈출 수가 없어."라고 딸이 말했고 내 가슴은 무너지는 듯했다.

수십 년 동안 치료를 받았고 경험과 연구를 통해서 불안에 관해서 알 만큼 안다고 생각하는 내가, 이 지식을 바탕으로 아이들은 이 병에 걸리지 않도록 아내와 함께 노력해왔음에도 불구하고, 결국은 어머니가 나에게 물려준 병을 마렌에게 물려준 걸까?

우리 어머니는 그러지 않았지만 나는 딸에게 구토공포증이 생기기 전에는 나한테도 그런 게 있다는 사실을 절대로 내비치지 않았다. 불안을 느낀다는 걸 마렌에게 드러내지 않으려고 애썼다. 심리학에서 '모델링'이라고 부르는 과정을 통해 아이에게 옮아갈 수 있기 때문이다. 아내는 불안한 성격이 아니다. 나는 어머니의 불안과 과잉보호 성향이 내 여동생과 나를 신경증적 의존 상태로 몰고 갔다고 생각했는데, 아내에게는 이런 성향이 전혀 없다. 그리고 아내나 나나 아이를 사랑하고 잘 돌보고 우리 부모님과 달리 늘 심적으로 옆에 있어주려고 애쓴다.

아니면 적어도 그랬다고 믿고 싶다.

그런데 우리 딸이 나하고 아주 비슷한 증상을, 나한테 그 증상이 처음 나타났을 때하고 거의 같은 나이에 보이기 시작했다. 부모인 우리가 정서적 예방책을 제공하려고 최선의 노력을 기울였음에도 불구하고 마렌은 내 예민한 기질을 그대로 물려받은 모양이었다. 게다가 놀랍게도 **나와 똑같은 것에 대한 공포증**에 사로잡혔다. 나와 우리 어머니가 같이 지닌 공포증이기도 하다.

아내는 공포증처럼 개인에게 특유한 성향이 어떻게 유전될 수 있느냐고 묻는다.

그런 것은 유전되지 않을 것처럼 생각된다. 그런데 우리 어머니부터 삼대에 걸쳐 같은 공포증이 나타났다는 증거가 여기 있다. 마렌이 아주 미묘하거나 무의식적인 힌트를 받은 게 아니라면(가능성이 아주 없지는 않으리라고 생각한다.) 행동에 의한 조건형성을 통해 나한테서 '습득'한 것은 아닐 것이다. 나는 이런 과정을 통해 어머니로부터 배웠다고 생각했지만 말이다.

히포크라테스 이후 많은 사람들이 기질이 유전될 수 있음을 관찰했고 현대 행동유전학 연구를 통해 우리가 물려받는 분자와 우리가 잘 느끼는 정서 사이의 관계를 뉴클레오타이드 단위 수준까지 정밀하게 밝히고 있지만, 구토공포증과 관련이 있는 유전자가 어떤 것(들)인지는 아직 확인되지 않았다. 그래서 불안을 비롯한 어떤 기질도 순전히 유전 탓만으로 돌릴 수는 없었다. 그래도 최근에 수천 건의 연구가 진행되어 여러 형태의 병리적 불안의 유전적 기반이 다양하게 드러나고 있다.

불안의 유전에 관한 초기 연구 가운데 쌍둥이 연구가 있다. 가장 기본적인 연구로 일란성 쌍둥이와 이란성 쌍둥이의 불안장애 발생률을 비교했다. 예를 들어 공황장애가 순전히 유전에 의한 것이라면 유전적으로 똑같은 일란성 쌍둥이 가운데에서 한 명만 병이 있는 경우는 없을 것이다. 그런데 그렇지는 않았다. 한쪽에 공황장애가 있을 때 다른 쪽도 공황장애가 있을 확률은 인구 전체에서 무작위로 추출한 경우보다 훨씬 높았다. 그렇지만 **100퍼센트**는 아니었다. 그러니까 공황장애가 키나 눈 색깔처럼 유전적 요소가 강하긴 하지만 전적으로 유전에 의해 결정되지는 않는다는 말이다.

2001년 버지니아 코먼웰스 대학교 정신의학자 케네스 켄들러[1]는 일란성, 이란성 쌍둥이 1200쌍의 공포장애 발생률을 비교해서 유전자가 불안장애 취약 정도의 개인차를 결정하는 데 약 30퍼센트 정도의 영향을 미친다고 결론을 내렸다. 후속 연구도 켄들러의 결과와 비슷하게 나왔다. 유전학 연구의 통합 분석에서는 범불안장애를 지닌 가까운 친척이 없는 사람이 범불안장애를 일으킬 확률은 25분의 1 이하인 반면, 가까운 친척 가운데 한 명이라도 있으면 5분의 1로 확률이 올라간다고 결론을 내렸다.[2]

하지만 그게 유전적 기반이 있다는 증거가 될 수는 없지 않느냐고 이의를 제기할 수도 있다. 같은 집안에서 같은 정신병이 나타날 가능성이 높은 까닭은 불안이나 우울 같은 병의 원인이 되는 환경에 같이 속해 있기 때문일 수도 있지 않나? 쌍둥이가 자라는 과정에서 같은 외상을 입었다면 둘 다 정신병에 걸리기 쉬워지는 게 아닐까?

물론이다. 유전자가 조현병, 알코올중독, 불안 등을 일으키는 소인이 될 수는 있지만 이런 병이 나타나는 데에는 거의 언제나 환경의 영향이 있다. 그렇지만 불안의 유전에 관한 연구가 수만 건에 달할 정도로 많이 이루어지고 있고 그 가운데 절대다수는 (기질적 성향이든 병적 이상이든) 불안을 일으킬 가능성을 유전이 크게 결정한다는 결론을 내린다.

히포크라테스나 로버트 버튼이나 찰스 다윈 등 분자유전학이 등장하기 한참 전부터 같은 사실에 주목한 이들은 이런 연구 결과를 당연하게 받아들일 것이다. 가계 안에 불안장애나 우울이 있는 사람이 한두 명 있다면 가계도 안의 다른 사람들도 불안이나 우울을 나타낼 가능성이 높아진다. 연구자들은 이런 현상을 "유전적 위험에 따른 가계 내 집적"[3]이라고 부른다.

'가계 내 집적'이라는 말이 우리 딸이 어머니나 나처럼 불안해하게 끔 생물학적으로 미리 결정되었다는 뜻일까? 유전 때문에 신경증이 생길 운명을 타고났다는 걸까? 우리 어머니 쪽 가계를 보면 어머니와 우리 딸, 나뿐 아니라 여섯 살이 된 우리 아들 너새니얼도 분리불안이 나만큼 심하게 발전할 듯하다. 내 여동생은 열두 살 때부터 불안과 싸워왔고 나처럼 여러 가지 약물로 치료하려 애써왔다. 또 다른 친척도 평생 불안, 우울, 과민성 위장에 시달렸고 수십 년 동안 약물을 먹었다 끊었다 하고 있다. 이 친척의 형은 1980년대 초에 병적 우울증 진단을 받았다. 겨우 여덟 살밖에 안 되었을 때였다. 그리고 1년 동안 거의 날마다 학교 가기 전에 불안증 때문에 구토를 했다. 어머니의 아버지는 지금 아흔두 살인데 오늘날까지도 온갖 항불안제와 항우울제를 먹는다. 더 선대로 거슬러 올라가면, 외고조부는 심각하게 소극적인 성격이었고 사람들을 만나기를 꺼렸으며 "조용히 살기 위해" 코넬 대학교를 그만두고 과수를 재배했다.("전원생활이 그를 살렸다."고 며느리가 말했다.) 외조부의 고모는 심한 불안, 우울, 극심한 신경성 위장 증세에 시달렸다.

그리고 외증조부 체스터 핸퍼드 이야기는 앞에서 했다. 불안과 우울이 너무 심해 여러 차례 정신병원에 들어가야 했고 마지막 30년 동안에

◆ 2011년 브라질 정신의학자 조반니 살룸은 불안장애의 유전에 관해 지금까지 이루어진 가운데 가장 큰 규모의 연구 결과를 발표했다. 살룸은 만 명의 자료를 검토해서 불안장애가 있는 친척이 없는 아이는 불안장애가 생길 가능성이 10분의 1인 반면 그런 친척이 한 명 있을 경우에는 10분의 3으로 올라간다는 사실을 밝혔다. 가족 중에 불안장애가 있는 사람이 여럿이면 **10분의 8**로 높아진다.

는 아무것도 하지 못하고 지낼 때가 많았다.

* * *

> 인간 기질의 전부는 아니더라도 상당수가 뇌 기능에 영향을
> 미치는 분자의 종류와 수용체 밀도와 관련된 유전적 요소에
> 달려 있는 게 아닌가 생각한다.
>
> ─제롬 케이건, 『정서란 무엇인가?』(2007)

> 어머니의 히스테리가 아들의 히스테리로 이어지는 일이 흔하다.
>
> ─장마르탱 샤르코, 『신경계 질환 강의』 3권(1885)

제롬 케이건은 하버드 대학교 발달심리학자로 인간 성격에 유전이 미치는 영향을 60년 동안 연구했다. 수십 년 동안 계속되기도 한 장기 연구들에서 아기들 가운데 10~20퍼센트가 생후 몇 주 되지 않았을 때부터 다른 아기들보다 소심한 성격을 보인다는 결과가 지속적으로 나타났다. 이 아기들은 더 많이 보채고, 잠을 덜 자고, 심장 박동이 더 빠르고, 근긴장도도 더 높고, 혈액 속의 코르티솔이나 소변 안의 노르에피네프린 농도도 더 높았다. 놀람 반응도 더 빨리 나타났다.(갑자기 소리가 날 때 몇 나노초 차이라도 더 빠르게 반응하고 동공도 조금 더 확장된다는 의미다.) fMRI 스캔으로 들여다보면 뇌의 공포 회로(편도와 전대상회) 신경의 활동이 평균보다 활발했다. 그런데 이런 생리적 수치들이 평생 동안 상대적으로 높게 유지되곤 했다. 생후 6주에 검사를 하든, 일곱 살, 열네 살, 스물한 살, 그 이후에 검사를 하든 심박수, 놀람 반응, 스트레스 호르몬 등이 반응성이 낮은

그룹에 비해 높게 나타났다.

케이건은 이렇게 반응성 높은 생리를 지닌 아이들을 "억제 기질"이라고 칭했다. "우리가 '억제되었다'고 지칭하는 아이들 대부분은 환경의 예기치 않은 변화나 새로운 사건에 의해 각성이 일어나는 역치가 낮게 태어난 아이들이다. 이 아이들은 새로운 것에 크게 반응한다."[4]

몇 년 전, 케이건 연구팀은 19년 동안 연구해온 스물한 살 피검자들의 뇌를 스캔했다.[5] 이 피검자들이 두 살이던 1984년에 이들을 처음 관찰해서 열세 명은 억제되어 있고 나머지 아홉은 억제되지 않았다고 나누었다. 20년이 지나고 피검자 스물두 명이 성인이 된 뒤에 이들에게 낯선 얼굴 사진을 보여주었는데 억제되었다고 분류된 열세 명의 편도 반응이 다른 쪽에 비해 뚜렷하게 크게 나타났다. 케이건은 유전자가 편도의 활동성을 결정한다고 생각한다. 또 다른 연구들은 편도의 활동성이 스트레스에 대한 반응을 결정한다는 사실을 밝혔다.

억제 기질로 분류된 아기들은 청소년이 되어도 다른 아이들보다 수줍음이 많고 쉽게 긴장한다. 어른이 되어서도 마찬가지다. 10대 때나 성인기에 병적 불안이나 우울증을 일으킬 가능성이 생리적 반응성이 낮은 또래보다 더 높다. 반응성이 높은 아기들은 성인이 되어 공식적으로 불안장애 진단을 받을 정도가 아닐지라도 대체로 신경이 더 예민한 편이다.

기질은 타고나는 것이고 출생 시에 거의 결정된다는 케이건의 생각은 히포크라테스부터 비롯된 지적 전통에 속한다고 할 수 있다. 기원전 4세기에 히포크라테스는 사람의 성격과 정신건강이 피, 점액, 검은 담즙, 노란 담즙 등 몸 안의 네 가지 체액의 균형에 따른 것이라고 주장했다. 1장에서 이야기했듯이 히포크라테스는 체액의 상대적 균형으로 기질을 설명했다. 상대적으로 피가 많은 사람은 혈기왕성하고 "다혈질" 기질이고 성미가 열혈로 폭발하기도 한다. 검은 담즙이 상대적으로 많은 사람은 우울한(melancholic) 기질이다. 히포크라테스의 체액균형론은 은유적이기는 하지만 우울증의 세로토닌 가설을 비롯해 뇌 안 화학물질의 불균형과 정신건강의 관계를 설명하는 현대 이론을 뚜렷이 예견한 셈이다. 예를 들어 20세기 중반에는 신경우울증이라고 부르고 오늘날에는 범불안장애(DSM 코드 300.02)라고 부르는 상태를 히포크라테스는 검은 담즙(melaina chole)이 지나치게 많기 때문에 생긴다고 보았다. 히포크라테스는 이 상태의 특징을 신체 증상("복통, 숨 가쁨 …… 잦은 트림")과 감정("상상을 통해 과장된 생각과 걱정"을 종종 동반하는 "불안, 초조, 근심 …… 두려움, 슬픔, 조바심") 양쪽으로 설명했다.

체액을 이용한 히포크라테스의 설명은 틀렸을지 모르지만 기질은 정해져 있고 생물학적 토대가 있다는 히포크라테스의 생각이 기본적으로는 옳다는 게 현대 과학을 통해 입증되었다. 케이건은 이제 나이가 80줄이 되어 반쯤 은퇴했지만 케이건이나 케이건의 제자인 메릴랜드 대학교 네이선 폭스가 시작한 네 가지 장기 연구가 아직 진행 중이다. 네 연구 모두 불안 기질은 타고나는 것이고 유전적으로 결정되며 인구 가운데 일정 비율로 나타난다는, 케이건이 오래전부터 주장해온 이론을 뒷받침하는 결과에 다가가고 있다.* 낯선 사람이나 새로운 환경에 크게 반응하는 15~20퍼센트의 아기들이 자라서 불안장애를 겪을 가능성이 생리적 반응을 덜 보이는 또래에 비해 훨씬 높다는 결과가 케이건의 여러 연구에서 되풀이해서 나타난다. 반응성이 크고 억제 기질을 띠고 태어났다면

◆ 전투 스트레스를 받았을 때 무너지는 군인이 거의 일정한 비율로 나타난다는 연구 결과와도 일맥상통한다.

그런 성향이 계속 유지될 가능성이 높다. 수십 년 계속된 장기 연구 과정에서 기질이 바뀌는 사람은 아주 드물었다.

이런 사실들이 내가 앞 장에서 설명한 애착 이론의 토대를 무너뜨릴 정도는 아닐지라도 상당히 복잡하게 만들 것이다. 사실 케이건은 불안이 한 세대에서 다른 세대로 전해지는 방식에 관한 존 볼비, 메리 에인즈워스 등의 생각이 크게 잘못되었다고 생각한다. 케이건은 불안정한 애착 방식이 불안한 아이를 만들어내는 게 아니라고 본다. 단순화해서 말하자면, 어떤 **유전자들**이 어머니를 불안한 기질로 만들고, 이 기질 때문에 애착 방식이 불안정하게 나타난다. 이런 어머니는 불안을 아이에게 전달하는데, 볼비와 에인즈워스 생각처럼 불안한 양육 방식을 통해서라기보다는(물론 이런 양육 때문에 더 확실하게 전달될 수 있기도 하다.) 불안 유전자를 전달해서 그렇게 된다는 것이다. 이게 사실이라면 양육 태도를 바꾼다고 해도 불안이 다음 세대로 전해지는 것을 막기가 어려워진다. 나와 아내가 최선의 노력을 기울였지만 아이들한테 불안장애 초기 징후가 나타나는 것을 막지 못한 까닭도 이렇게 설명할 수 있을지 모르겠다.

존 볼비는 애착 이론을 뒷받침하기 위해 동물 연구를 인용했다. 그런데 제롬 케이건도 볼비를 반박하고 자신의 기질 이론을 뒷받침하기 위해 동물 연구를 인용한다. 1960년대 런던 모즐리 병원 연구자들은 '모즐리 쥐'라는 반응성 높은 쥐의 품종을 만들어냈다. 스트레스 요인이 있으면 두드러지게 불안해하는 행동을 보이는 쥐다. 현대 유전체학의 도움 없이 이루어진 품종 계량 실험이었다. 연구자들은 단순히 쥐의 행동을 관찰하고 "정서적으로 반응성이 높은" 쥐들을 골라(주로 개방된 공간에 가져다 놓았을 때 배변 빈도를 측정해서 정했다.) 교배를 했다. 이렇게 해서 아주 반응성이 높은 품종을 만들어낼 수 있었다.(같은 방식으로 개방된 공간 등의 스트레스 요인에 평균보다 덜 놀라는, 반응성이 낮은 쥐 품종도 만들어냈다.) 이 실험은 쥐의 불안에 강한 유전적 요소가 있다는 증거로 보였다.

현대에는 선택적 교배 방식을 넘어서는 실험 기술이 크게 발전했다. 생쥐의 유전자를 화학적으로 끄거나 켜서 이 유전자가 행동에 어떤 영향을 미치는지 관찰할 수 있다. 한 예로 특정 유전자를 불활성으로 만들어 더 이상 불안을 느끼지 않는 생쥐를 만들어냈다. 이 생쥐는 편도 작동이 멈추었기 때문에 진짜 위험이 있어도 인지하지 못한다. 이런 종류의 연구가 1년에 수백 건씩 이루어지며 현재까지 생쥐의 공포 신경계 여러 부분에 영향을 미치는 유전자를 최소 열일곱 개 찾아냈다.

대표적인 예를 들면, 노벨상 수상 신경과학자인 컬럼비아 대학교 에릭 캔들은 공포 조건형성을 통해 새로운 공포증을 갖게 만드는 능력을 암호화하는 유전자(Grp라고 알려져 있다.)와 선천적 생리적 불안 정도를 조절하는 또 다른 유전자(스타스민이라고 알려져 있다.)를 발견했다. 어떤 소리를 들려주고 전기 충격을 가하는 실험을 했을 때 Grp 유전자가 꺼진 생쥐는 정상 생쥐처럼 그 둘을 연결시키지 못한다.[6] 스타스민 유전자가 꺼진 생쥐는 겁이 없어진다. 정상 생쥐는 개방된 공간으로 나가기 전에 본능적으로 주춤하는 반면 이런 쥐들은 대담하게 돌진한다.[7]

진화 과정에서 여러 유전자가 보존되었기 때문에 인간과 설치류가 공통으로 지닌 유전자가 많다. RGS2라는 유전자를 들여다보면, 이 유전자가 생쥐나 사람 몸에서 뇌의 세로토닌과 노르에피네프린 수용체 조절 단백질의 발현을 조정하는 것으로 보인다. RGS2 유전자가 없는 생쥐는 뚜렷한 불안 행동과 '교감신경 긴장도 고조'(신체가 항상 낮은 정도의 싸움 또는 도주 긴장 상태라는 뜻)를 보인다는 사실이 알려지자 하버드 의대 조던 스몰러 연구팀은 사람을 대상으로 연구해서 RGS2의 특정 변이와 수줍은 성격 사이의 관계를 밝혔다. 109가정의 아이들을 대상으로 연구했는데 '행동억제' 기질을 보인 아이들은 같은 RGS2 변이를 지니고 있었다.[8] 대학생 744명을 대상으로 한 다른 연구에서는 이 '수줍음' 유전자 변이를 지닌 학생들이 스스로를 내성적이라고 표현하는 빈도가 높았다.[9] 세 번째 연구에서는 유전자가 뇌에 어떻게 영향을 미치는지가 드러났다.[10] 젊은이 쉰다섯 명을 뇌 스캐너 안에 넣고 화가 나거나 겁에 질린 얼굴 사진을 보여주었을 때 해당 RGS2 유전자 변이가 있는 이들이 뇌와 섬(변연계의 공포 표현뿐 아니라 몸 안 기능을 의식해서 '불안민감성'을 키우는 '내수용성 지각'과도 관련이 있는 피질의 한 부분)의 뉴런 발화가 증가되는 경우가 더 많았다. 네 번째 연구는 2004년 플로리다의 강력한 허리케인을 겪은 이들 607명을 연구하여 해당 RGS2 유전자 변이를 가진 사람이 허리케인 이후에 불안장애가 생길 가능성이 높음을 확인했다.[11]

그렇다고 해서 특정 RGS2 유전자 변이가 불안장애를 **일으킨다**는 사실이 입증된 것은 아니다. 그렇지만 RGS2 유전자가 섬과 편도의 두려움 시스템에 영향을 미친다는 것은 짐작할 수 있다. 또 '수줍음' 유전자 변이를 가진 사람은 편도 활동성이 높고 사회적 상황에서 자율신경계 각성이 더 크게 일어나기 때문에 수줍거나 내성적이라는 사실도 알 수 있다.(수줍음이나 내성성은 불안장애의 소인이다.)

매사추세츠 종합병원 정신의학·신경발달 유전학 연구자 로런 맥그래스는 거의 20년 동안 아기 134명을 연구했다.[12] 맥그래스 연구팀은 아기들이 4개월일 때 (케이건의 용어를 사용해서) "고반응성"과 "저반응성"으로 나누었다. 고반응성 아기는 4개월 때 모빌의 움직임을 보고 저반응성 아기보다 더 많이 울거나 움직였다. 14개월, 21개월에도 고반응성 아기들은 새로운 상황에 공포 반응을 더 많이 보였다. 18년이 지난 뒤에 이 아기들을 추적해서 편도의 구조와 반응성을 살폈다. 역시나 4개월에 고반응성으로 분류되었던 아기들이 열여덟 살이 되었을 때에도 편도가 더 크고 과잉 반응을 했다. 새로운 것에 대한 편도의 반응이 기질적 불안 정도를 강하게 예측하는 전조라는 또 다른 증거가 더해진 셈이다. 맥그래스 팀은 마지막으로 새로운 유전자 암호 분석 기술을 이용해 열여덟 살 피험자들의 편도 고반응성이 RTN4라고 알려진 특정 유전자의 특정 변이와 높은 상관관계가 있음을 발견했다. 맥그래스 팀은 RTN4 유전자가 편도가 얼마나 과잉 반응할지를 결정짓고 따라서 기질이 고반응성일지 저반응성일지를 결정하며 또한 그러므로 병적 불안 취약성 또한 결정한다는 가설을 세웠다.

수백, 수천 건이 동시에 진행되고 있는 유전학 연구와 이 연구에서 내세우는 복잡한 알파벳 기호가 황당할 정도로 환원적이라고 느껴질 수도 있다. 몇 년 전에 《뉴욕 타임스》에서 AVPR1a와 SLC6A4라는 인간 유전자의 특정 변이와 "창의적인 춤을 추는 재능" 사이의 상관관계에 대한 연구를 읽은 적이 있다.[13]◆ 그래도 좋은 점이 있다면, 성격과 운명의 관계에 관한 생각이 바뀌면 용기와 비겁함, 수치와 병, 오명과 정신병에 관한 생각도 달라질 수 있다는 것이다. 극도의 불안이 유전적 이상 탓이라면, 다발성 경화증, 낭성섬유증이나 검은 머리카락처럼 유전에 의해 결정되는 병이나 특성을 부끄러워할 필요가 없듯 불안도 마찬가지가 아닐까?

50년 전에는 온갖 신경증과 불안, 나쁜 행동을 어머니의 태도 탓으로 돌릴 수 있었다. 오늘날에도 어머니 탓이라고 할 수는 있지만 어머니의

◆ 물론 유전학 연구자들은 불안한 감정이나 춤을 추는 재능이 한둘이 아니라 여러 유전적(그리고 환경적) 원인에서 비롯된다고 인정한다. 그래도 정서를 신경화학적 상관물과 그것의 바탕이 되는 유전자의 탓으로 환원하는 경향이 지배적이다.

행동이나 어머니가 가한 정서적 상처 탓이라기보다는 우리에게 물려준 **유전자** 탓이라고 하는 게 더 그럴 듯하다.

* * *

> 어떤 사람에게는 벼룩에게 물린 듯 따끔한 정도가 다른 사람
> 에게는 견딜 수 없는 고통을 일으킬 수도 있다.
>
> —로버트 버튼, 『우울의 해부』(1621)

침 한 방울과 상당한 비용을 내놓으면 게놈의 일부를 분석해서 여러 병에 걸릴 위험도가 어느 정도인지 알려주는 회사들이 있다. 몇 년 전에 나는 트웬티스리앤드미(23andMe)라는 회사에 몇 백 달러를 치르고 내 유전자에 관해 이런 정보를 얻었다. 내가 담석증에 걸릴 확률은 평균보다 약간 높고, 2형 당뇨병이나 피부암에 걸릴 확률은 평균보다 약간 낮고, 심장마비나 전립선암에 걸린 확률은 평균 정도라는 것이다. 또 나의 유전자형에 따르면 나는 "카페인 대사가 빠르고" 헤로인중독이나 알코올중독 위험도는 "전형적"이며 단거리에 적합한 속근(速筋)을 가지고 있다고 한다.(또 귀지가 "축축하다"는 것도 알게 되었다.)

　사실 나는 내가 특히 두 유전자의 어떤 변이를 가졌는지 알고 싶었다. 둘 다 '우디 앨런 유전자'라는 별명으로 불린 유전자다. 첫째 것은 COMT라고 하는데 22번 염색체에 있고 전두엽 피질의 도파민을 분해하는 효소(카테콜-O-메틸트란스퍼레이스) 생산에 간여한다. 둘째 것 SLC6A4는 SERT 유전자라고도 하는데 17번 염색체에 있고 세로토닌이 뉴런 시냅스 사이에서 얼마나 효과적으로 전달되는지를 결정한다.

COMT 유전자는 세 가지 변이형이 있다.* 발린/발린(val/val)은 도파민을 아주 효과적으로 분해하는 효소 농도를 높인다. 발린/메티오닌(val/met)과 메티오닌/메티오닌(met/met) 유형은 도파민을 덜 분해하여 시냅스에 더 많이 남아 있게 한다. met/met 유형을 가진 사람은 정서적 자극을 조절하는 데 더 어려움을 겪는다는 사실이 최근에 밝혀졌다.[14] 도파민 수치는 '부정적 정서'와 두려움을 일으키는 원인에 대한 강박적인 몰두에서 벗어날 수 없게 하는 '고정된 주의 집중'과 관련 있다. 우울증, 신경증적 성향, 특히 불안과 관련이 있는 성향이다. met/met 변이형이 있는 사람은 위협적인 자극에 노출되고 나면 이 자극이 사실은 전혀 위험하지 않다는 것을 알게 되어도 긴장을 풀지 못한다. 반면 val/val 변이형이 있는 사람은 부정적 감정을 덜 강하게 경험하고 놀람 반응도 적고 행동억제도 적다.**[15 16]

국립보건원 인간 신경유전학 대표 데이비드 골드먼이 COMT에 "걱정꾼-싸움꾼 유전자"[17]라는 이름을 붙였다. 골드먼은 val/val 변이를 가

◆ 나는 유전학자가 아니니 방대하고 복잡한 연구를 아주 단순화해서 이야기하고 있음을 일러둔다. 전문가가 쓴, 쉬운 정신의학 유전학 책을 읽고 싶다면 조던 스몰러의 『정상과 비정상의 과학』을 추천한다.

◆◆ COMT 유전자의 met/met 변이와 과도하게 높은 불안 사이의 관련성을 입증하는 연구가 많다. 그런데 흥미롭게도 주로 여성에게서 이런 관계가 나타난다. 미국 알코올 남용과 중독 연구소에서 진행한 연구에서는, 메릴랜드 교외에 사는 백인과 오클라호마 시골에 사는 평원인디언 이렇게 서로 다른 두 집단의 여성을 살폈다. 양쪽 모두 met/met 변이가 있는 사람이 다른 변이가 있는 사람보다 불안 정도를 훨씬 심하게 보고했다.(met/met 변이는 뇌 안의 카테콜-O-메틸트랜스퍼레이스 효소의 양이 일반적인 양의 4분의 1에서 3분의 1 정도밖에 되지 않는 것과도 상관관계가 있었다.) met/met 변이가 있는 여성을 EEG 기계로 검사하자 "저전압 알파 뇌파 패턴"이 나타났는데 불안장애와 알코올중독 둘 다와 연관이 있다고 밝혀진 패턴이다. 요약하자면 이 연구를 통해 유전자와 효소 수치, 효소 수치와 뇌 활동 사이의 연관성이 드러났을 뿐 아니라, 뇌 활동과 주관적으로 경험하는 불안 정도 사이의 관계도 드러난 것이다. 2009년 독일인과 미국인을 대상으로 진행된 다른 연구에서는 met/met 유전자 변이를 가진 사람은 불쾌한 사진을 보여주었을 때 생리적 놀람 반응이 평균보다 높았고 표준 성격 검사에서 일반적 불안 정도도 높게 나타났다.

진 사람을 "싸움꾼"으로 분류한다. 이 유전자 변이는 스트레스를 주는 상황에서 뇌의 도파민 수치를 높여주는 유리한 점이 있다. 그러면 불안과 고통을 덜 느끼고 더 잘 집중할 수 있게 된다. 도파민이 높으면 스트레스 상황에서 작업 기억도 좋아진다. 이를테면 NFL 쿼터백 톰 브래디 같은 사람이 싸움꾼 변이를 가지고 있을 것이라고 생각한다. 톰 브래디는 엄청난 압박감 속에서도 빠르고 영리한 판단을 하기로 유명하다.(거구의 라인배커가 빠른 속도로 덤벼들고 수백만 명이 경기를 지켜보는 가운데에서도 정확하게 패스를 하는 등) 하지만 지구상 인구 가운데 25퍼센트가 가지고 있는 걱정꾼 변이가 유전적으로 유리한 상황도 있다. met/met 유전자 변이를 가진 사람은 심한 스트레스가 **없는** 상황에서 기억과 집중을 요구하는 인지적 과제를 더 잘한다. 그러니까 걱정꾼은 복잡한 환경을 더 잘 파악하고 위험을 피할 수 있다는 말이다. 양쪽이 서로 다른 적응 전략을 택한 셈이다. 걱정꾼 유전자를 가진 사람은 위험을 피하기를 잘하고, 싸움꾼 유전자를 가진 사람은 위험에 처했을 때 효과적으로 대처한다.◆18

SERT 유전자도 세 가지 변이가 있다. 단/단, 단/장, 장/장으로 표시할 수 있다. 1990년대 중반부터 짧은 SERT 유전자형이 한 개 이상 있는 사람(단/단 또는 단/장)은 긴 것만 있는 사람보다 세로토닌 처리가 덜 효율적

◆ 이런 서로 다른 진화 전략이 물고기한테도 적용되는 듯 보인다. 루이빌 대학교 생물학 교수 리 듀거킨은 거피의 행동을 연구한다. 어떤 거피는 대범하고 어떤 거피는 소심하다. 암컷은 소심한 수컷 거피보다 대범한 수컷 거피에 끌려 짝짓기를 하는 경우가 많다. 대신 소심한 거피는 더 오래 사는 경향이 있다. 짝짓기를 할 기회를 잡을 시간을 연장시키는 것이다. 두 유형의 거피 모두 성공적인 적응 전략을 보여준다. 대범해서 짝짓기를 자주 하지만 일찍 죽거나, 소심하고 짝짓기를 덜 하지만 더 오래 살거나. 대범한 거피가 되는 것에도 적응적 가치가 있지만 소심한 거피가 되는 것에도 적응적 가치가 있다. 사람에게서도 같은 진화 전략을 볼 수 있다. 어떤 사람들은 대범하게 살고 여러 사람과 관계를 맺고 위험을 무릅쓰고 일찍 죽는다.(대담하지만 비극적인 케네디 일가를 생각해보라.) 어떤 이들은 소심하게 살고 이성과 관계도 적고 위험을 피하지만 사고로 일찍 죽을 가능성은 적다.

이라고 밝혀졌다. 단형을 지닌 사람에게 두려움을 일으키는 이미지를 보여주면 장/장을 가진 사람보다 편도 활동이 더 활발하게 나타났다.[19] 특정 유전자와 편도 활동 사이의 상관관계를 통해 단/단 유전자형을 가진 사람이 불안장애와 우울증 비율이 높다는 다른 연구 결과도 설명할 수 있으리라고 연구자들은 생각한다.

스트레스가 없는 상황에서는 단/단이나 단/장 유전자형을 가진 사람이 장/장 유전자형을 가진 사람보다 우울해질 가능성이 높아지지 않는다. 그렇지만 스트레스를 일으키는 상황이 되면, 곧 재정적 위기, 실업, 건강, 관계의 위기 등이 일어나면 단형 유전자를 가진 사람이 우울함이나 자살 충동을 느낄 가능성이 높아진다. 다르게 말하면 장/장 변이를 가진 사람은 스트레스 상황에서 우울과 불안에 면역력이 있는 듯 보인다.◆

에머리 대학교 정신의학자 케리 레슬러도 다른 유전자에서 비슷한 발견을 했다. 레슬러는 일부 유전자형은 특정 형태의 불안장애 취약성을 높이는 반면 다른 유전자형은 불안장애에 대한 **거의 완벽한 저항력**을 주는 듯하다는 사실을 발견했다. 예를 들어 CRHR1이라는 유전자에는 뇌의 부신피질자극호르몬 방출 호르몬(CRH) 수용체 구조의 유전자 암호가 들어 있다. CRH는 싸움 또는 도주 반응이 활성화되거나 장기간 스트레스가 계속될 때에 방출된다. 아주 단순하게 설명하자면, 이 유전자는 C/C, C/T, T/T 등 세 가지 변이형이 있다.(이 알파벳들은 아미노산을 구

◆　SERT 대립유전자의 짧은 변이를 가지면 불안이나 우울 경향이 높다는 최초의 가정이 모든 연구에서 다 확인되지는 않았다. 예를 들어 역학 연구에서는 병적 불안과 우울 발생률이 유럽과 북아메리카보다 아시아에서 낮게 나타나지만 유전자 검사에서는 단/단 SERT 유전자가 서양인보다 동아시아인에게 확연히 많이 나타난다. 그리하여 문화와 사회 구조가 어떻게 유전과 상호작용해서 서로 다른 사회에 속한 개인의 불안 강도와 발생률에 영향을 미치는가 하는 흥미로운 의문이 제기된다.

성하는 정보가 되는 단백질 서열을 가리킨다.) 레슬러는 애틀랜타 시내에서 가난, 외상, 아동 학대 등이 높은 비율로 나타나는 집단의 500명을 관찰하여 부모로부터 물려받은 CRHR1 유전자 변이형이 어릴 때 학대를 당한 경우 성인이 되어 우울증이 생길 가능성을 강하게 예측한다는 사실을 발견했다.[20] 똑같은 형태가 결합된 것 중 하나(C/C)를 가진 사람들은 어릴 때 당한 학대가 성인기 병적 우울증으로 발달할 가능성이 **매우 높게** 나타났다. 이형접합(C/T)에서는 성인기 우울증 가능성이 **보통**이었다. 놀랍게도 또 다른 동형접합(T/T)에서는 성인기 우울증이 **전혀 나타나지 않았다**. 이 유전자 변이형을 가진 사람은 어릴 때 학대를 당하더라도 우울증으로 발전하지 않을 면역성을 지닌 듯이 보였다. 이들에게는 아동 학대가 **장기적인 심리적 영향을 전혀 미치지 않는 것**으로 나타났다.

레슬러는 글루코코티코이드 수용체의 피드백 민감성 정보를 지니고 있는 유전자 연구에서도 비슷한 결과를 얻었다. FKBP5라고 알려진 이 유전자는 변이형에 따라 어린이가 외상 후 스트레스 장애를 겪는 정도에 강한 영향을 미치는 것으로 보인다.[21] FKBP5 유전자의 어떤 변이형은 PTSD 발생률이 높은 반면 다른 변이형은 강한 저항력을 주는 듯하다. G/G 변이형을 가진 아이들은 다른 변이형을 가진 아이들에 비해 PTSD가 생길 확률이 3분의 1 정도밖에 되지 않았다.

이런 연구를 통해 신경쇠약을 일으킬 가능성은 유전에 강한 영향을 받는다는 것을 알 수 있다. 특정 유전자형을 가진 사람은 스트레스나 외상을 겪었을 때 심리적으로 무너질 가능성이 특히 크다. 다른 유전자형을 가진 사람은 회복력을 타고난다. 물론 단 하나의 유전자나 아니면 어떤 유전자 세트 자체만으로 사람이 불안하게 만들어지는 것은 아니다. 그렇지만 어떤 유전자 조합이 시상하부-뇌하수체-부신(HPA) 활동을 활발하거나 활발하지 않게 만들 수 있다. 예민한 자율신경계를 갖고 태어났는데 어릴 때 스트레스를 겪었다면 HPA 시스템이 더욱 예민해져서 평생 편도가 지나치게 과민할 수 있다. 그러다 보면 우울이나 불안장애가 생겨나게 된다. 그렇지만 기본 HPA 활동 수준을 낮게 만드는 유전자를 가지고 태어났다면 심한 스트레스에도 강한 면역력을 갖는다.

옥스퍼드 학자 로버트 버튼이 1621년『우울의 해부』에서 "어떤 사람에게는 벼룩에게 물린 듯 따끔한 정도가 다른 사람에게는 견딜 수 없는 고통을 일으킬 수도 있다."라고 한 말을 이런 사실로 설명할 수도 있을 것 같다.

* * *

내가 COMT 유전자의 싸움꾼 변이형을 가졌다는 것을 알게 된다면, 내가 실은 '신경증적 성향'과 '위험 회피 성향'이 높은 운명을 타고난 게 아니라는 것을 알게 되어 마음이 놓일까? 혹은 내가 SERT 유전자의 장/장 변이형을 가지고 있음이 드러나면 기분이 오히려 더 우울해질까? 느긋하고 회복탄력성이 있는 성격을 유전적으로 타고나 놓고도 불안하고 예민하게 산다니 얼마나 처참한 일인가? 좋은 유전적 유산을 어떻게 해서인지 탕진해버렸다는 말인 거다.

프로이트의 제자 카렌 호나이는 1937년『우리 시대의 신경증적 성격』이라는 책에서 자기비하가 신경증 환자의 흔한 행동 습관이라고 한다. '나는 패배자야. 나를 가로막는 방해물과 나를 옭아매는 장애물을 봐. 내가 살아가는 것만 해도 신기한 일이야.' 이렇게 생각하면 무언가를 성취해야 한다는 압박을 덜 수 있기 때문이다. 신경증 환자는 낮은 자존감을 보상하기 위해 은밀히(때로는 자기도 모르게) 무언가를 성취하고자 하는 강한 야심을 품는다. 그렇지만 실패에 대한 두려움이나 열심히 노력해도 별로 성취하지 못하여 낮은 자존감이 더욱 확고해질 것에 대한 두려움이 너무 크다. 그래서 신경증 환자는 심리적 자기방어 전략으로 병약함을 과장하여 일단 겉보기에 성취가 어려워 보이게 만든다. 이런 장애와 불리함을 확립하고 나면 압박감이 덜어진다. 그런데도 무언가를 이룬다면 특히 대단한 일이 된다. 만약 실패한다면? 약점을 과장하는 게 바로 이런 때에 대비하기 위해서다. 이렇게 많은 장애물이 있는데 실패하는 게 당연하지 않나? 따라서 내가 걱정꾼 COMT 유전자나 불안-우울 SERT 유전자를 가지고 있다는 것을 알게 되면 어떤 면에서 마음이 놓일 것 같았다. 이렇게 말할 수 있는 것이다. '봐, 여기 내 불안이 '진짜'라는 증거가 있잖아. 내 유전자에 들어 있다고. 이런 내가 불안 속에서 버텨나가는 것 외에 무얼 더 할 수 있겠어? 내 엉망진창 유전자를 고려하면 무언가를 하긴 했다는 것만으로 기적이라고. 그러니까 이제 이불 속에 들어가서 편안하게 텔레비전이나 봐도 되겠지.'

어느 날 밤늦게 내 COMT 유전자 분석 결과가 나왔다.◆ 나는 이형접합(val/met)이었다. 그러니까 현재까지 알려진 바에 따르면 나는 싸움꾼도 걱정꾼도 아니고 그 중간쯤이라는 말이다.(사실 2005년 샌디에이고 주립대학교 연구에서는 val/met 변이를 가진 사람이(주로 여성) 더욱 내성적이고 신경증적이라는 결과가 나왔다.[22]) 얼마 뒤에는 SERT 유전자형 분석 결과를 받

◆ 나는 생화학을 전공한 의대생 처남에게 트웬티스리앤드미에서 받은 게놈 자료를 오픈소스 게놈 데이터베이스에 넣어 내 COMT 유전자가 어떤 변이형인지 알아봐달라고 부탁했다. 트웬티스리앤드미에서 현재는 SERT 변이형에 관한 자료는 제공하지 않아서 신경과학자 친구들한테 사정하여 검사를 부탁했다. 이 사람들은 정부에서 연구 지원을 받는데 공식적으로 연구에 포함되지 않은 사람은 검사할 수 없게 되어 있기 때문에 기관 이름은 밝히지 말라는 요청을 받았다.

왔다. 나는 단/단이었다. 여러 연구에서 스트레스를 겪었을 때에 불안장애와 우울증을 일으킬 소인이 있다고 나온 변이형이다. 현재 유전학 연구를 신뢰한다면, 나는 내 유전자형에 따라 불안하고 위험을 회피하고 고통과 괴로움에 지나치게 민감한 사람이다.

어쩐지 마음을 놓게 해주는 결과 아닌가? 불안이 유전적으로 새겨진 의학적 질병이고 의지박약이나 성격 탓이 아니라면, 어떻게 그게 내 탓이라 하고 비난하고 비웃을 수 있겠는가?

그렇지만 기질과 성격과 불안 정도를 불운한 유전 탓으로 돌리다 보면, 그럴 만한 과학적 근거가 아무리 풍부하다고 하더라도 철학적으로 골치 아픈 문제가 생긴다. 내 불안의 구성 요소인 뉴클레오타이드, 유전자, 뉴런, 신경전달물질 등이 내 성격의 나머지 부분도 만드니 말이다. 유전이 내 불안을 결정한다면 나 자신도 그만큼 결정한다는 말이다. 그렇다면 나의 '나다움' 전체를 내가 어떻게 할 수 없는 유전적 요인 때문으로 돌려도 좋은가?

* * *

아동기 초기의 수수께끼 같은 공포증에 관해 다시 이야기하는 게 좋을 듯하다. 혼자 있는 것, 어두움, 낯선 사람에 대한 두려움 같은 것은 대상 상실의 위험에 대한 반응으로 이해할 수 있다. 작은 동물, 천둥 등에 대한 두려움은 현실의 위험에 대한 선천적 대비가 퇴화된 흔적일 가능성이 있다.

—지그문트 프로이트, 『불안의 문제』(1926)

구체적 대상에 대한 공포증 같은 특이한 것이 어떻게 어머니에게서 나에게로, 내 딸에게로 전해질 수 있었을까? 특정공포증이 유전될 수 있나?

프로이트는 말년에 어두움, 혼자 있는 것, 작은 동물, 천둥 등에 대한 두려움처럼 몇몇 흔한 공포증의 뿌리는 진화에 따른 적응이라고 생각했다. 다른 동물들을 관찰하면 볼 수 있는, "현실의 위험에 대한 선천적 대비가 퇴화된 것"이라고 보았다. 이 논리를 따른다면 이들 공포증이 흔한 까닭은 진화 과정에서 선택된 본능적 공포에서 나왔기 때문이라고 할 수 있다.

1970년대 펜실베이니아 대학교 심리학자 마틴 셀리그먼은 이 개념을 '준비성 이론'이란 것으로 발전시켰다. 진화의 과정이 위험에 대한 공포 반응을 과장하는 뇌를 선택했기 때문에 몇몇 특정공포증이 흔히 나타난다는 내용이다.[23] 절벽에서 떨어지는 것, 독사나 벌레에 물리는 것, 개방된 공간에서 포식자에게 노출되는 것에 대한 공포를 타고난 크로마뇽인은 이런 것들을 본능적으로 피해 생존할 가능성이 높다.

사람의 뇌에 특정 대상에 대한 두려움이 발달할 소인이 있다고 하면, 심리학 역사에서 가장 유명한 실험도 다른 관점에서 보게 된다. 2장에서 설명한 존 왓슨의 꼬마 앨버트 실험 결과가 잘못 해석된 것은 아닐까? 앨버트가 쥐에 대해 심한 공포증을 갖게 되고 그것이 다른 털 달린 동물에까지 확장된 까닭이 사람의 뇌에 본디 조그맣고 털 많은 것을 두려워하는 성향이 있기 때문이라면? 설치류는 치명적 전염병을 옮길 수 있으니까. 쥐를 겁낸 신중한 초기 인류가 생존에 유리하므로 살아남았을 것이다. 따라서 오늘날 많은 사람들에게 설치류 공포증이 있는 주요 원인은 (초기 프로이트가 말하듯) 내적 심리적 갈등이 밖으로 투사된 것도 아니고 (왓슨이 말하듯) 행동에 의한 조건형성의 힘도 아닐지 모른다. 조상으로부터 물려받아 쉽게 촉발되는 반응과 관련이 있다고 할 수 있다.

영장류학자들은 한동안 원숭이가 뱀에 대한 두려움을 선천적으로 지니고 태어난다고 생각했다. 원숭이가 뱀(또는 뱀처럼 생긴 물체)을 만났을 때 겁에 질린 반응을 보이는 것을 보고 연구자들은 원숭이가 준비성을 타고난다는, 선천적 공포가 유전자를 통해 전해진다는 증거라고 생각했다. 그런데 노스웨스턴 대학교 심리학자 수전 미네카가 어미로부터 분리되어 사육된 원숭이들은 뱀을 처음 만났을 때 두려워하는 반응을 보이지 않는다는 사실을 발견했다. 새끼 원숭이는 어미가 뱀을 무서워하는 반응을 보이는 것을 관찰하거나, 다른 원숭이가 뱀을 겁내는 동영상을 보았을 때에만 직접 뱀을 만났을 때 겁을 냈다. 새끼 원숭이가 어미를 보면서 뱀에 대한 두려움을 **학습**한다는 의미다. 그런데 미네카는 또 다른 사실을 발견했다. 새끼 원숭이들이 원래 위험하지 않은 것에 대한 두려움은 그만큼 쉽게 습득할 수 **없다**는 점이다.[24] 새끼 원숭이에게 다른 원숭이가 뱀을 두려워하는 반응을 보이는 동영상을 보여주면 뱀에 대한 두려움을 갖게 된다. 그렇지만 동영상을 교묘하게 편집하여 다른 원숭이가 꽃이나 토끼를 두려워하는 반응을 보이는 장면을 보여주더라도 꽃이나 토끼에 대한 두려움이 생겨나지는 **않았다**. 사회적 관찰과 본질적 위험성이 합해져야만 공포증과 비슷한 반응을 일으킬 수 있는 것으로 보인다.

4장에서 이야기했던, 사회불안을 연구하는 스웨덴 심리학자 아르네 외만은 모든 사람이 적응에 도움이 되는 두려움을 습득하기에 적합하게끔 진화했지만 대부분은 공포증으로까지 발전하지 않는다는 점을 지적한다. 인간이 두려워하게끔 진화한 자극에 대한 뇌의 민감도에 사람마다 유전적 차이가 있다는 증거라고 외만은 말한다.[25] 우리 어머니나 우리 딸, 아들, 나 같은 사람은 두려움을 습득하는 성향이 평균보다 크고 더 강렬

하게 두려움을 느끼게끔 유전적으로 만들어졌다는 말이다.◆

외만은 진화 초기 역사에서 적응의 산물로 나타난 것이 분명한 공포증(고소공포증, 폐소공포증, 거미 공포증, 설치류 공포증, 뱀 공포증 등)은 말이나 기차 공포증 등 역사적으로 "공포와 연관성"이 없는 공포증에 비해 노출 요법으로 제거하기가 훨씬 힘들다는 사실을 발견하여 셀리그먼의 준비성 이론을 뒷받침했다. 뿐만 아니라 총이나 칼에 대한 공포증처럼 오늘날에는 "공포와 연관성"이 있지만 네안데르탈인이나 다른 선조들에게는 그러지 않았을 대상에 대한 공포증은 뱀이나 쥐에 대한 공포보다 훨씬 없애기가 쉬웠다. 습득하기는 가장 쉽고 제거하기는 가장 어려운 공포는 영장류 진화 초기에 유전자에 새겨졌을 것이라는 의미다.

그렇지만 대체 구토공포증이 진화 과정에서 무슨 이점이 있다는 걸까? 구토는 적응에 유리한 행동이다. 죽음을 가져올 수 있는 독성을 몸에서 제거하는 방법이다. 그런데 구토공포증이 있는 유전자형을 어떻게 설명할 수 있을까?

하나의 가설은 진화적 적응의 산물인, 구토하는 **다른 사람**을 피하려는 충동에서 유전적으로 파생되었다는 것이다. 구토하는 사람에게서 본능적으로 멀어지면 이 사람을 중독시킨 독소에 노출되는 일을 피해 목숨을 구할 수 있다. 또 다른 가능성은, 유전적으로 주어진 기질적 특성과 행동·인지적 성향에, 타고난 높은 생리적 반응성이 합해져 공포 불안에 취

◆ 흥미롭게도 공포증의 종류에 따라 자극되는 신경회로도 다르고 유전적 뿌리도 다른 듯하다. 내 경험을 보아도 알 수 있다. 나는 비행, 높은 곳, 구토, 치즈에 대한 공포증이 있지만 뱀이나 쥐 등 동물에는 별 두려움이 없다. 사실 동물계가 내가 겁낼 만한데도 겁을 내지 않는 몇 안 되는 분야 가운데 하나다. 나는 개한테 심하게 물린 적이 있고(그래서 여덟 살 때 응급실에 실려갔다.) 뱀한테도 물렸고(킴이라는 불스네이크를 애완용으로 길렀다.) 한번은 캥거루를 보고 안아달라는 줄 알고 다가갔다가 두들겨 맞은 적이 있다.(이야기하자면 길다.) 나라면 (독이 없는) 뱀과 쥐에 둘러싸여 있는 편이 아주 약한 난기류 속에서 비행하는 일보다 훨씬 행복할 것이다.

약해진다는 것이다. 게다가 어떻게 해서인지는 알 수 없지만 이 특정한 공포 불안에 특히 취약해지는 모양이다. 우리 어머니, 내 딸, 나 모두 생리적으로 고반응성이고 편도가 예민하며 신체는 늘 데프콘4 방어태세를 갖추고 있어 한시도 위험에 대한 경계를 늦추지 않는다. 우리 어머니는 내 딸이나 나처럼 끝없이 걱정하는 사람이다. 때로 어머니의 신경이 요동치는 소리가 귀에 들릴 지경이다. 생리적 반응성이 높고 기질은 억제되어 있다 보니 우리 셋 다 그렇지 않은 사람보다 항상 더 불안해하며 공포를 일으키는 자극을 맞닥뜨렸을 때 더욱 강하게 부정적 감정을 경험한다.

딸아이가 여섯 살이 되었을 무렵 플로리다로 여행가기 전날 딸과 나눈 대화다.

"내일 비행기 타는 거 무서워."

"무서워할 것 없어."

나는 차분한 기색을 보이려 애쓰며 말했다. "비행기가 뭐가 무서운데?"

"안전수칙."

"안전수칙? 안전수칙이 왜?"

"안전수칙 설명하면서 비행기 추락하는 거 말할 때."

"아, 비행기는 아주 안전해. 추락하지 않아."

"그러면 왜 만약에 추락하면 어떻게 하라는 수칙을 설명해?"

"그건 그냥, 승무원이 승객을 특히 더 안전하게 만들기 위해 안전수칙을 일러줘야 한다는 규정이 있기 때문에 그래. 하지만 비행기 타는 건 사실 자동차 타는 것보다 훨씬 안전해."

"그러면 왜 자동차 탈 때는 안전수칙이 없는데 비행기 탈 때는 있어?"

"여보!" 나는 아래층에 있는 아내를 부른다. "잠깐 와서 마렌과 이야기 좀 할 수 있어?"

마렌은 내가 겉으로 아무 영향도 안 준 것 같은데 나처럼 비행에 대한 두려움을 갖게 되었다. 기질적으로 걱정이 많고 위험한 것이 없는지 늘 주위를 살핀다. 마렌은 타고난 마음 상태가 나나 우리 어머니나 범불안장애 환자처럼 늘 최악의 케이스를 상상해 걱정하는 스타일이다. 그러니 물 위에 착륙할 때나 충돌 시의 자세 등을 설명하는 안전수칙의 내용을 이해하게 되면서 불안이 일어난 것이다.

우리 아이들 둘 다 최악의 사태를 상상하는 내 능력을 물려받았다. 통계적으로 가능성이 없는 일이라고 할지라도 늘 엄청난 파국을 상상하고 걱정한다. 나는 면도하다가 얼굴에서 작은 혹을 발견하면 여드름일 가능성이 가장 높지만 그렇게 생각하지 않고 치명적인 악성 종양이 아닐까 걱정한다. 옆구리가 쑤시면 근육이 땅겨서 그렇거나 소화 과정에서 일어나는 일이라고 생각하는 게 아니라 급성맹장염이나 간암이 아닐까 하는 생각이 먼저 든다. 훤한 대낮에 운전하다가 눈앞이 어른어른하면 빛 때문에 그런 거라고 생각하는 게 아니라 뇌졸중이나 뇌종양 초기 증상이라고 확신한다.

플로리다 여행 얼마 뒤 또 비행기를 타고 휴가를 떠났다. 마렌은 이륙 전 비행기 좌석 팔걸이를 꼭 쥐고는 비행기 안에서 들려오는 온갖 기계 소리에 귀를 쫑긋 세우면서 소리가 날 때마다 비행기가 고장 난 거냐고 물었다.

"아니야." 아내가 말했다.

"엄마가 어떻게 알아?"

"마렌, 우리가 널 위험한 데에 태우겠니?"

엔진에서 또 소리가 났다. 덜컹!

"그럼 저건 무슨 소리야?" 마렌이 눈물이 그렁그렁해서 물었다. "비행기가 고장 나서 그런 거야?"

휴. 피는 못 속이는 걸까.◆

*　*　*

더욱 신비로운 점은 어떤 집안에서 (우울이) 아버지를 떠어넘고 아들에게서 나타나거나, "두 세대에 한 번씩, 때로는 세 세대에 한 번씩 나타나고 늘 똑같지는 않지만 비슷하게 나타난다는 것이다."

—로버트 버튼, 『우울의 해부』(1621)

환자는 완벽주의자로 보인다. 성공하고자 하는 야심이 있고 아주 사소한 실패도 예민하게 받아들인다. 이런 정신역학으로 우울증의 원인을 설명할 수 있을지는 알 수 없다. 불안은 그보다 더 큰 현상으로 보인다.

—체스터 핸퍼드에 관한 1948년 매클린 병원 기록

아이들이 나와 비슷한 과정을 겪는 광경을 보는 것도 충격이었지만 내 외

◆　우리 아이들 둘 다 어릴 때 불안 증세 때문에 심리 치료를 받아서("걱정 머리"를 잘 통제할 수 있도록 도와주는 치료라고 했다.) 지금은 몇 년 전보다 훨씬 덜 불안해한다. 마렌의 구토공포증은 아직 남아 있다. 하지만 마렌은 두려움을 다스리는 방법을 알아냈고 덜 불안해하며 삶을 꾸려간다.(사실 꽤 자신감이 있다.) 너새니얼은 여전히 비극적 사태를 상상하지만 분리불안은 덜해졌다. 기질적으로 보면 아마 평생 불안을 많이 느끼며 살 가능성이 높다. 그렇지만 나는 아이들이 두려움을 잘 다스리고 생산적으로 다루어 불안한 기질에도 불구하고 잘 살아가리라 기대하고 소망한다.

증조부의 신경증과 내 신경증이 얼마나 닮은꼴인지 알게 된 것도 마찬가지였다. 어머니와 나, 나와 내 아이들의 행동이 비슷하니, 외증조부로부터 불안 유전형이 (최소) 다섯 세대에 걸쳐 이어져 내려온 것이 아닐까?

외증조부 체스터 핸퍼드는 내가 여섯 살이 되던 여름에 세상을 떴다. 조용하고 다정한 분, 저명하지만 노쇠한 분으로 뉴저지 외곽의 외할아버지 집 거실이나 근처에 있는 요양원 당신 방에서 자주색 점퍼, 짙은 색 타이, 회색 플란넬 바지를 입고 휠체어에 앉아 있던 모습이 기억난다. 1975년 돌아가신 뒤에도 외증조부의 모습이 집안 곳곳에 남아 있었다. 사진 속에서 현명하고도 슬픈 눈으로 바라보기도 했고, 거실 벽에 걸린 케네디 대통령의 편지와 외증조부가 케네디 부부와 함께 선거 유세를 하는 사진 안에도 그 존재가 남아 있었다.

어릴 때에 나는 체스터 핸퍼드의 업적에 관해서만 알았다. 하버드에서 오랫동안 학생처장을 맡은 것, 지방자치정부에 관한 학술 연구, 존 F. 케네디의 대학원 시절부터 대통령 재직 시까지 수십 년 동안 계속된 교류 등. 나이가 들고 나서야 외증조부의 어두운 면도 알게 되었다. 불안과 우울에 시달렸으며 전기 충격 치료를 수차례 받았다는 것. 1940년대 후반과 1960년대 중반 여러 차례 입원했고, 이르게 보직에서 물러났으며(학생처장을 그만둠) 결국 아예 퇴직해야 했다는 것.(하버드를 그만둠) 생애 마지막 기간에 종종 자기 침실에서 몸을 웅크리고 울면서 지냈다는 것 등.

체스터의 병의 원인은 무엇이었을까? 오늘날 불안장애나 우울증이라고 부르는 것이었을까? 체스터의 불안과 나의 불안은 얼마나 닮았을까?

여러 병원에 기록된 체스터의 정신병력을 보면 존재론적 두려움과 불안이 나와 많이 비슷하다. 특정 유전자를 물려받았기 때문이건 조상 대대로 전해온 신경증적 가족 문화 때문이건, 내가 외증조부와 특정 정신질환을 공유한다고 말할 수 있을까? 아니면 불운한 가정은 저마다 다르다고 한 톨스토이의 말과는 반대로 신경정신병자들은 대체로 비슷한 방식으로 불행한 걸까?

행동의 유전에 관해 조금 알게 된 뒤에 외증조부에 관한 글을 읽으니 마음 깊은 곳에서 불편함이 느껴졌다. 체스터의 여러 면이 나 자신을 떠올리게 했기 때문이다. 초조해하는 성격. 대중 연설을 두려워함. 일을 미루는 성향.* 강박적인 손 씻기.** 배 속 상태에 지나치게 몰두함.*** 끝없이 스스로를 비판함. 좋은 직업이 있는데도 자존감이 부족함. 속은 고통으로 요동치는데도 겉으로는 침착하고 밝은 척 처신하는 능력.**** 더 활달하고 침착한 아내에게 정서적·실질적으로 의존함.*****

체스터가 쉰여섯에 처음 입원하게 된 계기는 대학원생 강의를 맡아 느낀 불안 때문이었던 것 같다. 1948년 매클린 병원에 입원한 뒤 주치의는 이렇게 기록했다. "그는 지난 가을에 엄청난 양의 책을 읽었다. 하지만 자료들을 정리해 강의로 구성할 수 없을까 봐 걱정하기 시작했다." 체스터는 다른 교수들이 자기보다 더 낫고 자기는 괜찮은 강의를 할 만큼 대단한 학자가 못된다고 생각했다. 1947년 봄 체스터는 "짜임새 있게 창의

◆　1948년 "진단 인상" 보고에 따르면 "그는 자의식이 지나치게 강하고 자기비판이 심하며 매우 열심히 일하는데도 일이 밀리는 타입이다."

◆◆　1953년 매클린에 입원했을 때 주치의 보고서에는 이렇게 적혀 있다. "손을 씻는 의례를 점점 더 심하게 한다는 점이 관찰되었다. 심리 치료 상담 때에는 이 이야기를 꺼내지 않았는데 우리가 그의 개인 활동에 비판적이라는 인상을 주지 않는 게 중요하다고 생각했기 때문이다."

◆◆◆　1948년 봄 의사의 메모. "환자는 오랜 기간 동안 과민성 장 증세가 있었다." 몇 년 뒤 다른 기록. "환자가 늘 자기 장 상태를 걱정한다."

◆◆◆◆　"아주 유쾌한 환자다." 체스터가 매클린 병원에 두 번째 입원했을 때 병동에서 돌아다니는 모습을 관찰하고 간호사가 이렇게 적었다. "어떤 일이 있더라도 기분 상하지 않을 것 같다."

◆◆◆◆◆　"또한 아내에게 상당한 짐이 되고 있다." 체스터가 세 번째로 매클린에 입원했을 때 의사가 이렇게 적었다.

적으로 일하지 못해서 매우 괴로워했다. 불안에 압도당했다. 무척 우울해했고 가끔 울기도 했다."

심리치료사들은 체스터의 초자아를 진정시키려고 애썼다. "환자가 스스로를 비판하는 성향이 우울증의 요인이라고 보고 분석했는데 본인의 능력과 자질에 비추어 보아 자기비판이 지나치게 엄격하고 과도하다." (내 치료사들도 오랫동안 같은 것을 하려고 애썼다. 다만 요즘에는 그걸 '초자아'라고 부르지 않고 '내면의 비판자' 또는 '비판적 자아'라고 부른다.) 외증조부의 경우에는 이 방법이 소용이 없었다. 학자이자 행정가로서 외증조부의 능력을 입증하는 증거가 얼마든지 있었지만 그래도 스스로 느끼는 무능함과 열등감을 억누를 수가 없었다.("대학에서 얼마나 유능한 존재였는지를 상기시켜 현재의 무력함에 대한 괴로움을 달래려 했지만 달가워하지 않았다." 의사는 이렇게 기록했다.) 체스터가 학생들이나 동료 학자들 사이에서 상당히 존경받는 존재였다는 객관적 증거가 충분하다. 그렇지만 1947년 체스터는 자기가 사기꾼이며 학생들에게 흥미롭고 설득력 있는 강의를 들려줄 능력이 없다고 생각하게 된다.

어떻게 그렇게 된 걸까? 체스터는 직업적으로나 가정적으로 겉보기에는 아주 잘 지내던 사람이었다. 수십 년 동안 하버드 대학교 종신교수직에 있었고 널리 쓰이는 정치학 교재를 집필했으며 수년 동안 학생처장 일을 맡았다. 32년 동안 순탄한 결혼생활을 했다. 하버드 대학교가 있는 케임브리지에서 꽤 저명한 인사로 통하며 사회생활도 활발히 했고 대학원생들의 아침 예배를 집전하기도 했다. 자식, 손주도 여럿으로 다복했고 하버드 교수이자 학생처장이고 지역사회에서 존경받는 인물이고 겉보기에는 성공, 안정, 행복을 모두 갖춘 듯 보였다. 그렇지만 속으로는 무너져 내리고 있었다.

외할아버지는 자기 아버지가 1940년대 후반 처음으로 무너져 내리기 전에는 아버지가 불안해하거나 우울해하는 기색을 전혀 못 느꼈다고 말한다. 그렇지만 병원 기록에 따르면 체스터는 늘 "초조해하는 사람"이었고 계속 눈을 깜박이는 버릇이 있었다.(아내 루스는 이 사실을 연애 기간에 처음 알아차렸다고 한다. 오늘날 연구에서는 눈 깜박임 빈도를 생리적 불안의 척도로 사용하기도 한다.) 루스는 또 체스터가 조교수 시절에 강의를 앞두고 괴로워했다고 기억한다. 의사들에게 강의 며칠 전부터 "무척 불안하고 잠이 오지 않는다."고 말했다고 한다. 나는 옛날 편지들을 뒤지다가 체스터가 1차 세계대전 당시 하버드 부교수이던 시절에 루스에게 보낸 편지를 발견했다. 편지에 체스터는 차라리 군인으로 징집되었으면 좋겠다고 적었다. 전쟁터에서 총알을 피하는 게 대학생들에게 강의하는 것보다 더 마음이 편할 것 같다고.

이런 예들 모두 체스터가 신경과민 기질을 가졌음을 보여준다. 제롬 케이건이라면 행동억제 기질이라고 부를 것이다. 이 기질이 어느 정도 유전적이라는 것은 확실하다. 그의 아버지와 이모 둘 다 여러 형태의 불안과 우울을 겪었다. 그렇지만 신경과민 기질이나 행동억제 기질이 처음 50년 동안은 삶을 망가뜨릴 정도는 아니었다. 불안과 걱정이 많고 불면에 시달릴 때도 가끔 있었지만 직업적으로 꾸준히 당당하게 발전했고 그러면서 존중과 존경도 얻었다.

그런데 왜, 걱정과 우울을 50년 동안 잘 다스려온 뒤에, 1947년 겨울 스스로도 놀라울 정도로 갑자기 무너져 내린 걸까?◆ 정신질환의 스트레

◆ 의사의 기록이다. "핸퍼드 씨는 과거에 매사추세츠 종합병원 신경정신과 병동에 입원한 학생 하나를 문병 간 적이 있는데 출입문이 잠겨 있는 것 등에 강한 인상을 받았다고 한다. 핸퍼드 씨는 '나 자신도 같은 상황에 처하게 되리라고는 한 번도 생각해보지 않았습니다. 나는 늘 나 스스로를 통

스 취약성 모델에 따르면, 정신질환에 대한 유전적 민감성이 있는 사람이 살면서 감당할 수 있는 능력을 넘어서는 스트레스를 받으면 불안이나 우울 같은 병이 발병할 수 있다고 한다. 어떤 사람은 심한 정신적 외상도 견딜 수 있는 유전자형을 물려받는다. 어떤 사람은 우리 외증조부처럼(그리고 아마도 나처럼) 저항력을 덜 타고나서 삶의 스트레스가 너무 심해지면 대처 능력을 잃고 만다.

외증조부는 2차 세계대전 전까지는 일을 해나갈 수 있었다. 그런데 동료들이 전장으로 떠나면서 외증조부가 맡아야 할 수업이 많아졌다. "그래서 긴장이 더해졌다." 체스터의 주치의가 나중에 이렇게 기록했다. "그는 자기에게 지속할 수 있는 능력이 있는지 불안하고 초조해했다." 체스터는 만성피로를 느꼈다. 케임브리지에 있는 자기 집에서 수년간 살롱 모임을 개최했는데 이제는 손님을 접대하거나 아니면 그냥 사람들과 어울리는 것조차 힘들게 느껴졌다. 사람을 대하는 일이 지나친 긴장을 일으켰다. 체스터는 하버드 총장 제임스 코넌트에게 사직하겠다고 말했다.(코넌트는 학생처장 일을 계속 해달라고 했다.)

1945년 봄 친한 친구가 죽었다. 그러지 않아도 불안과 긴장에 시달리던 체스터는 이때부터 (아내 말에 따르면) 늘 "안절부절못했다."고 한다. 전쟁 사상자 명단에서 자기 제자들 이름을 발견하면 상태가 더욱 나빠졌다. 수년 동안 대학생들을 가르쳐왔는데 갑자기 더 이상 강의를 준비할 수 없게 되었다. 체스터가 가르치는 1학년 수업 강의 내용을 아내가 대신 써주어야 할 때도 있었다.

체스터는 가족 주치의 로저 리 박사의 권유에 따라 1946년 여름 한

제할 수 있을 거라고 생각했어요.'라고 말했다."

달 휴직을 했다. "그 뒤에는 좋아졌고 다음 학기를 잘 버텨나갈 수 있었다."고 기록이 남아 있다. 그렇지만 이듬해 봄 다시 일을 어떻게 해야 할지 몰라 심란해 했다. 자기 강의 수준이 낮다고 걱정했다. 또 사소한 재정적 문제를 두고도 강박적으로 염려했다. 우울증이 나타났다. 낮에는 학생들을 가르치고 행정 업무를 할 수 있었지만 밤에는 긴장과 우울함 때문에 흐느꼈다. 리 박사가 일을 줄이라고 조언했고, 그래서 체스터는 1947년 가을 학생처장직에서 물러나 정치학 강의 전담 교수로 돌아갔다.

이 무렵 상태가 급속도로 악화되었다. 10월 중순에는 "지나치게 피로하고 초조해하고 강의 때문에 걱정했고 더 이상 버틸 수 없을 거라고 느꼈다." 체스터는 새벽 두 시까지 앉아 강의 원고를 수정했지만 그래도 마음에 들지 않아 잠을 잘 수가 없었고 다음 날 아침 일찍 일어나 다시 작업을 시작했다. "자신이 이제 더는 좋은 강의를 하지 못한다고 생각했다." 매클린 병원 기록이다. "다른 교수들이 더 낫고 자기는 기준에 모자란다고 생각했다." 결국 처음으로 병원에 입원하기 전 주에는, 강의 전에 "더욱 불안해했다." 가끔 "서럽게 울었고" 자살을 입에 올리기 시작했다.

체스터의 입원 시 기록에서 "진단 인상"을 보면 정신과 과장이 이렇게 기록했다. "환자는 직업적으로 매우 중요한 인물이었고 대인관계에서도 매우 친절하고 싹싹했다는 인상을 준다. 그는 자의식이 지나치게 강하고 자기비판이 심하며 매우 열심히 일하는데도 일이 밀리는 타입이다. 걱정이 많고 우울증 병력이 있다. 따라서 불안 강박 성향의 성격이다. 행정 업무에서 학술 업무로 전환하면서 만족스러운 활동이나 대인 접촉의 양이 줄어들었고, 사색하고 되새기고 스스로 비판하는 일이 많아졌다. 의존적이고 자포자기하는 태도가 늘어났다. '정신신경증, 반응성 우울증' 진단이 가능할 듯하다. 현재 증상이 줄어들 것이라는 예후는 상당히 좋지만 앞으로 어떻게 될지는 의문이다."

체스터 핸퍼드의 정신신경증과 유전자형, 그리고 살면서 겪는 상황들이 나와 비슷하다면, 나도 결국 같은 운명을 맞게 될까?("앞으로 어떻게 될지는 의문이다.") 유전적으로 나도 스트레스를 너무 받으면 추락할 운명을 타고난 걸까? 정신병 약, 삼환계와 SSRI 항우울제, 벤조디아제핀계 약 등에 의존하지 않았다면 나는 어떻게 되었을까? 외증조부는 현대 정신약리학이 만개하기 전에 발병하여 이런 약의 혜택을 받을 수가 없었다. 외증조부가 자낙스나 셀렉사 같은 약을 먹을 수 있었다면 전기 충격 요법이나 인슐린 혼수 요법을 피할 수 있지 않았을까? 몇 달씩 침대에 웅크리고 누워 울며 보낸 것은 말할 것도 없고 말이다.

물론 알 수 없는 일이다. 불안과 우울 유전자를 공유하고 있을지 몰라도 체스터 핸퍼드와 나는 다른 사람이다. 다른 시대에 다른 문화적 환경 속에서 다른 경험과 다른 스트레스를 겪으며 산다. 셀렉사가 체스터 핸퍼드에게는 효과가 없었을 수도 있다.(살펴보았듯이 SSRI의 임상 효과에 관해서는 엇갈리는 결과들이 나왔다.) 또 누가 알겠는가? 나도 소라진, 이미프라민, 발륨, 데시프라민, 프로작, 졸로프트, 팍실, 자낙스, 셀렉사, 인데랄, 클로노핀이 없었더라도 어떻게든 살아왔을지도 모른다.

하지만 어쩐지 그렇지 않다는 생각이 든다. 그래서 우리 둘의 비슷한 점이 이렇게 불편하게 느껴지고 어떻게든 버티는 것(지금 내가 하고 있는 일이며 체스터 핸퍼드가 마침내 무너지기 전까지 오랫동안 불안불안하게 해오던 일)과 그러지 못하고 실패하는 것 사이의 차이가, 알 수 없는 신비롭고 불완전한 방식으로 내 유전자형과 상호작용하여 내가 심연에 빠지지 않도록 겨우겨우 붙들고 있는 화학물질이라는 말인가 하는 생각을 하게 된다.

* * *

외증조부의 매클린 병원 첫 번째 체류는 그 뒤에 비하면 매우 평화로웠다. 7주 동안 날마다 상담 치료를 하고, 수영하고, 배드민턴과 카드 게임, 독서를 하고 라디오를 들었다. 또 여러 약을 복용하며 당시의 약물 요법을 가볍게 섭렵했다.♦

날마다 심리 치료 시간에 의사는 체스터의 완고한 생각을 누그러뜨려 자존감을 높이고 불안은 가라앉히려고 했다. 서서히, 대화 치료 때문인지 배드민턴 때문인지 약 때문인지 일을 쉬었기 때문인지 시간이 흘렀기 때문인지는 몰라도 불안이 덜어졌다.(체스터의 주치의는, 짐작일 뿐이지만 테스토스테론 주사와 규칙적 운동이 가장 큰 역할을 했다고 평했다.) 우울증도 덜하고 자살 충동도 사라져 4월 12일 퇴원할 수 있었다. 그렇지만 퇴원 기록에 의사는 불안 증상이 일시적으로 완화되었으나 걱정 많은 기질 때문에 다시 재발할 가능성이 있다며 암울한 전망을 적어놓았다.

1년 뒤인 1949년 3월 28일 체스터가 돌아와 재입원했다. 병원 관리자는 "긴장, 불안, 우울, 자기비하" 상태이며 "불면증에 시달리고 일에 집중하지 못한다."고 기록했다. 체스터는 재입원 전날 가족 주치의 로저 리에게 자살하고 싶지만 "그럴 용기가 없다."고 말했다. 리 박사는 다시 입원하는 게 좋겠다고 권했다.

♦ 체스터 핸퍼드는 주사로 아나볼릭 스테로이드인 메틸테스토스테론을 투여 받았다. 20세기 중반에는 남성 우울증 표준 치료법이었다. 이에 더해, 오늘날에는 사춘기가 늦는 남자아이들에게만 처방하는 합성 테스토스테론 오레톤, 19세기에 유행하던 구식 약이지만 20세기에도 벤조디아제핀 등장 전까지 진정제, 수면유도제로 인기가 높았던 클로랄 수화물, 또 페노바르비탈(루미날에 들어 있는 바르비투르산염)과 히오시아민, 아트로핀(둘 다 가짓과에 속하는 식물 추출액)의 강력한 합성 제제인 도나탈을 과민성 장과 신경 치료제로 처방받았다.

체스터는 이때에는 정신병원 생활에 더 빨리 적응했고 열흘이 지나자 직원들이 보기에 벌써 긴장이 많이 풀린 듯했다. 그렇지만 지난 번 입원 때와 같은 문제를 호소했다. 불안, 긴장, 강의가 힘듦, 동료 교수들보다 열등하다는 생각 등.♦

의사들이 "그가 대학 사회에서 매우 중요한 존재였다는 것을 확인시키자" 몇 주 만에 "훨씬 사교적이고 편안해졌다." 의사들은 "직업적 의무에서 놓여난 것"과 테스토스테론 주사의 상승효과가 합해져 자신감이 빨리 회복될 수 있었고 한 달 안에 퇴원할 수 있었다고 생각했다.♦♦

* * *

외증조부는 적어도 한동안은 그런대로 상태가 좋았다. 대학에서 가르치는 일을 다시 시작했고 연구도 계속했다. 몇 년 동안 상태도 좋고 열심히 생산적으로 일하는 듯했다.

그러다가 완전히 무너져 내렸다.

1953년 1월 22일 교수 모임에서 동료들은 체스터가 "매우 긴장하고" "우울하고" "동요된" 상태임을 알아차렸다. 그해 봄 우울증이 심해지고 불안은 커졌다. 일을 할 수가 없었다. 더욱 걱정스럽게도, 아내가 말하길 하루 종일 "비명을 지르며" 집 주위를 돌아다녔다고 한다. "아! 신이시여, 내 영혼을 구해주소서." 이렇게 목 놓아 울었다. "오늘로 모든 게 끝이야.

♦　주치의는 이렇게 적었다. "그와 대화를 하면서 대학에서 일할 때 얼마나 중요한 인물이었는지를 아주 많이 강조했다. 행정이나 교육 분야의 성취에 더 큰 만족을 느끼도록 유도했다. 이렇게 해서 스스로에 대한 비판적 태도를 누그러뜨릴 수 있었다."

♦♦　1949년 4월 29일 체스터는 퇴원하여 아내와 리 박사의 돌봄을 받게 되었다. 파일에는 이렇게 기록되어 있다. "긴장과 우울의 징후가 아직 보이지만 그래도 호전되어 집으로 돌아갈 수 있었다."

모든 게 끝이라고. 이렇게 내버려두지 말았어야 했는데." 체스터는 "스스로에 대한 통제력을 잃어간다는 생각이 매우 강하게 들어" 다급하게 리 박사를 찾았고 리 박사는 병원에 다시 입원하라고 했다. 1953년 5월 5일, 5년 만에 세 번째로 매클린 병원에 입원했다.

입원하면서 받은 검사에서 극심한 불안, 그리고 불안과 우울에 대한 수치감이 뚜렷하게 나타났다.[◆] 이제는 오늘날 강박장애라고 하는 병의 증상도 나타났다. 계속해서 손을 씻었고 하루에도 몇 번씩 면도를 하고 셔츠를 갈아입었다.

지난 번 입원 때 테스토스테론 주사가 우울증에 효과가 있는 듯 보였기 때문에 이번에도 다량으로 처방했다. 그렇지만 이번에는 "테스토스테론이 유발하는 안정감"으로 증상을 억누르지 못했다. 의사들은 대화 치료와 약물만으로는 불충분하다는 판단을 내렸다.

그래서 5월 19일 체스터 핸퍼드는 처음으로 케네스 틸롯슨의 전기 충격 치료를 받기로 했다.^{◆◆} 치료 전에 진정제를 투여하고 침대에 단단히 끈으로 묶었다. 보조원들이 피부 이곳저곳에 전극을 부착하고 혀를 깨물지 않도록 입에 보호대를 물렸다. 스위치를 켜면 수백 볼트의 전류가 몸 안으로 흘러 들어갔고 그러면 경련을 일으키고 몸부림을 쳤다.

전기 충격 치료를 받을 때마다 정신이 혼란스러웠고 약한 두통이 왔다. 전기 충격을 받을 때 흔히 나타나는 증상이다. 그렇지만 첫 번째 치료 다음 날 체스터는 의사에게 기분이 훨씬 나아졌다고 말했다. 며칠 뒤에

◆ 한 의사의 기록이다. "체스터가 앓던 지난 5년 동안 동료들이 도와주어 실제로 자기가 맡아야 할 만큼보다 적은 일을 했으며 자신도 그 사실을 알았다. 또 가끔 아내가 대신 강의를 준비해주어야 해서 아내에게도 많은 부담을 지우고 있었다."

◆◆ 같은 기간에 틸롯슨 박사는 실비아 플라스에게도 전기 충격 요법을 썼다. 실비아 플라스는 소설 『벨 자』에 이 경험을 기록했다.

두 번째 치료를 받았다. 체스터가 있던 병동 간호사들은 그가 "더 편하고 상쾌하고 활달해졌다."고 했다. 전처럼 자기 문제에 골몰하지 않았다. 불안도 뚜렷이 줄었다. 일주일 뒤 세 번째 전기 충격 치료를 받고 나자 변화가 현저했다. "상태가 좋아 보였고" 잘 자고 잘 먹었고 "많이 웃었다." "처음 왔을 때보다 훨씬 덜 두려워하고" "간호사들에게 이거 해도 되나, 저거 해도 되나 계속 묻지도 않았다." 체육관에서 다른 환자들과 배드민턴과 볼링을 하며 시간을 많이 보냈다. 전에는 이 운동들이 예순두 살의 하버드 교수가 하기에는 격이 떨어진다고 의사에게 말했었다. 전기 충격 요법이 즐거움을 되찾아준(또는 주입해준) 듯했다.

6월 2일 4차 치료를 받은 뒤에는 "긴장이 풀렸다."며 다시 복직하기를 바랐다. 자주 면회를 오던 아내도 놀랐다. 아내는 의사에게 남편이 "몇 년 전 모습으로 많이 돌아간 것 같다."고 말했다. 체스터 스스로도 의료진에게 "나 자신으로 돌아온 것 같다."고 했다. 피터 크레이머가 『프로작에게 귀 기울이기』에서 1990년대 프로작을 복용하기 시작한 환자들이 "자기 자신으로 돌아온 것 같다."고 했다던 것을 떠올리게 하는 말이다.

전기 충격 요법이 어떻게 작동하는지는 아직도 거의 알려지지 않았다. 비유적으로 말하면 컴퓨터에서 Ctrl+Alt+Delete를 누르는 것과 비슷한 기능을 하는 것 같다. 신경계 운영 체제를 재부팅해 설정을 되돌리는 것이다. 통계적으로 무시할 수 없는 효과가 나타났다. 이 요법은 1970년대와 1980년대를 거치며 유행에서 밀려났지만(켄 키지의 『뻐꾸기 둥지 위로 날아간 새』를 바탕으로 한 영화에서 잭 니콜슨이 전기 충격 요법을 받은 환자를 연기하여 이 요법이 야만적이라고 대중이 인식하게 된 것도 한몫했다.) 요즘 연구에서도 심한 우울증에 전기 충격 요법을 썼을 때 다른 어떤 약물 요법이나 대화 치료보다 회복률이 높다는 결과가 나온다. 우리 외증조부의 경험도, 짧은 기간 동안이긴 했지만 이 요법의 효과를 입증했다.

불안과 우울이 "육신화" 혹은 "물질화"되어 있다는 증거로 이보다 더 강력한 것이 있을 수 있을까? 체스터 핸퍼드가 세 번째로 입원했을 때에는 의사들이 대화 치료나 정신분석을 통해 우울과 불안을 해소하는 방법을 거의 포기했다. 체스터의 성격과 기질이 "조정"을 거부하는 듯했다. 그렇지만 몇 백 볼트의 전류로 뇌에 충격을 주어 연결을 재설정하는 방법은 상당히 효과가 있었다. 네 차례 전기 충격 치료를 한 뒤 병원장은 체스터가 "상당히 호전되었다."고 적었다.

1953년 6월 9일, 입원한 지 한 달 정도 지난 뒤에 체스터는 기분이 좋아져서 퇴원하여 아내에게 돌아갔다. 두 사람은 메인 주로 휴가를 갔고, 체스터는 몇 년 만에 처음으로 가을 학기와 새 학생들이 기다려졌다.

* * *

체스터 핸퍼드의 이야기가 이렇게 희망찬 장면에서 끝이 났다면 얼마나 좋을까. 그렇지만 불안이 돌아왔고 은퇴할 수밖에 없었다. 1950년대와 1960년대에 체스터는 정기적으로 매클린 병원 또는 보스턴 시내에 있는 뉴잉글랜드 디커너스 병원에 가서 전기 충격을 받았다. 한번은 너무 독한 약을 섞어 먹어 거의 죽을 뻔하기도 했다. 1950년대 후반 한동안은 불안과 강박이 너무 심해서 의사들이 전두엽 부분 절제술을 실시할까 고려한 적도 있었다.(다행히 이건 피할 수 있었다.)

그 뒤 여생은 절룩거리면서 근근이 버텼다. 한동안은 괜찮다가, 한동안은 괜찮지 않았다. 괜찮지 않은 때에도 대외적으로는 괜찮은 모습을 가장할 수 있었다. 우리 어머니는 1960년대 중반 어느 여름에 매사추세츠 서쪽에 있는 체스터 핸퍼드의 집에서 파티가 열렸을 때를 기억한다. 그날 저녁 뉴잉글랜드 전역에 사는 친척과 친구들이 집에 모이기로 되어 있었다. 파티 날 하루 종일 체스터의 방에서는 신음소리가 들려왔다. 어머니는 할아버지가 파티에 나타나면, 나타날 수나 있을지 모르지만, 대체 어떤 모습일까 생각하며 움찔했다. 마침내 날이 저물고 파티가 시작되었는데, 할아버지가 우아하고 심지어 상냥하기까지 한 모습으로 나타나 파티의 주인 노릇을 했다고 한다. 그리고 또 다음 날에는 다시 자기 방에 틀어박혀 몸을 공처럼 웅크리고 끙끙거렸다.

부모님은 체스터가 요양원에 있을 때에는 불안하고 동요된 기색이 덜 했다고 기억한다. 아버지는 그곳에서 발륨을 넉넉하게 투여했기 때문일 거라고 말한다. 벤조디아제핀이 마침내 체스터의 불안을 굴복시켰다는 말이다. 아니면 일이 주는 스트레스에서 해방되어 편안해졌을 수도 있다.

* * *

내가 워낙 건강염려증과 걱정이 심하다 보니, 외증조부의 정신병리를 깊이 파고들고 나와 동일시하면서 같은 유전적 결함을 타고난 나도 결국에는 방에 틀어박혀 끝없이 울고 덜덜 떠는 꼴이 되지 않을까 하는 걱정이 솟았다.

W 박사에게 이런 이야기를 하자 박사는 이렇게 말했다. "아시다시피 난 유전자 결정론에 큰 의미를 두지 않습니다."

나는 불안장애와 우울증에 강한 유전적 소인이 있다는 최근 연구 몇 개를 예로 든다.

"좋아요. 하지만 선생과 외증조부는 세 세대 차이가 있잖아요. 선생

몸에 외증조부의 유전자는 아주 조금밖에는 없어요."

맞는 말이다. 게다가 유전자와 환경은 복잡한 방식으로 상호작용한다. "잠재적 위험에 대한 [유전적으로] 물려받은 반응은 은혜일 수도 저주일 수도 있다." 초기 SERT 유전자 연구를 이끈 대니얼 와인버거가 말한다. "불안장애 위험을 높일 수도 있고, 다른 상황에서는 높은 경계심 등 적응에 유리한 특징을 부여할 수도 있다. 불안은 인간 경험의 복잡다단한 특징이며 어느 하나의 유전자로 예측할 수 없다는 사실을 명심해야 한다."

W 박사와 나는 최근 여러 불안 관련 학회에서 회복탄력성과 수용력이라는 심리적 특질이 불안과 우울을 막는 중요한 방파제 역할을 한다는 사실이 점점 중요하게 거론된다는 이야기를 나눈다. 무엇보다도 회복탄력성을 기르는 문제에 초점을 맞추는 최첨단 연구와 치료법이 많다.

"바로 그거지요! 우리는 회복탄력성을 기르는 작업을 해야 합니다."

내가 세로토닌 전달 유전자에 관해 알게 된 사실, 특정 유전자형을 가진 사람이 더 불안해하고 불행하고 회복력이 떨어질 가능성이 높다는 이야기를 하자, W 박사는 자기는 정신질환의 유전학과 신경생물학을 강조하는 요즘 추세가 마음에 들지 않는다고 다시 일깨운다. 이런 입장은 정신이 고정되어 있고 변하지 않는 구조라는 개념을 강화하는데, 사실 정신은 평생에 걸쳐 변하기 때문이라고 설명한다.

"저도 알아요." 내가 말한다. 나도 신경가소성(neuroplasticity)에 관한 최근 연구들을 읽어보았다. 사람의 뇌가 노년에도 새로운 신경 연결을 만들 수 있다는 내용이다. 나는 불안과 싸우려면 회복탄력성이 중요하다는 사실을 이해한다고 말한다. 그렇지만 어떻게 회복력을 기를 수가 있나?

"이미 당신이 생각하는 것보다 훨씬 회복력이 높아졌어요." W 박사가 말한다.

10

불안의 시대

사회학, 정치학, 사회복지, 역사, 교육 등 여러 분야에 대한 철
학적 연구가 과학적으로 엄밀하고 완전한 방향으로 나아가려
면 반드시 이 미국식 신경과민 문제를 일부나마 받아들여야
한다.

—조지 밀러 비어드, 『미국식 신경과민』(1881)

1869년 4월 조지 밀러 비어드라는 뉴욕의 젊은 의사가 《보스턴 내외
과 저널》에 실린 글에서 자기가 환자 서른 명에게서 본, 새롭고 미국에
서만 나타난다고 생각되는 병을 가리키는 말을 고안해냈다. "신경쇠약
(neurasthenia)"이다.(neuro는 '신경'을 뜻하고 asthenia는 '약함'을 뜻한다.) 비어
드는 "신경 소진"이라고도 불렀는데 아무튼 신경쇠약은 주로 도시 중상
위층에서 야심이 높고 위로 올라가려는 성향이 있는 사람에게 나타난다
고 주장했다. "특히 미국 북동부 거의 모든 가정의 두뇌 노동자"[1]들이 이
병에 취약하다고 했다. 미국 문명의 급속한 현대화로 이들의 신경계에 과

부하가 걸렸기 때문이다. 비어드는 자기도 신경쇠약에 걸렸지만 20대 초반에 극복했다고 했다.

비어드는 1839년 코네티컷 주 작은 시골 마을에서 태어났다. 아버지는 목사고 할아버지는 의사였다. 매사추세츠 주 앤도버에 있는 사립학교 필립스 아카데미를 졸업하고 예일 대학교에 진학했는데 그곳에서 여러 신경 증세를 겪기 시작했고 그 뒤 6년 동안 고통을 받는다. 나중에 비어드는 자기 환자들에게서 같은 증상을 관찰한다. 귀울림, 옆구리 통증, 소화불량, 초조, 병적 두려움, "생기 부족" 등. 비어드는 자기가 학생 때 불안증을 일으킨 까닭은 어떤 길로 나아가야 할지를 결정하지 못했기 때문이었다고 생각했다. 신앙심이 부족한 것 때문에 고뇌하기도 했다.(비어드의 형 두 명은 아버지를 따라 목사가 되었다. 비어드는 일기에서 자기가 영혼의 문제에 관심이 없다며 자책했다.) 그런데 일단 의사가 되기로 결심하고 나자 의심이 사라졌고 불안도 가라앉았다. 비어드는 1862년 예일 의대에 입학했고 자기가 그랬던 것처럼 불안증에 고통 받는 사람들을 돕겠다고 결심했다.

비어드는 다윈의 최신 이론인 자연선택론에 영향을 받아, 문화적·기술적 진화가 생물학적 진화를 추월해 인간에게 엄청난 스트레스를 가한다고 생각했다. 특히 비즈니스나 전문직에 종사하는 사람들, 경쟁에 쫓기고 급격히 성장하는 자본주의의 압박에 억눌린 사람들이 그러했다. 기술 발전과 경제 성장이 물질적 풍요를 가져다줄지는 모르지만 시장경제의 압박, 익숙한 진리가 현대화와 산업화의 공격 아래 무너지며 만연하게 된 불확실성 등이 엄청난 정서적 스트레스를 야기하며 미국인들의 "신경의 힘"을 말려버려서 극심한 불안과 신경의 탈진 상태로 몰고 간다는 것이다. "구세계에서는 세대가 바뀌어도 늘 선대의 발자취를 따라 나아간다. 사회적 지위가 높아질 가능성이 거의 없으니 그런 일에 대해서 생각하지도 않는다."² 비어드의 동료 A. D. 록웰이 1893년《뉴욕 의학 저널》에 기고한 글이다. "그렇지만 이곳 미국에서는 더 높은 곳으로 나아갈 가능성이 있으니 누구도 멈추어 쉬고자 하지 않고 빠르게 쉴 새 없이 삶의 경주가 펼쳐진다. 그러니 이 나라의 신경쇠약의 주요 원인은 문명 그 자체임이 분명하다. 철도, 전신, 전화, 정기간행물 등이 수만 가지 방식으로 뇌의 활동과 걱정을 부추긴다."◆

비어드는 쉴 새 없는 변화가 미국인의 삶의 특징인 성취, 돈, 지위에 대한 치열한 갈구와 결합하여 신경쇠약의 유행을 가져왔다고 여겼다.◆◆ 비어드는 "미국적 신경쇠약은 미국 문명의 산물이다."³라고 했다. 미국은 신경과민의 문화를 만들어낸 것이다. "고대 그리스인도 문명화되었지만 초조해하지 않았다. 그리스어에는 이런 상태를 가리키는 단어가 없다."⁴◆◆◆⁵ 고대 문명은 이런 조바심을 경험할 수 없었는데, 그 까닭은 증기기관, 정기간행물, 전신, 과학, 여성의 지적 활동 등이 없었기 때문이라고 주장한다. "문명이 이 다섯 요소와 함께 어떤 나라를 덮치면 신경과민과 신경질환도 함께 품어야 한다."⁶ 비어드는 신경쇠약이 더 "진보한" 인종(특히 앵

◆ 불안은 미국의 정신에 깃들어 있는 것처럼 보이기도 한다. 알렉시스 드 토크빌은 1830년대에 이미 『미국의 민주주의』에서 이렇게 평했다. "[민주국가에 사는 사람은] 이들을 늘 괴롭히는 불안이 사라지면 삶에서 아무 재미를 느끼지 못할 것이다. 귀족국가에서 쾌락에 집착하는 것 이상으로 이들은 걱정에 집착한다."

◆◆ 이런 삶의 특징이 약물 의존을 가져오기도 했다. 1950년대 전후 호황이 밀타운, 리브리움, 발륨의 열광적 소비로 이어지듯이 19세기 말 경쟁의 압박이 '아편 음용자'의 수를 엄청나게 늘렸다. 헨리 G. 콜은 1895년 『미국 아편 중독자의 고백: 속박에서 자유로』라는 책에서 "미국의 기계 발명, 상업의 확산 …… 정치적 명예에 대한 야심, 이득을 위해 사소한 일에 매달리는 것, 빠른 부의 축적을 위한 광란의 경주가 열띤 흥분을 일으켰고 …… 지나치게 빠르고 어떤 면에서 비정상적인 성장이 결합하여 신체가 감당하기에 너무 심한 정신적 혹사를 가져왔다. 마침내 과로하고 혹사당한 몸은 아편이나 모르핀의 반복적 소비로 휴식을 구할 수밖에 없게 되었다."라고 했다.

◆◆◆ 다른 곳에서 비어드는 불안이 "현대적이고 미국에 특유한 것이다. 어떤 시대, 어떤 나라, 어떤 문명도, 그리스, 로마, 스페인, 네덜란드 등이 영광을 누릴 때에도 이런 병은 없었다."라고 했다.

글로색슨계)에게만 영향을 미치고 종교적 영향도 있다고 주장했다. 비어드는 "가톨릭 국가는 신경과민이 심하지 않다."고 했다.(겉으로 보기에 매우 의문스러운 주장이고 객관적 근거를 제시하지도 않았다. 그렇지만 가톨릭 국가라고 할 수 있는 현대 멕시코의 불안증 발생률은 미국보다 현저하게 낮다. 2002년 세계보건기구 연구에서는 미국인이 멕시코인보다 범불안장애를 겪을 확률이 네 배 높다는 결과가 나왔다. 또 멕시코인이 미국인에 비해 불안 발작에서 두 배 빠르게 회복한다는 연구도 있었다. 흥미롭게도 멕시코인이 미국으로 이민 오면 불안과 우울증 발생률이 높아진다.)

신경쇠약이라는 병은 스스로를 미화하는 진단이었다. 주로 가장 경쟁적인 자본가와 가장 섬세한 감수성을 가진 사람들이 걸리는 병이라고 생각했기 때문이다. 말하자면 엘리트들의 병이었다. 비어드는 자기를 찾는 환자 가운데 10분의 1이 의사라고 했다. 1900년이 되자 "신경과민"은 상류층과 문화적 세련됨의 기표로 확실하게 자리 잡았다.◆789

◆ 이보다 전에 조지 왕조 시대 영국(1700년대 초에서 1837년 빅토리아 여왕 즉위까지의 기간) 상류층도 비슷한 "신경과민 문화"라는 것을 받아들였다. 미국의 신경쇠약처럼 자기만족적 계급 구분이 특징이었다. 귀한 혈통에 창조적 감수성을 지닌 사람들의 신경계는 건강염려증과 신경쇠약에 특히 취약하다고 생각한 것이다. 이 문화는 르네상스 때처럼 예민한 신경을 가진 사람을 미화하고 이들의 연약한 기질을 의학적·심리학적으로 설명하려 했다. 해부학이 인간 신경계의 비밀을 속속 밝혀내자 이 시대 과학자들은 저마다 신경계를 섬유, 끈, 관, 줄 등으로 이루어진 네트워크로 묘사했고 신경계 작용을 수력학, 전기, 기계장치 등에 비교하는 설명들을 내놓았다. 이런 설명에서 가장 중요한 개념은 신경 붕괴(nervous breakdown)다. 신경계가 지나치게 피로해지면 결국 고장이 나서 정신적·육체적 증상이 나타나고 전체적인 쇠약 상태가 온다는 것이다. 1730년대부터 신경쇠약을 일으키는 신경계 고장을 "신경 이상"이라고 불렀는데 히스테리와 건강염려증부터 "증기(the vapors)"(나중에는 정신신경증 혹은 정신신체증이라고 불린 정신적·육체적 증상을 말한다.)까지 모든 것을 포괄하는 개념이다.

불굴의 정신이 특징인 빅토리아 시대 사람들과 달리 18세기 영국 상류층은 신경 이상 속에서 허우적거리며 심지어 병을 일부러 키우기도 했다. 스스로를 자기 신경의 희생자로 포장하는 일이 혼했다. 새뮤얼 존슨의 전기를 쓴 제임스 보즈웰은 1777년에서 1783년까지 Hypochondriack(건강염려증 환자)이라는 필명으로 《런던 매거진》에 매달 글을 기고했고 일기에는 자기 기분과 신체 증상의 미묘한 변화를 끝없이 장황하고 세세하게 기록했다. 보즈웰은 자기 소화기에 강박적으로 몰두했다. "오늘부터 존 로크 씨의 제안에 따라 날마다 아침 식사 뒤에 정기적으로 화장실에 가기로 비어드의 책에는 요즘 독자들에게도 전혀 낯설지 않은 사례 연구와 세밀한 증상 분석이 들어 있다. 1880년 출간된 『신경 소진에 관한 실질적 논문』에서는 수백 쪽에 걸쳐 신경 소진의 증상을 자세히 설명한다. "머리와 뇌에서 시작하여 아래로 내려가겠다."[10]라고 한다. 이어지는 목록은 다음과 같다. 연약한 두피, 동공 확장, 두통, "무스카이 볼리탄테스(Muscae Volitantes, 눈앞에 떠다니는 점)", 현기증, 귀울림, 힘없는 목소리(뚜렷하지 않고 자신감이 없는 어조), 짜증, 뒤통수가 둔하거나 아픔, 소화불량, 욕지기, 구토, 설사, 속이 부글거림("장이 자주 요란하게 부글거림"), 얼굴의 홍조("아주 튼튼하고 원기 왕성하며 힘이 강한 사람이 신경쇠약 상태일 때에는 아가씨처럼 얼굴을 붉히는 것을 보았다."), 불면증, 치아와 잇몸이 약함, 알코올중독 또는 약물중독, 비정상적으로 건조한 피부, 손과 발의 땀("내가 치료하던 한 젊은이는 [땀이 나는 것 때문에] 너무나 큰 스트레스를 받아 이게 낫지 않으면 자살하겠다고 했다."), 땀 흘림(아니면 입이 마름), 등의 통증, 팔다리가 무거움, 두근거림, 근육 경련, 연하곤란(잘 삼키지 못함), 쥐, 건초열에 잘 걸림, 날씨 변화에 예민함, 심한 탈진, 성마름, 가려움, 열감(熱感), 한기, 손발이 참, 일시적 마비, 입이 벌어지고 하품을 함. 어떻게 보면 증상이 너무나 다양해서 의미가 없을 지경이다. 살아 있음의 증상이라고 할 수도 있는 것

했다." 1764년 10월 초 일기다. "건강에 좋고, 건강을 돌보기 위해 반드시 필요한 일이다."(그렇다, 『통치론』을 썼고 입헌 자유주의의 아버지라고 하는 바로 그 존 로크다. 많은 사람들이 로크의 정치철학 사상에 귀를 기울이지만 보즈웰은 소화기 관리에 대한 조언에 귀를 기울였다. 로크가 제안한 내용이 무엇인지 궁금하다면, 사실 나는 궁금해져서 찾아봤는데, 『교육론』 24장에 이런 구절이 있다. "사람이 아침 첫 식사 뒤에 바로 자연에 청하여 대변을 보게끔 할 수 있다면, 지속적으로 그렇게 하여 결국에는 습관으로 만들 수 있다.")
당시에 여러 종류의 신경증이 무척 만연해서 원인이 무엇인지 생리적 설명이 다양하게 나오기는 했지만 의학적 질환이라기보다 문화적 현상이라고 생각되었다. 한 저명한 영국 의사는 인구 3분의 1이 "이 병으로 망가지거나 비참해졌다."고 했다.(이 시대의 신경질환 인구는 영국에만 있는 게 아니었다. 프랑스 루이 15세의 주치의였던 조제프 롤랭은 1758년 "증기"가 "말 그대로 사회적 역병이 되어 [유럽 대륙] 도시에 만연하다."고 했다.)

이다. 그렇지만 또 어떻게 보면 21세기 신경증 환자가 호소하는 증상과 닮았다. 사실 건강염려증이 있는 내가 툭하면 늘어놓는 불평과도 크게 다르지 않다.

비어드가 말하는 신경쇠약에는 오늘날 공포증이라고 부르는 것도 포함된다. 비어드의 사례 연구는 번개 공포증부터("한 환자는 여름이면 뇌우가 올까 두려워 늘 구름을 지켜본다고 말했다. 스스로도 어리석고 바보 같은 짓임을 알지만 어쩔 수가 없다고 말한다. 이 환자의 증상은 할머니에게서 물려받았다. 환자가 요람에 있을 때부터 같은 증상을 보였다고 어머니가 말해주었다고 한다."[11]) 광장공포증("환자 가운데 중년 신사가 있는데 상점이 즐비한 브로드웨이는 위험이 닥치면 몸을 피할 곳이 있기 때문에 아무 문제없이 걸어 다닌다고 했다. 그렇지만 상점이 없는 5번가는 걸어갈 수가 없고 골목길도 아주 짧은 경우가 아니면 다니지 못한다. 시골에도 갈 수가 없어 더운 여름에도 도시에 붙박여 있어야 한다. 한번은 승합마차를 타고 브로드웨이를 달리다가 마차가 메디슨 광장으로 접어들었는데 그때 공포에 휩싸여 비명을 지르는 바람에 다른 승객들을 놀라게 했다. 이 흥미로운 증상이 있는 남자는 키가 크고 박력 있고 풍채가 좋으며 인내심도 있는 사람이었다."[12]), 폐소공포증(사방이 막힌 공간을 두려워하는 사람), 고독 공포증(혼자 있는 것을 겁내는 사람. "어떤 사람은 혼자 집 밖에 나가기를 너무 두려워해서 2만 달러를 주고 사람을 고용해 항상 같이 다닌다."[13]), 불결 공포증(더러움을 겁내서 하루에 200번쯤 손을 씻는 사람), 범공포증(모든 것을 다 두려워하는 사람)까지 망라한다. 비어드의 환자 하나는 술에 취한 남자를 병적으로 두려워했다.

19세기 말 무렵 신경쇠약이라는 용어와 이미지가 미국 문화 깊이 침투했다.[14] 사람들이 자기는 아니더라도 주변 누군가는 그 병에 걸렸다는 걸 안다. 정치적 수사나 종교적 설교에서도 이 문제를 다룬다. 치료약을 광고해댄다. 신문과 잡지에 기사로 실린다. 시어도어 드라이저와 헨리 제임스의 소설에는 신경쇠약에 시달리는 인물들이 잔뜩 나온다. '침체', '공황' 따위 신경쇠약과 관련된 용어가 경제 담론에 파고든다. 신경과민이 현대의 기본 심리 상태이자 문화적 조건이 된 듯싶었다. 미국은 산업혁명으로 인한 변화로 혼란을 겪고 도금시대 부의 불균등 때문에 분열되어 역사상 유례없는 불안증에 시달린다.

아무튼 비어드는 그렇다고 주장했다. 그게 사실일까?

최근 미국 국립정신건강연구소 수치에 따르면 미국인 4000만 명, 그러니까 인구의 18퍼센트가 현재 불안장애를 겪고 있다고 한다. 미국 심리학회에서는 『미국의 스트레스』라는 보고서를 해마다 발표하는데 최근에 나온 보고서에서 미국이 지나치게 "과한 스트레스에 시달리는 나라"[15]라고 말했다. 인구 다수가 "약간" 또는 "많이" 스트레스를 느낀다고 표현하고, 상당히 높은 비율로 피로, 두통, 소화불량, 근육 긴장, 이 갈기 등 스트레스 관련 신체 증상을 호소한다. 2002년에서 2006년 사이에 불안 때문에 병원을 찾은 미국인 수가 1340만에서 1620만으로 늘었다.[16] 등의 통증이나 편두통 때문에 병원을 찾는 사람보다 더 많은 수치다.[17]

미국 불안 우울 협회 조사에 따르면 미국인 가운데 거의 절반이 직장 생활에서 "지속적이거나 심한 불안"을 느낀다고 답했다.(다른 조사에서는 미국인 네 명 가운데 세 명이 과거보다 오늘날 직장 스트레스가 더 심하다고 생각한다고 답했다.) 《아메리칸 사이칼러지스트》에 발표된 연구에서는 신경쇠약을 일으킬 것 같다고 대답한 사람의 수가 1957년과 1996년을 비교했을 때 40퍼센트 늘었다.[18] 공황 발작 증상을 경험한다는 사람의 수는 1980년과 1995년을 비교했을 때 두 배가 되었다.[19]◆ 전국적으로 25년 동

◆　1980년 DSM-III가 발표되기 전에는 공황 발작이 공식적으로 존재하지 않았다는 사실을 고려해

안 대학 신입생을 조사했을 때 오늘날 대학생의 불안 정도가 이전 어느 때보다 더 높다. 샌디에이고 주립대학교 심리학 교수 진 트웬지는 1950년대와 1990년대의 어린이와 대학생 5만 명의 자료를 검토했는데 1990년대 대학생이 평균적으로 느끼는 불안 정도가 1950년대 대학생의 85퍼센트보다 더 높았고, 1980년대의 "'정상' 학생의 불안 정도가 1950년대 아동 정신병 환자의 불안 정도보다 높았다."[20] (웨일 코넬 의대 심리학자 로버트 레이히는 《사이칼러지 투데이》에서 이 결과를 이렇게 적나라하게 표현했다. "오늘날의 평균적 고등학생이 1950년대 정신과 환자와 같은 정도의 불안에 시달린다."[21]) 베이비붐 세대는 부모 세대보다 더 불안이 심했다. X세대는 베이비붐 세대보다 더 불안하다. 밀레니엄 세대는 X세대보다 더 불안한 어른으로 성장하고 있다.

불안을 느끼는 정도가 세계적으로 증가한다. 세계보건기구에서 열여덟 개 나라를 조사한 뒤 이제 불안장애가 다시 우울증을 제치고 지구상에서 가장 흔한 정신질환이 되었다고 결론을 내렸다.[22] 영국 NHS 통계를 보면 2011년 불안장애로 치료받은 사람의 수가 2007년에 비해 네 배로 늘었으며 안정제 처방은 최고치를 기록했다고 한다.[23] 영국 정신건강재단에서 2009년 발표한 보고서는 "두려움의 문화"[24] (불안정한 경제와 위험을 끝없이 과장하여 퍼뜨리는 정치가와 언론이 이 문화의 특징이다.)가 영국에서 "불안의 최고 기록"을 세웠다고 결론을 내렸다.

전 세계에서 "불안의 최고 기록"이 경신되고 있다니 역사상 어느 때보다도 불안한 시대에 살고 있는 게 분명하다. 조지 비어드의 신경쇠약의 시대보다도 훨씬 더.

보면 사실 당연한 일이다.

어째서일까? 경제 불안과 전 지구적 불황을 겪고 있다고는 하지만, 그래도 지금은 물질적으로 그 어느 때보다도 풍요로운 시대다. 산업화된 서구의 전반적 생활수준은 그 어느 때보다 높다. 선진국에서는 기대 수명이 긴 데다 계속 늘어난다. 우리는 선조들보다 요절할 가능성이 훨씬 낮고, 천연두, 괴혈병, 펠라그라, 소아마비, 결핵, 구루병에 걸리거나 늑대에게 공격을 당할 위험도 훨씬 낮고, 항생제, 전기, 상하수도 시설 없는 힘든 삶을 살 필요도 없다. 여러 모로 삶이 예전보다 편안해졌다. 그렇다면 예전보다 **덜** 불안해해야 옳지 않나?

어쩌면 불안은 물질적 진보와 풍요를 이룩한 대신 치러야 하는 대가일 수도 있고 한편으로는 진보와 풍요의 원천이기도 할 것이다. 도시화, 산업화, 시장경제의 성장, 지리적·계층적 이동성 증가, 민주적 가치와 자유의 확대 등의 경향이 각각 그리고 또 합해져서 지난 수백 년 동안 무수히 많은 사람들의 삶의 물질적 질을 대폭 향상시켰다. 그런 한편 불안의 증가에도 기여했다.

르네상스 이전에는 사회·정치·기술 등의 분야에서 진보라는 개념 자체가 거의 존재하지 않았다. 그래서 중세인의 정서적 삶에는 일종의 체념 같은 것이 있었다. 세상이 바뀌지 않으리라는 생각은 기운 빠지게 하기도 하지만 한편으로 편안함을 주기도 한다. 새로운 기술이나 사회의 변화에 적응해야 할 필요도 없다. 좌절의 위험을 무릅쓰고 더 나은 삶을 바랄 일도 없다. 결국 지옥에 떨어질 거라는 두려움이 삶을 지배했지만(독일의 프란체스코회 설교자는 사람이 지옥에 떨어질 확률이 10만 대 1 정도로 압도적으로 높다고 했다.[25]) 중세인들은 우리처럼 위로 올라갈 희망이나 낙오될 두려움에 시달리지는 않았을 것이다.

오늘날, 특히 서구 자본주의 민주 사회에서는 역사상 어느 때보다 많은 선택지가 주어진다고 할 수 있다. 어디에서 살지, 누구와 연애하고 결혼할지, 어떤 직업을 택할지, 어떤 스타일로 꾸밀지 자유롭게 택할 수 있다. "미국인의 주된 문제는 선택의 문제다."[26] 사회학자 필립 슬레이터가 1970년에 한 말이다. "미국인들은 날마다 더 많은 선택을 해야 한다. 역사상 어느 시대 사람보다 정해진 조건은 더 적고, 범주는 불분명하고, 상황은 불안정하고, 사회 구조적 지지는 부족하다." 선택의 자유가 엄청난 불안을 일으킨다. 스워스모어 칼리지 심리학자 배리 슈위츠는 이런 현상을 "선택의 패러독스"[27]라고 칭한다. 선택의 자유가 늘어날수록 불안도 커진다는 말이다.

어쩌면 불안은 사치인지도 모른다. '진짜' 공포에 사로잡히지 않았을 때에만 누릴 수 있는 감정이라는 점에서.(윌리엄 제임스가 1880년대에 같은 주장을 했던 것을 떠올려보라.) 어쩌면 중세 유럽인들은 **두려워해야 할** 진짜 위협이 너무 많았기 때문에(흑사병, 무슬림 침입자, 기근, 폭정, 끝없는 전쟁, 죽음—늘 곁에 있는 죽음 등. 중세의 평균 수명은 35세였고 아기 셋 가운데 하나는 다섯 살이 되기 전에 죽었다.) **불안해할** 여유가 없었을지 모른다. 적어도 프로이트가 말하는 신경증적 불안(실제로는 두려워할 합리적 이유가 없는 것에 대한 마음속 깊은 곳에서 우러나는 불안)이 들어설 자리는 없었을 것이다. 중세에는 사람들이 짧고 힘겨운 삶의 와중에 신경증적 불안을 누릴 여유가 없었으므로 이 병으로부터 대체로 자유로웠다고 할 수 있다. 저개발국가 사람들이 생활환경은 물질적으로 열악함에도 불구하고 미국인에 비해 불안증에 걸릴 확률은 낮다는 연구 결과도 이런 생각을 뒷받침한다.

뿐만 아니라 중세의 정치 문화는 오늘날 우리가 겪는 사회적 불확정성을 최소화한 형태로 조직되어 있었다. 심리학자이자 정치철학자인 에리히 프롬은 이렇게 말했다. "출생 순간부터 [중세인은] 조직화된 전체에 뿌리박혀 있다. 그렇기 때문에 살면서 의심이 끼어들 여지도 필요도 없었다. 사람은 사회에서 맡은 역할과 동일시되었다. 농민이거나 장인이거나 기사였고 이런저런 직업을 **우연히** 하게 된 **개인**은 없었다."[28] 21세기의 삶이 왜 이렇게 많은 불안을 일으키느냐에 대한 대답으로, 이제는 사회적·정치적 역할이 신이나 자연의 뜻으로 주어진 것으로 생각되지 않는다는 점을 들기도 한다. 우리 스스로 우리의 역할을 **선택**해야 하는 것이다. 이런 선택이 스트레스를 일으킨다는 사실이 입증되었다. 중세인들은 두려움, 어둠, 죽음에 절어 있었기 때문에 요즘 사람들보다 불안에 덜 시달렸으리라고 프롬 등은 주장한다.

키르케고르는 선택을 할 수 있는 여지가 "자유의 현기증"을 유발한다고 표현했는데, 여기에는 정치적 의미가 있다. 너무 강한 불안을 유발하기 때문에 편안한 확실성을 제공하는 원초적 유대로 돌아가고자 하는 갈망을 일으킨다는 것이다. 프롬은 이런 갈망을 "자유로부터의 도피"라고 불렀다. 프롬은 이런 불안 때문에 무수한 독일 노동자들이 1930년대 자발적으로 히틀러에게 복종했다고 주장한다. 바이마르 독일에서 성장한 신학자 파울 틸리히도 이와 비슷하게 불안에 대한 반응으로 나치즘이 대두했다고 설명했다. "무엇보다도 **두려움**의 감정, 더 엄밀히 말하면 불분명한 불안이 만연하고 있었다."[29] 틸리히는 1930년대 독일 정세를 이렇게 묘사했다. "경제적·정치적 안정뿐 아니라 문화적·종교적 토대도 사라진 듯했다. 기반으로 삼을 만한 것이 없었다. 언제라도 파국적 붕괴가 일어날 듯했다. 결과적으로 모든 사람들이 안정을 갈구하게 되었다. 두려움과 불안을 가져오는 자유는 매력을 잃었다. 두려움을 수반하는 자유보다는 안정을 주는 권위가 낫게 여겨졌다." 2차 세계대전 이전 시기에 《뉴욕 타임스》 유럽 통신원이었던 허버트 L. 매슈스도 나치즘이 불안을 덜어주는 현상을 목격했다. "파시즘은 개인이 적당한 정도로 안전하게 거주하면서 먹을 것을 공급받는 감옥과 같다."[30] 2차 세계대전 종전 몇 년 뒤에 아서 슐레진저 2세는 소비에트 공산주의에서 비슷한 점을 발견했다. "제도화된 종교가 쇠퇴하여 생긴 '믿음의 진공'을 채워주었다. 불안과 회의가 일으키는 내적 고통을 치유해주는 목적의식을 심어주었다."[31] 오래된 진리가 더 이상 성립하지 않는 사회 혼란의 시기에는, 롤로 메이의 말을 빌리면 "불안으로부터 놓여나고자 하는 설박함 때문에 사람들이 정치적 권위주의에 매달릴"[32] 위험이 있다.

　신경생물학자 로버트 새폴스키의 연구에서 밝혀진 사실 가운데 유동성이 높고 역동적인 사회 정치 체제가 고정적인 사회 체제보다 불안을 더 많이 일으킨다는 점이 있다. 새폴스키는 "인류 역사에 나타난 사회 가운데 99퍼센트"는 "아마 위계질서가 없었을 것"[33]이며 그렇기 때문에 현대보다 심리적 스트레스가 적었을 것이라고 짐작했다. 수십만 년 동안 인간 사회조직의 표준 형태는 수렵채집을 기반으로 한 부족 사회였다. 오늘날에 존재하는 수렵채집 생활을 하는 부족을 통해 알 수 있듯이 이들은 "놀라울 정도로 평등적"이었다. 새폴스키는 인간 역사를 통틀어 볼 때 상당히 최근에 일어난 사건인 농업의 발명이 "역사상 가장 어리석은 일 가운데 하나"라고까지 말한다. 농경이 시작되며 식량의 저장이 가능하게 되었고 역사상 처음으로 "사회가 계층화되고 계급이 생겨났기" 때문이다. 계층화로 상대적 빈곤이 생겨났고, 상대적 박탈감과 지위에 대한 불안을 유발했다.

　제롬 케이건도 인간 사회가 역사적 변화를 겪으면서, 진화를 통해 만들어진 신경의 배선과 현대 문화에서 높이 평가하는 특질이 일치하지 않게 되었다고 주장했다. 예를 들어 지나친 소심함, 조심성, 다른 사람의 의견에 신경 쓰는 것 등은 초기 인간 사회에서는 사회적 적응력이 높은 특질이었으나 "몇 세기 전 시골 농업 사회와 달리 경쟁이 심하고 유동성이 크고 산업화된 도시 사회에서는 적응력이 없는 특질이 되었다."[34]라고 말한다. 문자가 보급되기 전에는 모든 사회구성원이 대체로 같은 가치를 공유했고 같은 것에 의미를 두었다. 그렇지만 기원전 5세기 무렵부터 다양한 가치를 가진 낯선 사람들과 점점 더 많이 섞여 살게 되었고, 르네상스와 산업혁명을 거치며 이런 경향은 극도로 가속화되었다. 그래서 특히 중세 이후로 "자신의 능력이나 지위가 적당한지, 도덕적 전제가 타당한지를 되돌아볼 때 무언가 다른 불편한 감정이 일어났다."고 케이건은 주장한다. "불안이라고 이름 붙여진 이런 감정이 인간 정서의 위계질서에서 최우선하는 감정의 자리에 등극한다." 어쩌면 인간이라는 개체는 현대 사회가 요구하는 삶을 살기에 적당하게 만들어지지 않았는지도 모른다. 내가 이득을 얻으려면 다른 사람이 손해를 보아야만 하는 냉혹한 제로섬 경쟁의 사회, '신경증적 경쟁'이 연대와 협력을 밀어낸 사회 말이다. "경쟁적 개인주의가 공동체적 경험을 막고, 공동체의 상실은 현대 사회의 불안에 가장 중요한 요소가 된다."[35] 롤로 메이가 1950년에 주장한 바다.

1948년, W. H. 오든이 불확실한 산업세계에서 "바람에 날리는 잡초처럼" 떠다니는 인간을 묘사하는 6부작 시 『불안의 시대』로 퓰리처상을 탔을 즈음에는 불안이 정신의학의 영역에서 나와 일반적 문화 현상이 된 듯했다. 1950년대, 2차 세계대전 뒤 미국이 초강국으로 성장할 무렵의 베스트셀러 목록에는 이미 어떻게 정신의 평화를 구할 것인가에 관한 책이 심심찮게 등장했다. 데일 카네기의 1948년 베스트셀러 『걱정을 멈추고 즐겁게 사는 법』의 뒤를 이어 『긴장을 풀고 살아라』, 『스스로 걱정을 다스리고 신경을 달래기』, 『피로와 두려움의 정복』 같은 책이 쏟아져 나왔다. 한 사회사가의 말을 빌면 미국 전체가 "국가적 신경쇠약" 직전에 있는 듯했다. 1961년 3월 31일《타임》의 표제 기사는(에드바르 뭉크의 「절규」가 표지 이미지였다.) 현대 사회가 "불안의 시대라고 보편적으로 받아들여진다."고 했다. 훨씬 불안정한 시기이던 1930년대 영국과 미국 베스트셀러 목록에서도 '긴장'과 '신경'에 관한 자기계발서가 주종을 이루었다.『신경의 정복: 신경쇠약 정복의 감동적 기록』은 1933년과 1934년 재판을 거듭했다. 미국 의사 에드민드 제이컵슨이 쓴『당신은 쉬어야 한다: 현대 사회의 압박을 줄이는 실질적 방법』은 1934년《뉴욕 타임스》베스트셀러 1위를 기록했다.

W. H. 오든이 불안을 불확실성과 연결 지은 것은 오랜 전통이기도 하지만 현대 신경과학의 발견을 예시하는 것이기도 하다. 영어에서 '불안'이라는 단어가 처음 사용된 때를 거슬러 올라가보면 만성적 불확실성과 관련이 있다. 17세기 영국 의사이자 시인 리처드 플레크노는 불안해하는 사람은 "모든 일을 두고 신경 쓰는 사람"[36]이거나 "우유부단한 사람"으로 "판단의 추가 없는 텅 빈 저울처럼 모든 선택을 두고 망설인다. …… 고민을 하기 시작하면 끝이 없다."고 했다.(옥스퍼드 영어 사전에서 '불안'을 찾아보면 가장 먼저 나오는 정의가 "불분명한 일에 대해 불편해함"이다.) 최근의 신경생물학 연구에서 불확실성이 뇌의 불안 회로를 자극한다는 점이 드러났다. 병적 불안에 시달리는 사람의 편도는 불확실성에 특히 민감하다. "불확실성에 대한 예민함이 심한 걱정을 일으키는 핵심 과정으로 보인다."[37] 펜실베이니아 주립대학교 심리학자 미셸 J. 두가스의 글이다. 범불안장애 환자는 "불확실성을 참지 못한다."고 두가스는 말한다. "환자와 불확실성의 관계를 이해하기 쉽게 하기 위해 불확실성에 '알레르기'가 있다고 은유적 표현을 쓴다." 2007년에서 2010년 사이에 '불확실성'이라는 단어가

들어간 신문 기사가 31퍼센트 증가했다. 우리가 불안에 시달리는 것도 당연하다.[38]

* * *

그런데 어쩌면 우리는 생각만큼 불안하지는 않은지도 모른다. 긴장과 우울의 문화사를 읽어나가다 보면 세대마다 바로 지금이 가장 불안에 시달리는 시대라고 주장한다. 영국 의사 에드윈 리는 1838년 『신경질환에 대한 논문』에서 "요즘에는 신경병이 이전 어느 때, 어느 나라와도 비교할 수 없을 만큼 흔하다."[39]라고 하는데 그 이후에 조지 밀러 비어드가 한 말이나 그 이전에 영국 해군 군의관 토머스 트로터가 한 말과 다르지 않다. "19세기가 시작된 지금, 문명 사회의 3분의 2가 신경질환에 시달린다고 분명하게 말할 수 있다."[40] 1807년 트로터는 『신경성 기질에 대한 생각』에서 말했다.* 트로터로부터 80년을 거슬러 올라가, 당대의 가장 저명한 "신경 의사"였던 조지 체인은 자신이 "영국적 병"이라고 부르는 신경질환의 "극악하고 무시무시한 증상"을 "우리 조상들은 몰랐으며 이전 시대나 다른 어떤 나라에서도 이 병이 이 정도로 극심하게 많은 사람들을 괴롭힌 일이 없었다."[41]고 주장했다.**

◆ 트로터는 신경증이라는 "유행병"이 영국의 "국가적 특성"을 무너뜨릴 뿐 아니라 국가의 안녕도 위협한다고 경고했다. 영국 시민이 약해진 상태에서는 침략을 받아 정복당할 위험이 크기 때문이다.(나폴레옹이 유럽 대륙을 집어삼키고 있어 트로터는 신경쇠약 유행이 특히 걱정스러웠다.)

◆◆ 체인은 영국 인구의 3분의 1이 "울화", "증기", "건강염려증" 등으로 알려진 신경질환을 앓고 있다고 주장했다. 오늘날 DSM을 기준으로 하면 불안 또는 우울장애 범주에 들어갈 것이다.(체인이 주장하는 1730년대 영국 불안장애의 빈도가 오늘날 미국 국립정신건강연구소에서 발표한 수치와 비슷하다는 점에 주목하라.)

현대적 불안의 기원을 17세기 옥스퍼드 학자 로버트 버튼의 연구에서 찾기도 한다.❖ 버튼은 의사가 아니었고 서재 밖으로 나가는 일도 거의 없었다. 수십 년 동안 엄청난 분량의 책을 읽고『우울의 해부』라는 방대한 책을 집필하느라 그럴 틈이 없었기 때문이다. 그렇지만 버튼이 서구 문학과 심리학에 미친 영향은 지대하다. 의사 레지던트 제도를 만들었고 19세기 후반 가장 영향력 있는 의사 중 한 사람이었던 윌리엄 오슬러 경은『우울의 해부』가 "일반인이 쓴 의학서 가운데 가장 훌륭하다."고 평했다. 존 키츠, 찰스 램, 새뮤얼 테일러 콜리지 모두 이 책을 소중히 여기고 자기 작품에 활용하기도 했다. 새뮤얼 존슨은 제임스 보즈웰에게 "잠자리에서 일어나려고 했던 시간보다 두 시간 일찍 일어나게 만든 유일한 책"이 이 책이라고 말했다.『우울의 해부』는 버튼이 44세이던 1621년에 완성되었고 그 뒤 17년 동안 여러 차례 개정 증보되었다. 이 책은 당대까지의 역사, 문학, 철학, 과학, 신학을 망라하고 통합한 서사시적인 업적이다. 처음에는 세 권으로 출판되었고 버튼이 1640년 사망하기 전까지 계속 고치고 덧붙였다. 내가 가지고 있는 책은 6판을 복제한 페이퍼백인데 깨알 같은 글씨로 1382쪽에 달한다.

버튼이 쓴 글의 상당 부분은 괴상하고 말이 안 되고 모순적이고 지루하고 라틴어로 되어 있다. 그렇지만 유머와 암울한 비관주의도 풍부하게 담겨 있고 또 인간 조건에 관한 지혜로 위로를 주기도 한다.(새뮤얼 존슨이 왜 이 책에 푹 빠졌는지 쉽게 짐작이 간다.) 또한 지금까지 나온 모든 글을 섭렵할 기세로 누비면서 우울에 관한 현존하는 인간의 지식 모두를 하나

❖ 버튼은 다른 글을 인용하며 멜랑콜리아(오늘날의 불안과 우울 진단 둘 다를 포함하는 병이다.)가 "이 미친 시대에는 너무나 흔해서 이 병에서 자유로운 사람이 1000명 중 한 명도 안 될 지경이다." 라고 주장했다.

의 저작에 모았으니, 이후의 작가나 사상가 들이 활동할 무대를 만들어 주었다고 할 수 있다. 이 책은 또 저자 본인의 우울증에 영향을 받았다. 그래서 아우구스티누스의 『고백록』이나 프로이트의 『꿈의 해석』처럼 전문지식뿐 아니라 깊은 내적 성찰에서 통찰을 끌어낸다. "다른 사람은 책에서 지식을 얻는다. 나는 우울에 빠짐으로써 지식을 얻는다."[42] 물론 버튼의 지식 가운데 많은 부분은 책에서 나왔다.(수천 권은 되는 책을 인용한다.) 이 책이 흥미로운 까닭은 버튼이 자신의 주관적 경험을 객관화할 수 있었기 때문이기도 하다.◆[43]

버튼의 책에는 출간 당시 이미 시대에 뒤떨어지고 우스꽝스러운 부분도 있었지만, 어떤 통찰과 식견은 상당히 현대적이다. 공황 발작을 임상적으로 정확하게 묘사한 부분은 DSM-5에 넣어도 괜찮을 정도다. "두려움이 여러 안타까운 효과를 일으킨다. 얼굴이 붉어지고 창백해지고 몸이 떨리고 땀이 흐른다. 갑자기 온몸에 오한이 들었다가 열이 난다. 심장이 두근거리고 졸도한다. 등등."[44] 또 오늘날 범불안장애로 진단받을 만한 증상은 이렇게 그럴듯하게 묘사했다. "많은 사람들이 두려움에 휩싸이고 당황하여 자기가 어디에 있는지, 무슨 말을 하는지, 무얼 하는지 모르고, 더욱 최악인 것은 끝없는 두려움과 의심으로 며칠이고 고통을 받는다는 점이다. 용기가 꺾이고, 심장이 슬프고 무겁게 짓눌린다. 두려움 속에 사는 사람은 자유도 의지도 안정감도 없고, 즐거움을 모르고 끝없는 고통 속에 있다. 비베스가 말했듯이 '이보다 더 큰 불행, 고문, 고통은 없다.' 늘 의심하고 불안해하고 염려하고 어린아이처럼 타당한 이유 없이 뚱해 있

◆ 버튼은 자기가 우울에 관해 글을 쓰는 까닭이 자기 우울증을 물리치기 위해서라고 터놓고 인정하기 때문에 나는 버튼에게 동질감을 느낀다. "나는 우울을 피할 수 있을 만큼 분주하게 우울에 관해 글을 쓴다." (나는 불안을 피하기 위해 불안에 관해 글을 쓴다.)

다. 플루타르코스가 말하듯이 '특히 뭔가 끔찍한 것이 주어졌을 때' 그러하다."[45]◆

버튼은 불안과 우울에 관한 이론을 수백 가지도 넘게 쌓아올린다. 그중에는 서로 상충하는 것도 많다. 그러고 나서 마지막에 치료법을 강조하는데 이렇게 요약할 수 있다. 규칙적 운동, 체스, 목욕, 독서, 음악 감상, 완하제, 식이 요법, 성적 절제. 그리고 무엇보다도 바쁘게 지내야 한다고 한다. "우울의 최대 원인은 게으름이고, '최고의 치료법은 일'이다."[46] 버튼은 아랍 의사 라시스를 인용해 말한다. 에피쿠로스 학파와 스토아 학파의 지혜(그리고 동방의 불교)를 끌어와 야망을 자제하고 현재를 받아들이는 게 행복으로 가는 길이라고 조언한다. "감당할 수 있는 것 이상을 시도하지 않는다면 만족하는 삶을 살 것이다. 스스로를 알게 되면 야심을 절제할 것이다. 그러면 안타까움과 고통만을 주는 쓸데없고 헛된 것을 추구하지 않아도 자연에서 얻는 것으로 충분하다는 사실을 알게 될 것이다. 뚱뚱한 사람이 병에 더 잘 걸리듯 부유한 사람은 부조리하고 어리석은 일, 피해와 불편을 더 많이 일으킨다."[47]

◆ 전기 작가이자 역사가 플루타르코스는 오늘날 우울증이라고 부르는 것이 불안을 확대하는 과정을 생생하고 정확하게 묘사했다. 우울증 때문에 고통스러운 불면에 시달려본 사람은(불안이 불면을 부르고 불면이 불안을 더욱 키우는 과정) 이 묘사가 얼마나 정확한지 알 것이다. 플루타르코스는 우울증에 시달리는 사람에게는 "아주 사소한 나쁜 일이 불안이라는 무시무시한 유령 때문에 확대된다. 잘 때나 깨어 있을 때나 늘 불안의 유령에 시달린다. 깨어 있을 때는 논리가 말을 듣지 않는다. 잘 때도 긴장 상태가 풀리지 않는다. 이성은 언제나 잠을 자고 두려움은 언제나 깨어 있다. 상상의 공포로부터 벗어날 길을 어디에서도 찾을 수 없다."고 했다.

플루타르코스는 의사가 아니었다. 그런데 플루타르코스가 죽고 얼마 안 되어 의사 갈레노스가 태어났다. 불안이라는 병에 대한 갈레노스의 묘사는 매우 현대적으로 들린다. "건강한 젊은이와 청소년의 심장이 불안과 우울 때문에 약하게 떨리는 것"을 보았고, "잠을 잘 자지 못하고 자더라도 힘들게 토막잠을 자며 심장이 두근거리고 현기증이 있고" "슬픔, 불안, 망설임, 박해감"을 가진 환자를 보았다고 한다.

* * *

시대별로 불안의 정도를 비교하는 일은 헛수고다. 안정제 소비 변동에 관한 현대 설문과 통계 자료야 있겠지만 시공간에 따른 문화적 차이를 초월해 불안 정도를 객관적으로 측정할 수 있는 마법의 불안 측량 장치 같은 것은 없다. 불안은 다른 감정과 마찬가지로 본디 어느 정도는 주관적이고 문화적이기 때문이다. 하지만 불안이 두려움에서 비롯되었고 두려움이 종의 생존을 연장하기 위해 설계된 진화적 충동이라면 불안은 인류만큼이나 오래된 것이다. (불안이 문화에 따라 다르게 굴절되곤 했을지언정) 인간은 언제나 항상 불안해했다. 또 늘 인간 가운데 일정 비율은 다른 이들보다 더 불안해했다. 사람의 뇌가 앞날을 알 수 있게 되는 순간 사람은 앞날에 대해 염려하게 되었다. 계획을 세우고 앞날을 상상하는 능력과 함께 걱정하고 앞날을 두려워하는 능력도 생겼다. 동굴 밖에 맹수가 어슬렁거릴 때 크로마뇽인이 과민성 대장 증세를 겪었을까? 초기 인류도 높은 지위에 있는 사람을 대할 때에 손바닥에 땀이 나고 입이 말랐을까? 혈거인한테도 광장공포증이 있었을까? 네안데르탈인도 발표 불안이나 고소공포증을 겪었을까? 나는 그랬을 것이라고 생각한다. 인류의 조상도 우리와 같거나 매우 비슷하게, 우리의 불안 능력을 만들어낸 진화의 산물인 두려움과 관련된 생리적 시스템을 갖추고 있었을 것이다.

그러니까 불안은 영원한 인간의 조건이다. "오늘날에도 우리는 주요 위험이 물리적인 적의 이빨이나 발톱에서 온다고 생각한다. 사실은 대체로 심리적이고 넓게 보면 정신적인 것인데 말이다. 그러니까 무의미와 대적하는 것이라 할 수 있다."[48] 롤로 메이가 『불안의 의미』 개정판 서문에 쓴 글이다. "우리는 이제 검치호랑이나 마스토돈에게 당하는 게 아니라 자존감의 상처, 무리에서 당한 배척, 또는 경쟁에서 겪은 패배에 스러진다. 불안의 형태는 바뀌었으나 불안의 경험은 거의 달라지지 않았다."

5부

구원과
회복력

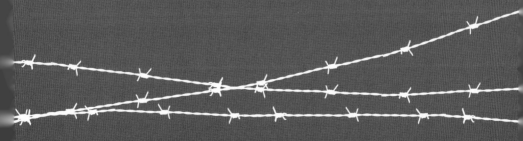

11

구원

개인이 자아를 실현하고 환경을 정복하려면 불안을 견디는
능력이 중요하다. …… 자기실현은 이런 충격에도 불구하고
앞으로 나아갈 때만 가능하다. 불안을 건설적으로 사용해야
한다는 의미다.

—커트 골드스타인, 『정신병리학을 통해 본 인간 본성』(1940)

열 살 때부터 나는 같은 정신과 의사를 매주 한두 번 25년 동안 만났다.
열 살 때 공포증이 심해져서 부모님이 매클린 병원에 데려갔을 때 L 박사
에게 로르샤흐 검사를 받았다. 이렇게 해서 1980년대 초에 L 박사에게
치료를 받기 시작했는데, 그때 L 박사는 쉰 가까이 된 키가 크고 호리호
리하고 약간 머리가 벗어지고 프로이트 스타일로 턱수염을 기른 의사였
다. 시간이 흐르면서 턱수염이 사라졌다가 다시 나타나기도 했고 점점 숱
이 줄어드는 머리카락은 갈색에서 회갈색, 흰색으로 바뀌었다. 진료실도
첫 번째 아내와 같이 살던 곳에서 두 번째 아내와 같이 살던 곳으로 바뀌

고 세 번째로 안과 안에 세낸 공간으로, 네 번째로는 L 박사가 뉴에이지에 경도되면서 마사지 치료사, 전기 치료사와 대기실을 같이 쓰는 곳으로 옮겼고 내가 마지막으로 찾아갔을 때에는 케이프코드 바닷가에 있는 건물에 있었다.(다시 집과 붙어 있는 곳으로 진료실을 옮긴 것이었다.)

L 박사는 1950년대와 1960년대 초에 하버드에서 수련을 받았으니, 프로이트주의가 아직 맹위를 떨치던 정신분석학 전성기 끝 무렵에 전문가가 된 것이다. 처음 만났을 때에 L 박사는 약물 신봉자인 한편 신경증, 억압, 오이디푸스 콤플렉스, 전이 같은 프로이트 식 개념도 여전히 믿었다. 1980년대 초 처음 상담을 받을 때에는 로르샤흐 검사와 자유연상을 하고 어릴 때의 기억 같은 것을 이야기했다. 2000년대 중반 치료를 그만두기 직전에는 역할 연기와 "에너지 작업"에 집중했고, 또 L 박사는 특별한 요가 프로그램에 등록하라고 나를 설득하는 데에도 많은 공을 들였다. 이 요가 프로그램은 종교적 세뇌를 시켰다고 고소당해 요즘 연방법원에서 재판 중이다.

내가 사반세기 동안 L 박사에게 받은 치료의 목록이다. 그림책 보기(1981년). 백개먼 주사위 게임(1982~1985년). 다트 게임(1985~1988년). 점점 더 뉴에이지풍으로, 여러 첨단 심리 치료 방법을 활용한 다음과 같은 산발적 실험들. 최면, 의사소통 촉진법, 안구운동 민감소실 및 재처리 요법, 내면아이 치료법, 에너지 시스템 치료법, 내적 가족 체계 치료 등(1988~2004년). 나는 정신 치료 요법과 정신약리학의 온갖 일시적 유행의 수혜자(아니 어쩌면 희생자)였다.

몇 년 전에 이 책을 쓰려고 자료 조사를 시작할 무렵 L 박사를 찾아가 만나보기로 했다. 비록 나를 낫게 하지는 못했지만 수십 년 동안 나를 치료했으니 내 불안에 관해 그보다 더 잘 아는 사람이 어디 있겠는가? 그래서 편지를 보내 내가 지금 무슨 작업을 하고 있는지 이야기하고, 나를 치료한 과정을 이야기해줄 수 있는지, 아직 남아 있다면 옛날 치료 기록 파일을 볼 수 있는지를 물었다. L 박사는 기록은 남아 있지 않지만 기꺼이 만나서 이야기하겠다고 했다. 그래서 11월 말 어느 추운 오후에 보스턴에서 차를 몰고 출발해 케이프코드 끄트머리에 있는 프로빈스타운까지 갔다. 휴가철이 아니라 춥고 황량했다. L 박사를 본 지 5년 넘게 지난 터라 만나기 전에 (당연하게도) 긴장이 되었다. 전문가답게 침착한 태도를 유지하고 싶어서, 또 L 박사에게 의존하던 오랜 습관이 다시 되살아날까 봐 걱정이 되어(25년 동안 나에게는 아버지 같은 존재였다.) 나는 미리 자낙스 한 알을 먹었고 술집에 들러 진정제 삼아 보드카를 한 잔 할까 하는 생각도 들었다.♦ 늦은 오후에 L 박사 집 진입로에 들어섰다.

L 박사는 뒤쪽 데크에서 기다리고 있다가 나를 보고 손을 흔들며 사무실로 안내했다. 반갑게 나를 맞으면서 한편으로 약간 경계하는 듯도 했는데 내가 의료 과실 소송을 걸려고 증거를 모으러 온 게 아닌가 의심하는지도 몰랐다.(이 날 만남이 있기까지 내 진료 기록 등과 관련해서 주고받은 이메일 내용은 변호사의 검토를 받은 듯 한마디 한마디 신중하게 적혀 있었다.) 그때 70대 후반이던 L 박사는 여전히 몸이 가볍고 건강해 보였고 나이보다 젊어 보였다. 나는 지난 몇 년 동안 어떻게 지냈는지 이야기했고 그다음에 내 불안에 관해 이야기를 나누기 시작했다.

나는 20여 년 전 내가 처음 정신병원에 나타났을 때가 기억나냐고 물었다.

♦ 내가 이런 생각을 했다는 게 L 박사의 치료가 크게 효과가 없었다는 사실을 암시한다. 이제 나는 L 박사 대신 화학물질에 의존한다.

"기억나지. 자네는 아주 힘든 상태였어."

열 살 때 이미 강하게 나타났던 나의 구토공포증에 관해 물었다. "구토를 하면 몸이 분리될 거라는 아주 극적인 환상이 있었어. 부모님이 현실 검증을 할 수 있도록 해주지 않아서 공포증이 표출되었지."

병원에서 내 로르샤흐 검사를 어떻게 해석했는지 기억하는지? 나는 얼마 전에 매클린 병원 기록실에 연락을 취해 내 최초 평가 기록을 찾을 수 있는지 물었는데 몇 해 전에 다른 곳으로 옮겨져서 찾을 수가 없다는 말을 들었다. 내가 기억하는 유일한 이미지는 날개가 찢기고 다쳐서 동굴에서 벗어날 수 없을 듯 보이는 박쥐 그림이었다. "아마 버려지거나 포위당한 것 같은 감정과 상관이 있을 거야." L 박사가 말했다. "안전함을 느끼지 못한다거나 위험에 노출되어 있다고 느낀다는 거지."

내가 왜 위험에 노출되었다고 느꼈으리라 생각하는지 물었다.

"여러 원인이 있었지. 일단 부모님에게 문제가 있었어."

박사는 먼저 아버지 이야기를 했다. 어머니가 다니던 로펌 경영 파트너와 눈이 맞아 아버지를 떠났을 때 아버지가 L 박사에게 상담을 받았기 때문에 L 박사는 아버지를 상당히 잘 알았다.◆ "자네가 어릴 때 자네 아

◆ 사실 그래서 이해관계가 상당히 복잡하게 얽히고설켰다. 1995년 가을 어느 일요일에 어머니가 아버지한테 이혼하고 싶다고 말했을 때, 아버지는 이혼 당하지 않으려는 절박한 마음에 몇 년 만에 처음으로 술을 완전히 끊고 정말 아버지답지 않게도 긴급 조치로 부부 상담을 받겠다고 했다. 그전에는 나와 내 여동생의 정신과 상담비를 내주긴 했지만 심리 치료가 효과 있다고 생각하지 않고 비웃었다. 내가 상담을 받고 오면 이렇게 비꼬듯 묻곤 했다. "사이코 수업은 어땠니?" 하도 이 소리를 자주 해서 이 말이 우리 집에서 일상적으로 통용되는 말이 되었고 동생이나 나나 별 뜻 없이 쓰곤 했다.("엄마, 나 수요일 사이코 수업 받으러 갈 때 태워주실 수 있어요?") 1995년에 L 박사는 새로 맞은 아내 G 간호사와 함께 "부부 관계 상담"이라는 간판도 내걸었다. 그래서 부모님이 L 박사와 G 간호사(의료사회복지사이기도 하다.)를 만나 부부 상담 치료를 받기 시작했다. 게다가 20대 중반이던 내가 여전히 L 박사에게 꾸준히 치료를 받고 있었다. 그러다 보니 나와 L 박사의 상담은 이런 식으로 진행되게 되었다.

L 박사: 잘 지냈니?

버지는 자기 판단이 아주 강한 사람이었어. 불안 행동을 이해하지 못했지. 자네가 불안해하면 아버지는 화가 폭발했어. 공감을 못했지. 자네가 불안해하면 아버지는 그걸 뜯어고치려고만 했어. 자네가 그걸 버텨나가 도록 도와줄 수가 없었고, 달래주지도 못했지."

L 박사는 잠깐 생각하더니 말을 이었다. "자기 자신을 달래지도 못했다네. 자기 불안에 대해서도 비판적이었어. 불안은 나약함이라고 생각했

나: 좀 힘들었어요. 공황 발작이 있었는데……
L 박사: 부모님은 어떠셔?
나: 네?
L 박사: 최근 며칠 사이에 아버지나 어머니와 이야기한 적 있었니? 어머니가 아직 마이클 P를 만 나는지 말씀하셨어?

사실 어머니는 마이클 P를 계속 만나고 곧 같이 살기로 한 상태였다. 어머니가 떠나자 아버지는 혼 자 L 박사에게 상담 치료를 받기 시작했다. 이때에는 L 박사가 우리 가족 주치의나 다름없었다. 부 모님이 부부 상담을 6개월 했고, 아버지가 일주일에 한 번 찾아가고, 나도 계속 상담을 받으러 다 녔다. 뿐만 아니라 어머니는 또 따로 G 간호사를 만나기 시작했다.

내가 치료를 받으러 가면 L 박사는 새로운 중점 환자인 아버지에 관한 질문을 주로 던졌다. L 박사 에게는 아버지가 나보다 더 흥미로운 환자였을 것이다. 나를 본 지는 15년이 넘었고 아버지는 몇 달밖에 되지 않았으니까. 아버지를 보면 나와의 관계를 이야기하고 다음에는 나를 만나 아버지와 의 관계를 이야기할 수 있었으니 「라쇼몽」에 나오는 것 같은 흥미로운 상황이 연출되었을 것이다. L 박사는 아버지를 만나고, G 간호사는 우리 어머니를 만나고, 부부가 함께 우리 부모님을 만나 고, 또 L 박사가 나를 만나고……. L 박사와 G 간호사를 교환수 삼아 만화경 같은 가족 간의 통신 이 이루어진 셈이다.

아버지는 이혼 뒤 정서적으로 무너지고 술을 엄청나게 많이 마시던 상태에서 치료를 시작했다. 아 버지는 그로부터 2년이 채 안 되어 행복하고 생산적인 상태가 되어 재혼을 하고 전보다 "자기실현 을 이룬" "참된" 자신을 찾았다고 간주되어(본인과 L 박사 둘 다 그렇게 생각했다.) 치료를 마쳤다. 아버지는 열여덟 달 만에 치료를 끝냈는데, 나는 19년째에 접어들었고 아직도 여전히 불안한 상태 였다.

몇 년 전에 내 아내가 아버지에게 L 박사 치료를 마쳤을 때 어땠는지 물었다. L 박사가 나에 관한 이야기를 했는지? 아버지 말에 따르면 L 박사가 나는 치료를 마칠 준비가 전혀 되지 않았고 여전 히 "심각한 문제"가 있어 계속 도움이 필요하다고 했단다.

겉보기에 분명 그랬으리라고 생각한다. 그렇지만 아버지(나의 삶과 일을 엄격하게 비판적으로 평 가해서 내 자존감을 떨어뜨리는 데에 기여했을 아버지)가 내 정신과 의사를 빌려가 짧은 시간에 일시적 무기력 상태에서 벗어난 반면 나는 열등함과 무능력이 다시 한 번 입증되어 여전히 끔찍한 신경쇠약 상태에서 고통스러워 한다는 사실이 문제를 더 심각하게 만들지는 않았을까? 아버지가 치료를 마치자 나는 동생에게 학습 진도를 따라잡힌 초등학생 같은 기분이 되었다. 나보다 수십 년 늦게 치료를 시작한 아버지가 초고속으로 우등상을 받고 졸업하는 반면 나는 열아홉 번째로 3 학년을 다시 다녀야 하는 상황이었던 것이다.

으니까. 그래서 화를 냈지."◆

어머니는 어땠는지?

"어머니는 자기 불안이 강해서 자네가 불안을 이겨내도록 잘 도와줄 수가 없었다네. 불안에 빠지지 않으며 자기 삶을 꾸려나가려고 애썼지. 그래서 **자네가** 불안해하면 **어머니도** 불안해졌어. 이런 부모와 아이 관계에서는 아이가 부모의 불안을 받아들이는데 그게 어디에서 오는지는 몰라. 어머니의 불안이 자네의 불안이 되는데, 자네가 그걸 다루지 못하고 어머니도 마찬가지로 도울 수가 없는 거지.

자네한테는 '대상 항상성' 문제가 있었네. 부모에 대한 내적 이미지를 유지할 수가 없었어. 그래서 부모님에게서 떨어지면 마음속 깊은 곳에 버려지지 않을까 하는 의심이 생기는 거야. 부모님이 지구상 어딘가에 있다고 안심을 시켜줄 수 있을 만큼 안정된 모습을 보여주지 못했지."◆◆

L 박사는 이런 분리불안이 어머니의 과잉보호 때문에 더 심해졌다고 말했다. "자네는 어머니한테서 이런 메시지를 받는 거야. '너는 감당할

◆ 아버지의 분노에 대해서. 내 어린 시절의 어두운 기억 가운데 이런 것이 있다. 열네 살 때 어느 날 밤 나는 새벽 세 시에 깨어 공포에 질려 비명을 질렀다. 내 비명소리를 듣고 아버지는 자제력을 잃었다. 내 방으로 달려와서(어머니는 뒤에 따라왔다.) 계속 나를 때리면서 입을 다물라고 했다. 나는 더 크게 울었다. "못난 놈, 병신 같은 놈!" 아버지는 소리를 지르며 나를 집어던졌다. 나는 벽에 부딪힌 다음 바닥에 쓰러졌다. 나는 흐느끼면서 누워 있었고 아버지는 나를 내려다보았고 어머니는 무표정한 얼굴로 문가에 서 있었다. 나는 원래 가족과 친구들에게 둘러싸여 있을 때에도 외로움을 느끼는 경향이 있는데, 이때는 그 어느 때보다도 더 외롭다고 느꼈다.(내 기억이 사실임을 확인하기 위해 아버지의 일기 한 구절을 인용한다. 아버지는 어머니가 떠난 뒤에 일기를 쓰기 시작했는데 고맙게도 몇 년 전에 그 일기를 나에게 보여주었다. "열한 살 무렵에 스콧이 무척 불안해하고 특히 구토에 대해 겁을 내기 시작했다. 스콧이 보이기 시작한 이상한 행동을 앤은 알아보았지만 나는 부인했다. 앤이 옳았고, 내 심리적 맹목에 초를 치듯 셰리 박사[소아정신과 의사]가 매클린에서 검사를 받아보라고 했다. 그렇게 해서 스콧이 지금까지 계속 L 박사에게 치료를 받게 되었다. 그렇지만 초기 과정은 끔찍했다. 스콧의 증상은 점점 심해졌고 밤에 잠을 자지 못했다. 소라진과 이미프라민을 복용해야 했다. 나는 좌절감에 언어적으로, 심지어 신체적으로도 폭력을 가하곤 했다.")

◆◆ 볼비와 에인즈워스의 애착 이론에 나오는 '안전기지'라는 개념과 일맥상통한다.

수 없어. 위험을 무릅쓰지 마. 불안이 너무 심해질 테니까.'"

나는 L 박사에게 박사가 내 불안을 주로 정신역학적 문제, 곧 부모님과의 관계 때문으로 보는 것 같다고 말한다. 그렇지만 현대 연구를 통해 불안에 대한 취약성이 대체로 유전된다는 사실이 드러나지 않았나? 예를 들어 유전자와 기질 사이에, 또 기질과 불안에 연관성이 있다는 제롬 케이건의 연구는 불안한 성격이 게놈에 들어 있다고 말하지 않나?

"글쎄, '억제 기질'이라는 게 자네 상황을 악화시켰을 수도 있지. 그렇지만 나는 자네한테 그런 유전적 기질이 없었다고 하더라도 어머니의 성격 때문에 문제가 생겼을 거라고 생각하네. 어머니도 아버지도 자네한테 필요한 걸 줄 수가 없었어. 자네가 자네 스스로를 달랠 수도 없었고."

L 박사는 또 이렇게 덧붙였다.

"물론 유전자 때문에 신경화학적 문제가 일어난다는 증거도 있어. 그건 사실이야. 게다가 어머니의 성격이 유전적 기질과 나쁜 조합을 이룬 거지. 그렇다고 어떤 병에 대한 유전적 소인이 있다고 반드시 병에 걸리는 건 아닐세. 유전학자들은 '유전자 지도를 만들어 문제를 찾아낼 겁니다.'라고 말하지. 말도 안 되는 소리야! 유방암의 경우에도 유전적 소인이 있다고 하더라도 영양 같은 환경적 요인이 있어야만 실제 암으로 발병하기도 하고 그래."

나는 자낙스, 클로노핀, 셀렉사, 알코올 등의 약이 부모보다, L 박사보다, 혹은 나 자신의 의지보다(그게 무엇이든 간에) 나를 훨씬 더 잘 달래주었다는 의견을 표했다. 그렇다면 내 불안은 심리적 문제가 아니라 의학적 문제가 아닌가? 부모님의 결함과 상관이 없는? 불안은 몸 안에, 정신이나 영혼이 아니라 물리적 뇌 안에 들어 있는 문제가 아닌가? 정신에서 뇌로, 몸으로 스며드는 게 아니라 몸에서 뇌로, 정신으로 옮아가는 문제가 아닌가?

"잘못된 이분법이야!" L 박사는 단호하게 말하며 일어서 책꽂이에서 책을 꺼냈다. 『데카르트의 오류』라는 책이다. 안토니오 다마지오라는 신경학자는 이 책에서 데카르트가 정신과 육신을 구분한 것은 옳지 않다고 주장한다. 정신과 육체의 이원성은 사실 이원성이 아니라고 L 박사가 다마지오를 빌려 설명한다. 몸이 마음을 만든다. 마음이 몸에 스며든다. 둘은 구분할 수가 없다. "신피질의 구조(곧 정신)가 우리가 어떤 사람인지 구성하고, 변연계(무의식적인 자율신경)도 마찬가지로 우리가 어떤 사람인지를 결정하는 거야. 신피질은 정서적 시스템의 개입 없이 결정을 내릴 수가 없지."

L 박사는 육체와 정신을 분리할 수 없다는 예로 트라우마의 영향을 이야기했다.(박사는 최근에 스리랑카에 가서 2004년 지진 해일 생존자들을 돕는 방법을 지도하고 왔다.) 트라우마나 학대의 경험은 몸 안에 축적되고 "신체조직에 깃든다."고 한다.

"홀로코스트 생존자를 예로 들어 보자고. 홀로코스트 생존자의 손자 세대까지도 생리적으로 측정할 수 있는 불안 정도가 높게 나타나. 불안이 더 쉽게 촉발되고. 소말리아 내전 희생자에 관한 영화를 보여주면 훨씬 더 강렬한 반응을 보이지." 홀로코스트 생존자의 자녀뿐 아니라 손자, 증손자대까지도 같은 현상이 나타난다고 한다. "부모나 조부모의 경험을 통해 무언가가 몸 안에 들러붙은 거야. 자기가 직접 입은 트라우마가 아닌데도 그것에 영향을 받는 거지." (나는 아버지가 홀로코스트에 몰두하던 것을 생각한다. 나치에 관한 책을 침대 옆 테이블에 쌓아놓고 텔레비전에는 2차 세계대전 다큐멘터리를 항상 틀어 놓았다. 아버지의 부모님은 홀로코스트 직전에 독일에서 탈출했다. 나머지 식구들도 대부분 탈출했는데 삼촌과 할아버지는 크리스탈

나흐트['수정의 밤'이라는 뜻으로 1938년 11월 9일 나치 대원들이 독일 전역에서 유대인 가게를 약탈하고 시나고그에 방화하며 유대인들을 학살한 날이다.—옮긴이]에 얻어맞아 죽었다.)

나는 L 박사에게 50여 년 전 처음 정신의학 분야에 발을 들여놓은 이래로 얼마나 많은 것이 바뀌었는지, 특히 불안의 원인과 치료에 관해 어떤 것들이 달라졌는지를 물었다.

"프로이트주의자들은 무엇보다 '통찰'을 중요시했어. 신경증에 대한 통찰을 갖게 되면 그걸 통제할 수 있다고 생각했지. 잘못된 생각이었어!"

L 박사가 요즘에 최고로 치는 치료법은 관점에 따라 최첨단으로 볼 수도 있고 이상한 뉴에이지풍으로 볼 수도 있다. 예를 들어 안구운동 민감소실 및 재처리 요법은 트라우마를 상기하면서 안구를 앞뒤로 움직이는 것이고, 내적 가족 체계 치료는 정신의학자 리처드 슈워츠의 연구를 바탕으로 한 것인데 환자가 "행동하는 자아"를 통해 여러 자아를 통제할 수 있게 훈련시키고 나약한 내면아이와 긍정적이고 힘이 되는 관계를 맺도록 돕는 방법이다. 내가 L 박사에게 치료를 받던 막판에는 진료실 안에서 이 의자, 저 의자로 옮아가며 여러 다른 '자아'와 '에너지' 안에 들어가고 내면아이와 대화를 나누면서 많은 시간을 보냈다.

"전에는 기분장애나 성격장애를 획일적으로 바라보곤 했어. 그렇지만 지금은 성격 꾸러미가 여럿 있다는 것을 알게 되었지. 그것들마다 다른 신념과 가치 체계를 갖추고 있어." L 박사는 환자가 이 여러 자아를 인식하고 트라우마나 불안을 지니고 있는 자아를 통제할 수 있도록 도와야 병을 치료할 수 있다고 설명한다.

"오늘날에는 불안과 신경회로의 관계에 대해 많이 알게 되었다네. 때로는 약을 먹어야 할 때도 있어. 하지만 더 새롭고 좋은 방법은 뇌의 화학

조성을 바꾸는 거야. 약과 마찬가지 방식으로 바꾸는 걸세."

"제 신경회로가 제 운명인가요?" 내가 물었다. "박사님한테 25년 동안 치료를 받았고요, 다른 의사들도 여럿 만났고요, 여러 가지 치료 방법을 시도해봤어요. 그런데 지금 중년이 되어서도 여전히 심한 만성 불안에 시달리고 있네요."

"아니야, 운명이 아닐세." L 박사가 말했다. "신경가소성에 관해서 많은 사실이 밝혀져서 신경회로가 계속 살아난다는 걸 알게 되었지 않나. 언제라도 소프트웨어를 수정할 수 있어."

* * *

내가 불안을 완전히 극복할 수는 없을지 몰라도, 대신에 뭔가 좋은 점도 있다는 생각을 하게 되었다.

역사적 증거를 보면 불안이 예술적·창의적 재능과 같이 나타난다는 생각이 든다. 예를 들어 에밀리 디킨슨의 재능을 생각해보라. 디킨슨은 불안 때문에 옴짝달싹 못하는 사람이었다.(마흔 살 이후에는 집 밖에 전혀 나가지 못했고 자기 침실 밖으로도 거의 나가지 않았다.) 프란츠 카프카는 신경증적 감수성으로 예술적 감수성을 끌고 갔다. 우디 앨런도 마찬가지다. 제롬 케이건은 T. S. 엘리엇이 불안과 과민한 생리 때문에 위대한 시인이 되었다고 주장한다. 엘리엇이 "수줍음이 많고 조심스럽고 예민한 아이"였지만 식구들의 지지, 좋은 교육, "탁월한 언어 능력" 덕에 "자기 기질을 갈고 닦아" 뛰어난 시인이 될 수 있었다고 한다.[1]

잘 알려져 있듯 마르셀 프루스트는 신경증적 감수성을 예술로 변환했다. 마르셀의 아버지 아드리앵은 신경 전문 의사였고『신경쇠약자의 건강관리』라는 영향력 있는 책을 쓰기도 했다. 마르셀은 아버지의 책을 포함해 당대 주요 신경 의사들의 책을 두루 읽었고 그 내용을 자기 작품에 통합했다. 프루스트가 쓴 소설이나 논픽션에는 "신경 이상에 관한 어휘가 가득하다."[2]고 어떤 비평가는 평했다. 『잃어버린 시간을 찾아서』 곳곳에서 인물들은 신경의 병이 위대한 예술을 낳을 수 있다는 생각(아리스토텔레스가 이런 생각의 시초다.)을 입에 올리거나 또는 실제로 보여준다. 프루스트는 고도의 예술적 감수성이 신경증 기질과 직접적 연관이 있다고 생각했다. 고도의 예민함이 고도의 예술을 낳는다.◆[3]

◆ 데이비드 흄, 제임스 보즈웰, 존 스튜어트 밀, 조지 밀러 비어드, 윌리엄 제임스, 앨리스 제임스, 귀스타브 플로베르, 존 러스킨, 허버트 스펜서, 에드먼드 고스, 마이클 패러데이, 아널드 토인비, 샬럿 퍼킨스 길먼, 버지니아 울프 등 신경증에 시달린 지식인들은 무수하다. 이들 모두 삶을 망가뜨릴 정도로 심한 신경쇠약을 겪었다. 스코틀랜드 계몽주의의 핵심 인물인 데이비드 흄은 청년 시절에 법률 공부를 그만두고 철학이라는 훨씬 불안한 길을 택했다. 1729년 봄, 흄은 한동안 연구에 맹렬히 몰두한 뒤에 무너져 내렸다. 나중에 의사에게 보낸 편지에 따르면 몸은 소진되고 정신은 산란했다고 한다. 집필 중이던 책(결국에는 『인간 본성에 관한 논고』라는 유명한 책이 된다.)에 집중할 수 없었고 심한 복통, 발진, 가슴 두근거림 등에 시달려 5년 동안 대부분의 기간을 잃으며 보낸다. 다윈이 그랬듯 흄도 자신의 신경 "이상"을 치료하기 위해 온갖 치료법을 다 시도해보았다. 온천에서 물 치료를 하고 시골에서 산책과 승마를 했다. 주치의 처방대로 "고미약과 항히스테리약" 치료를 했고 "클라레 와인을 매일 1파인트씩" 마셨다. 도움을 얻으려고 다른 의사에게 보낸 편지에서 흄은 이런 질문을 했다. "선생이 아는 학자들 가운데 이런 병에 시달리는 사람을 본 적이 있습니까? 제가 언젠가 회복되기를 기대할 수 있을까요? 그때까지 오래 기다려야 할까요? 완전히 회복되어 전처럼 생기와 활력을 되찾아 심오하고 난해한 사색의 피로를 견딜 수 있게 될까요?" 흄은 결국 회복했다. 1739년 『인간 본성에 관한 논고』를 발표한 뒤에는 더 고통을 받지 않은 듯하고 그렇게 해서 역사적으로 중요한 철학자 가운데 한 사람이 되었다.

정치철학자 존 스튜어트 밀도 비슷하게 신경쇠약에 시달렸다. 1826년 가을 스무 살 때 밀은 정신적으로 완전히 무너져 내렸고 몇 년 뒤에 자서전 5장 「내 정신 역사의 위기」에 이때 일을 기록했다. 그해 "우울한 겨울" 내내 "우울", "낙담", "무신경" 상태가 수그러들 줄을 몰랐다고 한다. "억누를 수 없는 자의식" 때문에 마비되어 아무것도 할 수가 없었다.(심한 불안에 시달렸던 또 다른 천재 데이비드 포스터 월리스가 떠오른다.) 이렇게 18개월 동안 끝없는 고통에 시달린 뒤에 밀은 "내 암울함에 가느다란 빛줄기 하나가 비쳤다."고 한다. 한 프랑스 역사가의 수기를 읽던 도중에 일어난 일이다. 밀은 침울하고 분석적인 생각은 접고 정서적·심미적 기능을 발전시켜야겠다고 결심했다. "엄격하고 엄밀한" 아버지가 시킨 힘든 교육 때문에 정상적인 어린 시절이나 내면의 정서적 삶을 누리지 못했다는 것을 깨달았다. "감정의 계발이 내 윤리적·철학적 신조에서 중요한 핵심이 되었다."고 밀은 말한다. 자기 감정에 더 귀를 기울임으로써(밀은 워즈워스의 시 등을 읽으며 이런 성향을 개발했다.) 불안과 우울을 떨쳐버릴 수 있었다.

고도의 예민함이 때로 위대한 과학을 낳기도 한다. 캘리포니아 대학교 데이비스의 심리학자 딘 사이먼턴은 천재의 심리 연구에 수십 년을 바쳤고 저명한 과학자의 3분의 1 가량이 불안이나 우울 또는 둘 다에 시달렸다고 추정한다.[4] 사이먼턴은 불안장애의 소인이 되는 인지적·신경생물학적 기제가 과학에서 획기적인 생각을 낳는 창의적 사고를 강화하기도 한다는 가설을 내놓았다. 아이작 뉴턴이 미적분을 발명했지만 10년 동안 아무도 그 사실을 몰랐다. 뉴턴이 불안과 우울이 너무 심해서 아무에게도 알리지 못했기 때문이다.(몇 년 동안은 광장공포증 때문에 집 밖으로 나가지 못했다.) 다윈이 불안 때문에 수십 년 동안 집에 갇혀 있지 않았더라면 진화에 관한 연구를 마칠 수 없었을 것이다. 지그문트 프로이트도 초기에 심한 불안과 회의 때문에 거의 무너져 내릴 뻔했는데 그 상태를 극복하고 수세대의 정신 치료 요법에 영향을 미친 중요한 지식인이자 거의 신적인 존재가 되었다. 프로이트가 위대한 학자로 명성을 획득하자 프로이트와 추종자들은 그의 이미지를 흔들림 없는 확신을 가진 현자의 모습으로 새기려 했다. 그렇지만 프로이트의 옛날 편지를 보면 반대의 모습이 보인다.[5]◆

◆ 프로이트가 남긴 유산의 수호자 어니스트 존스는 프로이트의 편지를 출간하면서 "별 뜻 없는 시시콜콜한 내용"만 삭제했다고 주장했다. 그렇지만 일부러 누락한 편지 가운데 친구 빌헬름 플리스에게 보낸 편지 130통도 있는데, 신경증과 건강염려증으로 가득한 한탄이 편지의 상당 부분을 차지한다.

프로이트가 플리스에게 1894년 5월 초에 보낸 편지다. "한나절도 증상 없이 보내지를 못하고 기분과 작업 능력이 최저 상태일세." 누락된 편지에는 자기 증상을 되풀이하고 또 되풀이해서 전하는 내용이 가득하다. 프로이트의 말에 따르면 편두통, 온몸의 몸살, 온갖 종류의 소화기 문제를 겪고 이에 더해 가슴이 끝없이 두근거려서, 한 편지에서는 자기가 50대 초반에 "심장 파열" 때문에 죽을 것이라고 예언하기도 했다. 시가를 끊으려고 시도하다가는 온갖 신체 증상이 나타나서 결국 실패했다. "늙고 무력하고 병든 느낌이네." 1896년 아버지가 사망했을 때는 죽음에 대한 공포증적 집착을 보이며 이런 상태를 스스로 자신의 "죽음 망상"이라고 불렀다.

다른 사람에게 보이고 싶었던 냉철하고 자신감 있는 정신적 지주 이미지와는 많이 다르다. "하루 그렇다고 해서 불안이 노벨상을 안겨준다고 말할 수는 없다. 그래도 불안 기질을 잘 다루면 일을 더 잘하게 될 수도 있다. 불안 기질을 가진 사람을 연구하는 데 60년 이상을 바친 제롬 케이건은 불안한 직원이 일을 더 잘한다고 생각한다. 실제로 케이건은 과민한 기질을 가진 사람만 연구 조교로 채용한다고 한다. "이들은 강박적이고, 실수를 하지 않고, 자료 정리를 할 때 신중하다."[6]라고 말한 것이 《뉴욕 타임스》에 인용되었다. "대체로 성실하고 거의 강박적으로 준비를 잘한다." 불안장애에 압도당하는 일을 피할 수만 있다면 "걱정꾼들이 가장 철저한 일꾼이자 가장 사려 깊은 벗이다." 다른 연구들도 케이건의 주장을 뒷받침한다. 2012년 로체스터 대학교 메디컬센터 정신과 의사들은 신경이 매우 예민한 사람들이 평균보다 더 사색적이고 목표에 집중하며 조직력·계획력도 높다는 연구 결과를 내놓았다.[7] 이런 사람들이 더 유능하고 "고기능"이며 자기 건강을 더 잘 돌보는 경향이 있다.("이 사람들은 자기 행동의 결과를 따져보는 경향이 있다." 대표 연구자 니컬러스 투리아노의 말이다. "신경증적 성향이 성실함과

종일 신경증을 이해하려고 분투하는 의사가 자기 자신이 겪는 약한 우울감이 자연스러운 것인지 건강염려증 때문인지 모른다는 게 참으로 괴롭네." 프로이트가 플리스에게 말했다. 편지에는 우울하고 비참한 생각이 가득하다. 프로이트는 자기가 무명으로 죽을 것이며, 자기 글은 "쓰레기"이고 자기가 쏟은 노력이 아무 보람이 없을 거라고 생각한다. 때로는 자기가 선택한 분야에서 성공하기는커녕 살아남을 수도 없으리라고 느꼈다. 1897년 6월 22일에는 "일종의 신경증적 경험을 했다."고 썼다. "어디에도 빛 한 줄기 없이 생각은 어슴푸레하고 의심이 장막처럼 드리우는" 고통을 겪었다고 한다.
"나한테 무슨 일이 일어나는 건지 아직도 모르겠다." 프로이트가 몇 주 뒤에 이렇게 적었다. "나 자신의 신경증 가장 깊은 곳에 있는 무언가가 신경증의 이해에서 한 발이라도 더 나아가는 것을 막는다."
1897년 8월 프로이트는 오스트리아 바트아우세에서 가족과 휴가를 보내던 중에 플리스에게 편지를 보냈다. 프로이트는 행복하지 않았다. "우울한 기간"이었으며 "내 신경증 이론에 대한 심각한 회의 때문에 괴롭다."고 했다. 휴가를 왔지만 "동요된 머리와 감정이 가라앉지 않았다." 환자가 점점 늘고 있었지만 프로이트는 "나의 가장 중요한 환자는 나 자신"이라고 했다. 이듬해 여름에 휴가를 떠났을 때에도 자기 작업의 진척이 더디고 동기를 상실했다고 울적해 했다. "이런 불안함의 원인은 히스테리다." 프로이트는 놀랍게도 필생의 업으로 삼은 병을 자기도 가지고 있다고 결론을 내린다.

결합해 위험한 행동을 하지 않게 만드는 듯하다.") 2013년에 《경영학 저널》에 실린 연구에서는 신경증이 있는 사람은 관리자의 기대 이상으로 그룹 프로젝트에 기여하는 반면 외향적인 사람은 기대보다 덜 기여하고, 시간이 흐르면서 신경증이 있는 사람의 기여가 더욱 가치 있어진다고 했다.[8] 대표 연구자 커린 벤더스키는 UCLA 앤더슨 경영대 조교수인데 자기가 그룹 프로젝트를 꾸린다면 "본능을 따르는 대신, 신경이 예민한 사람 수를 늘리고 외향적인 사람은 줄일 것이다."[9]라고 했다. 2005년에 웨일스 대학교 연구자들은 「걱정꾼이 승리자가 될 수 있나?」라는 논문을 발표해서 불안감이 높은 자산관리자가 높은 지능지수도 같이 갖추고 있다면 가장 뛰어나고 능력 있는 자산관리자가 된다고 했다.[10] 걱정을 많이 하는 똑똑한 사람이 최선의 결과를 낳는다는 결론이다.◆

아쉽지만 걱정과 직업 성취도 사이의 긍정적 상관관계는 걱정하는 사람의 지능지수가 높을 때에만 나타난다. 그렇지만 과도한 걱정 자체가 높은 지능지수와 상관이 있다는 증거도 있다. W 박사는 자기 환자 중에서 불안증이 있는 사람이 가장 머리가 좋다고 말한다.(W 박사가 경험하기로는 불안한 변호사가 특히 머리가 좋아서, 복잡한 법적 결과를 예측하는 데에도 뛰어나고 최악의 시나리오를 상상하는 데에도 뛰어나다고 한다.) W 박사의 경험을 입증해주는 최근 연구 결과도 있다. 이런 상관관계가 상당히 직접적으로 나타나기도 한다. 지능지수가 높을수록 걱정을 많이 하고 지능지수가 낮을수록 걱정을 덜 한다는 것이다. 2012년 《첨단 진화신경과학》에 발표된 연구에서는 범불안장애 진단을 받은 사람들을 살펴볼 때 높은

◆ 연구자들은 또 "불안은 주의집중, 자기통제, 위험 예상이 필요한 상황에서 효율적으로 기능하는 데 반드시 필요한 적극적 인식의 중요한 요소다."라고도 한다.

지능지수와 걱정의 정도에서 상관관계가 나타났다.[11](불안한 사람들은 일어날 수 있는 나쁜 결과를 영리하게 예측한다.) 대표 연구자인 제러미 코플런은 "뜻밖의 위험이 자주 나타나기 때문에" 불안은 진화상 적응에 도움이 된다고 말한다. 이런 위험이 나타났을 때에 불안한 사람이 더 준비가 잘 되어 있어 살아남을 가능성이 높다. 코플런은 어떤 사람은 매우 어리석어서 "위험이 코앞에 닥칠 때조차도 위험을 보지 못한다."고 한다. 또 "이런 사람들이 지도자의 위치에 있으면 대중에게 '걱정할 필요가 없다.'고 말할 것이다."라고 한다. 뉴욕 주립대학교 다운스테이트 메디컬센터 교수인 코플런은 정치 지도자에게는 불안이 아주 좋은 자질이라고 말한다. 불안이 없으면 위험할 수 있다는 것이다.(코플런의 연구를 바탕으로 2008년 경제 위기의 원인은 어리석거나, 불안을 모르거나 혹은 둘 다인 정치가와 금융가 들이었다는 논평도 나왔다.)

물론 이런 상관관계가 보편적이라고 말할 수는 없다. 똑똑한데 대범한 사람이나 어리석은 걱정꾼도 얼마든지 있다. 또 당연하지만 불안이 생산적이려면 삶을 황폐화시킬 정도로 지나치지 않아야 한다는 조건이 있다. 어쨌든 불안한 사람이라면 불안과 지성이 연결되어 있다는 증거가 점점 늘어나는 데에서 용기를 얻을 수 있을 수 있을 것이다.

뿐만 아니라 불안은 윤리적 행동과 탁월한 지도력과도 연결될 수 있다. 아내가 한번은 내가 불안에서 완전히 회복되면 무얼 잃게 될까 하는 의문을 입 밖에 낸 일이 있다. 또 나한테서 불안 기질이 사라지면 아내가 잃게 되는 것은 무엇일지.

아내가 이렇게 말하며 정곡을 찔렀다. "난 당신 불안이 싫어. 당신이 불안 때문에 힘들어하는 것도 싫고. 하지만 만약에 내가 좋아하는 당신의 여러 면들이 불안과 연결되어 있다면 어쩌지? 그러니까 만약에, 당신 불안증이 씻은 듯이 낫고 나니까 완전 재수 없는 인간이 되어버린다면?"

그럴 수 있을 거라는 생각이 든다. 내 불안이 나를 억제하는 한편 사회적으로 민감하게 만들어서 다른 사람에게 더 섬세하게 신경을 쓰게 하고 아내에게도 좀 더 나은 남편이 되게 만든다고도 할 수 있기 때문이다. 전투기 조종사들은 이혼율이 매우 높은데, 아마 불안 정도가 낮고 자율 신경계 각성 정도도 낮기 때문일 수 있다. 이 두 가지가 합해지면 (전투기를 몰거나 혼외 관계를 맺는 등) 모험을 즐기게 될 뿐 아니라 대인관계에서 둔감하여 파트너의 미묘한 사회적 신호를 포착하지 못할 수 있다.[12]◆ 불안한 사람들은 위협이 없는지 늘 주변을 살피기 때문에 아드레날린 중독자들보다 다른 사람의 감정과 사회적 신호에 더 민감하다.

불안과 도덕성이 관련 있다는 생각은, 현대 과학이 입증하고 내 아내가 그런 직관을 품기 전에 이미 오래전부터 있었다. 성 아우구스티누스는 두려움이 우리가 도덕적으로 행동하도록 만들기 때문에 적응에 유리한 기질이라고 생각했다.(토머스 버지스와 찰스 다윈도 불안과 얼굴 붉어짐에 관해 그렇게 생각했다. 유인원이나 사람은 잘못된 행동을 할까 봐 두렵기 때문에 '올바르게' 행동하여 서로 예의를 지킨다는 것이다.) 실용주의 철학자 찰스 샌더스 퍼스와 존 듀이는 사람은 불안, 수치, 죄책감 같은 부정적 감정을 경험하기를 싫어하기 때문에 윤리적 행동에는 일종의 심리적 보상이 있는 것과 마찬가지라고 한다. 이에 더해 심리학에서 범죄자를 연구했을 때 범죄자는 평균적으로 불안 정도가 낮고 편도 반응성도 낮다는 것이 드러났다.(범죄자들은 지능지수도 평균보다 낮다.)

◆ 미군 중에서도 공군이 이혼율이 가장 높다고 한다. 전투기 조종사의 이혼 열 건 가운데 아홉 건은 아내 쪽에서 요구한 것이다.

앞서 지난 반세기 동안 수백 건의 유인원 연구를 통해 특정 유전자와 어린 시절에 겪은 약간의 스트레스가 결합하여 평생 가는 불안, 우울 행동을 일으킬 수 있다는 사실이 다양한 방식으로 입증되었다고 이야기했다. 그런데 최근에 국립보건원 비교행동학 연구실장 스티븐 수오미는 붉은털원숭이 연구에서[13] 불안한 기질의 원숭이를 어릴 때 불안한 어미로부터 떼어 불안하지 않은 어미에게 맡겨서 키우자 놀라운 일이 벌어지는 것을 보았다. 이 원숭이들은 자라서 유전적 형제들보다 불안을 **덜** 나타냈을 뿐 아니라, 신기하게도 **무리에서 우두머리 수컷이 되는 경향**이 있었다. 어느 정도의 불안이 오래 살 확률을 높여줄 뿐 아니라 적절한 상황에서는 지도자가 되도록 만들어줄 수도 있다고 짐작할 수 있다.

* * *

내 불안은 견디기 어려울 때가 많다. 불안 때문에 정말 비참한 상태가 되기도 한다. 그렇지만, 어쩌면, 불안은 하나의 선물일 수도 있다. 아니면 적어도 내버리기 전에 한 번 더 생각해봐야 할 동전의 뒷면일 것이다. 어쩌면, 부족하나마 나에게 어떤 도덕감이 있다면 그것이 불안과 연결되어 있을지도 모른다. 뿐만 아니라 이따금 걱정으로 나를 미칠 지경으로 몰고 가는 상상력이 내가 예측하지 못한 상황이나 의도하지 않은 결과에 대비해 계획을 세울 수 있게 하는 장점이 될 수도 있다. 내 발표 불안과 나란히 존재하는 빠른 사회적 판단이 상황을 재빨리 파악하고 사람들을 조정하여 갈등을 막는 데에 도움이 될 수도 있다.

마지막으로, 원초적 진화의 과정에서 불안은 생존에 도움이 되기도 한다. 나는 대범하고 조심성 없는 사람들(기본 자율신경계 각성 정도가 낮은 전투기 조종사나 사기꾼)보다 과격한 스포츠를 즐기다가 죽거나 싸움에 휘말려 총을 맞을 가능성도 낮을 것이다.◆

문학평론가 에드먼드 윌슨은 1941년 「상처와 활」이라는 글에서 소포클레스 비극의 영웅 필록테테스 이야기를 했다. 필록테테스는 왕의 아들인데 뱀에 발을 물려 생긴 상처가 곪아 낫지 않았다. 그런데 이 상처 때문에 활을 쏘면 백발백중이었다. 필록테테스의 "지독한 냄새가 나는 상처"와 "초인적인" 사격술은 하나로 연결되어 있다.◆◆ 나는 어쩐지 이 이야기에 마음이 끌린다. 소설가 지넷 윈터슨의 말을 빌리면 이 이야기에는 "상처와 재능이 함께한다." 곧 나약함과 수치심이 초월, 영웅적 자질, 구원의 가능성이기도 하다는 생각이 들어 있다. 내 불안은 낫지 않는 상처처럼 가끔은 나의 삶을 막아서고 나에게 수치심을 안겨준다. 그렇지만 동시에 어떤 힘의 원천이자 은총이기도 하다.

◆ 한편으로 내가 스트레스 관련 질환으로 일찍 죽을 가능성은 더 높다.
◆◆ 에드먼드 윌슨은 소포클레스, 찰스 디킨스, 어니스트 헤밍웨이, 제임스 조이스, 이디스 워튼 등 작가들의 글에서 예술과 심리적 고통이 어떻게 연결되는지에 관한 글을 썼다.

12

회복탄력성

불안을 피할 수는 없지만 줄일 수는 있다. 불안 조절은 불안
을 정상적인 수준으로 줄이고 이 정상적 불안을 자각, 조심성,
삶에 대한 열정을 높이는 자극으로 쓰는 것이다.

—롤로 메이, 『불안의 의미』(1950)

작가, 시인이자 사전 편집자로 유명한 새뮤얼 존슨은 우울한 지성인으로
도 유명하다. 존슨은 로버트 버튼이 "학자의 병"이라고 부른 병에 심하게
시달렸다. 1729년 스무 살 때에는 "극심한 건강염려증에 압도되고 초조
함, 조바심, 성마름에 끝없이 시달렸으며 낙담, 우울, 절망 때문에 삶이 고
통이었다." 제임스 보즈웰이 『새뮤얼 존슨의 삶』에 기록한 내용이다. "이
비참한 병에서 끝내 완전히 낫지 못했다."("신경계에 결함이 있기 때문일 가
능성이 높아 보인다." 보즈웰은 이렇게 추측했다.) 다른 전기 작가의 기록에 따
르면 "강렬한 불안이 처절한 절망감과 교대로 나타나는 비참한 정신 상
태"였다고 한다. 동시대 사람들이 존슨의 희한한 틱이나 경련을 언급했

는데 이걸 보면 강박신경증이었을 수도 있다. 또 오늘날 광장공포증이라고 하는 것도 있었던 듯하다.(존슨은 지방 치안 판사에게 배심원 임무에서 면제해 달라는 편지를 보내기도 했다. "공공장소에서는 기절할 듯한 상태가 되기 때문"이었다.) 존슨 스스로도 자신의 "병적 우울"에 관해 입버릇처럼 이야기하며 우울감이 광기가 될까 봐 걱정했다. 존슨은 틈틈이 버튼의『우울의 해부』에 빠져드는 한편 과거와 당대의 의학 문헌도 폭넓게 읽었다.

존슨은 정신을 온전하게 유지하기 위해 (버튼도 그랬듯이) 게으름과 나태가 불안과 광기의 온상이라는 생각에 매달렸고 꾸준히 일하고 아침마다 일찍 일어나는 등 규칙적으로 생활하며 싸우는 게 최선이라고 생각했다. "정신이 공허하게 놀고 있을 때에 상상력이 강력하게 정신을 사로잡는다."고 말하곤 했다. 그래서 존슨은 늘 일에 몰두하고 일상의 습관을 관리하려고 애썼다. 내가 특히 동질감을 느끼는 부분은 존슨이 평생 동안 아침에 일찍 일어나려고 결심을 하고 줄곧 실패하는 모습이다. 일기에서 대표적인 부분을 발췌해보자.

1738년 9월 7일: "아 신이시여…… 제가 **나태함 속에 낭비한** 시간을 되찾을 수 있게 해주십시오."

1753년 1월 1일: "일찍 일어나고 시간 낭비하지 말 것."

1755년 7월 13일: "다시 **일상 계획**을 세울 것이다. (1) 일찍 일어날 것."

1757년 부활절 전날: "전능하신 주여 …… **나태를 떨치게 해주시옵소서.**"

1759년 부활절: "악한 습관의 고리를 끊을 수 있도록 돌보아주소서. 게으름과 나태를 떨쳐버리게 하소서."

1760년 9월 18일: "일찍 일어나고 …… 게으름을 물리치겠다고 …… 결심함."

1764년 4월 21일: "이 시간 이후 나의 목표는 (1) 게으른 생각을 물리친다. 쉬는 시간에는 쓸모 있는 오락거리를 한다. (2) 게으름에 빠지지 말 것. 일찍 일어나 날 것."

이튿날(새벽 3시): "헛된 공포의 고통에서 구해주소서. …… 나태한 생각과 게으름으로부터 구해주소서."

1764년 9월 18일: "일찍 일어나기로 결심했다. **가능하면 6시에는** 일어나도록."

1765년 부활주일: "**8시에 일어나기로** 결심했다. 8시라도 이른 시간은 아니지만 지금 기상 시간보다는 훨씬 이르니까. 요즘은 2시가 다 되어 일어날 때도 많다."

1769년 1월 1일 : "많은 결심을 할 만한 상태가 아직 안 되었다. **8시에는 일어나려고** 한다. **차츰 6시까지** 당길 수 있을 것이다."

1774년 1월 1일(새벽 2시): "**8시에** 일어나기로 …… 삶이 **규칙적이지 않고 불안정하기 때문에** 부족함이 많다. 모든 목표가 무너진다. …… 그래서 상상에 빠질 여지가 너무 많은 듯하다."

1775년 성 금요일[부활절 전 금요일로 예수 수난일—옮긴이]: "해마다 개선하고 보완하겠다는 결심이 무너지곤 했던 것을 돌아보면, …… 그런데도 왜 다시 결심하곤 하는 걸까? 교정은 반드시 필요하고 좌절은 죄악이기 때문에 나는 계속 노력한다. …… 부활절부터 나는 일찍 일어나기를 목표로 삼는다. 늦어도 8시에는."

1781년 1월 2일: "**좌절하지 않을 것이다.** …… 내 소망은 (1) 늦어도 8시에는 일어난다. …… (5) 게으름에 빠지지 않는다."

존슨은 일찍 일어나는 습관을 유지할 수가 없었고 밤이면 거의 동 틀 때까지 일을 하거나 공포증과 두려움에 시달리며 런던 거리를 배회하곤 했다.◆

◆ 최근의 수면 주기 연구에서는 일찍 일어나지 못하는 것이 전적으로 성격의 탓이라기보다는 생물

존슨의 일기는 20대 때부터 70대 초반까지 40년 넘게 이어진다. 게으름에서 벗어나 일찍 일어나려는 헛된 노력도 그렇고 헛되다는 걸 알면서도 계속 노력하려는 진지함도 감동적이다.(1770년 6월 1일 일기에는 이렇게 썼다. "사람은 누구나 자기가 결심한 바를 이룰 수 있다고 생각하고, 시간이 흐르고 같은 일이 되풀이되지 않는 한 자신의 의지박약을 모르는 법이다.") 현대에 존슨의 전기를 쓴 사람 가운데 대표격인 월터 잭슨 베이트는 이런 일기들을 1970년대에 취합했다. 이때는 프로이트 식의 심리 전기가 유행이던 때다. 베이트는 이런 일기 내용이나 스스로를 개선하고자 하는 존슨의 끝없는 노력이 지나치게 완벽주의적인 초자아의 증거라고 주장한다. 이것과, 또 자연스레 같이 나타나는 낮은 자존감이 존슨의 "우울증적 불안"과 여러 정신신체증을 설명해준다고 한다.[1] 존슨에게 나태함이 '위험'한 까닭을 존슨의 친구 아서 머피는 이렇게 설명한다. "외부의 다른 일에 정신을 쓰지 않으면 정신이 내부를 향해서 자기 자신에 대한 적대감으로 바뀌기 때문이다. 그는 삶과 행동에 대해 언제나 엄격하다. 완벽하기를 바라며 불필요한 가책으로 마음의 평화를 무너뜨린다." 머피는 존슨이 자기 삶을 돌아볼 때는 "시간 낭비, 몸의 이상, 정신의 혼란, 거의 광기에 가까운 상태밖에는 보지 못한다. 존슨은 자기 삶은 아주 어릴 때부터 아침 침상에서 낭비되었다고 말한다. 또 만성적 게으름이 자신의 죄악이라고 하는데, 사실 어느 정도는 병적 우울과 심신의 피로 때문에 어쩔 수 없기도 하다."라고 한다. 존슨은 스스로를 좀 더 나은 존재로 생각하기 위해 완벽을 추구하면서, 프로이트주의 정신분석가 카렌 호나이가 신경증적 성

학적으로 각인된 특질이라고 주장한다. 어떤 사람의 하루 리듬은 "아침 일찍 일어나는 새"처럼 일찍 일어나고 밤에 잠자리에 들게끔 되어 있는 반면 어떤 사람들은 "올빼미형"이라 한밤중까지 일을 하고 아침에 일어나지 못한다고 한다.

격이라고 부른 성향을 드러낸다. 베이트는 존슨의 글이 "현대 정신의학을 예시할 때가 많다."고 한다. 존슨의 글은 "인류의 비극 가운데 얼마나 많은 부분이 개인이 스스로 긍정적으로 생각하지 못하는 데에서 오는지, 이로부터 얼마나 많은 질시와 악이 자라나는지"에 관심을 쏟았다. 존슨 자신이 말하듯 존슨이 전기 문학에 강한 관심을 쏟은 까닭은(존슨은 『시인들의 생애』를 비롯한 여러 전기를 썼다.) "어떻게 해서 행복해졌는가" 혹은 "어떻게 군주의 호의를 잃었는가"에 관한 관심이 아니라 "어떻게 스스로에게 불만족하게 되었는가"를 이해하는 데에 있었다.

그런데 여기에 교훈적 사실이 있다. 스스로에게 불만이 많았고 자신의 게으름과 늦잠을 자책하곤 했지만 그래도 존슨은 엄청나게 생산적인 사람이었다. 돈을 벌기 위해 글을 쓰긴 했지만("돈 아닌 다른 이유로 글을 쓰는 사람은 바보다."라고 말하기도 했다.) 싸구려 글쟁이는 아니었다. 존슨의 글 가운데에는 원형적 소설 『라셀라스』, 시 「인간 소망의 헛됨」, 그리고 여러 뛰어난 산문 등 서구 문학 정전으로 자리 잡은 작품이 많다. 내 서가에 꽂힌 『새뮤얼 존슨 작품집』은 16권짜리 두툼한 전집인데 존슨의 가장 유명한 작품인 영어사전은 아예 들어가 있지도 않다. 스스로의 능력과 성취에 대한 존슨의 평가가 현실과 일치하지 않는 것은 분명하다. 현대 임상 연구에서 드러났듯 우울한 기질을 가진 사람이 그런 경우가 많다.◆

존슨은 더 나은 사람이 되려고 끈질기게 노력했고 정서적 고통 속에서도 생산적으로 계속 글을 쓰면서 어떤 종류의 회복탄력성을 보여주었다. 현대 심리학은 이런 특질이 불안과 우울에 맞서는 강력한 방책이라

◆ 실제로 우울증이 있는 사람들은 건강한 사람보다 자기 평가를 더 정확히 하는 경향이 있다는 연구가 있다. 따라서 자신이 실제보다 더 낮고 능력 있다고 생각하는 자기기만이 정신건강과 직업적 성공에는 도움이 된다고 할 수 있다.

는 사실을 뒷받침하는 결과를 많이 내어놓는다. 불안 연구가 전통적으로는 불안증이 있는 사람의 문제가 무엇인지에 초점을 맞추었다면 오늘날에는 건강한 사람이 불안장애를 비롯한 병에 걸리지 않게 저항력을 부여하는 것이 무엇인지에 관심을 둔다. 마운트사이나이 아이컨 의대 정신의학·신경과학 교수 데니스 차니는 베트남 전쟁에 참전한 미군 포로 가운데 정신적 외상을 겪었지만 우울증이나 외상 후 스트레스 장애가 생기지 **않은** 사람을 연구했다. 차니 연구팀은 이들이 다른 사람과 달리 불안증과 신경쇠약에 걸리지 않을 수 있었던 것은 회복탄력성과 수용력 덕분이라는 것을 알아냈다. 차니는 회복탄력성의 핵심적인 심리적 특성으로 열가지를 꼽는다. 낙관주의, 이타주의, 무너지지 않는 도덕적 지침이나 신념 체계, 신앙과 영성, 유머, 역할 모델이 있음, 사회적 지지, 두려움을 마주함(안전한 지대를 벗어남), 삶의 목표나 의미가 있음, 도전을 마주하고 극복하는 것에 대한 훈련.[2] 다른 연구에서는 회복탄력성이 뇌 속의 화학물질인 NPY 수치와 연관된다는 결과가 나왔다. 인과관계가 어느 쪽으로 연결되는지는 불분명하지만(회복탄력성 있는 기질이 뇌에 NPY를 생성하는지 아니면 뇌 안의 NPY가 회복탄력성 있는 기질을 만들어내는지, 아니면 둘 다가 합해진 것일지?) NPY 수치에는 유전적 영향이 크다는 증거도 나왔다.◆

* * *

나는 W 박사에게 신세한탄을 한다. 30년 동안 노력했지만 보람이 없었

◆ 9장에서 살펴보았듯이 제롬 케이건, 케리 레슬러 등의 연구가 사람이 타고나는 신경과민이나 회복탄력성이 유전자에 큰 영향을 받음을 보여주었다.

던 것으로 보아 불안에서 회복되어 이 책을 희망적인 결말로 끝맺을 전망은 암울하다고. 신기하기도 하고 희망적이기도 한 회복탄력성에 관한 연구가 점점 늘어난다는 이야기도 한다. 그렇지만 전에도 말했듯이 나에게 저항력이 풍부하다는 생각은 들지 않는다고 덧붙인다. 사실 내 유전적 성향은 저항력이 **없는** 쪽이라는 구체적 증거를 확인했다고 말한다. 나는 생물학적으로 불안해하고 비관하고 회복력이 **없게끔** 만들어져 있다고.

"그래서 내가 요즘 유전학이니 신경생물학이니 하는 게 마음에 안 든다고 하는 거예요." W 박사가 말한다. "정신이 고정되어 있고 변하지 않는 구조라는 생각만 강조하니까요. 사실 정신은 평생 바뀔 수 있는데요."

나도 안다고 말한다. 뿐만 아니라 유전자 발현도 환경 요인에 영향을 받고 또 인간이라는 존재를 유전자나 환경만으로 설명하는 것은 터무니없는 환원주의라는 것도 안다고 말한다. 그래도 여전히 나는 내가 회복탄력성을 발휘할 수 있을 것 같지가 않다.

"당신은 당신 생각보다 더 회복탄력성이 강해요. 항상 '난 이거 못해.' '저거 못해.' 하고 생각하지만 굉장히 많은 것들을 해내잖아요. 이 책을 쓰는 동안에 얼마나 많은 것들을 이겨내야 했는지 한번 생각해봐요."

책 마감일이 무시무시하게 다가오자 나는 본업인 잡지 편집 일을 잠깐 쉬면서 글쓰기에 집중하려고 했다. 사실 쉽지 않은 결심이었다. 회사가 구조조정을 하고 있는 판이고, 급속도로 축소되며 어쩌면 죽어가는 업계(종이잡지)에서 일하고 있으면서 대공황 이후로 최악이라는 경제 상황에서 내가 자리를 비워도 별 탈이 없다는 걸 광고하는 셈이니 내 직업 안정성을 크게 위협하는 일이었다. 그렇지만 마감일을 넘겨 집안 재정을 파탄낼까 봐 공포가 밀려오는 상황이어서 도박일지라도 휴가를 얻는 게 좋겠다고 판단을 내렸다. 임시 휴가를 내어 확보한 시간에 다가오는 마감일에 대한 압박을 더하면 생산성 폭발에 필요한 조건이 마련될 거라고 기대했다.

그런데 그렇게 되지 않았다. 이렇게 되었다.

휴가 첫날, 지금까지 건강하기만 하던 아내가 알 수 없는 병에 걸려 여러 병원을 찾아다녀야 했고(내과, 알레르기과, 면역과, 내분비과) 여러 가지 확실하지 않은 진단을 받았다(낭창, 류머티스성 관절염, 하시모토 갑상선염, 그레이브스병 등). 그러고 며칠 뒤에는 늘 법을 준수하고 사는 아내가 (말도 안 되는 착오로) 중죄를 저질렀다고 기소되어(이야기하자면 길다.) 변호사비로 수천 달러를 쓰고 법원에도 수차례 출두해야 했다. 같은 무렵에 어머니의 두 번째 남편이 다른 여자와 눈이 맞아 이혼 소송이 시작되어서 어머니 경제 사정이 나빠질까 봐 걱정되었다. 아버지가 새로 시작한 사업이 (잘되면 우리 애들 대학 등록금을 대주지 않을까 기대했는데) 자본금을 잃고 망하고 말았다. 그래서 내가 책을 쓰겠답시고 받은 휴가 동안 날마다 컴퓨터 앞에 앉기는 했으나 글을 쓰는 데 보낸 시간보다는 아내의 건강을 걱정하고 돈이 들어오는 속도보다 나가는 속도가 훨씬 빠른 우리 은행 잔고를 강박적으로 확인하는 데 보낸 시간이 훨씬 더 많았다.

그러다가 8월(휴가 마지막 달이었다.) 어느 날 아침, 나는 천둥이 울리고 비가 쏟아지는 소리에 잠에서 깨었다. 갑자기 나뭇가지와 돌덩이가 우리 침실 창문을 두들기기 시작했다. 침대에서 뛰어나와 방에서 나가는 순간 창문이 안으로 깨졌다.(아내와 아이들은 다른 지역에 가 있었다.) 지하실을 향해 달려갔는데 부엌을 통과하자마자 천장이 무너졌다. 나무가 지붕 위로 쓰러진 것이었다. 벽에 붙어 있던 찬장이 바닥에 넘어졌다. 천장에서 조명기구가 떨어져 전기가 흐르는 전선에 매달린 채로 공중에 대롱대롱 달려 있었다. 무너진 천장에서 단열재 덩어리가 떨어져 헐떡이는 혓바닥처럼 늘어졌다. 지붕널 조각이 흘러내려 바닥에 흩뿌려졌다. 지붕의 뚫린 구멍으로 비가 쏟아져 들어왔다.

거실을 가로지르는데 다른 나무가 다시 집을 덮쳤다. 거실 창문 네 개가 동시에 깨져 유리가 사방으로 날았다. 나무가 수십 그루 쓰러졌다. 어떤 것은 뿌리째 뽑혔고 어떤 것은 땅 위 수십 미터 높이에서 둘로 꺾였다.

지하에 숨으려고 계단을 기어 내려갔다. 그런데 지하실에 내려가 보니 물이 벌써 한 뼘 가까이 차 있고 수위가 점점 올라가고 있었다. 나는 마지막 계단에 서서 무슨 일이 벌어진 건지(허리케인? 핵전쟁? 지진? 토네이도? 외계인의 침공?),◆ 어떻게 해야 할지 생각했다. 머릿속이 핑핑 돌았다. 박서 팬티 차림으로 서 있자니 천둥처럼 울리는 내 심장소리가 들렸다. 입은 바싹 타고 숨은 가쁘고 근육은 바짝 긴장해 있고 가슴은 두근거리고 아드레날린이 피를 타고 흘렀다. 싸움 또는 도주 반응이 최대로 활성화되어 있었다. 심장이 두근거리는 기세나 이런 신체적 감각이 공황 발작이나 공포증이 일어났을 때와 비슷하다는 생각이 들었다. 그런데 지금 내가 마주하고 있는 위험은 공황 발작이 일어났을 때와 비교해 훨씬 실제적인데도, 지붕이 무너지고 나무가 쓰러져 내가 다치거나 죽을 수도 있는데도, 공황 발작을 겪을 때처럼 비참한 심정은 아니었다. 겁이 나긴 했지만, 한편 자연의 힘에 감탄하고 있었다. 튼튼하게만 보이던 우리 집을 무너뜨리고 거대한 나무 수십 그루를 쓰러뜨릴 수 있는 힘에. 사실 약간…… 신이 나기도 했다. 공황 발작은 이보다 훨씬 괴롭다.◆◆

◆　보험회사에서 나중에 결론 내리기로는 '토네이도'였다고 한다.
◆◆　이 생각을 확인해주기라도 하듯 이틀 뒤 밤에 나는 복통 때문에 잠에서 깼다. 곧이어 찾아온 처참한 공황 발작이 온몸을 뒤흔들어 나는 의식을 잃고만 싶은 생각에 보드카와 자낙스와 드라마민을

그 뒤 몇 주는 보험사 직원, 재난 복구 전문가, 부동산 업자, 이사업체 등을 상대하느라 지나갔고 책 작업은 전혀 하지 못했다. 내 소중한 휴가가 하루하루 날아가고 줄어들면서 나는 또 사면초가에 둘러싸인 기분이 되었다. 직장으로 돌아가지 않으면 일자리를 잃을 것 같았다. 직장으로 돌아가면 마감일을 놓칠 것이다.(돌아가더라도 일자리를 잃을 수도 있고.) 더 안 좋은 일은 늘 마음속으로 생각해온 것을 확실하게 객관적으로 입증히게 되리라는 사실이다. 내가 실패자이고, 나약하고, 의존적이고, 불안과 수치덩어리라는 것.

"스콧!" 내가 이러고 있으니 W 박사가 말했다. "왜 그렇게 생각하지요? 당신은 벌써 책 한 권을 써냈잖아요. 가족을 부양하고 있고요. 직장도 있어요."

이튿날 W 박사가 나에게 이런 이메일을 보냈다.

어제 만난 뒤에 기록을 하다가, 당신이 긍정적 피드백을 내면화해야 할 필요가 있다는 생각이 들었어요. …… 당신 머릿속에 있는 무능한 이미지와 실제 능력 사이에는 엄청난 거리가 있어요. 그 사실을 마음에 새기려고 애써봐요.

나는 답장을 보냈다.

그러려고 노력할게요. 하지만 바로 에누리하고 내치거나 깎아내리게 돼요.

W 박사가 또 답장을 썼다.

꿀떡꿀떡 삼켰다. 어쩌면 집을 무너뜨린 폭풍보다 이런 행동이 더 위험할 수도 있다.

스콧, 긍정적 피드백을 받으면 자동적으로 깎아내리게 되죠. 그래서 변화하기가 힘든 거예요. 그렇지만 이 과정을 시작하려면 산더미 같은 부정적 판단을 밀어내야 해요.

노력하는 수밖에 없죠.

W 박사가 계속 말하듯 정신건강을 되찾고 불안에서 벗어나려면 인지심리학자 앨버트 밴듀라가 말하는 '자기효능감'이라는 것을 강화해야 한다.[3](밴듀라는 불안, 우울, 나약함 등의 감정에도 불구하고 상황을 극복할 수 있는 역량과 능력을 스스로에게 되풀이해 입증하면 자신감과 심리적 힘이 생겨 불안과 우울을 막는 방어벽이 되어준다고 말한다.) 그런데 이 책을 쓰다 보니 나는 수치, 불안, 나약함을 제대로 포착해 전달하기 위해 그 속에 빠져서 지내야 했다. 이런 경험을 통해 내 불안과 나약함이 얼마나 뿌리가 깊고 연원이 오래되었는지를 되새겼을 뿐이다. 물론 이 책을 쓰면서 나의 수치, 불안, 나약함이 강화되었고 매클린 병원 의사들이 내 외증조부를 무너뜨린 원인이라고 생각했던 "무력한 의존감"도 확인되기는 하였으나, 한편으로 이런 것들이 나를 갉아먹는 일에 저항하려 했던 내 노력을 통해 나에게 극복할 자원이 있음을 알게 되기도 했다. 책을 쓴다고 나의 불안 속으로 파고들다 보면 다른 쪽으로 뚫고 나올 수 있을지도 모른다. 그렇다고 해서 불안에서 벗어나거나 씻은 듯 나을 수는 없을 것이다. 그렇지만, 이 책이 비록 내 무력함과 무능함에 대한 책이기는 하나, 이 책을 마침으로써 나에게 어떤 종류의 능력, 끈기, 생산성, 그리고 회복탄력성이 있음을 드러낼 수도 있는 것이다.

어쩌면 내가 약물에 의존하고, 병원에 의존하고, 조상으로부터 물려받은 병적 유전자형을 가지고 있으며, 때로 참을 수 없는 정신적·육체적 고통을 안겨주는 불안에 취약할지라도, 나는 내 생각만큼 나약한 존재는 아닐지도 모른다. 이 책의 첫 문장을 생각해보라. "불행하게도 나에게는 중요한 순간에 무너져 내리는 경향이 있다." 여전히 옳은 진술이라고 생각한다.(카렌 호나이는 『우리 시대의 신경증적 성격』에서 "신경증이 있는 사람들은 자기가 나약하다고 끈질기게 고집한다."라고 했다.) 그렇지만 W 박사가 늘 강조하듯 나는 내 결혼식에서도 살아남았고, (아직까지는) 심한 불안이 종종 찾아옴에도 불구하고 20년 넘게 직장에서 잘리지 않고 일을 할 수 있었다.

W 박사는 이렇게 말한다. "스콧, 지난 몇 년 동안 잡지를 맡아서 주요 기사를 편집했고, 책도 한 권 썼고, 가족을 건사했고, 집이 무너지는 위기에도 대처했고, 그 밖에 살면서 겪는 굴곡이나 난관도 모두 버텨냈잖아요." 나는 (때로는 아주 많은) 약의 도움을 받았기 때문에 해나갈 수 있었고 내가 무언가를 해냈다고 하더라도 걱정과 공황이 늘 곁을 떠나지 않았고 거의 완전히 무너져 내릴 지경에 다다른 적도 많았으며 항상 내가 얼마나 나약한 인간인지가 폭로될 위기에 처해 있었다는 사실을 지적한다.

"당신한테는 장애가 있지요. 불안장애요." W 박사가 말한다. "그래도 버텨나가고 있고, 내 생각에는 그럼에도 불구하고 아주 잘 살고 있다고 봐요. 나는 아직도 당신이 나을 수 있다고 생각해요. 하지만 그전에라도, 당신이 그 많은 어려움을 겪으면서도 얼마나 많은 것을 이루었는지를 인식할 필요가 있어요. 자신을 좀 더 높게 평가해야 해요."

어쩌면 이 책을 마무리하고 출판하는 것, 그리고 내 수치와 공포를 세상에 인정하는 것이 나에게 힘을 주고 불안을 덜어줄지도 모르겠다.

어찌될지는 곧 알게 되겠지.

감사의 말

아직 설익은 아이디어가 담긴 이메일을 캐스린 루이스가 나 몰래 와일리 에이전시의 세라 챌펀트에게 보여주지 않았다면 이 책은 나오지 않았을 지도 모릅니다. 세라가 나에게 연락해서 제대로 제안서를 써보라고 끈질 기면서도 단호하게 종용하지 않았더라면 또 책이 절대 나올 수 없었겠지 요. 스콧 모이어스는 그가 와일리 에이전시에서 일하는 동안 암울한 시기 에 내 손을 잡아주었고 지혜와 보석 같은 현실적 조언을 해주었습니다. 앤드루 와일리는 소문대로 엄청나고 굉장한 에이전트라 꼭 함께하고 싶 은 사람입니다. 앤드루만큼 작가에게 든든한 힘이 되어주는 사람은 없습 니다.

공감 능력이 뛰어난 편집자 마티 애셔는 내 의도를 바로 간파했고, 열 의를 가지고 내 원고를 크노프 출판사에 제안했습니다. 마티의 따뜻함과 다정함 덕에 이 책이(그리고 제가) 어려운 시기를 버틸 수 있었습니다.

소니 메타에게는 세 가지 빚을 졌습니다. 첫째, 마티가 가져온 원고 계 약을 승인한 것, 둘째, 원고가 지지부진할 때 인내심을 보여준 것, 셋째,

원고 편집을 댄 프랭크에게 맡긴 것. 댄이 돌봐준 덕분에 이 책이 훨씬 나아졌습니다. 나도 20년 동안 편집 일을 했기 때문에 훌륭한 편집은 보면 안다고 생각합니다. 댄은 탁월한 편집자이자 다정한 사람입니다. 에이미 슈뢰더는 글을 다듬는 것을 도와주고 부끄러운 오류들을 잡아내주었습니다. 질 베릴로, 개브리엘 브룩스, 조너선 라자라, 벳시 샐리 등 덕에 크노프에서 책을 내는 일이 즐거웠습니다.

야도와 맥도웰 작업실 덕에 작업 시간과 공간을 얻을 수 있어 감사합니다.

많은 사람들이 아이디어를 주고 좋은 자료를 알려주고 여러 모로 지원을 해주었습니다. 앤 코넬, 미핸 크리스트, 캐시 크루처, 토비 레스터, 조이 드메닐, 낸시 밀퍼드, 컬런 머피, 저스틴 로즌솔, 앨릭스 스타, 그레이엄 우드에게 감사를 전합니다. 앨레인 메이슨, 질 니어림, 폴 엘리는 미완성 제안서를 읽고 조언을 해주었습니다. 미국 불안 우울 협회 회장 앨리어스 머스킨은 시간과 자료를 마음 좋게 내주었습니다.

처남 제이크 퓌셸이 나 대신 수백 건의 학술 자료를 검토하는 등 자료 조사를 도와주었고, 특히 내 유전 자료를 처리하고 해석하는 데에 큰 도움을 주었습니다. 제이크의 부모이자 내 장인장모인 바버라와 크리스 퓌셸은 아이들을 돌봐주고 정신적 지원을 해주고 마감에 쫓길 때 집안 행사에 종종 불참해도 참아주었습니다.

《애틀랜틱》의 동료들(과 이전 동료들)은 책 작업을 하는 동안 자리를 비워도 참아주고 내 일을 대신해주었습니다. 밥 콘, 제임스 팰로스, 제프 가농, 제임스 기브니, 제프리 골드버그, 코비 커머, 크리스 오, 돈 펙, 벤 슈워츠, 엘리 스미스, 이본 롤자우센에게 감사합니다. (경영 쪽으로 애틀랜틱 사장 스콧 헤이븐스, 애틀랜틱 미디어 사장 저스틴 스미스, 애틀랜틱 미디어 이사장

겸 사주 데이비드 브래들리는 감사하게도 내가 책 작업할 시간을 내도록 허락해주었습니다.) 동료들 가운데에서도 특히 내가 자리를 비워 초래한 문제들을 넓은 마음으로 받아준 제니퍼 바넷, 마리아 스트레신스키, 제임스 베넷에게 감사합니다. 제임스의 수명이 나 때문에 단축되었을 것 같아 걱정입니다.

여러 가지 일이 있기는 했지만 그래도 L 박사, M 박사, 하버드 박사, 스탠퍼드 박사 그리고 이름이 나오지 않았거나 여기에서 언급하지 못한 여러 다른 치료사들과 사회복지사, 최면치료사, 약학자 들에게도 감사합니다. W 박사에게는 전폭적이고 한없는 감사를 보냅니다. 내가 버틸 수 있게 해주어서 감사합니다.

가족에게 감사하고 싶습니다. 특히 아버지, 어머니, 여동생, 그리고 외할아버지에게. 모두 사랑합니다. 이분들 모두 (아버지는 좀 유보적이었지만) 내가 이 책을 쓰는 걸 달갑게 생각하지 않았습니다. 이 책에 본인들이 등장한다는 점에 대해서는 더욱 그러했지요.(일기를 보여주신 아버지에게 특히 감사드립니다.) 기억과 제한적인 기록이 허락하는 한 정확하고 객관적으로 쓰려고 노력했습니다. 식구들 중에는 내가 쓴 내용 일부에 이견이 있는 사람도 있을 겁니다. 내가 체스터 핸퍼드 이야기를 써서 고인의 명예를 훼손하고 추억을 망쳤다고 생각하는 사람도 있을 것 같습니다.

어쨌든 간에 나는 그분을 매우 존경하고 나도 그분이 불안과 싸우면서 이룬 만큼의 우아함, 품위, 다정함, 끈기에 가닿고 싶습니다.(외할아버지에게도 특별히 감사를 드려야 합니다. 자기 아버지의 정신과 기록을 알고 싶지 않다고 하면서도 내가 검인 법원을 통해 기록을 얻을 수 있도록 도와주셨습니다.)

언제나 그렇듯 마음 깊은 곳에서 우러나는 감사를 아내 수재너에게 전합니다. 작업 초기부터 국립 건강 도서관에서 많은 시간을 보내면서 학술 논문과 책을 찾아주었습니다. 또 외증조부의 정신과 기록을 손에 넣기까지 무수한 법적·행정적 장애물을 헤쳐 나가는 길에서 상상도 할 수 없을 정도의 조력을 해주었습니다. 특히 중요한 점은, 이 책을 읽은 독자라면 나를 데리고 사는 게 때로 무척 힘들고 보람 없는 일이라는 걸 짐작할 겁니다. 수재너가 그 일을 힘겹게 감당하고 있으니, 그 점에 있어 나는 결코 되갚을 수 없을 은혜를 입고 있습니다.

옮긴이의 말

　고등학교 2학년 때 윤리 시간이었다. 학력고사 시대가 끝나고 우리 학년부터 대학 입시에 '논술'이라는 개념이 도입되었기 때문에 윤리 선생님이 주입식 교육이 아닌 토론 수업을 시범적으로 시작했다. 하지만 처음 해보는 토론 수업인데 교실 분위기가 얼마나 어색했겠나. 아무 말이라도 좀 해보라며 부추기는 열의 넘치는 선생님 앞에 아무 의욕 없이 시든 무처럼 널브러져 있는 아이들을 보니 어쩐지 미안하고 불편해져서 나는 잔다르크라도 된 양 쑥스러움을 무릅쓰고 용감하게 손을 들었다. 그런데 발표를 하겠다고 자리에서 일어나니 얼굴이 확 달아오르는 게 느껴진다. 불이라도 붙은 듯 얼굴이 뜨거워져 거울을 보지 않아도 어떤 상태인지 알 수 있다. 당황했지만 필사적으로 평정을 되찾으려 애쓰며 스스로를 달랜다. '얼굴 빨개지는 건 나만 이렇게 강렬하게 느끼는 거지, 다른 아이들 눈에는 잘 들어오지도 않을 거야. 내 쪽을 보는 사람은 없고 다들 앞을 보고 앉아 있거나 딴 짓을 하고 있잖아.' 이런 생각을 꼭 붙들고 기억을 더듬어 하려던 말을 읊는데 목소리가 야릇하게 떨려 나온다. 떨린다는 사실을 의식하니 더욱 심하게 떨린다. 내 목소리가 기이하게 변조되자 아이들이 하나둘 내 쪽을 돌아보고 나의 자의식은 점점 강해진다. '내 목소리가 어떻게 들릴까? 말을 시작했으니 끝마치기는 해야 할 텐데. 뭐 얼마나 대단한 말을 한다고 이렇게 긴장하느냐고 사람들이 비웃지 않을까?' 목소리뿐 아니라 이제 몸까지 덜덜 떨리는 듯하다. 내 몸의 변화에 온 신경이 곤두서 있으면서 대체 무슨 정신으로 떠들고 있는지 모르겠다. 이제 목표는 최대한 아무렇지도 않은 척하면서 할 수 있는 한 빨리 말을 마치는 거다. 한편으로 이런 생각을 계속 되새긴다. '괜찮아. 내가 얼마나 떨고 있는지 아이들은 잘 모를 거야. 적어도 내가 느끼는 만큼 끔찍하게 보이지는 않겠지.' 하지만 순식간에 신체 증상이 점점 심해져서 마침내 얼굴에 파르르 경련이 인다. 그때 내 짝이 나를 보고 놀란 듯 이렇게 말한다. "너 볼 살 떨려!" 나는 주저앉고 만다.

이때가 내가 '그런' 사람이라는 것을 뚜렷이 깨달은 때로 내 기억에 각인되어 있다. '그런'이라는 말을 정확히 무어라고 부연해야 할지는 모르겠지만, 내가 어딘가 다른 사람하고 다르고, 자연스럽지 않고, 소심하달까 나약하달까, 아무튼 어떤 결함이 있다는 사실을 뼈아프게 느낀 순간이었다. 하지만 의식할수록 심해지는 증상임을 알기 때문에 평생 감추고 잊으려 했을지언정 나의 이런 면을 두고 골몰한 적은 없었다. 그런데 이 책을 번역하면서 의식하지 않으려 애썼던 나의 여러 모습을 되풀이하여 글로 마주하게 되었다. 그리하여 '불안의 스펙트럼에 속한다.'는 표현을 큰 두려움 없이 나 자신에게 붙이게 되기도 했다. 그래서 어떤 도움을 얻었냐고?

우리는 책을 읽을 때면 으레 어떤 결론이나 해법을 얻기를 기대한다. 그런데 이 책에서 500여 쪽에 걸쳐 이야기하는 불안이란 무엇인가? 내가 경험한 일이나 앞으로 벌어질지 모를 일이나 머릿속을 어지럽히는 일 때문에 일어나는 것이기도 하고, 호르몬 변동으로 일어난 신체의 변화이기도 하고, 조상에게서 물려받은 어떤 기질이기도 하고, 내가 자식들에게 물려줄 수 있는 어떤 성향이기도 하고, 내가 자라온 환경이나 양육 방식에서 비롯된 것이기도 하고, 약물로 달랠 수 있는 것이기도 하고, 약 때문에 더 심해지는 것이기도 하고, 후기 자본주의 사회를 사는 현대인의 문화 일부이기도 하고, 회의와 불확실성의 짐을 타고난 인간의 숙명이기도 하다는 건가? 답을 구하는 사람은 허망함을 느낄 수도 있겠지만 사실 이것이야말로 불안의 완벽한 정의다. 명료한 답이 있다면 불안할 이유가 없는 거니까. 규정할 수 없고 때로는 인식하지도 못하는(카렌 호나이는 불안은 "자기도 모르는 사이에 느낄 수 있다"는 점에서 공포와 다르다고 했다.) 것이 불안이다. 그런데도 이 책은 강박적 불안증 환자다운 완벽주의로 불안을 설명하고 이해하려고 하는 모든 (서로 모순되기도 하는) 시도들을 아울러 한 권에 다 담았다. 불안에 대한 전방위적 지식과 문화, 역사를 훑으며 한편 저자의 불안을 고스란히 체화하는 놀라운 성취를 해낸 책이기 때문에 일시적이나마 작가 자신이나 독자나 불안을 알고 난/앓고 난 듯한 유사치유 경험을 할 수 있다는 생각이 든다.

인간은 늘 해답을 찾고 규명하려 하지만, 고정된 최종 의미에 도달하지 못한다는 점에서 어떤 면에서는 반드시 실패할 수밖에 없다. 그렇지만 잡히지 않는 의미에 가닿으려는 갈망과 분투는 인간만의 특징이며 이런 과정에서 문화와 예술이 이루어지므로 어떻게 보면 그 자체로 대단한 의미가 있다. 한순간도 안주하지 못하는 불안은, 그렇기 때문에 무언가 조금 더 나은 것을 이루려는 불가능한 시도의 동력이 된다.

한편 불안은 인간이 타인 지향적이기 때문에 느끼는 것이기도 하다.

자기 확신으로 가득 차 있고 다른 사람의 생각에는 관심이 없는 사람이라면 불안을 모를 것이다. 인간은 자신의 가치를 확인하기 위해 다른 사람의 평가에 끝없이 기댈 수밖에 없기 때문에 불안하다. 그렇기 때문에 저자는 불안을 인간의 사회적 민감성이나 도덕성과도 연결시킨다. 다시 첫머리의 에피소드로 돌아가서, 나에게 처참한 굴욕을 가져다 준 그 일의 발단은 내가 윤리 선생님의 곤경에 공감하여 가만히 있을 수 없을 정도로 불편함을 느꼈기 때문이었다. 불안은 타인 지향적 인간의 숙명이자 천형이다.

나는 불안이 보편적 삶의 경험이자 무엇보다도 '인간의 조건'이라는 결론에 도달하게 해준 이 과정에서 일말의 위안을 느낀다. 불안이 다시 벼락처럼 닥치는 일을 피할 수는 없겠지만, 무언가 모자란, 겁에 질린 외로운 짐승과 같은 자아상 대신, 알 수 없는 어떤 의미를 구하고 많은 사람들 사이에서 제자리를 찾으려고 분투하는 인간의 모습으로 스스로를 떠올릴 수 있다면, 이 모든 고통이 무의미하지는 않다고 믿을 수 있기 때문이다.

2015년 8월
홍한별

주

1장 불안의 본질

1 불안과 정신건강 관리에 관한 수치는 포괄적인 보고서인 이 글에서 인용했다. "The Economic Burdens of Anxiety Disorders in the 1990s," *The Journal of Clinical Psychiatry* 60, no. 7 (July 1999).

2 하버드 대학교 역학자 Ronald Kessler는 이 연구에 수십 년을 바쳤다. 일례로 다음 논문을 보라. "Lifetime Prevalence and Age-of-Onset Distributions of DSM-IV Disorders in the National Comorbidity Survey Replication," *Archives of General Psychiatry* 62, no. 6 (June 2005): 593-602.

3 R. C. Kessler et al., "Prevalence and Effects of Mood Disorders on Work Performance in a Nationally Representative Sample of U.S. Workers," *The American Journal of Psychiatry* 163 (2006): 1561-68. "Economic Burdens"도 참조.

4 U.S. Bureau of Labor Statistics, "Table R67: Number and Percent Distribution of Nonfatal Occupational Injuries and Illnesses Involving Days Away from Work by Nature of Injury or Illness and Number of Days Away from Work, 2001."

5 *Drug Topics*, March 2006.

6 "Taking the Worry Cure," *Newsweek*, February 24, 2003. Restak, *Poe's Heart*, 185도 참조.

7 건강 정보 회사 Wolters Kluwer Health의 보고서가 이 책에 인용됨. Restak, *Poe's Heart*, 185.

8 Mental Health Foundation, *In the Face of Fear*, April 2009, 3-5.

9 "Prevalence, Severity, and Unmet Need for Treatment of Mental Disorders in the World Health Organization World Mental Health Surveys," *The Journal of the American Medical Association* 291 (June 2004): 2581–90.

10 "Prevalence and Incidence Studies of Anxiety Disorders: A Systematic Review of the Literature," *The Canadian Journal of Psychiatry* 51 (2006): 100–13.

11 예를 들면, "Global Prevalence of Anxiety Disorders: A Systematic Review and Meta-regression," *Psychological Medicine* 10 (July 2012): 1–14.

12 예를 들면, "Content of Family Practice: A Data Bank for Patient Care, Curriculum, and Research in Family Practice—526,196 Patient Problems," *The Journal of Family Practice* 3 (1976): 25–68.

13 "The Hidden Mental Health Network: Treatment of Mental Illness by Non-psychiatric Physicians," *Archives of General Psychiatry* 42 (1985): 89–94.

14 "Panic Disorder: Epidemiology and Primary Care," *The Journal of Family Practice* 23 (1986): 233–39.

15 "Quality of Care of Psychotropic Drug Use in Internal Medicine Group Practices," *Western Journal of Medicine* 14 (1986): 710–14.

16 예를 들면, Peter D. Kramer, "Tapping the Mood Gene," *The New York Times*, July 26, 2003. Restak, *Poe's Heart*, 204–12도 참조.

17 Thomas Insel, "Heeding Anxiety's Call" (lecture, May 19, 2005).

18 Roccatagliata, *History of Ancient Psychiatry*, 38.

19 Maurice Charlton, "Psychiatry and Ancient Medicine," *Historical Derivations of Modern Psychiatry*, 16.

20 Charlton, "Psychiatry and Ancient Medicine," 12.

21 (각주의 주석) 2001년 9·11 테러가 일어났을 때: 예를 들면 이런 글들을 살펴보라. Rachel Yehuda et al., "Transgenerational Effects of Posttraumatic Stress Disorder in Babies of Mothers Exposed to the World Trade Center Attacks During Pregnancy," *The Journal of Clinical Endocrinology and Metabolism* 90, no. 7 (July 2005): 4115; Rachel Yehuda et al., "Gene Expression Patterns Associated with Posttraumatic Stress Disorder Following Exposure to the World Trade Center Attacks," *Biological Psychiatry* 66(7)(2009): 708–11.

22 Hunt, *Story of Psychology*, 72에서 재인용.

23 (각주의 주석) 아시케나지 유대인의: 예를 들면 이런 글이 있다. "The Relationship Between Intelligence and Anxiety: An Association with Subcortical White Matter Metabolism," *Frontiers in Evolutionary Neuroscience* 3, no. 8 (February 2012). (유대인의 높은 지능지수에

대해서는: Steven Pinker가 2007년 'Jews, Genes, and Intelligence'라는 강연에서 "이들의 평균 지능지수가 108~115 사이로 측정되었다."고 했다. 2004년 "The Intelligence of American Jews"라는 글에서 유럽 평균보다 0.5표준편차 높았다고 했다. Henry Harpending, Jason Hardy, Gregory Cochran 등 유타 대학교 연구자들은 2005년 연구 보고서 "Natural History of Ashkenazi Intelligence"에서 연구 대상자들이 "유럽 평균보다 0.75~1.0표준편차 높았다. 지능지수 112~115에 해당한다."라고 했다.)

24 "The Relation of Strength of Stimulus to Rapidity of Habit-Formation," *The Journal of Comparative Neurology and Psychology* 18 (1908): 459–82.

25 *Los Angeles Examiner*, November 4, 1957, *Tone, Age of Anxiety*, 87에서 재인용.

26 *Los Angeles Examiner*, March 23, 1958, *Tone, Age of Anxiety*, 87에서 재인용.

27 Barlow, *Anxiety and Its Disorders*, 9.

28 James, *Varieties of Religious Experience*, 134.

29 Steve Coll, "The General's Dilemma," *The New Yorker*, September 8, 2008.

2장   불안을 말할 때 우리가 이야기하는 것

1 Jaspers, *General Psychopathology*, 113–14.

2 Lifton, *Protean Self*, 101.

3   Niebuhr, *Nature and Destiny*, vol. 1, 182.

4 Hoch and Zubin, *Anxiety*, v.

5 Theodore R. Sarbin, "Anxiety: Reification of a Metaphor," *Archives of General Psychiatry* 10 (1964): 630–38.

6 Kagan, *What Is Emotion?*, 41.

7 예를 들면, "Three Essays on the Theory of Sexuality," in Freud, *Basic Writings*.

8 (각주의 주석) 손으로 질과 클리토리스를 자극하자: Roccatagliatia, *History of Ancient Psychiatry*, 204에서 재인용.

9 Freud, *Problem of Anxiety*, 60.

10 Horney, *Neurotic Personality*, 41.

11 예로 이런 글들을 살펴보라. R. Spitzer and J. Fleiss, "A Re-analysis of the Reliability of Psychiatric Diagnosis," *The British Journal of Psychiatry* 125 (1974): 341–47; Stuart A. Kirk and Herb Kutchins, "The Myth of the Reliability of *DSM*," *Journal of Mind and Behavior* 15, nos. 1–2 (1994): 71–86.

12 (각주의 주석) 스트레스 전통: 스트레스 전통에 대해 더 알고 싶다면 여기를 참조. "Anxiety and the Stress Tradition" in Horwitz and Wakefield, *All We Have to Fear*, 200–4.

13 Burton, *Anatomy*, 261.

14 (각주의 주석) 무언가 끔찍한 대상을: Ibid., 431.

15 Breggin, *Medication Madness*, 331.

16 Kagan, *What Is Emotion?*, 83.

17 예로, "Fear and the Amygdala," *The Journal of Neuroscience* 15, no. 9 (September 1995): 5879–91.

18 Cannon, *Bodily Changes*, 74.

19 James, *Principles of Psychology*, 415.

20 (각주의 주석) 어느 날엔가: Fisher, *House of Wits*, 81에서 인용.

21 LeDoux, *Emotional Brain*, 107.

22 에릭 캔들의 연구에서 나온 것인데 Barber, *Comfortably Numb*, 191–96에서 설명했다.

23 Kagan, *What Is Emotion?*, 17.

24 Barlow, *Anxiety and Its Disorders*, 35.

25 Sapolsky, *Zebras*, 182.

26 Stephen Hall, "Fear Itself," *The New York Times Magazine*, February 28, 1999에서 재인용.

27 Gray and McNaughton, *Neuropsychology of Anxiety*, 12.

28 (각주의 주석) 플라톤의 이런 말을: Maurice Charlton, "Psychiatry and Ancient Medicine," Galdston, *Historic Derivations*, 15.

29 G. Desbordes et al., "Effects of Mindful-Attention and Compassion Meditation Training on Amygdala Response to Emotional Stimuli in an Ordinary, Non-meditative State," *Frontiers of Human Neuroscience* 6 (2012): 292.

30 예를 들면, Richard J. Davidson and Antoine Lutz, "Buddha's Brain: Neuroplasticity and Meditation," *IEEE Signal Processing Magazine* 25, no. 1 (January 2008): 174–76.

31 (각주의 주석) 놀람 반응조차 억제: 예를 들면 이런 글을 보라. R. W. Levenson, P. Ekman, and M. Ricard, "Meditation and the Startle Response: A Case Study," *Emotion* 12, no. 3 (June 2012): 650–58; 다른 맥락의 글로 Tom Bartlett, "The Monk and the Gunshot," *The Chronicle of Higher Education*, August 21, 2012.

32 Richard A. Friedman, "Like Drugs, Talk Therapy Can Change Brain Chemistry," *The New York Times*, August 27, 2002.

33 (각주의 주석) 내 이론은: William James가 1884년 철학 저널 *Mind*에 발표한 "What Is an Emotion?"이라는 글에서 처음 밝힌 내용이다.

34 (각주의 주석) 컬럼비아 대학교에서: S. Schachter and J. E. Singer, "Cognitive, Social, and Physiological Determinants of Emotional State," *Psychological Review 69*, no. 5 (1962): 379–99. 조지프 르두가 이 실험과 제임스-랑게 이론의 역사를 잘 설명했다. *Emotional Brain*, 46–49.

35 Tillich, "Existential Philosophy," *Journal of the History of Ideas* 5, no. 1 (1944): 44–70.(나중에 1959년 출간한 틸리히의 책 *Theology of Culture*에도 나온다.)

36 예를 들면, Gabbard, "A Neurobiologically Informed Perspective on Psychotherapy," *The British Journal of Psychiatry* 177 (2000): 11; A. Öhman and J. J. F. Soares, "Unconscious Anxiety: Phobic Responses to Masked Stimuli," *Journal of Abnormal Psychology* (1994); John T. Cacioppo et al., "The Psychophysiology of Emotion," *Handbook of Emotions* 2 (2000): 173–91.

37 Shawn, *Wish*, 10.

38 (각주의 주석) 고양이의 공포 반응을 없애는 방법: Joseph Wolpe, *Psychotherapy by Reciprocal Inhibition* (Stanford, Calif.: Stanford University Press, 1958), 53–62.

39 (각주의 주석) 굴뚝 청소: Breger, *Dream*, 29.

3장   부글거리는 아랫배

1 David Barlow, "Providing Best Treatments for Patients with Panic Disorder," Anxiety and Depression Association of American Annual Conference, Miami, March 24, 2006.

2 Lauren Slater, "The Cruelest Cure," *The New York Times*, November 2, 2003.

3 (각주의 주석) 발로 자신도 고소공포증이 있는데: "A Phobia Fix," *The Boston Globe*, November 26, 2006.

4 J. K. Ritow, "Brief Treatment of a Vomiting Phobia," *American Journal of Clinical Hypnosis* 21, no. 4 (1979): 293–96.

5 Northfield, *Conquest of Nerves*, 37.

6 Harvard Medical School, *Sensitive Gut*, 71.

7 Ibid., 72.

8 William E. Whitehead et al., "Tolerance for Rectosigmoid Distention in Irritable Bowel Syndrome," *Gastroenterology* 98, no. 5 (1990): 1187; William E. Whitehead, Bernard T. Engel, and Marvin M. Schuster, "Irritable Bowel Syndrome," *Digestive Diseases and Sciences* 25, no. 6 (1980): 404–13.

9   Ingvard Wilhelmsen. "Brain-Gut Axis as an Example of the Bio-psycho-social Model," *Gut* 47, 부록 4 (2000): 5–7.

10 Walter Cannon, "The Influence of Emotional States on the Functions of the Alimentary Canal," *The American Journal of the Medical Sciences* 137, no. 4 (April 1909): 480–86.

11 Andrew Fullwood and Douglas A. Drossman, "The Relationship of Psychiatric Illness with Gastrointestinal Disease," *Annual Review of Medicine* 46, no. 1 (1995): 483–96.

12 Robert G. Maunder, "Panic Disorder Associated with Gastrointestinal Disease: Review and Hypotheses," *Journal of Psychosomatic Research* 44, no. 1 (1998): 91.

13 Roccatagliata, *History of Ancient Psychiatry*, 106에서 재인용.

14 Sarason and Spielberger, *Stress and Anxiety*, vol. 2, 12에서 재인용.

15 Wolf and Wolff, *Human Gastric Function*, 112.

16 (각주의 주석) 내가 읽은 가운데 특히 심한 사례: Richard W. Seim, C. Richard Spates, and Amy E. Naugle, "Treatment of Spasmodic Vomiting and Lower Gastrointestinal Distress Related to Travel Anxiety," *The Cognitive Behaviour Therapist* 4, no. 1 (2011): 30–37.

17 Alvarez, *Nervousness, Indigestion, and Pain*, 123.

18 Ibid., 266.

19 (각주의 주석) 위장 전문가는: Ibid., 11.

20 (각주의 주석) 일주일 동안 밤낮으로: Ibid., 22.

21 (각주의 주석) 늘 긴장하고 스트레스를 많이 받는 타입의 세일즈 매니저: Ibid., 17.

22 (각주의 주석) 자연이 부린 가장 잔인한 장난: Ibid.

23 Angela L. Davidson, Christopher Boyle, and Fraser Lauchlan, "Scared to Lose Control? General and Health Locus of Control in Females with a Phobia of Vomiting," *Journal of Clinical Psychology* 64, no. 1 (2008): 30–39.

24 (각주의 주석) 영국 의사이자 철학자 레이먼드 탈리스는: Tallis, *Kingdom of Infinite Space*, 193.

25 Desmond and Moore, *Darwin*, 531에서 재인용.

26 Colp, *To Be an Invalid*, 43–53에 자세히 나와 있다.

27 Desmond and Moore, *Darwin*, 530.

28 Colp, *To Be an Invalid*, 84에서 재인용.

29 (각주의 주석) 의사들이 자기가 모르는 병에: Hooker, *Life and Letters of Joseph Dalton Hooker*, vol. 2, 72.

30 Anthony K. Campbell and Stephanie B. Matthews, "Darwin's Illness Revealed," *Postgraduate Medical Journal* 81, no. 954 (2005): 248–51.

31 Bowlby, *Charles Darwin*, 229

32 Thomas J. Barloon and Russell Noyes Jr., "Charles Darwin and Panic Disorder," *The Journal of the American Medical Association* 277, no. 2 (1997): 138–41.

33 (각주의 주석) 신경증적 손: Edward J. Kempf, "Charles Darwin—the Affective Sources of His Inspiration and Anxiety Neurosis," *The Psychoanalytic Review* 5 (1918): 151–92.

34 (각주의 주석) 어떤 사이비 학술지: Jerry Bergman, "Was Charles Darwin Psychotic? A Study of His Mental Health" (Institute of Creation Research, 2010).

35 Darwin, *Autobiography*, 28.

36 Ibid., 28.

37 *Life and Letters of Charles Darwin*, vol. 1, 349.

38 Darwin, *Autobiography*, 39.

39 Quammen, *Reluctant Mr. Darwin*, 62.

40 여러 출처가 있지만 대표적으로 Bowlby, *Charles Darwin*; Colp, *To Be an Invalid*; Desmond and Moore, *Darwin*; Browne, *The Power of Place*; and Quammen, *The Reluctant Mr. Darwin*.

41 Bowlby, *Charles Darwin*, 300.

42 Ibid., 335.

43 Ibid., 343.

44 (각주의 주석) 감정을 억누르려고 애쓰고: Ibid., 11.

45 Ibid., 375.

46 Desmond and Moore, *Darwin*, 358.

47 Bowlby, *Charles Darwin*, 282.

4장   발표 불안

1 Oppenheim, "*Shattered Nerves*," 114.

2 Davenport-Hines, *Pursuit of Oblivion*, 56.

3 Marshall, *Social Phobia*, 140에서 재인용.

4 "Memoir of William Cowper," *Procedings of the American Philosophical Society* 97, no. 4 (1953): 359–82.

5 Gandhi, *Autobiography*. (Taylor Clark가 Nerve 5장에서 이 글을 언급했다.)

6 여기에 인용한 제퍼슨에 관한 내용은 Joshua Kendall의 *American Obsessives*, 21에 나와 있다.

7 Mohr, *Gasping for Airtime*, 134.

8   "Hugh Grant: Behind That Smile Lurks a Deadly Serious Film Star," *USA Today,* December 17, 2009.

9   "A Gloom of Her Own," *The New York Times Magazine,* November 21, 2004.

10 (각주의 주석) 지그문트 프로이트는 젊은 시절: 일례로, Kramer, *Freud,* 42.

11 Casper, Johann Ludwig, "Biographie d'une idée fixe" (translated into French, 1902), *Archives de Neurologie,* 13, 270–287.

12 Darwin, *Expression,* 284.

13 Burgess, *Physiology or Mechanism of Blushing,* 49.

14 (각주의 주석) "사회공포증"이라는 용어는: Pierre Janet, *Les obsessions et la psychiatrie* (Alcan, 1903).

15 Hartenberg, *Les timides et la timidité* (Félix Alcon, 1901).

16 Ken-Ichiro Okano, "Shame and Social Phobia: A Transcultural Viewpoint," *Bulletin of the Menninger Clinic* 58, no. 3 (1994): 323–38.

17 Michael Liebowitz et al., "Social Phobia," *Archives of General Psychiatry* 42, no. 7 (1985): 729–36.

18 "Disorders Made to Order," *Mother Jones,* July/August 2002.

19 Manjula et al, "Social Anxiety Disorder (Social Phobia)–a Review," International Journal of *Pharmacology and Toxicology* 2, no. 2 (2012): 55-59.

20 Davidson et al., "While a Phobic Waits: Regional Brain Electrical and Autonomic Activity in Social Phobias During Anticipation of Public Speaking," *Biological Psychiatry* 47 (2000): 85–95 참조.

21 "On Anxiety," Epictetus, *Discourses,* ch. 13.

22 예를 들면, Kathryn J. Zerbe, "Uncharted Waters: Psychodynamic Considerations in the Diagnosis and Treatment of Social Phobia," *Bulletin of the Menninger Clinic* 58, no. 2 (1994): A3. Capps, *Social Phobia,* 120–25도 참조.

23 "Anxious Adults Judge Facial Cues Faster, but Less Accurately," *Science News,* July 19, 2006.

24 "Whaddya Mean by That Look?," *Los Angeles Times,* July 24, 2006.

25 예를 들면, Arne Öhman, "Face the Beast and Fear the Face: Animal and Social Fears as Prototypes for Evolutionary Analyses of Emotion," *Psychophysiology* 23, no. 2 (March 1986): 123–45.

26 Marshall, *Social Phobia,* 50.

27 K. Blair et al., *The American Journal of Psychiatry* 165, no. 9 (September 2008): 193–202;

K. Blair et al., *Archives of General Psychiatry* 65, no. 10 (October 2008): 1176–84.

28 K. Blair et al., "Neural Response to Self- and Other Referential Praise and Criticism in Generalized Social Phobia," *Archives of General Psychiatry* 65, no. 10 (October 2008): 1176–84.

29 예로, Murray B. Stein et al., "Increased Amygdala Activation to Angry and Contemptuous Faces in Generalized Social Phobia," *Archives of General Psychiatry* 59, no. 11 (2002): 1027.

30 Zinbarg et al., "Neural and Behavioral Evidence for Affective Priming from Unconsciously Perceived Emotional Facial Expressions and the Influence of Trait Anxiety," *Journal of Cognitive Neuroscience* 20, no. 1 (January 2008): 95–107.

31 Murray B. Stein, "Neurobiological Perspectives on Social Phobia: From Affiliation to Zoology," *Biological Psychiatry* 44, no. 12 (1998): 1277.

32 예를 들면, Robert Sapolsky, "Testicular Function, Social Rank and Personality Among Wild Baboons," *Psychoneuroendocrinology* 16, no. 4 (1991): 281–93; Robert Sapolsky, "The Endocrine Stress-Response and Social Status in the Wild Baboon," *Hormones and Behavior* 16, no. 3 (September 1982): 279–92; Robert Sapolsky, "Stress-Induced Elevation of Testosterone Concentrations in High Ranking Baboons: Role of Catecholamines," *Endocrinology* 118 no. 4 (April 1986): 1630.

33 (각주의 주석) 가장 행복해 보이고 스트레스가 가장 적은 원숭이는: Gesquiere et al., "Life at the Top: Rank and Stress in Wild Male Baboons," *Science* 333, no. 6040 (July 2011): 357–60.

34 참조할 만한 예로, Raleigh et al., "Serotonergic Mechanisms Promote Dominance Acquisition in Adult Male Vervet Monkeys," *Brain Research* 559, no. 2 (1991): 181–90.

35 예를 들면, Lanzenberger et al., "Reduced Serotonin-1A Receptor Binding in Social Anxiety Disorder," *Biological Psychiatry* 61, no. 9 (May 2007): 1081–89.

36 예를 들어, van der Linden et al., "The Efficacy of the Selective Serotonin Reuptake Inhibitors for Social Anxiety Disorder (Social Phobia): A Meta-analysis of Randomized Controlled Trials," *International Clinical Psychopharmacology* 15, 부록. 2 (2000): S15–23; Stein et al., "Serotonin Transporter Gene Promoter Polymorphism Predicts SSRI Response in Generalized Social Anxiety Disorder," *Psychopharmacology* 187, no. 1 (July 2006): 68–72.

37 예로 참조할 것. Wai S. Tse and Alyson J. Bond, "Serotonergic Intervention Affects Both Social Dominance and Affiliative Behaviour," *Psychopharmacology*, 161 (2002): 324-330.

38 예로, Morgan et al., "Social Dominance in Monkeys: Dopamine D_2 Receptors and

Cocaine Self-Administration," *Nature Neuroscience* 5 (2002): 169–74; Morgan et al., "Predictors of Social Status in Cynomolgus Monkeys (*Macaca fascicularis*) After Group Formation," *American Journal of Primatology* 52, no. 3 (November 2118): 115–31.

39 예를 들면, Stein and Stein, "Social Anxiety Disorder," *Lancet* 371 (2008): 1115–25.

40 Arthur Kummer, Francisco Cardoso, and Antonio L. Teixeira, "Frequency of Social Phobia and Psychometric Properties of the Liebowitz Social Anxiety Scale in Parkinson's Disease," *Movement Disorders* 23, no. 12 (2008): 1739–43.

41 예를 들면, Schneier et al., "Low Dopamine D_2 Reception Binding Potential in Social Phobia," *The American Journal of Psychiatry* 157 (2000): 457–59.

42 Stein, Murray B., "Neurobiological Perspectives on Social Phobia: from Affiliation to Zoology," *Biological Psychiatry* 44, no. 12 (1998): 1277–85. David H. Skuse and Louise Gallagher, "Dopaminergic-Neuropeptide Interactions in the Social Brain," *Trends in Cognitive Sciences* 13, no. 1 (2009): 27–35도 참조.

43 예로, Seth J. Gillihan et al., "Association Between Serotonin Transporter Genotype and Extraversion," *Psychiatric Genetics* 17, no. 6 (2007): 351–54.

44 Sapolsky, "Social Status and Health in Humans and Other Animals," *Annual Review of Anthropology* 33 (2004): 393–418.

45 Dirk Helmut Hellhammer et al., "Social Hierarchy and Adrenocortical Stress Reactivity in Men," *Psychoneuroendocrinology* 22, no. 8 (1997): 643–50.

46 Robert M. Yerkes and John D. Dodson, "The Relation of Strength of Stimulus to Rapidity of Habit-Formation," *The Journal of Comparative Neurology and Psychology* 18, no. 5 (1908): 459–82.

47 (각주의 주석) 공을 쳐내지 못하고 가끔 수비에서 실책을 했다.: Tone, *The Age of Anxiety*, 113–14.

48 Ballard, *Beautiful Game*, 76에서 재인용.

49 "Strikeouts and Psych-Outs," *The New York Times Magazine*, July 7, 1991.

50 Sian L. Beilock and Thomas H. Carr, "On the Fragility of Skilled Performance: What Governs Choking Under Pressure?," *Journal of Experimental Psychology*: General 130, no. 4 (2001): 701.

51 더 자세히 알고 싶으면, Beilock, *Choke*.

52 Clark, *Nerve*, 208에서 재인용.

53 Herodotus, *Histories*, vol. 4, bk. 7.

54 Gabriel, *No More Heroes*, 104.

55 Ibid., 139.

56 "Stress Detector for Soldiers," *BBC World News*, May 29, 2002.

57 Gabriel, *No More Heroes*, 51에서 인용.

58 Herman, *Trauma and Recovery*, 21.

59 "The Psychology of Panic in War," *American Review of Reviews* 50 (October 1914): 629.

60 Barber, *Comfortably Numb*, 73에서 재인용.

61 Bourke, *Fear*, 219에서 재인용.

62 Ibid.

63 Shephard, *War of Nerves*, 219.

64 Jeffrey Gettleman, "Reduced Charges for Soldier Accused of Cowardice in Iraq," *The New York Times*, November 7, 2003.

65 Jacob Mendes Da Costa, "On Irritable Heart: A Clinical Study of a Form of Functional Cardiac Disorder and Its Consequences," *The American Journal of the Medical Sciences* 121, no. 1 (1871): 2–52.

66 Collins, *Violence*, 46.

67 Paul Fussell, "The Real War, 1939–45," *The Atlantic*, August 1989.

68 Kaufman, "'Ill Health' as an Expression of Anxiety in a Combat Unit," *Psychosomatic Medicine* 9 (March 1947): 108.

69 Clark, *Nerve*, 234에서 재인용.

70 Manchester, *Goodbye, Darkness*, 5.

71 Christopher Hitchens, "The Blair Hitch Project," *Vanity Fair*, February 2011.

72 Alvarez, *Nervousness*, 18.

73 예를 들면, Grinker and Spiegel, *Men Under Stress*.

74 Leach, *Survival Psychology*, 24.

75 Ibid., 25.

76 Janis, *Air War*, 80.

77 Bourke, *Fear*, 231.

78 Felix Brown, "Civilian Psychiatric Air-Raid Casualties," *The Lancet* 237, no. 6144 (May 1941): 689.

79 V. A. Kral, "Psychiatric Observations Under Severe Chronic Stress," *The American Journal of Psychiatry* 108 (1951): 185–92.

80 Kathleen E. Bachynski et al., "Mental Health Risk Factors for Suicides in the US Army, 2007–8," *Injury Prevention* 18, no. 6 (2012): 405–12.

81 Hoge et al., "Mental Health Problems, Use of Mental Health Services, and Attrition from Military Service After Returning from Deployment to Iraq or Afghanistan," *JAMA* 259, no. 9 (2006): 1023–32.

82 Boscarino, Joseph, "Post-traumatic Stress Disorder and Mortality Among U.S. Army Veterans 30 Years After Military Service," *Annals of Epidemiology* 16, no. 4 (2006): 248–56.

83 "Mike Mullen on Military Veteran Suicide," *Huffington Post*, July 2, 2012.

84 Charles A. Morgan et al., "Relationship Among Plasma Cortisol, Catecholamines, Neuropeptide Y, and Human Performance During Exposure to Uncontrollable Stress," *Psychosomatic Medicine* 63, no. 3 (2001): 412–22.

85 "Intranasal Neuropeptide Y May Offer Therapeutic Potential for Post-traumatic Stress Disorder," *Medical Press*, April 23, 2013.

86 (각주의 주석) NPY를 코 스프레이로 주입: Charles A. Morgan III et al., "Trauma Exposure Rather Than Posttraumatic Stress Disorder Is Associated with Reduced Baseline Plasma Neuropeptide-Y Levels," *Biological Psychiatry* 54, no. 10 (2003): 1087–91.

87 Brian J. Mickey et al., "Emotion Processing, Major Depression, and Functional Genetic Variation of Neuropeptide Y," *Archives of General Psychiatry* 68, no. 2 (2011): 158.

88 Mirjam van Zuiden et al., "Pre-existing High Glucocorticoid Receptor Number Predicting Development of Posttraumatic Stress Symptoms After Military Deployment," *The American Journal of Psychiatry* 168, no. 1 (2011): 89–96.

89 George Plimpton, "Sportsman of the Year Bill Russell," *Sports Illustrated*, December 23, 1968.

90 예를 들면, John Taylor, *The Rivalry: Bill Russell, Wilt Chamberlain, and the Golden Age of Basketball* (New York: Random House, 2005).

91 (각주의 주석) 스포츠 역사상 최대의 미스터리: "Lito Sheppard Says Donovan McNabb Threw Up in the Super Bowl," *CBSPhilly*, July 8, 2013.

92 Gay Talese, "The Loser," *Esquire*, March 1964.

93 2차 세계대전 때 피사에 관한 이야기는 Arieti의 *Parnas*에 나온 것이다.

5장   정신약리학의 초기 역사

1   "Restless Gorillas," *Boston Globe*, September 28, 2003; "Restless and Caged, Gorillas Seek

Freedom," *Boston Globe*, September 29, 2003.

2 여러 곳에 나와 있지만 특히 Kramer, *Freud*, 33에서 인용함. 프로이트의 코카인 복용에 대해 자세한 내용을 보려면 Markel의 *An Anatomy of Addiction*을 참고하라.

3 Davenport-Hines, *Pursuit of Oblivion*, 154.

4 피터 크레이머를 비롯한 많은 사람들이 이런 아이러니에 대해 언급했다.

5 Tone, *Age of Anxiety*, 10.

6 (각주의 주석) "적당한 형태의 알코올": Shorter, *Before Prozac*, 15에서 재인용.

7 Tone, *Age of Anxiety*, 10.

8 Topics of the Times, *The New York Times*, January 23, 1906.

9 Tone, *Age of Anxiety*, 22.

10 *Age of Anxiety*, 25에서 재인용.

11 프랭크 버거와 밀타운의 역사에 관한 내용은 Andrea Tone의 *Age of Anxiety*, Edward Shorter의 *Before Prozac*, Mickey Smith의 *Small Comfort*에서 대부분 빌려왔다.

12 Tone, *Age of Anxiety*, 34에서 재인용.

13 Taylor Manor Hospital, *Discoveries in Biological Psychiatry*, 122.

14 Tone, *Age of Anxiety*, 43에서 재인용.

15 Henry H. Dixon et al., "Clinical Observations on Tolserol in Handling Anxiety Tension States," *The American Journal of the Medical Sciences* 220, no. 1 (1950): 23–29.

16 Borrus, "Study of Effect of Miltown (2-Methyl-2-n-Propyl-1,3-Propoanediol Dicarbamate) on Psychiatric States," *The Journal of the American Medical Association*, April 30, 1955, 1596–98.

17 Lowell Selling, "Clinical Use of a New Tranquilizing Drug," *The Journal of the American Medical Association*, April 30, 1955, 1594–96.

18 Tone, *Age of Anxiety*, 52에서 재인용.

19 "Onward and Upward with the Arts: Getting There First with Tranquility," *The New Yorker*, May 3, 1958.

20 Restak, *Poe's Heart*, 187.

21 Tone, *Age of Anxiety*, 57에서 재인용.

22 Tone, *Age of Anxiety*, 57.

23 Ibid.

24 Ibid., 58.

25 Restak, *Poe's Heart*, 187.

26 Tone, *Age of Anxiety*, 76.

27 Restak, *Poe's Heart*, 187.

28 Nathan S. Kline의 증언, *False and Misleading Advertisements (Prescription Tranquilizing Drugs): Hearings Before a Subcommittee of the Committee on Government Operations*, 4.

29 "Soothing, but Not for Businessmen," *BusinessWeek*, March 10, 1956.

30 Tone, *Age of Anxiety*, 90.

31 Shorter, *History of Psychiatry*, 248.

32 Shorter, *Before Prozac*, 49.

33 Valenstein, *Blaming the Brain*, 27.

34 Tone, *Age of Anxiety*, 80.

35 (각주의 주석) 정상적인 정신과 의사라면: Valenstein, *Blaming the Brain*, 27.

36 (각주의 주석) 이르지 않았을까 싶다.: 예를 들어, D. T. Max, "The Unfinished," *The New Yorker*, March 9, 2009.

37 Kline, *From Sad to Glad*, 122.

38 Valenstein, *Blaming the Brain*, 60–62.

39 Abbott, Alison, "Neuroscience: The Molecular Wake-up Call," *Nature* 447, no. 7143 (2007): 368–70에서 재인용.

40 Shorter, *Before Prozac*, 69.

41 Valenstein, *Blaming the Brain*, 69–70.

42 Healy, *Creation of Psychopharmacology*, 106, 205–6.

43 Alfred Pletscher, Parkhurst A. Shore, and Bernard B. Brodie, "Serotonin Release as a Possible Mechanism of Reserpine Action," *Science* 122, no. 3165 (1955): 374–75.

44 Healy, *Antidepressant Era*, 148.

45 Shorter, *Before Prozac*, 52.

46 Roland Kuhn, "The Treatment of Depressive States with G 22355 (Imipramine Hydrochloride)," *The American Journal of Psychiatry* 115, no. 5 (1958): 459–64.

47 (각주의 주석) 역시 우연 덕에: Healy, *Antidepressant Era*, 52, 58; Barondes, *Better Than Prozac*, 31–32; Shorter, *Before Prozac*, 61.

48 Shorter, *Before Prozac*, 62.

49 Joseph J. Schildkraut, "The Catecholamine Hypothesis of Affective Disorders: A Review of Supporting Evidence," *The American Journal of Psychiatry* 122, no. 5 (1965): 509–22.

1 Sheehan, *Anxiety Disease*, 37.

2 Donald F. Klein, "Commentary by a Clinical Scientist in Psychopharmacological Research," *Journal of Child and Adolescent Psychopharmacology* 17, no. 3 (2007): 284–87.

3 Donald F. Klein, "Anxiety Reconceptualized," *Comprehensive Psychiatry* 21, no. 6 (1980): 411.

4 Kramer, *Listening to Prozac*, 80에서 재인용.

5 Donald F. Klein and Max Fink, "Psychiatric Reaction Patterns to Imipramine," *The American Journal of Psychiatry* 119, no. 5 (1962): 432–38.

6 Kramer, *Listening to Prozac*, 84에서 재인용.

7 Donald F. Klein, "Delineation of Two Drug-Responsive Anxiety Syndromes," *Psychopharmacology* 5, no. 6 (1964): 397–408; Klein and Oaks, "Importance of Psychiatric Diagnosis in Prediction of Clinical Drug Effects," *Archives of General Psychiatry* 16, no. 1 (1967): 118.

8 Kramer, *Listening to Prozac*, 84에서 재인용.

9 Kramer, *Listening to Prozac*, 77.

10 Tone, *The Age of Anxiety*, 111.

11 (각주의 주석) 이런 방식으로: Shorter, *History of Psychiatry*, 105.

12 (각주의 주석) 사실 예외로 점성학자들의 작업이 있긴 하다.: MacDonald, *Mystical Bedlam*, 13–35.

13 Caplan, *They Say You're Crazy*, 234.

14 Kutchins and Kirk, *Making Us Crazy*, 28.

15 David Sheehan, "Rethinking Generalized Anxiety Disorder and Depression"(2008년 3월 7일 조지아 주 서배너 미국 불안장애 협회 발표).

16 스턴바크의 발견에 관한 내용은 여러 출처가 있었지만 이 책들에서 특히 빌려왔다. Baenninger et al., *Good Chemistry*, 65–78; Tone, *Age of Anxiety*, 120–40.

17 Leo Sternbach, "The Discovery of Librium," *Agents and Actions* 2 (1972): 193–96.

18 Smith, *Small Comfort*, 74.

19 Davenport-Hines, *Pursuit of Oblivion*, 327에서 재인용.

20 Tone, *Age of Anxiety*, 130.

21 Joseph M. Tobin and Nolan D. C. Lewis, "New Psychotherapeutic Agent, Chlordiazepoxide Use in Treatment of Anxiety States and Related Symptoms," *The Journal of the American*

Medical Association 174, no. 10 (1960): 1242–49.

22 Harry H. Farb, "Experience with Librium in Clinical Psychiatry," *Diseases of the Nervous System* 21 (1960): 27.

23 Shorter, *Before Prozac*, 100.

24 M. Marinker, "The Doctor's Role in Prescribing," *The Journal of the Royal College of General Practitioners* 23, supp. 2 (1973): 26.

25 Restak, *Poe's Heart*, 191.

26 Valenstein, *Blaming the Brain*, 56.

27 George E. Vaillant, Jane R. Brighton, and Charles McArthur, "Physicians' Use of Mood-Altering Drugs: A 20-Year Follow-up Report." *The New England Journal of Medicine* (1970).

28 Smith, *Small Comfort*, 113에서 재인용.

29 Hollister, *Clinical Use of Psychotherapeutic Drugs*, 111.

30 D. Jacobs, "The Psychoactive Drug Thing: Coping or Cop Out?," *Journal of Drug Issues* 1 (1971): 264–68.

31 (각주의 주석) 서른다섯, 미혼이고 신경증이 있다.: 예를 들면 여기를 보라. *The American Journal of Psychiatry* 126 (1970): 1696. 이 광고는 *Archives of General Psychiatry*에도 실렸다.

32 Smith, *Small Comfort*, 91에서 재인용.

33 Whitaker, *Anatomy of an Epidemic*, 137에서 재인용.

34 M. H. Lader, M. Ron, and H. Petursson, "Computed Axial Brain Tomography in Long-Term Benzodiazepine Users," *Psychological Medicine* 14, no. 1 (1984): 203–6. "Brain Damage from Benzodiazepines," *Psychology Today*, November 18, 2010에서도 소개했다.

7장 약이 말해주지 않는 불안의 의미

1 M. N. Stagnitti, *Trends in Antidepressant Use by the U.S. Civilian Non-institutionalized Population, 1997 and 2002*, Statistical Brief 76 (Rockville, Md.: Agency for Healthcare Research and Quality, May 2005).

2 United Press International, "Study: Psych Drugs Sales Up," March 28, 2007.

3 예를 들어, "In Our Streams: Prozac and Pesticides," *Time*, August 25, 2003; "River Fish Accumulate Human Drugs," *Nature News Service*, September 5, 2003; "Frogs, Fish, and Pharmaceuticals: A Troubling Brew," CNN.com, November 14, 2003; "Prozac in the

Water," *Governing* 19, no. 12 (September 2006); "Fish on Prozac Are Violent and Obsessive," Smithsonian.com, November 12, 2012.

4 Healy, *Let Them Eat Prozac*, 39.

5 (각주의 주석) 1980년대의 여러 연구에서는: Breggin, *Talking Back to Prozac*, 49. Healy, *Let Them Eat Prozac*, 37도 참조.

6 Shorter, *Before Prozac*, 172.

7 (각주의 주석) 2006년 스웨덴 연구자 에이나르 헬봄은: Einar Hellbom, "Chlorpheniramine, Selective Serotonin-Reuptake Inhibitors (SSRIs) and Over-the-Counter (OTC) Treatment," *Medical Hypotheses* 66, no. 4 (2006): 689–90. Einar Hellbom and Mats Humble, "Panic Disorder Treated with the Antihistamine Chlorpheniramine," *Annals of Allergy, Asthma, and Immunology* 90 (2003): 361도 참조.

8 Healy, *Let Them Eat Prozac*, 39.

9 "Eternal Sunshine," *The Observer*, May 12, 2007.

10 Barber, *Comfortably Numb*, 55에서 재인용.

11 Shorter, *Before Prozac*, 44에서 재인용.

12 Joanna Moncrieff and Irving Kirsch, "Efficacy of Antidepressants in Adults," *British Medical Journal* 331, no. 7509 (2005): 155.

13 Barber, *Comfortably Numb*, 106에서 재인용.

14 Tómas Helgason, Helgi Tómasson, and Tómas Zoega, "Antidepressants and Public Health in Iceland: Time Series Analysis of National Data," *The British Journal of Psychiatry* 184, no. 2 (2004): 157–62.

15 Joanna Moncrieff and Joceline Pomerleau, "Trends in Sickness Benefits in Great Britain and the Contribution of Mental Disorders," *Journal of Public Health* 22, no. 1 (2000): 59–67.

16 Robert Rosenheck, "The Growth of Psychopharmacology in the 1990s: Evidence-Based Practice or Irrational Exuberance," *International Journal of Law and Psychiatry* 28, no. 5 (2005): 467–83.

17 예를 들어, Healy, *Let Them Eat Prozac*, 20. McHenry, "Ethical Issues in Psychopharmacology," *Journal of Medical Ethics* 32 (2006): 405–10도 참조.

18 www.who.int.

19 Greenberg, *Manufacturing Depression*, 193.

20 Gerald L. Klerman, "A Reaffirmation of the Efficacy of Psychoactive Drugs," *Journal of Drug Issues* 1 (1971): 312–19.

21 Dean I. Manheimer et al., "Popular Attitudes and Beliefs About Tranquilizers," *The American Journal of Psychiatry* 130, no. 11 (1973): 1246–53.

22 Mental Health America, Attitudinal Survey 2007.

23 Marie Asberg et al., "'Serotonin Depression'—a Biochemical Subgroup Within the Affective Disorders?," *Science* 191, no. 4226 (1976): 478–80.

24 "CINP Meeting with the Nobels, Montreal, Canada, June 25, 2002: Speaker's Notes—Dr. Arvid Carlsson," *Collegium Internationale Neuro-Psychopharmacologicum Newsletter* (March 2003).

25 L. McHenry, "Ethical Issues in Psychopharmacology," *Journal of Medical Ethics* 32, no. 7 (2006): 405–10.

26 Valenstein, *Blaming the Brain*, 96.

27 Kenneth S. Kendler, "Toward a Philosophical Structure for Psychiatry," *The American Journal of Psychiatry* 162, no. 3 (2005): 433–40. 세로토닌 가설의 쇠퇴에 관해 더 자세히 알려면, Jeffrey R. Lacasse and Jonathan Leo, "Serotonin and Depression: A Disconnect Between the Advertisements and the Scientific Literature," *PLoS Medicine* 2, no. 12 (2005): e392.

28 Tolson, *Pilgrim*, 129.

29 (각주의 주석) 자네 정신은: Ibid., 191에서 재인용.

30 피터 크레이머는 *Listening to Prozac*에서 이 말에 대한 생각을 밝혔다.

31 이 글은 퍼시의 글 모음집 *Signposts in a Strange Land*에 재수록되었다.

32 여러 출처가 있지만 특히 이 글들에서 잘 논의했다. Elie, *The Life You Save*, 276; Elliott and Chambers, *Prozac as a Way of Life*, 135.

8장   분리불안

1 Ron Kessler, "Comorbidity of Anxiety Disorders with Other Physical and Mental Disorders in the National Comorbidity Survey Replication"(2008년 3월 7일 조지아 주 서 배너 미국 불안장애 협회 발표).

2 Freud, *Three Essays*.

3 Breger, *Dream of Undying Fame*, 9.

4 Gay, *Freud*, 11.

5 Breger, *Freud*, 18.

6   Kramer, *Freud*, 20.

7   *Complete Letters of Freud to Fliess*, 272.

8   Freud, *Problem of Anxiety*, 99.

9   Ibid.

10   Ibid., 119.

11   Ibid., 117.

12   Karen, *Becoming Attached*, 30.

13   Ibid., 31.

14   (각주의 주석) 비난으로 볼 수 있다.: Ibid.

15   Bowlby, *Separation*, viii.

16   Karen, *Becoming Attached*, 44.

17   Ibid., 45.

18   Ibid.

19   에인즈워스가 우간다에서 보낸 시간에 대한 내용은 에인즈워스의 책 *Infancy in Uganda*와 로버트 캐런의 *Becoming Attached* 11장에서 주로 가져왔다.

20   Karen, *Becoming Attached*, 180.

21   Konrad Z. Lorenz, "The Companion in the Bird's World," *The Auk* 54, no. 3 (1937): 245–73.

22   (각주의 주석) 거위를 정신분석해서 뭐에 씁니까?: Karen, *Becoming Attached*, 107에서 재인용.

23   Issroff, *Winnicott and Bowlby*, 121.

24   Harry Frederick Harlow, "The Nature of Love," *American Psychologist* (1958): 673–85.

25   Bowlby, *Secure Base*, 26.

26   (각주의 주석) 알코올중독과 우울증에 시달리다 사망했다.: 예를 들어, Blum, *Love at Goon Park*.

27   예를 들어, Yvette Spencer-Booth and Robert A. Hinde, "Effects of 6 Days Separation from Mother on 18- to 32-Week-Old Rhesus Monkeys," *Animal Behaviour* 19, no. 1 (1971): 174–91.

28   Harry F. Harlow and Margaret Harlow, "Learning to Love," *American Scientist* 54, no. 3 (1966): 244–72.

29   예를 들어, Stephen J. Suomi, "How Gene-Environment Interactions Can Shape the Development of Socioemotional Regulation in Rhesus Monkeys," *Emotional Regulation and Developmental Health: Infancy and Early Childhood* (2002): 5–26.

30 예를 들어, Mathew et al., "Neuroimaging Studies in Nonhuman Primates Reared Under Early Stressful Conditions," *Fear and Anxiety* (2004).

31 (각주의 주석) 얼마나 핥아주고 쓰다듬어주느냐: 예를 들어, Christian Caldji et al., "Maternal Care During Infancy Regulates the Development of Neural Systems Mediating the Expression of Fearfulness in the Rat," *Proceedings of the National Academy of Sciences* 95, no. 9 (1998): 5335–40.

32 예를 들어, Jeremy D. Coplan et al., "Variable Foraging Demand Rearing: Sustained Elevations in Cisternal Cerebrospinal Fluid Corticotropin-Releasing Factor Concentrations in Adult Primates," *Biological Psychiatry* 50, no. 3 (2001): 200–4.

33 예를 들어, Tamashiro, Kellie L. K., "Metabolic Syndrome: Links to Social Stress and Socioeconomic Status," *Annals of the New York Academy of Science* 1231, no. 1 (2011): 46–55.

34 예를 들어, Joel J. Silverman et al., "Psychological Distress and Symptoms of Posttraumatic Stress Disorder in Jewish Adolescents Following a Brief Exposure to Concentration Camps," *Journal of Child and Family Studies* 8, no. 1 (1999): 71–89.

35 Maselko et al., "Mother's Affection at 8 Months Predicts Emotional Distress in Adulthood," *Journal of Epidemiology & Community Health* 65, no. 7 (2011): 621–25.

36 예를 들어, L. Alan Sroufe, "Attachment and Development: A Prospective, Longitudinal Study from Birth to Adulthood," *Attachment and Human Development* 7, no. 4 (2005): 349–67.

37 Corine de Ruiter and Marinus H. Van Ijzendoorn, "Agoraphobia and Anxious-Ambivalent Attachment: An Integrative Review," *Journal of Anxiety Disorders* 6, no. 4 (1992): 365–81.

38 Dozier et al., "Attachment and Psychopathology in Adulthood," in *Handbook of Attachment*, 718–44.

39 Warren, et al., "Child and Adolescent Anxiety Disorders and Early Attachment," *Journal of the American Academy of Child & Adolescent Psychiatry* 36, no. 5 (1997): 637–44.

40 Hane, Amie Ashley, and Nathan A. Fox, "Ordinary variations in maternal caregiving influence human infants' stress reactivity," *Psychological Science* 17.6 (2006): 550–556.

9장 불안의 유전

1 Kenneth S. Kendler et al., "The Genetic Epidemiology of Irrational Fears and Phobias

in Men," *Archives of General Psychiatry* 58, no. 3 (2001): 257. Kenneth S. Kendler, John Myers, and Carol A. Prescott, "The Etiology of Phobias: An Evaluation of the Stress-Diathesis Model," *Archives of General Psychiatry* 59, no. 3 (2002): 242도 참조.

2 예를 들어, Hettema et al., "A Review and Meta-Analysis of the Genetic Epidemiology of Anxiety Disorders," *The American Journal of Psychiatry* 158, no. 10 (2001) 1568–78.

3 (각주의 주석) 가장 큰 규모의 연구: Giovanni Salum, "Anxiety 'Density' in Families Predicts Disorders in Children" (presentation at ADAA conference, March 28, 2011).

4 Restak, *Poe's Heart*, 64에서 재인용; Kagan, *Unstable Ideas*, 161–163도 참조.

5 Robin Marantz Henig, "Understanding the Anxious Mind," *The New York Times Magazine*, September 29, 2009에서 이 연구들을 설명했다.

6 예를 들어, Gleb P. Shumyatsky et al., "Identification of a Signaling Network in Lateral Nucleus of Amygdala Important for Inhibiting Memory Specifically Related to Learned Fear," *Cell* 111, no. 6 (2002): 905–18.

7 예를 들어, Gleb P. Shumyatsky et al., "Stathmin, a Gene Enriched in the Amygdala, Controls Both Learned and Innate Fear," *Cell* 123, no. 4 (2005): 697–709.

8 Smoller et al., "Influence of RGS2 on Anxiety-Related Temperament, Personality, and Brain Function," *Archives of General Psychiatry* 65, no. 3 (2008): 298–308.

9 Smoller et al., "Genetics of Anxiety Disorders: The Complex Road from DSM to DNA," *Depression and Anxiety* 26, no. 11 (2009): 965–75에 인용됨.

10 Leygraf et al., "RGS2 Gene Polymorphisms as Modulators of Anxiety in Humans," *Journal of Neural Transmission* 113, no. 12 (2006): 1921–25.

11 Koenen et al., "RGS2 and Generalized Anxiety Disorder in an Epidemiologic Sample of Hurrican-Exposed Adults," *Depression and Anxiety* 26, no. 4 (2009): 309–15.

12 "Unique Study Identifies Gene Associated with Anxious Phenotypes," *Medscape News*, March 29, 2011.

13 R. Bachner-Melman et al., "AVPR1a and SLC6A4 Gene Polymorphisms Are Associated with Creative Dance Performance," *PLoS Genetics* 1, no. 3 (2005): e42.

14 예를 들어, "Catechol O-methyltransferase Val158met Genotype and Neural Mechanisms Related to Affective Arousal and Regulation," *Archives of General Psychiatry* 63, no. 12 (2006): 1,396. Montag et al., "COMT Genetic Variation Affects Fear Processing: Psychophysiological Evidence," *Behavioral Neuroscience* 122, no. 4 (1008): 901도 참조.

15 (각주의 주석) 미국 알코올 남용과 중독 연구소에서 진행한 연구에서는: Enoch et al., "Genetic Origins of Anxiety in Women: A Role for a Functional Catechol-o-methyltransferase

Polymorphism," *Psychiatric Genetics* 13, no. 1 (2003): 33–41.

16 (각주의 주석) 독일인과 미국인을 대상으로 진행된 다른 연구에서는: Armbruster et al., "Variation in Genes Involved in Dopamine Clearance Influence the Startle Response in Older Adults," *Journal of Neural Transmission* 118, no. 9 (2011): 1281–92.

17 예를 들어, Stein et al., "Warriors versus Worriers: The Role of COMT Gene Variants," *CNS Spectrums* 11, no. 10 (2006): 745–48. "Finding the 'Worrier-Warrior' Gene," *Philadelphia Inquirer*, June 2, 2003.

18 (각주의 주석) 이런 서로 다른 진화 전략이: Stein and Walker, *Triumph over Shyness*, 21에서 인용.

19 예를 들어, Lesch, et al., "Association of Anxiety-Related Traits with a Polymorphism in the Serotonin Transporter Gene Regulatory Region," *Science* 274, no. 5292 (1996): 1527–31. Hariri, Ahmad R., et al., "Serotonin Transporter Genetic Variation and the Response of the Human Amygdala." *Science* 297, no. 5580 (2002): 400–403도 참조. (Dobbs, "The Science of Success," *The Atlantic*, December 2009는 이 연구를 비전문가 입장에서 잘 살폈다.)

20 Charles F. Gillespie et al., "Risk and Resilience: Genetic and Environmental Influences on Development of the Stress Response," *Depression and Anxiety* 26, no. 11 (2009): 984–92. Rebekah G. Bradley et al., "Influence of Child Abuse on Adult Depression: Moderation by the Corticotropin-Releasing Hormone Receptor Gene," *Archives of General Psychiatry* 65, no. 2 (2008): 190; Kerry J. Ressler et al., "Polymorphisms in CRHR1 and the Serotonin Transporter Loci: Genex Genex Environment Interactions on Depressive Symptoms," *American Journal of Medical Genetics, Part B: Neuropsychiatric Genetics* 153, no. 3 (2010): 812–245도 참조.

21 Ibid. Elisabeth B. Binder et al., "Association of FKBP5 Polymorphisms and Childhood Abuse with Risk of Posttraumatic Stress Disorder Symptoms in Adults," *The Journal of the American Medical Association* 299, no. 11 (2008): 1291–305; Divya Mehta et al., "Using Polymorphisms in FKBP5 to Define Biologically Distinct Subtypes of Posttraumatic Stress Disorder: Evidence from Endocrine and Gene Expression Studies," *Archives of General Psychiatry* (2011): archgenpsychiatry-2011도 참조.

22 Stein, Murray B., Margaret Daniele Fallin, Nicholas J. Schork, and Joel Gelernter. "COMT Polymorphisms and Anxiety-related Personality Traits." *Neuropsychopharmacology* 30, no. 11 (2005): 2092–2102.

23 Martin E. P. Seligman, "Phobias and Preparedness," *Behavior Therapy* 2, no. 3 (1971):

307–20.

24 Susan Mineka and Arne Öhman, "Born to Fear: Non-associative Vs. Associative Factors in the Etiology of Phobias," *Behaviour Research and Therapy* 40, no. 2 (2002): 173–84.

25 Öhman and Mineka, "Fears, Phobias, and Preparedness: Toward an Evolved Module of Fear and Fear Learning," *Psychological Review* 108, no. 3 (2001): 483.

10장 불안의 시대

1 Beard, *A Practical Treatise*, 1.

2 A. D. Rockwell, "Some Causes and Characteristics of Neurasthenia," *New York Medical Journal* 58 (1893): 590.

3 Beard, *American Nervousness*, 176.

4 Ibid., 96.

5 (각주의 주석) 현대적이고 미국에 특유한: Ibid., vii–viii.

6 Ibid., 96.

7 (각주의 주석) 이런 설명에서 가장 중요한 개념은: 참조할 만한 예로, Micale, *Hysterical Men*, 23.

8 (각주의 주석) 망가지거나 비참해졌다.: Micale, *Hysterical Men*, 35에서 재인용.

9 (각주의 주석) 말 그대로 사회적 역병: Micale, *Hysterical Men*, 35에서 재인용.

10 Beard, *Practical Treatise*, 15.

11 Micale, *Hysterical Men*, 53.

12 Ibid., 54.

13 Ibid., 60.

14 자세한 내용을 보려면, Lutz, *American Nervousness*; Schuster, *Neurasthenic Nation*.

15 American Psychological Association, *Stress in America*, 2010.

16 IMS Health Data, National Disease & Therapeutic Index, Diagnosis Visits, 2002–2006.

17 Ibid.

18 Swindle et al., "Responses to Nervous Breakdowns in America over a 40-year period," *American Psychologist* 55, no. 7 (2000): 740.

19 Goodwin, Renee D., "The Prevalence of Panic Attacks in the United States: 1980 to 1995," *Journal of Clinical Epidemiology* 55, no. 9 (2003): 914–16.

20 Twenge, *Generation Me*, 107.

21 "How Big a Problem is Anxiety?" Psychology Today, April 30, 2008.

22 Kessler et al., "Lifetime Prevalence and Age-of-Onset Distributions of Mental Disorders in the World Health Organization's World Mental Health Survey Initiative," *World Psychiatry* 6, no. 3 (207): 168.

23 "Anxiety Disorders Have Soared Since Credit Crunch," *The Telegraph*, January 1, 2012.

24 Mental Health Foundation, *Facing the Fear*, April 2009.

25 LeGoff, *Medieval Civilization*, 325.

26 Slater, *Pursuit of Loneliness*, 24.

27 Schwartz, *Paradox of Choice*, 2, 43.

28 Fromm, *Escape from Freedom*, 41.

29 Tillich, *Protestant Era*, 245.

30 May, *Meaning of Anxiety*, 12에서 재인용.

31 *The New York Times*, February 1, 1948.

32 May, *Meaning of Anxiety*, 12.

33 새폴스키는 *Zebras*, 378–83에서 이 내용을 논했다.

34 Kagan, *What Is Emotion?*, 14.

35 May, *Meaning of Anxiety*, 191.

36 Hunter and Macalpine, *Three Hundred Years of Psychiatry*, 116.

37 Michel J. Dugas, Mark H. Freeston, and Robert Ladouceur, "Intolerance of Uncertainty and Problem Orientation in Worry," *Cognitive Therapy and Research* 21, no. 6 (1997): 593–606.

38 Scott Baker, Nicholas Bloom, and Steven Davis, "Measuring Economic Policy Uncertainty" (Chicago Booth Research Paper 13-02, 2013).

39 Oppenheim, "*Shattered Nerves*," 14에서 재인용.

40 Micale, *Hysterical Men*, 81에서 재인용.

41 Cheyne, *The English Malady*, xxx.

42 Burton, *Anatomy*, BOOK I, 34.

43 (각주의 주석) 나는 우울을 피할 수 있을 만큼: Ibid., 21.

44 Ibid., 261.

45 Ibid.

46 Ibid., 21.

47 Ibid., 50.

48 May, *Meaning of Anxiety*, xiv.

11장   구원

1   케이건은 같은 이야기를 여러 곳에서 했다.

2   Micale, *Hysterical Men*, 214.

3   (각주의 주석) 선생이 아는 학자들 가운데: 위의 글에서 인용.

4   Simonton, "Are Genius and Madness Related? Comtemporary Answers to an Ancient Question," *Psychiatric Times* 22, no. 7 (2005): 21–23. "The Case for Pessimism," *Businessweek*, August 13, 2004도 참조.

5   프로이트의 편지는 Masson, *Complete Letters*에서 인용했다.

6   Robin Marantz Henig, "Understanding the Anxious Mind," *The New York Times Magazine*, September 29, 2009에서 재인용.

7   Nicholas A. Turiano et al., "Big 5 Personality Traits and Interleukin-6: Evidence for 'Healthy Neuroticism' in a US Population Sample," *Brain, Behavior, and Immunity* (2012).

8   Corrine Bendersky and Neha Parikh Shah, "The Downfall of Extroverts and the Rise of Neurotics: The Dynamic Process of Status Allocation in Task Groups, Academy of Management Journal," AMJ-2011-0316.R3.

9   "Leadership Tip: Hire the Quiet Neurotic, Not the Impressive Extrovert," *Forbes*, April 11, 2013.

10 Adam M. Perkins and Philip J. Corr, "Can Worriers Be Winners? The Association Between Worrying and Job Performance," *Personality and Individual Differences* 38, no. 1 (2005): 25–31.

11 Jeremy D. Coplan et al., "The Relationship Between Intelligence and Anxiety: An Association with Subcortical White Matter Metabolism," *Frontiers in Evolutionary Neuroscience* 3 (2012).

12 Winifred Gallagher, "How We Become What We Are," *The Atlantic*, September 1994 참조.

13 Stephen J. Suomi, "Risk, Resilience, and Gene-Environment Interplay in Primates," *Journal of the Canadian Academy of Child and Adolescent Psychiatry* 20, no. 4 (November 2011): 289–97.

12장   회복탄력성

1 Bate, *Samuel Johnson*, 117–27.

2 Charney, "The Psychobiology of Resilience to Extreme Stress: Implications for the Treatment and Prevention of Anxiety Disorders," keynote address at ADAA conference, March 23, 2006.

3 예를 들어, Albert Bandura, "Self-Efficacy: Toward a Unifying Theory of Behavioral Change," *Psychological Review* 84, 191–215; Albert Bandura, "The Assessment and Predictive Generality of Self-Percepts of Efficacy," *Journal of Behavior Therapy and Experimental Psychiatry* 13, 195–99.

참고 문헌

Aboujaoude, Elias. *Compulsive Acts: A Psychiatrist's Tales of Ritual and Obsession*. Berkeley: University of California Press, 2008.

Ackerman, Diane. *An Alchemy of Mind: The Marvel and Mystery of the Brain*. New York: Scribner, 2004.

Adler, Alfred. *The Neurotic Constitution: Outlines of a Comparative Individualistic Psychology and Psychotherapy*. Translated by Bernard Glueck. New York: Moffat, Yard, 1917.

_____. *Problems of Neurosis*. New York: Cosmopolitan Book Corporation, 1930.

_____. *Understanding Human Nature*. Greenberg Publishers, 1927.

Aggleton, John, ed. *The Amygdala: A Functional Analysis*. 2nd ed. New York: Oxford University Press, 2000.

Ainsworth, Mary D. Salter. *Infancy in Uganda: Infanct Care and the Growth of Love*. Baltimore: Johns Hopkins Press, 1967.

Alexander, Franz G., and Sheldon T. Selesnick. *The History of Psychiatry: An Evaluation of Psychiatric Thought and Practice from Prehistoric Times to the Present*. Northvale, N.J.: James Aronson, 1955 (original 1966).

Alvarez, Walter C. *Nervousness, Indigestion, and Pain*. New York: Collier Books, 1962.

Ameisen, Olivier. *The End of My Addiction*. New York: Farrar, Straus and Giroux, 2009.

Andreasen, Nancy C. *The Broken Brain: The Biological Revolution in Psychiatry*. New York: Harper and Row, 1984.

Arieti, Silvano. *The Parnas: Scene from the Holocaust*. Philadelphia: Paul Dry Books, 2000.

Arikha, Noga. *Passions and Tempers: A History of the Humours*. New York: Ecco, 2007.

Attwell, Khleber Chapman. *100 Questions and Answers About Anxiety*. Jones and Bartlett, 2006.

Auden, W. H. *The Age of Anxiety*. New York: Random House, 1946.

Augustine, *Confessions*. New York: Dover Editions, 2002.

Backus, William. *The Good News About Worry: Applying Biblical Truth to Problems of Anxiety and Fear*. Minneapolis: Bethany House, 1991.

Baenninger, Alex, Joseph Alberto Costa e Silva, Ian Hindmarch, Hans-Juergen Moeller, and Karl Rickels. *Good Chemistry: The Life and Legacy of Valium Inventor Leo Sternbach*. New York: McGraw-Hill, 2004.

Ballard, Chris. *The Art of a Beautiful Game: The Thinking Fan's Tour of the NBA*. New York: Simon and Schuster, 2009.

Balthasar, Hans Urs von. *The Christian and Anxiety*. San Francisco: Ignatius Press, 2000.

Barber, Charles. *Comfortably Numb: How Psychiatry Is Medicating a Nation*. New York: Pantheon, 2008.

Barbu, Zevedei. *Problems of Historical Psychology*. New York: Grove Press, 1960.

Barlow, David. *Anxiety and Its Disorders*. 2nd ed. Guilford Press, 2002.

Barlow, David, and Michelle G. Craske. *Mastery of Your Anxiety and Panic*. 3rd ed. Graywind Publications, 2000.

Barnes, Julian. *Nothing to Be Frightened Of.* Alfred A. Knopf, 2008.

Barondes, Samuel H. *Better Than Prozac: Creating the Next Generation of Psychiatric Drugs*. Oxford University Press, 2003.

———. *Molecules and Mental Illness*. Delhi, India: Indo American Books, 2007.

Bassett, Lucinda. *From Panic to Power: Proven Techniques Calm Your Anxieties, Conquer Your Fears, and Put You in Control of Your Life*. Quill, 1995.

Bate, Walter Jackson. *Samuel Johnson*. Harcourt, Brace, 1977.

Battie, William. *A Treatise on Madness*. Brunner/Mazel, 1969.

Baumer, Franklin L. *Religion and the Rise of Skepticism*. Harcourt, Brace, 1960.

Beard, George Miller. *American Nervousness, Its Causes and Consequences*. New York: G. P. Putnam's Sons, 1881.

———. *A Practical Treatise on Nervous Exhaustion (Neurasthenia), Its Symptoms, Nature, Sequences, and Treatment*. New York: William Wood, 1880.

Beatty, Jack. *Age of Betrayal: The Triumph of Money in America, 1865–1990*. New York: Alfred A. Knopf, 2007.

Beck, Aaron T. *Depression: Causes and Treatment*. Philadelphia: University of Pennsylvania Press, 1967.

Beck, Aaron T., and Gary Emery. *Anxiety Disorders and Phobias: A Cognitive Perspective*. New York: Basic Books, 1985.

Beck, Aaron T., and Arthur Freeman. *Cognitive Therapy of Personality Disorders*. New York: Guilford Press, 1990.

Becker, Dana. *One Nation Under Stress: The Trouble with Stress as an Idea*. Oxford University Press, 2013.

Becker, Ernest. *The Denial of Death*. Free Press, 1973.

Beilock, Sian. *Choke: What the Secrets of the Brain Reveal About Success and Failure at Work and at Play*. Free Press, 2010.

Berger, Peter L., Brigitte Berger, and Hansfried Kellner. *The Homeless Mind: Modernization and Consciousness*. New York: Random House, 1973.

Berrios, German E. *The History of Mental Symptoms: Descriptive Psychopathology Since the Nineteenth Century*. Cambridge University Press, 1996.

Bertin, Celia. *Marie Bonaparte: A Life*. New Haven, Conn.: Yale University Press, 1982.

Bettelheim, Bruno. *Freud and Man's Soul*. New York: Vintage Books, 1982.

Blanchard, Robert J., Caroline Blanchard, Guy Griebel, and David Nutt. *Handbook of Anxiety and Fear*. Academic Press/Elsevier, 2008.

Blum, Deborah. *Love at Goon Park: Harry Harlow and the Science of Affection*. New York: Basic Books, 2002.

Blythe, Jamie. *Fear Is No Longer My Reality: How I Overcame Panic and Social Anxiety Disorder—and You Can Too*. With Jenna Glatzer. McGraw-Hill, 2005.

Borch-Jacobsen, Mikkel. *Making Minds and Madness: From Hysteria to Depression*. Cambridge University Press, 2009.

Bourke, Joanna. *Fear: A Cultural History*. Virago, 2005.

Bourne, Edmund, and Lorna Garano. *Coping with Anxiety: 10 Simple Ways to Relieve Fear, Anxiety, and Worry*. New Harbinger, 2003.

Bowlby, John. *Charles Darwin: A New Life*. New York: W. W. Norton, 1990.

———. *A Secure Base*. London: Routledge, 1988.

———. *Separation: Anxiety and Anger*. New York: Basic Books, 1973.

Braund, Susanna, and Glenn W. Most, eds. *Ancient Anger: Perspectives from Homer to Galen.* Cambridge University Press, 2003.

Breger, Louis. *A Dream of Undying Fame: How Freud Betrayed His Mentor and Invented Psychoanalysis.* New York: Basic Books, 2009.

_____. *Freud: Darkness in the Midst of Vision.* New York: John Wiley and Sons, 2000.

Breggin, Peter R. *Medication Madness: A Psychiatrist Exposes the Dangers of Mood-Altering Medications.* New York: St. Martin's Press, 2008.

_____. *Talking Back to Prozac: What Doctors Aren't Telling You About Today's Most Controversial Drug.* New York: St. Martin's Press, 1994.

Bremner, J. Douglas. *Does Stress Damage the Brain? Understanding Trauma-Related Disorders from a Mind-Body Perspective.* New York: W. W. Norton, 2002.

Bretall, Robert. *A Kierkegaard Anthology.* Princeton, N. J.: Princeton University Press, 1936.

Briggs, Rex. *Transforming Anxiety, Transcending Shame.* Health Communications, 1999.

Browne, Janet. *Charles Darwin: The Power of Place.* Princeton, N.J.: Princeton University Press, 2002.

_____. *Charles Darwin: Voyaging.* Princeton, N. J.: Princeton University Press, 1995.

Bruner, Jerome. *Acts of Meaning.* Cambridge, Mass.: Harvard University Press, 1990.

Burgess, Thomas H. *The Physiology or Mechanism of Blushing, Illustrative of the Influence of Mental Emotion on the Capillary Circulation, with a General View of the Sympathies.* John Churchill, 1839.

Burijon, Barry N. *Biological Bases of Clinical Anxiety.* New York: W. W. Norton, 2007.

Burns, David D. *When Panic Attacks: The New, Drug-Free Anxiety Therapy That Can Change Your Life.* Morgan Road Books, 2006.

Burton, Robert. *The Anatomy of Melancholy.* New York Review of Books, 2001.

Cannon, Walter B. *Bodily Changes in Pain, Hunger, Fear and Rage.* New York: Harper Torchbooks, 1963 (original edition 1915).

Cantor, Norman F. *The Civilization of the Middle Ages.* New York: HarperCollins, 1993.

Caplan, Paula J. *They Say You're Crazy: How the World's Most Powerful Psychiatrists Decide Who's Normal.* Da Capo Press, 1995.

Capps, Donald. *Social Phobia: Alleviating Anxiety in an Age of Self-Promotion.* St. Louis: Chalice Press, 1999.

Carlat, Daniel. *Unhinged: The Trouble with Psychiatry—a Doctor's Revelations About a Profession in Crisis.* Free Press, 2010.

Carlstedt, Roland A. *Critical Moments During Competition: A Mind-Body Model of Sports Performance When It Counts the Most*. Psychology Press, 2004.

Carter, Rita. *Mapping the Mind*. Berkeley: University of California Press, 1998.

Cassidy, Jude, and Phillip R. Shaver. *Handbook of Attachment: Theory, Research, and Clinical Applications*. 2nd ed. Guilford Press, 2008.

Cassirer, Ernst. *An Essay on Man*. New Haven, Conn.: Yale University Press, 1944.

Chansky, Tamar E. *Freeing Yourself from Anxiety*. Da Capo, 2012.

Charney, Dennis S., and Eric J. Nestler. *Neurobiology of Mental Illness*. 3rd ed. Oxford University Press, 2009.

Cheyne, George. *The English Malady (1733)*. Tavistock/Routledge, 1991.

Clark, Taylor. *Nerve: Poise Under Pressure, Serenity Under Stress, and the Brave New Science of Fear and Cool*. Boston: Little, Brown, 2011.

Coleman, Penny. *Flashback: Posttraumatic Stress Disorder, Suicide, and the Lessons of War*. Beacon Press, 2006.

Coles, Robert. *The Mind's Fate: A Psychiatrist Looks at His Profession*. Back Bay Books, 1975.

_____. *Walker Percy: An American Searcher*. Boston: Little, Brown, 1978.

Collins, Randall. *Violence: A Micro-sociological Theory*. Princeton, N.J.: Princeton University Press, 2008.

Colp, Ralph, Jr. *To Be an Invalid: The Illness of Charles Darwin*. Chicago: University of Chicago Press, 1977.

Conley, Dalton. *Elsewhere, U.S.A: How We Got from the Company Man, Family Dinners, and the Affluent Society to the Home Office, BlackBerry Moms, and Economic Anxiety*. New York: Pantheon, 2009.

Contosta, David R. *Rebel Giants: The Revolutionary Lives of Abraham Lincoln and Charles Darwin*. Amherst, N.Y.: Prometheus Books, 2008.

Coolidge, Frederick L., and Thomas Wynn. *The Rise of Homo Sapiens: The Evolution of Modern Thinking*. Chichester, U.K.: Wiley-Blackwell, 2009.

Cozolino, Louis. *The Neuroscience Psychotherapy: Building and Rebuilding the Human Brain*. New York: W. W. Norton, 2002.

Crick, Francis. *The Astonishing Hypothesis: The Scientific Search for the Soul*. New York: Touchstone, 1994.

Cuordileone, Kyle A. *Manhood and American Political Culture in the Cold War*. New York: Routledge, 2005.

Cushman, Philip. *Constructing the Self, Constructing America: A Cultural History of Psychotherapy*. Addison-Wesley, 1995.

Damasio, Antonio. *Descartes' Error: Emotion, Reason, and the Human Brain*. Grosset/Putnam, 1994.

———. *The Feeling of What Happens: Body and Emotion in the Making of Consciousness*. Harcourt, 1999.

———. *Looking for Spinoza: Joy, Sorrow, and the Feeling Brain*. New York: Harcourt, 2003.

Darwin, Charles. *The Autobiography of Charles Darwin, 1809–1882*. New York: Classic Books International, 2009.

———. *The Expression of the Emotions in Man and Animals*. BiblioBazaar (originally published 1872), 2007.

Davenport-Hines, Richard. *The Pursuit of Oblivion: A Global History of Narcotics*. New York: W. W. Norton, 2001.

Davey, Graham C. L., ed. *Phobias: A Handbook of Theory, Research and Treatment*. Chichester, U.K.: Wiley, 1997.

Davey, Graham C. L., and Adrian Wells, eds. *Worry and Its Psychological Disorders*. Wiley, 2006.

Davidson, Jonathan, and Henry Dreher. *The Anxiety Book: Developing Strength in the Face of Fear*. Riverhead Books, 2003.

Davidson, Richard J., and Sharon Begley. *The Emotional Life of Your Brain*. Hudson Street Press, 2012.

Davis, Lennard J. *Obsession: A History*. Chicago: University of Chicago Press, 2008.

Davison, Gerald D., and John M. Neale. *Abnormal Psychology*. 5th ed. John Wiley and Sons, 1990.

Dayhoff, Signe A. *Diagonally-Parked in a Parallel Universe: Working Through Social Anxiety*. Effectiveness-Plus Publications, 2000.

de Botton, Alain. *Status Anxiety*. New York: Pantheon Books, 2004.

DeGrandpre, Richard. *The Cult of Pharmacology: How America Became the World's Most Troubled Drug Culture*. Durham, N.C.: Duke University Press, 2007.

Descartes, René. *Discourse on Method and Meditations*. Library of Liberal Arts, 1960.

Desmond, Adrian, and James Moore. *Darwin: The Life of a Tormented Evolutionist*. New York: Norton, 1991.

Dessoir, Max, and Donald Fisher. *Outlines of the History of Psychology*. New York: Macmillan,

1912.

Dillon, Brian. *The Hypochondriacs: Nine Tormented Lives*. New York: Faber and Faber, 2009.

Doctor, Ronald M., and Ada P. Kahn. *The Encyclopedia of Phobias, Fears, and Anxieties*. Facts on File, 1989.

Dodds, E. R. *The Greeks and the Irrational*. Berkeley: University of California Press, 1951.

Doi, Takeo. *The Anatomy of Dependence*. Kodansha, 1971.

Dollard, John. *Victory over Fear*. Reynal and Hitchcock, 1942.

Dollard, John, and Neal A. Miller. *Personality and Psychotherapy: An Analysis in Terms of Learning, Thinking and Culture*. McGraw-Hill, 1950.

Dozois, David J. A., and Keith S. Dobson. *The Prevention of Anxiety and Depression: Theory, Research, and Practice*. American Psychological Association, 2004.

Drinka, George Frederick. *The Birth of Neurosis: Myth, Malady, and the Victorians*. New York: Simon & Schuster, 1984.

Drummond, Edward H. *Overcoming Anxiety Without Tranquilizers*. Dutton, 1997.

Dukakis, Kitty, and Larry Tye. *Shock: The Healing Power of Electroconvulsive Therapy*. Avery, 2006.

Dumont, Raeann. *The Sky Is Falling: Understanding and Coping with Phobias, Panic, and Obsessive-Compulsive Disorders*. New York: W. W. Norton, 1996.

Eghigian, Greg. *From Madness to Mental Health: Psychiatric Disorder and Its Treatment in Western Civilization*. New Brunswick, N.J.: Rutgers University Press, 2010.

Elie, Paul. *The Life You Save May Be Your Own: An American Pilgrimage*. New York: Farrar, Straus and Giroux, 2003.

Ellenberger, Henri F. *The Discovery of the Unconscious: The History and Evolution of Dynamic Psychiatry*. New York: Basic Books, 1970.

Elliott, Carl, and Tod Chambers. *Prozac as a Way of Life*. Chapel Hill: University of North Carolina Press, 2004.

Ellman, Richard. *Yeats: The Man and the Masks*. New York: Macmillan, 1948.

Engel, Jonathan. *American Therapy: The Rise of Psychotherapy in the United States*. Gotham Books, 2008.

Epictetus. *Discourses and Enchiridion*. New York: Walter J. Black, 1944.

Erikson, Erik H. *Childhood and Society*. New York: W. W. Norton, 1950.

Esposito, Janet. *In the Spotlight: Overcome Your Fear of Public Speaking and Performance*. Strong Books, 2000.

Eysenck, H. J., and S. Rachman. *The Causes and Cures of Neurosis*. San Diego: Robert R. Knapp, 1965.

Fann, William E., Ismet Karacan, Alex D. Pokorny, and Robert L. Williams, eds. *Phenomenology and Treatment of Anxiety*. Spectrum Publications, 1979.

Farnbach, Rod, and Eversley Farnbach. *Overcoming Performance Anxiety*. Simon and Schuster Australia, 2001.

Fisher, Paul. *House of Wits: An Intimate Portrait of the James Family*. New York: Henry Holt, 2008.

Ford, Emily. *What You Must Think of Me: A Firsthand Account of One Teenager's Experience with Social Anxiety Disorder*. With Michael R. Liebowitz and Linda Wasmer Andrews. Oxford University Press, 2007.

Forrester, John. *Dispatches from the Freud Wars: Psychoanalysis and Its Passions*. Cambridge, Mass.: Harvard University Press, 1997.

_____. *Truth Games: Lies, Money, and Psychoanalysis*. Cambridge, Mass.: Havard University Press, 1997.

Foxman, Paul. *Dancing with Fear: Overcoming Anxiety in a World of Stress and Uncertainty*. Jason Aronson, 1997.

_____. *The Worried Child: Recognizing Anxiety in Children and Helping Them Heal*. Hunter House, 2004.

Frankl, Viktor E. *The Doctor and the Soul: From Psychotherapy to Logotherapy*. New York: Vintage Books, 1986.

_____. *Man's Search for Meaning*. New York: Washington Square Press, 1985 (copyright 1959).

Frattaroli, Elio. *Healing the Soul in the Age of the Brain: Why Medication Isn't Enough*. Penguin, 2001.

Freeman, Daniel, and Jason Freeman. *Anxiety: A Very Short Introduction*. Oxford University Press, 2012.

Freud, Sigmund. *The Basic Writings of Sigmund Freud*. Modern Library, 1995.

_____. *Beyond the Pleasure Principle*. New York: W. W. Norton, 1961.

_____. *Character and Culture*. Collier Books, 1963.

_____. *Civilization and Its Discontents*. New York: W. W. Norton, 1961.

_____. *The Complete Letters of Sigmund Freud to Wilhelm Fliess, 1887–1904*. Translated and edited by Jeffrey Moussaieff Masson. Cambridge, Mass.: Harvard University Press, 1985.

_____. *Five Lectures on Psycho-Analysis*. New York: W. W. Norton, 1989.

_____. *The History of the Psycho-analytic Movement and the Origin and Development of Psychoanalysis*. New York: W. W. Norton, 1990.

_____. *The Interpretation of Dreams*. London: Hogarth Press, 1953.

_____. *The Problem of Anxiety*. Psychoanalytic Quarterly Press, 1936.

_____. *Three Essays on the Theory of Sexuality*. New York: Basic Books, 2000.

_____. *Totem and Taboo: Some Points of Agreement Between the Mental Lives of Savages and Neurotics*. Routledge and Kegan Paul, 1950.

Friedman, Steven, ed. *Cultural Issues in the Treatment of Anxiety*. Guilford Press, 1997.

Frink, H. W., and James J. Putnam. *Morbid Fears and Compulsions: Their Psychology and Psychoanalytic Treatment*. Moffat, Yard, 1918.

Fromm, Erich. *Escape from Freedom*. New York: Owl Books, 1969.

_____. *Man for Himself: An Inquiry into the Psychology of Ethics*. New York: Henry Holt, 1947.

Furedi, Frank. *Therapy Culture: Cultivating Vulnerability in an Uncertain Age*. London: Routledge, 2004.

Furer, Patricia, John R. Walker, and Murray B. Stein. *Treating Health Anxiety and Fear of Death: A Practitioner's Guide*. New York: Springer, 2007.

Gabriel, Richard A. *No More Heroes: Madness and Psychiatry in War*. Hill and Wang, 1987.

Galdston, Iago, ed. *Historic Derivations of Modern Psychiatry*. New York: McGraw-Hill, 1967.

Gamwell, Lynn, and Nancy Tomes. *Madness in America: Cultural and Medical Perceptions of Mental Illness Before 1914*. Ithaca, N.Y.: Cornell University Press, 1995.

Gandhi, Mohandas K. *An Autobiography: The Story of My Experiments with Truth*. Beacon Press, 1993.

Gardner, Daniel. *The Science of Fear*. Dutton, 2008.

Garff, Joakim. *Søren Kierkegaard: A Biography*. Princeton, N.Y.: Princeton University Press, 2005.

Gay, Peter. *Freud: A Life for Our Time*. New York: W. W. Norton, 1988.

Gazzaniga, Michael S. *Nature's Mind: The Biological Roots of Thinking, Emotions, Sexuality, Language, and Intelligence*. New York: Basic Books. 1992.

Gershon, Michael D. *The Second Brain: The Scientific Basis of Gut Instinct and a Groundbreaking New Understanding Disorders of the Stomach and Intestine*. New York: HarperCollins, 1998.

Gerzon, Robert. *Finding Serenity in the Age of Anxiety*. New York: Macmillan, 1997.

Gewirtz, Jacob, ed. *Attachement and Dependency*. V. H. Winston and Sons, 1972.

Ghinassi, Cheryl Winning. *Anxiety.* Greenwood, 2010.

Gifford, Frank. *Gifford on Courage.* With Charles Mangel. M. Evans, 1976.

Gijswijt-Hofstra, Marijke, and Roy Porter. *Cultures of Neurasthenia: From Beard to the First World War.* Rodopi, 2001.

Glantz, Kalman, and John K. Pearce. *Exiles from Eden: Psychotherapy from an Evolutionary Perspective.* New York: W. W. Norton, 1989.

Glatzer, Jenna, ed. *Conquering Panic and Anxiety Disorders: Success Stories, Strategies, and Other Good News.* Hunter House, 2002.

Gleick, James. *Faster: The Acceleration of Just About Everything.* New York: Vintage Books, 1999.

Glenmullen, Joseph. *The Antidepressant Solution: The Only Step-by-Step Guide to Safely Overcoming Antidepressant Withdrawal, Dependence, and "Addiction."* New York: Free Press, 2005.

Goldstein, Kurt. *Human Nature in the Light of Psychopathology.* 1940. New York: Schocken Books, 1963.

Goldstein, Michael J., and James O. Palmer. *The Experience of Anxiety: A Casebook.* New York: Oxford University Press, 1963.

Goodwin, Donald W. *Anxiety.* Oxford University Press, 1986.

———. *Phobia: The Facts.* Oxford University Press, 1983.

Gordon, James S. *Unstuck: Your Guide to the Seven-Stage Journey out of Depression.* Penguin, 2008.

Gorman, Jack, ed. *Fear and Anxiety: The Benefits of Translational Research.* Washington, D.C.: American Psychiatric Publishing, 2004.

Gosling, F. G. *Before Freud: Neurasthenia and the American Medical Community, 1870–1910.* University of Illinois Press, 1987.

Gould, James L. *Ethology: The Mechanisms and Evolution of Behavior.* New York: W. W. Norton, 1982.

Goulding, Regina A., and Richard C. Schwarz. *The Mosaic Mind: Empowering the Tormented Selves of Child Abuse Survivors.* New York: W. W. Norton, 1995.

Gray, Jeffrey A., and Neil McNaughton. *The Neuropsychology of Anxiety.* 2nd ed. Oxford: Oxford University Press, 2000.

Greenberg, Gary. *The Book of Woe: The "DSM" and the Unmaking of Psychiatry.* Blue Rider Press, 2012.

_____. *Manufacturing Depression: The Secret History of a Modern Disease*. New York: Simon and Schuster, 2010.

Greist, John H., James W. Jefferson, and Isaac M. Marks. *Anxiety and Its Treatment*. New York: Warner Books, 1986.

Grinker, Roy R., and John P. Spiegel. *Men Under Stress*. Philadelphia: Blakiston, 1945.

Grob, Gerald N. *Mental Illness and American Society, 1875-1940*. Princeton, N.J.: Princeton University Press, 1983.

Grosskurth, Phyllis. *Melanie Klein: Her World and Her Work*. New York: Alfred A. Knopf, 1986.

Hallowell, Edward M. *Worry: Hope and Help for a Common Condition*. New York: Random House, 1997.

Handly, Robert. *Anxiety and Panic Attacks: Their Cause and Cure*. With Pauline Neff. Fawcett Crest, 1985.

Hanford, A. Chester. *Problems in Municipal Government*. A. W. Shaw, 1926.

Harrington, Anne. *The Cure Within: A History of Mind-Body Medicine*. New York: W. W. Norton, 2008.

Hart, Archibald D. *The Anxiety Cure*. New York: Thomas Nelson, 2001.

Harvard Medical School. *The Sensitive Gut*. New York: Fireside Books, 2000.

Hayes, Steven C. *Get Out of Your Mind and into Your Life: The New Acceptance and Commitment Therapy*. New Harbinger, 2005.

Hayes, Steven C., Kirk D. Strosahl, and Kelly G. Wilson. *Acceptance and Commitment Therapy: An Experiential Approach to Behavior Change*. Guilford Press, 1999.

Healy, David. *The Antidepressant Era*. Cambridge, Mass.: Harvard University Press, 1997.

_____. *The Creation of Psychopharmacology*. Cambridge, Mass.: Harvard University Press, 2002.

_____. *Let Them Eat Prozac*. James Lorimer, 2003.

Heimberg, Richard G., Cynthia L. Turk, and Douglas S. Mennin, eds. *Generalized Anxiety Disorder: Advances in Research and Practice*. Guilford Press, 2004.

Herman, Judith Lewis. *Trauma and Recovery*. New York: Basic Books, 1992.

Heston, Leonard L. *Mending Minds: A Guide to the New Psychiatry of Depression, Anxiety, and Other Serious Mental Disorders*. W. H. Freeman, 1992.

Hobson, J. Allan, and Jonathan A. Leonard. *Out of Its Mind: Psychiatry in Crisis*. Cambridge, Mass.: Perseus Books, 2001.

Hoch, Paul, and Joseph Zubin, eds. *Anxiety*. New York: Grune and Stratton, 1950.

Hofstadter, Richard. *The Age of Reform*. New York: Vintage, 1955.

_____. *The American Political Tradition*. New York: Alfred A. Knopf, 1948.

Hollander, Eric, and Daphne Simeon. *Concise Guide to Anxiety Disorders*. American Psychiatric Publishing, 2003.

Hollister, Leo. *Clinical Use of Psychotherapeutic Drugs*. Charles C. Thomas, 1973.

Holmes, Jeremy. *The Search for the Secure Base: Attachment Theory and Psychotherapy*. Routledge, 2001.

Horney, Karen. *Neurosis and Human Growth: The Struggle Toward Self-Realization*. New York: W. W. Norton, 1950.

_____. *The Neurotic Personality of Our Time*. New York: W. W. Norton, 1937.

_____. *New Ways in Psychoanalysis*. New York: W. W. Norton, 1939.

_____. *Our Inner Conflicts*. New York: W. W. Norton, 1945.

_____. *Self-Analysis*. New York: W. W. Norton, 1942.

Horstmann, Judith. *Brave New Brain: How Neuroscience, Brain-Machine Interfaces, Psychopharmacology, Epigenetics, the Internet, and Our Own Minds Are Stimulating and Enhancing the Future of Mental Power*. John Wiley and Sons, 2010.

Horwitz, Allan V., and Jerome C. Wakefield. *All We Have to Fear: Psychiatry's Transformation Natural Anxieties into Mental Disorders*. New York: Oxford University Press, 2012.

_____. *The Loss of Sadness: How Psychiatry Transformed Normal Sorrow into Depressive Disorder*. New York: Oxford University Press, 2007.

Huizinga, Johann. *The Waning of the Middle Ages*. 1924. Mineola, N.Y.: Dover Books, 1999.

Hunt, Joseph McVicker, ed. *Personality and the Behavior Disorders: A Handbook Based on Experimental and Clinical Research*. Ronald Press, 1944.

Hunt, Morton. *The Story of Psychology*. New York: Doubleday, 1993.

Hunter, Richard, and Ida Macalpine. *Three Hundred Years of Psychiatry, 1535–1860*. Carlisle Publishing, 1982.

Hustvedt, Siri. *The Shaking Woman; or, A History of My Nerves*. New York: Henry Holt, 2010.

Issroff, Judith, ed. *Donald Winnicott and John Bowlby: Personal and Professional Perspectives*. H. Karnac, 2005.

Izard, Carroll E. *Human Emotions*. Plenum, 1977.

Jackson, Stanley W. *Melancholia and Depression: From Hippocratic Times to Modern Times*. New Haven, Conn.: Yale University Press, 1986.

Jacobson, Edmund. *You Must Relax: A Practical Method for Reducing the Strain of Living.* 1934. Whittsley House, 1942.

James, Oliver. *The Selfish Capitalist.* Vermillion, 2008.

James, William. *Principals of Psychology.* Henry Holt, 1890.

———. *The Varieties of Religious Experience.* Longmans, Green, 1902.

Jamison, Kay Redfield. *An Unquiet Mind: A Memoir of Moods and Madness.* New York: Vintage, 1995.

Janis, Irving L. *Air War and Emotional Stress: Psychological Studies of Bombing and Civilian Defense.* New York: McGraw-Hill, 1951.

Jaspers, Karl. *General Psychopathology.* Vol. 1. Baltimore: Johns Hopkins University Press, 1997.

Jaynes, Julian. *The Origins of Consciousness in the Breakdown of the Bicameral Mind.* New York: Mariner Books, 1990 (original copyright 1976).

Johnson, Haynes. *The Age of Anxiety: From McCarthyism to Terrorism.* Harcourt, 2005.

Jones, Edgar, and Simon Wessely. *Shell Shock to PTSD: Military Psychiatry from 1900 to the Gulf War.* Psychology Press, 2005.

Jordan, Jeanne, and Julie Pederson. *The Panic Diaries: The Frightful, Sometimes Hilarious Truth About Panic Attacks.* Octopus Publishing Group, 2004.

Kagan, Jerome. *An Argument for Mind.* New Haven, Conn.: Yale University Press, 2006.

———. *Galen's Prophecy: Temperament in Human Nature.* New York: Basic Books, 1994.

———. *Psychology's Ghosts: The Crisis in the Profession and the Way Back.* New Haven, Conn.: Yale University Press, 2012.

———. *Unstable Ideas: Temperament, Cognition, and Self.* Cambridge, Mass.: Harvard University Press, 1989.

———. *What Is Emotion?* New Haven, Conn.: Yale University Press, 2007.

Kagan, Jerome, and Nancy Snidman. *The Long Shadow Temperament.* Cambridge, Mass.: Harvard University Press, 2004.

Kahn, Jeffrey P. *Angst: The Origins of Anxiety and Depression.* Oxford University Press, 2012.

Kardiner, Abram. *The Individual and His Society: The Psychodynamics of Primitive Social Organization.* New York: Columbia University Press, 1939.

Karen, Robert. *Becoming Attached: First Relationships and How They Shape Our Capacity to Love.* Oxford University Press, 1994.

Karp, David A. *Is It Me or My Meds? Living with Antidepressants.* Cambridge, Mass.: Harvard University Press, 2006.

Kasper, Siegfried, Johan A. den Boer, and J. M. Ad Sitsen, eds. *Handbook of Depression and Anxiety.* 2nd ed. Marcel Dekker, 2003.

Kassirer, Jerome P. *On the Take: How Medicine's Complicity with Big Business Can Endanger Your Health.* Oxford University Press, 2005.

Kaster, Robert A. *Emotion, Restraint, and Community in Ancient Rome.* Oxford University Press, 2005.

Kendall, Joshua. *American Obsessives: The Compulsive Energy That Built a Nation.* New York: Grand Central Publishing, 2013.

Kierkegaard, Søren. *The Concept of Anxiety: A Simple Psychologically Orienting Deliberation on the Dogmatic Issue of Hereditary Sin.* Princeton, N.J.: Princeton University Press, 1980.

_____. *Fear and Trembling.* New York: Penguin Books, 1985.

Kirk, Stuart A., and Herb Kutchins. *The Selling of "DSM": The Rhetoric of Science in Psychiatry.* Transaction Publishers, 1992.

Kirsch, Irving. *The Emperor's New Drugs: Exploding the Antidepressant Myth.* New York: Basic Books, 2010.

Klausner, Samuel Z., ed. *Why Man Takes Chances: Studies in Stress-Seeking.* New York: Doubleday Anchor, 1968.

Kleinman, Arthur. *Rethinking Psychiatry: From Cultural Category to Personal Experience.* Free Press, 1988.

Kleinman, Arthur, and Byron Good, eds. *Culture and Depression: Studies in the Anthropology and Cross-Cultural Psychiatry of Affect and Disorder.* Berkeley: University of California Press, 1985.

Kline, Nathan S. *From Sad to Glad: Kline on Depression.* New York: Putnam, 1974.

Kramer, Peter. *Freud: Inventor of the Modern Mind.* Atlas Books/HarperCollins, 2006.

_____. *Listening to Prozac.* Viking, 1993.

Kuijsten, Marcel, ed. *Reflections on the Dawn of Consciousness: Julian Jaynes's Bicameral Mind Theory Revisited.* Julian Jaynes Society, 2006.

Kurzweil, Edith. *The Freudians: A Comparative Perspective.* New Haven, Conn.: Yale University Press, 1989.

Kutchins, Herb, and Stuart A. Kirk. *Making Us Crazy: "DSM"; The Psychiatric Bible and the Creation of Mental Disorders.* New York: Free Press, 1997.

Lane, Christopher. *Shyness: How Normal Behavior Became a Sickness.* New Haven, Conn.: Yale University Press, 2007.

Lasch, Christopher. *The Culture of Narcissism: American Life in an Age of Diminishing Expectations.* New York: Warner Books, 1979.

Last, Cynthia, ed. *Anxiety Across the Lifespan: A Developmental Perspective.* New York: Springer, 1993.

Lazarus, Richard S. *Stress and Emotion: A New Synthesis.* Springer, 1999.

Lazarus, Richard S., and Bernice Lazarus. *Passion and Reason: Making Sense of Our Emotions.* Oxford University Press, 1994.

Leach, John. *Survival Psychology.* Palgrave Macmillan, 1994.

LeDoux, Joseph. *The Emotional Brain: The Mysterious Underpinnings of Emotional Life.* New York: Simon and Schuster, 1996.

LeGoff, Jacques. *Medieval Civilization.* Cambridge, Mass.: Basil Blackwell, 1988 (translated from French edition of 1964.)

Levy, David. *Maternal Overprotection.* New York: Columbia University Press, 1943.

Lewis, Marc. *Memoirs of an Addicted Brain: Neuroscientist Examines His Former Life on Drugs.* Public Affairs, 2012.

Lewis, Nolan. *A Short History of Psychiatric Achievement.* New York: W. W. Norton, 1941.

Lifton, Robert Jay. *The Protean Self: Human Resilience in an Age of Fragmentation.* New York: Basic Books, 1993.

Linton, Ralph, ed. *The Science of Man in the World Crisis.* New York: Oxford University Press, 1945.

Lloyd, G. E. R., ed. *Hippocratic Writings.* London: Penguin Books, 1983.

Lowrie, Walter. *A Short Life Kierkegaard.* Princeton, N.J.: Princeton University Press, 1942.

Luhrmann, T. M. *Of Two Minds: An Anthropologist Looks at American Psychiatry.* New York: Vintage Books, 2000.

Lutz, Tom. *American Nervousness, 1903: An Anecdotal History.* Ithaca, N.Y.: Cornell University Press, 1991.

MacArthur, John. *Anxiety Attacked: Applying Scripture to the Cares of the Soul.* Victor Books, 1993.

_____. *Anxious for Nothing: God's Cure for the Cares of Your Soul.* Colorado Springs, Colo.: Cook Communications Ministries, 2006.

MacDonald, Michael. *Mystical Bedlam: Madness, Anxiety, and Healing in Seventeenth-Century England.* Cambridge University Press, 1981.

Makari, George. *Revolution in Mind: The Creation of Psychoanalysis.* New York: Harper, 2008.

Malone, John C. *Psychology: Pythagoras to Present.* MIT Press, 2009.

Manchester, William. *Goodbye, Darkness: A Memoir of the Pacific War.* Back Bay Books, 2002.

Mannheim, Karl. *Man and Society in an Age of Reconstruction.* Harcourt, Brace, 1940.

Manning, Martha. *Undercurrents: A Life Beneath the Surface.* New York: Harper-Collins, 1994.

Markel, Howard. *An Anatomy of Addiction: Sigmund Freud, William Halsted, and the Miracle Drug Cocaine.* New York: Pantheon, 2011.

Marks, Isaac M. *Fears, Phobias, and Rituals: Panic, Anxiety, and Their Disorders.* Oxford University Press, 1987.

Markway, Barbara G., Cheryl N. Carmin, C. Alec Pollard, and Teresa Flynn. *Dying of Embarrassment: Help for Social Anxiety and Phobia.* Oakland, Calif.: New Harbinger Publications, 1992.

Markway, Barbara G., and Gregory P. Markway. *Painfully Shy: How to Overcome Social Anxiety and Reclaim Your Life.* New York: St. Martin's Press, 2001.

Marmor, Judd, and Sherwyn M. Woods, eds. *The Interface Between the Psychodynamic and Behavioral Therapies.* New York: Plenum Medical, 1980.

Marshall, John R. *Social Phobia.* New York: Basic Books, 1994.

Maudsley, Henry. *The Pathology of Mind.* D. Appleton, 1860.

Mavissakalian, Matig, and David H. Barlow, eds. *Phobia: Psychological and Pharmacological Treatment.* New York: New York University Press, 1981.

May, Rollo. *The Discovery of Being.* New York: W. W. Norton, 1983.

———. *Love and Will.* New York: W. W. Norton, 1969.

———. *Man's Search for Himself.* New York: W. W. Norton, 1953.

———. *The Meaning of Anxiety.* Rev. ed. New York: W. W. Norton, 1977.

———. *Psychology and the Human Dilemma.* New York: W. W. Norton, 1979.

McEwen, Bruce. *The End of Stress as We Know It.* Washington, D.C.: Joseph Henry Press, 2002.

McGlynn, Thomas J., And Harry L. Metcalf, eds. *Diagnosis and Treatment of Anxiety Disorders: A Physician's Handbook.* American Psychiatric Publishing, 1992.

McKay, Dean, Jonathan S. Abramowitz, Steven Taylor, and Gordon J. G. Asmundson. *Current Perspectives on the Anxiety Disorders: Implications for "DSM-V" and Beyond.* New York, Springer, 2009.

McLean, Peter D., and Sheila R. Woody. *Anxiety Disorder in Adults: An Evidence-Based*

Approach to Psychological Treatment. Oxford University Press, 2001.

Menninger, Karl. *The Human Mind.* 3rd ed. New York: Alfred A. Knopf, 1946.

_____. *Man Against Himself.* Harcourt, Brace, 1938.

_____. *Whatever Became of Sin?* Hawthorn Books, 1973.

Messer, Stanley B., Louis Sass, and Robert Woolfolk. *Hermeneutics and Psychological Theory: Interpretive Perspectives on Personality, Psychotherapy, and Psychopathology.* New Brunswick, N.J.: Rutgers University Press, 1988.

Micale, Mark S. *Hysterical Men: The Hidden History of Male Nervous Illness.* Cambridge, Mass. Harvard University Press, 2008.

Millon, Theodore. *Masters of the Mind: Exploring the Story of Mental Illness from Ancient Times to the New Millennium.* Hoboken, N.J.: Wiley, 2004.

Mohr, Jay. *Gasping for Airtime: Two Years in the Trenches of "Saturday Night Live."* Hyperion, 2005.

Morita, Shoma. *Morita Therapy and the True Nature of Anxiety-Based Disorders.* Albany: State University of New York Press, 1998.

Morris, Colin. *The Discovery of the Individual, 1050–1200.* Toronto: University of Toronto Press, 1972.

Mumford, Lewis. *The Condition of Man.* Harcourt, Brace, 1944.

Murphy, Gardner. *Historical Introduction to Modern Psychology.* Harcourt, Brace, 1949.

Newman, Paul. *A History of Terror: Fear and Dread Through the Ages.* Sutton Publishing, 2000.

Niebuhr, Reinhold. *The Nature and Destiny of Man.* 2 vols. New York: Scribner, 1941–43.

Northfield, Wilfrid. *Conquest of Nerves: The Inspiring Record of a Personal Triumph over Neurasthenia.* London: Fenland Press, 1933.

Opler, Marvin K. *Culture, Psychiatry, and Human Values: The Methods and Values of a Social Psychiatry.* Charles C. Thomas Publisher, 1956.

Oppenheim, Janet. *"Shattered Nerves": Doctors, Patients, and Depression in Victorian England.* Oxford University Press, 1991.

Parkes, Henry Bamford. *Gods and Men: The Origins of Western Culture.* New York: Alfred A. Knopf, 1959.

Pearson, Patricia. *A Brief History of Anxiety.* Bloomsbury, 2008.

Percy, Walker. *Lancelot.* New York: Farrar, Straus and Giroux, 1977.

_____. *The Last Gentleman.* New York: Farrar, Straus and Giroux, 1966.

_____. *Lost in the Cosmos: The Last Self-Help Book.* New York: Farrar, Straus and Giroux, 1983.

_____. *The Message in the Bottle: How Queer Man Is, How Queer Language Is, and What One Has to Do with the Other.* New York: Farrar, Straus and Giroux, 1975.

_____. *The Moviegoer.* New York: Alfred A. Knopf, 1961.

_____. *The Second Coming.* New York: Farrar, Straus and Giroux, 1980.

_____. *Signposts in a Strange Land.* Picador, 1991.

_____. *The Thanatos Syndrome.* Farrar, Straus and Giroux, 1987.

Peurifoy, Reneau. *Anxiety, Phobias, and Panic: A Step-by-Step Program for Regaining Control of Your Life.* New York: Warner Books, 1988.

Pfister, Oscar. *Christianity and Fear; A Study in the History and in the Psychology and Hygiene of Religion.* Unwin Brothers, 1948.

Phillips, Bob. *Overcoming Anxiety and Depression: Practical Tools to Help You Deal with Negative Emotions.* Harvest House, 2007.

Pinero, Jose M. Lopez. *Historical Origins of the Concept of Neurosis.* Cambridge University Press, 1983.

Pinker, Steven. *How the Mind Works.* New York: W. W. Norton, 1997.

Pirenne, Henri. *Medieval Cities.* Princeton, N.J.: Princeton University Press, 1925.

Pollino, Sandra M. *Flying Fear Free: 7 Steps to Relieving Air Travel Anxiety.* New Horizon Press, 2012.

Porter, Roy. *Madness: A Brief History.* New York: Oxford University Press, 2002.

Pressman, Jack D. *Last Resort: Psychosurgery and the Limits of Medicine.* Cambridge University Press, 1998.

Prinz, Jesse J. *Gut Reactions: A Perceptual Theory of Emotion.* Oxford University Press, 2004.

Prochnik, George. *Putnam Camp: Sigmund Freud, James Jackson Putnam, and the Purpose of American Psychology.* Other Press, 2006.

Quammen, David. *The Reluctant Mr. Darwin.* New York: Norton Books, 2006.

Quinlan, Kieran. *Walker Percy: The Last Catholic Novelist.* Baton Rouge: Louisiana State University Press, 1996.

Quinodoz, Jean-Michel. *The Taming of Solitude: Separation Anxiety in Psychoanalysis.* London: Routledge, 1993.

Rachman, Stanley. *Anxiety.* East Sussex, U.K.: Psychology Press, 1998.

_____. *Phobias: Their Nature and Control.* Springfield, Ill.: Charles C. Thomas Publisher, 1968.

Rachman, Stanley, and Padmal de Silva. *Panic Disorder: The Facts.* 2nd ed. New York: Oxford University Press, 2004.

Radden, Jennifer, ed. *The Nature of Melancholy: From Aristotle to Kristeva*. New York: Oxford University Press, 2000.

Radin, Paul. *Primitive Man as Philosopher*. New York: Dover Publications, 1957.

Rank, Otto. *The Trauma of Birth*. New York: Dover Editions, 1993 (original edition 1929).

Rapee, Ronald M. *Overcoming Shyness and Social Phobia*. Rowman and Littlefield, 1998.

Raskin, Marjorie. *The Anxiety Expert: A Psychiatrist's Story of Panic*. AuthorHouse, 2004.

Reich, Wilhelm. *The Mass Psychology of Fascism*. New York: Farrar, Straus and Giroux, 1970.

Reiser, Morton F. *Mind, Brain, Body: Toward a Convergence of Psychoanalysis and Neurobiology*. New York: Basic Books, 1984.

Restak, Richard. *Poe's Heart and the Mountain Climber: Exploring the Effects of Anxiety on Our Brains and Our Culture*. Harmony Books, 2004.

Richardson, Robert D. *William James: In the Maelstrom of American Modernism*. Boston: Houghton Mifflin, 2006.

Riesman, David. *Abundance for What?* Garden City, N.Y.: Doubleday, 1964.

_____. *Individualism Reconsidered*. New York: Free Press, 1954.

_____. *The Lonely Crowd*. New Haven, Conn.: Yale University Press, 1961.

Roazen, Paul. *Freud and His Followers*. New York: Da Capo Press, 1992.

Robin, Corey. *Fear: The History of a Political Idea*. Oxford: Oxford University Press, 2004.

Roccatagliata, Giuseppe. *A History of Ancient Psychiatry*. New York: Greenwood Press, 1986.

Roche Laboratories. *Aspects of Anxiety*. J. B. Lippincott, 1965.

Rorty, Amelie Oskenberg, ed. *Explaining Emotions*. Berkeley: University of California Press, 1980.

Rosenberg, Charles E., and Janet Golden, eds. *Framing Disease: Studies in Cultural History*. New Brunswick, N.J.: Rutgers University Press, 1997.

Rousseau, G. S., and Roy Porter, eds. *The Ferment of Knowledge: Studies in the Historiography of Eighteenth-Century Science*. Cambridge University Press, 1980.

Rycroft, Charles. *Anxiety and Neurosis*. Middlesex, U.K.: Penguin Books, 1968.

Rygh, Jayne L., and William G. Sanderson. *Treating Generalized Anxiety Disorder: Evidence-Based Strategies, Tools, and Techniques*. Guilford Press, 2004.

Salecl, Renata. *On Anxiety*. London: Routledge, 2004.

Samway, Patrick. *Walker Percy: A Life*. Loyola Press, 1999.

Sapolsky, Robert M. *Monkeyluv and Other Essays on Our Lives as Animals*. New York: Scribner, 2005.

_____. *Why Zebras Don't Get Ulcers.* New York: Henry Holt, 2004.

Sarason, Irwin, and Charles Spielberger, eds. *Stress and Anxiety.* Vols. 2, 4, and 5. Washington, D.C.: Hemisphere Publishing, 1975–78.

Satel, Sally, and Scott O. Lilienfeld. *Brainwashed: How We Are Seduced by Mindless Neuroscience.* New York: Basic Books, 2013.

Saul, Helen. *Phobias: Fighting the Fear.* New York: Arcade, 2002.

Schlesinger, Arthur M., Jr. *The Cycles of American History.* Boston: Houghton Mifflin, 1986.

_____. *The Vital Center: The Politics of Freedom.* Riverhead Press, 1949.

Schneier, Franklin, and Lawrence Welkowitz. *The Hidden Face of Shyness: Understanding and Overcoming Social Anxiety.* New York: Avon Books, 1996.

Schreber, Daniel Paul. *Memoirs of My Nervous Illness.* New York Review of Books, 2000.

Schuster, David G. *Neurasthenic Nation: America's Search for Health, Happiness, and Comfort, 1869–1920.* New Brunswick, N.J.: Rutgers University Press, 2011.

Schwartz, Barry. *The Paradox of Choice: Why More Is Less.* HarperPerennial, 2004.

Seeley, Karen M. *Therapy After Terror: 9/11, Psychotherapy, and Mental Health.* Cambridge University Press, 2008.

Selye, Hans. *The Physiology and Pathology of Exposure to Stress: A Treatise Based on the Concepts of the General Adaptation Syndrome and the Diseases of Adaptation.* Acta, 1950.

_____. *The Stress of Life.* New York: McGraw-Hill, 1956.

_____. *Stress Without Distress.* Signet, 1974.

Shapiro, David. *Neurotic Styles.* New York: Basic Books, 1965.

Sharpe, Katherine. *Coming of Age on Zoloft: How Antidepressants Cheered Us Up, Let Us Down, and Changed Who We Are.* Hareper Perennial, 2012.

Shawn, Allan. *Wish I Could be There: Notes from a Phobic Life.* Viking, 2007.

Shay, Jonathan. *Achilles in Vietnam: Combat Trauma and the Undoing of Character.* New York: Scribner, 1994.

Sheehan, David V. *The Anxiety Disease.* New York: Bantam Books, 1983.

Shephard, Ben. *War of Nerves: Soldiers and Psychiatrists in the Twentieth Century.* Cambridge, Mass.: Harvard University Press, 2001.

Shinder, Jason, ed. *Tales from the Couch: Writers on Therapy.* New York: William Morrow, 2000.

Shorter, Edward. *Before Prozac: The Troubled History of Mood Disorders in Psychiatry.* New York: Oxford University Press, 2009.

_____. A History of Psychiatry: From the Age of the Asylum to the Age of Prozac._ New York: Wiley, 1997.

_____. How Everyone Became Depressed: The Rise and Fall of the Nervous Breakdown._ Oxford University Press, 2013.

Shute, Clarence. _The Psychology of Aristotle: An Analysis of the Living Being._ New York: Russell and Russell, 1964.

Simon, Bennett. _Mind and Madness in Ancient Greece: The Classical Roots of Modern Psychiatry._ Ithaca, N.Y.: Cornell University Press, 1978.

Simon, Linda. _Genuine Reality: A Life of William James._ Harcourt, Brace, 1997.

Slater, Lauren. _Prozac Diary._ New York: Random House, 1998.

Smail, Daniel Lord. _On Deep History and the Brain._ Berkeley: University of California Press, 2008.

Smith, Daniel. _Monkey Mind: A Memoir of Anxiety._ New York: Simon and Schuster, 2012.

Smith, Mickey C. _Small Comfort: A History of the Minor Tranquilizers._ Praeger, 1985.

Smoller, Jordan. _The Other Side of Nrmal: How Biology Is Providing the Clues to Unlock the Secrets of Normal and Abnormal Behavior._ New York: WIlliam Morrow, 2012.

Snell, Bruno. _The Discovery of Mind in Greek Philosophy and Literature._ New York: Dover Publications, 1982 (fi rst published 1953).

Solomon, Andrew. _The Noonday Demon: An Atlas of Depression._ New York: Scribner, 2001.

Solomon, Robert. _What Is an Emotion? Classic and Contemporary Readings._ New York: Oxford University Press, 1984.

Spielberger, Charles D., ed. _Anxiety: Current Trends in Theory and Research._ Vol. 1. Academic Press, 1972.

_____. ed. Anxiety and Behavior._ Academic Press, 1966.

_____. Understanding Stress and Anxiety._ New York: Harper and Row, 1979.

Spielberger, Charles D., and Rogelio Diaz-Guerrero, eds. _Cross-Cultural Anxiety._ Vol. 3. Hemisphere Publishing, 1986.

Spinoza, Baruch. _Ethics: Treatise on the Emendation of the Intellect._ Hackett Publishing, 1992.

Stein, Dan J. _Clinical Manual of Anxiety Disorders._ Washington, D. C.: American Psychiatric Publishing, 2004.

Stein, Dan J., and Eric Hollander. _Anxiety Disorders Comorbid with Depression: Social Anxiety Disorder, Post-traumatic Stress Disorder, Generalized Anxiety Disorder and Obsessive Compulsive Disorder._ Martin Dunitz, 2002.

_____. *Textbook of Anxiety Disorders*. Washington D. C.: American Psychiatric Publishing, 2002.

Stein, Murray B., and John R. Walker. *Triumph over Shyness: Conquering Shyness and Social Anxiety*. McGraw-Hill, 2002.

Stekel, W. *Conditions of Nervous Anxiety and Their Treatment*. New York: Dodd, Mead, 1923.

Stepansky, Paul E. *Psychoanalysis at the Margins*. New York: Other Press, 2009.

Stone, Michael. *Healing the Mind: A History of Psychiatry from Antiquity to the Present*. New York: W. W. Norton, 1997.

Stoodley, Bartlett H. *The Concepts of Sigmund Freud*. Glencoe, Ill.: Free Press, 1959.

Strupp, Hans H., Leonard M. Horowitz, and Michael J. Lambert, eds. *Measuring Patient Changes in Mood, Anxiety, and Personality Disorders*. American Psychological Association, 1997.

Sullivan, Paul. *Clutch: Why Some People Excel Under Pressure and Others Don't*. New York: Penguin Books, 2010.

Sulloway, Frank. *Freud, Biologist of the Mind*. Cambridge, Mass.: Harvard University Press, 1979.

Summers, Christina Hoff, and Sally Satel. *One Nation Under Therapy: How the Helping Culture Is Eroding Self-Reliance*. New York: St. Martin's Press, 2005.

Symonds, Percival M. *The Dynamics of Human Adjustment*. New York: Apple-Century-Crofts, 1946.

Szasz, Thomas S. *The Myth of Mental Illness*. New York: HarperPerennial, 1974.

Tallis, Raymond. *The Kingdom of Infinite Space: A Portrait of Your Head*. New Haven, Conn.: Yale University Press, 2008.

Tanielian, Terri, and Lisa H. Jaycox, eds. *Invisible Wounds of War: Psychological and Cognitive Injuries, Their Consequences, and Services to Assist Recovery*. RAND, 2008.

Taylor Manor Hospital, *Discoveries in Biological Psychiatry*. Lippincott, 1970.

Taylor, Steven, ed. *Anxiety Sensitivity: Theory, Research, and Treatment of the Fear of Anxiety*. New Jersey: Lawrence Erlbaum Associates, 1999.

Thomson, Keith. *The Young Charles Darwin*. New Haven, Conn: Yale University Press, 2009.

Tillich, Paul. *The Courage to Be*. New Haven, Conn.: Yale University Press, 1952.

_____. *A Theology of Culture*. Oxford University Press, 1959.

Tolson, Jay, ed. *The Correspondence of Shelby Foote and Walker Percy*. New York: W. W. Norton, 1997.

_____. *Pilgrim in the Ruins: A Life of Walker Percy.* New York: Simon and Schuster, 1992.

Tone, Andrea. *The Age of Anxiety: A History of America's Turbulent Affair with Tranquilizers.* New York: Basic Books, 2009.

Torrey, E. Fuller, and Judy Miller. *The Invisible Plague: The Rise of Mental Illness from 1750 to the Present.* New Brunswick, N.J.: Rutgers University Press, 2001.

Tseng, Wen-Shing. *Clinician's Guide to Cultural Psychiatry.* Academic Press, 2003.

Tuan, Yi-Fu. *Landscapes of Fear.* New York: Pantheon Books, 1979.

Twenge, Jean M. *Generation Me: Why Today's Young Americans Are More Confident, Assertive, Entitled—and More Miserable Than Ever Before.* New York: Free Press, 2006.

Valenstein, Elliot S. *Blaming the Brain: The Truth About Drugs and Mental Health.* New York: Free Press, 1998.

van den Berg, J. H. *The Changing Nature of Man: Introduction to Historical Psychology.* New York: W. W. Norton, 1961.

Vasey, Michael M., and Mark R. Dadds, eds. *The Developmental Psychopathology of Anxiety.* Oxford University Press, 2001.

Wain, Martin. *Freud's Answer: The Social Origins of Our Psychoanalytic Century.* Ivan R. Dee, 1998.

Wallin, David. *Attachment in Psychotherapy.* New York: Guilford Press, 2007.

Watt, Margo, and Sherry Stewart. *Overcoming the Fear of Fear: How to Reduce Anxiety Sensitivity.* Oakland, Calif: New Harbinger, 2008.

Watters, Ethan. *Crazy Like Us: The Globalization of the American Psyche.* New York: Free Press, 2010.

Weatherhead, Leslie D. *Prescription for Anxiety: How You Can Overcome Fear and Despair.* Pierce and Washabaugh, 1956.

Weekes, Claire. *Hope and Help for Your Nerves.* Signet, 1969.

Wehrenberg, Margaret, and Steven Prinz. *The Anxious Brain: The Neurological Basis of Anxiety Disorders and How to Effectively Treat Them.* New York: W. W. Norton, 2007.

Wellman, Lee. *My Quarter-Life Crisis: How an Anxiety Disorder Knocked Me Down, and How I Got Back Up.* Tuckett Publishing, 2006.

Wender, Paul H., and Donald F. Klein. *Mind, Mood, and Medicine: A Guide to the New Biopsychiatry.* New York: Farrar, Straus and Giroux, 1981.

Wexler, Bruce E. *Brain and Culture: Neurobiology, Ideology, and Social Change.* Cambridge, Mass.: MIT Press, 2006.

Whitaker, Robert. *Anatomy of an Epidemic: Magic Bullets, Psychiatric Drugs, and the Astonishing Rise of Mental Illness in America.* New York: Crown, 2010.

Wilkinson, Richard, and Kate Pickett. *The Spirit Level: Why Greater Equality Makes Societies Stronger.* London: Bloomsbury, 2010.

Winik, Jay. *The Great Upheaval: America and the Birth of the Modern World, 1788–1800.* New York: HarperCollins, 2007.

Wolf, Stewart, and Harold Wolff. *Human Gastric Function: An Experimental Study of Man and His Stomach.* New York: Oxford University Press, 1943.

Wolfe, Barry E. *Understanding and Treating Anxiety Disorders.* American Psychological Association, 2005.

Wood, Gordon. *The Radicalism of the American Revolution.* New York: Random House, 1991.

Wullschlager, Jackie. *Hans Christian Andersen: The Life of a Storyteller.* New York: Penguin Books, 2000.

Wurtzel, Elizabeth. *Prozac Nation.* Houghton Mifflin, 1994.

Yapko, Michael D. *Depression Is Contagious: How the Most Common Mood Disorder Is Spreading Around the World and How to Stop It.* New York: Free Press, 2009.

Young, Allan. *The Harmony of Illusions: Inventing Post-traumatic Stress Disorder.* Princeton, N.J.: Princeton University Press, 1995.

Young-Bruehl, Elisabeth. *Anna Freud.* 2nd ed. New Haven, Conn.: Yale University Press, 2008.

Zane, Manuel D., and Harry Milt. *Your Phobia: Understanding Your Fears Through Contextual Therapy.* American Psychiatric Press, 1984.

Zeman, Adam. *A Portrait of the Brain.* New Haven, Conn.: Yale University Press, 2008.

Zilboorg, Gregory. *A History of Medical Psychology.* New York: W. W. Norton, 1941.

Zolli, Andrew, and Ann Marie Healy. *Resilience: Why Things Bounce Back.* New York: Free Press, 2012.

찾아보기

나는 불안과 함께 살아간다

희망과 회복력을 되찾기 위한
어느 불안증 환자의 지적 여정

1판 1쇄 펴냄 2015년 9월 4일
1판 7쇄 펴냄 2023년 6월 28일

지은이 스콧 스토셀
옮긴이 홍한별
펴낸이 박상준
책임편집 최예원
편집 최예원 조은 최고은
펴낸곳 반비

출판등록 1997. 3. 24.(제16-1444호)
(06027) 서울특별시 강남구 도산대로1길 62
대표전화 515-2000, 팩시밀리 515-2007
편집부 517-4263, 팩시밀리 514-2329

한국어판 ⓒ(주)사이언스북스, 2015. Printed in Seoul, Korea.

ISBN 978-89-8371-745-0 03180

반비는 민음사 출판그룹의 인문 · 교양 브랜드입니다.
블로그 http://blog.naver.com/banbibooks
페이스북 http://www.facebook.com/Banbibooks
트위터 http://twitter.com/banbibooks